hänssler

MARTIN PÖRKSEN

Vom Herrn der Herrlichkeit

Tägliche Andachten aus dem Matthäus-Evangelium

Der Herausgeber Pastor Martin Pörksen
lebt heute mit über 90 Jahren in Norddeutschland.

hänssler-Hardcover
Bestell-Nr. 393.714
ISBN 3-7751-3714-9

Titelfotos: MEV
Umschlaggestaltung: Carmen Knoll
Satz: AbSatz, Klein Nordende
Druck und Bindung: C. H. Beck'sche Buchdruckerei, Nördlingen
Printed in Germany

VORWORT

Pastor Dr. Martin Pörksen hat im Dritten Reich, vor über 60 Jahren, Pastoren aus der Bekennenden Kirche gebeten, Andachten für die Christen dieser schweren Zeit zu schreiben. Viele Namen sind in der Nordelbischen Kirche noch bekannt. Die Andachten sind heute genauso aktuell und klar wie damals. Deshalb freue ich mich, daß dieses Buch wieder neu aufgelegt wird. Das Vorwort des Buches von 1937, verfaßt von Martin Pörksen, möchte ich zusammenfassend voll unterschreiben:

»Die Andachten führen den Leser ein ganzes Jahr durch Abschnitte des Matthäus-Evangeliums. Der ganze Reichtum des Matthäus-Evangeliums und damit des Lebens Jesu wird hier ausgelegt. Gott und Mensch, Himmel und Hölle, Mann und Frau, Eltern und Kinder, Politik und Evangelium, – auf alle diese Fragen gibt das Matthäus-Evangelium Antwort. Darf man das Evangelium so in einzelne Verse aufteilen und zerlegen? Eine Blütenknospe ist schön, aber erst die entfaltete Blume zeigt die volle Pracht. Die Entfaltung der Botschaft in den einzelnen Versen des Matthäus-Evangeliums war das einzige Anliegen, schlicht und biblisch, für jedermann. Auch die Bibelverse und Gesangbuchverse aus dem Evangelischen Gesangbuch (EG) sollen dazu dienen.

Im Evangelium ist Herrlichkeit, denn hier ist der Herr. Seine Herrlichkeit darf uns in eigener Not, Sünde und Schuld groß werden. »Das Buch soll Jesu Namen, Jesu Heil bekannt machen«, schrieb Pastor Christian Jensen, der

Erweckungsprediger und Gründer der Breklumer Mission, (aus dem das jetzige Nordelbische Missionszentrum hervorgegangen ist) in seinen damals schon vergriffenen »Täglichen Andachten«! Diesen Dienst möchte auch dieses Andachtsbuch fortsetzen. Daß wir Seine Herrlichkeit erkennen und schon jetzt stückweise schauen dürfen und dereinst in voller Pracht in der Herrlichkeit des Vaters im Himmel.«

Dr. Hans Christian Knuth
(Bischof für Schleswig)

Mitarbeiter

Pastor Alstein = Strelitz. – Pastor Andersen = Tetenbüll. – Missionar Bräsen = Indien, z. Zt. Lübeck. – Pastor W. Busch = Essen. – Pastor Carstensen (England). – Pastor Claussen = Breklum. – Pastor v. Dorrien = Uetersen. – Pastor Dr. Dunker = Neukirchen. – Pastor Fölsch = Lübeck. – Pastor Friedrichsen = Süderbrarup. – Pastor Gloyer = Norderbrarup. – Pastor Greiffenhagen = Lübeck. – Pastor Greve = Witzin. – Pastor Hach = Ladelund. – Oberkonsistorialrat Pastor Halfmann = Kiel. – Pastor Hansen = Kiel. – Pastor Harten = Pötrau. – Pastor Hemsen = Tungendorf. – Pastor Henschen = Medelby. – Pastor Holst = Karby. – Pastor Hoepcker = Groß-Pankow. – Pastor Jessen = Ratzeburg. – Pastor Johanssen = Osterhever. – Pastor Kern = Nürnberg. – Pastor Knuth = Düneberg. – Pastor Lorentzen = Kiel. – Pastor Martensen = Drelsdorf. – Pastor Matthiessen = Sahms. – Pastor Meeder = Mölln. – Missionsvorsteher Pastor Lic. Meyer = Indien, z. Zt. Kiel. – Pastor Heinrich Meyer = Neumünster. – Pastor Walter Meyer = Hohenkirchen. – Pastor Miether = Gelting. – Pastor Moritzen = Kiel. – Missionsdirektor Pastor Piening = Breklum. – Pastor Pinn = Flemhude. – Pastor Prahl = Hadersleben. – Pastor Prehn = St. Peter. – Pastor Erich Pörksen = Amrum. – Missionsinspektor Pastor Dr. Pörksen = Breklum. – Pastor Roos = Neumünster. – Pastor Rustmeier = Oldesloe. – Pastor Schliemann = Brenz. – Pastor Schmidtpott = Nordhastedt. – Pastor D. Studemund = Schwerin. – Pastor Tange = Schleswig. – Pastor Thedens = Altona. –

Pastor Thies = Kaltenkirchen. – Pastor Timm = Boddin. – Pastor Timm = Kessin. – Rektor Pastor Thomsen = Flensburg. – Pastor Torp = Glücksburg. – Pastor Tramsen = Indien. – Pastor Treplin = Hademarschen. – Propst Voß = Cramon. – Pastor Gerhard Voß = Klaber. – Pastor Ullerich = Groß-Brütz. – Pastor Wester = Westerland.

Zu der Zeit kam Johannes der Täufer und predigte in der Wüste des jüdischen Landes und sprach: Tut Buße, das Himmelreich ist nahe herbeigekommen.
Matth. 3, 1-2

Jesus war noch in der Verborgenheit in Nazareth. Niemand hatte dort in Ihm den Christus erkannt. Er wartete still auf Gottes Stunde. Und Gottes Stunde kam, als der Täufer anfing zu predigen. »In der Zeit kam Johannes«, heißt es. Da kam Gottes großer Advent ins heilige Land. Wie ein Frühlingssturm kam er, der das Eis bricht und alte, morsche Bäume umreißt und neues Leben bringt über ein im Winter erstarrtes Land. Nicht im Tempel, nicht in den Schulen – abseits von den alten Heiligtümern und dem traditionellen Gottesdienst seines Volkes predigte Johannes. In der Wüste predigte er. Er kam nicht als Lehrer der Gemeinde, um die Schrift auszulegen, um ihre Erkenntnis zu vertiefen. Wie ein Prophet kam er, wie ein Herold, der das Panier der Wahrheit aufrichtete in Israel. »Es ward ein Mensch von Gott gesandt, der hieß Johannes. Dieser kam zum Zeugnis, daß er von dem Licht zeugte, auf daß sie alle durch ihn glaubten«, heißt es Johannes 1, 6. Wie ein Licht, wie ein weithin loderndes Feuer leuchtete in der machtvollen Verkündigung des Johannes die Wahrheit auf.

Und der Inhalt seiner Predigt? »Tut Buße! Kehrt um! Bekehrt euch! Seht in euch! Ändert eure Gesinnung! Das Himmelreich ist nahe herbeigekommen! Euer Gottesdienst ist eitel! Eure Gesetzeserfüllung ist lügenhaft, ist Heuchelei! Euer Herz müßt ihr ändern! Gott ist nahe! Es ist Advent!« Unerschrocken sagt Johannes die Wahrheit und trifft die Gewissen. Sein Wort hat eine merkwürdige Macht. Er hat Vollmacht von Gott. Er kam, »wie das Wort des Herrn einst geschah durch die Propheten«. In seinem Wort war schöpferische Macht. Das Eis wurde gebrochen. Die Erstarrung der Herzen löste sich. Es wurde Advent in den Herzen. Nicht um deine Erkenntnis zu vertiefen, wurde diese Andacht geschrieben, sondern um Gottes Feuer in dein Herz hineinzuwerfen. Denn es ist Advent! Der Herr ist nahe!

Komm bald, Herr Jesu. Amen.

1. Kön. 18, 21-40 EG 1: Macht hoch die Tür Joh. 1, 19-27

Und Er ist der, von dem der Prophet Jesaja gesagt hat und gesprochen: »Es ist eine Stimme eines Predigers in der Wüste: Bereitet dem Herrn den Weg und machet richtig Seine Steige.« Matth. 3,3

Wenn der Herr kommt – kommt das Himmelreich. Die Botschaft des Täufers war nicht nur Verkündigung göttlichen Gerichts, sie war auch Verkündigung göttlicher Gnade. Den Reuigen öffnet Gott Sein Reich. Den Bußfertigen nimmt Er an Sein Herz und schenkt ihm die Vergebung der Sünde. Und das wissen wir aus unserem Katechismus: »Wo Vergebung der Sünden ist, da ist auch Leben und Seligkeit.« Das ist das Himmelreich. Johannes richtet diese Botschaft nicht in fleischlichem Eifer, nicht mit der Leidenschaft und Kraft seines natürlichen Herzens aus. Er ist von Gott in die Stille geführt und in der Schule des Geistes erzogen worden. Matthäus berichtet, daß er der sei, von dem der Prophet Jesaja gesagt hat: »Es ist eine Stimme eines Predigers in der Wüste.« Im Johannesevangelium lesen wir, daß der Täufer sich selbst ganz bewußt auf das Wort Jesaja 40,3 gestellt hat: »Was bist du denn? Was sagst du von dir selbst?« »Ich bin eine Stimme eines Predigers in der Wüste. Richtet den Weg des Herrn, wie der Prophet Jesaja gesagt hat.« Nichts anderes soll ich, als dem Herrn den Weg bereiten, daß Er aus Seiner Verborgenheit heraustreten kann, daß in Ihm Gottes Herrlichkeit in der Fülle göttlicher Liebe ausstrahlt in der Nacht, die über Seinem Volke lastet. Seinen Weg soll ich richten. Ich bin nichts anderes als Gottes Stimme, Gottes Wegbereiter. Aber das bin ich auch. Das ist mein Auftrag, und den führe ich aus. Und Lukas berichtet, wie der Täufer das Wort des Propheten wortgetreu ausgerichtet hat: »Alle Täler sollen erhöht werden, und alle Berge und Hügel sollen erniedrigt werden, und was krumm ist, soll richtig werden, und was uneben ist, soll schlichter Weg werden.« Das heißt: demütig und aufrichtig sollen wir sein vor Gott. »Dem Aufrichtigen läßt Gott es gelingen!« Das war der Inhalt seiner Botschaft. Diese Botschaft gilt auch uns!

Herr! Brich Du allen bösen Rat und Willen. Amen.

Jes. 40, 6-6 | EG 9: Nun jauchzet all | Röm. 12, 1-3

Er aber, Johannes, hatte ein Kleid aus Kamelhaaren und einen ledernen Gürtel um seine Lenden; seine Speise aber war Heuschrecken und wilder Honig.
Matth. 3, 4

Vor einiger Zeit hat sich nach einem Pressebericht irgendwo in Holland folgendes ereignet: Ein armer, irregeleiteter Mann hatte im Gottesdienst eine Predigt gehört über das Wort: »Ärgert dich deine rechte Hand, so haue sie ab und wirf sie von dir.« Er ging nach Hause und sagte zu seiner Frau: »Ich werde jetzt meine linke Hand abhauen, denn mit der Hand habe ich so oft gesündigt.« Und zum Schrecken seiner Frau tat er es. Wir wissen alle, daß er unseren Herrn falsch verstanden hat. Wir wissen auch, daß wir unseren heutigen Text falsch auffassen würden, wenn wir uns kleiden und ernähren würden wie Johannes. Er war ein Einzigartiger, hatte einen einzigartigen Auftrag von Gott. Und er war sich dieser Sendung voll bewußt. In diesem Bewußtsein hatte er ein demütig starkes Selbstbewußtsein; ein von Gott großangelegter Mensch, der auch in seiner äußeren Haltung die Wahrheit und Hoheit seiner Sendung bezeugen wollte. Er trug als einziges Gewand ein härenes Tuch, das von einem ledernen Gürtel festgehalten wurde, und seine Nahrung war, was ihm die Wüste bot, Heuschrecken und wilder Honig. Und durch diesen äußeren Protest wollte er dem Volk deutlich machen, »daß jetzt keine Zeit mit Eitelkeiten und vergänglichem Genuß zu verlieren sei«; er wollte ganz bewußt auch nach außen hin die Haltung der alten Propheten betonen. Auch Elia, der Philister, trug »eine rauhe Haut und einen ledernen Gürtel um seine Lenden«. Johannes kannte seine Bibel. »Siehe«, heißt es bei Maleachi, »ich will euch senden den Propheten Elia, ehe denn da kommt der große und schreckliche Tag des Herrn.« So steht er an der Schwelle des Neuen Testaments – eine alttestamentliche Prophetengestalt. Dem Mann im härenen Gewand vertraute das Volk und wurde durch seine starke Abwehr alles Sündlichen ins Herz hinein erschüttert.

Sende auch uns den großen Erwecker. Amen.

2. Kön. 1, 1-8 EG 387: Mache dich, mein Geist Luk. 7, 24-35

Da ging zu ihm hinaus die Stadt Jerusalem und das ganze jüdische Land und alle Länder an den Jordan und ließen sich taufen von ihm im Jordan und bekannten ihre Sünden. Matth. 3, 5-6

Und nun kamen sie aus der Hauptstadt: Bürger und feine Leute, Soldaten und Zöllner, Pharisäer und Schriftgelehrte und Sadduzäer – von den Bergen die Hirten, von den Seen und vom Meer die Fischer, eine große Gemeinde, und lauschten atemlos der machtvollen Verkündigung des Täufers. Gott schenkte eine Volkserweckung von einzigartiger Kraft und Tiefe. Nicht umsonst hatte dies Volk durch die Jahrhunderte hin unter dem Segen des göttlichen Wortes gestanden. Es war voll Sehnsucht nach dem Anbruch der Königsherrschaft Gottes. Durch blinde Führer waren sie irregeleitet, waren wie Schafe, die keinen Hirten haben, abgehetzt und verschmachtet, waren in kahler Gesetzesfrömmigkeit erstarrt und erstorben. Äußere und innere Not hatte sie für die Botschaft des Johannes reif gemacht. Und so kam Gottes Stunde. Sie nahmen ihm das Wort willig ab. Wo Gottes Stunde kommt, ist das Land offen. »Was muß ich tun, daß ich selig werde?« Johannes hatte mit seiner Predigt ein ganz bestimmtes Ziel. Er wollte nicht nur Trauer und Reue erwecken. Bußfertige Gedanken zerflattern leicht. Nein! Mit leidenschaftlichem Wollen trieb er seine Zuhörer zur Entscheidung, zur Tat. Das, was sich in den Herzen regte, sollte vor Gott und Menschen festgemacht werden.

»Und ließen sich taufen von ihm im Jordan und bekannten ihre Sünden.« Weil das Gesetz dem Unreinen das Bad gebot, taufte man in Israel oft. Indem der Jude sich taufen ließ, gab er offen seine Sünde zu. Aber noch mehr: Sie bekannten ihre Sünden. In dem Bereuen unserer Sünde demütigen wir uns tief. Wir fliehen aus der Finsternis ins Licht, aus der Lüge in die Wahrheit. Der Feind verliert seine Macht über uns, die Lust ihre verlockende Gewalt. Auf das Bekenntnis der Sünde antwortet Gott mit der Gewißheit der Vergebung.

Herr, unser Gott! Lieber himmlischer Vater! Mache auch uns willig zum Bereuen. Amen.

Hiob 42, 1-6 EG 144: Aus tiefer Not Apg. 8, 26-40

Als er nun viele Pharisäer und Sadduzäer sah zu seiner Taufe kommen, sprach er zu ihnen: Ihr Otterngezüchte, wer hat denn euch gewiesen, daß ihr dem künftigen Zorn entrinnen werdet? Sehet zu, tut rechtschaffene Frucht der Buße! Matth. 3, 7-8

Die Erweckungsbewegung hatte das ganze Volk ergriffen. Eine heilige, von Gottes Geist gewirkte Unruhe sprang von Herz zu Herz und schweißte das Volk zu einer Volksgemeinschaft eigener Art zusammen, einer Gemeinschaft von Sündern, die Gnade suchte. Und Gott gab Seinem Knecht Kraft, trug ihn hindurch durch ungeheure Belastungen und Anspannungen, als sie zu ihm kamen und in erschütternden Bekenntnissen ihre Sünde offenbarten. Und die, die in der Seelsorge des Täufers gewesen waren und sich hatten taufen lassen »mit der Taufe der Buße zur Vergebung der Sünden«, trugen das Feuer weiter. Es lag wie ein Leuchten über ihnen. Sie waren entlastet und befreit worden. Und sie machten den andern Mut, führten die Verzagten wohl auch persönlich hin zu Johannes. Nichts macht einen Menschen so mutlos und verzagt wie ein erschrockenes Gewissen. Da kamen, im Strom der anderen versteckt, hin und wieder auch einige der Führer, der Pharisäer und sogar auch der Sadduzäer, und begehrten Gnade. Und Johannes taufte sie wie die anderen. Er hat sich wohl gefreut, daß Gott Seinem Wort eine solche Macht gab, daß sich auch diese stolzen Geister demütigten. Aber jede Erweckungsbewegung hat ihre Gefahren. Manchen ist es interessant. Sie machen psychologische Studien. Es wird Mode, den neuen Mann zu hören. Sie erleben irgendwelche seelischen Erregungen, werden irgendwie durch eine suggestive Kraft von der Geistesbewegung erfaßt. Sie wollen mit dabei sein. So kamen plötzlich viele Pharisäer und Sadduzäer. Johannes durchschaute ihre unaufrichtige Gesinnung. Er behielt die Bewegung in seiner Hand. Sofort griff er zu: »Ihr Schlangenbrut, tut rechtschaffene Buße!« Und wies sie zurück. Wo Gottes Geist am Werke ist, wird heuchlerische Unaufrichtigkeit entschleiert.

Herr, bewahre uns vor Heuchelei. Amen.

Amos 5, 21-27 EG 13: Tochter Zion, freue dich Phil. 2, 12-18

Denket nur nicht, daß ihr bei euch wollt sagen: Wir haben Abraham zum Vater. Ich sage euch: Gott vermag dem Abraham aus diesen Steinen Kinder zu erwecken.
Matth. 3, 9

Rechtschaffene Buße ist Gesinnungsänderung. Buße muß Buße bleiben. Wer vor Gott beichtet, muß vor Ihm kapitulieren und sich auf Gnade und Ungnade ausliefern. Buße darf nicht Modesache, nicht ein Spiel sein, bei dem der alte Mensch irgendwie noch zu seinem Recht kommt. »Er muß sterben«, sagt Luther, »und ersäuft werden mit allen Sünden und bösen Lüsten.« Was heißt die Gesinnung ändern? Es bedeutet nicht, daß wir keine Sünden mehr empfinden. Den alten Menschen mit Seinen Lüsten und Begierden werden wir behalten, solange wir hier auf Erden leben. Der alte Mensch wird nie Gott lieben und die Sünde hassen. Die Veränderung der Gesinnung besteht nicht darin, daß wir keine Sünde haben, sondern darin, daß wir der Sünde gegenüber eine andere Stellung einnehmen. »Wir werden gerechtfertigt, nur wenn und sofern wir uns verurteilen. Denn wenn wir uns verurteilen, rechtfertigen wir Gott. Vor der Bekehrung entschuldigten wir unsere Sünden, wollten Gott nicht recht geben in Seinem Wort, wenn Er sagt: ›Alle Menschen sind Lügner, und Gott allein ist wahrhaftig‹« (Luther zum Römerbrief). »Denn so wir uns selber richteten, würden wir nicht gerichtet.« Da hilft es uns gar nichts, wenn wir uns darauf berufen, zum auserwählten Volk zu gehören. »Denkt nur nicht, daß ihr bei euch wollt sagen: Wir haben Abraham zum Vater.« Ihr stützt euch auf Gottes Bund mit Israel und glaubt, daß diese Erwählung unwandelbar sei. Ihr irrt euch! Was vom Fleisch geboren ist, ist Fleisch. Durch natürliche Geburt kommt man nicht ins Reich Gottes, sondern durch die Wiedergeburt. Denkt nur nicht: Wir haben Luther zum Vater, oder wir sind guter, edler Art. Wer ins Reich Gottes will, er mag Jude oder Lutheraner sein, der muß seine Gesinnung ändern.

Herr, bewahre Du mich, dann werde ich bewahrt. Amen.

Jer. 13, 15-27 EG 5,2: Gottes Sohn ist kommen Joh. 3, 6-16

Es ist schon die Axt den Bäumen an die Wurzel gelegt. Darum, welcher Baum nicht gute Frucht bringt, wird abgehauen und ins Feuer geworfen. Matth. 3, 10

»Es ist die Axt den Bäumen an die Wurzel gelegt.« Ihr seid gezeichnete Leute. Wie der Förster im Walde die Bäume zeichnet, die überständig sind, wie der Gärtner die Bäume ausrodet, die trotz aller Pflege keine Frucht bringen wollen. »Haue ihn ab, was hindert er das Land!« Ihr seid gezeichnet – von der Sünde seid ihr gezeichnet. Die Wurzeln eures Wesens suchen nur Nahrung in eurem eigenen Herzen, in eurer Selbstgerechtigkeit, und deswegen könnt ihr keine Frucht bringen. Gott ist ein gerechter Gott. Wenn ihr es doch begreifen wolltet, daß sein Gericht Gnade ist. Seht, die Gnade im Gericht soll ich euch auf Gottes Geheiß anbieten, damit ihr umkehrt. Von dem Gericht seht ihr noch nichts. Gottes Art ist euch noch verborgen. Gottes Geduld will euch noch eine Frist geben. Aber Sein Gericht kommt. Seine Mühlen mahlen langsam. Noch habt ihr Zeit zur Buße. Aber wenn Gott kommt, dann ist es zu spät. Dann werdet ihr mit Schrecken und Verzweiflung merken, daß all euer »Herr, Herr sagen« euch nichts nützt. Denn Gott sieht das Herz an. Hier ist er unerbittlich. Bäume, die keine Frucht bringen, läßt Er nicht stehen. Der Warnungsruf des Täufers machte auf die Pharisäer keinen Eindruck. Jesus sagt Lukas 7: »Und alles Volk, das Ihn hörte, und die Zöllner gaben Gott recht und ließen sich taufen mit der Taufe des

Johannes. Aber die Pharisäer und Schriftgelehrten verachteten Gottes Rat wider sich selbst und ließen sich nicht von ihm taufen.« Es gibt Menschen, die alle Bindungen an Gott so sehr gelöst haben, daß sie jenseits von gut und böse leben, daß sie innerlich erstarrt und erstorben sind, daß die Verkündigung der Wahrheit keine Anknüpfungspunkte bei ihnen mehr findet. Es ist das rätselhafte Geheimnis des Bösen, das sich auswirken muß. Sie hören – wenn sie es hören – das Wort zum Gericht. »Ihr habt nicht gewollt«, sagt Jesus. Noch ist Gnadenzeit! Noch ist Advent! Aber Er kommt bald, Er kommt zum Weltgerichte.

Gib uns Raum zur Buße. Amen.

Amos 9,1-11 EG 11,9-10: Wie soll ich Dich empfangen Luk. 13, 6-9

Wenn aber des Menschen Sohn kommen wird in Seiner Herrlichkeit und alle heiligen Engel mit Ihm, dann wird Er sitzen auf dem Stuhl Seiner Herrlichkeit, und werden vor Ihm alle Völker versammelt werden. Und Er wird sie voneinander scheiden, gleich als ein Hirte die Schafe von den Böcken scheidet, und wird die Schafe zu Seiner Rechten stellen und die Böcke zur Linken. **Matth. 25, 31-33**

Jesus Christus wird nicht immer nur wie ein heimlicher König bittend an deiner Tür stehen. Unser Wort zeigt klar und deutlich den einen letzten großen Tag, an dem Christus in unverhüllter, göttlicher Majestät und Herrlichkeit als der ewige Richter kommen wird, sich die Welt und ihre Völker zu Füßen zu legen.

Ich weiß nicht, wie du zu Jesus Christus stehst. Vielleicht bekümmert dich der demütige Christus nicht viel. Und über den Christus, der dieser deiner Welt und all ihrer Herrlichkeit ein Ende machen wird, wenn Er zum letzten Gericht kommt, mußt du vielleicht nur lächeln! Sollte das sein, ich bitte dich: Lache nicht! Wenn du die beiden Schriftworte vom »Tage des Herrn« gelesen hast, weißt du, daß an diesem Tage Verzweiflung und Grauen die Herzen packen wird. Dieser Tag wird nichts Lächerliches mehr haben. Ob du dann auch zu denen gehörst, die mit Zittern und Entsetzen dem König entgegengehen, die sich vor Ihm verbergen möchten und es doch nicht mehr können?

Was wird dieser Tag bringen? Siehe: Christus, den sie gelästert, verlacht und gekreuzigt haben, als der ewige König und Richter auf dem Thron der Herrlichkeit; vor Ihm die unübersehbaren Scharen aller Geschlechte und Völker, die Lebendigen und die Toten! Bisher haben sie mit Ihm gemacht, was sie wollten; jetzt wird Er mit ihnen machen, was Er will. Auf Sein königliches Wort kommt eine gewaltige Bewegung in die unendlichen Scharen. Und sie weichen aus zur Rechten und zur Linken in ewiger, unüberbrückbarer Scheidung! Ihr, die ihr heute über diesem Wort zusammensitzt: ob jener Tag auch euren Kreis auseinanderreißen wird?

Aber es werden ja nicht nur Menschen voneinander geschieden! Eine Scheidung wird vollzogen, die uns Menschen für die Ewigkeit auf die Seite Christi stellt oder für die Ewigkeit von Ihm wegstößt.

Wohin wird Christus uns an Seinem Tage stellen müssen? Heute klopft Er noch als der heimliche König an unseres Herzens Tür. Wer Ihn hört, wird dieses Königs ewiges Eigentum.

Herr, laß mich an Deinem großen Tage nicht ewig verloren sein! Amen.

Zeph. 1, 14 - 18 — EG 11, 10: Wie soll ich Dich empfangen — Offb. Joh. 6, 12 - 17

Da wird dann der König sagen zu denen zu Seiner Rechten: Kommt her, ihr Gesegneten meines Vaters, ererbt das Reich, das euch bereitet ist von Anbeginn der Welt! Denn ich bin hungrig gewesen, und ihr habt mich gespeist. Ich bin durstig gewesen, und ihr habt mich getränkt. Ich bin ein Gast gewesen, und ihr habt mich beherbergt. Ich bin nackt gewesen, und ihr habt mich bekleidet. Ich bin krank gewesen, und ihr habt mich besucht. Ich bin gefangen gewesen, und ihr seid zu mir gekommen. Matth. 25, 34-36

Mit der Gewalt ewigen Erbarmens wird der Ruf des Königs hinschallen über die Scharen zu Seiner Rechten: »Kommt her, ihr Gesegneten meines Vaters, ererbet das Reich!« Sie sind die wahrhaft Gesegneten, denn ihnen fällt ein Reichtum zu, der mit den Schätzen dieser Welt nichts mehr gemein hat. Diese verfallen den Motten und dem Rost, sie vergehen. Aber die Gabe des Königs an jenem Tage ist »das unvergängliche, unbefleckte, unvermerkliche Erbe, das behalten wird im Himmel«, das Reich der Ewigkeit.

Wir können dies Reich ja nicht beschreiben. Aber wir machen die merkwürdige Beobachtung: Immer wenn über dieser Todeswelt die ewige Welt sich öffnet, dann brechen die Freudenlieder hervor, gesungen in Lobpreis und Anbetung vor dem ewigen Herrn.

Warum diese Lieder? »Es sind die Reiche der Welt unseres Herrn und Seines Christus geworden.« Muß man da nicht anbeten? Aufgehört haben Leid und Tränen; zu Ende gegangen ist die Macht der Sünde, sie fängt uns nicht mehr; zu Ende die Macht des Todes, er fällt uns nicht mehr; verworfen der Satan, er betrügt uns nicht mehr. Gott ist alles in allem! Und das Loblied der Erlösten sollte nicht durch die Ewigkeiten klingen?

Sollte nicht vor allem in den Herzen derer, die der König in Sein Reich hineinruft, unendliche, selige Freude aufklingen? Die Liebe des Königs wird ihnen noch größer! Sie stammt ja nicht erst aus diesem Augenblick; nein, mit ewiger Liebe hat Er sie geliebt, von Anbeginn hat Er ihnen Sein Reich bereitet.

Heute können wir nur stammelnd davon reden. Aber wie wird's sein, wenn einst der Morgen der Ewigkeit heraufzieht und wir Erben mit Christus sind und die Lieder der Ewigkeit uns umfangen!

Herr, hilf uns, daß wir in Dein himmlisches Reich kommen und teilhaben an der Freude ohne Ende. Amen.

Ps. 100 EG 412, 7: So jemand spricht Kol. 1,9-14

Dann werden Ihm die Gerechten antworten und sagen: Herr, wann haben wir Dich hungrig gesehen und haben Dich gespeist oder durstig und haben Dich getränkt? Wann haben wir Dich als einen Gast gesehen und beherbergt oder nackt und haben Dich bekleidet? Wann haben wir Dich krank oder gefangen gesehen und sind zu Dir gekommen?

Matth. 25, 37-39

Wen ruft Christus in Sein ewiges Reich? Die Gerechten! Aber wie seltsam! Hier stehen sie vor dem Herrn am Tage des Jüngsten Gerichts und können es gar nicht fassen: Herr, wann, wann, wann – so sagen sie immer wieder erstaunt.

Als Jesus über die Erde ging, hatte Er keine Herberge, keinen Platz, da Er Sein Haupt hinlegen konnte, war auf die Gastfreundschaft der Maria und anderer angewiesen. Aber wann haben sie den Herrn der Herrlichkeit jemals so gesehen?

Als Jesus am Kreuz hing, da rief Er in Seiner namenlosen Qual: »Mich dürstet.« Was kümmerte das die Kriegsknechte? So aber hatten sie, die Gerechten, Jesus doch nicht gesehen. Sie sahen Ihn an. Um Ihn her die Menge der himmlischen Heerscharen, zu Seiner Rechten und Linken die erwählten Mitrichter der Menschheit. Zu Füßen des Throns die unabsehbare Schar aller derer, die Menschenantlitz getragen. Nun, wann hatten sie diesen Herrn der

Herrlichkeit durstig, hungrig, nackt, krank, gefangen gesehen?

Sie wußten es wirklich nicht. Es war keine heuchlerische Gebärde, die nur mühsam eine starke, verhaltene Ichsucht, ein Anerkennungsbedürfnis zurückhielt. Es waren wirkliche Gerechte. Die linke Hand hatte nicht gewußt, was die rechte tat. Hier war echte Liebe, aus Gott geboren.

Ist es nicht wahr, was die Kinder in diesen Tagen beim Schein der Adventskerzen singen: »Alle Jahre wieder kommt das Christuskind auf die Erde nieder, wo wir Menschen sind … Ist auch mir zur Seite still und unerkannt.« Die Gerechten haben Ihn nicht erkannt, aber sie haben Ihm gedient! In Liebe, an den Brüdern.

Wundert es dich, daß Christus diese »Gerechten« zu sich ruft? Sie sind ja längst schon Sein, sie haben sich in ihre Sünden hinein, Seine Liebe schenken lassen. Sie haben nur das wieder geübt, was ihnen gegeben war: Liebe. Wo ist ihr eigener Verdienst? Ihr Leben ist nicht mehr ihr eigener Ruhm, sondern Christi Ruhm. Nun dürfen sie ewig bei Ihm sein.

Herr, heile uns um Deines Leidens und Sterbens willen von aller tödlichen Ichsucht und mach uns frei zum Dienst an Deinen Brüdern. Amen.

Ps. 37, 18-37 — EG 11, 6-8: Wie soll ich Dich empfangen — Matth. 6, 1-4

Wahrlich, ich sage euch: Was ihr getan habt einem unter diesen meinen geringsten Brüdern, das habt ihr mir getan. Matth. 25,40

Der kommende Tag Jesu Christi wird Ihn, den König, offenbaren in Seiner ewigen Hoheit und Demut.

Da wird der König vor uns stehen, Er, der doch einfach fordern könnte, und wird den Seinen danken für all ihren Dienst. Wie wird das beschämend sein! Niemand hatte ihnen ihr Dienen gedankt, sie hatten es auch nicht um Dank und Lohn getan; sie hatten nur einfach Liebe weitergegeben, wie sie ihnen selber geschenkt war. Und nun wird ihr stilles und verborgenes Dienen ins Licht der Ewigkeit gerückt? Der König will es so. Christus ist kein geiziger König; nein, Er vergilt mit königlicher Güte alle Ihm erwiesene Treue, und wäre es nur ein Becher kalten Wassers, der einem Seiner Brüder gereicht ist.

Denn wirklich: Er, der König aller Könige, beugt sich hernieder zu den Geringen und Elenden und scheut sich nicht, vor aller Welt sie Seine Brüder zu heißen. Was den Elenden getan ist, ist zugleich dem König getan; Er – als ihr Bruder – rechnet es sich selbst zugut.

Der König macht sich den Armen zum Bruder? Wahrlich, das ist unsere Seligkeit, daß Er das tut. Da klingt die Weihnachtsbotschaft auf: Er ist auf Erden kommen arm, daß Er unser sich erbarm! Er geht ein in unser armes Fleisch und Blut. Er wird ein Freund der Armen, der zerquälten Herzen, der verwundeten Gewissen, der Verlorenen. Auf Seinen Rücken nimmt Er ihre Lasten, ihre Schmerzen, ihre Sünden; ja, Er stirbt ihren bittern Tod. Warum? Daß Er Sein Werk vollende und die, die ohne Frieden waren in der Welt, heimtrage auf starken Heilandsarmen in Sein ewiges Reich.

Hat Er an dir Seine Heilandsarbeit schon tun dürfen? Du bist Ihm nicht zu groß und zu stark, aber auch nicht zu gering! Laß es zu, daß Er sich auch deiner, Seines vielleicht geringsten Bruders, annimmt.

Dann wirst du auch einer von denen, die den geringsten Brüdern dienen. Du darfst ja Christus an Seinen Brüdern wieder dienen, wie Er dir gedient hat.

Du ewiger König, erbarme Dich unser, Deiner armen Brüder! Amen.

Jes. 58, 7-12   EG 10, 2: Mit Ernst, o Menschenkinder   Joh. 4, 7-21

Dann wir Er auch sagen zu denen zur Linken: Gehet hin von mir, ihr Verfluchten, in das ewige Feuer, das bereitet ist dem Teufel und seinen Engeln! Ich bin hungrig gewesen und ihr habt mich nicht gespeist. Ich bin durstig gewesen, und ihr habt mich nicht getränkt. Ich bin ein Gast gewesen, und ihr habt mich nicht beherbergt. Ich bin nackt gewesen, und ihr habt mich nicht bekleidet. Ich bin krank und gefangen gewesen, und ihr habt mich nicht besucht.

Matth. 25, 41-43

In unvergleichbarer Hoheit und Demut hat sich der König zu den Armen und Verlorenen herniedergebeugt. Nun aber bricht Seine ganze Majestät hervor, und als der ewige Richter wendet Er sich den Scharen zu Seiner Linken zu. Mit göttlicher Gewalt weist Er sie von sich: »Geht hin in das ewige Feuer!«

»Ihr Verfluchten« nennt Er sie. Die andern waren die Gesegneten Seines Vaters; denn an ihnen war des Vaters ewiger Liebesratschluß zum Ziel gekommen. Hier aber wird der Vatername nicht mehr genannt. Den Verfluchten kehrt sich das Angesicht des Richters zu, in dessen Hände zu fallen schrecklich ist. Jetzt müssen sie es erleben, daß diese Hände sie an den Ort der Qual weisen.

Welch mittelalterliche Vorstellungen, meinst du? Kinderschreck, aber nicht Männersache!

Nun, du hast die Freiheit, dir die Hölle auszumalen, wie

du willst. Die Bibel beschreibt sie uns nicht. Sie nennt sie den Ort des ewigen Feuers, den Ort, wo Heulen und Zähneklappern sein wird, den Ort der ewigen Pein. Du wüßtest aber nicht, wie die Hölle ist und wo sie ist, ehe du nicht selber darin wärest. Es hat daher wenig Sinn, wolltest du dir spöttische Gedanken darüber machen. Du darfst es wissen, daß es schon Menschen genug gegeben hat, die die Hölle in ihrer Brust trugen. Und wie wird das erst sein, wenn der König Seine Hand ausreckt und sie von sich weist? Denn ewig von Ihm los sein, das ist die Hölle.

So zu handeln war nicht des Königs Wille von Ewigkeit her. Von Ewigkeit her stand Sein Liebeswille über Seinen Menschenkindern; die Verlorenen zu suchen und selig zu machen, ist Er gekommen.

Aber ihr Wille war es, verloren zu bleiben und mit dem Teufel das Schicksal zu teilen. Der König kann sie daran nicht hindern, darum: Geht hin!

Möge dir und mir diese Stunde erspart bleiben!

Du ewiger König, wir preisen Dein gerechtes Gericht; behüte uns vor dem ewigen Verderben. Amen.

Hes. 7, 5-9 EG 149, 1-5: Es ist gewißlich Thess. 1, 5-10

Wahrlich, ich sage euch: Was ihr nicht getan habt einem unter diesen Geringsten, das habt ihr mir auch nicht getan. Matth. 25, 45

Was mögen das für Leute sein, die Christus von sich weist? Gewiß haben sie von Christus gewußt. Ihre Frage: »Herr, wann haben wir Dich elend gesehen?« klingt nicht so, als begegneten sie Ihm in dieser letzten Stunde zum ersten Mal. Der Tag des Gerichtes kommt ja auch nicht, bevor nicht das Evangelium vom Reich in der ganzen Welt verkündigt ist.

Vielleicht haben sie das rettende Evangelium zurückgewiesen, als käme es für sie nicht in Frage. Und weil sie aus Stolz keine Barmherzigkeit annehmen wollten, darum hatten sie auch keine geübt. Sie wollten ihr Ich nicht in Jesu Kreuzestod begraben, darum stand es immer wieder auf gegen ihre Brüder.

Aber vielleicht waren es doch auch Leute, die erschrokken waren über die Botschaft vom Gericht und ewigen Tod und sich gern retten lassen wollten von Jesu Heilandsliebe. Aber sie dachten nur an ihr eigenes Verderben und suchten Jesus nur für sich. Jesus will aber keine Genießer Seiner Liebe, sondern Dienstleute, die empfangene Liebe weitertragen. Sie hatten ihr Ich nicht völlig in Jesu Kreuzestod hineingegeben, darum erhob es sich wieder gegen die Brüder.

Weil sie so an sich dachten in gottloser oder frommer Selbstsucht, sahen sie nicht, wie in Seinen armen Brüdern der König der Ewigkeit durch die Welt ging und vor ihrer Tür lag als der arme Lazarus.

Wir stehen vor Weihnachten. Wird diese Zeit voll echter Liebe sein? Werden wir uns nicht doch selber bestrahlen mit der Sonne unsrer Liebe? Und vielleicht nur die mit Liebe bedenken, die uns wieder bedenken; aber die vergessen, die uns nichts wiedergeben können?

An Weihnachten will die ewige Liebe unsres Heilandes in unsre Armut und Leere hinein. Daß wir uns von Ihm beschenken lassen und an Seinen Brüdern nicht vorbeigehen. Denn was wir den Brüdern nicht tun, das tun wir Christus auch nicht. Das Versäumte aber kann nie wieder eingeholt und gutgemacht werden. Wird Christus am Jüngsten Tag uns von sich weisen müssen, weil wir den geringsten Brüdern nicht gedient haben?

O Heiland, behüte uns, daß wir mit unsrer Lieblosigkeit Dich und Deine Brüder nicht kränken. Amen.

Amos 8, 1-8 EG 412, 8: So jemand spricht Luk. 10, 29-37

Und sie werden in die ewige Pein gehen, aber die Gerechten in das ewige Leben. Matth. 25,46

Das Urteil des Königs und Richters ist ergangen in Gültigkeit und wirkender Kraft. Wie er spricht, so geschieht's. Darum stellt unser Vers nur knapp und kurz fest: »Und sie werden ... gehen.«

Ja, wirklich, sie werden gehen! Es ist aussichtslos, wolltest du etwa meinen, das geschehe nicht oder es gebe noch eine Berufung gegen dies Urteil. Nein, der Vater hat alles Gericht dem Sohn übergeben. Christus ist die letzte Instanz; er hat das letzte Wort, ein Wort unerbittlicher Gerechtigkeit. Darum wirst du es Ihm auch überlassen müssen, was Er in Ewigkeit mit denen macht, die Er zu sich ruft, und mit denen, die Er von sich wegschickt. Nur das eine mußt du klar wissen: Über deinem Leben steht diese doppelte Möglichkeit, daß du einmal zur Rechten oder zur Linken des ewigen Richters stehen wirst. Der letzte Tag dieser Weltzeit wird es auch über dir offenbar machen: entweder dies eine, daß der Gottlosen Weg vergeht und in ewiger Gottferne endet; oder dies andre, daß die, die den Namen Jesu angenommen haben, hineingerufen werden in die Freude der Ewigkeit vor ihrem König und Heiland.

Wie sollte unser Herz sich nicht danach sehnen, daß es einst mit ewigem Urteil über uns heißen möge: Sie werden gehen ins ewige Leben, daß wir ohne Ende Sein eigen seien und in Seinem Reiche unter Ihm lebten und Ihm dienten in ewiger Gerechtigkeit, Unschuld und Seligkeit.

Darum vergeßt nicht, daß der Herr die Knechte selig nennt, die Er bei Seinem Kommen wachend und zu Seinem Dienst bereit findet.

Daß der böse Feind keine Macht an uns finde und uns hineinreiße ins ewige Verderben! Darum: »Rüstet euch, ihr Christenleute!«

Du ewiger König, bereite uns zu rechtem Glauben und Dienst, daß wir – wenn Du kommen wirst in ewiger Macht und Herrlichkeit – Deinen Namen erhöhen in alle Ewigkeit. Amen.

Jer. 1, 14-18 EG 5, 8: Gottes Sohn ist kommen Joh. 5, 25-29

Da die hingingen, fing Jesus an zu reden zu dem Volk von Johannes: Was seid ihr hinausgegangen in die Wüste zu sehen? Wolltet ihr ein Rohr sehen, das der Wind hin und her bewegt? Oder was seid ihr hinausgegangen zu sehen? Wolltet ihr einen Menschen in weichen Kleidern sehen? Siehe, die da weiche Kleider tragen, sind in der Könige Häusern.

Matth. 11, 7-8

Immer näher kommt das Fest der Weihnacht. Heute tritt ein Mann in unsern Gesichtskreis, der so recht der Mann der Vorweihnachtszeit ist, Johannes der Täufer, der große Herold und Wegbereiter des Weihnachtskönigs. Soeben haben die Jünger Jesu in eine dunkle Stunde des Lebens dieses Mannes sehen müssen, da er, im Gefängnis sitzend, zu zweifeln anfing und Botschaft zu Jesu schickte: »Bist Du, der da kommen soll, oder sollen wir eines andern warten?« Nun aber, da die Boten wieder fortgegangen, öffnet Jesus den Mund und – verurteilt nicht den zweifelnden Johannes, sondern hält Seine Hand über diesen Mann, und – was Er sonst bei keinem Menschen tut, sagt von ihm ein Wort des höchsten Lobes und der ehrlichsten Anerkennung: »Was seid ihr hinausgegangen in die Wüste zu sehen? Wolltet ihr ein Rohr sehen, das der Wind hin und her weht? Oder was seid ihr hinausgegangen zu sehen? Wolltet ihr einen Menschen in weichen Kleidern sehen? Siehe, die da weiche Kleider tragen, die sind in der Könige Häusern.«

Wenn doch mehr Johannes-Menschen gefunden würden in unsrer Zeit, in unserm Volk, in unsrer Kirche! Wenn doch wir selber etwas mehr von dieser Art an uns trügen; etwas mehr von seiner bettelarmen Einfachheit und Genügsamkeit, die um der Allgemeinheit willen auf liebgewordene, nicht ganz zur Lebenshaltung notwendige Dinge verzichten kann, wenn wir doch etwas mehr an uns trügen von seiner starken Charakterstetigkeit! Er war kein Rohr, das im Winde hin und her wehte. Weichheit, schwankendes Wesen und Charakterlosigkeit wollen sich immer wieder der Menschen bemächtigen. Wer kann von sich sagen: ich habe nie gezweifelt in Stunden der Entscheidung? Gott schenke uns in den Entscheidungen, die heute oder morgen von uns neu gefordert werden, des Johannes Art, eine klare Festigkeit und ein tapferes Herz, das soll unsre Adventsbitte sein: »Es ist ein köstlich Ding, daß das Herz stets werde, welches geschieht durch Gnade.«

Herr, schenke uns durch Deine Gnade ein stetes Herz und ganze Treue! Amen.

2. Sam. 12, 1-9 | EG 295, 3: Wohl denen, die da wandeln | Hebr. 13, 7-9

Oder was seid ihr hinausgegangen zu sehen: Wolltet ihr einen Propheten sehen? Ja, ich sage euch, der auch mehr ist, denn ein Prophet. Denn dieser ist's, von dem geschrieben steht: »Siehe, ich sende meinen Engel vor Dir her, der Deinen Weg vor Dir bereiten soll.«

Matth. 11, 9-10

Johannes der Prophet, ja, der mehr ist als ein Prophet, wie Jesus rühmend von ihm sagt. Das ist es, was die Menschen damals in Massen hinaustrieb an den Jordan: ein großer Prophet ist unter uns aufgestanden! Das aber ist des echten Propheten Art, daß es die Leute ihm anmerken müssen: Hier ist einer, hinter dem steht der lebendige Gott. Das soll man merken an seinen Worten; es sind nicht Worte, wie andre Menschen sie auch reden können, sondern es sind Worte, hinter denen steht göttliche Kraft und göttliche Vollmacht; sie wirken unmittelbar aufrüttelnd, weckend und zur Entscheidung zwingend. Das soll man aber auch merken an seinen Taten: Hier steht ein Mann aus einem Guß, der steht zu seinen Worten, gerade und tapfer, unerschrokken und ohne Menschenfurcht und zu keinem Kompromiß geneigt, wo es sich um die Ehre des lebendigen Gottes handelt.

Beides haben sie in Johannes gefunden und haben es erkannt: Hier ist ein rechter Prophet unter uns aufgestanden. Er ist ein unermüdlicher und treuer Rufer zu Christus hin, dem Sohn des lebendigen Gottes. Es mögen immerdar in der Geschichte Männer aufgetreten sein und sich als Propheten ausgegeben haben – und heute stehen solche wieder auf –, die da wohl reden von Gott, aber schweigen von Christus. Jeglicher Gottglaube ohne Christus ist und bleibt ein Wahngedanke, nichts als Einbildung, an der Menschen und Völker sterben können und vergehen werden. Und wo ein alt-neues Prophetentum aufsteht, um diesen Glauben zu verkündigen, da ist es kein echtes Prophetentum. Was echtes Prophetentum ist, das kann uns Johannes lehren. Er steht als ein Mann da, von Gott gesandt, ein Wegbereiter des Christus, der unbeirrt und treu zu seinem Auftrag steht.

So gib Dein Wort mit großen Scharen, die in der Kraft Evangelisten sein; laß eilend Hilf uns widerfahren und brich in Satans Reich mit Macht hinein. O breite, Herr, auf weitem Erdenkreis, Dein Reich bald aus zu Deines Namens Preis. Amen.

1. Kön. 19, 9-18 EG 12: Gott sei Dank Joh. 3, 22-36

Ich taufe euch mit Wasser zur Buße; der aber nach mir kommt, ist stärker denn ich, dem ich auch nicht genugsam bin, Seine Schuhe zu tragen; der wird euch mit dem Heiligen Geist und mit Feuer taufen.

Matth. 3, 11

Johannes, der Rufer zu Christus hin. Im Museum zu Colmar wird das alte berühmte, aus dem 16. Jahrhundert stammende Kunstwerk des Isenheimer Altars von Matthias Grünewald aufbewahrt, ein wundervolles Gemälde. In dunkler Einsamkeit stehen unter dem Kreuze Jesu nur vier Menschen, links Maria und Johannes, dann kniend Maria Magdalena und rechts die kräftige Mannesgestalt Johannes des Täufers. Er hält seine mächtige Hand ausgestreckt nach dem Bild des Gekreuzigten und zeigt auf Ihn, eine treffende Ausmalung unsres Bußwortes, ein Bild, das des Johannes ganzes Wesen offenbart: Ich nichts, er alles. »Er muß wachsen, ich aber muß abnehmen.« Das aber ist vielleicht der größte Charakterzug des Täufers. Mehr noch als sein unerschrockener Mut und seine unbestechliche Treue und sein überragendes Prophetentum ist die tiefe, schlichte Demut, die sich ganz unter den Christus Gottes beugt: »Er muß wachsen, ich aber muß abnehmen«, die nicht weiter sein will als eine »Stimme eines Predigers in der Wüste«, die auf Ihn allein, auf Christus den Herrn weist: »Ich taufe euch mit Wasser zur Buße; der aber nach mir kommt, ist stärker denn ich, dem ich auch nicht genugsam bin, Seine Schuhe zu tragen; der wird euch mit dem Heiligen Geist und mit Feuer taufen.«

Weihnachten kommt näher und näher. Manches mag in dieser Adventszeit uns mit äußerer Unruhe und Geschäftigkeit erfüllen und uns fernhalten von dem innersten Segen dieser Zeit. Johannes soll es uns heute lehren, den rechten inneren Segen dieser Zeit zu gewinnen. Er will uns von allem Äußeren weg auf den allein weisen, der der König des Advent ist. »Er kommt nach mir. Er ist stärker als ich. Er wird mit dem Heiligen Geist und mit Feuer taufen.«

Ach mache Du mich Armen in dieser heil'gen Zeit aus Güte und Erbarmen, Herr Jesu, selbst bereit! Zeuch in mein Herz hinein, vom Stall und von der Krippen, so werden Herz und Lippen Dir ewig dankbar sein. Amen.

Jer. 33, 31-34 EG 10: Mit Ernst, o Menschenkinder Luk. 4, 31-37

Und Er hat Seine Wurfschaufel in der Hand: Er wird Seine Tenne fegen und den Weizen in Seine Scheune sammeln, aber die Spreu wird Er verbrennen mit ewigem Feuer. **Matth. 3, 12**

Das ist der Auftrag, den Johannes von seinem göttlichen Auftraggeber hat: auf Christus, Sein Kommen und Sein Tun vorzubereiten. Hier aber spricht er es einmal ganz deutlich aus, worin denn die Tätigkeit Christi am letzten Ende bestehen werde, daß Er nicht nur der Heiland der Welt, sondern auch der Richter der Völker und Menschen sein werde. Von Seinem Gericht ist in unserm Wort die Rede: »Er hat Seine Wurfschaufel in der Hand: Er wird Seine Tenne fegen und den Weizen in Seine Scheuern sammeln; aber die Spreu wird Er verbrennen mit ewigem Feuer.« Ein anschauliches Bild. Da liegt nach dem Dreschen auf der Tenne vermengt miteinander: die Körner und das Stroh. Das eine wertvoll – es soll geborgen werden in der Scheune –, das andre wertlos. Und nun nimmt der Landmann die Wurfschaufel in die Hand und wirft das Getreide immer wieder hoch, und siehe da, während das festere Korn herniederfällt, verflattert die leichte Spreu im Winde. So aber wird Christus der Herr handeln am Ende der Tage. Er wird die Spreu von dem Weizen scheiden, die Wertvollen von den Wertlosen, die in die ewige Scheuer Gottes eingebracht werden sollen, von denen, die zum Untergang, zum Verderben der Hölle reif sind. Welch ernster, heiliger Gedanken! Das sei darum unsre einzige Sorge in unsrem Leben, daß wir einmal zu dem reifen Korn gehören mögen, das in die ewigen Scheuern Gottes eingebracht werden soll, und nicht zu der Spreu, die der Wind verweht und das Feuer verbrennt. Das ist ja der Sinn alles dessen, was der Herr an uns in unserm Menschenleben tut, daß Er uns durch Sonnenglut und Trübsalhitze reif machen möchte zu einer reifen, guten, Ihm wohlgefälligen Frucht. Wir aber falten still die Hände:

Bei Dir, Jesu, will ich bleiben, stets in Deinem Dienste stehn. Nichts soll mich von Dir vertreiben, will auf Deinen Wegen gehen. Du bist meines Lebens Leben, meiner Seele Trieb und Kraft, wie der Weinstock seinen Reben zuströmt Kraft und Lebensaft. Amen.

Mal. 3, 22-24 — EG 149, 3-5: Es ist gewißlich an der Zeit — Joh. 15, 1-8

Da aber Johannes im Gefängnis die Werke Christi hörte, sandte er seiner Jünger zwei und ließ Ihm sagen: Bist Du, der da kommen soll, oder sollen wir eines andern warten? Matth. 11, 2-3

Nur mit tiefer innerer Bewegung hören wir diese Worte des Johannes. Johannes – zweifelt. Ist das derselbe Johannes, der doch die große Stunde bei der Taufe Jesu erlebt, da Gott den Himmel geöffnet und sich bekennt zu Christus, Seinem Sohn? Ist das derselbe Johannes, über den Jesus selber Worte gesagt, wie Er sie sonst über niemand sprach, daß er durch und durch ein Charakter, daß er der Größte aller Propheten sei? Ist aber selbst ein Mann wie dieser Johannes nicht sicher vor Zweifel, wieviel weniger wir armen kleinen Menschen. Und wir wissen auch selber von allerlei Glaubensanfechtung, die je und dann über uns kommen kann, die vielleicht grade jetzt über uns gekommen ist. Wenn wir an diese oder jene schwere Schickung in unserm persönlichem Leben denken, wenn wir daran denken, wie gering und unansehnlich es bestellt ist mit der Sache unsres Herrn Christus auf dieser Erde, wie Seine Kirche in unsern Tagen so gar nichts Königliches und Gewaltiges an sich hat, sondern in armer Knechtgestalt dahergehen muß. Da mögen wohl hin und wieder auch in unsrer Seele quälende Gedanken aufsteigen: Wenn es noch einen gerechten und allmächtigen Herrn im Himmel gibt, warum braucht Er nicht Seine Macht, warum zerreißt Er nicht den Himmel und macht der Feinde Rat zunichte und schafft Recht und Gerechtigkeit allen, die Unrecht leiden um Seines Namens willen? »Bist Du wirklich, der da kommen soll, oder sollen wir eines andern warten?« Ist aber solche Not über unsre Seele gekommen, dann wollen wir uns auch von Johannes den Weg zeigen lassen, wie wir von solcher Not befreit werden können. Wir wollen es halten wie er, nicht fragen bei andern, nicht weiter uns verlieren in nutzlose Grübeleien, sondern zu dem Herrn selber gehen und es Ihm anvertrauen, und Er steht zu dem Wort Seiner Verheißung: »Wer zu mir kommt, den werde ich nicht hinausstoßen.« So beten wir aus der Tiefe der Not:

Ich glaube, Herr. Doch Zweifel kommen. Ich werde angefochten. Der Teufel will mir den Glauben nehmen. Hilf Du aus aller Anfechtung heraus zu klarer Gewißheit. Amen.

Ps. 42, 3-6 EG 72: O Jesu Christe Jak. 1, 2-12

Jesus antwortete und sprach zu ihnen: Gehet hin und saget Johannes wieder, was ihr sehet und höret: Die Blinden sehen, und die Lahmen gehen, die Aussätzigen werden rein und die Tauben hören, die Toten stehen auf und den Armen wird das Evangelium gepredigt. **Matth. 11, 4-5**

Voll Spannung warten wir auf die Antwort, die Jesus dem zweifelnden Freunde Johannes wohl zuteil werden läßt. Es ist doch bezeichnend, daß Er ihm nicht unmittelbar antworten läßt: Ja, ich bin es, der da kommen soll, sondern still auf die Taten verweist, die laut genug von Ihm zeugen. Die Worte des Propheten haben sich in den Taten Jesu erfüllt. Deshalb ist Er, der da kommen soll. Das ist es, was Er ihm sagt: Hab die Augen auf, und du siehst ja Wundertat über Wundertat des lebendigen Gottes! Das aber wollen denn auch wir uns gesagt sein lassen: Hab doch die Augen auf, und du wirst Wundertat über Wundertat sehen, wie das Wort sie versprochen hat. Wir dürfen nichts andres erwarten, als was Gottes Wort uns sagt. Aber wir sollen auch sehen, wie es sich erfüllt. Oder meinst du, ja, das war vielleicht einmal in Jesu Erdentagen, da die Wunder geschahen, von denen Jesus hier spricht. Aber heute? Es gibt ein Buch, das in unserem Jahrhundert geschrieben ist und den Titel trägt: »Taten Jesu in unsern Tagen.« Da wird uns eine Fülle von Wundertaten Jesu ausgebreitet, die Er auch in unsern Tagen tut. Vielleicht sind es nicht große, in die Augen fallende Dinge, wie wir sie wohl wünschen, daß etwa die Massen eines Volkes herbeiströmten und sich bekehrten – von solchen Dingen spricht auch Jesus nicht in seiner Antwort an Johannes –, aber geh einmal mit in dieser Stunde im Geist an die Krankenlager und Sterbebetten, in die Häuser, in denen das graue Elend wohnt und wo die dunkle Trauer ihre Stätte aufgeschlagen hat, dann kannst du oft den Unterschied wahrnehmen zwischen den Menschen, die Christus als ihren Herrn und König kennen, und denen, die nichts von Ihm wissen wollen: hier kleinmütiges Versagen, dort getroster Mut, hier Verbitterung und Verzweiflung, dort Friede und Geduld, hier Angst vor dem Sterben, dort frohes und getrostes Heimgehen in des Herrn Frieden. Du würdest Wunder über Wunder sehen und es am Ende gestehen: Ja, Er ist es, der da kommen soll und wir brauchen keines anders zu warten, keines andern Heilandes und keines andern Trösters.

Herr, wir danken Dir, daß wir Deine Herrlichkeit sehen durften. Amen.

2. Mose 25, 8-13 EG 346: Such, wer da will Matth. 9, 1-8

Selig ist, der sich nicht an mir ärgert. Matth. 11, 6

Wie hat man sich in alter und neuer Zeit an Jesus Christus geärgert. Während Er den einen der Fels des Heils geworden ist, ist Er den andern ein Stein des Anstoßes, »der Stein, den die Bauleute verworfen haben«. Wo aber liegt der Grund, daß man sich an Ihm ärgert? Er ist doch ein zu gestrenger Herr, so sagen die einen. Wie nimmt Er es genau mit Sünde und Unrechttun! Wie eifert Er für das sechste Gebot: »Wer ein Weib ansieht, ihrer zu begehren, der hat schon mit ihr die Ehe gebrochen in seinem Herzen.« Darum »ärgert dich dein Auge, so reiß es aus, ärgert dich deine Hand, so haue sie ab«, lieber einäugig und einarmig ins Himmelreich gehen als mit beiden Augen und Händen in die Hölle fahren! Was sind das für harte Worte, wer mag die hören? Nein, wir wollen nicht, daß dieser über uns herrsche. Und wie fordert Er doch, so meinen andre, übertrieben hart auf zur Entschiedenheit des Lebens! »Laßt die Toten ihre Toten begraben!« »Es ist leichter, daß ein Kamel durch ein Nadelöhr gehe, denn daß ein Reicher ins Reich Gottes komme.« Es gibt eine allgemeine Stimmung wieder, wenn die Jünger darauf erwidern: »Wer kann dann selig werden?« Nein, das ist zuviel. Wer mag das hören? Wir wollen nicht, daß dieser über uns herrsche. Vor allem aber, so sagen die dritten, ärgern wir uns an dem Kreuz und der Botschaft von dem gekreuzigten Christus. Das Wort vom Kreuz war den Juden ein Ärgernis und Torheit zugleich.

Man ist zu stolz, sich unter das Kreuz zu beugen und von der Gnade zu leben. Man gleicht aufs Haar dem Kapitän des Schiffes, das sich in Seenot befand; aber der Kapitän war zu stolz, den S.O.S.-Ruf auszusenden, weil er meinte, es noch mit eigener Kraft schaffen zu können, bis es zu spät war und er mit seinem Schiff elend zugrunde gehen mußte. So sind die Menschen unsrer Zeit oft zu stolz, sich unter das Kreuz zu beugen und die Gnade des Gekreuzigten anzunehmen. Sie gehen lieber elend zugrunde. Selig aber ist, wer sich nicht an Ihm ärgert!

Lieber Herr, Vater unsres Heilandes Jesu Christi! Vergib uns, daß wir in mancher Stunde an Deinem Wort und Deinen Wegen in unserm Leben uns ärgerten. Laß uns gehorsame Jünger werden, die mit Freude Dir nachfolgen und durch Jesus Christus selig werden. Amen.

Hiob 33, 1-33 | EG 152, 2: Wir warten Dein, o Gottes Sohn | Apg. 17, 16-34

Wahrlich, ich sage euch: Unter allen, die von Weibern geboren sind, ist nicht aufgekommen, der größer sei denn Johannes der Täufer; der aber der Kleinste ist im Himmelreich, ist größer denn er. Matth. 11, 11

Jesus fällt hier ein doppeltes Urteil über den Täufer. Er spricht von seiner hervorragenden Stellung, die er unter allen Menschen einnehmen darf, und zugleich von der ungemein scharfen Grenze, die für seine Person gezogen ist.

Größer und wichtiger kann der Dienst eines Menschen nicht sein als der grade dem Täufer aufgetragene: den Weg zu bereiten für den Herrn aller Welt. Er ist der Herold, der dem König aller Könige vorausziehen darf.

Aber während noch seine Bußworte – lauten Fanfarenklängen gleich – auf den nahenden König hinweisen, ist dieser selber schon gekommen. Und Seine Gegenwart bedeutet Rettung und Heil für jeden Menschen, der auf Ihn blickt, auf Sein Wort hört und Ihm glaubt. Wer diesem Könige zujubelt, und zwar mit seinem Herzen, der ist über den Täufer hinausgewachsen. Dieser steht an der Schwelle zum Reiche Gottes. Unser köstliches Vorrecht ist es, daß wir durch Christus ins offene Himmelreich hineingehen dürfen. Es ist nämlich keine Frage, wer den größeren Vorzug hat, derjenige, welcher im Vorzimmer sitzt und die Stimme des Arztes nur von ferne hört, oder derjenige, welcher vor ihm stehen darf und durch ihn Hilfe findet. Und da ist es gleichgültig, wie lange der Arzt schon an uns gearbeitet hat. Wenn wir nur vor Jesus Christus als dem Arzt für unsre Seele stillehalten! Wenn wir uns nur ganz Seiner treuen Pflege hingeben! Der Kleinste im Himmelreich hat immer noch unendlich viel voraus vor dem, der draußen steht.

Laßt uns denn aus diesem Schriftwort heraushören, wie groß der Reichtum ist, den Gott uns durch Jesus Christus zugedacht hat! Achte diesen Reichtum niemals gering! Mit Christus fallen die Würfel über dein ewiges Schicksal!

Herr, unermeßlich groß ist Deine Gnade, daß wir an Deiner Hand sicher und selig unsern Weg ziehen dürfen! Mache uns stark, daß wir mit Dir verbunden bleiben alle Tage bis zur letzten Stunde hin! Amen.

Mal. 3, 1-5 EG 402: Meinen Jesum laß ich nicht Joh. 1, 6-9

Aber von den Tagen Johannes des Täufers bis hierher leidet das Himmelreich Gewalt, und die Gewalt tun, die reißen es an sich. Matth. 11, 12

Das Himmelreich leidet Gewalt, sagt Jesus. Er wird damit gemeint haben: Es wird gestürmt, so wie man eine Festung stürmt. Dazu braucht man seine ganze Kraft. Dabei geht es nach den Worten von Ernst Moritz Arndt: »Die Freiheit und das Himmelreich gewinnen keine Halben. Wer ganz die Seele dreingesetzt, dem soll die Krone werden.«

Wir werden hieraus viel zu lernen haben! Unser Christenleben darf nicht von einer toten Kirchhofsruhe angefüllt sein! Als ginge es um ein Ziel, das man so nebenbei auch erreicht – als fiele uns das Reich Gottes wie eine reife Frucht in den Schoß. Nein, Christenmenschen müssen wie Sturmscharen sein, die mit ganzer Energie ihr Ziel verfolgen.

Blick hin auf den Täufer! Wie hat er noch in letzter Stunde im Gefängnis um Klarheit über Christus gerungen, als die Zweifel ihm zu schaffen machten!

Was läßt du es dich kosten? Nur einen gelegentlichen Besuch im Gottesdienst? Nur einen einmaligen Gang zur Kirche des Herrn? Bist du dir dann auch darüber im klaren, daß das Feuer des Glaubens langsam erlöschen kann? Wenn es eben nicht täglich neue Nahrung bekommt aus Gottes Wort?

Ob unser Gewissen uns nicht mahnt, noch viel ernster unser Leben als Gnadenzeit anzusehen und auszukaufen?

Oder wiegen wir uns selber in falscher Sicherheit durch den Gedanken: Es wird uns ja doch alles aus Gnaden gegeben? Ja, so ist es einerseits wohl! Gott sei gedankt, daß wir wissen dürfen, wir sind durch die heilige Taufe einst in das Schiff Jesu Christi gebracht worden, und dieses Schiff geht nicht unter, es trägt uns. Das Meer der Gnade umflutet uns. Aber nun die Kehrseite: Du mußt auch rudern, dich anstrengen, sonst kommst du nicht weiter, sonst treiben dich die widrigen Winde allmählich wieder ab vom rechten Kurs.

So soll die heilige Sorge dich nie loslassen: Was muß ich tun, daß ich selig werde?

Ja, lieber Herr und Heiland, schenke mir den rechten Eifer, nach dem herrlichen Ziel mit ganzer Kraft zu streben. Laß mich zu denen gehören, die nie vergessen, wieviel es Dich gekostet, daß wir erlöst sind! Amen.

1. Mose 32, 25-31 EG 7: O Heiland, reiß die Luk. 13, 22-24

Denn alle Propheten und das Gesetz haben geweissagt bis auf Johannes. Und (so ihr's wollt annehmen) er ist Elia, der da soll zukünftig sein. Wer Ohren hat zu hören, der höre. **Matth. 11, 13-15**

Es ist doch ein eigenartig Ding um unser Herz! Die Zeiten und Verhältnisse mögen dich noch so sehr ändern, das Herz bleibt sich gleich. Es bleibt sich gleich mit seiner Sorge, mit seiner Unruhe, mit seiner Neigung zum Bösen. Wie verblendet vor allem kann es sein, mit seinem Verhalten gegenüber dem lebendigen Gott! Prüfe dich nur selbst ernstlich! Du weißt auch, daß Jesus Christus die ausgestreckte Gnadenhand deines Gottes ist. Du weißt auch, daß nur in Ihm das Leben zu finden ist. Wie oft drangen schon solche Töne an dein Ohr! Aber blieb es nicht doch ein totes Wissen bei dir? Rechnest du wirklich in jedem Augenblick mit der Gegenwart des Herrn?

Ach, nicht wahr, wir verzagen so oft, als sei kein Heiland da! Wir leben oft gleichgültig und leichtsinnig in den Tag hinein, als wären wir ewig hier auf Erden! Wir vertrösten uns damit, daß wir ja noch Zeit hätten, uns zu entscheiden und zur Klarheit über uns selber zu kommen. Wir meinen wohl gar, Gott müsse noch neue Propheten schicken, die uns Sein Heil noch deutlicher verkündigen.

Laßt uns demgegenüber nicht den aufrüttelnden Ernst verkennen, der in unserm Schriftworte liegt! Jesus will uns das eine sagen: Die Stunde des Heils ist jetzt da! Vorbei ist die Zeit des Wartens, verstrichen ist die Stunde der Weissagungen. Schon mit den Tagen Johannes des Täufers erfolgte der religiöse Umbruch. Er war der Elias, der vor dem Herrn kommen sollte. Und damit ist auch der Weg für den Heiland selber freigemacht. Er ist gekommen, der Helfer und Retter für alle Lebenslagen!

Darum warte nicht auf ein neues Heil, sondern ergreife das gegenwärtige in Christo! »Wer Ohren hat zu hören, der höre!«

O Du treuer Herr, laß mich immer mehr aufmerken lernen auf Dein Wort! Gib mir ein wachsames Ohr, daß ich Deinen Gnadenruf recht hören kann! Schenke mir Dein ewiges Heil! Mache mich selig, o Jesu! Amen.

Ps. 95 EG 11, 1-5: Wie soll ich Dich empfangen Luk. 1, 13-17

Das Land Sebulon und das Land Naphthali, am Wege des Meers, jenseits des Jordans, und das heidnische Galiläa, das Volk, das in Finsternis saß, hat ein großes Licht gesehen, und die da saßen am Ort und Schatten des Todes, denen ist ein Licht aufgegangen.

Matth. 4, 15-16

Zum Volk, das in Finsternis sitzt, gehören wir alle; auch dann, wenn wir in lichten Verhältnissen leben; – auch dann, wenn wir diesen Tag wieder ohne Sorge verbringen dürfen, denn dunkle Schatten begleiten uns trotzdem jeden Tag; das sind die Schatten des Todes. Und so wenig du über deinen eigenen Schatten hinwegspringen kannst, so wenig kannst du von dir aus über diese Todesschatten Herr werden.

Eine finstere Macht ist in jedem Menschenleben am Werke: die Macht der Sünde. Sie bedeckt den guten Willen, der sich schon oft in dir geregt haben mag; sie erstickt die edlen Vorsätze, die wir wohl nach dieser oder jener Gotteshilfe faßten. Sie ist wie der feine Staub, der sich auf die weiße Schneedecke legt und ihr das glänzende Gewand raubt. Sie fügt Wunden zu im Kampfe um die Reinheit, von denen wir uns aus eigener Kraft nicht erholen können.

Ist dir dein Leben schon so finster vorgekommen, daß du darüber verzagen wolltest? Dann wisse: Je größer die Finsternis, desto heller auch das Licht! Jesus Christus ist das Licht auch für das allergrößte Dunkel! Er strahlt Licht hinein in die Sorgenkammer. Er möchte es hell machen, taghell, in unserm Herzen. Er möchte dir auch sicher hindurchleuchten durch das Todestal mit seinen dunklen Schatten.

Wohl können auch weiterhin Schicksalswolken den Lebenshimmel verdüstern; wohl wird der Fuß noch weiter straucheln und fallen im Dunkel der Sünde. Aber wenn nur das Herz gebunden bleibt an den Herrn, der die nie verlöschende Lichtquelle ist! Wenn du nur mit jenem Herrscher sagen kannst: »In meinem Reich geht die Sonne nicht unter«, und es freudig hinzufügst:

»Die Sonne, die mir lachet,
Ist mein Herr Jesu Christ;
Das, was mich singen machet,
Ist, was im Himmel ist!«

Herr, Du treuer Heiland, habe Dank, daß Du auch in mein dunkles Leben hineinleuchten willst mit Deinem Licht! Gib, daß ich Deiner Heilandliebe immer größeren Raum gewähre in meinem Herzen! Amen.

Jes. 9, 1-4 EG 450: Morgenglanz der Ewigkeit Joh. 12, 44-50

Und du Bethlehem im jüdischen Lande bist mitnichten die kleinste unter den Fürsten Judas; denn aus dir soll mir kommen der Herzog, der über mein Volk Israel ein Herr sei. Matth. 2, 6

Unser Gott gibt uns im Leben viele Rätsel auf. Wir können sie bei weitem nicht alle lösen. Hier ist eins der größten Rätsel: Bethlehem auserkoren zur Geburtsstätte des Heilands der Welt! Ausgerechnet im verachtetsten Winkel der Erde geschieht das! Unfaßbar für unsern Verstand! Völlig unmöglich nach unserm heutigen Denken! Warum nicht in einem andern Volke, in einer andern Rasse!? »Bethlehem im jüdischen Lande«: Wie schlägt das unserm Denken und Empfinden glatt ins Gesicht!

Oder spürst du schon hier die Erhabenheit und Majestät deines Gottes? Des Gottes, dessen Gedanken und dessen Wege weit hinausragen über unsre Wege? Daß wir doch immer vor Ihm stillehalten wollten! Daß wir doch nicht klüger sein wollten als Sein ewiger Ratschluß! Wir können Ihm ja auch gar nicht dareinreden; denn Er führt alles durch, was Er sich vorgenommen hat.

Aber für uns darf es ein Trost sein zu wissen: Gottes Wege, so wunderbar sie uns vorkommen mögen, sind immer Heilswege! Auch dann, wenn sie unsre Gedanken ganz und gar durchkreuzen. Auch dann, wenn sie uns in die Tiefe des Leids und der Sorgen hineinführen. Er hilft manchmal auf eine Weise, an die wir gar nicht denken. Wer hätte wohl damals dem unscheinbaren Bethlehem eine solche Heilsbedeutung zugeschrieben!

Und doch war es in Gottes Plan längst so vorgesehen. Er steht hier nur zu Seinem Wort. Heute ist es nicht anders! Sei froh und dankbar! Er sprengt Türen des Gefängnisses auf; Er befreit dich von Sünde und Schuld; Er löst dich aus aller Gebundenheit. Schreibe Ihm nur den Weg nicht vor! Die Hauptsache bleibt ja doch, daß Er Sein Wort der Verheißung einlöst und den Herzog sendet, der Seinem Volke (und dazu darfst du auch gehören) zum Heil gegeben ist!

Lieber Vater im Himmel! Mache uns allezeit willig, uns vor Deinem Ratschluß zu beugen! Deine Hand segnet uns immer. Das lehre uns stets glauben, wenn wir im Geiste jetzt an der Krippe von Bethlehem stehen! Amen

Jer. 29, 11-14 EG 14: Dein König kommt Kor. 1, 21-31

Hosanna dem Sohn Davids! Gelobt sei, der da kommt in dem Namen des Herrn! Hosanna in der Höhe!
Matth. 21, 9

Das ist eine Königshuldigung, die wir mit diesen Worten hören. So wird Jesus Christus willkommen geheißen. Der feierliche Lobpreis wird umrahmt von dem zweimaligen »Hosanna!« Das war ein allen geläufiges Gebetswort: »Herr, gib doch Heil!« »Herr, hilf doch!«

Am Vorabend der Weihnacht wird das auch unser Gebetsruf sein müssen! Das soll unsre Huldigung sein, daß wir unermüdlich unsre Hände falten und in der Stille unsre Knie beugen und die Bitte vor Gottes Thron bringen: Herr, hilf doch! Hilf doch, daß Dein lieber Sohn, der für uns geboren, ja auch gestorben ist, in uns und durch uns verherrlicht werde! Laß Menschen allüberall aufhorchen, wenn wieder die Weihnachtsglocken über das Land erklingen; laß sie dann über alle die vielen Äußerlichkeiten des Festes hinweg das Kindlein finden und anbeten, dort in der Krippe von Bethlehem! Wir wissen doch: Es kann nicht Friede werden, auch nicht Friede in uns, bis Jesu Liebe siegt. O laß doch die Eisdecke auf unsern Herzen schmelzen, wenn der Glanz der Weihnachtssonne uns umgibt! Hilf doch, daß auch Deine Feinde sich durch Deine Liebe überwinden lassen!

Bei der freudigen Erwartung des kommenden Festes darf solcher Gebetsruf nicht fehlen. Es kommt auch auf dein

Gebet, auf deinen Ruf an. Vergiß dabei nicht, daß du vor allem dein eigenes Herz zum Empfang des Königs rüsten mußt. Füge darum dem Gebetsruf ein Wörtlein in Gedanken immer hinzu: Herr, hilf doch mir, daß Christus Jesus mein Leben ganz erfülle!

Je mehr du damit Ernst machst, desto größeren Segen wirst du von der Festzeit haben, desto sieghafter und bestimmter wird dein Lobpreis dann auch sein: »Gelobt sei, der da kommt in dem Namen des Herrn!«

O Herr, Du weißt, wie vieles in uns Deinem Kommen noch entgegensteht. Hilf doch, daß wir Dir unser ganzes Herz zum Opfer übergeben! Dann werden wir Dich auch fröhlich rühmen und preisen können! Amen.

Ps. 118, 22-26 EG 13, 2+3: Tochter Zion Kor. 4, 1-7

Saget der Tochter Zion: Siehe, dein König kommt zu dir sanftmütig und reitet auf einem Esel und auf einem Füllen der lastbaren Eselin.

Matth. 21, 5

Je näher Weihnachten rückt, desto brennender wird die Frage: Was erwartest du von diesem Feste? Was wird für dich die Hauptsache sein? Hier sagt dir Gottes Wort noch einmal in letzter Stunde, was für dich im Mittelpunkt stehen soll. Es ist die Botschaft vom Kommen des Herrn: »Siehe, dein König kommt zu dir!«

Das sind nur wenige Worte, aber sie sind kostbarer als alles Gold der Erde. Jedes Wörtlein grüßt dich wie ein Stück Heimat deiner Seele. »Siehe«, das heißt: Merke auf, du Menschenkind, es geht hier um das Größte, das es überhaupt gibt: Dein König kommt zu dir! Wunderbar genug! Eigentlich müßtest du ja zu Ihm kommen und Ihn um eine Audienz bitten. Ach, da könnte uns wohl der Mut sinken, wenn wir auch nur mit der Schuld eines einzigen Tages vor Ihn hintreten müßten. Aber nun macht Er sich zu dir auf den Weg. Er kommt zu dir in deine Not hinein. Klag sie Ihm! Zu dir in deine Sorgen hinein. Schütte sie vor Ihm aus! Zu dir in deine Schuldverstrickung hinein. Bekenne sie vor Ihm! Er kommt in dein Krankenstübchen, in dein Haus und deine Welt auch heute.

Und dieser König Jesus Christus zerbricht nicht Menschenherzen, sondern heilt sie. »Sanftmütigkeit ist Sein

Gefährt.« Er kommt als Bettler zu uns: Gib mir, mein Sohn, meine Tochter, dein Herz!

Ja, ein König ohnegleichen! Aber das Größte ist und bleibt doch dieses: Er ist auch dein König! Dieses Gotteswort ist wie der reiche Inhalt eines Briefes, den Gott an deine persönliche Adresse geschrieben hat. Nun nimm und lies diesen Brief heute und alle Tage mit dankbarem Herzen! Was dieser Brief dir zuträgt, ist die Antwort auf alle Fragen und Klagen deines Herzens. Wohl dir, wenn du dich mit den Augen des Glaubens darin vertiefst! Es wird dann hell werden in deinem Leben! Und du weißt: »Nun geht ein Freuen durch die Welt!«, und frohlockend kannst du sagen: »Gilt dir auch, Herze mein!«

Herr, mein Heiland, habe tausend Dank, daß Du auch zu mir kommen willst, um es licht und froh in mir zu machen! Laß mich Dir dafür dienen dürfen, hier zeitlich und dort ewiglich! Amen.

Zeph. 3, 14-17 EG 8: Es kommt ein Schiff Phil. 4, 4-7

Die Geburt Christi war aber also getan. Als Maria, Seine Mutter, dem Joseph vertrauet war, fand sich's, ehe er sie heimholte, daß sie schwanger war von dem Heiligen Geist. Joseph aber, ihr Mann, war fromm und wollte sie nicht in Schande bringen, gedachte aber, sie heimlich zu verlassen. Indem er aber also gedachte, siehe, da erschien ihm ein Engel des Herrn im Traum und sprach: Joseph, du Sohn Davids, fürchte dich nicht, Maria, dein Gemahl, zu dir zu nehmen; denn was in ihr geboren ist, das ist von dem Heiligen Geist.

Matth. 1, 18-20

Wie wenn lärmende und unverständige Buben in eine stille Kirche eindringen und sie mit ihrem Geschrei erfüllen – so ist es, wenn die unerleuchtete Vernunft über dies göttliche Geheimnis gerät. Wir müssen schon ganz stille werden, um das zu begreifen, was der Evangelist uns da berichtet. »Der Heilige Geist« beginnt ein heimliches Werk in der gefallenen Menschenwelt. Verstehen wir, was das bedeutet? Das will sagen: Gott will etwas Großes unter uns Menschen tun. Gott hat uns nicht aufgegeben. Trotz all unsrer Sünde, Gleichgültigkeit und Gottlosigkeit – Er hat uns nicht aufgegeben! Er kommt zu uns. Er tritt mitten unter uns, wie ein Retter unter verschüttete und verlorene Bergleute tritt. Er neigt sich zu uns, wie eine Mutter sich über ihr krankes Kind beugt. »... das ist von dem Heiligen Geist.« Das ist allerdings ein wundersames, geheimnisvolles und seltsames Ereignis.

Das kann die unerleuchtete Vernunft nicht fassen. Ja, sie wird sich allezeit daran ärgern, so wie Joseph sich daran ärgerte, bis ihm der Herr die Augen öffnete. – Wer kann es denn fassen? Ein »zerbrochenes Herz und ein zerschlagenes Gemüt«, ein Herz, das sich nach Frieden mit Gott sehnt, und ein Gewissen, das seine Schuld vor Gott nicht länger tragen kann – die können dies Geheimnis begreifen, denen will es Gott durch Seinen Geist offenbaren. Ihr heilsbegierigen Herzen, merkt auf! Ihr, die ihr vergeblich Gott gesucht habt, laßt ab von euren falschen Wegen! Ihr, die ihr vor Gott auf der Flucht seid, steht still! Ihr schuldbeladenen Gewissen, hört her! Gott hat durch den Heiligen Geist ein Werk begonnen zu unserm Heil!

Herr, Du großer und heiliger Gott! Du Richter der Lebendigen und der Toten! Wir beten Dich an, daß Du in Deiner errettenden Gnade uns so nah kommst. Laß uns Dein Heil erkennen. Amen.

1. Sam. 1, 1-19 EG 44: O du fröhliche Luk. 2, 1-7

Und sie wird einen Sohn gebären, des Namen sollst du Jesus heißen; denn Er wird Sein Volk selig machen von ihren Sünden. Matth. 1, 21

Das ist jedesmal eine jubelnde Freude in meiner Familie gewesen, wenn ein Kindlein geboren wurde. Nun aber wird hier ein Kindlein geboren, an dessen Geburt sich alle Welt freuen darf. »Siehe, ich verkündige euch große Freude, die allem Volk widerfahren soll!« Warum soll denn dies Kind eine Freude sein für alle Welt? Das sagt Sein Name, den Ihm Gott selbst gewählt und gegeben hat: »Jesus.« Das heißt auf deutsch: »Gott hilft.« Wenn wir über die Welt hinsehen, auf ihren Abfall, ihre unendliche Schuld, auf die furchtbare Sünde, dann dürfen wir uns nicht wundern, wenn die einzige und letzte Gottesbotschaft hieße: »Gott ist zornig!« Und wenn wir all den namenlosen Jammer, all das Herzeleid, die vielen Tränen der Welt ansehen, dann dürfte es uns nicht wundern, wenn das letzte Wort der Bibel hieße: »Gott hat sie dahingegeben.« Aber – Freude, Freude über Freude! – nun heißt die Botschaft der Bibel: »Gott hilft.« Dies Wort ward Fleisch und wohnte unter uns. Jesus selbst ist unter uns geboren, der Mann, durch den Gott hilft. Das aber müssen wir beachten: Wenn der lebendige Gott hilft, dann macht Er es ganz anders als wir Menschen. Wenn wir irgendwo helfen, ist es nur Flickwerk, nur eine Reparatur. Wenn aber Gott hilft, dann geht Er an die Wurzel. Und die Wurzel alles Elends ist die Sünde. Was ist das doch für eine frohe und selige Botschaft, daß das Kind geboren ist, durch das Gott uns so freundlich helfen will. »Er wird Sein Volk selig machen von ihren Sünden.« Aber sieh, wie ernst es Gott ist mit Seiner Hilfe, daß Er so an die Wurzel unsres Schadens geht. Nun muß es ja offenbar werden, ob es uns auch ernst ist, ob wir unsern Schaden heilen lassen wollen. Möchten wir doch zu denen gehören, die errettet sind von ihren Sünden.

O Herr, wir danken Dir für Deine rettende Liebe, für Dein herrliches Heil! Du kennst die Tiefe unsres Schadens. Laß uns recht Weihnachten feiern als errettete und selige Leute. Amen.

1. Sam. 1, 20-28 EG 23: Gelobet seist Du Luk. 2, 8-14

Siehe, eine Jungfrau wird schwanger sein und einen Sohn gebären, und sie werden Seinen Namen Immanuel heißen, das ist verdolmetscht: Gott mit uns.

Matth. 1, 23

Was ist das doch für ein merkwürdiges Kind, das da in Bethlehem geboren wurde! Es ist so arm, daß es im Stall zur Welt kommt. Und es ist so herrlich, daß Seinetwegen die himmlischen Heerscharen Lobgesänge singen. Das ist doch ein wundersames Kind! Und man kann verstehen, daß die Welt seit Jahrhunderten das enträtseln möchte, was es mit diesem Kinde auf sich habe. Wissen wir es? Wir müssen nur recht aufmerksam die Namen studieren, die Gott selbst diesem Kind gegeben hat. »Immanuel« heißt dies Kind. Das bedeutet »Gott mit uns!«. Gott mit uns! So könnte kein Mensch in der Welt sonst genannt werden. Denn bei uns heißt es: »Gott gegen uns!« Das hat ja doch der Apostel Paulus sehr deutlich im Brief an die Gemeinde in Rom gesagt: »Gottes Zorn vom Himmel wird offenbart über alles gottlose Wesen und Ungerechtigkeit der Menschen.« Da gibt es keine Ausnahme! Und weil auch in unserm Leben soviel »gottloses Wesen und Ungerechtigkeit« ist, heißt es von Natur bei uns: »Gott gegen uns!« Aber nun ist da ein Kind geboren. Dieses Kind wurde zum Mann. Und wo dieser Mann hinkommt, da verwandelt sich das »Gott gegen uns« in ein »Gott mit uns!« Und damit ist gesagt, was dies Kind unter uns will: Es macht aus Gottesfeinden Gotteskinder. Es bringt uns Frieden mit Gott. Das ist die frohe Weihnachtsbotschaft: »... Gott und der Sünder, die sollen zu Freunden nun werden, Friede und Freud' wird uns verkündigt heut ...« Friede mit Gott! Was Friede ist, das kann ja nur der richtig verstehen, der den Krieg und seine Schrecken am eigenen Leibe erfahren hat. Und darum können wir die Weihnachtsbotschaft nur dann recht verstehen, wenn uns unser verlorener Zustand vor Gott recht klargeworden ist. Dann jubelt das Herz dem »Immanuel« zu, der unsre Versöhnung ist. Dann preisen wir getrost mit der erretteten Gemeinde: »Ist Gott für uns, wer mag wider uns sein!«

Herr, der Du Mensch geboren wirst, Immanuel und Friedefürst, auf den die Väter hoffend sahn, Dich, Gott, mein Heiland, bet' ich an. Amen.

1. Sam. 2, 1-11 EG 41, 7: Jauchzet, ihr Himmel Luk. 2, 15-20

Da nun Joseph vom Schlaf erwachte, tat er, wie ihm des Herrn Engel befohlen hatte, und nahm sein Gemahl zu sich. Matth. 1, 24

Joseph ist uns ein rechtes Vorbild im Glauben und Gehorsam. Er wird im allgemeinen sehr wenig beachtet. Und ich glaube, wenn wir ihn darüber befragen könnten, dann würde er uns sagen: »Das ist mir sehr lieb! Denn ihr dürft ja nicht mich ansehen, sondern nur das Kind, dem ich diene! Im Lichte dieses Kindes will ich ganz verschwinden!« So würde Joseph sicher sprechen. Denn er gehört zu den ganz stillen Jüngern Jesu. Viele Jahre später hat der Herr Jesus einmal das Wort gesagt: »Wer mir nachfolgen will, der nehme sein Kreuz auf sich ...« Das hat Joseph wahrscheinlich gar nicht mehr gehört. Aber er hat dies Wort doch schon vorher vernommen, als Gott selber ihm das Geheimnis Jesu offenbarte. Von der Stunde an war sein Leben ein Dienen und Leiden für Jesus. Er nahm – unbekümmert um das Geraune und das Urteil der Menschen – Maria zu sich. Um dieses Kindes Jesus willen floh er nach Ägypten und aß das Brot der Fremde. »Er tat, wie ihm der Herr befohlen hatte.« Daß wir doch von diesem Joseph den stillen Gehorsam des Glaubens lernen möchten! Der Herr hat dem Joseph im Schlaf das Geheimnis Jesu offenbart. Er hat ihm gezeigt, daß dieser »Menschensohn« der Sohn Gottes sei. So offenbart auch uns Gott durch Sein Wort und Seinen Geist das Geheimnis Jesu. Ja, wir wissen es noch viel klarer als

Joseph. Sonst hätte er nachher den zwölfjährigen Jesus besser verstanden. Aber diesem schwachen Licht war Joseph gehorsam mit dem ganzen Einsatz seines Lebens. Er wußte wohl, daß dieser Gehorsamsweg ihm allerlei Kreuz bringen würde. Aber wir hören nie, daß Joseph aufbegehrt hätte. Gehorsam der Offenbarung Gottes! Das war Joseph. Und das ist es, was uns so oft fehlt, und was wir von Joseph lernen dürfen.

Herr, vergib uns, daß wir so oft nicht Deinem klaren Wort, sondern dem Fleisch und der Vernunft gehorsam gewesen sind. Erleuchte uns und laß uns dem Licht gehorsam sein. Amen.

1. Sam. 3, 1-21 EG 40: Dies ist die Nacht Luk. 1, 76-80

Maria gebar ihren ersten Sohn und hieß Seinen Namen Jesus. **Matth. 1, 25**

Mit unseren Namen ist es eine seltsame Sache. Meist passen sie nicht recht. Da ist einer, der heißt Friedrich, d. h. Friedereich. In Wirklichkeit ist der aber vielleicht ein recht jähzorniger und streitsüchtiger Mensch. Da ist ein andrer, der heißt Müller. Aber er hat gar nichts zu tun mit einer Mühle. Denn er ist von Beruf Lehrer. Kurz, mit unsern Namen ist es so: Wenn wir einen Namen hören, wissen wir noch gar nichts über den Menschen, der den Namen trägt. Ganz anders aber ist es mit Jesus. Jesus hat Seinen Namen wohl von Seiner Mutter Maria bekommen. Aber sie hat sich diesen Namen nicht selbst ausgedacht. Nein, Gott hat diesen Namen von Ewigkeit her gewählt und bestimmt. So sagt uns der Name des Herrn Jesus, wer Er ist und was Er will. Jesus – das heißt auf deutsch: »Gott hilft.« Mit diesem Namen sagt uns Gott etwas sehr Trauriges und etwas sehr Fröhliches. Das Traurige ist dies: Wir Menschen brauchen Hilfe. Wir sind ohne das Eingreifen Gottes ganz und gar verloren. Das Schreckliche ist dabei, daß die meisten das gar nicht einmal wissen. Sie sind tot in Sünden, daß sie gar nicht mehr ihren verlorenen und erlösungsbedürftigen Zustand merken. Jesu Kommen in die Welt ist wie ein Licht, in dem all unser Elend offenbar wird. Aber der Name Jesu zeigt uns ja auch etwas Fröhliches: Gott selber will sich in Jesus »unsrer Seele herzlich annehmen, daß sie nicht verdürbe«. Gott hilft! Sein großes Helfen hat begonnen. Und Tausende und Abertausende singen es bereits voll Freude und Jubel: »Welt ging verloren – Christus ward geboren! … Es ist das Heil uns kommen her aus Gnad' und lauter Güte … Der Glaub' sieht Jesum Christum an, der hat g'nug für uns all getan …«

O Herr, wir danken Dir von Herzen für Dein Heil! Zeige uns recht unsern verlorenen Zustand, aber auch das, was Du zu unsrer Errettung getan hast, Du treuer Heiland. Amen.

1. Sam. 8, 1-9 EG 44: O du fröhliche Luk. 2, 21-32

Das ist aber alles geschehen, auf daß erfüllet würde, was der Herr durch den Propheten gesagt hat.

Matth. 1, 22

Es gehört zum Wunderbarsten, in welcher Klarheit die Männer des Alten Bundes das Heil Gottes in Jesus verkündigt haben. Und ihr ganzes Leben war ein Warten auf dies Heil. »Herr, ich warte auf Dein Heil« hat einer von ihnen gesagt. Und nun ist ihr Warten und Verheißen erfüllt. »Was der alten Väter Schar höchster Wunsch und Sehnen war, und was sie geprophezeit, ist erfüllt in Herrlichkeit.« Es hat dem Evangelisten Matthäus eine herzliche Freude gemacht, nachzuweisen und aufzuzeigen, wie Zug um Zug die alttestamentliche Verheißung erfüllt wurde. Immer wieder weist er in seinem Evangelium auf die Versprechungen Gottes im Alten Bunde und zeigt dann, wie alle Verheißungen in Jesus »Ja und Amen« sind. Ja, auf Gottes Wort kann man sich verlassen! Gottes Zusagen sind das Zuverlässigste, was es nur gibt. Wer sich auf Menschenwort verläßt, wird leicht enttäuscht. Wie schwach und unsicher sind Menschen-Versprechungen! Ganz anders ist es mit Gottes Wort. Auf Ihn kann man sich verlassen. »Und was Er zusagt, das hält Er gewiß.« Es hat nie einen Menschen gegeben und wird auch nie einen geben, der dadurch zuschanden wurde, daß er sich auf Gottes Verheißungen und Zusagen verließ. Gott ist imstande, Seine Zusagen wahr zu machen. Wir Menschen versprechen manchmal etwas in guter Meinung. Aber dann sind die Verhältnisse stärker als wir. Und wir können unsre Zusagen nicht einhalten. Man kann manchmal lesen: »Im Falle höherer Gewalt« ist diese oder jene Abmachung ungültig. Für Gott gibt es keinen »Fall höherer Gewalt«, der Ihn hindern könnte. »Alles muß pünktlich erfüllet werden, was Er uns einmal zugedacht. Er ist's, der Herrscher aller Welt, welcher uns ewig Glauben hält.«

Lieber Vater, wir danken Dir, daß du allzeit Dein Wort gehalten hast und noch hältst, und daß wir Dein Wort haben als einen festen und sicheren Ankergrund unsres Glaubens. Amen.

1. Sam. 10, 1-16 EG 35: Nun singet Luk. 2, 33-40

Alle Glieder von Abraham bis auf David sind vierzehn Glieder. Von David bis auf die babylonische Gefangenschaft sind vierzehn Glieder. Von der babylonischen Gefangenschaft bis auf Christus sind vierzehn Glieder. **Matth. 1, 17**

Was ist denn die Weltgeschichte? Ist sie nicht ein blindes Spiel des Zufalls? Oder ist sie nicht ein unübersichtlicher Kampf menschlicher Mächte gegeneinander? »O nein!« sagt uns Matthäus. »Gott hat im geheimen die Hand im Spiel.« Wir Menschen können das natürlich nicht erkennen. Aber Gottes Wort offenbart uns das. Und wir dürfen es getrost glauben: Gott hat die Hand im Spiel. Und dieses geheime Tun Gottes, das wir hier an einem kleinen Stücklein der Weltgeschichte erkennen dürfen, dies werden wir einmal in der Ewigkeit staunend anbeten, wenn all die veschlungenen Fäden der Weltgeschichte klar vor unsern Augen liegen. Aber Matthäus sagt uns in diesen seltsamen Versen noch mehr. Er zeigt uns, wie durch das Gewebe der Weltgeschichte ein goldener Faden läuft: Das ist die Geschichte des Reiches Gottes auf Erden. Wie dunkel sah es für das Reich Gottes aus in Menschenaugen, als nach David das Reich zerfiel, als das alttestamentliche Volk Gottes in die Verbannung nach Babylon mußte. Da sahen Menschenaugen nur Sünde, Untergang, Ende, Tod, Verwirrung. Aber: »Was Er sich vorgenommen und was Er haben will, das muß doch endlich kommen zu seinem Zweck und Ziel.« Und das ist das dritte, was uns Matthäus zeigt: Zweck und Ziel der Weltgeschichte ist Christus. Auf Ihn zielt alles hin. »... bis auf Christus« läuft die Geschichte. Und von »Christus aus« geht sie weiter. Jesus Christus ist die Achse der Weltgeschichte. Christus und Sein Leib, die Gemeinde, ist das Thema der Weltgeschichte. Darum dürfen die Jünger Jesu sehr getrost sein in allen Stürmen der Zeit. Als man auf einem Schiff bei furchtbarem Sturm einen Jungen fragte: »Warum fürchtest du dich denn nicht?« sagte er nur: »Mein Vater steht am Steuer!« So glauben und bekennen auch wir mitten in den Stürmen der Zeit: »Mein Vater steht am Steuer!«

Wir loben, preisen, anbeten Dich, für Deine Ehr' wir danken, daß Du, o Vater, ewiglich regierst ohn alles Wanken. Amen.

1. Sam. 12, 1-25 EG 25: Vom Himmel kam Luk. 2, 41-52

Siehe, ich bin bei euch alle Tage bis an der Welt Ende.
Matth. 28, 20

Am letzten Tage des Jahres grüßt uns dieses letzte Wort des Herrn. Es ist nicht das letzte Wort eines Sterbenden, sondern dessen, der da lebt von Ewigkeit zu Ewigkeit, dessen, der sich gesetzt hat zur Rechten des Vaters, von dannen Er kommen wird, zu richten die Lebendigen und die Toten. Es ist das Wort göttlicher Allgegenwart – über Zeiten und Zonen hinweg. Aber nicht im allgemeinen Sinn will Er bei uns sein, sondern ganz persönlich: Siehe, ich bin bei euch! Er will so bei uns sein, daß unsre Sinne Ihn sehen würden, wenn sie nicht gehalten wären. Wenn wir beten bei Tisch: »Komm, Herr Jesu, sei Du unser Gast«, so will Er kommen.

Alle Tage will Er bei uns sein. Wenn du an den Gräbern deiner Lieben stehst – Er steht neben dir. Wenn du dich freust, – Er freut sich mit dir. Wenn du krank oder verzagt bist, – Er tröstet dich. Ohne Ihn ist es schrecklich, in die Hände des lebendigen Gottes zu fallen um unsrer Sünde willen. Mit Ihm soll am Ende der Welt »unser nichtiger Leib verklärt« werden – um Seiner Gerechtigkeit willen.

Als König David wegen seines Hochmuts Gottes Strafe tragen soll, wählt er nicht Teurung und nicht Flucht vor Feinden, sondern die furchtbare Pestilenz. Denn er spricht zum Propheten Gad: »Es ist mir sehr angst. Aber laß uns in die Hand des Herrn fallen, denn Seine Barmherzigkeit ist groß. Ich will nicht in der Menschen Hand fallen.« Immanuel, Gott mit uns. Und will uns bange werden vor Gottes Gericht – Er hat ein Gedächtnis gestiftet Seiner Wunder, der gnädige und barmherzige Herr, da dürfen wir Seiner Gegenwart ganz gewiß werden, da dürfen wir schmecken und sehen, wie freundlich der Herr ist, wo Er spricht: »Das ist mein Leib. Das ist mein Blut!«

Ach, mein Herr Jesu, Dein Nahesein bringt großen Frieden ins Herz hinein. Und Dein Gnadenanblick macht uns so selig, daß Leib und Seele darüber fröhlich und dankbar wird. Amen.

Ps. 150 EG 59: Das alte Jahr vergangen ist Offb. 22, 12-21

Trachtet am ersten nach dem Reich Gottes und nach Seiner Gerechtigkeit, so wird euch solches alles zufallen. Matth. 6, 33

»Dein Reich komme!« Das laß deine erste Bitte sein am Neujahrstag. Gottes Reich kommt wohl ohne unser Gebet von ihm selbst, aber wir bitten in diesem Gebet, daß es auch zu uns komme. Die Bitte um das tägliche Brot und alles, was dazu gehört, hält der Herr selber für so wichtig, daß Er sie in Sein Gebet aufnimmt. Aber zuerst lehrt Er uns beten um die Dinge des Reiches Gottes.

Denn »alles, was zur Leibes Nahrung und Notdurft gehört, als Essen, Trinken, Kleider, Schuh, Haus, Hof, Acker, Vieh, Geld, Gut, fromm Gemahl, fromme Kinder, fromm Gesinde, fromme und getreue Oberherren, gut Regiment, gut Wetter, Friede, Gesundheit, Zucht, Ehre, gute Freunde, getreue Nachbarn und desgleichen«, alles dies wird uns zufallen, wenn wir am ersten trachten nach dem Reich Gottes.

Denn nicht wir sollen die Königsherrschaft Jesu Christi stützen, Er will uns stützen und uns gegen alle Feinde in uns und um uns schützen. Sein ist ja alles, Silber und Gold, Gesundheit und Leben, Macht und Gewalt im Himmel und auf Erden. Die Frage ist nicht, ob die Königsherrschaft Christi bleibt, die Frage ist, ob wir bleiben.

Wir bleiben nur dann, wenn wir zu Seinem Reich gehören. Zu Seinem Reich gehören wir, wenn wir zuerst nach

Seiner Gerechtigkeit trachteten und sie uns zurechnen ließen.

Er, den aller Himmel Himmel nicht zu fassen vermögen, den aller Weltkreis nie beschloß, legte sich in einen Futtertrog, ließ sich an unserer Statt zur Sünde machen. Er, dem die Cherubinen Tag und Nacht in Ehrfurcht dienen, wurde so verachtet, daß man das Angesicht vor Ihm verbarg. Da hat Er die Gerechtigkeit erworben, die vor Gott gilt. Hast du nach ihr getrachtet? Nennst du sie dein eigen? Dann lebst du in sicherem Schutz, dann wird dir alles andere zufallen, auch in diesem Jahr!

Ach bleib mit Deinem Schutze bei uns, Du starker Held, daß uns der Feind nicht trutze, noch fäll' die böse Welt! Amen.

1. Kön. 3, 5-15 EG 62: Jesus soll die Losung Röm. 10, 1-10

Darum sorget nicht für den anderen Morgen; denn der morgende Tag wird für das Seine sorgen. Es ist genug, daß ein jeglicher Tag seine eigene Plage habe.

Matth. 6, 34

Die Festtage liegen hinter uns. Sie waren überstrahlt von großer Freude. Diese Freude war um so echter und tiefer, je mehr wir sie nicht in uns und menschlichen Gaben, sondern in Gott und Seiner Weihnachtsbotschaft fanden. Aber nun verlangt der Alltag wieder sein Recht. Wir sehen wohl in einsamer Abendstunde das letzte Licht des Weihnachtsbaumes langsam verlöschen. Was wird sein, wenn wieder Weihnacht wird, dies heimelige, herrliche Fest? Welch eine lange Reihe kalter, dunkler Tage gilt es zu durchwandern. Die Sorge kriecht einem ans Herz, wenn das letzte Licht verglimmt und die Dunkelheit das Weihnachtszimmer schier zu erdrücken scheint. Liegt nicht dieselbe Dunkelheit über dem ganzen Jahr, mit seiner Mühe, seiner Arbeit, seiner Ungewißheit?

Jesus aber sagt: Sorget nicht für den andern Morgen, noch viel weniger aber fürs ganze Jahr! Heut tu deine Pflicht. Heut bete und arbeite. Bitte um das Kommen des Reiches Gottes. Bete: Unser täglich Brot gib uns heute! Geh heute deinem Beruf so nach, daß du nicht Menschen, sondern Gott dienst. Das Morgen überlaß einem andern. Der morgende Tag wird selber für das Seine sorgen. Noch viel weniger aber sollst du dich grämen um die weiteren Tage des Jahres. »Bist du doch nicht Regente, der alles führen soll, Gott sitzt im Regimente und führet alles wohl.«

Der Herr ist barmherziger mit uns als wir selber. Wir bürden uns am ersten Werktag am liebsten gleich die Last des ganzen Jahres auf. Er sagt: Es ist genug, daß ein jeglicher Tag seine eigene Plage habe. Eins aber sollten wir nie auf morgen verschieben. »Heute, so ihr Seine Stimme höret, so verstocket eure Herzen nicht.« Heut lebst du, heut bekehre dich, eh's morgen kommt, kann's ändern sich.

Sprich Deinen milden Segen zu allen unsern Wegen, laß Großen und auch Kleinen die Gnadensonne scheinen! Amen.

3. Kön. 4, 1-7 EG 361: Befiehl du deine Mark. 4, 1-20

Das Himmelreich ist gleich einem Senfkorn, das ein Mensch nahm und säte es auf seinem Acker; welche das kleinste ist unter allem Samen; wenn es aber erwächst, so ist es das größte unter dem Kohl und wird ein Baum, daß die Vögel unter dem Himmel kommen und wohnen unter seinen Zweigen.

Matth. 13, 31-32

Das Himmelreich ist die Königsherrschaft Jesu Christi. Nicht mit Zwang gewinnt Er Seine Untertanen, sondern durch die Macht Seiner Liebe auf Golgatha. Er sendet Seine Boten als Schafe mitten unter die Wölfe. Wie sollen diese Lämmer sich gegen die bleckenden Zähne der Raubtiere schützen? Er schützt sie, dem alle Gewalt gegeben ist. Er kann sie auch aus dem feurigen Ofen erretten. »Und wo Er's nicht tun will«, so sprechen Seine Boten des Alten und Neuen Testaments zu jedem, der ihren Herrn verachtet, »so sollst du dennoch wissen, daß wir Deine Götter nicht ehren noch das goldene Bild, das du hast setzen lassen, anbeten wollen.« Dieser Mut hat die Boten oft das Leben gekostet.

Aber das Blut der Zeugen erwies sich als der Same der Kirche. Dieser Same war klein und unscheinbar. Als Heinrich von Zütphen in Heide unter furchtbaren Martern sein Leben aushauchte, triumphierte die Welt, und das Wort schien erstickt. Aber der Same lebte, und Er, der das Leben spendet, schützte es und ließ es gedeihen, selbst auf hartem und steinigem Boden. Weil Christus alle Gewalt hat, kann kein Mensch das Wachsen des Samens hindern. Er wird zum Baume. Und wie ein Baum seine Zweige schützend ausreckt, so breitet die Königsherrschaft Jesu Christi sich schützend und segnend über die Völker dieser Erde. Durch Taufe und Predigt wirkt sie Vergebung der Sünden, erlöset vom Tode und Teufel und gibt die ewige Seligkeit allen, die es glauben. Wie Vögel ihre Nester in den Bäumen der Erde, so dürfen wir unsre Heimat finden in diesem Baume des Lebens, der auch dir eine Zuflucht bietet.

Vater im Himmel! Der Vogel hat ein Haus gefunden, und die Schwalbe ihr Nest, da sie Junge hecken: Deine Altäre, Herr Zebaoth, mein König und mein Gott! Amen.

Ps. 84 EG 256, 1-3: Einer ist's, an dem Kor. 6, 3-10

Abermals ist gleich das Himmelreich einem verborgenen Schatz im Acker, welchen ein Mensch fand und verbarg ihn und ging hin vor Freuden über denselben und verkaufte alles, was er hatte, und kaufte den Acker. **Matth. 13, 44**

Die Königsherrschaft Jesu Christi ist verborgen. Daraus schließen viele, sie sei gar nicht vorhanden. Aber wie die elektrischen Wellen bestanden, bevor man sie kannte, so ist auch das Reich Gottes da, selbst wenn man es nicht sieht. Es gleicht einem verborgenen Schatz, von dessen Dasein selbst der nichts ahnt, der ihn fand.

Dieser Fund bereitet Freude. Denn der Schatz des Reiches Gottes übertrifft alles, was der Finder bisher kennt und besitzt. Diese Freude macht fähig zu größten Opfern. Wie ein Erfinder manchmal sein ganzes Vermögen hingibt, um seine Erfindung auszuwerten, so verkauft ein Mensch, der die Königsherrschaft Jesu Christi entdeckt hat, »alles, was er hat«, und zwar »vor Freuden«, denn es handelt sich nicht hier um ängstliches Wagnis oder Verlust, sondern um höchsten Gewinn, um einen Schatz, den nicht Motten und Rost fressen. Wer ist dieser verborgene Schatz des Himmelreichs? Das ist der, den Judas verkaufte um dreißig Silberlinge.

Die Freude gründet sich auf Christum allein. Er ist der Weg, die Wahrheit und das Leben. Was sollen wir verkaufen, um den Schatz zu erwerben? Unter Umständen vieles:

»Leib, Gut, Ehr, Kind und Weib.« Aber man kann dieses alles hingeben und erwirbt damit nicht den Schatz. Verkaufen sollen wir vor allem unsre Gerechtigkeit. Der Preis dafür? Gar nichts bekommen wir. Unsre eigne Gerechtigkeit gleicht den Millionenscheinen der Inflation, sie ist gar nichts wert. Womit aber bezahlen wir dann den Schatz? »Die ihr nicht Geld habt, kommt her und kauft ohne Geld und umsonst.« Nur vergängliche und eingebildete Werte gilt es zu verkaufen, um dann vollständig umsonst zu einem »unvergänglichen und unbefleckten und unverwelklichen Erbe« zu erlangen, »das behalten wird im Himmel«.

Mein's Herzens Kron', mein Freudensonn' sollst Du, Herr Jesu, bleiben. Laß mich doch nicht von Deinem Licht durch Eitelkeit vertreiben. Amen.

Jes. 45, 15-25 EG 302, 2: Du meine Seele, singe Kor. 2, 1-8

Abermals ist gleich das Himmelreich einem Kaufmann, der gute Perlen suchte. Und da er eine köstliche Perle fand, ging er hin und verkaufte alles, was er hatte, und kaufte sie. Matth. 13, 45-46

Suchst du gute Perlen? In Liebe und Ehre und Glück, in Wissen und Kunst? Wenn du aber dann erkennst, daß nichts auf dieser Welt uneingeschränkt gut ist, machst du dann vielleicht das Suchen zum Selbstzweck, wird dir dein Zweifeln zum Gott? Wohl dir, wenn du wie der Kaufmann die eine köstliche Perle entdeckst, gegen die alle Kostbarkeiten der Welt als Tand erscheinen.

Die eine köstliche Perle ist das Evangelium, ist Jesus Christus. Wer sie entdeckt, steht vor der Wahl: entweder alles andre preisgeben und diese Perle erwerben, oder aber die guten Perlen behalten und diese köstliche verlieren. Denn die köstliche Perle kann man nicht neben andern haben, wie der reiche Jüngling wollte. Die Jünger verließen alles und folgten Jesus nach. Dabei liegt Ihm nichts daran, uns irgend etwas zu nehmen. »Es ist niemand, so er verläßt Haus oder Weib oder Kinder oder Äcker um meinet und des Evangeliums willen, der nicht hundertfältig empfange jetzt in dieser Zeit: Häuser und Kinder und Äcker mitten unter Verfolgungen und in der zukünftigen Welt das ewige Leben!«

Diese eine köstliche Perle, Jesus, faßt also alle guten Perlen in sich. Wir erlangen sie aber nur dann, wenn wir auf sie verzichten um der einen köstlichen Perle willen. Wer sein Leben behalten will, der wird es verlieren. Wer es aber verliert um meinet und des Evangeliums willen, der wird es erhalten. Er selber gab sich ganz für uns, so gib auch du dich ganz für Ihn. Das ist der Kaufpreis. Die Führung geht auf Ihn über. Wenn wir nur nach guten Perlen trachten, so sind wir verloren. Ist aber Jesus unser ein und alles, die eine köstliche Perle, so ist das unser Heil.

Herr Jesu, ach gib an Deinem kostbaren Heil uns alle Tage vollkommen Teil. Amen.

Jes. 55, 1-7 EG 66, 1-4: Jesus ist kommen Luk. 11, 5-13

Da sie den Stern sahen, wurden sie hoch erfreut.
Matth. 2, 10

»Christ ist erschienen, uns zu versühnen, freue, freue dich, o Christenheit!« Das Fest der Erscheinung Christi gilt aber nicht nur der alten Christenheit. Die Weisen aus dem Morgenland, die Heiden von aller Welt Ende, kommen, den König anzubeten, der in Bethlehem geboren ist. Betest du Ihn an?

Der Stern hat sie hergeführt. Die Herrscher dieser Erde mögen Generäle und Admiräle senden, die Sterne müssen sie stehenlassen. Ihm aber gehorchen die Sterne, sie werden Seine Boten, »ausgesandt zum Dienst um derer willen, die ererben sollen die Seligkeit«.

Die Weisen folgen diesem majestätischen Boten, obgleich er kein Wort redet. Die Schriftgelehrten folgen nicht, obgleich sie zu der stummen Sprache des Sterns noch deutlich die Stimme des Wortes Gottes hören, und das Wort sogar den Heiden sagen. Der König Herodes erschrickt, und die alte Christenheit unsrer Tage fast ebenso, wenn Leute kommen, aus unserm Volk oder allen Heiden, die Weihnachten nicht als Märchen empfinden, die Jesus nicht als großen Weisen verehren, sondern kommen, um anzubeten, das Kind in der Krippe anzubeten als Heiland und Herrn. Aber die Weisen ließen sich nicht beirren. Sie folgten dem Stern und wurden hocherfreut, als sie ihn sahen. Sie folgten dem Stern, auch als er stehenblieb über einem Stall.

Hier haben sie angebetet, denn hier war der König, dem die Sterne dienen. Laß auch du dich nicht irremachen durch die Stimmen der Zeit. Hohe Freude darf dein Herz erfüllen, wenn Jesu Boten dich rufen, ob es ein Engel ist oder ein Stern oder ein Mensch: Dein Heiland ist Christus. Heute würdigt Er Menschen, die Dienste der Sterne und Engel zu tun. Du selber darfst helfen, Christen und Heiden das Evangelium zu sagen. Sei hocherfreut!

Laß Dein Wort zu dieser Zeit kräftig schallen weit und breit. Allen Heiden werde kund Deiner Gnade Friedensbund! Amen.

Micha 4, 1-5 EG 70: Wie schön leuchtet Apg. 10, 1-35

Und er redete zu ihnen mancherlei durch Gleichnisse und sprach: Siehe, es ging ein Sämann aus, zu säen.
Matth. 13,3

Alles Handeln Jesu hat im Grunde nur ein Ziel: Gottes Herrschaft auf Erden aufzurichten. Alles Reden Jesu zielt auch immer wieder auf dieses eine. – So leuchtet auch aus den Gleichnissen Jesu etwas auf von den Geheimnissen des Reiches Gottes.

»Siehe, es ging ein Sämann aus zu säen.« Das haben wir vielleicht schon einmal beobachtet, oder wir kennen ein Bild des Sämanns: ruhig ist sein Handeln, zielklar sein Blick, königlich seine Haltung, wie er den keimkräftigen Samen hoffnungsfroh ins Ackerland wirft.

Siehe! Im Reiche Gottes ist alles Werden und Wachsen ans Wort gebunden! Nicht der orientalische Herrscher, der durch Gewalt und Blutvergießen die Grenzen seines Reiches weiter macht, ist unserm Heiland ein Abbild für Sein Wirken. Nein, wenn Christus für Gott und Sein Reich arbeitet und kämpft, so ist Sein Handeln gleich dem stillen Sämannschaffen. Mit dem Wort, allein mit dem Wort wirkt Er für Gott, mit der Stetigkeit und Ruhe und Hoffnung eines Sämanns. »Die Worte, die Du mir gegeben hast, habe ich ihnen gegeben« – so hat Er es einmal betend vor Gott ausgesprochen.

Jahr um Jahr geht der Sämann an seine Arbeit. Jahr um Jahr wird das Wort Gottes weitergegeben. Der Kampf für

Gottes Herrschaft auf Erden geht weiter. Und du bist auch mit zu diesem Kampf gerufen! Wenn der himmlische Vater uns Seinen Heiligen Geist gibt, daß wir Seinem heiligen Wort durch Seine Gnade glauben und göttlich leben – dann ist Gottes Herrschaft uns nahe. Wir empfangen Gottes Wort, um es auch an andere weiterzusagen, nicht zwingend und lärmend, aber in der stillen steten Unbekümmertheit und Hoffnung, mit der ein Sämann seinen Samen in den bereiten Boden wirft.

Überall, überall laß bis an der Welten Rand, laß durch jeden Kreis der Erden Deinen Namen hell erkannt, Deine Kraft verherrlicht werden, bis Du als der Völker Friedefürst herrschen wirst! Amen.

Ps. 119, 12-19 | EG 198, 1: Herr, Dein Wort, die edle Gabe | Kor. 1, 4-17

Und indem er säte, fiel etliches an den Weg; da kamen die Vögel und fraßen's auf. Wenn jemand das Wort von dem Reich hört und nicht versteht, so kommt der Arge und reißt hinweg, was da gesät ist in sein Herz; und das ist der, bei welchem an dem Wege gesät ist.

Matth. 13, 4.19

Gott ist an der Arbeit, wenn Menschen sich um die Bibel sammeln, still darin zu lesen oder gemeisam daraus zu hören. Aber wo Gott etwas ausrichten will, da kommt auch der Feind Gottes und macht sich ans Werk.

Das ist eine ernste Wahrheit, auf die das Gleichnis deutet: »Der Arge kommt und reißt hinweg, was da gesät ist.« Freilich, viele meinen, mit dem Feind Gottes, dem Teufel, bräuchten sie heute nicht mehr zu rechnen. Aber Jesus hat mit ihm gerechnet! Er sah ihn sein teufliches Werk treiben, nicht nur, wenn Er mit den Pharisäern und Schriftgelehrten redete, sondern auch beim Gespräch mit Seinen Jüngern. »Simon, Simon, siehe, der Satan hat euer begehrt ...« – das war eine ernste Warnung für Petrus. Er ist durch bittere Erfahrungen klug geworden und durch das Erbarmen seines Heilandes fest, so daß er die Gefährdung des Christenlebens durch die finstere Macht des Feindes Gottes immer klarer erkannte.

Auch unser Volk hat in seinen Sprichwörtern die Wirksamkeit des Teufels anerkannt. »Wo Gott eine Kirche baut, setzt der Teufel eine Kapelle daneben.« »Der Teufel feiert nicht.« »Wenn Gott zur einen Tür hinausgeht, schleicht sich der Teufel zur andern herein.« »Wenn Gott sagt ›heute‹, sagt der Teufel ›morgen‹.« Das sind nur einige Sprichwörter, die uns zu denken geben.

Gerade, wenn wir anfangen, Gottes Wort ernst zu nehmen, es in die Tat umsetzen, gerade dann sind wir doppelt bedroht von dem Feinde Gottes. Es wäre töricht, ja es wäre gefährlich, wenn wir uns über den Teufel lustig machen wollten. Gewiß, wir sehen ihn nicht. Aber er gebraucht Menschen zu seinen Handlangern, zu Spottvögeln, die über die Hörer des Wortes Gottes herfallen und ihnen den Segen des Wortes nehmen. Statt zu lachen über den Teufel, sollten wir mit ganzem Ernst beten:

Jesu Christe, wohn uns bei und laß uns nicht verderben, mach uns aller Sünden frei und hilf uns selig sterben. Vor dem Teufel uns bewahr! Amen.

Ps. 119, 33-42 — EG 166, 4: Tut mir auf die schöne Pforte — Luk. 22, 31-34

Etliches fiel in das Steinige, wo es nicht viel Erde hatte; und ging bald auf, darum daß es nicht tiefe Erde hatte. Als aber die Sonne aufging, verwelkte es, und dieweil es nicht Wurzel hatte, ward es dürre. Das aber auf das Steinige gesät ist, das ist, wenn jemand das Wort hört und es alsbald aufnimmt mit Freuden; aber er hat nicht Wurzel in sich, sondern er ist wetterwendisch; wenn sich Trübsal und Verfolgung erhebt um des Wortes willen, so ärgert er sich alsbald.

Matth. 13, 5.6.20-21

Um des Wortes willen erhebt sich Trübsal und Verfolgung – unter diesem schmerzlichen Gesetz vollzieht sich das Kommen des Reiches Gottes.

Um des Wortes willen ward unser Herr selbst ans Kreuz gebracht. Um des Wortes Gottes willen ward Stephanus gesteinigt, Jakobus mit dem Schwert getötet und ein Apostel nach dem andern ins Gefängnis gebracht. Um des Wortes Gottes willen wird die Gemeinde Jesu zu allen Zeiten bedrängt, verfolgt, verlassen und verflucht.

Warum? Gott will es! Gott kennt unser Herz. Er weiß, wie leicht ein Mensch zu begeistern ist, und Er weiß auch, wie sehr ein Mensch danach fragt, was die andern wohl denken, sagen oder tun werden. Deshalb führt Gott uns in Trübsal hinein; da wird sich zeigen, ob wir mit Gott und Seinem Wort verbunden bleiben wollen, mag kommen, was da will.

Wo christliche Sitte in Haus und Gemeinde lebendig ist, da ist es nicht so schwer, sich mit den andern zusammen zu Gottes Wort zu bekennen. Aber wenn keine Sitte uns schützt und anhält, wenn wir ganz einsam stehen und jedes offene Bekennen zu Gottes Wort Spott und Verachtung nach sich zieht, dann wird sich zeigen, ob wir bloß oberflächlich von Gottes Wort berührt worden sind, oder ob es ganz fest und tief in uns Wurzel gefaßt hat.

Als im Jahre 1592 der Hofprediger Nikolaus Selnecker nach einem Leben voller Anfechtung und Anfeindung starb, wurde ihm nachgerühmt: »Er ist nicht ein Wetterhahn oder Wendehals gewesen.« Zu eigenem täglichen Gebrauch dichtete er sich jenen Gebetsvers, den unser Abschnitt auch uns wichtig machen will:

Laß mich Dein sein und bleiben, Du treuer Gott und Herr, von Dir laß mich nichts treiben, halt mich bei Deiner Lehr. Herr, laß mich nur nicht wanken, gib mir Beständigkeit, dafür will ich Dir danken in alle Ewigkeit. Amen.

Ps. 119, 75-80 EG 246: Ach bleib bei uns Petr. 4, 12-14

Etliches fiel unter die Dornen; und die Dornen wuchsen auf und erstickten's. Das aber unter die Dornen gesät ist, das ist, wenn jemand das Wort hört und die Sorge dieser Welt und der Betrug des Reichtums erstickt das Wort, und er bringt nicht Frucht.

Matth. 13, 7.22

Es gibt mancherlei Hindernisse für ein gesegnetes Hören des Wortes Gottes. Heute werden wir besonders an zwei erinnert:

Das eine Hindernis ist die Not, ein Leben voller Sorgen. Du steckst vielleicht in großen Sorgen, hast Schulden, die immer mehr statt weniger werden, und weißt bald nicht mehr aus noch ein; da meinst du, Gottes Wort könne dir in deiner wirtschaftlichen Not doch nicht helfen, du müßtest am Sonntag, anstatt in die Kirche zu gehen, arbeiten in Haus und Geschäft, auf dem Acker oder im Garten. Du armer Mensch! Du willst vorwärtskommen in deinem Schaffen? Laß dich nicht betören! Mit Gott fang deine Arbeit an; mit Gott nur geht es glücklich fort!

Das andre Hindernis ist der Reichtum, ein Leben ohne jede Not und Sorge. Das Gefühl: Ich bin gesund und habe alles, was ich brauche, läßt den Menschen leicht vergessen, daß er nicht von Brot allein lebt. Er ist mit sich selbst ganz zufrieden, aber Gott spricht: Du Narr!

Wenn wir unser Leben einmal daraufhin ansehen, weshalb wir zu verschiedenen Zeiten uns auch so verschieden zum Worte Gottes verhalten haben, bald gleichgültig, bald willig zum Hören; ist es nicht so, daß wir dann diese beiden Hindernisse entdecken, die in unserm Leben aufkamen und uns die Freudigkeit zum Bibellesen und zum Gottesdienst der Gemeinde nehmen?

Disteln müssen aus dem Acker entfernt werden! Ein sicher wirkendes Mittel, Herr zu werden über die Versuchungen eines Lebens in Not oder in Sorglosigkeit, ist der Gedanke an den Tod und an die Ewigkeit. »Was sorgst du bis zum letzten Tritt? Nichts brachtest du, nichts nimmst du mit. Die Welt vergeht mit Lust und Schmerz, schau himmelwärts! Da, wo dein Schatz, da sei dein Herz!«

Ewigkeit, in die Zeit leuchte hell hinein, daß uns werde klein das Kleine und das Große groß erscheine, sel'ge Ewigkeit. Amen.

Ps. 119, 109-117 EG 361, 2: Befiehl du deine Wege Luk. 8, 4-15

Etliches fiel auf ein gutes Land und trug Frucht, etliches hundertfältig, etliches sechzigfältig, etliches dreißigfältig. Das aber in das gute Land gesät ist, das ist, wenn jemand das Wort hört und versteht es, und dann auch Frucht bringt; und etlicher trägt hundertfältig, etlicher aber sechzigfältig, etlicher dreißigfältig. Wer Ohren hat, zu hören, der hört!

Matth. 13, 8.23, 9

Solange die Erde steht, soll nicht aufhören Saat und Ernte. Der Sämann darf ernten. Auch über dem ausgestreuten Samen des Wortes Gottes steht die göttliche Verheißung einer Ernte: hundertfältig, sechzigfältig, dreißigfältig. Ja, Gott legt reichen Segen auf das treue Hören und Bewahren Seines Wortes.

Erntezeit ist Freudenzeit. Wie ist das Herz unsres Heilandes voll Lob und Dank gewesen, als Er Fischer und Zöllner die Frohbotschaft annehmen sah, und gebundene Menschen erlöst wurden: »Ich preise Dich, Vater und Herr des Himmels und der Erde, daß du solches den Unmündigen geoffenbart hast!«

Hat Gott nicht durch Sein Wort auch schon dein Leben gesegnet? Sieh einmal zurück. Hast du gar nicht zu danken für Stunden, in denen Sein Wort zu dir sprach, aufrüttelnd und aufrichtend, vor Versuchungen dich zurückhaltend, von geheimen Bindungen dich freimachend? Hast du gar nicht zu danken dafür, daß Gott dir Menschen an den Weg stellte, vielleicht Eltern oder Lehrer oder Prediger des Evangeliums, von denen du sagen kannst: ohne ihren Dienst wäre mein Leben anders verlaufen. Ja, danke Gott von Herzen für allen empfangenen Segen!

»Das Wort wuchs« – so heißt es einmal in der Geschichte der Urgemeinde. Wo das Wort wächst, da wächst die Gemeinde Jesu, da wird die Schar derer größer, die sich zu Gottes Wort hält, da wächst die Freude am Herrn und der Lobpreis Seines Namens. Denke daran: Gott möchte dich so segnen, daß nicht nur dein persönliches Leben erlöst und geheiligt wird, sondern daß eben darum durch dich auch andre mit zum Wort Gottes geladen und durch das Wort Gottes gesegnet werden. Je treuer du hierin Gott dienst, an deinem Hausgenossen, Nachbarn und Kameraden zunächst, um so reicher wird Gott dein Leben segnen.

Öffne uns die Ohren und das Herz, daß wir das Wort recht fassen, in Lieb und Leid, in Freud und Schmerz es aus der Acht nicht lassen; daß wir nicht Hörer nur allein des Wortes, sondern Täter sein, Frucht hundertfältig bringen. Amen.

Ps. 119, 165-175 EG 386, 3: Eins ist not Offb. 3, 7-13

Und die Jünger traten zu Ihm und sprachen: Warum redest du zu ihnen durch Gleichnisse? Er antwortete und sprach: Euch ist's gegeben, daß ihr das Geheimnis des Himmelreichs verstehet; diesen aber ist's nicht gegeben. Denn wer da hat, dem wird gegeben, daß er die Fülle habe; wer aber nicht hat, von dem wird auch genommen, was er hat.

Matth. 13, 10-12

Schon die Propheten hatten von dem kommenden Reich Gottes den Juden verkündigt, aber sie beherzigten es nicht. Johannes der Täufer trat auf und sagte es allem Volk: Gottes Reich ist nahe; tut Buße! Aber diejenigen, auf die es ankam, dachten nicht daran, Buße zu tun. Und nun stand Jesus als der Bringer des Gottesreiches vor ihnen.

Aber warum sagt Er nicht einfach offen und klar, daß Er der Verheißene ist?

Ach, könnte Er nur offen reden! Aber sie wollen ja gar nicht das, was Er ihnen bringen will; sie wollen nicht die ganze Wahrheit über Gott und über sich selbst. Ein offenes Wort hätte allzu schnell ihren Haß auflodern lassen; noch brauchte Er Zeit, die kleine Jüngerschar tiefer einzuführen in die Geheimnisse des Gottesreiches, von denen die andern nur Andeutungen erhielten.

So verhindert der Ungehorsam gegen empfangene Botschaft von Gott den Segen vermehrter Gotteserkenntnisse und Gotteserfahrungen!

Hast du vielleicht noch wenig Erkenntnis über die Glaubensfragen? Macht dir das Bibellesen Not, weil du so vieles nicht verstehen kannst? Laß nicht nach darin! Das Wenige, was du als Gotteswahrheit erkannt hast, das laß dein Leben gestalten, laß es den Tag hindurch dich geleiten als Regel für dein Handeln. Und höre nicht auf, Gott zu bitten: öffne mir die Augen, daß ich die Wunder Deines Wortes sehe. Sei gewiß: Gott wird dich Seine Wunder schauen lassen, denn dem Gehorsam gegen empfangene Botschaft von Gott wird der Segen vermehrter Gotteserkenntnisse und Gotteserfahrungen zuteil.

Zeig uns Dein königliches Walten, bring Angst und Zweifel selbst zur Ruh, Du wirst am End' doch recht behalten. Herr, mach uns still und rede Du! Amen.

Amos 8, 11-12 — EG 406, 1-3: Bei Dir Jesu will ich bleiben — Kol. 1, 15-23

Da Jesus geboren war zu Bethlehem im jüdischen Lande, zur Zeit des Königs Herodes, siehe, da kamen die Weisen vom Morgenland gen Jerusalem und sprachen: Wo ist der neugeborene König der Juden? Wir haben Seinen Stern gesehen im Morgenland und sind gekommen, Ihn anzubeten. Matth. 2, 1-2

Es ist immer ein geschichtliches Ereignis, wenn ein Mensch geboren wird – für eine Familie, für ein Land oder für ein ganzes Volk. Das größte geschichtliche Ereignis nach Erschaffung der Welt ist die Geburt Jesu, von entscheidender Bedeutung für alle Völker und Menschen, auch für dich und dein Leben.

Da griff Gott in die Geschichte der Menschen und Völker ein und machte Geschichte.

Unser Glaube steht auf geschichtlichen Ereignissen, auf Taten Gottes, die Er auf Erden unter uns getan hat. Geschichte geschieht immer an einem ganz bestimmten Ort. So wie die Schlacht von Sedan bei Sedan geschah, so geschah die Geburt Jesu zu Bethlehem im jüdischen Lande und geschah zu der Zeit des Königs Herodes.

Da, wo Gott Geschichte macht, müssen wir Menschen irgendwie Stellung nehmen, ablehnend oder bejahend. Die Geburt Jesu setzt die Weisen aus dem Morgenland in Bewegung; sie haben Seinen Stern gesehen und kommen; sie machen eine weite Reise. Warum? Einfach, um Jesus anzubeten.

Wie viele weite Reisen werden unternommen, um Geld zu verdienen, Geschäfte abzuschließen; aber um Jesus anzubeten? Wer macht dazu eine weite Reise? Das hätten die Weisen aus dem Morgenland doch ebenso gut zu Hause tun können. So denken wir.

Heute ist Sonntag, der Tag des Herrn. Wir Christen wissen, was die Epiphanienzeit für uns bedeutet: Die Herrlichkeit des Herrn ist in der Geburt im Stall zu Bethlehem aller Welt erschienen. Wir feiern Sonntag, um – ebenso wie die Weisen aus dem Morgenland – Jesus, den Sohn Gottes anzubeten. Du brauchst dazu keine weite Reise zu unternehmen; du brauchst nur in deine Kirche zu gehen, um mit der Gemeinde Gott die Ehre zu geben und Seinen Sohn Jesus anzubeten. An allen andern Tagen sollen und wollen wir Jesus zu Hause anbeten; heute aber, am Tage des Herrn, sollen wir alle es in der Gemeinde und mit der Gemeinde im Hause Gottes tun.

Herr, Jesus, segne Deine Kirche und gib uns allen den Geist der Anbetung, daß unsre Herzen fröhlich werden in Deiner Gnade. Amen.

2. Mose 24, 10-17 EG 71: O König aller Ehren Luk. 1, 30-33

Da das der König Herodes hörte, erschrak er und mit ihm das ganze Jerusalem. Matth. 2, 3

Ein unüberbrückbarer Gegensatz: Die Weisen suchen Jesus und fragen nach Ihm: Wo ist der König der Juden? Herodes aber und mit ihm das ganze Jerusalem erschraken; sie wollen den neuen König nicht; sie fürchten Kampf und Schwierigkeiten.

Dieser Gegensatz geht auch heute durch die Welt, vielleicht auch durch diese Hausgemeinde. Zu wem gehörst du? Zu Herodes, der von Jesus nichts wissen will? Oder zu den Weisen, die den Stern aus Jakobs Stamm gesehen haben und kommen, um Jesus zu suchen, bis sie Ihn gefunden haben, und die mit Freuden Ihn anbeten?

Wir Menschen lieben solche Entscheidungen nicht; wir leben lieber im Dämmerzwielicht der Unentschiedenheit.

Aber darin offenbart sich Gottes Allmacht, daß Er uns alle – ob wir wollen oder nicht – zu einer Entscheidung für oder gegen Christus zwingt. Wer sterbend diese Welt verläßt, hat sich schon entschieden – so oder so. Keiner kommt um diese Entscheidung herum. Auch du gehörst entweder zu Herodes und seinem Erschrecken über die Wirklichkeit des Christus, oder zu den Weisen und ihrer anbetenden Freude über Christus, den Sohn Gottes, unsern geliebten Heiland.

Weiche dieser Entscheidung nicht aus; verschiebe sie nicht auf spätere Zeit, denn mit diesem Ausweichen und

Hinausschieben fällen wir immer – jedenfalls für den Augenblick – eine Entscheidung gegen Christus und für Herodes. Wie lange willst du denn mit Herodes gehen, den hernach die Würmer zerfressen haben?

Du wirst doch nicht eher zum Frieden kommen, als bis du dich klar und eindeutig für Christus entschieden hast. Erst dann liegt der Weg deines Lebens klar und in hellem Lichte vor dir.

Herr, Jesus, laß uns Dein Licht leuchten, daß wir Dich und Dein Reich finden. Amen.

1. Sam. 15, 22-28 EG 72: O Jesu Christe Joh. 3, 19-21

Herodes ließ versammeln alle Hohenpriester und Schriftgelehrten unter dem Volk und erforschte von ihnen, wo Christus sollte geboren werden. Und sie sagten ihm: Zu Bethlehem im jüdischen Lande, denn also steht geschrieben durch den Propheten.

Matth. 2, 4-5

Auch die Gottlosigkeit sucht Auskunft und Rat im Worte Gottes; auch Herodes glaubt an die Wahrheit der prophetischen Verheißung. Aber er will dem Worte Gottes nicht gehorsam sein.

Gott will uns Menschen begegnen und will, daß wir Ihm begegnen. Aber Gott bestimmt den Ort, da Er uns und wir Ihm begegnen.

Gott macht Geschichte mitten in dieser Welt; aber Er bestimmt den Ort, da Sein Reich in dieser Welt in Erscheinung tritt. Nach Seinem Rat und Willen sollte Christus geboren werden zu Bethlehem im jüdischen Lande. Er fragt uns nicht, ob es uns gefällt. Nicht in der Königsstadt Jerusalem; nicht in germanischem Lande, sondern in einem kleinen, geringgeachteten Dorf im jüdischen Land geschah das große Wunder der heiligen Geburt.

Es soll uns gleich sein, wo Christus geboren wurde; aber wir wollen uns freuen, daß Er geboren ist uns zum Heil und zur ewigen Erlösung.

Nicht in den Büchern menschlicher Gelehrsamkeit, nicht in den großen Werken menschlicher Kunst wirst du dein

Heil finden; sondern in der verachteten Bibel begegnet dir Christus. Nicht in den von dir selbstgewählten angeblichen Gottesdiensten in Gottes freier Natur begegnet dir Gott; sondern in der geringgeachteten Kirche und ihrem Gottesdienst wird dir Gottes Liebe offenbart.

Wir müssen es schon dem allmächtigen Gott zubilligen, daß Er den Ort der Begegnung bestimmt. Wir sind von ganzem Herzen dankbar, daß wir Christus, unsern Heiland, haben und daß in Ihm der Vater Seine ewige Liebe offenbart. So lies deine Bibel, so geh in die Gottesdienste, so geh zum heiligen Abendmahl, so beuge betend Herz und Knie vor Ihm und in diesem allen begegnet dir der lebendige heilige Gott.

Vater, lehre uns die Wunder Deiner Wege erkennen und von ganzem Herzen Deinem Wort glauben. Amen.

Micha 5, 1-5 EG 32: Zu Bethlehem geboren Hebr. 4, 1-11

Da berief Herodes die Weisen heimlich und erlernte mit Fleiß von ihnen, wann der Stern erschienen wäre, und wies sie gen Bethlehem und sprach: Ziehet hin und forschet fleißig nach dem Kindlein; und wenn ihr's findet, so sagt mir's wieder, daß ich auch komme und es anbete. **Matth. 2, 7-8**

Die Weisen aus dem Morgenland haben sich von dem Stern Gottes und von der Liebe zu Jesus leiten lassen, und darin bewiesen sie rechte Weisheit. Aber doch durchschauen sie nicht die Heuchelei und den Betrug des Herodes. Es geht ja uns genauso. Nur von Jesus kann gesagt werden: »Er bedurfte nicht, daß jemand Zeugnis gäbe von einem Menschen; denn Er wußte wohl, was im Menschen war.« Wir aber wissen es nicht. Darum müssen wir täglich Wegweisung in Gottes Wort suchen und unsern Heiland um Seine Führung bitten.

So nahen wir auch in dieser Andachtsstunde unserm Herrn und König, um uns von Seinem Wort und Geist leiten zu lassen. Gott braucht allerdings zuweilen auch Gottlose zu Seinen Zwecken, wie hier den Herodes, der den Weisen den Weg nach Bethlehem zeigen muß. Aber das kann nur dann gut gehen, wenn wir nicht Fleisch für unsern Arm halten, sondern täglich unter Gottes Leitung bleiben; sonst lassen wir uns irreführen, denn Heuchelei wird von uns nie durchschaut, sondern allein vom Herrn. Auch Königspracht und weltliche Macht soll uns nicht blenden. Die

Weisen werden bewahrt durch die Treue zu ihrem Ziel und Auftrag, »fleißig nach dem Kindlein zu forschen«.

Wir Christen sollen solche Weisen sein, die ihr Leben lang nach Jesus forschen, Seinen Wegen nachsinnen mit Fleiß und Bemühen, wie wir Ihm dienen können und anderen den Weg zu ihm zeigen, daß sie auch kommen und Jesus anbeten.

Wie müßten wir uns fürchten vor der Unehrlichkeit der Menschen, vor den Enttäuschungen, die sie uns bereiten – und die wir selber andern bereiten, wenn wir nicht dies beides aus der Schrift wüßten: So ist die Welt; weil wir sie kennen, kann sie uns nicht enttäuschen.

Und das andre: Jesus allein enttäuscht nie. Darum ist die größte Weisheit: Jesus kennen und lieben.

Führe mich, o Herr, und leite meinen Gang nach Deinem Wort; sei und bleibe Du auch heute mein Beschützer und mein Hort; nirgends als bei Dir allein kann ich recht bewahret sein. Amen.

Ps. 118, 6-9 — EG 70, 1: Wie schön leuchtet der Morgenstern — Joh. 2, 23-25

Als sie nun den König gehört hatten, zogen sie hin. Und siehe, der Stern, den sie im Morgenland gesehen hatten, ging vor ihnen hin, bis daß er kam und stand oben über, da das Kindlein war. Matth. 2, 9

Jesus kennen und lieben und anbeten; dies Wollen hat auch Herodes ihnen nicht nehmen können. Sie verlassen den Königspalast von Jerusalem und ziehen hin. Ob sie enttäuscht gewesen sind, daß der neugeborene König nicht im Königsschloß war? Es wäre ja so viel schöner, bequemer und einfacher gewesen. Lohnt es sich, einen König zu suchen, von dem man in der Königsburg nichts weiß?

»Und siehe, der Stern, den sie im Morgenland gesehen hatten, ging vor ihnen hin.« Vor diesem Stern kommen alle Fragen zum Schweigen. Nun liegt der Weg klar vor ihnen bis zum Ziele hin: »Bis daß er kam und stand oben über, da das Kindlein war.«

In diesem Stern ist Gewißheit; er führt auch uns zum Ziel. Was ist denn unsres Lebens Ziel? Wohin geht dein Weg, du Menschenkind? Weißt du es nicht? Es kann kein anderes sein als Jesus allein. Nun nicht mehr das Kindlein in der Krippe im Stall zu Bethlehem; sondern Jesus Christus in Seiner Herrlichkeit als der Sohn Gottes. Seine Herrlichkeit ist erschienen im Stern und in der Krippe, den Menschenaugen verborgen, aber von den Weisen erschaut und erkannt. Auch heute noch wird die Herrlichkeit des Herrn nur erkannt von den Weisen; es ist nicht die Weisheit dieser Welt, sondern die Weisheit, die nur Gott uns geben kann. Die Weisheit aber ist für alle da, auch für dich; du brauchst Gott nur um diese Weisheit zu bitten; Er wartet nur darauf, sie dir zu geben. Dann erkennst auch du den Sinn und das Ziel deines Lebens: Jesus Christus und Sein ewiges Reich. Dafür hat Gott dich bestimmt. Das wissen wir durch Jesus.

Oder willst du weiter planlos, von Zweifeln und Fragen umhergetrieben, den Eintagszielen des alltäglichen Lebens nachjagen? Erfülle treu und gewissenhaft die Pflichten deines Berufes; aber darüber hinaus hat Gott uns Menschen ein ewiges Ziel gezeigt, nach dem deine Seele sich sehnt: Jesus Christus und Sein ewiges Reich.

Vater im Himmel, gib uns Deine Weisheit, die nur Du uns geben kannst, daß wir Jesus Christus, Deinen Sohn, erkennen und Sein ewiges Reich. Amen.

Ps. 146 — EG 69, 4: Der Morgenstern ist aufgedrungen — Joh. 21, 15-19

Sie gingen in das Haus und fanden das Kindlein mit Maria, Seiner Mutter, und fielen nieder und beteten es an und taten ihre Schätze auf und schenkten Ihm Gold, Weihrauch und Myrrhe. Matth. 2, 11

Endlich am Ziel! Es gibt nichts Schöneres, als am Ziel zu sein, alle Mühen und Beschwerden der Reise, alles Fragen und Sorgen hatten sie nun hinter sich. Man hat gesagt: Das schönste Glück sei der Erfolg nach langer Mühe; denn die Mühe ist nicht vergeblich gewesen. Dies war eine erfolgreiche Reise.

Das schönste Glück ist der Erfolg! Gewiß! Aber hier ist mehr als Glück und Erfolg; hier ist Seligkeit im Anschauen des seligen Kindes; hier ist das Heil der Welt, der Sohn Gottes. Um seinetwillen ist die Welt erschaffen. Hier ist Erfüllung aller Sehnsucht der Menschenherzen.

Wir alle haben eine ungestillte Sehnsucht in unsern Herzen. Alle Menschen sehnen sich, aber die meisten Menschen wissen nicht, wonach sie sich sehnen. Ungestillte Sehnsucht kann eine Qual sein, wird einmal ewige Qual sein für alle, die den Weg zu Ihm nicht gefunden haben.

Die Weisen haben Ihn gefunden, Ihn und Seine Mutter. Schweigend sinken sie nieder auf die Knie. Der Stern und ihre Herzen klingen zusammen im Lobpreis Gottes, der uns Menschen dieses Kind, Seinen Sohn, gegeben hat. Sie sinken nieder und beten an und geben alles, was sie haben.

Hast du einmal so angebetet? Anbeten ist ohne Begehren, ohne Wünsche, ohne Bitten; man will nichts haben, man will nur anbeten und sagen: Du lieber Herr und Heiland! Das Herz strömt über von Freude und Seligkeit, daß Er da ist mit Seiner großen, ewigen Liebe zu uns allen, auch zu dir. Da lernt man recht glauben ohne allen Zweifel, wo man recht anbetet. Anbeten ist finden. Im Anbeten kannst du deinen Heiland finden und in Ihm die Erfüllung aller Sehnsucht. Darum tu das, tu es heute noch.

Suche dir Stille und da knie nieder und bete Ihn an.

Ach mein herzliebster Jesu Christi, mein's Herzens Tür Dir offen ist; mach Du es ganz von Sünden rein und laß mich Deine Wohnung sein. Amen.

Ps. 72, 1-15 EG 37, 4-7: Ich steh an Deiner Phil. 3, 15-21

Und Gott befahl ihnen im Traum, daß sie sich nicht sollten wieder zu Herodes lenken; und sie zogen durch einen andern Weg wieder in ihr Land.

Matth. 2, 12

Stunden der Anbetung sind Höhepunkte in unserm Leben, Stunden des Ausruhens am Herzen des Herrn, aus denen wir neue Kraft zum Glauben und zum Schaffen schöpfen. Aber danach müssen wir wieder hinein in die Arbeit. Einen Vorgeschmack der Seligkeit dürfen wir erfahren. Aber dann ergeht an uns der Befehl Gottes: Zieh wieder in dein Land, geh wieder an deinen Dienst.

Aber das ist der große Unterschied: jetzt gehen wir mit Gottes Wort und unter Seiner Leitung. Sein Wort bewahrt uns vor Irrwegen. In der Stille der Nacht, da jeder seinen eigenen Schlaf schläft, sagt Gott jedem einzelnen der Weisen dasselbe: Nicht zurück zu Herodes!

Es gehört ein im Hören und im Gehorsam geübtes Herz dazu, Gottes Stimme und Seinen Willen zu erkennen. Das wird nur in Gottes Wort geübt und in den stillen Stunden der Anbetung. Wer aber nicht dem Worte Gottes gehorchen will, zu dem redet Gott auch nicht.

Es ist dir gesagt: »Du sollst den Feiertag heiligen!« Wir wissen das; denn wir alle haben es gelernt. Aber die meisten gehorchen diesem Gebote Gottes nicht. Wie kann Gott da zu uns reden? Wie kann Er uns da den Weg zeigen, den wir deshalb gehen sollen, weil er für uns der beste ist? Wir weigern uns, dem Befehl Gottes zu gehorchen und wundern uns, daß wir so viele verkehrte Wege gehen, Wege zu Herodes und nicht zur Heimat.

Morgen ist Sonntag! Welchen Weg wollen wir gehen? Den Weg zur Kirche, den Weg des Gehorsams zur Heimat oder den Weg des Ungehorsams zu Herodes? Lerne aufmerken auf die Stimme Gottes. Das ist der Segen des Gottesdienstes. Es ist bestimmt nicht der Weg der Welt und weltlicher Ehren; es ist bestimmt der »andre Weg«, den die Welt nicht will und nicht geht, aber es ist der Weg Gottes, der Weg zu Christus, der Weg in die ewige Heimat.

Vater, vergib uns die Sünden dieser Woche und unterweise uns in Deinem Wort. Segne und erhalte Deine Kirche durch Jesus Christus, Deinen Sohn. Amen.

Ps. 119, 1-10 EG 73, 4+5: Auf Seele, auf Apg. 16, 1-12

Da sie aber hinweggezogen waren, siehe, da erschien der Engel des Herrn dem Joseph im Traum und sprach: Stehe auf und nimm das Kindlein und seine Mutter zu dir und fliehe nach Ägyptenland und bleib allda, bis ich dir sage; denn es ist vorhanden, daß Herodes das Kindlein suche, dasselbe umzubringen.
Matth. 2, 13

Es ist tröstlich, daß uns die Bibel die Wirklichkeit Gottes zeigt, der nicht in nebelhafter und unbestimmter Ferne nur geahnt wird, sondern der »wirkt«, der Geschichte macht, der den Menschen Seine Befehle gibt. So berichtet Matthäus hier in schlichter Selbstverständlichkeit von einem solchen Befehl Gottes an Joseph, durch den Seine führende Hand im Leben des Jesuskindes sichtbar wird. Auch hier wird es wieder deutlich: Gottes Weg und Plan bleibt nicht unangefochten, sondern geht hindurch durch das Widerspiel der Mächte und Kräfte dieser Welt. Herodes sucht mit »groß Macht und viel List« das Kind zu verderben, und er findet immer wieder Nachfolger, die mit den gleichen Mitteln arbeiten.

Immer wieder trifft es zu: »Es wollen Ihm der Erde Herren den Weg zu Seinem Throne sperren!« Sie wollen, damals wie heute, Gott Seinen Plan nicht verwirklichen, Seinen Willen nicht zum Ziel kommen lassen, wollen Ihm in den Arm fallen. Wie einst dem Jesuskinde, so haben sie immer wieder auch Seiner Kirche, Seiner Gemeinde nach dem Leben getrachtet, mit großen Anstrengungen und viel Aufwand an materiellen und geistigen Mitteln. Doch – wir brauchen nicht um den Weg zu zagen; denn Er gewinnt ihn, damals wie heute »ohne Schlacht«!

Gott antwortet. Aber Er arbeitet nicht mit demselben Kräfteaufwand, nicht mit den gleichen Mitteln wie Seine Gegner. Sein Weg geht durch die Stille. Er weicht den Anschlägen und Anstrengungen Seiner Gegner aus. Seine Antwort auf das Bemühen des Herodes: ein schlichter Befehl, im Traum gegeben, eine Wegweisung nach Ägyptenland, in die Fremde, in die Stille: »Bleib allda und warte!« Gott kommt zum Ziel. Wenn der Weg Seiner Feinde am Ende ist, dann setzt Gott Seinen Weg fort, dann führt Er Seinen Plan zum Ende, dann geschieht Sein Wille.

Herr, wir danken Dir, daß wir wissen dürfen: Du kommst zum Ziel. Gib uns Dein Wort und Deine Befehle auch für unser Leben, öffne uns das Ohr für Deinen Willen und das Auge für Dein Werk. Amen.

1. Mose 12, 1-6 EG 368, 1-4: In allen meinen Taten Petr. 5, 7

Und er stand auf und nahm das Kindlein und Seine Mutter zu sich bei der Nacht und entwich nach Ägyptenland. **Matth. 2, 14**

Wunderbar ist Gott in Seinem Wirken, in Seinen Führungen und Wegen, die, allen Anstrengungen der Gegner zum Trotz, doch zum Ziel kommen. Wunderbar ist es auch immer wieder, vom schlichten Gehorsam der Menschen zu hören, die in Selbstverständlichkeit Gottes Befehl ausführen. Joseph gehört zu diesen schlichten Menschen unbedingten Gehorsams, die sich durch Gottes Weisung leiten und führen lassen.

Von ihm wird nicht viel berichtet im Neuen Testament, er steht manchmal – so möchte es uns scheinen – allzusehr im Hintergrund des Geschehens, in der Reihe der Gestalten, die dann nur den äußeren Rahmen abgeben. Er gehört nicht in die Schar der großen Propheten, Apostel, Helden und Märtyrer, nicht in die Reihe derer, die im Reiche Gottes neue Wege weisen, neue Parolen finden als Rufer im Streit. Aber er gehört in die Reihe der Stillen, die vorbehaltlos und ohne Fragen Gottes Willen erfüllen.

Für die Haltung, die unser kurzer Vers andeutet, gilt es: »Wenn ich auch gleich nichts fühle von Deiner Macht – Du führst mich doch zum Ziele, auch durch die Nacht.« Ja, durch die Nacht nach Ägyptenland, das ist Sein Weg. Umlauert von Gefahren, bedroht von der Unsicherheit der Fremde, ohne Führer und Wegweiser, kein Licht als nur das

Wort Gottes, keine Garantie, keine Sicherheit als nur die innere Geborgenheit, die die Gewißheit des Auftrages Gottes uns gibt!

Gott braucht Menschen, die im Gehorsam auch durch die Nacht gehen. Und daß sie sich immer wieder finden, daß sie immer wieder da sind, das ist der Beweis für Seine Wirklichkeit, für die Kraft Seines Wortes. Gottes Reich und Seine Kirche werden auch gebaut durch die vielen, durch die äußerlich nichts Großes, Weltbewegendes geschieht, deren Name nicht immer genannt wird, die aber in schlichtem Gehorsam und in glaubensstarkem Gang durch die Nacht Seinen Willen ausrichten.

Herr, gib Du uns Gehorsam. Hilf uns, Dir zu folgen und dadurch Werkzeug Deines heiligen Willens zu sein. Amen.

Ps. 91, 9-16 EG 138, 1: Gott der Vater steh uns bei Joh. 2, 17

Joseph blieb allda bis nach dem Tod des Herodes, auf daß erfüllt würde, was der Herr durch den Propheten gesagt hat, der da spricht: »Aus Ägypten habe ich meinen Sohn gerufen.« Matth. 2, 15

Schwer ist es, dem Befehl Gottes auf unbegreiflichen Wegen in die Fremde zu folgen. Noch schwerer ist es wohl, nun in der Fremde zu »bleiben«, zu warten. Solange wir noch auf dem Wege, noch in Bewegung sind, ist es anders, als wenn wir nun tatenlos bleiben müssen, zunächst ohne weitere Weisung, ohne weiteren Befehl Gottes, ohne zunächst etwas zu erkennen von den Plänen, die Er mit uns hat.

Wie Gott warten kann, bis der Atem Seiner Feinde zu Ende ist, so müssen auch Seine Beauftragten immer wieder lernen, stille zu sein. In einer modernen Dichtung wird ein junger Adliger, dem nichts am äußeren Glück dieser Erde fehlt und der in den Türkenkrieg zog, gefragt, warum er dennoch in die Fremde gegangen sei. Er antwortet: »Um wiederzukehren!«

Gott läßt die Seinen in die Fremde ziehen, damit sie dort in Geduld warten lernen, bis Er sie wiederkehren heißt. Wartende Geduld ist nötig, damit wir Menschen Bereitschaft lernen und reif werden für den Ruf Gottes zur Heimkehr. Die Bibel weiß immer wieder um den Ruf Gottes, der an Menschen und Völker ergeht, sie in die Fremde gehen und wieder in die Heimat kommen heißt. Unser Text deutet hin auf den Ruf Gottes, der einst an Sein Volk in

Ägypten erging. Darum nennt ihn der Prophet den »Sohn Gottes«, weil Gott ihm Sein Wort gab, Seine Liebe erwies, Seinen Ruf sandte. Von da aus fällt für Matthäus Licht auf das Geschehen des neuen Bundes. Gott hat Seinen Sohn, nun den »eingeborenen«, nach Ägypten ziehen lassen, um Ihn wiederum von dort zu rufen. Er läßt Ihn aus der Fremde in die Heimat kehren, an den Ort Seines Dienstes, Seines Helfens, Seines Leidens und Sterbens. Er rettet Ihn aus der Fremde und führt Ihn sicher heim, damit Er dann selber zum Retter werden kann, damit Er Menschen, verlorene Söhne rufen kann aus der Fremde in die Nähe und Gemeinschaft des Vaters.

Herr, schenke uns wartende Geduld und ein Herz, das bereit ist, Deinen Ruf zu hören. Gib Du uns die Gewißheit der Heimat und Geborgenheit bei Dir. Amen.

Ps. 62, 1-3 — EG 344, 4: Vater unser im Himmelreich — Thess. 5, 21-24

Da Herodes nun sah, daß er von den Weisen betrogen war, ward er sehr zornig und schickte aus und ließ alle Kinder zu Bethlehem töten und an seinen ganzen Grenzen, die da zweijährig und darunter waren, nach der Zeit, die er mit Fleiß von den Weisen erlernt hatte. Da ist erfüllt, das gesagt ist von dem Propheten Jeremia, der da spricht: »Aus dem Gebirge hat man ein Geschrei gehört, viel Klagens, Weinens und Heulens; Rahel beweinte ihre Kinder und wollte sich nicht trösten lassen, denn es war aus mit ihnen.«

Matth. 2, 16-18

Über den Feldern von Bethlehem ist eben erst die Botschaft von der großen Freude erklungen, die durch die Geburt des Heilandes allem Volke widerfahren ist. Aber schon muß der Evangelist von tiefem Leid berichten. Am Anfang des Erdenweges Jesu steht die dunkle Stunde vom Kindermord des Herodes. Wie das Jesuskind selber hindurchgeht durch Verfolgung, Not und Heimatlosigkeit, so sind die gemordeten Kinder von Bethlehem die ersten in der langen Reihe der vom Leid Getroffenen bis auf heute, die Ihm auf diesem Wege folgen. Sie waren unschuldig. Sie litten nicht, weil sie dem Jesuskinde nachfolgten. Was wußten diese kleinen Kinder von Jesus? Und doch litten sie um Seinetwillen. Es gibt viel unschuldiges Leiden, viel unverschuldetes Leid in der Welt. Das bleibt uns oft ein dunkles Rätsel.

Unser Schriftwort deutet auf das Wort des Jeremia hin, in dem Rahel, deren Grab nahe bei Bethlehem lag, um ihre Kinder weint. Und wiederum ertönt um ihr Grab, wie einst, Jammer und Klage. Diese Not kam damals aus dem Widerstreben Israels gegen Gottes Willen und Knechte und kommt jetzt aus der Ablehnung und Verfolgung Seines Christus. Und doch ist Er dazu gekommen, die Not und das Elend zu heilen.

Wie Jesus selber durch Leiden zum Ziel kam, so werden immer wieder Menschen für Ihn und mit Ihm leiden, auch unverschuldet wie die Kinder von Bethlehem. Und das ist der Segen dieses Leidens, daß an seinem Ende nicht die Trostlosigkeit steht, sondern tiefe, letzte Geborgenheit, nicht die Verzweiflung, sondern die Gewißheit des Zieles. Gott geht Seinen Weg: auch unverschuldetes Leid gehört zu Gottes Plan.

Herr, du zeigst uns immer wieder, daß der Weg mit Dir durch Leid geht. Hilf uns zur Bereitschaft zum Leiden und zur Gewißheit des Trostes. Amen.

Jer. 38, 13-17 EG 398: In Dir ist Freude Kor. 1, 3-5

Da aber Herodes gestorben war, siehe, da erschien der Engel des Herrn dem Joseph im Traum in Ägyptenland und sprach: Stehe auf und nimm das Kindlein und Seine Mutter zu dir, und zieh hin in das Land Israel; sie sind gestorben, die dem Kinde nach dem Leben standen. Und er stand auf und nahm das Kindlein und Seine Mutter zu sich und kam in das Land Israel.

Matth. 2, 19-21

Mit fast überraschender Gleichförmigkeit zeigt uns Matthäus, wie Gott Schritt für Schritt Seinen Weg geht, wie eine Weisung, ein Befehl sich an den andern fügt. Da ist nichts von menschlicher Hast, nichts von Übereilung und Fehlschlägen, sondern schon über dem Erdenweg des Jesuskindes leuchtet göttliche Ruhe, Überlegenheit und Zielsicherheit. Gott kann warten, bis Seine Stunde gekommen ist, bis der Widerstand, den menschliche Blindheit und menschlicher Eigenwille Ihm entgegensetzen, zusammenbricht. Wenn menschliches Mühen und feindliche Gegenarbeit sich erschöpft haben, hebt eine neue Stunde Gottes an.

Ist es nicht ein Wort, eine Tatsache von bleibender Gültigkeit: »Sie sind gestorben, die dem Kinde nach dem Leben standen«? Das gilt nicht nur für Herodes. Viele sind nach ihm aufgetreten, die, wie er, dem Kinde »nach dem Leben standen«. Wie haben sie die Welt von sich reden gemacht und den Anhängern des Kindes von Bethlehem Angst,

Zweifel und Verzagtheit gebracht! Doch ihre Macht und ihre Pläne, ihr Einfluß und auch ihre Bücher – oft so geistreich und voll sprühender Gedanken – sind dahin. Ihr Vorgehen fand ein Ende mit dem Zerbrechen ihrer Macht und ihres Einflusses. Sie »sind gestorben«, nicht nur leiblich. Und auch von denen, die Ihm heute nach dem Leben stehen, wird es einmal heißen: »Sie sind gestorben.« Gott aber lebt, und die Botschaft des Kindes von Bethlehem lebt. Die dem Willen Gottes und Seinem Evangelium widerstreben, sterben dahin, aber Seine Sache lebt, und Sein Reich besteht. Nicht nur für Herodes bedeutete Jesus Anstoß und Anlaß zur Entscheidung. Gott kann warten, auch in unserm Leben, ob wir Ihm widerstreben wollen und dahinsterben, oder ob wir Seine Botschaft, die Botschaft des Kindes von Bethlehem, annehmen wollen und Ihm glauben, so daß wir »nimmermehr sterben«, sondern das »ewige Leben haben«.

Herr, ohne Dich müssen wir sterben, ohne Dich sind wir verlorene Menschen. Hilf uns zur rechten Entscheidung für Dich, daß wir in Deinem Sohne Jesus Christus das ewige Leben haben. Amen.

Ps. 21 EG 193: Erhalt uns, Herr Joh. 11, 14-27

Da er aber hörte, daß Archelaus im jüdischen Land König war anstatt seines Vaters Herodes, fürchtete er sich, dahin zu kommen. Und im Traum empfing er Befehl von Gott und zog in die Örter des galiläischen Landes und kam und wohnte in der Stadt, die da heißt Nazareth; auf daß erfüllet würde, das da gesagt ist durch die Propheten: Er soll Nazarenus heißen.

Matth. 2, 22-23

Joseph, der Gottes Führung und Errettung erfahren hatte, hat nun wohl daran gedacht, daß der Jesusknabe in der heiligen Stadt oder wenigsten in ihrer Nähe aufwachsen solle. Nach dem Tode des Herodes aber war in Archelaus ein neuer Herrscher auf den Thron gekommen. Er war wie sein Vater und quälte das Volk so, daß der römische Kaiser es schließlich von ihm befreien mußte. Joseph, der sich darum vor ihm fürchtet, wird durch einen neuen Befehl Gottes nach Nazareth in Galiläa verwiesen, jener kleinen, unbedeutenden Stadt im »Bau der Heiden«. Das war, menschlich gesehen, wiederum ein unverständlicher und bedauerlicher Abweg. Wir hören schon die Frage aufklingen: »Was kann aus Nazareth Gutes kommen?« Schon glauben wir die Verächtlichung des »Nazareners« zu vernehmen, und zwar nicht nur aus dem Munde der Juden.

Matthäus aber sieht auch hierin Gottes klaren Weg und gibt als Grund für diesen scheinbaren Abweg nur an, daß es so kommen muß, »auf daß erfüllt würde, was da gesagt ist durch die Propheten: Er soll Nazarenus heißen«. Man kann dabei an verschiedene Prophetenstellen denken, die durch ein dem »Nazarener« ähnlich lautendes Wort darauf hinweisen, daß ein »Reis«, ein »Schoß« aufgehen und der Welt das Heil bringen wird. Ja, wirklich, es war eine verdorbene Welt, dem Tode nahe, in der nun in Jesus das neue Reis Gottes aufsproßte und neues Leben brachte. In den durch Sünde und Schuld morsch gewordenen Menschheitsbaum pflanzte und fügte Gott in Seinem Sohne Jesus Christus das neue, lebenskräftige Reis ein, von dem zwar viele Menschen nichts erwarteten, von dem aber allein alles Leben und alle Hoffnung kommt. So ist aus dem »Nazarener«, für viele ein Zeichen der Niedrigkeit und Verachtung, das Zeichen des Lebens und der Erlösung geworden.

Herr, Du hast in Deinem Sohne der Welt neues Leben geschenkt. Laß auch uns daran teilhaben, und mache uns zur neuen Kreatur durch Ihn. Amen.

Jes. 11, 1-2 EG 390: Erneure mich, o ew'ges Licht Kor. 5, 14-17

Des Menschen Sohn ist nicht gekommen, daß Er sich dienen lasse, sondern daß Er diene und gebe Sein Leben zu einer Erlösung für viele. Matth. 20, 28

Zweierlei Möglichkeiten haben wir Menschen bei der Gestaltung unsres Lebens. Zweierlei »Haltungen« können wir einnehmen. Auf der einen Seite steht der Mensch, dessen Einstellung uns nur allzu natürlich erscheint: Er »läßt sich dienen«. Dieser Mensch fragt bei allem, wie es der Erhöhung seines Ich dienen, wie es seinen Zwecken nutzbar gemacht werden kann. Alles sieht er nur unter dem engen Gesichtswinkel seines Ich. Ob es die Betrachtung der Natur ist oder die Beziehung zu den andern Menschen oder die Wirtschaftslage, ob es sich um die Kunst handelt oder selbst um die Freundschaft – bei allem fragt er, wie er es für sich verwenden, es in seinen Dienst stellen, es für seine Persönlichkeit und die Verbesserung seines Lebensstandards gebrauchen kann.

Auf der andern Seite steht der Mensch, der sich mit all seinen Kräften und Fähigkeiten »gibt«, andern etwas sein will: Er dient. Denken wir nur an die liebende Mutter, an die Verantwortung des rechten Staatsmannes, an den Künstler, an die verzehrende Arbeit des Wissenschaftlers, an den Heldentod des Soldaten. Auf diesen Hintergrund wollen wir das Wort Jesu stellen, das über diesem Tag steht. Bei allem menschlichen Dienst, bei jedem menschlichen Werk der Hingabe ist immer das Ich noch irgendwie beteiligt. In

Jesus wird uns der »Menschensohn« gezeigt, der eine wahre Mensch, der einzige Mensch nach dem Herzen Gottes, der wirklich ganz und völlig »diente«, der sich hingab an das Werk der Erlösung vieler. Er war wirklich ganz frei zum Dienst, weil Er ganz und völlig gebunden war an Gott. Er will erlösen von der Ich-Gebundenheit zur Gott-Gebundenheit und damit zur Freiheit des Dienstes und der Hingabe an andre. Er macht los von der Kette der Schuld, die uns bindet. Er macht frei vom Selbst, das uns hindert. Er macht frei zum Leben, weil Er der Lebendige ist.

Herr, Du hast uns zur Freiheit berufen durch das Werk Deiner Erlösung. Mach uns los vom Ich, das der Sünde dient. Mach uns frei zum Dienst für Dein Reich und zum Dienst an den andern. Amen.

Jes. 53, 4-5 EG 401: Liebe, die Du mich Kor. 8, 1-15

Zu der Zeit kam Jesus aus Galiläa an den Jordan zu Johannes, daß Er sich von ihm taufen ließe. Aber Johannes wehrte Ihm und sprach: Ich bedarf wohl, daß ich von Dir getauft werde, und Du kommst zu mir? Jesus aber antwortete und sprach zu ihm: Laß es jetzt also sein, also gebührt es uns; alle Gerechtigkeit zu erfüllen. Da ließ er's Ihm zu. Matth. 3, 13-15

Jesus kommt zu Johannes dem Täufer, um sich von ihm taufen zu lassen. Jesus will sich an den Ort stellen, wo sonst nur Sünder stehen. Jesus stellt sich in die Gemeinschaft der Sünder hinein. Wie recht hat Johannes, wenn er sagt: Da gehöre ich hin! Du solltest mich taufen. Du gehörst doch nicht in eine Reihe mit den Sündern. Das ist nun der, den Jesus einmal den Größten »unter allen, die von Weibern geboren sind« nennt. Der größte Bußprediger aller Zeiten weiß, daß er auch Buße tun muß, daß er auch Vergebung der Sünden haben muß. Aber den Christus Gottes will er dort nicht am Ort der Sünder sehen.

Was hat Jesus für Gemeinschaft mit den Sündern? Diese Frage begleitet das Evangelium von Jesus Christus auf Seinem Weg durch die Zeiten. Nicht immer ist dieser Anstoß mit einer so bußfertigen Selbsterkenntnis verbunden gewesen wie bei Johannes dem Täufer. Machen wir es in der Kirche nicht auch so, daß wir uns über die Sünden der andern pharisäisch aufhalten, anstatt aus tiefer Selbsterkenntnis heraus uns mit unter das Bußwort zu stellen?

Der Herr Jesus stellt sich hinein in die Reihe der Sünder. Wie wollen wir daneben stehenbleiben? »Du bist kein Sünder. Du gehörst nicht dahin!« Das kann man wohl zu Jesus sagen, aber zu keinem von uns.

Aus Liebe will Jesus der Heiland der Sünder sein. Seine Liebe treibt Ihn zu den verlorenen Sündern. Und was Seine Liebe tut, das ist das Rechte, damit erfüllt Er alle Gerechtigkeit. Die Liebe ist des Gesetzes Erfüllung. Sein Wille, ein Heiland für die Sünder zu sein, zeigt sich immer wieder im Evangelium mit leuchtender Klarheit. Das ist die frohe Botschaft, daß Er unser Bruder geworden ist, daß er neben uns und unsrer Not steht.

Hat Johannes der Täufer Jesus verstanden? Er tauft den Heiland der Sünder. Er läßt es zu. Haben wir Jesus verstanden? Lassen wir Ihn den Heiland der Sünder sein – den Heiland für uns Sünder?

Herr Jesus! Wir danken Dir, daß Du zu uns Sündern gekommen bist, um uns selig zu machen. Nimm uns allen Hochmut und alle Lust, andre zu richten. Schenk uns Erkenntnis unsrer Schuld und Deiner Liebe zu den Sündern! Amen.

Ps. 130 EG 353, 1-4: Jesus nimmt die Sünder an Röm. 9, 1-5

Und da Jesus getauft war, stieg Er alsbald herauf aus dem Wasser; und siehe, da tat sich der Himmel auf über Ihm. Matth. 3, 16

Über dem Heiland der Sünder tut sich der Himmel auf. Da, wo Jesus sich in die Gemeinschaft der Sünder stellt, um ihre Sünde zu überwinden, stehen Ihm die himmlischen Gnadengaben zur Verfügung; da steht über Ihm der Himmel offen. So steht es im Evangelium berichtet. Immer wenn Er sich zu den Sündern hält, um ihnen zu helfen, tut sich der Himmel über Ihm auf. Da bricht die Macht der Krankheit zusammen; da weicht die Not. Das steht bei Jesus nebeneinander, daß Er sagt: »Dir sind deine Sünden vergeben!« und daß Er sagt: »Stehe auf und wandle!« Das hat Martin Luther unvergleichlich ausgedrückt: »Denn wo Vergebung der Sünden ist, da ist auch Leben und Seligkeit.« Das heißt: Wo Jesus sich als der Heiland der Sünder zeigt, stehen die Himmelskräfte zum Helfen bereit.

Darin liebt Jesus Seine Herrlichkeit, daß Er der Sünderheiland ist, über dem der Himmel offen steht. Das kommt jubelnd in Seinen Worten zum Ausdruck, wenn Er sich freut, daß die Armen und Verlorenen den Weg zu Ihm finden. Für solche Herrlichkeit dankt Er dem Vater im Himmel. Deshalb verzichtet Er auch still und ernst auf die Königswürde, die das begeisterte Volk Ihm geben will. Solche Herrlichkeit will Er nicht. Dann geht Er in die Einsamkeit und betet, und der Himmel steht über Ihm offen.

Eine andre Herrlichkeit gibt es auch nicht für die Kirche, die sich nach Jesus nennt. Wenn sie Macht und Herrlichkeit dieser Erde sucht, verliert sie den offenen Himmel über sich. Wenn sie Kirche ist, die lebt von der Vergebung der Sünden, die für die Sünder die Tore weit aufmacht, steht auch über ihr der Himmel offen. Darin liegt die Herrlichkeit unsrer Kirche, daß immer da Gottes Kraft erfahren wird, wo Sünder zu Jesus kommen.

Jesus verheißt einmal Seinen Jüngern: »Von nun an werdet ihr den Himmel offen sehen.« Der Heiland der Sünder, der kann das sagen.

Herr, unser Heiland! Wir danken Dir, daß Du uns Vergebung der Sünden geschenkt hast und damit Leben und Seligkeit. Laß Deine Ohren allezeit unserm Beten geöffnet sein. Und laß uns Deine Gerechtigkeit schauen. Amen.

Mal. 3, 7-10 EG 73: Auf Seele, auf Tim. 1, 12-17

Und Jesus sah den Geist Gottes gleich als eine Taube herabfahren und über Ihn kommen. Und siehe, eine Stimme vom Himmel herab sprach: Dies ist mein lieber Sohn, an welchem ich Wohlgefallen habe.

Matth. 3, 16-17

Diesen Sündenheiland hat Gott als Seinen Christus anerkannt. Wir wissen nicht, ob das Volk hier die Stimme Gottes hört. Das Volk wird gar nicht erwähnt. Jesus und Johannes der Täufer hören die Stimme Gottes. Sie gibt dem Täufer die Gewißheit, daß dieser Sünderheiland der ist, der da kommen soll. Und sie gibt Jesus die Bestätigung, daß Sein Weg zum Jordan der Weg des Vaters ist, daß Er als der Sünderheiland das Wohlgefallen Gottes hat.

Wie ernst und tief der Täufer das Erleben bei der Taufe Jesu aufgenommen hat, muß man im Johannesevangelium nachlesen. Er hat das erste Zeugnis für den Sünderheiland Jesus abgelegt. Er ist der erste gewesen, der auf Jesus zeigte und sagte: »Siehe, das ist Gottes Lamm, das der Welt Sünde trägt.« Mit diesem Wort ist er der eindringliche Wegweiser zu Jesus geworden. Und etliche Seiner Jünger haben Seine Predigt verstanden und sind dem Sünderheiland nachgegangen. Nun verstehen wir auch, warum gerade hier der Geist in Gestalt einer Taube sichtbar werden mußte. »Der wird euch mit dem Heiligen Geist und mit Feuer taufen«, so hatte der Täufer gepredigt; und nun darf er als erster den

Sohn Gottes begrüßen, der mit dem Heiligen Geist taufen kann, weil Er den Heiligen Geist hat.

An unsrer Stelle steht Jesus im Vordergrund. Von dem, was der Täufer erlebt, wird hier nichts erwähnt. Aber Matthäus will mit seinem Bericht uns allen Mut machen, uns neben Johannes den Täufer zu stellen und mit ihm zu bezeugen: Dieser ist der Sohn Gottes. Was dem Volk damals noch unverständlich bleiben mußte, das kann heute jeder erfahren, der sich von Jesus den Heiligen Geist schenken läßt. Dieser Sünderheiland ist noch heute der, der uns in Buße und Vergebung der Sünden als der offenbart wird, der Gottes Wohlgefallen hat. Einen andern Heiland gibt es nicht als diesen, von dem Gott gesagt hat: »Dies ist mein lieber Sohn, an welchem ich Wohlgefallen habe.«

Lieber himmlischer Vater! Wir danken Dir dafür, daß Du uns Deinen Sohn zum Heiland gemacht hast. Laß uns keinen andern Helfer suchen als Ihn allein, den Heiland der Sünder. Amen.

Ps. 2 — EG 202, 4: Auch Gottes Sohn hier selber steht — Joh. 1, 29-37

Da nun Jesus hörte, daß Johannes überantwortet war, zog Er in das galiläische Land. Matth. 4, 12

Unser Wort schildert das erste öffentliche Auftreten Jesu. Hiermit fängt Seine eigentliche Wirksamkeit an. Für den Heiland der Sünder gibt es keinen andern Weganfang als diesen, bei dem das Kreuz am Wegende schon sichtbar wird. Es ist nicht Furcht, die Jesus in das galiläische Land treibt. Nicht Feigheit hält Ihn von Jerusalem fern. Für den Sünderheiland muß alles Wirken von Anfang an unter dem Schatten des Kreuzes stehen. So wie neben dem Jesuskind schon der König Herodes steht, der es töten will, so spüren wir die Mächte, die Jesus bedrohen, auch hier in dem einfachen Satz: »Da nun Jesus hörte, daß Johannes überantwortet war, zog Er in das galiläische Land.«

In der Nähe der Frommen Seiner Zeit hat Jesus keinen Raum zum Wirken. Die haben schon das Wort des Täufers nicht hören wollen. Die werden auch Sein Wort nicht anhören, ohne Ihm das Schicksal des Täufers zu bereiten. Wenn Er überhaupt wirken will, so an der Grenze Seiner Heimat, wo ein kurzer Weg über die Grenze Ihn aus dem Machtbereich des Hohen Rates hinausbringt. Das, was Er so ernst über Seine letzte Wanderung sagt, steht schon von Anfang an über Seinem Heilandsweg: »Seht, wir gehen hinauf gen Jerusalem.« Der Weg hinauf nach Jerusalem ist der Weg zum Kreuz. So ist es keine Furcht vor der Gefahr, wenn Jesus nach Galiläa geht, sondern ein klares Abschätzen

Seines Wirkungsbereichs. Das ist Seine Losung: Lasset uns wirken, solange es Tag ist, es kommt die Nacht, da niemand wirken kann. Er nutzt jede Möglichkeit, Sein Heilandsamt auszurichten; und Er wartet ständig auf Seine Stunde, auf die Stunde des Kreuzes. Bei Seiner Gefangennahme kann Er von dieser Seiner Stunde sagen zu Seinen Häschern: »Dies ist eure Stunde und die Macht der Finsternis.« Aber noch ist diese Stunde nicht gekommen. O, welche Macht der Heilandsliebe, die sich auch durch das dunkle Schicksal des Täufers nicht beirren läßt!

Herr Jesus Christus! Du bist Deinen Weg durch Anfechtungen und Leiden hindurchgegangen. Schenk auch uns diesen Deinen Frieden, daß wir wirken können, solange es Tag ist. Und wenn für uns die Nacht kommt, so laß Deine Liebe nicht von uns weichen. Amen.

Ps. 73, 23-28 EG 67: Herr Christ, Du einig Joh. 1, 11-13

Er verließ die Stadt Nazareth, kam und wohnte zu Kapernaum, das da liegt am Meer im Lande Sebulon und Naphtali; auf daß erfüllet würde, was da gesagt ist durch den Propheten Jesaja.

Matth. 4, 13-14

Auf daß erfüllet würde, was da gesagt ist! Mit diesem Hinweis auf das alttestamentiche Verheißungswort will Matthäus sagen, daß es so sein mußte. Gerade Matthäus bringt oft diese Hinweise auf das Wort, das an die Väter ergangen war. »Es steht geschrieben!« Das war ihm und der Kirche seiner Zeit Grund genug. Das Bibelwort stand fest als Richtschnur alles Denkens, Handelns und Redens der Kirche. Alles Fragen kam hier im Bibelwort zur Ruhe. Es mußte so sein, denn die Schrift mußte erfüllet werden. Was Jesus in freier Entscheidung tat, verstanden die Jünger erst ganz, als sie Schritt für Schritt beim Nachdenken über das Wirken ihres Meisters erlebten, wie sich in Ihm das Verheißungswort des Alten Bundes erfüllte.

Es ist aber durchaus nicht nur ein äußerlicher Schriftbeweis, der etwa nur den Buchstaben gelten läßt. Naphtali und Sebulon gehörten zu den untergegangenen Stämmen des auserwählten Volkes. Gott nimmt Sein Wort ernst. Auch die Zugehörigkeit zum auserwählten Volk schützt nicht vor Seinem Gericht. Schon einmal war ein großer Teil des Volkes untergegangen, weil das Reden Gottes nicht ernst genommen wurde. Nun ist wieder Gnadenzeit. Noch einmal hat Gott Sein Volk heimgesucht. Wird es diesmal hören, gehorchen und die Gnadenzeit nutzen?

Für die Frommen Jerusalems wohnte in Galiläa »das Volk, das nichts vom Gesetz weiß«. Hochmütig sahen sie auf das unverständige Volk »auf dem Lande« herab. Auch das gehört zum Weg des Heilandes der Sünder, daß Er sich dieser Verachteten annimmt.

Hinter unsern Versen liegt noch mehr. Man muß einmal nachlesen, warum Jesus nachher Nazareth verlassen mußte. Welche Bedeutung bekommt der Name »Kapernaum« in dem Weheruf Jesu über die Städte am Meer! Aber jetzt ist noch alles offen. Jetzt ist noch Gnadenzeit. Jetzt wird noch das Evangelium angeboten. Auch bei uns ist noch Gnadenzeit! Wie lange noch?

Herr Gott, unser himmlischer Vater! Gib in unser Herz hinein einen Hunger nach Deinen Verheißungen! Laß uns noch Gnadenzeit, Dein Wort zu hören und weiterzusagen. Amen.

Ps. 1 EG 198: Herr, Dein Wort, die edle Gabe Petr. 1, 19-21

Von der Zeit an fing Jesus an zu predigen und zu sagen: Tut Buße, das Himmelreich ist nahe herbeigekommen! **Matth. 4, 17**

Der Heiland der Sünder fängt mit derselben Botschaft an wie Johannes der Täufer. Nicht irgendeine aufregende Kunde ist Seine Anfangspredigt, sondern die einfache Aufforderung zur Buße vor dem herannahenden Himmelreich. Man hat auch sonst gesagt, daß man viele Jesusworte in anderem Zusammenhang bei den Frommen Seines Volkes schon finden kann. Nicht das, was Jesus sagt, ist das Neue, sondern daß Er es sagt, das ist das Neue und Entscheidende. Und wie Er es sagen kann, das ist das, was noch niemals dagewesen ist. Wir wundern uns vielleicht, daß dieser schlichte Satz das ganze Evangelium Jesu umschreiben kann. Diese Predigt hat so gewirkt, daß sich das Volk über Seine Lehre entsetzte. Nach Seiner Predigt sagen die Knechte, die Ihn gefangennehmen sollten: »Es hat noch nie ein Mensch also geredet wie dieser Mensch.« Denn Jesus redet nicht »über« das herannahende Reich der Himmel, sondern erhebt mit Seinem Reden und Handeln den Anspruch: Jetzt ist das Himmelreich da! Jetzt ist euch das Himmelreich nahegekommen! Darum ist es nicht eine vorläufige Buße, zu der Er auffordert, sondern eine Buße mit der vollen Vergebung der Sünden. So wie Jesus hatte noch keiner aus der Vollmacht der »Herrschaft der Himmel« heraus handeln und reden können. Das ist das Neue an Seiner Predigt.

Deshalb sagt die Kirche: Es gibt kein andres Evangelium als diese Botschaft Jesu. Es kommt nicht auf neue Worte, neue Gedanken, neue Losungen an, sondern vor allem darauf, daß geredet wird in der Vollmacht Jesu, der nicht nur zur Buße auffordert, sondern auch die Sünde überwindet. Das alte Wort muß es tun, nicht durch unsre Künste, sondern durch Jesus Christus, der dabeisein muß. Wo sind in unsrer Zeit die Christen, die nicht nur reden »über« Jesus, sondern die auch rechnen mit Seiner Gegenwart?

Herr Jesus! Du hast uns das Himmelreich gebracht. Bereite unsre Herzen mehr und mehr, daß wir Buße tun und Dein eigen sind und in Deinem Reich unter Dir leben. Amen.

Jer. 9, 22-23 EG 232: Allein zu Dir, Herr Eph. 3, 14-21

Denn wo zwei oder drei versammelt sind in meinem Namen, da bin ich mitten unter ihnen.

Matth. 18, 20

Wie sehr wir mit der Gegenwart Jesu rechnen müssen, kommt wohl am deutlichsten in unserm Wort zum Ausdruck. Es ist wieder der Heiland, der sich herunterhält zu den Niedrigen und Seine Gegenwart auch der kleinsten Gemeinde verheißt. Wie frei ist Er von allem Rechnen mit großen Zahlen. Er kann sogar noch Seinen engsten Jüngerkreis in letzter Verantwortung fragen: »Wollt ihr auch weggehen?« Jesu Wort ist für Seine Kirche so beschämend und tröstend zugleich. Die herrliche Kirchenversammlung beschämt Er mit der Frage: Geht es bei euch auch alles »in meinem Namen«? Und das kleinste, verlassenste Häuflein Seiner Gläubigen tröstet Er mit der Verheißung: Ich bin bei euch. Wir haben immer beides so nötig, das Beschämende und den Trost der Kirche, wenn die Netze des Gottesreiches weit ausgeworfen werden. Und wir wollen es hören in den Zeiten der Trübsal, wenn die Kirche Jesu unter dem Kreuz stehen muß.

Und morgen ist Sonntag. Morgen wird wieder im Namen Jesu Gottesdienst gehalten. Bist du auch dabei, wenn die Gemeinde sich sammelt im Namen dieses Heilandes der Sünder? Ihr seid auch eine Hausgemeinde, ein kleiner Kreis im Namen Jesu? Ihr braucht nicht die große Gemeinde? Das mag richtig sein, aber laßt eure fromme Selbstsucht nicht eure Herzen abstumpfen! Jesus ist nicht da, wo man sich Seines Befehles entzieht, auch andre einzuladen. Im Namen Jesu hat jede Gemeinde ein brennendes Herz für die Not der christuslosen Welt. Der Pastor gefällt dir nicht? Ihr geht doch nicht um des Pastors willen in die Kirche. Seht, wenn ihr zwei oder drei morgen zur Kirche geht, in der eurer Meinung nach so vieles fehlt zum rechten Gottesdienst, so könnt ihr doch beten im Namen Jesu und damit rechnen, daß Er bei euch ist und euch hilft, daß da bei euch auch Gemeinde im Namen Jesu werde.

Lieber Herr! Wir danken Dir, daß Du bei uns bleibst bis an das Ende der Tage. Was sind wir ohne Dich? So sei auch heute und morgen in unsrer Mitte, wenn wir in Deinem Namen zusammenkommen. Amen.

1. Chron. 14, 8-14 EG 399: O Lebensbrünnlein Kol. 3, 12-17

Als nun Jesus an dem galiläischen Meer ging, sah Er zwei Brüder, Simon, der da heißt Petrus, und Andreas, seinen Bruder, die warfen ihre Netze ins Meer; denn sie waren Fischer. Und Er sprach zu Ihnen: Folget mir nach; ich will euch zu Menschenfischern machen! Matth. 4, 18-19

Es ist Sonntag heute. Wir gehen zur Kirche, durch die Glokken unter das Wort und durch das Wort zu Jesus. Denn im Wort geht Jesus an uns vorüber und ruft uns zu: Folge mir nach! Wie die ersten Jünger sind auch wir durch das Evangelium berufen.

Wie oft sind wir schon gerufen! Simon Petrus und Andreas waren schon Jesu Jünger geworden; hier ergeht an sie der zweite Ruf Jesu, der sie zu Seinen Mitarbeitern und Aposteln bestellt. Jedes Mal aber findet Sein Ruf freudigen Widerhall. Und ich? Wie oft hat Jesus mich schon gerufen? Von meinen Kindertagen an bis auf diesen Sonntag ist er immer wieder an mir vorübergegangen. Habe ich Seinen Ruf vernommen?

Wie deutlich hat Er uns gerufen? »Es ist Gottes Weise, jeden zu sich einzuladen mit der einem jeden am meisten verständlichen Stimme«, sagt ein alter Ausleger zu dieser Stelle. So redet der Herr hier zu den Fischern in ihrer Sprache: Ich will euch zu Menschenfischern machen. Das verstehen diese Männer; das dringt ihnen nicht nur in Ohr und Verstand, sondern in Herz und Gewissen. Das packt sie wie ein Angelhaken; sie sind von Christus Jesus ergriffen. Gott redet auch mit uns in unsrer Sprache. Durch den Heiligen Geist redet Gott in Seinem Wort zu uns so, daß wir auch heute »ein jeglicher seine Sprache hören«. Wo aber ein Menschenkind schwerhörig ist, da spricht Gott in Seiner Langmut noch deutlicher, vielleicht in der Stille des Krankenzimmers, und »Leiden macht das Wort verständlich«.

Wie freundlich und gnädig ist Sein Ruf! Es sind Fischer, die der Herr beruft, arme Leute; aber Jesus macht sie zu solchen, die da viele reich machen. Auch wir sind dem Herrn nicht zu gering; Er ruft uns, wie wir sind. Keiner ist Ihm zu arm, aber auch keiner zu reich. Wir alle brauchen Ihn, und Er ruft uns alle und bittet uns alle: Folget mir nach!

O Herr, Du treuer Gott, habe Dank für diesen Sonntag. Habe Dank für Dein Wort und Evangelium. Öffne uns die Ohren und die Herzen, daß wir Deinen Ruf vernehmen und Dir nachfolgen unser Leben lang. Amen.

Jer. 16, 14-18 EG 162: Gott Lob, der Sonntag Petr. 1, 10-11

Alsbald verließen sie ihre Netze und folgten Ihm nach.
Matth. 4, 20

Ein köstliches Wort, dieses »alsbald«. Der Ruf des Herrn ist den beiden Fischern in das Herz gedrungen, und nun »besprechen sie sich nicht darüber mit Fleisch und Blut«, sondern verlassen sofort ihre Netze und folgen Ihm nach.

»Ihr Herz ist dazumal so gestanden, wenn sie viel gehabt hätten, ja die ganze Welt, sie hätten es alles verlassen. Aber was richtet Christi Wort nicht aus, wo es ins Herz kommt? Es ist ein lebendig, tätig, feurig Wort, es kommt nicht ohne Frommen und Nutz wieder.« (Luther)

Es geht nicht immer so, wenn ein Mensch den Ruf des Herrn vernimmt. Da sagt einer: »Gehe hin für diesmal; wenn ich gelegene Zeit habe, will ich dich herrufen lassen.« Er hat nie wieder gelegene Zeit gehabt. Ein andrer antwortet auf Jesu Ruf: »Herr, ich will Dir nachfolgen; aber erlaube mir zuvor, daß ich einen Abschied mache.« Aber Jesus warnt ihn: »Sieh nicht zurück!«

Wie viele Menschen sind verlorengegangen durch das unselige Zaudern und Aufschieben, durch die unentschiedene Haltung, die da sagt: Ja, ich will; aber erst muß ich noch dies und das ordnen. Mit einem »Ja, aber nur nicht heute« ist noch keiner zum Frieden gekommen.

Wir aber wollen nicht verlorengehen, sondern selig werden. Darum wollen wir tun wie die ersten Jünger: Wenn wir Jesu Stimme hören – und die hören wir ja jetzt bei unsrer

Andacht –, wollen wir nicht lange uns beraten, wollen wir erst recht nicht auf alle Einwendungen und Bedenken hören, die aus unsrem eigenen Herzen kommen; nein, alsbald, also heute noch wollen wir uns einreihen in die Schar derer, die dem Herrn nachfolgen.

Wir kennen dies Hinausschieben nur gar zu gut; die Einwendungen sind uns leider allzu geläufig. Auch Simon und Andreas haben in ihrem Herzen sicher eine Stimme vernommen: »Er will uns zu Menschenfischern machen! Dazu eignen wir uns doch gar nicht!« Aber Jesus sagt: »Ich will euch dazu machen«, und Er hat Sein Wort gehalten. Er machte sie zu den großen Menschenfischern, zu Seinen Zeugen und Aposteln, deren Wort die ganze Welt durchdringt und auch heute und bis an das Ende der Tage für den Herrn große Mengen zur Beute gewinnt.

Wir sind nichts, o Herr, aber Du kannst alles aus uns machen. So bitten wir Dich, hilf uns durch Deinen guten Geist, nimm von uns alles, was uns noch hemmt, und mit einem freudigen Geist rüste uns aus. Laß uns auch heute Dir nachfolgen und bei Dir bleiben. Amen.

Jer. 20, 7-11 EG 385, 1-2: Mir nach, spricht Christus Kor. 6, 1-2

Und da Er von dannen fürbaß ging, sah Er zwei andre Brüder, Jakobus, den Sohn des Zebedäus, und Johannes, seinen Bruder, im Schiff mit ihrem Vater Zebedäus, daß sie ihre Netze flickten; und Er rief sie. Alsbald verließen sie das Schiff und ihren Vater und folgten Ihm nach. Matth. 4, 21-22

Jesu Ruf ergeht an ein zweites Brüderpaar, an Jakobus und Johannes. Das köstliche »alsbald«, auf das wir bei der Berufung des ersten Brüderpaares in unsrer gestrigen Andacht besonders achteten, findet sich auch hier. Daneben ist aber noch ein andrer Zug, der ebenfalls bei beiden Berufungen (und nicht nur bei diesen beiden) wiederkehrt: Sie veließen ihre Netze, ihr Schiff und ihren Vater.

Es gilt also, nicht nur »alsbald«, sondern auch »ganz« dem Herrn nachzufolgen.

Die beiden Brüder haben ein stattliches Schiff; sie arbeiten darin nicht nur mit ihrem Vater, sondern auch noch mit Tagelöhnern. Es ist also nicht nur ein einfacher Fischerkahn, sondern ein Schiff mit zahlreicher Besatzung, das ein ganzes Kapital, vielleicht ihr ganzes Eigentum und Erbe darstellt. Für einen rechten Fischer bedeutet aber sein Schiff viel mehr als einen bloßen Geldwert; es ist ihm dasselbe wie dem Bauer sein Hof und dem Reiter sein Roß. Mit hundert Fäden ist sein Herz daran gebunden; es ist eben sein Schiff. Das alles verlassen die beiden Brüder auf Jesu Ruf und dann noch ihren Vater.

Der reiche Jüngling wäre auch gern dem Herrn nachgefolgt, aber er wollte doch nicht so ganz die Brücken hinter sich abbrechen. Er wollte nachfolgen, aber nicht ganz, und so ging er schließlich ganz fort. Die Gäste, die zum großen Abendmahl geladen waren, wären wohl ganz gern gekommen; aber der eine hatte einen Acker, der andre ein Joch Ochsen gekauft und der dritte hatte sich ein Weib genommen. Das war ihnen doch wichtiger, und so blieben sie ganz fort. Es zeigt sich immer wieder: Wo man es mit dem Grundsatz hält: »Alles, nur eins nicht!«, da kommt es zu keiner Bekehrung und zu keiner echten Nachfolge Jesu.

Luther deutet die »Netze« als »alle Dinge und Künste, wodurch gesucht wird Gewinn, Reichtum, Lust, Ehre, Hoheit und Würde«. Welches sind die Netze, die dich noch halten und binden? Ist es das Geld oder eine geheime Lieblingssünde, Menschenfurcht oder Eitelkeit? Bedenke doch, daß niemand zwei Herren dienen kann, auch du nicht. So verlasse alles und folge Ihm nach.

Ja, Herr Jesu, hilf siegen und laß mir's gelingen, daß ich das Zeichen des Sieges erlang. Laß uns ganz die Deinen sein. Amen.

Ps. 37, 4-5 EG 392, 1+2: Gott rufet noch Phil. 3, 7-8

Und Jesus ging umher im ganzen galiläischen Lande, lehrte in ihren Schulen und predigte das Evangelium von dem Reich und heilte allerlei Seuche und Krankheit im Volk. **Matth. 4, 23**

Was für eine wunderbare Zeit muß das gewesen sein, als Jesus selbst umherging und das Evangelium von dem Reich Gottes predigte. Wie glücklich waren die Ohren, die Ihn hörten, wie selig die Augen, die Ihn sahen, das fleischgewordene Wort. Er predigte ja nicht nur von dem Reich, sondern in Ihm selbst, in Seiner Person, Seinem Wort und Werk, stand das Reich Gottes sichtbar und greifbar mitten unter ihnen, und sie sahen Seine Herrlichkeit, voller Gnade und Wahrheit.

Unsre Augen sehen Ihn nicht mehr, und doch sind wir nicht ärmer als die Menschen jener Tage. Wir haben auch heute Sein Wort und in Seinem Wort Ihn selbst. Ja, wir haben im Grunde noch mehr als jene Galiläer; wir haben die Botschaft und die Tatsache von Jesu Tod und Auferstehung, wir haben das ganze vollbrachte Werk der Erlösung, wir haben das Zeugnis Seiner Apostel, das Bekenntnis der Väter und die zweitausendjährige Geschichte der Kirche, und alles klingt zusammen in diesem einen Ton: der frohen Botschaft vom Reich, dem Evangelium von Jesus Christus.

Dieses Evangelium ist aber eine Gotteskraft, die da selig macht alle, die daran glauben. Glaubst du an das Evangelium, dann sind auch deine Augen selig, dann bist du ebenso glücklich dran wie die Menschen im galiläischen Lande, ja besser als diejenigen unter ihnen, die Ihn sahen, aber nicht glaubten.

Jesus lehrte »in ihren Schulen«. Damit sind die Synagogen oder Versammlungshäuser gemeint, die in jedem größeren Ort zu finden waren. An ihre Stelle sind bei uns die Kirchen getreten. Wo in unsern Kirchen das Wort Gottes lauter und rein gelehrt wird, da lehrt Jesus auch heute, und wo Menschen dem Wort durch Seine Gnade glauben, da kommt das Reich Gottes auch zu uns. Wo in einer Schule treue Lehrer stehen, da ruft Jesus durch ihren Mund die Kinder zu sich. Auch bei einer Hausandacht, die im Ausblick zu Ihm gehalten wird, ist Jesus wirklich und wahrhaftig mitten unter uns, bereit zum Segnen und zum Helfen.

Lieber Herr, komm auch zu uns und bleibe bei uns. Segne unsre Hausandachten, daß wir Deine Stimme hören; segne Dein Wort in Kirche und Schule für jung und alt. Laß auch uns die Gotteskraft des Evangeliums erfahren. Amen.

Jes. 40, 29-30 EG 161: Liebster Jesu, wir sind hier Joh. 1, 14-18

Und Sein Gerücht erscholl in das ganze Syrienland. Und sie brachten zu Ihm allerlei Kranke, mit mancherlei Seuchen und Qual behaftet, die Besessenen, die Mondsüchtigen und die Gichtbrüchigen.

Matth. 4, 24

Der Eindruck, den Jesu Predigt und Taten auf die Menschen machen, ist ungeheuer. »Sein Gerücht erscholl (weit über die Grenzen Israels hinaus) in das ganze Syrierland.« Wenn sie Seinem Wort vom Himmelreich lauschen, dann geht es durch ihre Herzen: »Herr, Du hast Worte des ewigen Lebens«, und wenn sie die helfenden und rettenden Heilandstaten erleben, wird es ihnen zur frohen Gewißheit: Der Heiland und Helfer ist da; das Leben ist erschienen!

Wer kann sich wundern, daß nun von nah und fern die Kranken zusammenströmen? Das Volk, das im Finstern wandelt, sieht ein großes Licht; und nun machen sie sich auf, alle die Mühseligen und Beladenen, alle die auf der Schattenseite des Lebens wohnen. Sie alle drängen sich nach dem Licht, hin zu dem Heiland; und die nicht selbst zu Ihm gehen können, alle die an Geist, Seele oder Leib Gebundenen, die werden von Nachbarn und Freunden herbeigetragen.

Das Leben ist erschienen; darum, hast du Kranke im Hause, mache es wie diese Menschen: Bringe sie zu Jesus. Und bist du selbst krank, dann mach es ebenso: Komm zu dem Heiland. Klage Ihm dein Leid, wirf deine Sorge auf

Ihn, rufe Ihn an in der Not. Dann aber überlaß Ihm deine Sache und deine Sorge auch ganz; sei getrost in der Gewißheit, daß Er es wohl machen wird.

Das Leben ist erschienen. Das ist frohe Botschaft für alle Tage und für alle Menschen, auch für die leiblich Gesunden. Denn mit »allerlei Krankheit und mancherlei Seuchen behaftet« sind wir alle; die Sünde ist unsre schwere Not. Wir mögen es gern oder ungern hören, es bleibt doch wahr: Wir Menschen sind von Natur ohne Ausnahme von der Sünde verderbt und darum dem ewigen Tode verfallen. Hilfe dagegen gibt es allein bei dem Einen, in dem das Leben erschienen ist; Er ist das Leben, und Er allein gibt das ewige Leben denen, die an Ihn glauben, und außer Ihm ist kein Heiland und kein Heil.

Darum, willst du nicht sterben, sondern leben, ewig leben, dann komm zu Jesus Christus.

Herr, unser Heiland, wir danken Dir, daß Du uns das Leben gebracht hast. Wir bitten Dich, wirke in uns den freudigen Glauben, der Dir unter allen Umständen vertraut. Hilf Du uns aus Sünde, Not und Tod, und laß uns das ewige Leben erlangen. Amen.

Jes. 43, 11-13 — EG 123, 7: Jesus Christus herrscht als König — Röm. 7, 24-25

Und es folgte Ihm nach viel Volks aus Galiläa, aus den zehn Städten, von Jerusalem, aus dem jüdischen Lande und von jenseits des Jordans. **Matth. 4, 25**

Jesus zieht umher in ganz Galiläa; auf allen Straßen des Landes wandert Seine suchende Liebe. Wie ein starker Magnet das Eisen, so zieht Er die Menschen an. Galiläa fängt an, berühmt zu werden; sogar aus Jerusalem und Judäa kommen viele herbei, deren Not größer ist als ihr Stolz, und bald folgt dem Herrn viel Volks nach. Es ist in der Hauptsache »das hochbetrübte Heer, bei welchem Gram und Schmerze sich häuft je mehr und mehr«. Bisher waren sie verschmachtet und zerstreut wie Schafe, die keinen Hirten haben; jetzt haben sie den guten Hirten gefunden; und sie folgen Ihm mit dem Lied im Herzen und auf den Lippen: Jesu, geh voran auf der Lebensbahn!

Was einst in Galiläa begann, das hat sich ausgebreitet über die ganze Erde. In aller Welt findet sich jetzt das Volk des Herrn, von Ihm durch Seine Menschenfischer gewonnen; und wie am Anfang leben wir auch jetzt von dem Wort Seines Mundes, von dem Evangelium vom Reich und von der Gotteskraft, die darin steckt.

Auch in unsern Tagen und in unserm Volke folgt Ihm viel Volks nach. Magst du dich auch zuweilen einsam fühlen und dir wie ein Soldat auf verlorenem Posten vorkommen, dann sprich still für dich: »Ich glaube an den Heiligen Geist, eine heilige, christliche Kirche, die Gemeinde der Heiligen.«

»Himmelan wallt neben dir alles Volk des Herrn.« Daran halte dich, wenn dir über dem Unglauben und der Feindschaft der Welt der Mut entfallen will. Der Herr hat Sein Volk auch unter uns; wenn du es auch nicht siehst, Er kennt es. Für dich bleibt es die Hauptsache, daß du dazugehörst und daß du dem Herrn getreu nachfolgst.

Wo du aber Jünger Jesu in deiner näheren oder ferneren Umgebung findest, da schließe dich an. Sei nicht zu ängstlich und nicht zu eng; der Herr hat unter Seinem Volk mancherlei, zuweilen auch ganz wunderliche Leute. Aber die zu Seinem Volk gehören, weil sie an Ihn glauben und auf Ihn hoffen, die gehören immer und erst recht in unsern Tagen zusammen.

Schau auch auf dein eigenes kleines Volk in deinem Hause. Das ist ein glückliches Haus, wo Eltern und Kinder miteinander dem Herrn nachfolgen.

O Herr, das gib uns, daß wir Dir getreulich nacheilen. Erhalte uns die Liebe zu Deinem Volk. Führ uns an der Hand bis ins Vaterland. Amen.

Ps. 23 EG 391: Jesu, geh voran Joh. 6, 67-71

Und Er machte sie alle gesund. Matth. 4, 24

Jesus mächtig in Worten und Taten, das ist das Bild, das Matthäus uns in dieser Woche in wenigen Strichen vor die Augen gemalt hat. Unter dieses Bild setzt er nun gleichsam als Unterschrift das Wort. »Und Er machte sie alle gesund.«

Ich denke mir, als er bei der Niederschrift seines Evangeliums bis zu diesem Abschnitt gekommen ist, da klingt in seinem Herzen das Wort an: Ich bin der Herr, dein Arzt; und da legt er die Feder hin, er faltet seine Hände, und anbetend versenkt er sich in die Zeit seiner Jugendtage, da er mit seinem Herrn wanderte und mit den andern Jüngern die herrliche Erfüllung dieser Weissagung erleben und schauen durfte.

Ich bin der Herr, dein Arzt. Das wollten die Betrachtungen dieser Woche uns zeigen. Alle unsre Krankheiten des Leibes und der Seele dürfen wir Ihm bringen, ja uns selber mit allem, was uns fehlt. Bei Ihm ist Heilung und Hilfe; Er trug unsre Krankheiten und lud auf sich unsre Schmerzen, Er hat auch an dich gedacht, als Er rief: Es ist vollbracht!

Er machte sie alle gesund; das ist wie ein Loblied zum Preise des gnädigen und barmherzigen Herrn. Und dieses Loblied, das Matthäus hier anstimmt, hat tausendfältigen Widerhall gefunden. Die vielen, denen Er half in der Not ihres Leibes, und die noch viel größere Schar derer, die Er froh und frei machte durch die Vergebung der Sünden, sie alle singen Ihm in Lob und Dank jetzt und in Ewigkeit: Ich danke Dir von Herzensgrund, daß Du mich machst gesund.

Daß du mit einstimmen könntest in dieses Lied der Erlösten, dazu hat der Herr dir Sein Wort gegeben auch in dieser Woche. Er machte sie alle gesund; das kannst auch du erfahren. Seitdem Jesus am Kreuze starb, macht Sein Blut uns rein von aller Sünde. Nun gibt es keine Sünde, für die Jesus nicht Vergebung erworben hätte, und keinen Sünder, den Jesus nicht erlöst hätte. Er hat eine ewige Erlösung erfunden, Er trug die Sünde der Welt.

Wer unter uns wird im Gotteshause mit seiner Familie »dem Herrn danken für Seine Güte und für Seine Wunder, die Er an den Menschenkindern tut«?

Herr, unser Gott, wir danken Dir für alle Deine Treue, die Du an uns getan hast auch in dieser Woche. Segne für uns alle den Sonntag und laß uns leuchten Dein Antlitz; so genesen wir. Amen.

Ps. 107, 19-22 EG 400: Ich will Dich lieben Hebr. 4, 15-16

Und da Er das Volk von sich gelassen hatte, stieg Er auf einen Berg allein, daß er betete. Und am Abend war Er allein daselbst. Matth. 14, 23

Dein Heiland betet. Es ist der größte Beter, den es je gegeben hat und heute noch gibt. Betete Er einst auf einem Berg, so jetzt in des Himmels Höhen. »Welcher ist zur Rechten Gottes und vertritt uns.« Er betete, denn Er konnte ohne Gebet nicht leben. Das Gebet ist auch für den eine Lebensnotwendigkeit, der in Ihm ein neuer Mensch geworden ist. Es ist auch sein Vorrecht. Doch auch für uns ist der Weg durch das Kreuz auf Golgatha freigemacht zu dem Gnadenthron Gottes und auch wir sollen daselbst um Jesu willen Erhörung finden. Komm du nur auch!

Dein Heiland betete, denn es war Ihm nicht darum zu tun, des Volkes Brotkönig zu werden, sondern den Willen Seines Vaters im Himmel zu erkennen und ihm gemäß an der Sünder Statt zu sterben. Was ist mehr wert: die Liebe der Welt oder das Wohlgefallen Gottes? Und worum geht es im Gebet: um Gottes Ja zu unserm Willen oder um unser Ja zu Gottes Willen? Gewiß, wir dürfen unserm Vater im Himmel wirklich alles sagen; doch wer Jesu Jünger ist, dem geht Gottes Wille über alles, und der zweifelt nicht daran, daß Sein Wille der gute und gnädige Wille ist.

Dein Heiland betete, denn Sein Volk und Seine Jünger bedurften Seiner Fürbitte. Er betet auch für uns. Sein Gebet lautet: Heiliger Vater, erhalte sie in Deinem Namen, die Du mir gegeben hast, daß sie eins seien gleichwie wir. Ich bitte nicht, daß Du sie von der Welt nehmest, sondern daß Du sie bewahrest vor dem Übel. Heilige sie in Deiner Wahrheit, Dein Wort ist die Wahrheit, und schließlich: Vater, ich will, daß, wo ich bin, auch die bei mir seien, die Du mir gegeben hast. Er betet selbst für Seine Feinde: Vater, vergib ihnen, denn sie wissen nicht, was sie tun.

Gedenke meiner, wenn ich bete, und merke stets mit Gnaden drauf, weil ich in Christo vor Dich trete, so schließ Dein Vaterherz mir auf. Doch gib mir nichts als dies allein, was mir kann gut und selig sein. Amen.

2. Mose 28, 15-30 EG 387, 4-6: Mache Dich, mein Geist, bereit Apg. 12, 1-17

Und das Schiff war schon mitten auf dem Meer und litt Not von den Wellen; denn der Wind war ihnen zuwider. Aber in der vierten Nachtwache kam Jesus zu ihnen und ging auf dem Meer. Matth. 14, 24-25

Ein Schiff ist in Not. Es wird von den Wellen arg hin- und hergeworfen und hat aufs neue mitten auf dem Meer seine Gebrauchsfähigkeit zu erweisen. Es ist der Jünger Boot. Sie haben es mit widrigen Winden zu tun.

Im Gehorsam gegen den Willen ihres Meisters waren sie in diese Not gekommen. Wäre es nach ihrem Wunsch gegangen, würden sie jetzt Seine Königskrönung feiern. Stattdessen aber hatten sie eine stürmische Fahrt bei der Nacht über den See Genezareth. Im Leben mit Jesus geht es nicht immer nach Wunsch. Doch tut es das auch nicht, so geht es doch immer so, wie es richtig und gut, ja, wie es am allerbesten für uns ist. Zuletzt beten wir mit den Jüngern an: Du bist wahrlich Gottes Sohn.

Der Gehorsam gegen Jesus ist keine Sicherheit gegen Not. Doch lieber seinetwegen und mit Ihm in Not als infolge der Sünde in Not kommen. Jene Not ist eine Not: mit einem guten Gewissen und unter dem Wohlgefallen Gottes; doch diese Not ist eine Not: mit einem bösen Gewissen und unter dem Gericht Gottes. Jene Not dient zu meiner Seelen Seligkeit, diese Not kann auch dann dienen, wenn ich durch sie mich aus dem Sündenschlaf erwecken und unter das Kreuz meines Heilandes führen lasse. Soll es geschehen?

Doch in der Not, in die ich durch den Gehorsam gegen meinen Herrn komme, bleibe ich nicht allein. Er kommt zu mir. Weiß ich auch nicht, wann und wie, so weiß ich doch, daß Er kommt, und das ist genug.

Was aber geschieht, wenn du infolge der Sünde in Not kommst? Wer kommt dann? Satanas, der Teufel. Wer aber muß gehen? Jesus, dein Heiland. Doch hat die Sünde dich in Not gebracht, verzweifle nicht, tu aufs Neue Buße über deine Sünde und wisse: Bei dem Herrn ist die Gnade, und viel Erlösung bei Ihm.

Unter Deinem Schirmen bin ich vor den Stürmen aller Feinde frei. Laß von Ungewittern rings die Welt erzittern, mir steht Jesus bei. Ob's mit Macht gleich blitzt und kracht, ob gleich Sünd' und Hölle schrecken. Jesus will mich decken. Amen.

Jes. 1, 1-6 EG 364: Was mein Gott will Luk. 8, 22-25

Und da Ihn die Jünger sahen auf dem Meer gehen, erschraken sie und sprachen: Es ist ein Gespenst! und schrien vor Furcht. Aber alsbald redete Jesus mit ihnen und sprach: Seid getrost, ich bin's; fürchtet euch nicht! **Matth. 14, 26-27**

Die Jünger erschraken vor Jesus. Sie sahen Ihn auf dem Meer gehen, aber erkannten Ihn nicht. Furcht und Entsetzen befiel sie. »Es ist ein Gespenst«, schrien sie. Es war aber der Herr. Er kommt nie, um uns zu erschrecken. Einst werden viele vor Ihm erzittern, am Tage des Jüngsten Gerichts. Der wird es tun, der in seinem Leben nicht bedenken wollte, was zu seinem Frieden diente. Es steht geschrieben: Es ist dem Menschen gesetzt, einmal zu sterben, danach das Gericht. Und am Jüngsten Tag wird der König sagen zu denen zu Seiner Linken: Gehet hin von mir, ihr Verfluchten, in das ewige Feuer, das bereitet ist dem Teufel und seinen Engeln.

Wenn Jesus in unser Leben eintritt, dann redet er auch im Sturm, in Not und Tod nicht anders, als er damals zu den Jüngern sprach: »Ich bin's, fürchtet euch nicht!« Vor Jesus sollen wir nicht erschrecken wie vor einem Gespenst, sondern wir dürfen Seinen Ruf hören: »Seid getrost.«

Das Gesetz Gottes zwingt uns zum Aufhorchen und zum Entsetzen. Es ist ein heiliges Erschrecken, in das es uns versetzen soll, ein Erschrecken über unsre Sünde, über Tod und Gericht. Es ist aber Gottes Gnade, wenn uns das geschenkt wird. Der Teufel möchte uns auch erschrecken. Es ist ein Erschrecken, das zur Verzweiflung führen kann. Davor behüte uns der treue Herr.

Doch Jesus kommt nie, um uns zu erschrecken. Er kommt, um sich über uns zu erbarmen.

Was aber geschieht, wenn Er zu uns sprechen kann: Ich bin es? Wir werden getröstet über alles, was uns traurig macht: Not und Tod, Sünde und Schuld. Wir werden frei von aller Furcht. Zu der großen Sünderin spricht Er: Gehe hin in Frieden!, zu der Witwe zu Nain: Weine nicht! und zum Schächer am Kreuz: Wahrlich, ich sage dir: Heute wirst du mit mir im Paradiese sein. Und der Apostel Paulus rühmt: Ist Gott für uns, wer mag wider uns sein? Darum erkenne Ihn und glaube an Ihn, solange es noch Zeit ist.

In Dir ist Freude in allem Leide, o du süßer Jesu Christ. Durch Dich wir haben himmlische Gaben, Du der wahre Heiland bist. Hilfest von Schanden, rettest von Banden. Wer Dir vertrauet, hat wohl gebauet, wird ewig bleiben. Amen.

Jes. 43, 1-10 EG 14, 4: Dein König kommt Luk. 24, 36-49

Petrus aber antwortete Ihm und sprach: Herr, bist Du es, so heiß mich zu Dir kommen auf dem Wasser. Und Er sprach: Komm her! Und Petrus trat aus dem Schiff und ging auf dem Wasser, daß er zu Jesus käme. Er sah aber einen starken Wind; da erschrak er und hub an zu sinken, schrie und sprach: Herr hilf mir! Jesus aber reckte alsbald die Hand aus und ergriff ihn und sprach zu ihm: O, du Kleingläubiger, warum zweifelst du?
Matth. 14, 28-31

Wie war Petrus erstaunt, als er sah: Jesus kommt über das Wasser gegangen. Klingt ein leiser Zweifel durch seine Anrede: »Herr, bist Du es ...?« Jedenfalls, er muß zu seinem Meister. Er muß an seinem eigenen Leibe die Wunderkraft des Gottessohnes erfahren, dem auch die Elemente untertan sind. Petrus wagt es, er steigt aus dem Boot, aus dem sicheren Schiff, läßt die Planken los und geht. Das Wasser trägt ihn, er geht auf Jesus zu. Was für ein Glaube! Wer unter uns wagte das heute? Und doch muß Christus nachher zu ihm sagen: O, du Kleingläubiger.

Petrus sank. Hatte er zu Großes von seinem Herrn erbeten? Nein. Jesus hatte zu ihm gesagt: Komm her. Und dennoch sank er? Ja, dennoch. Er sah auf den starken Wind statt auf Christus.

Sieh nur auf Jesus Christus, wenn die Schwierigkeiten kommen. Wir sinken, wenn wir die Not ansehen, aus der wir keinen Ausweg mehr wissen, und die Sünde, die das

Gewissen verklagt, und den Tod, der uns erschreckt. Doch blicken wir auf Jesus, glauben wir fest an Ihn und verlassen uns auf Sein Wort, dann werden wir mit Ihm herrschen über alle Mächte und Gewalten, die uns zu verderben drohen.

Ganz gewiß, Petrus sank, doch er versank nicht. Sein Heiland reckte alsbald seine Hand aus und ergriff ihn, als er schrie: Herr, hilf mir. Wenn wir auch unter dem Ansturm der Feinde, unter dem Eindruck der satanischen Macht und Gewalt den Blick auf Jesus verloren haben, Er wird auch uns nicht versinken lassen, wenn wir Ihn rufen. Er liebt uns. Golgatha zeigt es uns. Seine starke Hand hält und hilft auch uns.

Keiner wird zuschanden, welcher Gottes harrt. Sollt ich sein der erste, der zuschanden ward? Nein, das ist unmöglich, Du getreuer Hort! Eher fällt der Himmel, eh mich täuscht Dein Wort. Amen.

Ps. 25, 1-6 EG 345: Auf meinen lieben Gott Mark. 4, 35-41

Und sie traten in das Schiff, und der Wind legte sich. Die aber im Schiff waren, kamen und fielen vor Ihm und sprachen: Du bist wahrlich Gottes Sohn!

Matth. 14, 32-33

Dein Heiland ist der eingeborene, ewige Gottessohn. Auf dem See Genezareth wurde den Jüngern diese Erkenntnis geschenkt. Stand auch seit dem ersten Tage ihres Zusammenseins mit Ihm fest, daß Er der Messias sei, wußten sie damals noch nicht, daß der Messias Gottes Sohn sei. Hast auch du schon deinen Heiland als den Sohn Gottes erkannt?

Er ist selbst darauf bedacht gewesen, daß Seine Jünger diese Entdeckung machten. Deshalb kam Er zu ihnen auf dem Wasser und hatte schon vorher Seine Herrlichkeit immer wieder in mancherlei Wundern offenbart. Sein Wunsch ist es, daß auch du die gleiche Entdeckung machst. Deshalb läßt Er dir Sein Wort verkündigen und bietet dir den Frieden mit Gott an in Seinem Blut und Hilfe selbst da, wo kein Mensch mehr helfen kann. Wag es nur einmal mit Ihm.

Hast du Ihn aber als den Sohn Gottes erkannt, dann bekennst du mit dem Dichter: Ich auch auf den tiefsten Stufen, ich will glauben, reden, rufen, ob ich schon noch Pilgrim bin. Jesus Christus herrscht als König, alles sei Ihm untertänig, ehret, liebet, lobet Ihn. Und singt mit Luther: Es streit't für uns der rechte Mann, den Gott hat selbst erkoren.

Fragst du, wer der ist: Er heißt Jesus Christ, der Herr Zebaoth, und ist kein andrer Gott, das Feld muß er behalten, und betest mit den Aposteln an: Du bist wahrlich Gottes Sohn!

Gewiß, noch ist die Herrlichkeit Seiner Gottessohnschaft verborgen. Es ist ein Gnadengeschenk des heiligen Geistes, wenn wir sie erkennen. Doch erkennen wir sie nicht, dann bleibt das ganz allein unsre Schuld.

Einst aber kommt der Tag, da in dem Namen Jesu sich beugen sollen aller derer Knie, die im Himmel und auf Erden und unter der Erde sind und alle Zungen bekennen sollen, daß Jesus Christus der Herr sei zur Ehre Gottes des Vaters.

Was für ein Tag wird dieser Tag für uns sein?

Ein Freudentag oder ein Gerichtstag?

Es wird ein Freudentag werden für alle Seine Freunde, doch ein Gerichtstag für alle Seine Feinde. Wozu gehörst du?

Schönster Herr Jesu, Herrscher aller Enden, Gottes und Marien Sohn, Dich will ich lieben, Dich will ich ehren, Du meiner Seele Freud und Kron. Amen.

Jes. 9, 5-6 — EG 123, 1-5: Jesus Christus herrscht als König — Mark. 8, 27-30

Das zerstoßene Rohr wird Er nicht zerbrechen, und den glimmenden Docht wird Er nicht auslöschen, bis daß Er ausführe das Gericht zum Sieg.

Matth. 12, 20

Jesus Christus zerbricht das zerstoßene Rohr nicht. Er spricht zu dem Mann mit der verdorrten Hand: Strecke deine Hand aus! Und zum Gichtbrüchigen: Sei getrost, mein Sohn, deine Sünden sind dir vergeben. Haben Krankheit und Sünde auch uns zu einem zerstoßenen Rohr gemacht und die Kraft des Leibes und der Seele zerbrochen? Verzage nicht, der Herr will auch dir alle deine Sünden vergeben, alle deine Gebrechen heilen und deinen Mund fröhlich machen, daß du wieder jung wirst wie ein Adler.

Er löscht den glimmenden Docht nicht aus. Als die Jünger im Sturm auf dem See Genezareth Ihn weckten und zu Ihm sprachen: »Herr, hilf uns, wir verderben«, sagte Er: »Ihr Kleingläubigen, warum seid ihr so furchtsam?«, stand auf, bedrohte den Wind und das Meer, da ward es ganz still. Ist auch unser Glaube unter den mancherlei Stürmen des Lebens und den Anfechtungen unsrer Seele ein glimmender Docht geworden? Jesus hält Seine schützende Hand darüber und will auch ihn aufs neue ein helles Licht werden lassen.

Die Kranken und Elenden, die Mühseligen und Beladenen, die Sünder und Angefochtenen, Armen und Sterbenden haben in Jesus Christus einen Heiland. Mächte sind da, die es nicht zulassen wollen; sie halten Alte und Junge von Christus fern. Er soll nicht ihr Herr werden. Finstere Mächte sind es. Sie sind in uns: Sünde, Lieblosigkeit, Selbstsucht, Unglaube, Zweifel. Sie sind um uns: die gottlose Welt und der altböse Feind, der Teufel mit seinem ganzen dämonischen Heer. Doch Jesus ist Sieger. Er wird über alle siegen, weil Er die Welt besiegt hat. Und dann wird Er das Reich Seiner Herrlichkeit aufrichten.

Ich danke Dir, du wahre Sonne, daß mir Dein Glanz hat Licht gebracht; ich danke Dir, Du Himmelswonne, daß Du mich froh und frei gemacht; ich danke Dir, Du güldner Mund, daß Du mich machst gesund. Amen.

Jes. 40, 1-5 EG 363: Kommt her zu mir Offb. 1, 1-8

Die Heiden werden auf Seinen Namen hoffen.
Matth. 12, 21

Ein großes Sehnen geht durch die Völkerwelt hindurch. Es ist die Sehnsucht nach dem Heiland Jesus Christus. In Troas erschien Paulus ein Gesicht bei der Nacht. Ein Mann aus Mazedonien bat ihn und sprach: Komm herüber nach Mazedonien und hilf uns.

Die Liebe zur Sünde ist auch da. Es steht geschrieben: Warum toben die Heiden und die Völker reden so vergeblich? Die Könige der Erde lehnen sich auf, und die Herren ratschlagen miteinander wider den Herrn und Seinen Gesalbten: Lasset uns zerreißen ihre Bande und von uns werfen ihre Seile.

Und doch, trotz der Liebe zur Sünde ist in des Menschen Herz die Sehnsucht nach dem Sünderheiland und trotz der Freude an der Welt der Schrei nach Erlösung und trotz des Verlangens nach Freiheit von Gott der Wunsch nach Gemeinschaft mit Ihm. Auch dein Herz ist unruhig, bis daß es ruhet in Gott. Der Tempel der Diana in Ephesus ist beides: ein Zeichen des Abfalls und der Feindschaft wider Gott und ein Zeichen der Sehnsucht nach Gnade und Frieden mit Gott und Leben aus Gott. Die Antwort auf das Sehnen der Völker ist die Botschaft von dem Heiland der Welt. Sie kamen, als sie ihnen verkündigt wurde: Die Weisen aus dem Morgenlande knieten vor dem Kind in der Krippe und schenkten Ihm Gold, Weihrauch und Myrrhen.

Sie kommen auch noch heutzutage und werden kommen, bis daß eine Herde unter dem einen Hirten sein wird. Sind wir gekommen? Es kommen und bleiben nicht alle. Weshalb denn nicht? Die Buße sollte nicht sein! Ohne Buße kann Jesus keines Menschen Heiland werden. Nur durch Buße und Glauben geht es hin zu Ihm und durch Ihn zu Gott und in die ewige Freude und Wonne. Doch wer gekommen ist, der ist auch dazu berufen, mitzuhelfen, daß andre kommen – hier in der Heimat und draußen im Heidenlande.

Wir rufen, Du willst hören, wir fassen, was du sprichst; Dein Wort muß sich bewähren, womit du Fesseln brichst. Wie viele sind zerbrochen! Wie viele sind's noch nicht! O Du, der's uns versprochen, wird aller Heiden Licht. Amen.

Hes. 37, 24-26 — EG 66, 1-3+9: Jesus ist kommen — Joh. 10, 12-18

Und nach sechs Tagen nahm Jesus zu sich Petrus und Jakobus und Johannes, seinen Bruder, und führte sie beiseite auf einen hohen Berg. Matth. 17, 1

Sechs Tage vor der Verklärung hat Jesus Seine Jünger geprüft, ob sie über das Geheimnis Seiner Person zur Klarheit gekommen waren oder nicht. Durch ihren Sprecher, Petrus, bekannten sie, was ihnen im Erleben Seiner Wundertaten, im Anhören Seiner geistesgewaltigen Predigten, unter dem Eindruck Seiner Persönlichkeit klargeworden war: »Du bist Christus, der Sohn des lebendigen Gottes.« Über dieses Bekenntnis zu Ihm freut sich der Herr von Herzen. Er freut sich über jeden, der sich aus lauterem Herzen zu Ihm bekennt. Ein junger Christ, der ehrlich sich zu Christus bekennt, ist Ihm genau so wert und lieb wie ein im Leiden und Verfolgungen und mancherlei Lebensschicksalen gereifter Christ, der unter dem Kreuz die einzige Zufluchtsstätte gefunden hat, wo er sich geborgen weiß. Jeder ist Ihm als Sein Jünger lieb, der es mit seinem Bekenntnis nur ehrlich meint. Da will Er auch weiterhin Führerdienst tun, damit Seine Herrlichkeit Schritt für Schritt von uns immer klarer und immer sicherer erkannt wird. Es heißt in unserm Text, daß Er Seine drei vertrautesten Jünger, die später Zeugen Seines Zitterns und Zagens in Gethsemane wurden, »beiseite« führte, um, wie Lukas berichtet, für das bevorstehende Leiden im Gebet sich zu stärken. Er hat aber auch an Seine Jünger gedacht und sie durch das, was sie auf dem Verklärungsberge erleben sollten, stark machen wollen für die nächste Glaubensprobe. So führt der Herr auch heute noch die Seinen »beiseite«, in die Stille, in die Einsamkeit, in das Gebet, unter Sein Wort; denn nur dort läßt Er Seine Herrlichkeit in Erscheinung – Epiphania – treten, läßt Er sie uns so sehen, daß sie uns beruhigt, tröstet, stärkt und festigt in allen Stürmen, in aller Not.

Herr, wir danken Dir, daß Du unsre Führung übernommen hast. Laß uns nie wieder los aus Deinen Heilandshänden, bis Du uns heimgeführt hast. Amen.

5. Mose 33, 1-3 EG 63, 6: Das Jahr geht still zu Ende 2. Petr. 1, 12-18

Jesus ward verklärt vor ihnen; und Sein Angesicht leuchtete wie die Sonne, und Seine Kleider wurden weiß wie ein Licht. Und siehe, da erschienen ihnen Mose und Elia; die redeten mit Ihm. Matth. 17, 2-3

Im Leben unsres Herrn begegnet uns Erniedrigung und Erhöhung. Hier steht der Herr an der Grenze des Reiches der Herrlichkeit. Sein Angesicht leuchtet hell wie Sonnenschein. Alle Enttäuschung und Trauer liegt hinter Ihm wie weggewischt, und Er steht wieder an den Perlentoren der ewigen Gottesstadt, von wo Er einst ausgegangen war, zu »suchen und selig zu machen, was verloren ist«. Und nicht nur Sein Antlitz, nein, Seine ganze Gestalt ist durchstrahlt wie von Licht, nicht von irdischem, sondern von himmlischem Sonnenschein, und so stark ist dieses Licht, daß es durch Seine Kleider hindurchstrahlt, daß auch sie weiß und hell werden wie die Sonne.

Diese wunderbare Veränderung, die mit Jesus vor sich geht, geschieht, während Er betet. Das innere Leuchten der Seele, die sich von Gott mit Gnade und Vergebung hat beschenken lassen, kann auch heute noch äußerlich an einem Christen sichtbar werden. So lag ein heller Glanz über Moses Angesicht, als er vom Sinai herabstieg. So war des Stephanus Antlitz wie das eines Engels, als er im Todeskampf seine Seele Gott befahl. Nur war die Verklärung des Herrn etwas viel Höheres: Es war die volle Herrlichkeit des Vaters, in die der Sohn gekleidet wurde.

Da erschienen Ihm Mose und Elia. Bürger der himmlischen Welt sind hier die Umgebung, die Ihm gebührt. Nicht mehr Krüppel und Lahme, Blinde und Besessene. Zwei Vertreter dieses Reiches, in dem Gott allein regiert, reden mit Jesus »von dem Ausgang, welchen Er sollte erfüllen in Jerusalem«. Sie stärken Ihm den Mut und das Gottvertrauen zum Beharren und Aushalten bis ans Ende durch die lebendige Schilderung des Jubels, welcher in der Gottesstadt ausbrechen wird, wenn Er Sein Erlösungswerk zum siegreichen Ende gebracht und damit die Macht Satans gebrochen haben wird. »Die Strafe liegt auf Ihm, auf daß wir Frieden hätten.« Das ist der hohe Preis, um den es geht. Der soll Ihm voranleuchten, wenn Er vom Berge herabsteigt in das dunkle Tal des Leidens und Sterbens.

O Herr, laß auch uns arme Sünder Deine Herrlichkeit sehen, damit sie uns und unser Leben verkläre und hell mache, wenn wir für Deine Sache kämpfen, leiden müssen und dürfen. Amen.

2. Mose 15, 1-19 EG 282, 6: Wie lieblich schön Thess. 5, 14-25

Petrus aber antwortete und sprach zu Jesu: Herr, hier ist gut sein; willst Du, so wollen wir hier drei Hütten machen, Dir eine, Mose eine und Elia eine. Da er noch also redete, siehe, da überschattete sie eine lichte Wolke. Und siehe, eine Stimme aus der Wolke sprach: Dies ist mein lieber Sohn, an welchem ich Wohlgefallen habe; den sollt ihr hören! Matth. 17, 4-5

Auch die Jünger des Herrn dürfen einen Blick tun in die obere Welt, und sie empfinden den himmelweiten Unterschied zwischen Gottes und der Menschen Reich. »Hier ist gut sein«, mit diesen Worten drückt Petrus aus, was sie alle drei bewegt. In der Nähe Gottes, der in ihrem verklärten Herrn gegenwärtig ist, überkommt sie das Gefühl unbedingter Sicherheit. So möchten sie es haben; in Gottes Hand sich getragen wissen ohne Zweifel und Unsicherheit.

Als ich im Jahre 1916 in Frankreich an der Sommerfront lag, hatte ich in dem schweren Trommelfeuer, das fünf Tage lang unsre Nerven zum Zerreißen auf die Probe stellte, ein eigenartiges Erlebnis: Als ich wieder einmal auf der Sohle des Grabens lag und mit den Kameraden darauf wartete, lebendig begraben zu werden, fühlte ich plötzlich in meiner Hand etwas Weiches, Warmes, und als ich aufsah, gewahrte ich eine Feldmaus, die sich dorthin geflüchtet hatte. Mit ihren klugen, blanken Augen sah sie mich an, als wollte sie sagen: wie gut, daß ich deine warme Menschenhand gefunden habe, und rührte sich nicht, solange das Trommelfeuer die Erde erbeben machte. Erst als es oben über uns ruhiger wurde, verließ sie ihr Versteck und verschwand.

Die Jünger fühlten sich auf dem Berg der Verklärung so geborgen, wie das kleine Lebewesen in der Hand des Menschen. Wir wissen, daß es diese Art der Geborgenheit abseits der Welt nicht gibt. Aber wir wissen etwas andres: Daß es in dieser Welt der Gottesfeindschaft und des Hasses dennoch möglich ist, in die Hand des lebendigen Herrn zu flüchten, bei dem wir uns sicher und geborgen wissen dürfen auf allen unsern Wegen. Wir glauben an einen Gekreuzigten, der »um unsrer Sünden willen dahingegeben und um unsrer Gerechtigkeit willen auferweckt« ist. Darum fühlen wir uns bei Ihm geborgen.

Treuer Heiland, der Du gehorsam warst bis zum Tode am Kreuz um unsertwillen; schenke uns einen immer stärker werdenden Glauben, damit wir uns in Deiner Hand geborgen wissen auf Schritt und Tritt. Amen.

Spr. 9, 10 EG 65, 6+7: Von guten Mächten Eph. 2, 19-20

Da das die Jünger hörten, fielen sie auf ihr Angesicht und erschraken sehr. Jesus aber trat zu ihnen, rührte sie an und sprach: Stehet auf und fürchtet euch nicht!
Matth. 17, 6-7

Wie einst der Täufer am Jordan, so hören hier die Jünger, daß Gott sich persönlich und ausdrücklich zu Jesus bekennt. Sie hören Gottes Stimme und wissen, mit wem sie es zu tun haben. Ein gewaltiger Augenblick! Während der Vater bei der Taufe durch sein Bekenntnis zum Sohn Ihm Mut hat machen wollen, den Eintritt in Seine Heilandslaufbahn getrost zu wagen in der Gewißheit: »Ich bin nicht allein; der Herr ist bei mir«, enthält diesmal Sein Bekennen außerdem ein anerkennendes Urteil. Jesus hat sich als der Abgesandte Gottes voll und ganz bewährt, so daß der Vater Seine uneingeschränkte Freude an Ihm hat. Wenn es doch bei uns so wäre! Dadurch erfährt der Herr eine wunderbare Stärkung, den vorgezeichneten Weg zu Ende zu gehen. Ganz anders wirkt die Nähe der Majestät Gottes auf sündige Menschen. Die Jünger fallen zu Boden und sind aufs Tiefste erschrocken. Gott ist ja nicht nur herrlich; er ist auch heilig. Das bedeutet, daß Er die Sünde haßt, in welcher Form sie auch auftritt. Darum erschrecken die Jünger so sehr, daß sie sich nicht aufrecht halten können. Sie brechen zusammen.

So ist es auch heute. Wenn der Tod in einen Menschenkreis tritt und ein Glück zerschlägt, das man für unzerstörbar hielt, kann über den Menschen ein so gewaltiger Schrecken kommen angesichts der erhabenen Majestät des unergründlichen Gottes, daß er zusammenbricht und aus eigener Kraft sich nicht wieder aufrichten kann. Da muß schon Jesus selbst ihn anrühren und durch die Kraft Seiner Liebe alle Angst und Not zur Ruhe bringen: »Stehet auf und fürchtet euch nicht!« »Verlaßt euch nur auf mich und auf das, was ich am Kreuz für euch getan und erworben habe, nämlich Vergebung, Freispruch, Durchstreichung und Bezahlung aller Schuld und ewiges Leben.«

Wer sich diese Botschaft sagen läßt, in dessen Leben verwandelt der Herr Christus alle Furcht in Freude darüber, daß Er, der Retter, alles gut gemacht hat: »Größer als der Helfer ist die Not ja nicht!«

Herr Jesus Christus, unsre Sünden kränken und schrekken uns. Aber sei Du uns nur nahe und hilf uns zur göttlichen Traurigkeit, die eine Reue wirkt, die niemanden gereut. Nimm alle Furcht von uns durch Deine überirdische Liebe. Amen.

Jer. 14, 1-9 EG 404, 1+2: Herr Jesu, Gnadensonne Luk. 6, 17-19

Da sie aber ihre Augen aufhoben, sahen sie niemand denn Jesum allein. Matth. 17, 8

Jesus allein sehen die Jünger, und das war auch genug. Mehr brauchten sie nicht und mehr begehrten sie nicht. Das sehen wir daran, daß sie an all ihre Wünsche: »Hier ist gut sein; hier laßt uns Hütten bauen« gar nicht mehr dachten. Es war ihnen genug, daß Jesus bei ihnen geblieben war, und daß sie Ihn sahen. Darum waren auch das die dunkelsten Tage ihres Lebens, als sie Ihn nach Seinem Kreuzestod nicht mehr sahen. Da waren sie ohne Halt, der Verzweiflung nahe. Da verstanden sie Gott nicht mehr. Ganz langsam haben sie es dann wieder gelernt, allein auf Jesus, den lebendigen Herrn, zu sehen, auch dann, als sie Ihn mit ihren leiblichen Augen nicht mehr sehen konnten. Im Blick auf Ihn allein haben sie Haß und Verfolgung, Not uns Tod überwunden. Im Blick auf Ihn allein wurde ihr Glaube »der Sieg, der die Welt überwunden hat«.

Wir müssen wieder lernen, allein auf Jesus zu sehen »den Anfänger und Vollender des Glaubens«.

Der würde zu rechter Freiheit verhelfen, der lehrte, allein auf Jesus zu sehen, »wie viele Ihn aber aufnahmen, denen gab Er Macht, Gottes Kinder zu werden«. Was auf Erden Menschen verführen und in Knechtschaft aller möglichen Leidenschaften zwingen kann, reizt die nicht, die allein auf Jesus sehen; die heiße Dankbarkeit für Sein stellvertretendes Sterben am Kreuz besiegt und tötet »das Fleisch samt der Lüsten und Begierden«. Was geeignet ist, Menschen zu erschrecken, verwirrt sie nicht. Gegen die Sorgen der Nahrung schützt sie Sein Wort: »Euer himmlischer Vater weiß, was ihr bedürfet.« Gegen Gefängnis: »Fürchtet euch nicht vor denen, die den Leib töten.« Gegen erlittenes Unrecht: »Selig seid ihr, so euch die Menschen schmähen und verfolgen.« So kann Paulus, der unter den Aposteln am meisten erlitten hat, in die Worte ausbrechen: »Als die Sterbenden, und siehe, wir leben! Als die Traurigen, aber allezeit fröhlich!« So sind viele Menschen, auf den Schlachtfeldern oder in den Lazaretten verstümmelt auf den Tod wartend, nach schwerem Leid in Frieden heimgegangen, weil sie niemand sahen als Jesus allein.

Herr, Jesus, gib uns schon hier auf Erden Freude die Fülle dadurch, daß wir Dich sehen dürfen im Glauben, bis wir dereinst Dein Angesicht schauen dürfen von Ewigkeit zu Ewigkeit. Amen.

Jes. 24, 1-20 EG 252, 1+2.8+9: Jesu, der du bist alleine Matth. 11, 28-30

Und da sie vom Berge herabgingen, gebot ihnen Jesus und sprach: Ihr sollt dies Gesicht niemand sagen, bis des Menschen Sohn von den Toten auferstanden ist. Und Seine Jünger fragten Ihn und sprachen: Was sagen denn die Schriftgelehrten, Elia müsse zuvor kommen? Jesus antwortete und sprach zu ihnen: Elia soll ja zuvor kommen und alles zurechtbringen.

Matth. 17, 9-11

Warum befiehlt Jesus Seinen Jüngern, über das Erlebnis auf dem Verklärungsberge vorläufig tiefstes Schweigen zu bewahren? Hätten sie nicht durch eine begeisterte Schilderung der von ihnen persönlich geschauten Herrlichkeit Jesu dem Herrn Seinen Weg ganz bedeutend erleichtern können? Hätten sie nicht die Massen in Bewegung bringen können, sich für Ihn zu entscheiden ohne das Kreuz, ohne die Dornenkrone? Hätten sie nicht wahrscheinlich sogar auf Seine Gegner Eindruck machen und ihren Haß in wohlwollende Anerkennung umbiegen können? Gerade das soll verhindert werden; »denn Jesus sollte leiden für das Volk« und so zu Seiner Herrlichkeit eingehen. Nirgends sonst ist ja die Herrlichkeit Christi zu finden als im Schatten des Kreuzes.

Jesus weiß: Er kann nicht der Erlöser, der Retter aller Menschen aller Zeiten werden, wenn Er das Kreuz umgeht. Erst wenn Er mit Seinem Blut der Gerechtigkeit Gottes genug getan und alle Sünde gesühnt hat, wird Seine Auferstehung der Beweis dafür sein, daß Gott Sein Opfer angenommen hat und ein für allemal damit zufrieden ist. Dann wird der Erweis erbracht sein: Jesus ist von oben her gekommen, und das Kreuz wird umstrahlt sein von dem Glanz Seiner Herrlichkeit für alle Zeiten.

Wie ausgesprochen heldenhaft ist hier doch das Verhalten Jesu! Statt den Jüngern Weisung zu geben, durch Verbreitung ihres Erlebnisses auf dem Berge der Verklärung Ihm die Wege zu ebnen, wählt Er das Schwerere: in verhüllter Herrlichkeit Seinen Weg zum bitteren Ende zu gehen, eine Schande vor den Menschen. Dazu bleibt Ihm nichts als Seine Liebe zu uns Sündern. Er will alles so erfüllen, wie es in der Schrift geschrieben steht: Nachdem Elia, das ist der Täufer, gekommen und alles zurechtgebracht, d. h. Buße gepredigt hat, will Er das Werk mit dem Kreuz und der Auferstehung krönen für uns.

Herr Jesus Christus, Dir sei Lob, Preis und Dank, daß Du wie ein Held gehandelt hast um unsertwillen. Laß uns von Dir lernen, was wahres Heldentum ist. Amen.

Jer. 20, 11-13 EG 523: Valet will ich dir geben Mark. 1, 1-8

Erscheinungsfest

Doch ich sage euch: Es ist Elia schon gekommen, und sie haben ihn nicht erkannt, sondern haben an ihm getan, was sie wollten. Also wird auch des Menschen Sohn leiden müssen von ihnen. Da verstanden die Jünger, daß Er von Johannes dem Täufer zu ihnen geredet hatte. **Matth. 17, 12-13**

Wie sind doch selbst Jüngerherzen so gebunden, so unfrei, so an die Welt und das Irdische gekettet und damit verflochten! Die drei Vertrauten des Herrn Jesus hatten einen Blick tun dürfen in die reine, abgeklärte Welt der Herrlichkeit Gottes; und doch können sie es nicht lassen, daran menschliche Hoffnungen zu knüpfen: Nun würde Elia vom Himmel auf die Erde kommen und alles vorbereiten, damit das messianische Weltreich im Volke Israel seinen Anfang nehmen könne. Von dort aus würde es sich dann schnell die ganze Welt erobern, ihr Herr und Meister werde der anerkannte König dieses Reiches sein, und sie selbst würden neben Ihm an höchster Stelle stehen. Die Augen der ganzen Welt würden auf Jerusalem gerichtet sein, das in unerhörtem Glanze zum Weltmittelpunkt emporsteigen werde.

Jesus zerstört Seinen Jüngern alle irdischen Träume unerbittlich, indem Er in ihre unnüchternen Gedankengänge ganz nüchtern die Tatsache hineinwirft: Elia ist schon gekommen; nur man hat es nicht gemerkt, und darum ihn getötet. Und genau so wird auch des Menschen Sohn, statt als ein umjubeltes Glückskind vor den Augen der Welt zu stehen, leiden müssen.

Da erst verstanden sie, wer mit dem Elia gemeint war, und eine Ahnung ging ihnen auf, daß der Weg Jesu ein andrer sein werde, als sie sich erträumt hatten. Als sie vor der vollendeten Tatsache des Kreuzes standen, mußten sie bekennen: »Herr, Deine Wege sind wunderbar.« Aber wirklich begriffen haben sie die Notwendigkeit dieses Weges erst nach Ostern, als der Auferstandene ihnen klarmachte, daß er hätte leiden müssen, um die Schrift zu erfüllen, daß aber Gott selbst dann durch die Auferweckung bewiesen habe: Ich bin mit dem Leiden und Sterben meines Sohnes als Sühnetat für alle Sünden der Menschheit ein für allemal einverstanden, es gibt von nun an für alle eine Vergebung und eine Auferstehung von den Toten ins ewige Leben. Nur der Glaube an das Kreuz und das leere Grab schützt uns vor einem Christentum geteilten Herzens.

Herr, mache unser Herz fest, daß es nicht auf die Welt sehe, sondern allein Dir diene und gehorche! Amen.

1. Kön. 19, 1-8 EG 406: Bei Dir, Jesu, will Mark. 6, 14-29

Das Himmelreich ist gleich einem Hausvater, der am Morgen ausging, Arbeiter zu mieten in seinen Weinberg. Und da er mit den Arbeitern eins ward um einen Groschen zum Tageslohn, sandte er sie in seinen Weinberg. **Matth. 20, 1-2**

Das Gleichnis, dessen Betrachtung wir heute beginnen, sagt ganz deutlich: Der Herr fordert einen Arbeitseinsatz von den Seinen, so wie es Seine »Speise« war, den Willen des Vaters zu tun. Gewaltig greift Er hinein in die Schar der unentschiedenen Menschen, ruft sie zur Entscheidung auf und will allen trägen Christen zurufen: Zur Arbeit in meinem Weinberg, zur Arbeit an deiner eigenen Seele, zur Arbeit an den Seelen andrer, zur Arbeit in den Werken des Glaubens und der Liebe, zur Arbeit für das Reich Gottes bist du bestimmt! Und doch, unser Blick wird nicht vor allem auf die Arbeiter, auf ihre Zahl oder auf ihre Tüchtigkeit und Einsatzbereitschaft gerichtet. Er wird auf den gerichtet, der in die Arbeit ruft. Der hat die Arbeit zu vergeben. In Seinem Auftrag stehen die Arbeiter in der Arbeit. Wo Er ist und wo Er in die Arbeit ruft, da ist, so sagt der Herr in unserm Gleichnis das Himmelreich da. Das Reich Gottes strahlt nicht da auf Erden auf, wo eine mehr oder weniger große Schar von mehr oder weniger frommen und eifrigen Menschen ist. Es strahlt vielmehr dort in die Welt hinein, wo der Herr Christus ist, wo der Herr Christus Seine Gaben, Wort und Sakrament, darreicht, und wo dann

Menschen sich um Ihn und um Seine Gaben sammeln. Alle aber, die das tun, müssen wissen: Zum Weiterleuchtenlassen sind wir berufen! Am Morgen, so hören wir, geht der Hausherr aus. Er kann nicht warten, bis der Tag weiter vorgeschritten ist. Ein Feuer brennt in Seinem Herzen. Das will weiterbrennen. Aber Er mietet die Arbeiter. Er wird mit ihnen eins. Wir können also »nein« sagen. Wir können abseits stehen. Können wir es wirklich? Können wir abseits stehen von diesem Herrn, von Seiner Liebe, von Seinem Reich, vom Himmelreich?

Hab Dank, Herr Christus, daß nicht darin das Himmelreich besteht, daß wir etwas tun, sondern daß Du alles für uns getan hast. Hab Dank, daß Du uns in die Arbeit rufst. Mache uns willig und mache uns treu! Amen.

1. Mose 3, 9; 4, 9 EG 255: O daß doch bald Luk. 12, 42-50

Der Hausvater ging aus um die dritte Stunde und sah andre an dem Markte müßig stehen und sprach zu ihnen: Gehet ihr auch hin in den Weinberg; ich will euch geben, was recht ist. Und sie gingen hin. Abermals ging er aus um die sechste und neunte Stunde und tat gleich also. Matth. 20, 3-5

Seht ihr den Heiland am Wege stehen? Ihn jammert des Volks, das in die Irre geht. Seht ihr Ihn am Markt? Ihn jammert der Menschen, die nichts für Ihn getan haben. Daß es solche Menschen gibt in so großer Zahl, treibt den Arbeitgeber, unsern Herrn, immer wieder hinaus, um die dritte, um die sechste, um die neunte Stunde. Er ruft Arbeiter in Seinen Dienst. Laßt uns den Ruf nicht überhören. Gott ruft nicht immer.

Es sind bestimmte Stunden, in denen Gott ruft; in diesen Stunden hört der Mensch Jesu klaren Befehl: Gehe du auch hin! In solchem Augenblick gibt uns der Herr aber auch die Verheißung: Ich will euch geben, was recht ist. Viele ernste Christen wissen um diese Stunden, und dieses Bewußtsein macht sie dankbar und froh. Johannes hat in sein Evangelium ein schlichtes Zeichen gesetzt, sowie die Buchstaben R. S. in den Bildern Rudolf Schäfers; daran erkennt jeder genau, hier spricht Johannes selbst. Als der Täufer auf das Lamm hinwies, das der Welt Sünde trägt, als die beiden Jünger Jesus nachfolgten, da war für Johannes, den einen der beiden, die entscheidende Wende in seinem Leben geschehen: »Es war aber um die zehnte Stunde.« Vieles hatte er vergessen, diese Stunde nicht.

Gott schenkt es vielen Seiner Kinder, daß sie genau um diese Stunde wissen. Eins schenkt Er allen, die Ihm gehören: Sie wissen, daß sie auf Seinem Arbeitsplatz stehen. Sie wissen, daß Er ihr Arbeitgeber und Herr ist. Sind wir berufen?

Alle, die hier mit der Achsel zucken, die etwas verlegen werden und sagen: Ja – gewiß – ich weiß nicht, müssen darüber volle Klarheit gewinnen. Der Herr sucht Menschen, die sich Tag und Nacht mühen. Dabei ist alles, von Anfang bis zu Ende, nur Gnade. Gnade ist der Ruf zu bestimmter Stunde, Gnade ist der Befehl an den bestimmten Arbeitsplatz zu gehen, Gnade ist auch der bestimmte, vom Herrn festgesetzte Lohn. Der Herr der Herrlichkeit, dessen Arbeitsplatz die Welt ist, schenkt uns armen, oft so untreuen Arbeitern das Himmelreich.

Herr, sende auch uns hinaus in Gnaden! Amen.

Jes. 5, 1-7 EG 392, 1-3.6-8: Gott rufet noch Luk. 11, 2-4

Um die elfte Stunde aber ging er aus und fand andre müßig stehen und sprach zu ihnen: Was stehet ihr hier den ganzen Tag müßig? Sie sprachen zu ihm: Es hat uns niemand gedingt. Er sprach zu ihnen: Gehet ihr auch hin in den Weinberg, und was recht sein wird, soll euch werden. **Matth. 20, 6-7**

Das Gleichnis von den Arbeitern im Weinberg enthält keine Vorschrift für eine Wirtschaftsordnung. Wenn im Wirtschaftsleben so gehandelt würde, wie von diesem Hausvater erzählt wird, dann würde alles bald durcheinander gehen. Eine Ordnung für das Wirtschaftsleben hat der Herr hier aber nicht geben wollen, so wenig wie Er das im Gleichnis vom Sämann und vom vierfachen Ackerfeld wollte. Jeder Bauer, der es mit seiner Saat so halten würde, wie der Heiland vom Sämann berichtet, würde unrecht an dem ihm anvertrauten Gut handeln und würde wohl auch bald von Haus und Hof weichen müssen. Der himmlische Sämann aber handelt so. In göttlicher Langmut und in immer erneuter Hoffnung streut er trotz aller Enttäuschung den Samen Seines Wortes immer und immer wieder aus. Und so tut auch der himmlische Weingärtner. Er handelt, wie wir es in unserm Gleichnis hören. Nicht um irdische Dinge geht es. Das Himmelreich, so heißt es, ist gleich einem Hausvater, der auch die noch ruft, die lange müßig am Markt standen. Und er verspricht ihnen den vollen Lohn. Soll uns das sicher machen? Sollen wir uns sagen:

Dann kannst du wohl noch etwas, dann kannst du noch länger warten, bis du damit ernst machst, dem Ruf des Herrn zu folgen? Nein! Seine Liebe sollen wir sehen! Die Liebe, die den Schächer noch am Kreuz rief, um ihm den Himmel aufzutun. Die Liebe, die auch den Apostel Paulus annahm, der dem Herrn Jesus Christus seine Jugend und die ersten Mannesjahre vorenthalten hatte. Dieser Liebe hat der Schächer, dessen Füße und Hände ans Kreuz geschlagen waren, in letzter Stunde vertraut. Diese Liebe hat auch ihn noch in den Dienst gefesselt – »in elfter Stunde« ein »Arbeiter im Weinberg Gottes«. Denn sein durch die Jahrtausende nachwirkendes Bekenntnis zu dem Herrn und Seinem Reich, Seiner Unschuld und der eigenen Schuld ist vielen zum Segen geworden. Diese Liebe hat den Apostel Paulus, der die Gemeinde verfolgt hatte, zum auserwählten Arbeiter im Weinberg seines Herrn gemacht.

Herr, es ist mir leid um jeden Tag, den ich Dir vorenthalten habe. Nimm mich heute auf in Deine Gnade, darum bitte ich Dich. Und halte mich stets in Deiner Gnade! Amen.

Hagg. 1, 2-14 EG 392,1-4: Gott rufet noch Matth. 23, 37-39

Da es nun Abend ward, sprach der Herr des Weinbergs zu seinem Schaffner: Rufe die Arbeiter und gib ihnen den Lohn und heb an an den letzten bis zu den ersten.
Matth. 20, 8

Da es nun Abend ward! Einmal geht unser Tag zu Ende. Niemand von uns weiß, wann. Aber einmal müssen wir alle vor Gottes Angesicht treten. Einmal müssen wir Rechenschaft ablegen von jedem Wort, das über unsre Lippen kam, und von jedem Wort, das wir sprechen sollten, und das wir nicht sprachen. Einmal stehen wir mit allen Taten und mit allen Unterhaltungen so vor Gott, daß es auch keinen Versuch, sich verbergen zu wollen, mehr geben kann. Dann werden wir bis in die tiefste Tiefe unsres Herzens verstehen, daß unsre Väter wußten, was sie sagten, und daß das Bekenntnis unsrer Kirche recht hat, wenn es in seinem Hauptartikel, dem Artikel vier des Augsburgischen Bekenntnisses, sagt, daß wir Gerechtigkeit vor Gott nicht haben können durch unser eigen Verdienst, Werk oder Genugtun, sondern allein aus Gnaden, um Christi willen, durch den Glauben. Ob wir die Frau verstehen, die wußte, daß sie sich zum Sterben zu rüsten habe, und die sagte: »Ich schäme mich zu sterben!?« Ich schäme mich zu sterben! Das Wort wirft allen faulen Frieden um, in den sich Menschen hineintäuschen, indem sie sagen: Sterben ist eine ganz natürliche Sache. Sterben macht dem Leben Platz. Oder: Stirbt man, so stirbt man sich in den Himmel hinein. Nein, sterben heißt, im klaren Licht der Ewigkeit vor Gottes Angesicht treten. Da fällt alles falsche Rühmen und aller falsche Trost hin. Da gibt es nur eins: »Christi Blut und Gerechtigkeit, das ist mein Schmuck und Ehrenkleid, damit will ich vor Gott bestehn, wenn ich zum Himmel wird eingehn!« Wer diesen Trost im Herzen trägt, der darf getrost sein. Der darf wissen: Das Werk, das Gott angefangen hat, wird Er nicht zerschlagen lassen. Wie er aller Feindschaft und allem Widerstreben zum Trotz Sein Reich baut in Zeit und Ewigkeit, so wird Er sich auch zu denen, die Seiner Gnade leben, einst in Gnaden bekennen, zu allen, von den letzten an bis zu den ersten. Jeder erhält aus Gnaden den rechten, einzigen Lohn, das Himmelreich.

Vater im Himmel, heiliger Gott! Vor Dir wird all unser Ruhm zuschanden. Hilf, daß wir nicht vor Dir fliehen, sondern zu Dir fliehen. Und laß Deine Gnade unser Ruhm sein in Zeit und Ewigkeit. Amen.

Ps. 19, 1-17 | EG 530, 1-3: Wer weiß, wie nahe mir mein Ende | Röm. 9, 20-24

Da kamen, die um die elfte Stunde gedingt waren, und empfing ein jeglicher seinen Groschen. Da aber die ersten kamen, meinten sie, sie würden mehr empfangen; und sie empfingen auch ein jeglicher seinen Groschen. Matth. 20, 9-10

Der menschlichen Neugierde hat Gott im Blick auf die Ewigkeit keine Verheißung gegeben. Denen aber, die auf dem Wege zum Himmel sind, hat Er in Seinem Wort viel Köstliches von der ewigen Welt gesagt. Die Heilige Schrift spricht, weil die Liebe in ihr das Wort führt, die uns nicht täuschen will, klar und eindringend vom Gericht. Sie spricht aber zehnmal vom Himmel, wenn sie einmal von der Hölle spricht. Sie spricht zehnmal von der Seligkeit, wenn sie einmal von der Verdammnis spricht. Auch hier gilt: »Gott will uns damit locken, daß wir glauben sollen!« Und was wird im Himmel alles sein? Alle Schwachheit Leibes und der Seele wird von uns abfallen. Blinde Augen werden sehen. Taube Ohren werden hören. Wir werden Gott dienen in ungebrochener Kraft. Alle Geheimnisse Gottes in Seiner Schöpfungswelt, Sein Wunderwalten in der Gnadenwelt, der herrliche, jetzt oft verborgene Bau Seiner Gemeinde, alles wird offenbar vor unsern Augen sein. Über allem Dunklen im eigenen Leben und im Leben um uns her werden wir bekennen: »Du warst gerecht in allen Deinen Wegen!« Anbetend werden wir erkennen, von welcher Sünde und Schuld unser Heiland uns erlöst und von welchen Mächten Er uns befreit hat. Im Licht der Ewigkeit werden wir uns selbst sehen, wie wir sind. Das ist das Gericht. Aber wir werden auch Ihn, unsern Heiland, sehen, wie Er ist. Das wird die endliche und ewige Erlösung sein. Und alle, die dabei sein werden, werden wissen: Auch unser Lohn ist Gnade! Wer mehr haben wollte als die Gnade, die dann ganz erfüllt ist, der würde überhaupt nicht dabei sein. Wir werden teilhaben an der Herrlichkeit Jesu. Wir werden Ihm gleich sein. Ewige Freude wird über unserm Haupte sein. Das ist genug. Das ist die Fülle.

Lieber Heiland! Du bist vorangegangen, uns Wohnung zu bereiten. Hab' Dank dafür. Du wähltest Dir Leid und Tod, daß wir Leben und Freude hätten. Wir hoffen auf Dich. Wir beten Dich an! Amen.

Dan. 9, 15-19 EG 355: Mir ist Erbarmung Eph. 2, 8-9

Und da sie den Lohn empfingen, murrten sie wider den Hausvater und sprachen: Diese letzten haben nur eine Stunde gearbeitet, und du hast sie uns gleich gemacht, die wir des Tages Last und die Hitze getragen haben. Er antwortete aber und sagte zu einem unter ihnen: Mein Freund, ich tue dir nicht unrecht. Bist du nicht mit mir eins geworden um einen Groschen? Nimm, was dein ist, und gehe hin! Ich will aber diesem letzten geben gleich wie dir. Oder habe ich nicht Macht, zu tun, was ich will, mit dem Meinen? Siehst du darum scheel, daß ich so gütig bin?

Matth. 20, 11-15

Es wird den Christen vorgeworfen, sie seien lohnsüchtig. Christus, ihr Herr, verwirft hier aber jedes Schielen nach einem besonderen Lohn und macht zugleich einen festen Strich durch jede Scheelsucht im Blick auf andre. Es wird den Christen auch vorgeworfen, daß sie das Gnadenprinzip im Gegensatz zum Leistungsprinzip aufstellen, das doch allein den Menschen angemessen sei. Wir sehen, die Vorwürfe heben sich gegenseitig auf. Wo Jesus Gewalt bekommt über Menschen, da wissen sie: Er verlangt etwas von uns! Aber da wissen sie auch: Er hat uns gerufen. Das war Gnade. Er hat uns zu Seinem Eigentum gemacht. Das war Gnade. Er hat uns in die Arbeit gestellt. Auch das war Gnade. Und wenn Er uns einmal in Sein Reich aufnimmt, so ist auch das nur Gnade. In allem aber, im Ruhen in der

Gnade wie im Wirken aus der Kraft der Gnade, spricht der Christ: »Mein Lohn ist, daß ich darf!« In tausenden von Diakonissenstübchen steht dies Wort des Diakonissenvaters Löhe an der Wand. Dies Wort steht in den Herzen geschrieben. Das prägt das Tun und den Wandel. Laßt uns danach uns ausstrecken, daß es in unserm Herzen stehe, daß es unser Tun und unsern Wandel präge! Dann bleibt kein Raum für den Sinn des älteren Bruders, der sich nicht freuen konnte, als der Vater dem verlorenen Sohn seine ganze Liebe schenkte. Gott sei Dank, daß das Himmelreich nicht gleich einer Schar von Arbeitern ist, die gleich kamen, als sie gerufen wurden, die alles willig und richtig und tüchtig machten, sondern gleich einem Hausvater, der auch die ruft, die vielleicht lange abseits standen, der auch den schwachen Kräften eine Verheißung gibt, und der die Herzen der Seinen freimacht wie zum Dienst, so zur Freude, wenn auch andere des gleichen Heiles teilhaftig werden.

Lieber Heiland! Daß Du Dein Werk ganz getan hast, das ist unser Trost. Deine Geduld ist die Ursache unsrer Seligkeit. Werde meiner nicht müde und gib mir ein freies und frohes Herz. Amen.

Jes. 53, 11-12 EG 447: Lobet den Herren alle Apg. 15, 11-12

Also werden die Letzten die Ersten und die Ersten die Letzten sein. Denn viele sind berufen, aber wenige sind auserwählt. **Matth. 20, 16**

Gott hat Seine eigenen Gesetze. Auf Seinem Ackerfeld und in Seinem Weinberg geht es zu, wie es sonst nirgends zugehen könnte. Er gibt denen, die in der letzten Stunde in die Arbeit eintraten, denselben Lohn wie denen, die des Tages Last und Mühe getragen haben, und Er macht, daß die Ersten genau so zufrieden sind wie die Letzten. Er macht, daß sie sich wundern, daß sie überhaupt an Seiner Gnade teilhaben dürfen. Er macht, daß sie auch mit dem letzten Platz zufrieden wären und daß sie sich darüber freuen, daß die andern mit ihnen in der gleichen Gnade stehen. Diesen Gott hat Maria besungen, als ihr Gnade widerfahren war. Dieser Gott hat Judas bis an den Himmel erhoben und ihn niederstürzen lassen bis in die Hölle. Dieser Gott hat Paulus herausgerissen aus der Schar der Hasser und hat ihn hineinschauen lassen in des Himmels Herrlichkeit. In der Hand dieses Gottes liegt auch unser Geschick in Zeit und Ewigkeit. Was wird aus uns werden? »Viele sind berufen, aber wenige sind auserwählt!« Und wir? Du und ich? Macht dir diese Frage Sorge? Dann will ich dir sagen: Schau Jesus an, der für dich gestorben ist. Da ist deine Erwählung. Schaue den an, der sich für dich entschieden hat. Da ist die Entscheidung gefallen über dein Leben. Schaue auf Seine Augen. In ihnen sieht dich die ewige Liebe an. Schaue auf

Seine Lippen und höre Seinen Ruf: »Es ist vollbracht!« Schaue Ihm ins Herz: »Also hat Gott die Welt geliebt, daß Er Seinen eingeborenen Sohn gab, auf daß alle, die an Ihn glauben, nicht verloren gehen, sondern das ewige Leben haben.« Alle! Da bist auch du mit dabei! So danke Gott und bete Ihn an!

Vater im Himmel, allmächtiger Gott! Dein bin ich im Leben und im Sterben, Dein mit meiner Sünde und Schuld. Halte mich fest in Deiner Gnade und nimm mich auf in Dein ewiges Reich. Amen.

Hiob 12, 1-15 — EG 406, 1-4: Bei Dir, Jesu, will ich bleiben — Offb. 15, 1-3

Höret ein anderes Gleichnis: Es war ein Hausvater, der pflanzte einen Weinberg und führte einen Zaun darum und grub eine Kelter darin und baute einen Turm und tat ihn den Weingärtnern aus und zog über Land. Da nun herbeikam die Zeit der Früchte, sandte er seine Knechte zu den Weingärtnern, daß sie seine Früchte empfingen. Da nahmen die Weingärtner seine Knechte; einen häupteten sie, den andern töteten sie, den dritten steinigten sie. Abermals sandte er andre Knechte, mehr denn der ersten waren; und sie taten ihnen gleich also. Matth. 21, 33-36

Ein überaus ernstes Gleichnis! Damals galt es den Juden; heute aber gilt es allen Menschen und Völkern; es gilt auch uns. Der Hausvater ist Gott; der Weinberg ist die Welt, von Gott umhegt und behütet. Wieviel hat Er gerade zum Schutze Israels getan. Aber alle Liebe und Fürsorge Gottes war doch zuletzt vergeblich.

Die Kelter war damals das Wort Gottes und der Tempel in Jerusalem. Auch heute ist Gottes Wort und die Kirche mit den Gottesdiensten und Sakramenten die Kelter, den Durst unsrer Seele zu stillen. Ohne Trank muß ein Mensch verdursten und sterben – das soll der furchtbarste Tod sein. Ohne Gottes Wort verdurstet und verkommt unsre Seele und die Seelen unsrer Kinder.

Der Turm ist auch die Bibel: die hohe Wacht, von der aus das Leben anders aussieht als in den Niederungen der

Sorgen und Sünden. Von ihr aus hat man einen Blick über die Grenzen der Welt hinaus in die Ewigkeit; man erkennt aber auch den Feind, der uns und die Welt verderben will.

Der Hausvater zog über Land: Gott überläßt die Welt uns Menschen.

Welche Frucht sucht Gott in der Welt? Oder warum hat Er die Welt und uns Menschen erschaffen? Um zu lieben und geliebt zu werden, hat Gott uns und die Welt erschaffen. Deine Liebe zu Ihm ist die Frucht, die Er in Christus, Seinem Sohn, in der Welt und bei uns sucht. Unser Leben, unser Herz, unsre Seele sollen Ihm gehören. Er hat ein Recht darauf.

Seine Knechte waren die Propheten des Alten Bundes, heute sind es die Diener Seiner Kirche, die die Menschen in die Liebe Gottes zurückrufen sollen.

Lieber Vater, laß uns Deine große Liebe erkennen und Deiner Liebe leben. Amen.

Jes. 5, 1-2 EG 325, 1-4: Sollt ich meinem Gott Mark. 12, 6-30

Danach sandte er seinen Sohn zu ihnen und sprach: Sie werden sich vor meinem Sohn scheuen. Da aber die Weingärtner den Sohn sahen, sprachen sie untereinander: Das ist der Erbe; kommt, laßt uns ihn töten und sein Erbgut an uns bringen! Und sie nahmen ihn und stießen ihn zum Weinberge hinaus und töteten ihn. Wenn nun der Herr des Weinberges kommen wird, was wird er diesen Weingärtnern tun? Sie sprachen zu Ihm: Er wird die Bösewichte übel umbringen, und seinen Weinberg andern Weingärtnern austun, die ihm die Früchte zur rechter Zeit geben. Jesus sprach zu ihnen: Habt ihr nie gelesen in der Schrift: »Der Stein, den die Bauleute verworfen haben, der ist zum Eckstein geworden. Von dem Herrn ist das geschehen, und es ist wunderbar vor unsern Augen.

Matth. 21, 37-42

Gott hat genug getan, als Er den Menschen Sein Wort gab und Seine Propheten zu ihnen sandte; aber die Menschen haben Seine Propheten verstoßen und Sein Wort nicht angenommen.

Aber Gott tut noch mehr als genug: Er sandte Seinen Sohn und gibt den Unschuldigen und Gerechten in die Hände Seiner Mörder.

Und sie verwarfen Ihn ebenso, wie sie Seine Diener verworfen haben; denn sie wollen sich von keinem hineinreden lassen in ihr Leben und Tun – auch nicht von Gott.

Sie verweigern dem Herrn der Welt Sein Herrenrecht und machen sich selber zu Herren ihrer selbst und der Welt. Darum verwerfen sie Seinen Sohn ebenso, wie sie Seine Diener verworfen haben.

Wer Christus nicht anerkennt, verstößt Ihn, den Gerechten, ebenso wie damals die Hohenpriester und Pharisäer Ihn verstoßen haben, und wird mitschuldig an Seinem Tode. »Der Stein, den die Bauleute verworfen haben, ist zum Eckstein geworden.« Das heißt: An Christus entscheidet sich das Schicksal. Verwirfst du Christus, so verwirfst du auch Gott und – wirst von Ihm verworfen. An Christus wird jedes Menschen Herz offenbar, ob es Gott die Ehre geben, Ihm Sein Eigentumsrecht zubilligen will oder nicht.

Herr Christus, wir beugen unsre Herzen vor Dir und bekennen, daß du allein der Herr bist, dem unser Leben gehören soll in Ewigkeit. Amen.

Jes. 65, 1-10 EG 325, 8-11: Sollt ich meinem Gott Joh. 1, 1-3

Darum sage ich euch: Das Reich Gottes wird von euch genommen und einem Volk gegeben werden, das seine Früchte bringt. Und wer auf diesen Stein fällt, der wird zerschellen; auf welchen aber er fällt, den wird er zermalmen. Und da die Hohenpriester und Pharisäer seine Gleichnisse hörten, verstanden sie, daß Er von Ihnen redete. Und sie trachteten danach, wie sie Ihn griffen, aber sie fürchteten sich vor dem Volk; denn es hielt Ihn für einen Propheten.

Matth. 21, 43-46

Gott hat dem Volke Israel die größte Verheißung gegeben, die je einem Volke gegeben wurde: ihnen sollte das Reich Gottes gegeben werden; ja, es war ihnen gegeben in Christus. Aber sie haben Christus verworfen, und darum ist das Reich Gottes von ihnen genommen. Das ist eine geschichtliche Tatsache, deren Wahrheit nicht schwer zu erkennen ist.

Und das Reich Gottes ist einem andern Volke gegeben: der Christengemeinde, den Männern und Frauen, die am Pfingsttage auf dem Söller eines Hauses in Jerusalem standen und die großen Taten Gottes verkündeten von der Erschaffung der Welt bis zur Auferstehung Seines Sohnes am Ostermorgen. Das Reich Gottes ist dem neuen Volke Gottes in allen Völkern gegeben, die an Jesus Christus glauben. Dies Volk ist die Gemeinde der Gläubigen, die eine heilige christliche Kirche, die Gemeinde der Heiligen; sie haben das Reich Gottes empfangen; »denn das Himmelreich gehört ihnen«.

Das Reich Gottes kann empfangen, wer da will – auch heute noch – auch du. Du brauchst nur Jesus Christus, den König des Reiches Gottes, als deinen Herrn anzurufen und Ihn um Vergebung der Sünden zu bitten.

Wer aber Christus als den Sohn Gottes leugnet, zerschellt an diesem »Eckstein«. Vergessen wir nicht die Geschichte; Israel ist zerschellt. Du aber glaube von ganzem Herzen und »halte, was du hast, daß niemand deine Krone nehme«, die Königskrone der Kinder Gottes, die Jesus Christus sterbend uns erwarb. Der Auferstandene gab sie Seinen Jüngern, und gibt sie auch heute noch jedem, der zu Ihm kommt. Denn Er hat gesagt: »Wer zu mir kommt, den werde ich nicht hinausstoßen.«

Herr, Jesus Christus, so nimm uns denn als die Deinen in Gnaden an und gib auch uns Dein ewiges, herrliches Reich, wie Du es uns verheißen hast. Amen.

Dan. 2, 24-35 | EG 385, 1-6: Mir nach, spricht Christus | Matth. 5, 3-10

Da trat Er in das Schiff und fuhr wieder herüber und kam in Seine Stadt. Und siehe, da brachten sie zu Ihm einen Gichtbrüchigen, der lag auf einem Bette. Da nun Jesus ihren Glauben sah, sprach Er zu dem Gichtbrüchigen: Sei getrost, mein Sohn; deine Sünden sind dir vergeben. **Matth. 9, 1-2**

Kapernaum – eine der kleinen Städte am See Genezareth, von so vielen Zeitgenossen so beneidet, denn sie durfte den Herrn aller Herren längere Zeit beherbergen. »Seine Stadt« wurde sie genannt, nicht nur deshalb, weil der Herr in ihr wohnte, sondern weil Er sich vor allem um sie bemühte. Sie hörte Seine gewaltigen Predigten, sah unendlich viele Seiner Wundertaten, zu ihr kamen von allen Gegenden Menschen, die Heilung und Rettung suchten, so daß der Herr immer von Menschen undrängt war. Sie genoß dadurch großen Vorzug und besondere Ehre vor allen. Freilich, je größer die Ehre, desto größer die Verantwortung. Ihre Einwohner mußten – angefaßt von Jesu Predigten und Taten – andre Menschen werden. Das erwartete der Herr von »Seiner Stadt«, aber sie hat ihre Zeit nicht erkannt.

Wo der Herr in einem Herzen Wohnung macht, da muß es anders werden!

Der Heiland hat auch an unsre Herzenstür angeklopft, hat uns durch die heilige Taufe in Seine Gemeinschaft gerufen. Unser ganzes Leben ist bis heute eine Kette von Wohltaten, Durchhilfen, Gnadenverweisungen Gottes gewesen.

Sein Wort wird gepredigt, wir können es täglich in der Bibel lesen. Ja, durch das Gebet dürfen wir täglich mit Ihm reden, und durch den Glauben will Er in uns Wohnung machen. – Aber, sind wir andre Menschen geworden? Haben wir das alles als selbstverständlich hingenommen, ohne Dank?

Krankheit kehrt bei uns ein. Sie wird uns zur Übungsschule, Geduld und Dankbarkeit zu lernen. Das Krankenzimmer soll uns zur Betkapelle werden, oder aber zum Gerichtssaal, wo unsre Schuld aufgedeckt und gestraft wird. Unsre Krankheitstage sind ernste Zeiten, die wir nicht leicht nehmen dürfen, denn wir kommen entweder gebessert, im Glauben gestärkt, oder aber schlechter aus ihnen heraus.

Herr, komm in mir wohnen, laß mein Herz auf Erden Dir ein Heiligtum noch werden! Komm, Du nahes Wesen, Dich in mir verkläre, daß ich Dich stets lieb und ehre! Wo ich geh, sitz und steh, laß mich Dich erblicken und vor Dir mich bücken. Amen.

1. Mose 19, 1-29 EG 389: Ein reines Herz Röm. 11, 17-22

Und siehe, etliche unter den Schriftgelehrten sprachen bei sich selbst: Dieser lästert Gott. Da aber Jesus ihre Gedanken sah, sprach Er: Warum denkt ihr so Arges in euren Herzen? Welches ist leichter zu sagen: Dir sind deine Sünden vergeben; oder zu sagen: Stehe auf und wandle? Auf daß ihr aber wisset, daß des Menschen Sohn Macht habe, auf Erden die Sünden zu vergeben – sprach Er zu dem Gichtbrüchigen: Stehe auf, hebe dein Bette auf und gehe heim! Und er stand auf und ging heim. Da das Volk das sah, verwunderte es sich und pries Gott, der solche Macht den Menschen gegeben hat. **Matth. 9, 3-8**

Es gibt offenbare und geheime Zusammenhänge zwischen Krankheit und Sünde.

Das durchdringende Heilandsauge sieht die ursächlichen Zusammenhänge.

Der Herr sieht in den Bemühungen der Freunde auch ihren Glauben an Seine Wunderkraft. Dieser Wunderglaube war für Ihn eine alltägliche Erscheinung. Aber hier antwortet der Herr auf einen andern Glauben, der im Kranken selbst aufbricht, den Heilsglauben. Er sieht die Sündenschuld als die Wurzel des Übels und spricht daher das herrliche Gnadenwort der Vergebung.

Aber der Heiland sieht auch den heimlichen Unglauben der anwesenden Schriftgelehrten. Zu heilen erlaubten sie Ihm, aber nicht, Sünden zu vergeben. Um ihnen zu zeigen, daß Sein Wort von der Vergebung kein leeres Wort, sondern im Auftrag des himmlischen Vaters gesagt war, spricht der Herr nun das heilende Machtwort zu dem Kranken.

Und die Menschen erschraken, weil sie in dem Jesus, der vor ihnen stand, einen Menschen sahen, der Gottes Macht ausübte, der Sünden so vergab, daß sie wirklich vergeben waren.

Wohl uns, daß wir wissen, unsres Heilands Auge sieht auch unsre Not und Krankheit und den Zusammenhang zwischen ihr und unsrer Sünde, sieht unser Verlangen nach Heilung und Erlösung. Und Er will auch uns nicht nur durch ein Machtwort heilen, sondern durch Sein Gnadenwort uns der Vergebung aller unsrer Sünden gewiß machen.

Herr, du siehst unsre Krankheit und Not, auch unsre verborgene Schuld und unsre heimliche Sünde. Vergib uns und laß uns Dein Antlitz schauen, so genesen wir. Amen.

1. Mose 28, 58-67 EG 326: Sei Lob und Ehr Luk. 13, 1-9

Und Jesus kam in des Petrus Haus und sah, daß seine Schwiegermutter lag und hatte das Fieber. Da griff Er ihre Hand an, und das Fieber verließ sie. Und sie stand auf und diente ihnen. Am Abend aber brachten sie viele Besessene zu Ihm; und Er trieb die Geister aus mit Worten und machte allerlei Kranke gesund, auf daß erfüllt wurde, was gesagt ist durch den Propheten Jesaja, der da spricht: »Er hat unsre Schwachheiten auf sich genommen, und unsre Seuchen hat Er getragen.« Matth. 8, 14-17

Wir sind erschrocken, wenn der Bruder neben uns einmal ein paar Worte von seiner Not sagt. Wir wollen es nicht gern wahrhaben, daß soviel Not in der Welt ist. Wir wollen nur so allgemein von der Not reden dürfen. Das ist das Besondere an unserm Abschnitt, daß hier neben der allgemeinen Not der vielen Besessenen und der allerlei Kranken eine ganz persönliche Not steht. Und es ist einer da, der diese Not mit Heilandsaugen ansieht. Jesus sieht deine Not. Und Sehen und Heilen gehören bei dem Heiland der Mühseligen und Beladenen zusammen. Sein Jünger soll wissen, daß seine persönliche Not, seine Familiensorgen, sein Herzenskummer auch die Not, die Sorgen, der Kummer seines Heilandes sind. Der sieht und hilft. Das macht uns so oft traurig, daß wir wohl Not sehen, aber nicht helfen können. Hast du die Traurigen vergessen, neben denen du neulich am Grabe standest? Hast du den schmerzentstellten Gesichtsausdruck des unheilbar Kranken so schnell aus dem Sinn verloren? Was ist das für schwere Not, wenn das eigene Kind leidet oder die Mutter! Wir sehen die Not und können nicht helfen. Wissen wir einen, der helfen kann? Jesus sieht auch die Not: »Er hat unsre Schwachheiten auf sich genommen.« Hilft Jesus heute nicht mehr so, wie Er damals Seinem Petrus half? Wenn du nicht beten kannst, antwortest du vielleicht mit Nein. Wenn du aber weißt, wie du mit diesem Heiland reden darfst, wir Er unser Flehen und Schreien in der Not hört, dann weißt du auch, daß Jesus Christus gestern und heute und in Ewigkeit derselbe ist, daß Er noch heute unsre Not sieht und uns hilft.

Herr Jesus Christus! Du hast gesagt, daß alle Mühseligen und Beladenen zu Dir kommen sollen. Wir kommen zu Dir, auch mit unsrer eigenen Not. Wir danken Dir, daß Du sie siehst und allen ein Helfer und Heiland bist. Amen.

Ps. 68, 19-21 EG 363, 1: Kommt her zu mir Hebr. 2, 5-18

Und da Seine Jünger waren hinübergefahren, hatten sie vergessen, Brot mit sich zu nehmen. Jesus aber sprach zu ihnen: Sehet zu, und hütet euch vor dem Sauerteig der Pharisäer und Sadduzäer. Da dachten sie bei sich selbst und sprachen: Das wird's sein, daß wir nicht haben Brot mit uns genommen. Da das Jesus merkte, sprach Er zu ihnen: Ihr Kleingläubigen, was bekümmert ihr euch doch, daß ihr nicht habt Brot mit euch genommen? Vernehmt ihr noch nichts? Gedenkt ihr nicht an die fünf Brote unter die Fünftausend, und wieviel Körbe ihr da aufhobt? Auch nicht an die sieben Brote unter die Viertausend, und wieviel Körbe ihr da aufhobt? Wie, versteht ihr denn nicht, daß ich euch nicht sage vom Brot, wenn ich sage: Hütet euch vor dem Sauerteig der Pharisäer und Sadduzäer! Da verstanden sie, daß Er nicht gesagt hatte, daß sie sich hüten sollten vor dem Sauerteig des Brotes, sondern vor der Lehre der Pharisäer und Sadduzäer.

Matth. 16, 5-12

In der Wüste durften die Israeliten an jedem Morgen nur soviel Manna sammeln, wie sie für den einen Tag nötig hatten. Auch die Gotteswahrheiten kann man nicht auf Vorrat sammeln. Gottes Gnade ist wirklich jeden Morgen neu! Wir dürfen in unsrer Kirche und in unserm persönlichen Glaubensleben nicht von abgestandenem Wasser leben, sondern müssen jeden Tag bereit sein zu neuem Hören des lebendigen Gotteswortes.

Wie fein unterweist Jesus Seine Jünger! Ihr Unverstand zeigt nur, wie wenig sie bereit sind zu einem neuen Schauen der Herrlichkeit Gottes. Eben haben sie die Speisungen der Tausende erlebet, gleich reden sie wieder von der Möglichkeit des Hungers. Sie glauben es Ihm noch nicht ganz, daß Er Herr ist über solche Verlegenheiten. Die Pharisäer machten das Wort Gottes zu einer Geißel für die andern. Die Sadduzäer benutzten es als Deckmantel für ihren Freisinn und hielten nur noch die Form fest. Hütet euch! Denkt an die Jünger, die so schnell vergessen hatten! Abgestandenes Wasser menschlicher Lehre oder Gottes Brünnlein, das in das ewige Leben quillt? Sauerteig der Menschen oder das Brot für jeden Tag: Gottes Wort? Was haben wir?

Lieber Herr und Heiland! Wir beten Dich an als den Anfänger und Vollender unsres Glaubens. Mach uns bereit zu Deiner Ewigkeit und bewahre uns vor allem Ungehorsam gegen Dein Wort! Wir danken Dir für Deine Lehre! Amen.

Jer. 23, 23-32 EG 458: Wir danken Gott Tim. 1, 3-18

 – Sei ein starker Fels!

Und da Jesus viel Volks um sich sah, hieß Er hinüber jenseits des Meeres fahren. Und es trat zu Ihm ein Schriftgelehrter, der sprach zu Ihm: Meister, ich will Dir folgen, wo Du hingehst. Matth. 8, 18-19

Eine lautlose Zuhörerschaft hat der Herr bei dieser Bergpredigt gehabt. Hat Er ihr das Gleichnis vom Schatz im Acker erzählt oder von der köstlichen Perle? Genug, der tiefe Atemzug nach Seinem Amen läßt erkennen; sie hat gehört. Aber keiner hat so zugehört wie ein junger Schriftgelehrter, keiner hat so an Seinem Munde gehangen. Ihm steht es fest: Dieser Mann, der alles verkauft um der Perle willen, willst du sein. Und kaum hat der Herr den Befehl zur Überfahrt gegeben, da steht vor Ihm ein Jünger, ungefragt, ungerufen, ungebeten: »Meister, ich will Dir nachfolgen, wo Du hingehst.« Er denkt in diesem Augenblick nicht an seine Eltern, ans Haus, an sein Fortkommen, er weiß nur eins: Er will nicht mehr von der Seite dieses einzigen Mannes.

Was wird Jesus ihm antworten? Wird Er sich nicht freuen und ihn in Seine Arme schließen? Ist hier nicht Hörer und Täter zugleich?

Er, der Herzenskündiger, der wußte, was im Menschen war, sah in diesen Augen in das Herz des Jungen, wie ein Arzt die Röntgenplatte sieht. Und was Er da sah, machte Ihn nicht froh, Er entdeckte in ihm viel naturgewachsene Begeisterung, allerlei Augenblicksgefühl und viele gute

Vorsätze. Aber wonach Sein Auge verlangte, das sah Er nicht.

Alle Nachfolge Jesu fängt nicht mit Begeisterung an, sondern mit den Worten des Petrus: »Gehe von mir hinaus, denn ich bin ein sündiger Mensch«, fängt an mit einem vom Heiligen Geist getroffenen und beschämten, mit einem von der Gnade zum Stillstehen vor Gott gebrachten und zur Buße geleiteten Herzen. Was wird Er ihm nach Seinem prüfenden Blick antworten? Haben wir, die wir immer wieder Heiligen Geist mit Begeisterung verwechseln, die wir schon so oft einen Neuanfang in der Nachfolge mit guten Vorsätzen gemacht haben und dabei gescheitert sind, nicht höchstes Interesse an Seiner Antwort?

Herr, wir bitten Dich, gib uns Antwort, wie wir in Wahrheit Deine Nachfolger werden. Amen.

Joh. 24, 19-24 EG 346: Such, wer da will Mark. 14, 26-31

Jesus sagte zu ihm: Die Füchse haben Gruben, und die Vögel unter dem Himmel haben Nester; aber des Menschen Sohn hat nicht, da Er Sein Haupt hinlege.
Matth. 8, 20

Das also ist Seine Antwort; keine Ablehnung, keine Einladung und doch ist sie deutlich. Ich kenne sie, seitdem unser Lehrer uns die Bilder vom heimkehrenden Fuchs und Vöglein in großer Anschaulichkeit vor die Augen malte. Begriffen habe ich sie aber erst im Krieg. Und das hatte folgende Bewandtnis: Dies Wort nach dem Text zu meiner erster Predigt im Studentenseminar in Kiel am Mobilmachungstag 1914. Nach der Predigt ergriff der Professor das Wort. Dabei fiel ein Satz, den ich seitdem nicht wieder vergessen habe: Liebe Kommilitonen, diesen Text werdet ihr bald besser verstehen, wenn ihr im kommenden Krieg nicht wissen werdet, wo ihr euer Haupt hinlegen sollt.

Dies Wort ist mir öfters eingefallen, wenn unser Haupt auf einem Stein oder einem Stück Holz oder auf dem Tornister lag. Dann ist etwas – und es ist gewiß vielen Kriegsteilnehmern ähnlich ergangen – von dem süßlichen, weichlichen, von Menschen zurechtgemachten Jesus in mir zerbrochen, und ein andres Bild ist an seine Stelle getreten: der herbe, von sich und den Menschen alles fordernde, sich und Seinen Nachfolgern alles zumutende Christus. Dieser Christus, der unser Haupt ist, aber nicht weiß, wo Er Sein Haupt hinlegen soll, dessen Haupt sogar im Tode an einen

Ort kommt, der Ihm nicht gehört, gibt einer begeisterten Seele nüchterne, abkühlende Antwort.

Du mußt wissen, sagt Er zu dem Schriftgelehrten, wer ich bin und was ich will! Du mußt das wissen, wenn du mein Jünger sein willst. Das ist kein Kinderspiel, das bedeutet, daß du vieles drangeben mußt, was dich in der Nachfolge hindert, die Begeisterung, die dich unklar macht; es bedeutet, daß du unter Umständen alles drangeben mußt, was dir hinderlich ist, auch wenn es dir noch so lieb ist, ja, daß du ein ganz andrer Mensch werden mußt.

Wenn du das willst und du dich unter diesen Umständen meiner Führung anvertrauen willst, dann sollst du mein Jünger sein und sollst wissen: Du wirst nie Mangel haben, sondern sollst nehmen aus meiner Fülle Gnade um Gnade.

Hilf, daß wir hier ritterlich ringen, durch Tod und Leben zu Dir dringen. Amen.

Jer. 38, 1-6 EG 388, 1-7: O Durchbrecher Luk. 18, 18-30

Und ein anderer unter Seinen Jüngern sprach zu Ihm: Herr, erlaube mir, daß ich hingehe und zuvor meinen Vater begrabe. **Matth. 8, 21**

Ist es Thomas, der hier vor dem Herrn steht und von Ihm aus der Menge gerufen wird, wie Matthäus vom Zoll und die Brüderpaare von ihren Booten gerufen werden? Wir wissen es nicht mit Sicherheit, aber es könnte gut sein. Ist Thomas nicht der Zauderer, der Unschlüssige, der immerfort Hemmungen mit sich herumträgt und mit hundert Wenn und Aber belastet ist?

Ein Jünger steht vor dem Herrn, also kein Neuangefaßter, sondern einer, der dem, der gewaltig predigte, schon öfter zugehört hat und in dem in aller Stille große Dinge sich vollzogen haben. Langsam hat die Botschaft in ihm Raum gewonnen, so wie das Wasser bei steigender Flut bei jedem Wellenschlag ein wenig vordringt. Sein Entschluß steht fest: Bei Dir, Jesu, will ich bleiben. Aber er hat ein schweres Blut, er ist scheu und diese Scheu hält ihn zurück, ganz ernst zu machen mit seinem Entschluß. Er will wohl, will aber auch wieder nicht. Er hat sich vorgenommen, morgen, wenn Jesus am Ufer steht, Ihm zu sagen, wie sehr er an Ihm hängt, aber wenn das Morgen da ist, steht zugleich das Aber daneben.

Und der Herr? Er weiß längst über diesen Jünger Bescheid. Es gehört vielleicht zu dem Ergreifendsten dieses Verses, daß wir die suchende, spähende Seele des Herrn aus ihm herauslesen. Er hat längst, bevor der Jünger ein Wort sagt, nach Seinem Schaf getrachtet. Ist der Herr nicht wie jener Hausmeister, der fünfzig Schlüssel zu verwalten und ohne zu probieren, Schloß und Schlüssel kannte? Er weiß, was jeder braucht: der eine Beschämung, der andre Aufrichtung. Dem jungen Neuerweckten gießt Er kaltes Wasser über die begeisterungsheiße Stirn, hier aber steht einer vor ihm, der der Ermutigung und Aufforderung bedarf: Folge mir nach! Ja, ich will, sagt er, aber laß mich ... Auch in diesem Augenblick zaudert er und schwankt zwischen Pietät und Nachfolge, ein Augenblick, an dem das Gewicht einer ewigen Entscheidung hängt. Merk, Seele, dir das große Wort, wenn Jesus winkt, so geh.

Herr, wenn Du uns rufst, laß uns Dir folgen, ohne »wenn und aber«, sofort. Halt uns bei Dir! Amen.

1. Kön. 19, 19-21 EG 385, 1-4: Mir nach Joh. 20, 24-29

Aber Jesus sprach zu Ihm: Folge du mir und laß die Toten ihre Toten begraben. Matth. 8, 22

Ein Mann sagte mit siebzig Jahren: »Als ich siebzehn Jahre alt war, hörte ich in meinem Leben deutlich den Ruf Christi. Da spürte ich, daß es für mich nur eine Möglichkeit gab, nämlich diesem Ruf zu folgen. Aber meine Entscheidung fiel damals gegen Christus. Die Folgen dieser Entscheidung spüre ich bis heute und werde sie auch wohl bis in Ewigkeit spüren.«

Es gibt Entscheidungen, zu denen der Mensch, wenn er ihre Stunde hat verstreichen lassen, nicht mehr fähig ist.

Vor solcher Entscheidung steht der Jünger. Er steht aber nicht allein, er hat einen Helfer. Hundert Jüngern hätte der Herr ohne Bedenken diesen Gang erlaubt. Aber ihm konnte Er diesen Gang nicht erlauben. Zwar war er kein Neuling im Glauben, sondern ein Jünger, aber sein neuer Mensch war noch nicht so stark, daß er allen Bedenken und Zweifeln gewachsen gewesen wäre. Darum darf der Helfer ihn nicht lassen.

»Laß die Toten ihre Toten begraben.« Tot sind seine Familienangehörigen. Ist es die Mutter, sind es die Brüder oder die Schwestern? Darüber wird nichts gesagt. Wir wissen nur: Jesus hat über sie das Urteil gefällt, daß sie tot sind. Das heißt, geistlich tot. Sie kennen den Herrn, haben sich aber gegen Ihn entschieden. Und Er, Er ist der einzig Lebende unter den Toten, der Gläubige unter den Ungläubigen.

Jesus weiß, er wird nicht standhalten. Die Mutter wird ihn am Grabe des Vaters bitten: Bleibe bei deiner Familie, zu der du gehörst, und die Geschwister werden ihm sagen: Laß alle Abenteuer, sie werden alle auf ihn einreden. Jesus weiß das, darum darf Er ihn nicht gehen lassen. Einen Toten können Tote begraben. Du aber bist lebendig geworden, darum folge mir nach.

Es gehört bis auf den heutigen Tag zu dem Schwersten, was es gibt, als Einziger in der Familie dem Ruf Jesu zu folgen und stets zu bleiben. Aber wer auf einsamen Posten steht, darf wissen: Der Helfer hilft in den Stunden der Entscheidung.

Wir danken Dir, Herr, daß wir wissen dürfen, Du stehst in den Stunden der Entscheidung neben uns und hilfst uns. Amen.

Jer. 1, 4-10 EG 196, 1-6: Herr, für dein Wort sei hoch gepreist Luk. 5, 1-11

Und Er trat in das Schiff, und Seine Jünger folgten Ihm. Und siehe, da erhob sich ein großes Ungestüm im Meer, also daß auch das Schifflein mit Wellen bedeckt ward, und Er schlief. Matth. 8, 23-24

Ein schöner Abend ist es, kein Wölkchen trübt den Himmel, und friedlich im Abendsonnenschein liegt der See vor ihnen. Das wird eine Fahrt des Friedens werden nach langem, schweren Tagewerk. Der Herr ist mit Seinen Jüngern eingestiegen, langsam gleitet das Schifflein vom Ufer, leise klatschen die Wellen gegen den Bug. Petrus hält das Steuer, neben ihm sitzt Thomas, der in entscheidender Stunde geblieben ist und nun im Schiff unter den Lebenden sitzt, statt zu Hause bei den Toten.

Da geschieht etwas Unerwartetes. Und siehe, sagt die Schrift. Von den Bergen des Ufers läuft ein Windwirbel herab, schiebt große Wassermassen an das Schiff heran und über seine Planken herüber, also daß es mit Wellen bedeckt war. Bedeckt war, so heißt es. Alles, was ihnen bis dahin Sicherheit gegeben hatte, ist nun bedeckt. Die Schiffsplanken bedeckt, der feste Platz am Steuer bedeckt, die Reeling von der heranpreschenden Gischt bedeckt, die Abendsonne bedeckt, das Ufer verhangen, alle Sicherheiten, auf die sie vertraut, sind ihren Augen entschwunden. Alle!

Und siehe, sagt die Schrift von jenem Abend auf dem See. Und siehe, sagt sie zu uns allzeit sicheren Leuten. Da fahren wir sicher auf unserm Lebensschifflein dahin, unter uns die festen Planken einer sicheren Existenz, rundherum läuft die Reeling eines glücklichen Familienlebens, gesund stehen wir mit unseren Lieben auf. Und plötzlich erhebt sich ein großer Windwirbel. Und siehe, da wird der Vater tot ins Haus gebracht, und siehe, da ist die Sorge um ein Kind groß und beklemmend, und siehe, da sinkt die Existenz, wie das Moor unter den Füßen nachgibt, also daß alle bisherigen Sicherheiten von Wellen bedeckt sind. Nirgends Rettung, nirgends Land vor des Sturmwinds Schlägen. Nirgends? Wer dies Nirgends unter Schmerzen durchlitten hat, der wird reif für die Hilfe dessen, der im Schifflein schläft.

Herr, alle Sicherheit ist uns genommen. Aber bei Dir ist Friede und Ruhe in allem Sturm. So fliehen wir mit unserm unruhigen Herzen zu Dir. Gib uns Deinen Frieden! Amen.

Ps. 57 EG 370, 1-7: Warum sollt ich mich Apg. 27, 1-26

Und die Jünger traten zu Ihm und weckten Ihn auf und sprachen: Herr, hilf uns, wir verderben!
Matth. 8, 25

Als Paulus auf seiner Romreise Schiffbruch leidet, ist er so sicher, daß er Zeit und Kraft findet zum Gebet, sodaß alle »guten Mutes« werden. Das ist keine Kaltblütigkeit oder erzwungene Ruhe, die ansteckend wirkt, sondern das ist der Ausdruck einer völligen Glaubensgewißheit und eines geordneten Glaubenslebens.

So glauben die Jünger nicht. »Wo der Glaube der Jünger stark gewesen wäre«, sagt Luther, »so hätten sie zum Meer sagen können: Schlaget nur herein, so stark sollt ihr nicht sein, daß ihr das Schifflein umstürzet, weil wir den Herrn Christus bei uns haben, und wo ihr es schon vollendet, sollen wir doch mitten im Meer ein Gewölbe finden, da wir trocken sitzen und nicht ersaufen.«

So glauben die Jünger nicht. Sie glauben wohl, denn sie kommen ja zu Ihm mit ihrem Hilferuf. Was müssen sie schon für Wundertaten an Ihm gesehen haben, daß sie Ihm in diesem Augenblick, wo denn kein Mensch mehr helfen kann, auch ihre Seemannstüchtigkeit nicht, zutrauen: Er kann helfen.

Aber neben dem Glauben steht die Angst, neben dem Zutrauen die Sorge, neben der Gewißheit das Zittern, neben dem Blick auf den schlafenden Herrn der Blick auf die tosenden Fluten. Und wo beides nebeneinander steht in einem Herzen, da ist dies Herz verloren.

Wir können nicht glauben, daß Er unser Friede ist, und zugleich Angst haben vor der friedvollen Welt, sondern wir können nur eins: getrost es wissen, daß Er die Welt überwunden hat.

Wir können nicht glauben, daß Er uns nicht verlassen und versäumen wird, und zugleich uns innerlich zerreißen um Pacht und Miete, Existenz unsrer Kinder und ihre und unsre Seligkeit, sondern wir können nur im Glauben alle Sorgen auf Ihn werfen in der Gewißheit, daß Er für uns sorgt.

Wir können nicht auf Jesum und die Wellen zugleich blicken, sondern nur auf Ihn allein, und dürfen Ihm es zutrauen, daß Er als ein Herr aller Gewalten den Sturm stillt und die Sorge beschwichtigt.

Herr, stärke uns den Glauben! Amen.

Ps. 62, 6-13 EG 361, 8-12: Befiehl du deine Apg. 27, 27-38

– Sei ein starker Fels!

Da sagte Er zu ihnen: Ihr Kleingläubigen, warum seid ihr so furchtsam? Und stand auf und bedrohte den Wind und das Meer; da ward es ganz stille. Die Menschen aber verwunderten sich und sprachen: Was ist das für ein Mann, daß Ihm Wind und Meer gehorsam ist? **Matth. 8, 26-27**

Aus tiefstem Schlaf heraus – und in die Unruhe der Elemente und der Menschenseelen hereingerufen. Und doch läßt Er sich nicht hineinziehen in Lärm und Unsicherheit, springt nicht auf, läuft nicht hin und her, sondern bleibt sitzen. Nichts kann Seine königliche Sicherheit und Seine sieghafte Geistesgegenwart deutlicher machen, als daß Er in dieser Stunde des drohenden Untergangs sitzenbleibt. Der hier sitzt, ist der König aller Gewalten. Einer, der nicht mühsam nach Haltung zu ringen braucht, weil Er, in Gemeinschaft mit dem Vater, nicht aus Haltung und Fassung herausfällt. Wahrlich, Er ist der Mann, der helfen kann. Zuerst hilft Er den Jüngern in ihrer Angst. Denn nicht die Stillung des Sturmes ist das Wichtigste, sondern die Stillung ihrer verängsteten Herzen. »Ihr Kleingläubigen ...« Sie sollen lernen, während der Wogen Ihm alles zuzutrauen. Sie sollen also nicht nach dem Sturm und nach den Wogen wieder auf ihre alten Sicherheiten bauen, auf glatte See, sichere Planken und gutes Abendwetter.

Daß wir doch während der Not, während der zusammengebrochenen Hoffnungen und von Wogen bedeckten

Planken Glauben behielten, einerlei, ob wir Seine Hilfe sehen oder nicht. Wie wird dadurch das Herz innerlich bereit für die Stunde, da die Hilfe mit Macht hereinbricht. Da ward es ganz stille. In den Herzen der Jünger ist es schon vorher still geworden vor dem Mann, dem Wind und Meer gehorsam sind.

Nach dem Sturme fahren wir sicher durch die Wellen,
Lassen, großer Schöpfer Dir, unser Lob erschallen.
Loben Dich mit Herz und Mund,
loben Dich zu jeder Stund'.
Christ Kyrie, ja, Dir gehorcht die See.

Wir danken Dir, Herr, für das sichere Geleit in der vergangenen Woche. Du hast durch Sturm und Not hindurchgeholfen. Vergib, wenn unser Glaube schwach ist. Hilf unserm Kleinglauben. Herr, wir beten Dich an. Amen.

Ps. 71, 1-8 EG 361, 1-3: Befiehl du deine Wege Apg. 27, 39-44

Er ruft mich an, darum will Ich ihn erhören.

Von der Zeit an fing Jesus an und zeigte Seinen Jüngern, wie Er müßte hin gen Jerusalem gehen und viel leiden von den Ältesten und Hohenpriestern und Schriftgelehrten und getötet werden und am dritten Tage auferstehen. Matth. 16, 21

Die Passionszeit hat begonnen. Hat jemand von uns daran gedacht und sind wir bereit, in diesen Wochen das Leiden des Herrn vor unsre Seele zu stellen? Ach, wie liegt uns das meistens so fern, so fern, wie es den Jüngern damals lag, als der Herr unser Wort zu ihnen sagte. Ihre Köpfe waren voll irdischer Hoffnungen und Gedanken, und unsre sind es auch. Aber gerade deshalb wird der Herr nicht müde, immer wieder auf Seinen Leidensweg hinzuweisen; denn die ernste Betrachtung der Passion Jesu stärkt den Glauben.

Bleiben wir bei unsern Maßstäben und Erwartungen, dann wird es uns entmutigen und den Glauben rauben, wenn wir sehen, daß Jesus von den angesehenen Leuten abgelehnt wird, und die Masse nicht auf Seiner Seite, sondern gegen Ihn steht. Aber nun redet Jesus davon, daß alles so sein muß. Damals wie heute geht Sein Weg durch Ablehnung, Undank, Mißverstandenwerden und Haß. Das ist aber nicht »Schicksal« oder »Niederlage«, sondern hinter diesem Muß steht Gottes heiliger Wille. Wir sollen darum nicht erschrecken über die Christusfeindschaft, die wir schmerzlich erleben, sondern es ernst nehmen, daß Jesu Weg nach Gottes Willen bis heute ein Kreuzesweg ist.

Glaubensstärkend ist ferner der Hinweis Jesu darauf, daß Gottes Weg über das Leiden hinausführt zur Auferstehung. Es geht durch Kreuz zur Krone. Die Menschen tun viel, um Jesus zu beseitigen, sie rotten sich zusammen, probieren viele Mittel und scheuen auch die Gewalt nicht. Gottes Antwort darauf war damals die Tat der Auferstehung und wird am Ende der Welt die Wiederkunft des Herrn sein. Eine einzige Gottestat beantwortet alle vielgeschäftige Verfolgung und Unterdrückung Jesu mit Sieg. Ausdrücklich weist uns Jesus auf diesen göttlichen Abschluß Seiner Leiden hin. So dürfen wir es als frohe Gewißheit ins Herz nehmen, daß trotz aller Passion Jesus dennoch der Herr und der Sieger ist, denn nach Gottes Wissen geht es durch Kreuz zur Krone.

Herr, laß uns Deine Passion ganz ernst nehmen und daraus den Segen empfangen, den Du darin für uns bereitet hast. Amen.

Jes. 53, 1-6 EG 88, 1-4: Jesu, Deine Passion Phil. 2, 5-11

Und Petrus nahm Ihn zu sich, fuhr Ihn an und sprach: Herr, schone Dein selbst; das widerfahre Dir nur nicht! Aber Er wandte sich um und sprach zu Petrus: Hebe dich, Satan, von mir! Du bist mir ärgerlich; denn du meinst nicht, was göttlich, sondern was menschlich ist. Matth. 16, 22-23

Jesus hatte zu Seinen Jüngern offen davon gesprochen, daß Er leiden und sterben müsse. Petrus konnte das durchaus nicht begreifen. Er versuchte, dem Herrn diese Gedanken auszureden. Dahinter stand bei ihm die ganz fromm aussehende Ansicht, daß Gott doch auf keinen Fall das Leiden Jesu zulassen dürfe. »Ist je einer frömmer gewesen als Jesus, hat je einer mehr Gutes getan als Er, hat Gott also nicht viel Anlaß, Jesus darum vor Leid zu bewahren?« So mögen die Gedanken des Petrus ausgesehen haben. So denken aber auch wir und wenden solche Meinung auch auf unser eigenes Leben an.

Jesus aber nennt solche Gedanken menschlich! Gott schont die Seinen nicht, vielmehr führt er sie aber auch hindurch, und am Ende ist es dann Gnade und Segen geworden. Das wollen wir uns tief ins Herz schreiben in den guten Tagen unsres Lebens, damit wir den Glauben an Gott nicht verlieren, wenn der Sturm des Leides uns eines Tages überfällt. Wir wollen es uns aber erst recht sagen lassen, wenn die Trübsal schon irgendwie unser Leben verdüstert. Wir meinen immer, Gottes Gnade bestehe darin, daß

Er uns vor dem Leid bewahre. Sie zeigt sich aber darin, daß Er uns im Leid festhält und durch das Kreuz des Leides segnet.

Das soll uns auch vor der Seele stehen, wenn wir andre trösten wollen. Wir sind Verführer, wir sind Gegner des Herrn, Ihm ärgerlich, wenn wir durch unsern Trost die Ansicht bestärken, Leid sei ein Zeichen der Gottesferne, und ein gutes Leben bestätige unsre Gottesnähe. Mancher Glaube ist schon zerbrochen, weil solche falschen Maßstäbe in die hadernde Frage hineintrieben: »Wie kann Gott so etwas zulassen?« Der rechte Trost liegt darin, daß wir einander helfen, »göttlich zu meinen«, d. h. das Leid im Gehorsam gegen Gottes Führung und im Aufblick zu Ihm zu tragen.

Herr! Wenn Du uns Leiden sendest, dann lehre uns, es in rechtem Glauben zum Segen zu tragen. Wenn wir aber andre trösten sollen, dann gib, daß wir nicht Verführer, sondern Deine Boten sind. Amen.

Ps. 73, 23-28 EG 363, 2: Kommt her zu mir Hebr. 12, 4-11

Da sprach Jesus zu Seinen Jüngern: Will mir jemand nachfolgen, der verleugne sich selbst und nehme sein Kreuz auf sich und folge mir. Denn wer sein Leben erhalten will, der wird's verlieren; wer aber sein Leben verliert um meinetwillen, der wird's finden.
Matth. 16, 24-25

Wenn wir gefragt würden, ob wir Christen seien, werden wir wohl schnell antworten: »Ja, natürlich! Ich habe nichts gegen den Herrn Jesus, ich lehne die Feinde unsres Glaubens ab und halte mich zur Kirche.« An unserm ersten Jesuswort merken wir nun aber, daß unser Herr mit solcher Auffassung von Christentum keineswegs zufrieden ist; sagt Er doch dies fordernde Wort zu Jüngern, die den Ernst ihrer Nachfolge schon bewiesen hatten und über deren Lippen das Herzensbekenntnis zu Jesu Gottessohnschaft gekommen war.

Ihnen und uns sagt Jesus in Seinem Wort: »Das erst ist Christentum, daß du dich selbst verleugnest.« Als Petrus einst den Herrn verleugnete, sagte er: »Ich kenne diesen Menschen nicht.« So sollen wir nach Jesu Forderung zu uns selber sagen: »Ich kenne den Menschen da nicht; ich will mit meinem alten Wesen, meinen Launen und Trieben, meinen Sünden und mit meinem Unglauben garnichts mehr zu tun haben.« Wir sollen die Parole aufgeben, die da lautet: »Zuerst komme ich, dann komme ich noch einmal, und dann erst kommen die andern.«

Das ist eine schwere Forderung. Aber der Herr will mit ihr unser Leben nicht arm und freudeleer machen. Er will uns ja gerade dadurch zum echten, frohen, tiefen Leben aus Gott führen. Darum ruft Er uns auch nicht nur zur Selbstverleugnung, sondern gleichzeitig in Seine Nachfolge. In ihr schenkt Er uns die Kraft Seines Heiligen Geistes, die uns die Selbstverleugnung ermöglicht. Wenn dann andre uns um solcher ernsten Nachfolge Jesu willen verspotten oder von sich weisen, dann tragen wir das als unser Kreuz in der Gewißheit, daß alles Sterben des alten Wesens und alten Lebens in uns zum rechten Christentum gehört, über dem Jesu Gnadenwort steht: »... der wird das Leben finden.«

Mein eignes eitles, leeres Ich sei jeden Tag geringer. O würd' ich jeden Tag durch Dich Dein würdigerer Jünger! Amen.

Jes. 58, 1-8 — EG 385, 1-5: Mir nach, spricht Christus — Hebr. 12, 1-3

Was hülfe es dem Menschen, so er die ganze Welt gewönne, und nähme doch Schaden an seiner Seele. Oder was kann der Mensch geben, damit er seine Seele wieder löse? **Matth. 16, 26**

Ja, was hülfe es ihm? Wenn er vorwärts schritte von Erfolg zu Erfolg, wenn er seine wirtschaftliche Stellung ausbaute, wenn es ihm gelänge, sein Geschäft zu vergrößern über sein Dorf, ja über seinen Kreis hinaus, wenn er aus einem bäuerlichen Erbteil mit etlichen zerstreut liegenden Tennen einen schön arrondierten Hof schüfe, wenn er auf der Leiter der Karriere höhere Stufen erklömme, als er je zu träumen gewagt hätte? Und das alles geschähe um den Preis der Verleugnung Christi und daher um den Preis einer verlorenen Seele. Was hülfe einem Volk alles, wenn ihm das verlorengehen würde, wovon das Dichter-Lied singt: O wohl dem Land, o wohl der Stadt, so diesen König bei sich hat, wohl allen Herzen insgemein, da dieser König ziehet ein.

Schaden nehmen an seiner Seele, das bedeutet zunächst einmal, seine Seele würde steinern, leblos; eine Seele, die Schaden genommen hat, kann nicht mehr fühlen, mitfühlen, lieben, gütig sein, leiden. Denn der ungebändigte Wille eines Menschen, die Welt zu gewinnen, läßt allmählich ein »fleischernes«, warmes, lebendiges Herz zu Stein werden. Aber Schaden nehmen an seiner Seele bedeutet darüber hinaus, verstockt werden gegen Christus, sich abblenden gegen Seine Verheißung.

Luther sagt einmal: »Auch die Frommen erwägen oft so wenig die Ewigkeit, Unendlichkeit, die Wahrheit des Lebens, der Freude, der Seligkeit. O Fleisch, wie bist du doch so mächtig, daß du diese Dinge auch in den Heiligen verdunkeln kannst.«

Oder kann der Mensch etwas geben, um seine Seele wieder zu lösen, um die verlorene wiederzufinden, das harte, steinerne Herz wieder fleischern zu machen? Wenn du es jetzt vielleicht glaubst, in der Sterbestunde wird es dir zur ehernen, unheimlichen Gewißheit: Er kann es nicht. Darum laßt uns recht um unsre Seele besorgt sein, damit es uns nicht so geht wie dem, der nichts tat für seine Seele, als er es noch konnte, aber alles für sie tun wollte, als er es nicht mehr konnte.

Vater im Himmel! Auf Dich hoffen wir allein, laßt uns nicht verloren sein. Amen.

Pred. Salomo Kap. 1 EG 393, 4: Kommt, Kinder Luk. 19, 1-10

Denn es wird geschehen, daß des Menschen Sohn komme in der Herrlichkeit Seines Vaters mit Seinen Engeln; und alsdann wird Er einem jeglichen vergelten nach seinen Werken. Wahrlich, ich sage euch: Es stehen etliche hier, die nicht schmecken werden den Tod, bis daß sie des Menschen Sohn kommen sehen in Seinem Reich. Matth. 16, 27-28

Was ist deinem Glauben die Hauptsache? Das Leben und Leiden Jesu sowie die tätige Nachfolge in der Glaubensverbundenheit mit Ihm, könnten wir mit Recht als Antwort nennen, denn was wäre unser Christentum ohne diese beiden Dinge. Aber ein wichtiges Stück würde uns dann noch fehlen, nämlich der Glaubensblick auf die Zukunft des Herrn. Sein Werk ist noch nicht fertig, sondern wartet auf die Vollendung in Seiner Wiederkunft. Sie aber wird kommen, und von ihr gilt: »Wer hier ermüden will, der schaue auf das Ziel, da ist Freude.« Dann wird nämlich die Herrlichkeit Jesu offenbar werden, die bis dahin noch verborgen und unter Anfeindungen verhüllt bleibt. Ist unser Glaube in der Gefahr, durch Angriffe und Zweifel getrübt zu werden, so wollen wir umso fester auf die kommende Herrlichkeit Jesu schauen, das gibt Kraft und Freude.

Mit Jesu Herrlichkeit kommt das Gericht. Es wird unbestechlich enthüllen, wer die Welt für sich gewinnen wollte oder wen die Gnade für Christus gewonnen hat. Wer unter dem Kreuz Jesu steht und die Vergebung empfing, der kommt ja nicht in das Gericht, sondern ist vom Tode zum Leben durchgedrungen. Will uns darum der ständige Kampf mit der Sünde träge und müde machen, so wird uns der Blick auf das kommende Gericht und die Zukunft des Herrn antreiben, fest und freudig das Heil zu ergreifen.

Die Wiederkunft Jesu wird die Seinen mit Ihm vereinen zum ewigen Leben der vollendeten Gottesgemeinschaft. Bis dahin freilich geht es durch Anfechtungen und Leiden. Das Kreuz der Nachfolge ist aber nicht für jeden Christen dasselbe. So sollte auch unter den Aposteln der eine die Bitterkeit des Märtyrertodes mehr schmecken als der andre, ohne daß er darum dem Herrn näher oder ferner stand. Aber das Ziel ist für alle Jünger Jesu das gleiche. Sie sind alle zum Anteil an der kommenden Herrlichkeit gerufen. Das aber ist die Hauptsache. Sie bestimme auch unser Glaubensleben als Hoffnung voll Kraft und Freude.

Herr, wir danken Dir für die Gewißheit Deiner kommenden Herrlichkeit und bitten Dich, daß Deine Gnade an uns nicht vergeblich sei, sondern daß wir alle selig werden. Amen.

Mal. 3, 13-20 — EG 149, 1-7: Es ist gewißlich an der Zeit — Phil. 3, 12-14

Weh der Welt der Ärgernise halben! Es muß ja Ärgernis kommen; doch weh dem Menschen, durch welchen Ärgernis kommt! **Matth. 18, 7**

Jesus stellt mit diesen Worten fest, daß die Welt voller Ärgernis ist. Damit meint Er nichts anderes, als daß die Abkehr von Gott alles in der Welt beherrscht. Es ist müßig zu fragen, warum das so sein muß und woher das kommt. Solange ein Feuer zerstörend wütet, forscht man nicht nach seiner Entstehungsursache, sondern rettet sich davor und versucht es zu löschen. So muß es uns auch gegenüber dem Bösen genug sein, zu wissen, daß seine Macht zerstörend am Werke ist, und daß es darum gilt, den Kampf dagegen entschlossen zu führen.

Wir spüren alle, daß die Abkehr von Gott auch uns in ihren Bann ziehen will. Kleine und große Versuchungen überfallen uns: Zweifel und Anfeindungen dringen glaubenslähmend in unser Herz. Man rät uns, es mit dem Christentum nur nicht »zu übertreiben«. Wir hadern vielleicht selber mit unserm Gott über unsre Lage oder fürchten uns vor den Folgen einer Nachfolge Jesu, die es mit Ernst meint. Wie leicht wird uns dann Christus ein Ärgernis, so daß wir von Ihm abrücken. Die Abkehr von Gott steckt in uns drin.

Jesus sagt aber noch mehr. Er weist mit großem Ernst auf die Tatsache, daß wir einander nicht nur hindern, zu Gott zu kommen, sondern daß wir andre von Gott fortführen. Das tun nicht nur die offenbaren Spötter. Das geschieht auch überall dort, wo halbes, liebloses und erstarrtes Christentum sich breitmacht. Wenn unser Verhalten so ist, daß der andre sagt: »Wenn das Christentum sein soll, dann bedanke ich mich dafür«, dann haben wir ihn gehindert, zu Gott zu kommen. Wir sollten aber doch Gehilfen zum Glauben sein! Wir müssen bekennen, daß wir die Abkehr von Gott durch unsre Art fördern. Hören wir nun aber auch das Wehe Jesu über uns? Daß wir es hörten und es uns ins Gewissen fiele und zur Buße riefe! Es wäre der Anfang der Hinkehr zu Gott und damit der Anfang der Genesung für unsern inneren Menschen. Jesu Ruf wirft uns auf Seine Gnade und ruft uns unter Sein Kreuz. Hören wir das nicht, ja dann – wehe uns! »Wehe dem Menschen, durch welchen Ärgernis kommt!«

O Herr, Du weißt, wie die Abkehr von Dir uns erfaßt hat. Wende uns zu Dir und erbarme Dich unser. Amen.

Hes. 36, 22-27 EG 388, 8-11: O Durchbrecher Eph. 6, 10-18

Er ruft mich an, darum will Ich ihn erhören

Des Menschen Sohn ist gekommen, selig zu machen, das verloren ist. **Matth. 18, 11**

»Wir sind verloren!« rufen die Schiffbrüchigen. Die Wellen zerschlagen die Schiffsplanken. Das Schiff sinkt. Manchem geht es so auf seiner Lebensfahrt. Der Sturm des Leidens umbraust ihn, und die Wellen der Not zerbrechen sein Leben. Aber auch dann gilt es: Jesus ist gekommen, die Verlorenen zu retten. Darum hat Er uns im Vaterunser gelehrt, daß Gott unser Vater ist, auch dann, wenn Sein und nicht unser Wille geschieht. Darum hat Er uns aufgefordert zu bitten: »Führe uns nicht in Versuchung, sondern erlöse uns von dem Übel.« Wer da in der Not beten und dieses Gebetes Erhörung glauben lernt, dessen Seele wird bewahrt mitten in der Not und ist aus der Verlorenheit gerettet.

Andern geht es wie dem Bergsteiger, der in Übermut und Leichtsinn hoch hinaus wollte, bis er sich verstiegen hat und sich selbst anklagen muß: »Ich bin verloren.« Sie sind eigenwillig und trotzig ihre Sündenwege gegangen, bis sie festsaßen und gebunden waren in Schuld und Sünde. Aber gerade für sie hat Jesus Sein Leben eingesetzt. Gerade sie will Er befreien und wieder mit Gott verbinden, damit ihr Leben zeitlich und ewig in Ordnung kommt. Und Er kann es! Da ist kein Leben zu sehr verpfuscht durch eigene Schuld, Jesu Gnade ist stärker und rettet Verlorene!

Es gibt aber auch eine heimliche Verlorenheit, die nicht so in die Augen fällt. Aber sie ist die verbreitetste. Sie ist überall da, wo die Abkehr von Gott uns erfaßt hat. Der Goldring im Straßenschmutz konnte sich wohl lösen von seines Herrn Hand, aber zurück kann er nicht aus eigener Kraft. Was nützt es, daß sein Gold noch blinkt und seine Form unversehrt ist? Es heißt auch von ihm »verloren«. So mag der äußere Lauf unsres Lebens unversehrt sein, das Gold unsres Könnens blinken, es heißt auch von uns »verloren«, solange wir uns innerlich von Gott gelöst haben. Jesus aber kam dazu, uns aus dieser unsrer Gottesferne herauszuheben, auf daß unser Leben wieder mit Gott verbunden sei.

Herr, Du kennst unsre Verlorenheit! Wir bitten Dich, laß uns nicht verloren bleiben. Amen.

Ps. 103 EG 374, 1-5: Ich steh in meines Herren Hand Luk. 15, 1-10

Gedenke Herr an Deine Barmherzigkeit! Ps. 25.6

Wer aber beharret bis ans Ende, der wird selig.

Matth. 24, 13

Reminiszere heißt der heutige Sonntag. »Gedenke« ist die Übersetzung dieses lateinischen Wortes in unsre Muttersprache. Und wir bitten: »Gedenke, Herr, an Deine Barmherzigkeit.« Deutschland gedenkt heute besonders seiner gefallenen Söhne, des großen Opfers, das sie im Heldenkampf für die Heimat gebracht. Wir sind durch die Geburt mit Deutschland verbunden. So stehen wir alle, festgeschlossen, mit in der Reihe der Gedenkenden.

Die Christen schauen dabei auf Gott in Seinem Sohn, auf Seinen Leidensweg zum Kreuz. Und von Ihm, der so bitter gelitten hat, empfangen wir Kraft und Hilfe. Bis ans Ende beharren. Der Herr Jesus hat diese Worte zu Seinen Jüngern gesprochen. Sie wären gern über allen Streit hinweg in die Herrlichkeit des Reiches Gottes eingegangen. Da weist Jesus auf das Leid hin, das kommen wird. Angriffe von draußen, Angriffe und Feindschaft innerhalb der christlichen Gemeinde. Gerettet, ewig selig wird nur, wer in diesem Kampf bis zuletzt durchhält.

Wir sind, will's Gott, Jünger und Jüngerinnen des Heilandes. Auch wir stehen im Kampf. Von draußen drängen die Feinde des Kreuzes Christi mit Verfolgung, Hohn und Spott. In den Reihen derer, die sich Christen nennen, gilt soviel menschliche Klugheit. Begeisterung bricht durch und wird mit Heiligem Geist verwechselt; neue, zeitgemäße

Anschauungen wollen sich in der Kirche einen Platz erobern. Selbst ernste Christen hat dieser Taumelgeist erfaßt. Satan ist hier am Werk. Denn das Kreuz Jesu Christi wird beiseite gestellt. Die Botschaft »allein aus Glauben« wird nicht klar verkündigt. Der Herr und Heiland gebe uns, daß wir auf Ihn schauen. Denn Jesus und Sein Wort geben allein die Kraft zum Beharren. Gottes Wort müssen wir sehen und hören. Es schenkt uns den rechten Glauben. Und im Gebet versenkt sich die gläubige Seele in des Herrn Huld und empfängt Seinen Heiligen Geist. Wo aber gefehlt wird, da tröstet uns Jesus Christus. Sein Blut hat alle Schuld getilgt. Das gibt immer neuen Mut. Mut zum Kampf bis ans Ende, bis wir scheiden und Gott sehen von Angesicht zu Angesicht in Seiner Herrlichkeit.

O Herr, hilf, o Herr, verlaß uns nicht. Sei Du allen Ungefochtenen nah mit Deiner Kraft und Deinem Trost. Amen.

Ps. 91, 1-8 — EG 375, 1-4: Daß Jesus siegt, bleibt eweig ausgemacht — Offb. 13, 1-10

Und Jesus ging aus von dannen und entwich in die Gegend von Tyrus und Sidon. Und siehe, ein kanaanäisches Weib kam aus derselben Gegend und schrie Ihm nach und sprach: Ach, Herr, Du Sohn Davids, erbarme Dich mein! Meine Tochter wird vom Teufel übel geplagt. Matth. 15, 21-22

Der Herr Jesus hat in Galiläa gewirkt. Solche Kraft hat Er in allem bewiesen, daß Sein Ruf weithin erschollen ist. Und da Er in die Gegend von Tyrus und Sidon kommt, kann Er nicht verborgen bleiben. Eine Mutter hört von Ihm. Sie ist tieftraurig, denn ihre Tochter ist sehr krank an Seele und Leib. Alles, was versucht war zur Heilung, hat keinen Erfolg gehabt. Nun ist aber der Retter, der Helfer, da. »Auf, mit der Not zum Herrn Jesus, hin zu Ihm«, so spricht die Frau mit ihrem Herzen, mit ihrem Munde.

Seitdem die Sünde in die Welt gekommen, gibt es unendliches Leid der Seele und des Leibes. Wir groß ist da die Zahl derer, welche nicht den Weg zu dem Herrn Jesus finden. Sie suchen überall und finden nicht; ihre Seele wird bitter. Ihre Not lehrt sie nicht beten, sondern fluchen am Ende.

Hast du Not? So lerne das von der Kanaanäerin, hin zum Herrn. Geh mit all dem, was dich betrübt, vor Sein Angesicht. Der Weg dahin? Das Gebet ist ein Weg. Sag in deinem Kämmerlein alles dem Heiland. Der Gottesdienst ist ein Weg, da des Herrn Wort zu dir redet, das Lesen der Heiligen

Schrift, die Aussprache mit einem gläubigen Bruder oder einer Schwester ebenso.

Allerdings soll es den erwünschten Segen bringen, so müssen wir wissen, wer der Herr Jesus ist. »Sohn Davids« hat Ihn die Mutter genannt. Ja, Jesus ist der Sohn Davids, wie Ihn der Gott der Herrlichkeit im Alten Testament verheißen und in der Fülle der Zeit von Maria hat geboren werden lassen. Gott selbst ist in Ihm als Seinem Sohne in die Welt gekommen. Aus der Ewigkeit steht Gott in Ihm vor uns. So sagen wir in Christus Gott selbst, was uns das Herz beschwert. Gott aber ist der, welcher alle Macht hat zum Helfen über Bitten und Verstehen hinaus.

Wir danken Dir, Herr, daß wir mit aller Not zu Dir kommen dürfen. Amen.

Ps. 25, 14-17 — EG 414, 1-4: Laß mich, o Herr, in allen Dingen — Tim. 1, 1-11

Und Jesus antwortete ihr kein Wort. Da traten zu Ihm Seine Jünger, baten Ihn und sprachen: Laß sie doch von Dir, denn sie schreit uns nach. Er antwortete aber und sprach: Ich bin nicht gesandt denn nur zu den verlorenen Schafen von dem Hause Israel.

Matth. 15, 23-24

Also doch! Jesus Christus ist nur gesandt zu den Juden. Haben die Menschen recht mit ihrer Lehre, daß das Christentum eine jüdische Sache ist und so nur dieses Volk angeht? Nein und noch einmal nein! Denken wir nur an das Wort: Gehet hin in alle Welt und lehret alle Völker. Der Herr spricht in unserm Text so im Auftrag des Vaters. Dieser hat Ihn in das jüdische Volk hineingestellt. Jesus tut hier das Nächstliegende nach dem ausdrücklichen Wissen des Vaters.

Das wollen wir uns gesagt sein lassen. Du bist in Not. Du rufst und schreist und flehst zum Herrn. Dir wird keine Antwort, noch viel weniger eine Hilfe zuteil. Dann prüfe dein Anliegen, ob nicht noch etwas an dir und um dich ist, was nach Gottes Willen näherliegt.

Sieh den Stand deiner Seele an. Ist dein Gebet wirklich nach dem Willen Gottes? Oder schreien wir nach der Erfüllung unsres Willens. Dann will der Herr als das Nächste, daß wir unsre Seele von Ihm in Ordnung bringen lassen. Wenn aber durch Christi Blut ihr Schade geheilt wird, und der Herr schweigt dennoch, so wollen wir uns bescheiden und es in Gottes Hand legen. Denn Er hat Seinen Plan.

Aber noch ein weiteres will Christus uns lehren, wenn Er das nach Gottes Willen Nächstliegende tut. Wie mancher redet fromm in der Öffentlichkeit und ist in dem engen Kreis der Hausgemeinschaft eine Last. Wie mancher lacht und redet freundlich auf der Straße, im Hause aber sind seine Züge ernst und hart. Wie mancher tut groß mit seiner Hilfe bei Freunden, zu Hause läßt er sich bedienen und hilft keinem. Der räumlich nächste Kreis ist auch für uns im Christenstande das nächste Arbeitsfeld. Gott hat uns da hineingestellt. Hier sollen wir Seine Zeugen sein. Der Mann hat recht, der auf die Frage nach seinem Christsein entgegnete: »Da müssen Sie unser Hausmädchen fragen.«

Lieber Vater im Himmel! Du hast Deinen Sohn zu den verlorenen Schafen aus dem Hause Israel gesandt. Laß uns das Verlorene suchen und nach Erfolg nicht fragen, sondern nur nach Deinem Willen. Amen.

Ps. 139, 21-23 EG 374: Ich steh in meines Joh. 15, 13-27

Sie kam aber und fiel vor Ihm nieder und sprach: Herr, hilf mir! **Matth. 15, 25**

Die Jünger Christi wollen der traurigen Mutter helfen. Der Herr lehnt es ab. Dieses Gespräch hat ihren Weg verzögert. So kommt die Frau nahe, ganz nahe. Sie kann aus dem Gesicht des Herrn lesen, was ihrer wartet. Aber dennoch weicht ihr Mut nicht. Sie tritt auf Jesus zu und gerade vor Ihm fällt sie demütig nieder und spricht bittend: Herr, hilf mir!

Mut und Demut hat die Frau wahrlich bewiesen. Was wußte sie von dem Herrn? Er ist der Wundertäter aus Davids Geschlecht. Was wissen wir doch alles von dem Herrn und Heiland! Will's Gott, kennen wir Ihn von Jugend auf. Die Führung und der Schutz Seiner Hand haben wir im Leben erfahren. Warum wollen wir denn mutlos sein, wenn es nicht sofort eine Antwort und Hilfe auf unser Gebet gibt? Feiglinge im Reiche Gottes werfen die Flinte dann sogleich ins Korn und fangen an zu klagen und zu murren. Nein, unser Mut soll dann nur noch wachsen. Und in Ihm wollen wir dem Herrn dann ganz nahetreten. Das heißt immer herzlicher, inständiger und drängender beten, immer inniger unsre Seele auf Jesus einstellen. Denk dabei an jenen Menschen, von dem der Herr selbst erzählt hat. Er pocht an den Fensterladen des Nachbars immer wieder, bis ihm Hilfe wird.

In diesem Mut und mit ihm verbunden muß allerdings die Demut sein. Die Kanaanäerin fällt vor Christus nieder und spricht damit aus: Du bist der Herr, Du hast die Entscheidung! Keiner darf annehmen, daß Gott ihn hören müsse. Gottes Sohn selbst ist uns dafür Beispiel. Sein Gebet vor dem Kreuzestod in Gethsemane schließt er mit den Worten: Nicht mein, sondern Dein Wille geschehe! Der demütige Glaube schreibt Gott Seine Wege nie vor. Damit ist von vornherein auch aller Bitterkeit der Eingang ins Herz gewehrt. Auf Gott ist ja alles gestellt. Wie Er es fügt, so ist es recht.

Herr, Du kennst unsre Not. Du weißt, was wir an Schwerem tragen. Unsre Sorgen sind Dir nicht verborgen. Amen.

Ps. 16 EG 146: Nimm von uns, Herr Petr. 5, 6

Aber Er antwortete und sprach: Es ist nicht fein, daß man den Kindern ihr Brot nehme und werfe es vor die Hunde. Sie sprach: Ja, Herr, aber doch essen die Hündlein von den Brosamlein, die von ihrer Herren Tisch fallen. **Matth. 15, 26-27**

Der Herr muß dem dringenden Hilferuf der Mutter antworten. Aber Seine Worte sind eine Abweisung. Mit Hunden vergleicht Er die Heiden. Das Wort klingt hart in unsern Ohren. Aber Christus hat nur ein Bild des täglichen Lebens gewählt, um der Frau klar zu machen, was Er schon vordem den Jüngern gesagt. Er soll zunächst den Juden die Botschaft Gottes bringen. Wenn diese sie gehört haben, kommt sie zu den Heiden, die ja auch zum Hause Gottes gehören. Die Frau hat Ihn auch so verstanden. Denn sie faßt den Herrn bei Seinem Wort, wenn sie sagt: Du mußt und wirst mir jetzt helfen, denn die Hunde essen mit den Herren zugleich, da sie die Brocken aufsammeln, welche vom Tisch fallen.

Wer Gottes Wort für sich hat, ist geborgen. Ist deine Seele in Angst und Sorge? Schau, ob du ein Wort der Schrift klar und eindeutig dir zur Hilfe findest. Dieses nimm alsdann. Zieh mit ihm vor Gottes Herz. Belagere Ihn, bestürme Ihn. Halt Ihm vor, was Er gesagt hat. Des Herrn Wort gilt allezeit und allerorts. Denn Himmel und Erde werden vergehen, aber meine Worte werden nicht vergehen, spricht Christus. So muß Gott auch heute dich erhören und dir geben, was Er zugesagt hat.

Wo Er aber dennoch versagt, da tut Er es aus großer Barmherzigkeit. Wir denken dabei an eine Mutter. Sie ertrotzte, auf Gottes Wort gestützt, die Heilung ihres Kindes. Doch dieses Kind des Gebets geriet auf den Weg des Verderbens und endete in der Verzweiflung; es nahm sich selbst das Leben. Gott hatte anfänglich nicht gehört, um die Mutter vor diesem Leid zu bewahren. Geht Dein Gebet trotz des festen Grundes in der Heiligen Schrift nicht alsbald in Erfüllung, so stelle dir dies vor Augen. Poche nicht auf dein Wort bis ins Letzte. Gottes ewiges Auge schaut tiefer und weiter als wir, ja Gott überschaut diese Zeit und Ewigkeit.

Wir danken Dir, Herr, daß wir uns auf Dein Wort auch im Gebet vor Dir stützen dürfen. Gib uns Herr, was uns zum Segen ist. Amen.

Ps. 27, 1-8 — EG 241, 6: Wach auf, du Geist, der ersten Zeugen — Matth. 4, 1-4

Da antwortete Jesus und sprach zu ihr: O Weib, dein Glaube ist groß! Dir geschehe, wie du willst. Und ihre Tochter ward gesund zu derselben Stunde.

Matth. 15, 28

Der Herr spricht Sein gewaltiges Wort. Und die Hilfe ist da. Die Tochter ist gesund zu derselben Stunde. Was aber Jesus dazu gebracht hat, ist der starke Glaube der Frau. Dieser hat den Sieg davongetragen.

Warum erleben wir solches nicht? Oder doch nur so selten? Spräche der Herr zu uns, so müßte Sein Wort meist ganz anders lauten: »Dein Glaube ist so klein, du glaubst ja überhaupt nicht, dein Verstand und Mund formen nur Worte.« Brüder und Schwestern, geht es uns nicht oft so, daß beim Gebet im tiefsten Winkel des Herzens schon der Zweifel sitzt und ganz leise flüstert: »Es kommt doch so, wie es verhängt ist, dein Gebet hat keinen Einfluß darauf. Die gestellte Uhr läuft ab.« Oder daß wir am Anfang heiß und innig gebetet haben. Aber dann ist die laue Zeit gekommen und hat uns zum Schweigen gebracht. Wieviele Gebete sind doch hierin schon erstickt. Dann ist der böse Feind am Werk. Eine Seele will ihm verloren gehen. Da hemmt er sie, indem er sein Gift ins Herz tröpfelt.

Dann wollen wir uns die gläubigen Beter vor Augen stellen. Hier die Kanaanäerin, den Propheten Elia, wie es auf sein Gebet hin nicht regnet, den König David nach seinem tiefen Fall und andre mehr.

Sie alle haben gewußt von der starken Kraft des Herrn. Und Seine Verheißungen waren ihnen nicht unbekannt. Wir aber wissen noch viel mehr. Wir haben das ganze herrliche Evangelium, die Botschaft von dem Heiland, dem Erretter. Das ist der Grund. Auf Ihm steht der gläubige Beter. Und von hier aus wirft er zu seiner Stunde sein volles Vertrauen auf den Herrn. Die feste Gewißheit läßt seinen Mund immer wieder sprechen: »Auch für mich ist Er der Heiland, auch für mich.« Und ich schaue dabei nicht auf meine Person mit ihrer Schwäche, mit den Sünden, nicht auf meine Unwürdigkeit, sondern nur auf des Herrn unendliche Herrlichkeit, Güte und erbarmende Liebe. Ich will, anstatt an mich zu denken, ins Meer der Liebe mich versenken.

Das ist der Glaube, der in Christo alles überwindet.

Herr, ich glaube, hilf meinem Unglauben. Amen.

Jer. 7, 1-9 | EG 166, 5+6: Tut mir auf | Hebr. 11, 1-6

Gedenke Herr an Deine Barmherzigkeit! Ps. 25,6

Und Jesus ging von dannen fürbaß und kam an das galiläische Meer und ging auf einen Berg und setzte sich allda. Und es kam zu Ihm viel Volks, die hatten mit sich Lahme, Blinde, Stumme, Krüppel und viele andre und warfen sie Jesus vor die Füße, und Er heilte sie, daß sich das Volk verwunderte, da sie sahen, daß die Stummen redeten, die Krüppel gesund waren, die Lahmen gingen, die Blinden sahen; und sie priesen den Gott Israels. Matth. 15, 29-31

Auf einem Berg am See Genezareth finden wir den Herrn. Seine Ankunft ist bald allenthalben bekannt. Wie anderswo, so auch hier bringt man die Kranken zu Ihm. Und Er heilt sie. Für empfangene Hilfe aber preisen, danken sie und ihre Gefährten Gott.

Ach, wenn es doch immer so wäre! Turgenjew erzählt in einer Legende, der Herrgott habe alle Tugenden bei sich zu Gaste geladen. Da saßen an der Tafel zwei nebeneinander, die sich noch nie gesehen. Es waren die Wohltat und die Dankbarkeit. Das Preisen und das Danken für empfangene Wohltat vergessen wir leicht. Weißt du noch, entsinnst du dich jener ernsten Stunde? Wie rief dein Herz, dein Mund um Hilfe zu Gott! Und du, wie heiß und innig hast du gebetet, gefleht! Ja, wenn Gott hülfe, wer weiß, was unser Herz Ihm geben wollte. Und Er half. Wir haben gedankt. Aber wie schnell war dieses Feuer verbrannt. Die laue, graue Gleichgültigkeit hatte uns wieder gefangen. Und der

Grund? Wir ließen die Segel unsres Lebensschiffes nur von den Winden dieser Welt treiben.

Wir stehen in der Passionszeit. Der Weg des Leidens unsres Herrn tritt uns vor Augen. Der reine und heilige Christus muß dies alles tragen um der Sünde der Welt willen. So straft Gott ihre Schuld. Daß wir mit unserm Leben Gott nicht danken, ist Sünde. Was wird uns werden? Es gibt nur einen Weg der Rettung aus der ewigen Verlorenheit. Wir sagen: »Ja, ich habe schwer gefehlt. Gott sei mir gnädig um des Leidens Jesus Christi willen.« Und der Vater spricht: »Siehe, ich habe deine Sünde von dir genommen. Das Blut Jesu Christi, meines Sohnes, macht dich rein von aller Sünde.«

Eine andre Quelle des Lebens in Gott gibt es nicht. Und aus diesem fließt auch die rechte Kraft zum Lobpreis und Dank.

Wir danken Dir, Herr, daß Du gibst, was Du verlangst. Amen.

Ps. 69, 31-37 EG 321: Nun danket alle Gott Apg. 4, 8-12

Meine Augen sehen stets auf den Herrn. Ps. 25, 15

Da sie aber ihr Wesen hatten in Galiläa, sprach Jesus zu ihnen: Es wird geschehen, daß des Menschen Sohn überantwortet wird in der Menschen Hände; und sie werden Ihn töten, und am dritten Tage wird Er auferstehen. Und sie wurden sehr betrübt.

Matth. 17, 22-23

»Sie hatten aber ihr Wesen«, heißt es von Jesus und Seinen Jüngern. Es sind einsame Straßen, welche der Herr die Seinen führt. Es ist unheimlich für die Jünger, auch für dich, der du Sein Jünger sein willst. Oft bist du ganz allein.

»Das sprach Er zu ihnen.« Jesus spricht. Das war der Trost für die Jünger in der unheimlichen Stille ihrer Wege mit dem Herrn. Jesus spricht. Wir sind nicht mehr allein. Er bringt Klarheit in das Dunkel unsrer Wege. Nun dürfen wir wieder hoffen. Er hat Antwort auf unsre Fragen.

»Es wird geschehen, daß des Menschen Sohn überantwortet wird in der Menschen Hände, und sie werden Ihn töten, und am dritten Tage wird Er auferstehen.« Ist das die Antwort auf unsre Frage? Er wird getötet werden! Von Judas und den Gottlosen, das können wir verstehen, aber, von den Menschen, heißt es. Er wird getötet von den Menschen, von den Sündern! Dazu gehören auch wir!

Es wird geschehen! Um die notwendigen Tatsachen von heute und morgen geht es in der Nachfolge Jesu. Gottes Pläne werden vollendet. Es ist Gottes Wille, zu offenbaren, daß nicht das Leben, sondern der Tod aus der Menschen

Hände kommt. Es ist Gottes Wille, daß die Stunde der Finsternis sich durch der Menschen Hände vollendet.

»Und sie wurden sehr betrübt.« Niemand sagte ein Wort. Keiner fragte Ihn mehr. Ein gekreuzigter und auferstandener Mensch der Allein-Seligmacher. Können wir nun noch andere zur Nachfolge rufen? Es ist begreiflich, wenn wir betrübt werden und nicht mehr darüber nachdenken.

Es ist sogar Gottes Wille, daß wir betrübt werden. Die kleine Schar der Gemeinde Jesu muß es wissen, daß ihr Weg der Leidensweg des Herrn ist. Aber von dem Herrn betrübt werden, schadet nicht.

O Herr Jesu, stärke uns mit Deinem Freudengeist, heile uns. Amen.

1. Mose 15, 13 — EG 184, 1-5: Wir glauben Gott im höchsten Thron — Offb. 16, 17-21

Da sie nun nahe an Jerusalem kamen, gen Bethphage, an den Ölberg, sandte Jesus Seiner Jünger zwei und sprach zu ihnen: Gehet hin in den Flecken, der vor euch liegt, und alsbald werdet ihr eine Eselin finden angebunden und ein Füllen bei ihr; löset sie auf und führet sie zu mir! Und so euch jemand etwas wird sagen, so sprecht: Der Herr bedarf ihrer; sobald wird er sie euch lassen. Matth. 21, 1-3

Der Zug der Pilger zum Fest näherte sich Jerusalem. Die Nähe der heiligen Stadt erfüllte die Herzen der Jünger mit immer größeren Erwartungen. Da sandte Jesus zwei von Seinen Jüngern voraus. Wo unsre Herzen brennen vor Freude, da weckt der Herr uns aus unsern Träumen, in der Erwartung heiliger Stunden auf heiligem Boden bekommen wir einen nüchternen Befehl. Wir sollen es nie vergessen, daß in Jesu Nähe in jedem Augenblick Sein Wille, Sein Plan und Ziel entscheidend ist und nicht unsre Erwartungen. Wir sind Seine Boten.

Und Jesus sprach zu ihnen: Gehet hin in den Flecken, löset die Eselin und bringet sie zu mir. Es war ein sonderbarer Auftrag. Eine Eselin holen in solch entscheidenden Tagen. Die Jünger versprachen sich von den kommenden Tagen die Offenbarung Seiner Macht und Gewalt. In ihrer Seele lebte die uralte Verheißung des Messiaskönigs: Du sollst die Heiden mit eisernem Zepter zerschlagen. Was sollte dazu eine Eselin? Sie werden den Herrn und sich fragend angesehen haben und sich auf den Weg gemacht haben, ohne zu wissen, wohin dieser Weg sie führte.

Wir erhalten oft unbedeutende Aufträge. Wir können ihren Sinn nicht verstehen. Aber in der Treue in den kleinen unscheinbaren Befehlen erfahren wir die gnadenvolle Nähe des Herrn. Wir versprechen uns von der Begegnung mit Ihm den Aufschwung unsrer Gefühle, Begeisterung und reine Freude. Er aber fordert Gehorsam gegen Seine Befehle. Aus solchem Gehorsam wächst die Freude. Seine Befehle machen uns froh. Seine Befehle sind immer richtig. Er führt uns auf rechter Straße. Seinem Ziel muß alles dienen. In entscheidender Stunde steht Ihm alles zur Verfügung. Sollten wir uns Ihm nicht zur Verfügung stellen?

Unterweise mich den Weg Deiner Befehle, so will ich reden von Deinen Wundern, führe mich auf dem Steige Deiner Gebote, denn ich habe Lust dazu. Amen.

Ps. 119, 156-160 — EG 314, 1+3: Jesus zieht in Jerusalem ein — Kol. 2, 1-3

Das geschah aber alles, auf daß erfüllet würde, das gesagt ist durch den Propheten, der da spricht: »Saget der Tochter Zion: Siehe, dein König kommt zu dir sanftmütig und reitet auf einem Esel und auf einem Füllen der lastbaren Eselin.« Matth. 21, 4-5

Es war keineswegs etwas Besonderes, daß einer auf einem Esel zum Osterfest nach Jerusalem ritt. Jesus brauchte durchaus nicht aufzufallen, wenn Er nicht zu Fuß, sondern auf dem Esel in Jerusalem einzog. Seltsam war es freilich, daß dieser Prophet aus Nazareth behauptete, der König von Israel zu sein. Der König aller Könige und Herr aller Herren reitet ohne Waffen, ohne Heer in die Hauptstadt Seines Landes ein. Wie sollte man das verstehen?

Das alles aber geschah, auf daß erfüllet würde, was gesagt ist durch den Propheten. In Gottes Sache geht es nicht um unsre Erwartungen, sondern um Gottes Verheißung. Gottes Reich kommt nicht zu uns durch Erfüllung unsrer Wünsche, sondern durch Erfüllung der göttlichen Verheißung. Gott hat versprochen, die Erde hinfort nicht mehr zu verfluchen um der Menschen willen. Er hat unsern Vätern in Glauben einen Eid geschworen, daß wir wieder zur Ruhe, zum Frieden mit Ihm kommen sollten.

Gott hat Seinen Eid gehalten. Das Prophetenwort ist erfüllt. Jesus hat als König Seinen Einzug gehalten. Jeder kann sehen, wer Er ist. Siehe, dein König kommt zu dir, aber Er reitet auf einem Esel. Verstehst du diese Zeichensprache Gottes? Der König auf dem Esel, der leidende, gekreuzigte, sterbende Heiland. Den Klugen und Weisen bleibt es verborgen, sie haben Augen und sehen es nicht, sie haben Ohren und hören es nicht.

Siehst du es, glaubst du es? Jesus geht einen andern Weg, damit der Wille des Vaters im Himmel erfüllt wird. Er beugt sich unter den Willen Gottes, Er beugt sich unter die Last der Erde. Er beugt sich unter die Last des Kreuzes. Er reitet auf einem Esel – und wird gekreuzigt, auf daß Gottes ewiges Versprechen erfüllet würde.

König Jesu, gib Klarheit für den Weg und für das Ziel. Gib uns helle Augen für die Wahrheit. Amen.

Sach. 9, 9-17 EG 314, 2.4–6: Jesus zieht in Jerusalem ein Matth. 11, 1-6

Und als Er zu Jerusalem einzog, erregte sich die ganze Stadt und sprach: Wer ist der? Das ganze Volk aber sprach: Das ist der Jesus, der Prophet von Nazareth aus Galiläa. Matth. 21, 10-11

Die heilige Stadt steht im Zeichen des Osterfestes. Die Scharen der Pilger durchziehen die Straßen Jerusalems. Die Feinde Jesu sind auf dem Plan, sie sind die Herren der Stadt, die Hohenpriester, Ältesten und Schriftgelehrten. Jesus zieht ein in die Tore der Stadt, und alles ist in Erregung.

Jesus zieht ein! Freunde und Feinde kommen in Bewegung. Sein Geist kommt über sie, über uns. Wir kommen aus unheiliger Ruhe in heilige Unruhe. Seine Worte und Taten sind wie Dynamit in unserm Leben. Jesus zieht ein in unser Leben. Seine Worte lassen uns nicht los. Er richtet Sein Panier auf unter uns Menschen.

Es erregte sich die ganze Stadt und sprach: Wer ist der? Jesus zieht ein, und wir kommen ins Fragen und Zweifeln, wir müssen fragen, denn wir sind selber Gefragte. Was denkt ihr, ihr Christen, von Christus? Woher ist Er? Vom Himmel oder von der Erde? »Empfangen vom Heiligen Geist, geboren von der Jungfrau Maria, gelitten unter Pontius Pilatus, gekreuzigt, gestorben, niedergefahren zur Hölle, am dritten Tage wieder auferstanden von den Toten ...« Glaubst du das? Er, der die Freuden des Himmels hätte haben können, verzichtete darauf, Gott gleich zu sein und erduldete die Schmach des Kreuzes. Wer ist der, der ohne Sünde war und doch den Tod eines Verbrechers starb?

Das Volk aber sprach: Das ist Jesus, der Prophet von Nazareth aus Galiläa. Das ist das Bekenntnis des Volkes. Mehr kann die Menge der Mitläufer nicht sagen, Jesus, der Prophet von Nazareth.

Was sagen wir? Was ist unser Bekenntnis? Christus steht vor der Tür, wohl uns, so wir Ihm auftun. Christus ruft uns. Wohl uns, wenn wir Ihm antworten: »Wir haben selber geglaubt und erkannt, daß Du bist Christus, des lebendigen Gottes Sohn.«

Herr, Jesus, obwohl wir Dich nicht sehen, hilf uns zu starkem Glauben. Amen.

Ps. 24, 8 — EG 123, 1–5: Jesus Christus herrscht als König — Joh. 1, 11 u. 12

Da versammelten sich die Hohenpriester und Schriftgelehrten und die Ältesten im Volk in dem Palast des Hohenpriesters, der da hieß Kaiphas, und hielten Rat, wie sie Jesum mit List griffen und töteten. Sie sprachen aber: Ja nicht auf das Fest, auf daß nicht ein Aufruhr werde im Volk! Matth. 26, 3-5

Damals versammelten sich die Hohenpriester, Schriftgelehrten und Ältesten im Volk und hielten Rat über Jesus. Und was tun wir heute? Wir machen Ihn uns ein wenig nach unsern Wünschen zurecht, nicht so unerbittlich in Seinen Forderungen. Wir machen uns unsre Gedanken und fragen uns, ob Er noch unser Heiland sein kann und darf. Wir sitzen zu Rate über Ihn.

Er selbst aber heißt Wunderbar-Rat.

Darüber ist sich die Welt klar. Jesus muß weg; die Frage ist nur, wie und wann. Sie hielten einen Rat, wie sie Jesum mit List griffen und töteten. Jesus muß weg. Der Mann hat zuviel Anhänger im Volk, die Menge läuft Ihm nach, der Einfluß der Gewaltigen im Volke ist gefährdet. Er muß weg, doch nur mit Vorsicht und List.

Wer bist du, Mensch, hast du des Herrn Sinn erkannt, bist du jemals Gottes Ratgeber gewesen? Soll Er nicht lieber raten, sollen wir Ihn nicht nach Seinem Willen tun und walten lassen? »Er ist ein weiser Fürst.« Er ist unser Ratgeber am Scheideweg, damit wir nicht eines Tages auch im Rat der Gottlosen wandeln und sitzen, da die Spötter sitzen.

Sie hielten einen Rat über Jesus. Die weisen und mächtigen Häupter des Landes waren zusammen in Kaiphas Halle. Sie überlegen, das Fest muß vorbei sein, noch ist die vorteilhafte Stunde nicht da. Ja nicht auf das Fest!

Aber es wird nichts aus ihrem klugen Plan. »Gegen den Herrn hilft kein Rat«, das Fest hat begonnen, als Jesus gefangen wird. Das Fest ist auf dem Höhepunkt, als Er rief: »Es ist alles vollbracht!«

Gott hat Seinen Plan. Der kommt zur Vollendung. Auch die Bosheit aller Menschen muß Seinem Plane dienen. Darum sollen wir uns wohl fürchten und unsre Gedanken nach Gottes Plänen richten.

Dreieiniger Gott! Du wirst Dein herrlich Werk vollenden, der Du der Menschen Heil und Richter bist. Du wirst der Menschheit Jammer wenden.

Jer. 28, 23-29 — EG 364, 1: Was mein Gott will, gescheh allzeit — Kor. 4, 1-5

Da nun Jesus war zu Bethanien im Hause Simons, des Aussätzigen, trat zu Ihm ein Weib, das hatte ein Glas mit köstlichem Wasser und goß es auf Sein Haupt, da Er zu Tische saß. Da das Seine Jünger sahen, wurden sie unwillig und sprachen: Wozu dienet diese Vergeudung? Dieses Wasser hätte mögen teuer verkauft und den Armen gegeben werden. Da das Jesus merkte, sprach Er zu ihnen: Was bekümmert ihr das Weib? Sie hat ein gutes Werk an mir getan. Ihr habt allezeit Arme bei euch; mich aber habt ihr nicht allezeit. Daß sie dies Wasser hat auf meinen Leib gegossen, hat sie getan, daß sie mich zum Grabe bereite.

Matth. 26, 6-12

Inmitten der Feindschaft der Welt und der Unverständigkeit Seiner eigenen Jünger begegnet dem Herrn das, was Er bei uns sucht, bei einem unbekannten Weibe. Über ihr Tun spricht der Herr die Worte: Sie hat ein gutes Werk getan. Was war das für ein gutes Werk? Es war die echte, wahre Liebe, die um des Herrn willen alles hergeben kann. Die Jünger verstanden diese Tat nicht. Wir werden die Tat nur verstehen, wenn die Liebe Christi uns treibt, der sich uns selbst geopfert hat.

Diese Liebe ist Gottes Gabe. Sie ist die größte von allen Gaben Gottes. Sie kennt keinen andern Beweggrund als die Dankbarkeit für das gute Werk des Herrn, da Er an unsrer Statt gehorsam war bis zum Tode am Kreuz.

Unsre Undankbarkeit sorgt dafür, daß Christus unter uns leidet und Sein Name nicht durch viele gepriesen wird. Jenes Weib aber offenbart uns die Liebe, die auch das Kreuz überdauert.

Der Herr sucht bei uns ein gutes Werk. Er fordert nicht mehr, als Er uns selber gibt. Er gab für uns Sein Leben, damit wir fortan nicht mehr uns selber, sondern Ihm leben. Laßet uns um die rechte Liebe Christi bitten, die alles trägt und duldet. Die Liebe Christi treibt uns zu gutem Werk an den Geringsten unter unsern Brüdern. Sie sieht den Herrn auch in dem Bruder und weiß den rechten Augenblick, wo ganze Hingabe gefordert wird.

Herr Jesu, schenke uns Deine Liebe, denn ohne sie können wir nichts tun. Amen.

Ruth 1, 1   EG 400, 1. 2. 7: Ich will Dich lieben   Matth. 25, 31-46

Meine Augen sehen stets auf den Herrn. Ps. 25, 15

Wahrlich, ich sage euch: Wo dies Evangelium gepredigt wird in der ganzen Welt, da wird man auch sagen zu ihrem Gedächtnis, was sie getan hat.

Matth. 26, 13

Was hat denn die Frau getan, daß sie einen Platz im Evangelium erhält und ihr Name genannt wird in der ganzen Welt? Sie hat ein Bekenntnis abgelegt, ganz schlicht und ohne Worte. Sie hat damit gesagt: Ich bin bereit, dem Herrn zu dienen mit allem, was ich habe.

Der Herr will, daß wir so bekennen! Es liegt Ihm nicht so sehr an den guten Worten, sondern die Hauptsache sind unsre Werke, aus Glauben geboren. Die Menschen sollen unsre guten Werke sehen, daß sie den Vater im Himmel darüber preisen und Sein Reich in der ganzen Welt zunehme. Es gibt Zeiten in der Geschichte der Gemeinde Jesu, die fordern mehr als andre Zeiten, sie fordern ein starkes Bekennen vor vielen Zeugen. Es gilt das Wort des Herrn: »Wer mich bekennt vor den Menschen, den will ich auch bekennen vor meinem himmlischen Vater.« Jede Zeit fordert die Tat des wortlosen Bekenntnisses, auch da, wo wir den Weg des Herrn durch unsre Zeit nicht verstehen.

Wenn wir oft nicht wissen, was wir tun sollen, dann sehen unsre Augen auf Ihn. Die Welt ist Sein Eigentum, doch sie nahm Ihn nicht auf. Er aber liebt sie bis ans Ende und ist bei uns alle Tage. Er schwieg vor den Großen Seiner Zeit und trug das Kreuz hinauf ohne Murren. Er tat Seinen

Mund nicht auf wie ein Lamm, das zur Schlachtbank geführt wird. Darum hat Ihn Gott eingesetzt zum Herrn und Richter über Tote und Lebende. Von Seinem Stuhl geht der Strom aus, der neues Leben schafft für alle, die davon trinken.

Aufsehen auf Jesum, so beginnt und endet das Bekenntnis ohne Worte. Nicht um menschlicher Anerkennung willen, sondern wegen der göttlichen Verheißung.

Das Glas Wasser, das dem Durstigen gereicht wird im Namen des Herrn Jesu, wird nicht vergessen in der Ewigkeit. Alles, was um des Herrn willen geschieht, ist nicht verloren. Die Gemeinde Jesu ist die Unbekannte vor der Welt, aber bekannt unserm himmlischen Vater.

Hilf uns Herr, daß wir bekennen mit Worten, mit der Tat und mit Geduld. Amen.

Ps. 90, 17 EG 437, 2-4: Die helle Sonn' Hebr. 13, 1-2

Freuet euch mit Jerusalem. Jes. 66,10

Da ging hin der Zwölfe einer, mit Namen Judas Ischariot, zu den Hohenpriestern und sprach: Was wollt ihr mir geben? Ich will Ihn euch verraten. Und sie boten ihm dreißig Silberlinge. Und von dem an suchte er Gelegenheit, daß er Ihn verriete. Matth. 26, 14 - 16

Im krassen Gegensatz zu der vorangegangenen Geschichte von der Salbung in Bethanien steht unser Abschnitt. Auf der einen Seite, gleichsam in helles Licht gekleidet, ist die Frau, die Jesus alles gibt, was sie hat. Auf der andern Seite, im Dunkel geduckt, der Jünger, der deshalb, weil sein Meister den Leidensweg geht, auf die Seite der Juden tritt. »Er ging zu den Hohenpriestern!« Das heißt zu denen, die Jesu Anspruch, der Sohn des lebendigen Gottes zu sein, für Wahnsinn und Gotteslästerung hielten. Judas hatte sich in schwärmerischer Begeisterung von seiner Jesusnachfolge Ehre, Macht und Ruhm erträumt. Tiefste religiöse Sehnsucht nach Sichtbarwerdung der Macht und des Glanzes der Gottesherrschaft auf Erden hatte ihn bei Jesus gehalten. Jetzt aber geht Jesus, im Gehorsam gegen Seinen himmlischen Vater, den Kreuzesweg, den Weg der Verachtung, des Spottes, der Not und der Verfolgung. Darüber schlägt die Begeisterung des Judas in glühenden Haß um. Der Jünger wird zum Verräter. Was blieb ihm jetzt, nachdem die auf Jesus gesetzte Hoffnung zerronnen war, als Lebensinhalt übrig? Geld, dreißig Silberlinge! Von da an waren seine Gedanken verdunkelt und der Friede seiner Seele dahin.

Judas ist in der Geschichte der Gemeinde Christi keine einmalige Erscheinung geblieben, und sein Lohn ist immer wieder bezahlt worden. Das wird bleiben, solange die Botschaft vom gekreuzigten Heiland aller Welt gepredigt wird. Unsre Sorge laßt es in dieser heiligen Passionszeit sein, darüber zu wachen, daß wir nicht um des Geldes willen unser Leben verderben zeitlich und ewiglich.

Herr Jesus Christus: Halte Du uns bei der Hand, daß wir Dir folgen können. Hilf uns, daß wir Dich nicht verraten, wenn Deine Gedanken größer sind als unsre Wünsche. Amen.

Sach. 11, 7-17 — EG 223, 1-5: Das Wort geht von dem Vater aus — Joh. 11, 46-57

Aber am ersten Tage der süßen Brote traten die Jünger zu Jesus und sprachen zu ihm: Wo willst Du, daß wir Dir bereiten, das Opferlamm zu essen? Er sprach: Gehet hin in die Stadt zu einem und sprecht zu ihm: Der Meister läßt dir sagen: Meine Zeit ist nahe, ich will bei dir die Ostern halten mit meinen Jüngern. Und die Jünger taten, wie ihnen Jesus befohlen hatte, und bereiteten das Osterlamm. Matth. 26, 17-19

Jesus war noch in Bethanien und verlebte dort im Kreise Seiner Freunde kostbare und stille Stunden, welche die Liebe und Freundschaft des gastlichen Hauses Ihm zu bereiten suchten, bevor Sein bitteres Leiden und Sterben begann. Jetzt aber war das Passahfest angebrochen. Nach dem Gesetz Mose durfte in dieser Woche nur ungesäuertes Brot gegessen werden. Am Abend des eigentlichen Passahfestes wird das Osterlamm gegessen. Das konnte jedoch nicht in Bethanien geschehen, weil nach priesterlicher Satzung nur Jerusalem und die unmittelbare Umgebung, von der aus man den Tempel sehen konnte, der Ort war, an welchem dieses Mahl gefeiert werden durfte. Darum war die Stadt um die Zeit der Passahfeier von fremden Pilgern überlaufen. Jesus hielt fest an den Gesetzesvorschriften Seines Volkes, wenn sie dem Willen Gottes nicht entgegenstanden. Das bewies Er auch in der Stunde, da sich über Ihm die Wolken drohend zusammenzogen. Er war nicht in Unruhe darüber, ob in Jerusalem auch Raum für Ihn und Seine

Jünger wäre. Er weiß sich auch in diesen äußeren Dingen vollkommen in der Hand Seines Vaters. Darum schickt Er die Jünger zu einem Mann, dessen Name uns nicht genannt wird, aber dessen Haus dazu auserlesen war, die Stätte zu sein, an welcher Christus den Seinen das Sakrament des heiligen Abendmahls schenkt. Die Jünger gehorchen und tun, was ihr Meister ihnen befohlen hat.

Unser heutiger Schriftabschnitt gibt Zeugnis von der ruhigen Getrostheit, mit welcher der Herr Christus den kommenden Ereignissen entgegengeht. Keine Hast und Nervosität, keine weiche Stimmung und kein unnötiges Gerede! Die Stunde ist beherrscht von der klaren, nüchternen Feststellung: »Meine Zeit ist nahe«, aus der heraus Seine Jünger nur gehen können und handeln.

Schenk uns, Herr Christus, ganze Bereitschaft zu handeln, wenn Deine Stunde nahe ist. Amen.

1. Mose 12, 1-23 EG 190.1: O Lamm Gottes Kor. 5, 6-8

Und am Abend setzte Er sich zu Tische mit den Zwölfen. Und da sie aßen, sprach Er: Wahrlich, ich sage euch: Einer unter euch wird mich verraten. Und sie wurden sehr betrübt und hoben an, ein jeglicher unter ihnen, und sagten zu Ihm: Herr, bin ich's? Er antwortete und sprach: Der mit der Hand mit mir in die Schüssel tauchte, der wird mich verraten.

Matth. 26, 20-23

Jesus ist mit Seinen Jüngern zur letzten gemeinsamen Mahlzeit vor Seinem Kreuzestod versammelt. Über dem Zusammensein liegt ein dumpfer Druck. Der Verräter sitzt inmitten der Tischgemeinschaft. Noch meint Judas, keiner wüßte von seinen dunklen Plänen. Jesus aber schaut durch seinen äußeren Menschen hindurch in sein Herz hinein und sieht, was dort vor sich gegangen ist. Die Tatsache, daß ein Verräter sich in ihrer Mitte aufhält, läßt die Jünger zurückbeben. Sie wagen es nicht, ihrem Meister ärgerlich und vorschnell zu antworten durch ein »Ausgeschlossen« oder durch ein »Unmöglich«. Keiner denkt an den anderen, um ihm das Unerhörte zuzutrauen, sondern jedem wird angst: »Bin ich's?« Sie bitten um das Urteil ihres Herrn, weil sie trotz eines guten Gewissens ihrem eigenen Herzen nicht vertrauen. Christus aber nimmt ihnen ihre Unruhe nicht, nennt zunächst auch nicht die Person des Judas, sondern bestätigt noch einmal seine Aussage, daß einer Seiner vertrautesten Tischgenossen Ihn den Juden ausliefern wird.

Damit erfüllt sich die Weissagung aus Psalm 41, 10: »Der mein Brot aß, tritt mich unter die Füße.« Wer ist der Verräter? Herr, bin ich's? So fragt Petrus und Johannes und alle die übrigen Jünger. Was haben wir zu tun? Müssen wir nicht immer wieder erschrecken vor uns selbst, denn wir sind dem Judas ähnlicher, als wir vielleicht ahnen. Wir erfahren es immer wieder, daß der Herr Christus von Seinem lebendigen Worte her den Gliedern Seines Leibes, der Kirche, sagen muß: »Der mit mir in die Schüssel tauchte, der wird mich verraten.« Wir wollen es lernen von Jesu Jüngern, dann nicht zuerst den Verrat bei den andern zu suchen. Gott gebe, daß etwas von dem Zittern der Jünger durch unsre Seele ginge, das da fragt: Herr, bin ich's, der Dich »unter die Füße tritt«?

Erforsche mich, Gott, und erfahre mein Herz; prüfe mich und erfahre, wie ich es meine. Und siehe, ob ich auf bösem Wege bin, und leite mich auf ewigem Wege. Amen.

Ps. 41, 1-10 EG 83, 1-3: Ein Lämmlein geht Joh. 6, 60-66

Des Menschen Sohn geht zwar dahin, wie von Ihm geschrieben steht; doch weh dem Menschen, durch welchen des Menschen Sohn verraten wird! Es wäre ihm besser, daß er nie geboren wäre.

Matth. 26, 24

Judas kann seinen dunklen Plan vollenden. Sein Vorhaben wird ihm gelingen. Das wird ihm von Jesus ausdrücklich bestätigt. Allerdings nicht deswegen, weil Judas es will, sondern weil der Ratschluß Gottes zur Erfüllung kommen sollte. Jesus geht Seinen Weg in der Gewißheit, daß nichts geschieht, ohne des Vaters Willen, nichts, was Gott nicht schon vorzeiten durch den Mund der Propheten und Psalmisten in der Schrift offenbar gemacht hat. So ist der Triumph des Judas nicht ein Sieg der Finsternis, wie es vielleicht zunächst scheinen mag. Auch durch die Bosheit der Menschen gelangen Gottes Pläne zur Durchführung. Darum bleibt diese letzte Abendstunde des Heilandes mit Seinen Jüngern nicht im Zeichen hoffnungsloser Bestürzung und Ratlosigkeit. Nachdem der Verräter den Raum verlassen hatte, senkte sich der Friede Gottes auf die feiernde Schar und Jesus konnte unmittelbar darauf für Seine Jünger das heilige Abendmahl einsetzen. Judas aber ist von seiner Schuld nicht freigesprochen. Seine Tat zieht den furchtbaren Fluch nach sich: »Wehe dem Menschen, durch welchen des Menschen Sohn verraten wird!« Noch ist für Judas das furchtbare Gericht verhüllt. Jesus aber sieht es, und in Seiner seelsorgerlichen Liebe wagt Er einen letzten Angriff auf das Herz Seines einstigen Jüngers. Aber Judas blieb hart. Er fand den Weg zur Buße nicht. Darum mußte er, obwohl in letzter Stunde gewarnt, den Weg in Nacht und Verderben gehen, begleitet von den tiefernsten Worten: »Besser, nie geboren!«

Jesus nicht zu kennen, kann eine große Not für uns Menschen sein. Aber Jesus gekannt, geliebt, in Seiner Nachfolge gestanden, Ihn dann aber verraten und den Ruf zur Buße ausgeschlagen haben – davor bewahre uns Gott der Herr, denn dann wäre es für uns besser, wir wären nie geboren.

Herr, gib, daß wir Dich nicht verraten – und wenn wir es doch getan haben, verhärte unser Herz nicht, sondern schenke uns Kraft zur Umkehr. Amen.

Ri. 16 EG 91: Herr, stärke mich Joh. 19. 1-11

Da sie aber aßen, nahm Jesus das Brot, dankte und brach's und gab's den Jüngern und sprach: Nehmet, esset, das ist mein Leib. Matth. 26, 26

Jesus vollendet die Gemeinschaft mit Seinen Jüngern, indem Er am letzten Abend vor Seinem Sterben das Sakrament des heiligen Abendmahls einsetzt. Damit gibt Er den Seinen das Letzte und Größte, was Er hat: sich selbst! In dieser Stunde schafft Er die innerliche Vereinigung mit Ihm selbst und die tiefste Verbindung der Glaubenden auf Erden untereinander. Diese Gabe gibt Jesus im Zeichen, statt im Wort. Das Brot, welches zerbrochen wird, ist Sein Leib. Von diesem zerbrochenen Leib aber heißt es für Seine Gemeinde: »Nehmet, esset!« Das bedeutet für uns die persönliche Aneignung dieses in den Tod gegebenen Leibes. Wer dieser Aufforderung folgt, darf gewiß sein, daß ihm das zuteil geworden ist, wozu Christus ans Kreuz ging: die Vergebung aller unsrer Sünden und die Versöhnung mit Gott.

Aber damit ist die Bedeutung des zerbrochenen Leibes Jesu für uns nicht erschöpft. Er selbst, der Herr, sagt: »Ich bin das Brot des Lebens« und »Werdet ihr nicht essen das Fleisch des Menschensohnes und trinken Sein Blut, so habt ihr kein Leben in euch!« Leben! Das ist das sehnsüchtige Verlangen aller Menschen, und alle Welt ist auf der Suche nach dem wirklichen, echten Leben. Aber ohne Christus wird keiner dieses Leben finden, und ohne Ihn wird aller

Hunger nach Leben immer größer und größer. »Nehmet, esset, das ist mein Leib!« In diesen Worten liegt die Erfüllung aller Lebenssehnsucht. Hier haben wir das Brot des Lebens für alle Zeit, und wenn einst das irdische Gefäß unsres Leibes zerbricht, dürfen wir gewiß sein, im großen Vaterhaus Gottes das ewige Leben zu haben. Darum sagt Christus auch zu unsrer Lesergemeinde, die sich um Sein Wort sammelt: »Nehmet, esset, das ist mein Leib«, damit ihr das Leben gewinnt.

Wir danken Dir, Herr Jesus Christus, für Deine große Gabe, daß Du für uns Deinen Leib in den Tod gegeben hast. Gib uns rechtes Verlangen nach Deinem Sakrament, damit wir, der Vergebung gewiß, mit Dir ein neues Leben beginnen. Amen.

Jer. 11, 1-8 EG 214, 1-3: Gott sei gelobet Joh. 6, 47-51

Und Er nahm den Kelch und dankte, gab ihnen den und sprach: Trinket alle daraus; das ist mein Blut des neuen Testaments, welches vergossen wird für viele zur Vergebung der Sünden. Matth. 26, 27-28

Das andre Zeichen, welches Jesus im Abendmahl aufgerichtet hat, ist der Wein. Der Wein, welcher vergossen wird, ist das Blut Jesu Christi. Der Gemeinde ist es von ihrem Herrn geboten, von diesem vergossenen Blut zu trinken. Sie soll es sich aneignen, denn unter diesem Zeichen empfängt sie in gleicher Weise wie beim zerbrochenen Brot Vergebung der Sünden und neues Leben in Jesus Christus. Bei diesem zweiten Zeichen fügt Jesus jedoch noch hinzu, daß Sein am Kreuz vergossenes Blut das Testament, das Erbe ist, welches Er den Seinen hinterläßt. Es wird ihr Eigentum, sobald der Erblasser gestorben ist. Es ist unser Eigentum geworden seit der Stunde, da der sterbende Gottessohn Seine Seele in die Hände Seines himmlischen Vaters befahl.

Wozu dient uns nun dieses Erbe? In den Augen des Unglaubens ist es wertlos und bedeutet gar nichts. Denen jedoch, die auf Jesus Christus ihre ganze Hoffnung setzen im Leben und im Sterben, bedeutet es alles. Sein Erbe bewirkt, was keine Menschengewalt vollbringen kann. Es gibt uns die Vergebung der Sünden, Erlösung vom Tode und von der Gewalt des Teufels und die ewige Seligkeit. Keine noch so gewaltige Leistung eines Menschen vermag eine vollbrachte Tat ungeschehen zu machen. Wo Jesu

Testament im Glauben angeeignet wird, geschieht das Unmögliche. Seine Tat am Kreuz deckt alle unsre Sünde zu, so oft wir aus dem Kelch Seines Blutes trinken. Dieses Erbteil ist über alles Menschenverstehen reich und mächtig. Aber Jesus Christus zwingt es keinem auf. Er läßt unserm Willen die Freiheit der Annahme oder des Verzichts. Das ist der ernste Entscheidungscharakter dieses Testaments. Gott helfe uns, daß wir nicht blind sind.

Herr Jesus Christus, reinige und erneuere auch uns durch Dein Blut, das am Kreuz für uns geflossen ist. Gib uns Deinen Heiligen Geist, daß wir Deine Gabe recht erkennen und sie suchen, solange es Zeit ist. Amen.

Jes. 54, 10-15 EG 226, 3+4: Seht, das Brot, das wir hier teilen Hebr. 9, 16-28

Freuet euch mit Jerusalem! Jes. 66.10

Ich sage euch: Ich werde von nun an nicht mehr von diesem Gewächs des Weinstocks trinken bis an den Tag, da ich's neu trinken werde mit euch in meines Vaters Reich. Und da sie den Lobgesang gesprochen hatten, gingen sie hinaus an den Ölberg.

Matth. 26, 29-30

Die Gemeinschaft des lebendigen Christus mit Seiner Gemeinde unter den Zeichen von Brot und Wein ist eine geglaubte und nicht eine geschaute. Christus ist nach Seiner Verheißung gegenwärtig, wenn Seine Gemeinde das Sakrament feiert. Und doch schließt die erste Feier des Abendmahls nicht, ohne daß der Herr den Blick auf die neue sichtbare Vereinigung mit Ihm in Seines Vaters Reich lenkt. Dort werden sie wieder miteinander das Mahl halten in ewiger, ungetrübter Freude und Gemeinschaft. Diese Verheißung erfüllt ein Christenleben mit lebendiger Hoffnung. Durch dieses klare Ziel haben wir Trost und Frieden in allem Leid und in allen Anfechtungen des Lebens. Diese lebendige Hoffnung kann Christus den Seinen geben, weil Er, ohne daß sie es schon klar erfassen, dabei hinausweist über Sein Kreuz auf Seine Auferstehung von den Toten und auf Seine Heimkehr in die ewige Welt Gottes. Bis aber dieses Ziel der sichtbaren Vereinigung mit dem erhöhten Herrn erreicht ist, muß die Gemeinde des Christus zu allen Zeiten den Weg des Kreuzes, durch Leid zur Herrlichkeit gehen, wie ihn ihr Meister vorangegangen ist. Für diesen

Weg aber sollen alle, die Jesu Eigentum sind, sich immer wieder stärken lassen durch Jesu Fleisch und Blut, damit sie bewahrt werden vor dem Abfall und stark werden gegen alle Anfechtungen und Versuchungen, die das Leben täglich an sie heranträgt.

Als Jesus den Seinen alles gesagt hatte, was für diese Stunde notwendig war, schlossen sie miteinander das Abendmahl mit dem Lobpreis Gottes, dem 113. oder 118. Psalm. Die Stunde der tiefsten Seelennot des Heilandes rückt immer näher, aber auch auf dem Kreuzesweg ist Jesus zum Danken nicht unfähig geworden. Der Weg führt Ihn dann hinaus an den Ölberg, wo Er zusammen mit den Jüngern auf den Verräter wartet, der Ihn überantworten wird in der Juden Hände.

Heiliger Herr und Gott. Wir preisen Dich und danken Dir, daß Du uns auch im Kreuz das helle Licht der lebendigen Hoffnung leuchten läßt. Behüte unsre Seele, daß wir Zeugen Deines Kreuzes sein dürfen, bis Du kommst. Amen.

Jes. 52, 7-10 EG 152, 1-4: Wir warten Dein Apg. 20, 17-38

Da sprach Jesus zu ihnen: In dieser Nacht werdet ihr euch alle ärgern an mir. Denn es stehet geschrieben: »Ich werde den Hirten schlagen, und die Schafe der Herde werden sich zerstreuen.« Wenn ich aber auferstehe, will ich vor euch hingehen nach Galiläa.

Matth. 26, 31-32

»In dieser Nacht«, sagt der Herr. Das war die Nacht, da Er verraten ward, eine Nacht wie keine, seit Gott »die Finsternis Nacht nannte«. In ihr wirkten alle Mächte der Hölle – aber auch die Kräfte des Himmels waren auf dem Plan.

In diese Nacht führte der Herr Seine Jünger. Er hatte ihnen soeben gesagt: »In der Welt habt ihr Angst«, denn Er kennt die Macht der Finsternis und den Fürsten dieser Welt, und kennt auch Seine Jünger und weiß, daß ihr Herz ein verzagtes Ding ist, und fügt dann hinzu: »In dieser Nacht werdet ihr euch alle an mir ärgern.« Sie werden sich an Seiner Knechtsgestalt stoßen, sie werden Ihn für den halten, »der von Gott geschlagen und gemartert ist« und werden Ihn verlassen.

Der Herr sagt: »Ihr werdet euch alle an mir ärgern.« In dieses »alle« sind auch wir eingeschlossen. Alle haben sich in jener Nacht an dem Herrn geärgert, auch der Jünger, der an Seiner Brust lag, alle. Deshalb wird es auch in Zukunft nie einen Jünger geben, der nicht durch die Nacht des Ärgernisses hindurch müßte. Denn der alte Mensch muß sich an dem Kreuz von Golgatha ärgern, weil er an ihm in Reue und Buße sterben muß.

Der Herr hilft uns, indem Er uns vorher auf die kommende Nacht des Ärgernisses hinweist und gibt uns als tröstenden Stecken und Stab jenes Wort aus dem Propheten an die Hand. Das Kreuz, an dem wir uns ärgern, ist unser Heil. »Der gute Hirte leidet für die Schafe«, und »So man sagen wird zu Ihm: Was sind das für Wunden in Deinen Händen?, wird Er sagen: so bin ich geschlagen im Hause derer, die mich lieben.« Weil Seine Jünger sich an Ihm ärgern, trägt Er die Nägelmale.

Aber der Auferstandene »reicht uns Seine durchgrabene Hand, die soviel Liebe an uns gewandt«. Er geht mit uns durch alle Nächte und leuchtet uns durch alle Finsternisse voran als das Licht.

O Gott, lehre uns Deine Wege durchs Leiden zur Herrlichkeit. Denn Du lenkst uns nach Deinem Rat und führst uns zur Herrlichkeit hin, sobald wir Deines Sohnes Wort geglaubt haben. Amen.

Sach. 13, 6-9 EG 364, 4: Was mein Gott will, gescheh allzeit Joh. 16, 32-33

Petrus aber antwortete und sprach zu Ihm: Wenn sie auch alle sich an Dir ärgerten, so will ich doch mich nimmermehr ärgern. Jesus sprach zu ihm: Wahrlich, ich sage dir: In dieser Nacht, ehe der Hahn kräht, wirst du mich dreimal verleugnen. Petrus sprach zu Ihm: Und wenn ich mit dir sterben müßte, so will ich Dich nicht verleugnen. Desgleichen sagten auch alle Jünger. **Matth. 26, 33-35**

Der Herr warnt Seine Jünger. Aber Petrus weist die Warnung von sich, als brauche er sie nicht. Ist er nicht der Bekenner, hat er nicht Treue und Mut bewiesen? Aber der Mut des Bekennens wird zum Übermut, da er laut seine Bekenntnistreue beteuert, und aus dem Übermut wird Hochmut und zugleich Lieblosigkeit. Petrus erhebt sich über seine Brüder. Sind nicht Hochmut und Lieblosigkeit die dem Bekenner drohenden Seelengefahren? Wie recht hatte der Herr gehabt: Simon, Simon, der Satan hat euer begehrt! Eben in dem Augenblick, da Petrus in hohen Bekenntnissen glänzte, war er tief in die Schlingen des Verführers gegangen. Gerade auf die Bekenner hat der Satan es abgesehen. Hat er die zu Fall gebracht, so wird er mit den andern umso leichteres Spiel haben.

»Wahrlich, ich sage dir«, hebt der Herr an. In solcher Lage kann nur eins helfen. Wir müssen uns von Jesus rücksichtslos die Wahrheit über den Zustand unsrer Seele sagen lassen. »Ehe der Hahn kräht, wirst du mich dreimal verleugnen.« Du, gerade du bist angeredet und mit letztem Ernst gewarnt, der du im Bekennen so groß bist und ohne Liebe sagst: »Ich nicht«, gerade du! »In dieser Nacht«, in dieser unsrer Zeit der dunklen Verwirrung um Jesus, »ist es gefährlich stehen«, und »wer steht, sehe wohl zu, daß er nicht falle.« »In dieser Nacht, ehe der Hahn kräht«, also sehr bald nach dieser Warnung. Wie oft haben wir den Herrn nach einer Andacht oder einem Gottesdienst dreimal verleugnet, ehe noch der Tag oder Abend vorüber war!

Aber der Hahn wird krähen, der Wächter in der Nacht wird den tiefbetrübten Jünger aus dem Sündenschlag wecken. Der Herr, der für uns betet, ordnet immer wieder oft ganz unscheinbare Ereignisse zum weckenden Hahnenschrei für unsre Seele. Laßt uns darauf hören, ehe der Donner des ewigen Gerichtes uns weckt.

O Jesu, behüte unsre Seelen, sei uns gnädig und lehre uns, auf Dich allein zu trauen.

Behüte alle, die glauben. Bewahre uns zur Seligkeit. Amen.

Jer. 20, 14-18 EG 82: Wenn meine Sünd' Joh. 13, 36-38

Da kam Jesus mit ihnen zu einem Hofe, der hieß Gethsemane, und sprach zu Seinen Jüngern: Setzet euch hier, bis daß ich dorthin gehe und bete. Und nahm zu sich Petrus und die zwei Söhne des Zebedäus, und fing an zu trauern und zu zagen. Da sprach Jesus zu ihnen: Meine Seele ist betrübt bis an den Tod; bleibet hier und wachet mit mir. Und ging hin ein wenig, fiel nieder auf Sein Angesicht und betete und sprach: Mein Vater, ist's möglich, so gehe dieser Kelch von mir; doch nicht, wie ich will, sondern wie Du willst.

Matth. 26, 36-39

Gethsemane! O Mensch, ziehe deine Schuhe aus von deinen Füßen, denn der Ort, darauf du stehst, ist heiliges Land!

Unter Gethsemanes heiligen Bäumen liegt Gottes Sohn mit dem Angesicht auf unsrer armen Erde.

»Bleibet hier und wachet mit mir.« Ja, Seele, bleibe hier und wache mit Ihm in Gethsemane. Bleibe hier und weiche nicht schnell von hinnen. Versenke dich bußfertig und gläubig mit wachem Gewissen in das Trauern und Zagen deines Heilandes.

»Er fing an zu trauern und zu zagen.« Ahnt dir, was es heißt, daß der, dem Wind und Meer gehorsam sind, zittert und zagt, daß der, der alle Gewalt hat im Himmel und auf Erden, sich an Seine armen Jünger schmiegt wie ein angstvolles Kind an seine Mutter?

»Er fing an.« Gethsemane war der Anfang der großen Leidensstunde, in der die Sünde der ganzen Welt, auch deine Sünde, auf dem Gotteslamm lag.

»Meine Seele ist betrübt bis an den Tod.« Er, der das ewige, selige Leben selbst ist, muß in den Tod. So hat noch nie jemand durchgekostet und kann nie jemand des Todes Bitterkeit durchkosten.

In Gethsemane siehst du die »Angst« und das »Gericht«, davon Jesaja schreibt. Die durchleidet Er für dich.

Als der Vater Ihm den Kelch an die Lippen setzte, schaudert Er davor zurück, denn Er schaudert vor deiner Schuld, deinem Tod, deinem Verderben, deinem Gericht. Aber in unbegreiflichem Liebesgehorsam trinkt Er alles ganz aus, deine Sünde, deinen Tod, dein Verderben, damit du es nicht austrinken, auskosten mußt.

O Gethsemane!

O Jesu, daß wir Deinen Gebetskampf tief in uns aufnehmen, damit wir im Tode keine Todesangst ausstehen müssen. Amen.

Jer. 14, 19-22 EG 78, 4: Jesu Kreuz Hebr. 5, 1-10

Und Er kam zu Seinen Jüngern und fand sie schlafend und sprach zu Petrus: Könnet ihr denn nicht eine Stunde mit mir wachen? Wachet und betet, daß ihr nicht in Anfechtung fallet. Der Geist ist willig; aber das Fleisch ist schwach.

Matth. 26, 40-41

In Seiner großen Not kehrt der Herr aus der Gebetseinsamkeit zu Seinen Jüngern zurück, um in ihrer Gegenwart Halt und Trost zu suchen. Aber als Er sie schlafend findet, da vergißt Er Seine eigene Not über der so offenbaren Seelengefahr der Seinen. In all Seinen Kämpfen um die Erlösung der Welt findet Er Zeit und Ruhe, um mit dem ganzen Eifer der Heilandsliebe sich als der große Seelsorger an diese drei Seelen mit einem mahnenden, warnenden, stärkenden Wort zu wenden: Wachet und betet.

Ist Sein ganzes Gethsemane-Ringen, ja Sein Golgatha-Leiden nicht ein einziges, gewaltiges: Wachet und betet? Ein »Wachet und betet!« an die Gemeinden aller Zeiten, an die Seelen aller Jünger, geheiligt durch Seinen blutigen Schweiß und Sein starkes Geschrei!

Wachet und betet! Wachet: das wendet sich an die Erweckten: bleibt wach! Wem »die Augen aufgetan sind, sich zu bekehren von der Finsternis zu dem Licht und von der Gewalt des Satans zu Gott, zu empfangen die Vergebung der Sünden und das Erbe« (Apostelgeschichte 26, 18), der muß sich mit ganzem Ernst wach halten.

Aber die Jünger »konnten nicht eine Stunde wachen«. Wir »können« nicht aus eigener Kraft wach bleiben. Darum muß zum Wachen das Beten kommen. Wachsein wollen, ohne zu beten, ist träumen und schlafen. Aber auch: Was ist beten ohne wachsein? Wehe über unser schläfriges Beten!

O laßt uns doch an Gethsemane »die Gewalt des Satans«, die »Macht der Finsternis« erkennen. Wie furchtbar ist der Anspruch des »brüllenden Löwen«, sodaß auch der Herr in dieser Anfechtung nur durch demütigstes Beten und Flehen obliegt. Erweist sich in dieser Gefahr selbst Sein Fleisch schwach, das doch den Zunder der Erbsünde nicht in sich hat, wieviel mehr sind wir in tödlicher Gefahr, da wir doch nicht wie Er einen »willigen«, sondern oft einen sehr unwilligen Geist haben? Darum: Wachet und betet!

Du inniger Hoherpriester, daß wir in den Gefahren der Seele behütet werden, ist einzig Dein Verdienst. Ohne Dich vermögen wir nicht einen Augenblick zu bestehen. Laß uns Dich recht ansehen in Deinem Kampf mit Wachen und Beten, so wirst Du uns zum Siege helfen. Amen!

Ps. 77, 1-5 EG 373, 4: Jesu, hilf siegen Matth. 25, 1-13

Aber Jesus schwieg stille. Und der Hohepriester antwortete und sprach zu Ihm: Ich beschwöre Dich bei dem lebendigen Gott, daß Du uns sagest, ob Du seist Christus, der Sohn Gottes. Jesus sprach zu ihm: Du sagst es. Doch sage ich euch: Von nun an wird's geschehen, daß ihr sehen werdet des Menschen Sohn sitzen zur Rechten der Kraft und kommen in den Wolken des Himmels. Matth. 26, 63-64

Wie gewaltig redet sein Schweigen! Wie Er dastand, bleich, gefesselt, in unbeschreiblich hoheitsvoller Würde, und schwieg und schwieg, wuchs unter dem Blick Seiner Augen von Augenblick zu Augenblick die schmächliche Verlegenheit Seiner Richter, war es schier mit Händen zu greifen, was alle wußten: Wir treiben das schändlichste Spiel, wir sind ungerechte Richter, wir sind Verbrecher, sind Mörder. Nein, tiefer noch: Unter Seinem Schweigen wurde laut und immer lauter in ihrem Gewissensgrund, was dort leise schon lange mahnte – ja, während es totenstill im Saal war und aller Lippen zusammengepreßt schwiegen, schrien laut alle Gewissen: Dieser da ist Gottes Sohn!

In des Kaiphas Herzen meldete sich noch einmal die Stimme der Wahrheit unter Jesu Schweigen. Welch ein Schweigen der Gnade! Welch ein schweigendes Warten, welch ein schweigendes Werben! Kaiphas, willst du nicht der Wahrheit die Ehre geben? Noch kannst du es, solange dies gnädige Schweigen währt. Kaiphas, dein letzter Gnadenaugenblick! Freilich, wenn Kaiphas das will, muß er von seinem Richterstuhl steigen und sich als Schuldiger vor des Gottessohnes gnädiges Gericht stellen. Das will er nicht, dagegen empört sich sein Stolz. Deshalb schreit er in mörderischer Lüge die Frage der Wahrheit heraus: »Bist Du Gottes Sohn?«, – um Gottes Sohn zu töten!

Wie ist deine Entscheidung? Höre die Stimme der Wahrheit: Der treue Zeuge hat bekannt in heiligem Schwur: »Ich bin Gottes Sohn!«

Steige von deinem eitlen Thron. Stell dich heute dem Gnadengericht Jesu Christi. Einst kommt Er als ewiger Richter und bricht das Schweigen, mit dem Er noch gnädig auf deine Entscheidung wartet.

Heiland, wir danken Dir, daß Du Dich als Gottes Sohn bekannt hast. Hilf uns, daß wir uns im Glauben für Dich entscheiden. Amen.

Dan. 10, 1-21 EG 89: Herr Jesu, Deine Tim. 6, 11-16

Da zerriß der Hohepriester seine Kleider und sprach: Er hat Gott gelästert; was bedürfen wir weiter Zeugnisses? Siehe, jetzt habt ihr Seine Gotteslästerung gehört. Was dünkt euch? Sie antworteten und sprachen: Er ist des Todes schuldig. Matth. 26, 65-66

»Er ist des Todes schuldig.« So lautet das Urteil des Hohen Rates über Jesus. »Er hat Gott gelästert«, das ist die Begründung des Todesurteils. Die todeswürdige Gotteslästerung aber ist in den Augen des Hohen Rates, daß Jesus sich mit feierlichem Schwur als Gottessohn bekannt hat.

Freilich der Gott dieser Machthaber in Jerusalem war mit diesem Bekenntnis Jesu Christi beleidigt, angegriffen, gelästert. Denn der Gott jener Hohenpriester war die Welt, ihre Macht, ihre Ehre, ihr Ansehen, ihr Geld. Wie konnte einer, der von alledem nichts hatte, es wagen, in dieser Welt Gottes Sohn sein zu wollen? Jesus Christus, vor dem Hohen Rat in Ketten, vor Pilatus in der Dornenkrone, auf Golgatha zwischen zwei Verbrechern am Galgen, als Gottes Sohn, das ist die furchtbarste Beleidigung der stolzen Welt und ihrer höchsten Güter und Werte.

Aber es ist keine Lästerung des wahren, ewigen, heiligen Gottes. Nein, Jesus in Ketten, in der Dornenkrone, am Kreuz ist nichts als das eine, einzige, wahre »Allein Gott in der Höh' sei Ehr!«, ist die eine, einzige Erfüllung des ersten Gebotes. Er war in Ketten, in der Dornenkrone und am

Kreuz, weil Er keine andern Götter neben Seinem Vater geehrt wissen wollte.

Ja, der, der soeben mit einem Gefühl von Größe, wie sie nie ein Mensch, nie ein Wesen gefühlt hat, sich als ewigen Richter der Welt bekundet und dennoch dieser Ihn zum Tode verurteilenden Welt kein vernichtendes Wehe entgegendonnerte, sondern still wie ein Lamm das Todesurteil über sich ergehen ließ, der machte die Ehre Gottes groß, der sich der verlorenen Welt gnädig erbarmt. Das grausame Urteil des ungerechtesten Gerichtes hier unten: »Gottes Sohn des Todes schuldig« wird so von dem Gottessohn, der die Todesschuld der Welt trägt, vor dem gerechtesten, heiligsten Gericht dort oben in das gnädigste Urteil gewandelt: »Die Welt von dem Todesurteil freigesprochen!«

Allein Gott in der Höh' sei Ehr und Dank für Seine Gnade! Amen.

Jer. 37, 1-21 EG 81, 1: Herzliebster Jesu Luk. 17, 1-10

Gott schaffe mir Recht Ps. 43,1

Petrus aber saß draußen im Hof; und es trat zu ihm eine Magd und sprach: Und du warst auch mit dem Jesus aus Galiläa. Er leugnete aber vor ihnen allen und sprach: Ich weiß nicht, was du sagst. Als er aber zur Tür hinausging, sah ihn eine andre und sprach zu denen, die da waren: Dieser war auch mit dem Jesus von Nazareth. Und er leugnete abermals und schwur dazu: Ich kenne des Menschen nicht. Und über eine kleine Weile traten hinzu, die da standen, und sprachen zu Petrus: Wahrlich, du bist auch einer von denen; denn deine Sprache verrät dich. Da hob er an, sich zu verfluchen und zu schwören: Ich kenne des Menschen nicht. Und alsbald krähte der Hahn. Da dachte Petrus an die Worte Jesu, da Er zu ihm sagte: Ehe der Hahn krähen wird, wirst du mich dreimal verleugnen. Und er ging hinaus und weinte bitterlich.

Matth. 26, 69-75

Morgen, am Palmsonntag, legen viele Knaben und Mädchen vor versammelter Gemeinde ihr Gelübde und Bekenntnis ab. Auch für uns, die wir längst konfirmiert sind, ist dieser Tag von sehr ernster Bedeutung. Er legt uns die Frage ins Gewissen, ob wir denn unserm Konfirmationsgelübde immer treu gewesen sind? Beschämt müssen wir es eingestehen, daß wir oft unser Bekenntnis, unsern Heiland selbst verleugnet haben. Haben wir nicht oft geschwiegen, wenn wir hätten reden sollen, weil in irgendeiner Gesellschaft unser Glaube heruntergezogen, angegriffen, ja gar bespöttet und bewitzelt wurde? War unser ganzes Leben und Wesen immer ein klares Bekenntnis unsres Christenstandes, nicht oft eine arge Verleugnung desselben?

Unser Glaube wäre viel froher und lebendiger, wenn wir besser bekannt hätten. »Denn so man mit den Lippen bekennt, so wird man selig.«

Würde nicht die ganze Christengemeinde, die Kirche viel stärker dastehen, wenn wir nicht so oft verleugnet hätten?

Petrus wird von der Stimme des Hahns an Jesu mahnendes Wort erinnert und geht hinaus und weinet bitterlich. Möchte der Hahn auf dem Kirchturm uns an das Wort Gottes mahnen, das in der Kirche laut wird. Ja, möchte unsres Heilandes Wort und Stimme in uns die Reue über alles Verleugnen wirken, daß wir Buße tun über der Undankbarkeit, der Lieblosigkeit, der Untreue und dem Unglauben gegenüber unserm Herrn und Heiland.

O Jesus, siehe uns an, wie Du Petrus ansahst, damit wir über unser Verleugnen weinen wie Petrus. Amen.

Jos. 24, 25-27 EG 84: O Welt, sieh hier Apg. 2, 14-41

Jesus aber stand vor dem Landpfleger; und der Landpfleger fragte Ihn und sprach: Bist Du der Juden König? Jesus aber sprach zu ihm: Du sagst es. Und da Er verklagt ward von den Hohenpriestern und Ältesten, antwortete Er nichts. Da sprach Pilatus zu Ihm: Hörst Du nicht, wie hart sie Dich verklagen? Und Er antwortete ihm nicht auf ein Wort, also daß sich auch der Landpfleger sehr verwunderte.

Matth. 27, 11-14

Gebunden, wehrlos, zerschlagen und geschändet, so steht Jesus vor dem Richterstuhl des kaiserlichen Statthalters. Auf die Frage des Pilatus: »Bist Du der Juden König?« antwortet Er: »Ja.« Damit bekennt Er sich zu Gottes Auftrag in dem Volk, das Ihn vor das Tribunal geschleppt. »Der Juden König«, das ist Er, nicht aus irgendeiner menschlichen Vollmacht, sondern nach dem Willen des, der Ihn in die Welt gesandt, von der Wahrheit zu zeugen. Die Hohenpriester verklagen Ihn; aber Er antwortet ihnen nicht mehr. Er hat ihnen die Wahrheit gesagt; sie wollen sie nicht hören. Pilatus schüttelt den Kopf über Sein Schweigen. Aber auch ihm antwortet Jesus nicht mehr. Sein unschuldiges Leiden redet deutlicher als alle Worte.

Noch immer stellen die Menschen den vor ihren Richterstuhl, der einst die Lebendigen und die Toten richten wird. In dieser Woche steht Sein Bild mit besonderer Deutlichkeit vor uns, das Bild des Königs in der Dornenkrone, den die

Menschen gekreuzigt haben und der sich trotzdem zu ihnen bekennt. Hat Er auch uns nichts mehr zu sagen? Es ist schlimm, daß viele sich nichts mehr von Ihm sagen lassen. Sie sind fertig mit Ihm; sie wissen nichts Besseres zu tun, als über den Mann am Kreuz zu spotten. Noch ärger aber ist es, wenn Er uns nichts mehr zu sagen hat. Redet Er nicht mehr zu uns, kann auch Sein unschuldiges Leiden nicht mehr unsre Herzen bewegen, dann ist dies das Zeichen dafür, daß Sein Leiden und Sterben für uns vergeblich gewesen ist und daß sich das Gericht Gottes an uns vollzieht.

Laßt uns heute und alle Tage dieser stillen Woche mit allem Fleiß danach trachten, stille zu werden vor dem Schmerzensmann am Kreuz. Wenn wir in stiller Buße vor Ihm schweigen, dann redet Er mit uns. Sein Leiden und Sterben sagt uns, was wir Ihm angetan; aber es sagt uns auch, was Er für uns getan. Sein Blut macht uns rein von aller Sünde.

Herr, laß Dein bitteres Leiden nicht an uns vergeblich sein! Schweige nicht, wenn wir mit unsrer Not zu Dir kommen. Amen.

Ps. 28, 1-6 EG 86, 6-8: Jesu, meines Lebens Leben Matth. 26, 36-46

Auf das Fest aber hatte der Landpfleger die Gewohnheit, dem Volk einen Gefangenen loszugeben, welchen sie wollten. Er hatte aber zu der Zeit einen Gefangenen, ein sonderlichen vor andern, der hieß Barabbas. Und da sie versammelt waren, sprach Pilatus zu ihnen: Welchen wollt ihr, daß ich euch losgebe, Barabbas oder Jesus, von dem gesagt wird, Er sei Christus? Denn er wußte wohl, daß sie Ihn aus Neid überantwortet hatten. Sie sprachen: Barabbas.

Matth. 27, 15-18

Pilatus steht vor der Entscheidung, ob er Christus freigeben soll oder nicht. Sie ist ihm nicht schwer gemacht. Er weiß, daß Jesus unschuldig ist; zudem hat er seine Legionen zur Verfügung, um seinen Willen auch gegen den Willen der Juden durchzusetzen. Aber er kommt zu keiner Entscheidung. Er entscheidet sich wohl nicht gegen Ihn. Ganz ist die Stimme des Gewissens noch nicht in ihm verstummt. Er wagt es aber auch nicht, sich für Ihn zu entscheiden. Der stolze Mann ist bange um seinen Posten. Darum weicht er aus; er schiebt die Entscheidung dem Volke zu: Barabbas oder Christus? Vielleicht hofft er, daß das Volk sich für Christus entscheiden werde. Aber das Volk entscheidet sich für Barabbas. So geht es, wenn man die Entscheidung für und wider Christus andern überläßt. Wer der Entscheidung ausweicht, entscheidet sich gegen Ihn.

Wir stehen jeden Tag vor der Entscheidung: für oder wider Christus! Haben wir uns für Ihn entschieden? Sind wir bereit, bei all unserm Tun und Lassen auf Seine Seite zu treten? Wir sind gewiß nicht gegen Ihn, aber sind wir immer für Ihn? Ist es nicht oft gefährlich, sich für Ihn zu entscheiden und Ihm zu folgen? Bringt es uns nicht in Unannehmlichkeiten? Gefährlich ist etwas anderes: gefährlich ist es, die Entscheidung aufzuschieben oder sie anderen zu überlassen. Wer das tut, entscheidet sich gegen Christus und für Barabbas.

Viele hoffen in dieser Zeit, daß unser Volk sich schließlich doch für Ihn entscheiden werde. Es wird sich nur dann für Ihn entscheiden, wenn wir, du und ich, uns mit dem Wort und der Tat zu Ihm bekennen. Wer das anderen überläßt, entscheidet sich gegen Ihn.

Wir danken Dir, Herr, daß Du Dich zu uns bekannt hast. Wir bitten Dich: Nimm alle Bangigkeit und Menschenfurcht aus unserm Herzen und gib uns die Freudigkeit, uns zu Dir zu bekennen! Amen.

1\. Kön. 18-21 | EG 85, 6-8: O Haupt voll Blut und Wunden | Matth. 26, 46-47

Und da Pilatus auf dem Richtstuhl saß, schickte sein Weib zu ihm und ließ ihm sagen: Habe du nichts zu schaffen mit diesem Gerechten; ich habe heute viel erlitten im Traum von Seinetwegen. Matth. 27, 19

Nachdem Pilatus einer klaren Entscheidung ausgewichen ist und sich dadurch, ohne es zu wollen, gegen Christus entschieden hat, zieht ihn die Macht der Finsternis immer fester in ihren Bann. Noch einmal wird er gewarnt. Seine Frau hat schwer geträumt in der Nacht. Sie fürchtet deshalb, daß ihrem Mann Gefahr drohe, wenn er Jesus, der auch auf sie Eindruck gemacht hat, dem Tode überantwortet. »Habe du nichts zu schaffen mit diesem Gerechten!« so warnt sie ihn. Aber er läßt sich nicht mehr warnen.

Seine Frau hat erfahren müssen, was schon viele Frauen erfahren haben, die es versuchten, Einfluß zu gewinnen auf ihre Männer in banger Sorge um deren Seelenheil. Ein Mann aber, der sich nicht von dem Gekreuzigten überwinden läßt, läßt sich auch nicht durch die Liebe einer Frau dazu bringen, daß er sich besinnt. Die dunklen Gewalten des Unglaubens und der Sünde sind stärker als Frauenliebe und Frauentreue!

Ihr Frauen, laßt nicht ab, das ewige Wohl eurer Lieben auf fürbittendem Herzen zu tragen. Frauen können durch warnende Worte und menschliche Liebe ihre Männer nicht dazu bringen, sich von Gott überwinden zu lassen. Aber Gottes Wort sagt uns, daß »auch die Männer, so nicht glauben an das Wort, durch der Weiber Wandel ohne Wort gewonnen werden«. Wo Fürbitte solchen Wandel begleitet in der starken Kraft des Glaubens und in stiller Hoffnung, da wird auch Erhörung erfahren.

Es ist aber eine nicht geringe Last und Not einer Ehe, wenn Mann und Frau sich nicht eins sind im Glauben. Darum, ihr Hausmütter und Hausväter, laßt uns danach trachten, daß der Gekreuzigte nicht trennend zwischen uns steht, sondern das Band wird, das uns miteinander verbindet.

Herr, der Du für uns alle Dein Blut vergossen hast, nimm hinweg, was uns voneinander trennen will und laß uns zusammenstehen im Glauben an Dich! Amen.

Jer. 8, 4-6 EG 81, 1-5: Herzliebster Jesu Apg. 9, 32-43

Da aber Pilatus sah, daß er nichts schaffte, sondern daß ein viel größer Getümmel ward, nahm er Wasser und wusch die Hände vor dem Volk und sprach: Ich bin unschuldig an dem Blut dieses Gerechten; sehet ihr zu! Da antwortete das ganze Volk und sprach: Sein Blut komme über uns und über unsre Kinder! Da gab er ihnen Barabbas los; aber Jesum ließ er geißeln und überantwortete Ihn, daß Er gekreuzigt würde.

Matth. 27, 24-26

Pilatus konnte sich die Hände waschen, soviel er wollte – es ist ihm nicht gelungen, sich reinzuwaschen von der Schuld, die er an dem Leiden und Sterben Jesu hatte. Eine Schuld werden wir nicht dadurch los, daß wir sie auf andere schieben, wie Pilatus es tat, als er zum Volke sprach: »Sehet ihr zu!« Wir werden sie auch dann nicht los, wenn andere die Verantwortung für die Folgen auf sich nehmen.

Das Volk der Juden hat die Verantwortung auf sich genommen, die Pilatus ihm zuschob: Sein Blut komme über uns und unsre Kinder! Ein furchtbares Wort. Die Juden haben wohl nicht gewußt, was sie damit sagten; aber sie haben die Folgen tragen müssen. Das Blut Jesu Christi ist über sie und ihre Kinder gekommen. Daß Jerusalem zerstört worden ist, daß Ströme von Blut bei seinem Fall geflossen sind, daß die Juden ein ruheloses, heimatloses Volk geworden und bis auf den heutigen Tag geblieben sind, ist ein unheimliches Zeugnis dafür, daß Gott sich nicht spotten läßt, und eine ernste Mahnung für alle, die das Blut Christi verachten.

Es hilft uns nichts, daß wir die Verantwortung für das bittere Leiden und Sterben Christi ablehnen. Wer die Augen nicht zumacht vor der Wirklichkeit der Sünde, die in uns mächtig ist, der sagt nicht: Ich bin unschuldig; der sagt: Ach, Herr, was Du erduldet, ist alles meine Last. Deshalb wollen wir auch die Schuld für alles das, was in unserm Hause und in unsrer Kirche nicht so ist, wie es sein sollte, nicht zuerst bei andern suchen, sondern bei uns selbst. Nur dann wird uns das Leiden und Sterben Jesu nicht zum Fluch, sondern zum Segen. Wer sich als mitschuldig bekennt an dem Blut Jesu, dem schenkt Gott Gnade.

Herr, wo sollten wir bleiben in Deinem Gericht, wenn Du nicht Dein Leben für uns gelassen hättest. Wir bitten Dich, sei uns gnädig und gib, daß Dein Bluten und Sterben der beste Trost sei für uns und unsre Kinder im Leben und im Sterben. Amen.

Jer. 26, 1-16 — EG 85, 1-5: O Haupt voll Blut und Wunden — Apg. 5, 17-33

Und da sie Ihn verspottet hatten, zogen sie Ihm den Mantel aus und zogen Ihm Seine Kleider an und führten Ihn hin, daß sie Ihn kreuzigten. Und indem sie hinausgingen, fanden sie einen Menschen von Kyrene mit Namen Simon; den zwangen sie, daß er Ihm Sein Kreuz trug. Und da sie an die Stätte kamen mit Namen Golgatha, das ist verdeutscht Schädelstätte, gaben sie Ihm Essig zu trinken mit Galle vermischt; und da Er es schmeckte, wollte Er nicht trinken.

Matth. 27, 31-34

Nun führen sie Ihn zum Tode. Er ist den Weg gegangen und hat das Kreuz getragen, das sie Ihm auf die zerschlagenen Schultern gelegt, bis Er unter Seiner Last zusammenbrach. Er hat das Kreuz getragen, nicht weil Er mußte, sondern weil Er es wollte, weil Er dem Willen Seines Vaters gehorsam war bis zum Tode. Und als Er ans Kreuz geschlagen war, da hat Er den Trank, den man Ihm gereicht, um die unmenschliche Qual zu betäuben, von sich gewiesen. Er wollte die ganze Bitterkeit des Kreuzes leiden. Er hat sie gelitten – für uns.

Nun dürfen wir unser Kreuz tragen in der Gewißheit, daß Er die schwerste Last von uns genommen hat, als Er am Kreuz für unsre Sünden starb. Wir können Ihm niemals genug danken für das, was Er für uns getan. Aber dann danken wir Ihm, wie es Ihm wohlgefällt, wenn wir Ihm das Kreuz nachtragen. Simon von Kyrene mußte es tun.

Christus gibt uns die Kraft dazu, daß wir es willig tun, nicht mit saurer Miene, sondern tapfer und still, Ihm zur Ehre.

Auch unser Kreuz ist oft gallenbitter; aber Seine Liebe nimmt uns die Bitterkeit aus dem Herzen und wendet unsre Schmerzen in lauter Frieden. Das will Er auch tun, wenn wir uns heute um Seinen Tisch sammeln, und wenn Er uns Anteil gibt an dem Leib, den Er für uns dahingegeben, und an dem Blut, das Er für uns vergossen hat. Gott stärke alle, die heute das Abendmahl halten, mit dem Brot des Lebens und dem Trank des Heils, so daß sie es erfahren: »Mein Joch ist sanft und meine Last ist leicht.«

Du König in der Dornenkrone, wir danken Dir für alle Kreuzespein, die Du für uns erduldet. Wir bitten Dich: Stärke unsre schwachen Herzen; gib uns die Kraft, Dir zu folgen auf dem Wege, der durch das Kreuz zur Krone führt. Amen.

Jer. 11, 18-23 EG 79, 1-4: Wir danken Dir Kor. 11, 23-32

Und um die neunte Stunde schrie Jesus laut und sprach: Eli, Eli, lama asabthani? Das ist: Mein Gott, mein Gott, warum hast Du mich verlassen?
Matth. 27, 46

Christus, der Heiland, hängt am Kreuz in Seiner letzten Not. Wer will ermessen, in was für eine Nacht von Qual und Grauen die Seele Jesu gesunken ist, als dieser Ruf über Seine Lippen kam: »Mein Gott, mein Gott, warum hast Du mich verlassen?« Es ist gewiß schwer, in großer Qual zu sterben. So ist Christus, der Herr, gestorben – für uns. Aber das Schwerste ist, wenn ein Mensch sterben muß als ein von Gott verlassener Mensch, ohne Frieden, ohne Trost. So war Christi Todesleiden – für uns. Das ist die Frucht der Sünde, die Er auf sich genommen, um uns zu lösen von ihrem Fluch. Das ist das Gericht, das sich vollendet hat an Ihm, der sich dem Gericht preisgegeben, um uns zu retten. »Daß ich möge Trost erlangen, hast Du sonder Trost gehangen.«

So hängt Er am Kreuz, von den Menschen verstoßen, von Gott verlassen. Und das hat Gott gewollt? Jawohl. Er hat es gewollt. Unsre Gedanken versagen, wenn wir dem nachdenken. Aber es ist geschehen, und der Wille Gottes ist vollbracht. Er ist zerschlagen – wir sind geheilt; Er ist gerichtet – mit Gott versöhnt; Er ist gesunken bis in die tiefste Höllenpein – uns steht der Himmel offen. Das ist so, ob wir es glauben oder nicht. Es handelt sich für uns nicht um die Frage, ob wir das begreifen können oder nicht. Das kann kein Mensch begreifen. Für uns geht es darum, ob wir uns vor dem, der sich für uns dahingab, beugen wollen in bitterer Reue und in tiefer, seliger Dankbarkeit oder ob wir unsre Herzen vor Ihm verschließen wollen. Wer dies tut, für den gibt es keinen Trost und keine Hoffnung, im Leben nicht und im Tode nicht.

Herr, hilf, daß wir heute stille werden vor Deiner Todesnot! Gib, daß wir uns vor Dir beugen und Dein Bild nicht mehr aus den Augen lassen, damit wir einmal sterben könnten in Deinem Frieden und mit Dir auferstehen zu neuem Leben. Amen.

Ps. 22, 1-12 | EG 85, 9 u. 10: O Haupt, voll Blut und Wunden | Luk. 23, 39-46

Am Abend aber kam ein reicher Mann von Arimathia, der hieß Joseph, welcher auch ein Jünger Jesu war. Der ging zu Pilatus und bat ihn um den Leib Jesu. Da befahl Pilatus, man sollte ihm Ihn geben. Und Joseph nahm den Leib und wickelte Ihn in eine reine Leinwand und legte Ihn in sein eigenes neues Grab, welches er hatte lassen in einen Fels hauen, und wälzte einen großen Stein vor die Tür des Grabes und ging davon. Matth. 27, 57-60

Gekreuzigt, gestorben und begraben. Wie oft ist es so, daß uns die Augen erst dann aufgehen für das, was uns ein teurer Mensch gewesen ist und für das, was wir an ihm versäumt haben, wenn er begraben ist. So mag es auch dem Joseph von Arimathia gegangen sein. Er war ein heimlicher Jünger Jesu, der sonst nicht hervorgetreten ist. Aber als sie Seinen Herrn gekreuzigt hatten, das brach seine Liebe zu Ihm hervor. Er wagt es, zu Pilatus zu gehen und von ihm den Leichnam des Herrn zu erbitten. Er wickelt Ihn in eine reine Leinwand, legt Ihn in sein eigenes, neues Grab und geht davon.

Wir können die Gräber unsrer Lieben mit den schönsten Blumen schmücken; aber wir können nicht wiedergutmachen, was wir an ihnen gefehlt. Dazu ist es zu spät, wenn sie begraben sind. Die Zeit, die Gott uns dazu gegeben hat, ist dann vorbei. Aber das ist, solange wir leben, nie zu spät, sich zu dem zu bekennen, der unsre Schuld getragen und darum für uns gestorben und begraben ist. Als der Stein vor Sein Grab gelegt ward, war nicht alles vorbei. Sein Grab war wohl ein Ende, aber doch nur das Ende Seiner Schmach und der Anfang Seiner Herrlichkeit.

Wir haben einen Heiland, der Tod und Grab bezwungen hat, der lebt und regiert in Ewigkeit. Die Feinde Christi sind zwar immer noch am Werk, Ihn, den Lebendigen, zu kreuzigen und zu begraben. Sollen wir uns nicht ihnen gegenüber zu dem bekennen, der dadurch die Schrecken des Todes gebannt, daß er selbst im Grabe gelegen und der uns die Bahn zum Leben gebrochen hat? Und sollen wir es nicht tun mit allem Fleiß, solange wir noch Zeit haben?

Herr, wir wissen nicht, wie lange es noch dauert, bis auch wir ins Grab gelegt werden. Gib, daß wir die Zeit, die wir noch haben, wahrnehmen, Dich zu preisen mit dem Wort und mit der Tat, der Du uns durch Grab und Tod zum Leben führst. Amen.

Jes. 53, 8 u. 9 — EG 77, 7+8: Da der Tag sein Ende nahm — Luk. 23, 47-56

Als aber der Sabbat um war, und der erste Tag der Woche anbrach, kam Maria Magdalena und die andre Maria, das Grab zu besehen. Und siehe, es geschah ein großes Erdbeben. Denn der Engel des Herrn kam vom Himmel herab, trat hinzu und wälzte den Stein von der Tür und setzte sich darauf. Und seine Gestalt war wie der Blitz und sein Kleid weiß wie Schnee. Die Hüter aber erschraken vor Furcht und wurden, als wären sie tot. Aber der Engel antwortete und sprach zu den Weibern: Fürchtet euch nicht. Ich weiß, daß ihr Jesum, den Gekreuzigten, sucht. Er ist nicht hier; Er ist auferstanden, wie Er gesagt hat. Kommt her und sehet die Stätte, da der Herr gelegen hat.

Matth. 28, 1-6

Martin Luther hat einmal gesagt: »Die Worte: Christus von den Toten auferstanden! soll man wohl merken und mit großen Buchstaben schreiben, daß ein Buchstabe so groß sei wie ein Turm, ja, wie Himmel und Erde, daß wir nichts anders sehen, hören, denken noch wissen, denn diesen Artikel. Denn wir diesen Artikel im Gebet nicht darum sprechen und bekennen, daß es allein geschehen sei, wie wir sonst eine Fabel, Märlein oder Geschichte erzählen, sondern daß es im Herzen stark, wahrhaftig und lebendig werde.«

Christus ist auferstanden! Also nicht der Tod ist das Letzte, sondern das Leben, das Gott schenkt. Fürchtet euch nicht! Das ist die Freudenbotschaft des Engels am Ostermorgen.

Warum findet die Osterbotschaft so wenig Glauben? Wo liegt der Schlüssel, der uns den Zugang öffnet zu der Ostergewißheit, von der alle Osterlieder so jubelnd singen: Jesus, Er, mein Heiland, lebt!

Den Schlüssel zu dem Ostergeheimnis gibt uns die Antwort des Engels an die Frauen: »Ich weiß, daß ihr Jesum, den Gekreuzigten, sucht!« Nur wer von ganzem Herzen nach dem Gekreuzigten sucht, dem wird die Gewißheit zuteil: Er lebt! Was erwartest du von Ostern? Wer innerlich nichts erwartet, wird auch nichts erfahren. Wer aber in innerer Not Zuflucht bei dem Gekreuzigten sucht, darf die Siegeskraft des Lebendigen erfahren.

Der Du selbst in Wahrheit bist alles Lebens Leben, wollest mir, Herr Jesu Christ, rechtes Leben geben. Heiland, hilf mit Deiner Macht, daß ich in der Sündennacht nimmer unterliege, sondern leb und siege! Amen.

Ps. 118, 14-24 EG 99: Christ ist erstanden Kor. 15, 12-20

Gehet eilend hin und sagt es Seinen Jüngern, daß Er auferstanden sei von den Toten. Matth. 28, 7

Die Botschaft von dem Siege Jesu über Sünde, Tod und Teufel kann nicht schnell genug weitergetragen werden! Zunächst müssen die Jünger des Herrn selbst herausgerissen werden aus ihrer Trauer und Verzagtheit, und dann soll es die ganze Welt erfahren: Jesus lebt, Jesus siegt!

Wie leicht fallen wir Christen in Unglauben, Verzweiflung und andre große Schande und Laster. Wie schnell kommen wir ab von Gottes Wort, wie oft unterlassen wir das Beten, als wenn wir auch ohne dieses im Segen leben und wirken könnten, als wenn wir nicht recht mehr vertrauen könnten auf die Hilfe des Lebendigen. Wie stärkt es uns immer wieder, wenn Gott uns Menschen in den Weg führt, die uns neu auf Christus schauen lassen, weil ihr eigenes Leben und Handeln ein Zeugnis ist für die Lebenskraft des Auferstandenen. Auch die Lebensbeschreibungen solcher Männer und Frauen, die im Glauben an den Herrn Christus gelebt haben, können uns zu Boten des Auferstandenen werden und uns einen gesegneten Dienst tun.

Gott schenke uns solche freudige Gewißheit der Gegenwart unsres Herrn, daß wir es nicht lassen können, davon untereinander und vor der Welt Zeugnis abzulegen. Das ist nicht nur eine Aufgabe der Pastoren. Einfache Frauen sind die ersten Osterboten gewesen. So ist niemand zu gering, daß Gott ihn nicht brauchen könnte, andern die frohe

Botschaft von Christus zu bringen: du Frau und Mutter, deine Kinder sollen es wissen, du junges Mädchen, du junger Mann, deine Kameraden sollen es merken, du Vater und Mann, deine Berufsgenossen sollen es von dir erfahren: wir haben einen lebendigen Herrn!

Herr, gib uns Augen hoffnungshelle in allem Dunkel dieser Zeit, laß stehn uns an des Himmels Schwelle als Zeugen Deiner Herrlichkeit. Amen!

Jes. 25, 1-12 EG 103: Gelobt sei Gott Apg. 10, 36-43

Und sie gingen eilend zum Grabe hinaus mit Furcht und großer Freude und liefen, daß sie es Seinen Jüngern verkündigten. **Matth. 28, 8**

Furcht und Freude – das sind sonst im Leben Gegensätze. Aber hier in der Ostergeschichte hören wir, daß die Herzen der Frauen beides erfüllt: Furcht und große Freude. Das ist eine wundersame Tatsache: Wo Gott einem Menschen Sein Heil offenbart, da empfindet die Seele beides, Zittern und Seligkeit, »Furcht und Freude«.

Woher die Furcht? Gott ist der Heilige, der Unnahbare. Davon haben sogar die Heiden eine starke Ahnung. Darum rief einst Jesaja, als er im Tempel die Nähe Gottes spürte: »Weh mir, ich vergehe!« Wo Gott sich offenbart, wird Sünde offenbar. Und alle Sünde steht unter dem Gericht Gottes. Aber weil Ostern ist, dürfen wir wissen: Gott macht die Sünde offenbar, nicht um den Menschen im Gericht fallen zu lassen, sondern um ihn aus Sündenmacht und Sündenbann herauszuretten. Weil Ostern ist, wissen wir: Jesus lebt, nicht um uns zu richten, sondern um uns zu retten.

Je größer eine Gefahr, umso größer ist auch die Freude, errettet zu sein. Der Heiland lebt. Gott läßt Sein Heil uns schauen! Wenn wir voll Zittern daran denken, was wir von Rechts wegen vor Gott verdient haben, gerade dann werden wir ganz ermessen, was es für uns bedeutet, aus unverdienter Gnade und Barmherzigkeit von Christus Vergebung der Sünden und damit Leben und Seligkeit zu empfangen.

Wo Gott einem Menschen Sein Heil offenbart, da empfindet die Seele beides, Furcht und Freude, Beschämung und Dank. Geht es uns nicht auch so beim Abendmahl? Das erste, was wir dabei empfinden, muß das Zittern über unsre Unwürdigkeit sein: ich bin nicht wert, daß Du in mein Herz eingehest. Dann wird auch das andre uns zuteil, jene überströmende Freude, von der Ernst Moritz Arndts Worte zeugen: »Drum jauchze, meine Seele, hell aus der Sündennacht, verkünde und erzähle die tiefe Wundernacht, die unermeßlich süß, ein Born der Liebe, quillet und jeden Jammer stillet, der fast verzweifeln ließ.«

Wenn ich auf Erden zeugen soll, so mach mich Deiner Freuden voll. Amen.

Ps. 105, 108 EG 106: Erschienen ist der herrlich Kol. 2, 9-15

Und da sie gingen, Seinen Jüngern zu verkündigen, siehe, da begegnete ihnen Jesus und sprach: Seid gegrüßet! Und sie traten zu Ihm und griffen an Seine Füße und fielen vor Ihm nieder. Matth. 28, 8-9

Vielleicht hat schon mancher gedacht: Wenn Jesus dir doch auch einmal so sichtbar begegnet wäre, wie Er damals am Ostermorgen zum Greifen nahe vor den Frauen stand. Aber ist die sichtbare Erscheinung Jesu wirklich so entscheidend? Vor Jesu Tod haben viele sich gerade an der sichtbaren Erscheinung Jesu geärgert.

Entscheidend wird für uns sein, daß wir die rechte Glaubensstellung zu Christus gewinnen; da geht's nach den Worten des Dichters der Brüdergemeine Christian Gregor: »Wir seh'n Dein freundliches Angesicht voll Huld und Gnade wohl leiblich nicht, aber unsre Seele kann's schon gewahren: Du kannst Dich fühlbar genug offenbaren, auch ungesehn.«

Fragst du noch, wie das möglich sein könne, daß du den lebendigen Herrn wirklich ganz nahe spürst, auch wenn du Ihn nicht sehen kannst? Sieh, wir haben doch die Evangelien und darin Seine Worte. Nimm Seine Worte als eine Botschaft an dich. Alles ist auch für dich aufbewahrt. Sein Ruf: »Folge mir nach.« Sein Zuspruch: »Sei getrost, dir sind deine Sünden vergeben!« Sein Friedensgruß: »Seid gegrüßt!« Vielleicht hast du es selbst schon einmal gespürt in stiller Stunde beim Lesen in der Bibel, beim Hören auf die Predigt, wie Sein Wort dich traf und die Gewißheit Seiner Nähe dein Herz mit heiligem Schauer und starker Freude zugleich erfüllte.

Wer von solchen Erfahrungen redet, spricht von einer Tatsache, die nicht nur für andre etwas Geheimnisvolles an sich hat. Es ist für jeden, dem es widerfährt, ein wunderbares Gottesgeheimnis, daß ein Christ nicht angewiesen ist auf menschliche Gedankengebilde oder Lehren, sondern daß Christus selbst durch Seinen Geist uns in Seinem Wort und Sakrament nahekommt. Und er versteht die Worte von Matthias Claudius, die er im Gedanken daran niederschrieb: »Wem es einfallen kann zu spotten und zu lachen, der muß verrückt sein. Wer das Herz auf der rechten Stelle hat, der liegt im Staube und jubelt und betet an.«

Dank sei Dir, Du Herr und Gott der Deinen, bis ans Ende fühlbar nah! Noch kannst Du dem Geist in Kraft erscheinen, daß er jauchzt: Der Herr ist da! Kannst mit Deinem Hauche neu beleben, und den Geist aus Gott uns wiedergeben. Komm in Deines Geistes Kraft, komm und mach uns jesushaft. Amen.

Hos. 13 — EG 112: Auf, auf, mein Herz mit — Apg. 3, 13-21

Da sprach Jesus zu ihnen: Fürchtet euch nicht; gehet hin und verkündigt es meinen Brüdern, daß sie gehen nach Galiläa, daselbst werden sie mich sehen.
Matth. 28, 10

Im Hebräerbrief steht im Blick auf Jesus geschrieben: Er schämt sich nicht, sie Brüder zu heißen. Wir dürfen dabei gerade auch an jene Stunde denken, in welcher der Herr den Frauen den Auftrag gab: »Gehet hin und verkündigt es meinen Brüdern.«

In den Worten »meine Brüder« liegt das ganze Evangelium beschlossen. Brüder – so nennt Er, der von keiner Sünde wußte, sündhafte Menschen; so spricht der Reine von den Unreinen, der Treue von den Treulosen. »Meine Brüder« – damit reicht Er ihnen die Hand, damit zieht Er sie wieder in Seine Gemeinschaft und in Seinen Dienst, damit stellt Er sich neben sie, um für sie einzutreten vor Gott, Seinem Vater. Wie muß das die Herzen der Jünger mächtig bewegt und freudig erregt haben, daß der Auferstandene sie als Seine Brüder grüßte und wiedersehen wollte.

Er schämt sich nicht, sie Brüder zu heißen, Seine Jünger und alle, welche sich ihnen anschließen mit dem Bekenntnis: Treulose, Ungehorsame – ja, das sind wir, aber, Herr, erbarme Dich unser! Für Seine Brüder tritt Christus ein, so daß sie nun auch in Seinem Namen Gott bitten dürfen, wie der Sohn den Vater bittet.

Ein schwarzer Christ in Ostafrika hat bezeugt: »Daß es um das Reich Gottes etwas Großes ist, habe ich daran gesehen, daß der, der in das Reich Gottes aufgenommen wird, zu Gott ›Vater‹ sagen darf. Ich hatte Gott bis dahin niemals Vater genannt, aber ich habe mir sagen lassen, daß die Christen die Vollmacht haben, zu Gott ›Vater‹ zu sagen; das hat mich überwältigt.«

Welch eine überwältigende Botschaft: Christus nennt uns Brüder, und wir dürfen zu Gott »Vater« sagen. Das ist ein Evangelium, für das wir nicht dankbar genug sein können.

Lob, Preis und Dank, Herr Jesu Christ, sei Dir von mir gesungen, daß Du mein Bruder worden bist und hast die Welt bezwungen; hilf, daß ich Deine Gütigkeit stets preis' in dieser Gnadenzeit und mög hernach dort oben in Ewigkeit Dich loben. Amen.

Hes. 37, 1-14 EG 42, 6+7: Dies ist der Tag Kor. 15, 21-41

Des andern Tages, der da folgt nach dem Rüsttage, kamen die Hohenpriester und Pharisäer sämtlich zu Pilatus und sprachen: Herr, wir haben gedacht, daß dieser Verführer sprach, da Er noch lebte: Ich will nach drei Tagen auferstehen. Darum befiehl, daß man das Grab verwahre bis an den dritten Tag, auf daß nicht Seine Jünger kommen und stehlen Ihn und sagen zum Volk: Er ist auferstanden von den Toten; und werde der letzte Betrug ärger denn der erste. Pilatus sprach zu ihnen: Da habt ihr die Hüter; gehet hin und verwahret, wie ihr wißt. Sie gingen hin und verwahrten das Grab mit Hütern und versiegelten den Stein. **Matth. 27, 62-66**

Die Art, wie die Hohenpriester und Schriftgelehrten sich verhalten angesichts der Möglichkeit der Auferstehung Jesu, gibt es heute noch.

Sie sind nicht aus Unkenntnis Gegner Jesu, sondern in vollem Wissen um Seine Worte und Seinem Willen. »Wir haben gedacht, daß dieser Verführer sprach …« Sie sind Gegner Jesu, nicht, weil sie es nicht glauben können, sondern weil sie nicht glauben wollen; sie wollen nicht, daß der Lebendige über sie Herr sei. Und weil sie gegen Jesus, gegen einen lebendigen Herrn sind, versuchen sie alles Erdenkliche, um es unmöglich zu machen, daß Jesus als der Lebendige erkannt wird; sie stempeln Jesus zum Volksverführer und wissen sich so die Hilfe staatlicher Gewalt zu verschaffen, um ihr christusfeindliches Treiben zu unterstützen.

Solche Gegnerschaft des lebendigen Christus stirbt nie aus. Bald versteckt sie sich hinter Zweifeln: »Wir können nicht glauben«, aber im Grunde wollen sie nicht glauben. Bald erhebt sie offen und laut den Vorwurf: die Botschaft von Christus beunruhigt das Volk und gefährdet die Volksgemeinschaft, und dann sucht sie, unter Zuhilfenahme politischer Gewalt Christus heute mit Seinem Wort und Werk unwirksam zu machen.

Müssen wir verzagen, wenn wir auf solche Gegnerschaft stoßen? Nein! Trotz Wächter und Siegel: Christus ist erstanden; Sein Wort ist nicht gebunden; Sein Reich ist ein ewiges Reich! Des sollen wir alle froh sein.

Feindes Macht, Trug und List vergeht an der Seel', die im Wort besteht. Heldenhaft Freiheit schafft Seiner Auferstehung Kraft. Führe uns, auferstandner Held, daß wir gehen, wie es Dir gefällt. Amen.

Ps. 31, 1-19 EG 77, 7+8: Christus, der uns selig macht Kor. 15, 1-11

Da sie aber hingingen, siehe, da kamen etliche von den Hütern in die Stadt und verkündigten den Hohenpriestern alles, was geschehen war. Und sie kamen zusammen mit den Ältesten und hielten einen Rat und gaben den Kriegsknechten Geld genug und sprachen: Saget, Seine Jünger kamen des Nachts und stahlen Ihn, dieweil wir schliefen. Und wo es würde auskommen bei dem Landpfleger, wollen wir ihn stillen und schaffen, daß ihr sicher seid. Und sie nahmen das Geld und taten, wie sie gelehrt waren. Solche ist eine gemeine Rede geworden bei den Juden bis auf den heutigen Tag. Matth. 28, 11-15

Das Grab war leer. Mit froher Botschaft sind die Frauen zu den Jüngern geeilt. Nun zieht auch die Wache ab. Was haben sie anders den Hohenpriestern berichten können als dies: Das Grab ist leer. Menschen können das nicht getan haben; es muß ein Wunder Gottes geschehen sein!

So ist es: Die Auferstehung Jesu ist Gottes Wundertat. Aber wo Gott am Werke ist, da ist auch der Teufel geschäftig. Wo es etwas gegen Gott und Sein Wirken zu unternehmen gilt, da bringt der Teufel noch immer die Menschen zusammen, da weiß er immer noch Rat, da findet er immer noch Mittel und Wege.

Sie kommen zusammen – sie halten einen Rat – sie geben Geld genug – mit Lügen und Falschmeldungen sorgen sie dafür, daß Tatsachen nicht bekannt werden – sie versprechen erforderlichenfalls Rückendeckung. So findet der Teufel zu allen Zeiten willige Arbeiter, wenn es gegen Gott geht.

»Sie nahmen das Geld und taten, wie sie gelehrt waren.« So nimmt die Lüge ihren Lauf durch die Welt: Auferstehung Christi ist Unsinn, Jesus ist und bleibt tot, alles andre ist törichte Schwärmerei oder vielleicht gar gefährlicher Betrug. Was fragt ihr heute noch nach Christus und Seinem Volk? Solche Lügen gehen auch durch unser Volk.

Es ist keine Lüge so groß, sie findet immer noch irgendwo offene Ohren. Nur zu gern öffnet sich das Menschenherz jeder falschen Lehre, die es von Gott abwendig macht. Da gilt uns allen die Mahnung Jesu: Wachet und betet!

O Herr, dem falschen fremden Wort laß unser Ohr ertauben und öffne, unser Heil und Hort, uns Deinem Wort zum Glauben. O lieber Herr, tritt für uns ein, mach uns zu Deinen Zeugen, daß wir bis in den Tod allein vor Dir die Knie beugen. Amen.

Ps. 36, 1-5 — EG 362, 1-3: Ein feste Burg ist unser Gott — Apg. 16, 13-40

Wie die neugeborenen Kindlein

Da Er aber das Volk sah, ging Er auf einen Berg und setzte sich; und Seine Jünger traten zu Ihm. Und Er tat Seinen Mund auf und lehrte sie. Matth. 5, 1-2

»Man zündet kein Licht an und steckt es unter einen Scheffel, sondern setzt es auf einen Leuchter, daß es leuchte allen, die im Hause sind. Denn das Predigtamt und Gottes Wort soll daherleuchten wie die Sonne, nicht im Dunkeln schleichen und meuchlings, wie man der blinden Kühe spielet. Sondern frei am Tage händeln und ihm wohl lassen unter die Augen sehen, daß beide, Prediger und Zuhörer, des gewiß seien, daß es recht gelehrt und das Amt befohlen sei, daß sie es kein Hehl haben dürfen. So tue auch du. Wenn du im Amt bist und Befehl hast zu predigen, so tritt frei öffentlich herfür, und scheue niemand, auf daß du könnest rühmen mit Christo: ›Ich habe frei öffentlich gelehrt vor der Welt und habe nichts im Winkel geredet.‹« Diese Mahnung D. Luthers zu unserm Text wollen wir, Prediger und Zuhörer, beherzigen. Wir wollen stille sein unter Jesu Kanzel und uns unter Sein Wort beugen. Zu predigen ist immer ein Wagnis, über die Bergpredigt zu predigen ist gewiß das größte Wagnis. Sie führt uns in eine Tiefe der Gotteserkenntnis und der Selbsterkenntnis, vor der wir bis ins Herz hinein erschrecken und durch die wir arm werden, geistlich arm. Und das ist es, was unser lieber Herr Christus mit dieser Predigt erreichen will: Er will in Seinen Zuhörern den Hunger nach Gott und Seinem Wort wecken;

die Sehnsucht nach der Seligkeit, heilige Unruhe. Wir kennen Jesu Wort an Nikodemus: »Wahrlich, wahrlich, ich sage dir, es sei denn, daß jemand von neuem geboren werde, so kann er das Reich Gottes nicht sehen.« Zu dieser neuen Geburt will uns der Herr durch Seine Predigt helfen. »Und Er tat Seinen Mund auf und lehrte sie.« Christus will zu uns sprechen. Wenn wir Seine Stimme hören, dann werden wir lebendig, dann werden wir neu geboren, »gleichsam neu geboren«, wie der Name dieses Sonntags »Quasimodogeniti« lautet.

Herr, gib Deinem Wort durch Deinen Geist Macht und Leben. Amen.

Jes. 55, 8-11 EG 289: Nun lob, mein Seel' Joh. 5, 24-27

Selig sind, die da geistlich arm sind, denn das Himmelreich ist ihr. **Matth. 5, 3**

Was heißt: geistlich arm sein? Das heißt nicht einen kleinen oder gar verwirrten Verstand haben, das heißt auch nicht ungebildet sein. Ein sogenannter Ungebildeter kann geistlich reich sein, kann ein selbstgerechter, hochmütiger, für die Gnade Gottes unempfänglicher Mensch sein. Was heißt es denn? Wenn ihr euer Vertrauen setzt auf natürliche Kräfte und kulturelle Werte, auf euer Wissen oder eine starke Gesundheit und eine gute, geborgene, soziale Stellung, auf die ihr baut und traut, ja, wenn ihr fromm seid und in eurer Frömmigkeit euch satt und reich fühlt und auf eure Frömmigkeit euch verlaßt, unselig seid ihr dann. Ihr baut und traut auf das Sichtbare, Handgreifliche – und auf euch selbst. Ihr braucht keinen Gott und keine Gnade. Wenn ihr aber arm seid, geistlich arm, d. h. Sünder vor Gott, die auf Gottes Gnade angewiesen sind, sodaß ihr euch aufs Bitten legen müßt und aufs Empfangen, dann seid ihr selig. Die Armut im Geist hält uns fest in Gottes Gnaden. Wer aus dieser Armut heraustritt, der fällt aus Gottes Verheißung heraus und ist sich selbst überlassen. Wer aber arm ist vor Gott, so arm, daß er es in seiner Armut nicht mehr aushalten kann und mit seiner Armut und Not und Liebe zu Gott kommt und Ihn um Hilfe und Vergebung bittet, der ist selig. Dem wird nicht nur eine kleine Hilfe für den Augenblick gegeben, nein, das Himmelreich wird ihm gegeben. Der soll – wie Luther sagt – eine Krone erlangen, daß er ein Bürger und Herr im Himmelreich sei. Wer in seiner Herzensarmut sich auf Gott verläßt, der wird es erleben, daß Gott über Bitten und Verstehen hilft. Er vergibt uns täglich reichlich unsre Sünden. Er gibt uns Hilfe und Beistand in allen Schwierigkeiten und Nöten des täglichen Lebens. Er gibt uns Seinen Geist, der uns reinigt und segnet und leitet. Er gibt uns des ewigen Lebens lebendige, gewisse Hoffnung.

Herr! Wir danken Dir, daß wir vor Dir arm sein dürfen und selig! Amen.

Ps. 51, 1-14 EG 309, 2-4: Hoch hebt den Herrn Kor. 12, 1-10

Selig sind, die da Leid tragen; denn sie sollen getröstet werden. Matth. 5, 4

Nie sind wir so ohnmächtig und hilflos, als wenn wir vor einem großen Leid stehen. Die da Leid tragen, das sind die, die an ihrem Leid tragen wie an einer schweren Last. Das ist nicht ein kurzer, flüchtiger Schmerz, den man bald vergißt. »Du mußt nicht denken, daß Trauern allein heiße Weinen und Klagen oder Heulen, welches ist noch nicht das rechte, tiefe Leiden, wenn es übers Herz kommen ist und zum Auge herausquillet, sondern das ist es, wenn die rechten großen Stöße kommen, die das Herz treffen und stürmen, daß man nicht kann weinen und niemandem klagen«, sagt Luther. Und nun sagt Jesus: »Selig sind die, die da Leid tragen!« Wie kann Er das sagen? Wenn wir so zu andern sprächen, dann würden sie uns das nicht abnehmen, sie würden uns empört den Rücken wenden, und wir würden sie bis in die Seele hinein beleidigen. Jesus aber hat Vollmacht von Gott. Er bringt das Leid in Beziehung zu Gott. Das Leid ist Gottes ausgestreckte Hand, und dahinter steht die grenzenlose, göttliche Liebe. Paulus schreibt: »Die göttliche Traurigkeit wirket zur Seligkeit eine Reue, die niemand gereuet. Die Traurigkeit aber der Welt wirket den Tod.« Das Leid ohne Gott treibt in die Verzweiflung, ja, es wirket den Tod. Das Leid, das wir zu Gott tragen, wirket eine Reue zur Seligkeit. Wir erkennen in dem hellen Licht Gottes, daß es irgendwie mit der Sünde zusammenhängt.

Sünde und Leid und Tod sind die furchtbarsten Geheimnisse unsres Daseins. Den Schlüssel zu diesen Geheimnissen hat allein Gott – und dieser Schlüssel heißt Christus Jesus. Unsre Schmerzen sollen uns nicht lähmen und willenlos machen, sie sollen uns in Gottes Arme treiben und an Sein Herz. Dann wird es uns gehen nach dem Wort: »Um Trost war mir sehr bange. Du aber hast Dich meiner Seele herzlich angenommen, daß sie nicht verdürbe.« Die sollen getröstet werden, sagt Jesus.

Heiliger, starker Gott, laß uns nicht entfallen von des rechten Glaubens Trost! Kyrieleison!

Jes. 61, 1-3 EG 518: Mitten wir im Leben 2. Kor. 7, 8-11

Selig sind die Sanftmütigen; denn sie werden das Erdreich besitzen. **Matth. 5, 5**

Vom Himmelreich wandert Jesus in Seinen Seligpreisungen zum Erdreich. Gottes Wille geschieht nicht nur im Himmel, sondern auch auf Erden, Gottes Machtbereich liegt nicht allein im Himmelreich, sondern auch im Erdenreich. Wenn das eine Wirklichkeit ist, daß den geistlich Armen das Himmelreich gehört – und das ist unser froher, gewisser Glaube –, dann muß das auch Wirklichkeit sein, daß die Sanftmütigen das Erdreich besitzen. Nicht durch Stolz und Gewalt wird man auf die Dauer ein Herr. Gott widersteht den Hoffärtigen. Die Herrschaft, die auf Gewalt aufgebaut ist, wird eines Tages an der Gewalt zerbrechen. Hochmut ist das Gegenteil von Sanftmut. Und aller Hochmut hat seine Wurzel in der Selbstliebe. Ein hochmütiger Mensch wird auch immer ein selbstsüchtiger Mensch sein. Und die Selbstliebe reißt auseinander. Ein Mensch, der sich selbst liebt, ist innerlich zerrissen und unharmonisch. Seine Wesenart hat eine zersetzende Kraft. Er wird seinen Mitmenschen nicht zum Segen, sondern zum Fluch. Und auf die Dauer verliert er seinen Einfluß. »Lernet von mir« – sagt Jesus –, »ich bin sanftmütig und von Herzen demütig.« Wahre Herzensdemut hat eine unwiderstehliche Macht auf Erden. Wenn man nicht mehr sich selbst liebt, wird man eine Kraftquelle für andre. Und der Weg zum andern ist immer wieder der, daß man in Jesu Schule Sanftmut und wahre Herzensdemut lernt. Hier liegen die tiefsten Wurzeln eines frohen Menschenlebens, eines gesunden Volkstums, die stärksten, aufbauenden Kräfte. Hochmut ist Selbstliebe. Sanftmut ist Liebe. Durch die Liebe gewinnen wir Lebensraum auf Erden, ja kommen in den Besitz des Erdreichs. Wer sanftmütig ist, findet eine Brücke zu seinen Mitmenschen, zu dem Volk, dessen Art er trägt, dessen Sprache er spricht. Die Sanftmut ist Kraft, sie ist die größte Kraft auf Erden. Man kann sich dagegen auflehnen, man kann sie aus tausend Gründen bekämpfen, aber man kann ihre Kraft nicht brechen. Sie wird sich durchsetzen.

Lehre Du uns Sanftmut, Herr Jesu! Amen.

Jes. 57, 15-51 EG 415, 3: Liebe, Du ans Kreuz für uns erhöhte Matth. 11, 25-30

Wie die neugeborenen Kindlein 1. Petr 2,2

Selig sind, die da hungert und dürstet nach der Gerechtigkeit; denn sie sollen satt werden.

Matth. 5, 6

Beim Propheten Amos heißt es im 8. Kapitel: »Siehe, es kommt die Zeit, spricht der Herr, daß ich einen Hunger ins Land schicken werde, nicht einen Hunger nach Brot oder Durst nach Wasser, sondern nach dem Wort des Herrn zu hören, daß sie hin und her von einem Meer zum andren, von Mitternacht gegen Morgen umlaufen und des Herrn Wort suchen und doch nicht finden werden.« Diese Zeit ist noch nicht da – aber diese Zeit ist im Anmarsch. Und wir wissen nicht, wie bald sie da sein kann. Wir wissen nicht, wann der Zeiger der Weltuhr auf Mitternacht steht. Dann – wenn Mitternacht ist, wenn der Bräutigam kommt – dann ist es zu spät, Öl für die Lampen zu kaufen. Die törichten Jungfrauen stehen vor der verschlossenen Tür zum Hochzeitssaal, und der Herr muß ihnen auf ihre verzweifelte Bitte: »Herr, Herr, tue uns auf!« antworten: »Wahrlich, ich sage euch, ich kenne euch nicht!« Noch ist diese Zeit nicht da, noch heißt es: »Selig sind die, da hungert und dürstet nach der Gerechtigkeit.« Noch haben wir das Wort unsers Herrn, noch spricht es zu uns. Noch ist Gnadenzeit. Aber wie lange noch? Es liegt eine zur Entscheidung drängende Einladung in dieser Seligpreisung. Und es muß ein Klang göttlicher Vollmacht durch unser Andachtsbuch hindurchklingen, sonst ist es wertlos. Selig sind wir, wenn wir Hunger haben nach der Gerechtigkeit, wir sollen satt werden – sagt Jesus. Hunger und Durst ist das quälendste Verlangen des natürlichen Lebens. Wen wirklich mal gehungert hat oder wer wirklich einmal durstig war, der weiß, daß Hunger und Durst unerträglich sind – ja, daß sie den Tod bringen, wenn es uns nicht gelingt, sie zu stillen. Unerträglich, todbringend muß uns die Ungerechtigkeit werden, dann kommt der Hunger und Durst nach Gottes Gerechtigkeit, nach der Gerechtigkeit, die gerecht macht, die freispricht, die uns in der Gewißheit der Vergebung der Sünde die Seligkeit gibt.

Hungrig und durstig kommen wir zu dir, Herr! Gib uns Brot in Deinem Wort durch Deinen Geist und gib uns zu trinken! Amen.

Jes. 44, 1-4 EG 66, 5-8: Jesus ist kommen Joh. 4, 4-26

Selig sind die Barmherzigen, denn sie werden Barmherzigkeit erlangen. Matth. 5, 7

Nie spricht der Heiland so ernst, als wenn Er sich gegen die Unbarmherzigkeit wendet. In Seinem achtfachen Wehe über die Schriftgelehrten und Pharisäer lodert ein heiliger, göttlicher, verzehrender Zorn. »Es wird ein unbarmherziges Gericht über den ergehen, der nicht Barmherzigkeit getan hat«, schreibt Jakobus. Wer kann denn barmherzig sein? Nur der Mensch, der selbst entlastet wurde, der erlebt hat, daß Gott Sünde vergibt, wirkliche, blutrote, keine »gemalte« Sünde, nur der, der Gottes große Güte und Barmherzigkeit erlebt hat, nur der kann barmherzig sein. In diese Welt der Selbstsucht und Brutalitäten kam in der Zeiten Fülle die Barmherzigkeit Gottes. Und diese Barmherzigkeit ist das einzige Fundament unsres Lebens. In Christo haben wir die mitleidende, tragende, helfende, leitende Liebe Gottes. Wer diese Liebe erlebt hat, der kann gar nicht anders als barmherzig sein. Durch unsre Härte machen wir Gottes Herz hart. Gott handelt mit uns nach demselben Maßstab, nach dem wir mit unsern Mitmenschen handeln. »Richtet nicht, auf daß ihr nicht gerichtet werdet! Denn mit welcherlei Gericht ihr richtet, werdet ihr gerichtet werden, und mit welcherlei Maß ihr messet, wird euch gemessen werden.« Auch denen gegenüber, die eine große Schuld haben, ja, auch unsern persönlichen Feinden gegenüber, sollen wir barmherzig sein. Und diese Barmherzigkeit soll auch hineingreifen in die Not des täglichen Lebens. Wenn der Herr am Ende der Tage Gericht halten wird, dann wird Er nach Matthäus 25 so urteilen: »Kommt her, ihr Gesegneten meines Vaters, ererbet das Reich ... Denn ich bin hungrig gewesen, und ihr habt mich gespeiset, ich bin durstig gewesen, und ihr habt mich getränkt ...«

Herr, unser Gott! Vergib uns unsre Schuld! Amen.

Hos. 11, 8-9 EG 502: Nun preiset alle Tit. 3, 1-7

Wie die neugeborenen Kindlein 1. Petr. 2,2

Selig sind, die reines Herzens sind, denn sie werden Gott schauen. **Matth. 5, 8**

»Wie der Hirsch schreit nach frischem Wasser, so schreit meine Seele, Gott, zu Dir. Meine Seele dürstet nach Gott, nach dem lebendigen Gott. Wann werde ich dahin kommen, daß ich Gottes Angesicht schaue?« so klagt der 42. Psalm. Der so betet, ist kein mutloser Schwächling, der in dumpfem Unglauben versinkt. Er ist ein Mann, der um letzte Wirklichkeit und Wahrheit ringt. Das Antlitz Gottes möchte er schauen. »Das ist güldene Kunst, an den Glanz der Sonne glauben, auch wenn sie von schwarzen Wolken bedeckt ist«, sagt Luther. Ja, die Sonne war den Alten verdeckt. Sie sahen ihren Glanz von ferne und mühten sich unter dem Gesetz um Reinheit und Gottesgemeinschaft. Denn Gott schauen heißt Gemeinschaft mit Gott haben. Wie haben sie sich abgemüht um Reinheit des Herzens? Auch die Pharisäer haben ihren Kampf gekämpft, haben darum gerungen, die vielen Reinigungsvorschriften im Gesetz Mose und die Satzungen der Ältesten zu befolgen. Und wie hat Luther darum gekämpft! Durch härteste Bußübungen und Kasteiungen wollte er die Gemeinschaft mit Gott erzwingen, einen gnädigen Gott finden. Und fand Ihn nicht unter dem Gesetz. Und nun sagt Jesus: »Selig sind, die reines Herzens sind.« Ja, wer ist aber denn reines Herzens? Kein Mensch ist vollkommen, keinem Erdgeborenen wird es je gelingen, mit eigner Kraft über die Unreinheit des Herzens Herr zu werden. Er wird nie über das Gebet Davids: »Schaffe in mir, Gott, ein reines Herz und gib mir einen neuen, gewissen Geist« hinauswachsen. Und er soll auch nicht über dies Gebet hinauswachsen, denn indem er so betet, steht er schon unter der Kraft des Heilandswortes, unter Seinem »selig sind«. Dem Aufrichtigen läßt Gott es gelingen. Wer es in der Unreinheit seines Herzens nicht aushalten kann und mit seiner Sünde zu Gott ins Licht kommt, der wird Gott schauen. Der Vater wird ihn durch Seinen Geist zum Sohn ziehen. »Er ist uns von Gott gemacht zur Gerechtigkeit.«

Himmlischer Vater! Wir wollen Jesum gerne sehen. Amen.

Ps. 32 EG 389: Ein reines Herz Joh. 3, 1-3

Die Erde ist voll der Güte des Herrn. Ps 33,5

Selig sind die Friedfertigen; denn sie werden Gottes Kinder heißen. **Matth. 5, 9**

Aus der Unruhe unsres Lebens, aus der Friedlosigkeit unsrer Tage rufen wir nach dem wahren Frieden. Frieden suchen wir, der mehr ist als Selbstbeherrschung, Sicherheit und Geistesgegenwart. Frieden, der durch allen Unfrieden der Welt nicht erschüttert wird.

Gott ist der Geber aller guten Gaben; auch der Friede ist ein Gottesgeschenk. Kain bekam ihn nicht, als er unstet und flüchtig über die Erde ging, trotz des Zeichens, das ihn bewahrte. Noah aber sah ihn, als nach der Flut das Zeichen Gottes in den Wolken stand und der Welt den Bund Gottes vor Augen und ins Herz schrieb. Der Prophet weissagt den Sohn Gottes: Er soll der Fürst des Friedens werden.

Jesus kommt, als die Zeit der Friedlosigkeit und der Friedenssehnsucht erfüllt war. Er gebietet Wind und Meer, daß sie ruhig werden. Er besiegt den Teufel, daß Friede werde. Er vergibt die Sünde, und die Herzen vieler werden froh; Er bricht durch den Tod und nimmt ihm die Macht – Er ist Sieger, Er bringt Frieden. Frieden auf Erden, so klingt es von der Geburt des Heilandes her durch die Finsternis der Nacht und ihre Zwietracht. Friede sei mit euch, so grüßt Jesus die mutlosen Jünger, die hinter verschlossenen Türen an der Friedensbotschaft verzweifeln.

Wo Gottes Friede durch Jesus die Herzen erfüllt, da ist Friede unter den Menschen. Gottes Herrlichkeit zerbricht alle Herrlichkeit der Menschen, allen Eigenwillen, allen Eigennutz, die Quelle alles Unfriedens. Jesus macht uns zum Frieden fertig und bereit; Er vergibt uns unsre Schuld, daß wir vergeben unsern Schuldigern. Wir sind nun nicht mehr Herren, denn Christus ist unser Herr. Wir sind nun alle Kinder unsres Vaters im Himmel und Christus ist unser Bruder. Soll deine Ehe friedfertig sein durch die gegenseitige Vergebung, so muß der Frieden Gottes in deinem Hause wohnen; soll dein Wort Frieden stiften unter deinen Nachbarn und gern gehört werden, so muß der Friede Gottes, der höher ist als alle Vernunft, dein Herz regieren.

Herr, Du hast den Frieden zu uns gebracht. Du hast uns versöhnt mit dem Vater. Durch das Wort Deiner Liebe überwinde unsre Bosheit. Reinige unsre Kirche zu willigem Dienst und gib Deinen Frieden, o Jesu! Amen.

Jes. 48, 12-22 EG 430, 1-4: Gib Frieden, Herr Röm. 12, 16-21

Selig sind, die um Gerechtigkeit willen verfolgt werden; denn das Himmelreich ist ihr.

Matth. 5, 10

Von der Gerechtigkeit, die vor Gott gilt, hat Abraham erfahren, als ihm unglaubliche Verheißungen von Gott gegeben wurden. Im Glauben empfing er diese Gerechtigkeit. Paulus wurde sie geschenkt, als ihm Jesus der Herr zu stark wurde, als der Verfolger Saulus Jesu auserwähltes Rüstzeug – Paulus – wurde. Ihm zeigte der Herr, wieviel man leiden muß um Seines Namens willen. Gottes Gnade schenkt diese Gerechtigkeit nicht nach Verdienst und Begabung; sie erwählt in freischaltender Liebe fort und fort Menschen an allen Orten, zu allen Zeiten. Sie will auch dich reich machen, nicht zuletzt in Zeiten der Verfolgung, die um dieser Gerechtigkeit willen anhebt.

Denn eines sollst du wissen: Die Gerechtigkeit Gottes ist kein Pfund, das ein Mensch vegraben kann. Die Leute müssen es merken, und sie merken es, wer sie hat. Denn diese Gerechtigkeit steht im Kampf um das, was vor Gott recht ist. Recht und Recht kämpfen nun gegeneinander: Das Recht Gottes und das, was vor dieser Welt als Recht gilt. Die Welt verhöhnt, verspottet, verfolgt die Getreuen Gottes. Denn sie kann nicht hören, daß zuletzt nur das Gerechtigkeit ist, was vor Gott recht ist. Daher muß die Welt die Gemeinde Jesu verfolgen. Der Herr bedauert Seine Jünger nicht, die Verfolgung leiden. Er preist sie selig.

Wenn du in diesem Kampfe stehst, sieh zu, daß du nicht müde wirst. Der Teufel kennt deine schwachen Stunden, er weiß, daß du unter deinen Arbeitskameraden, unter den Nachbarn, vielleicht sogar in der eigenen Familie auf einsamen Posten stehst im Kampf um das, was vor Gott recht ist. Er verspricht dir goldene Berge, wenn du den Kampf aufgibst. Aber er kann dir die Seligkeit nur rauben und das Himmelreich nicht schenken. Das kann allein Gott; Er hat es getan, denn Christus ist unsre Gerechtigkeit. Durch Ihn haben wir das Himmelreich. Wer hier verfolgt wird, weil er bekennt: Der Grund, da ich mich gründe, ist Christus und Sein Blut, der ist selig und ihm gehört das Himmelreich.

Herr, laß uns nicht müde werden, durch Wort und Tat zu bezeugen, was vor Gott recht ist. Stärk uns den Glauben und gib Deiner Gemeinde die Kraft, auch in der Verfolgung Dich als den zu bezeugen, der allein gerecht macht. Amen.

Jer. 18, 18-23 EG 84, 8-15: O Welt, sieh Luk. 6, 22-36

„Die Erde ist voll der Güte des Herrn" Ps. 33,5

Selig seid ihr, wenn euch die Menschen um meinetwillen schmähen und verfolgen und reden Übles wider euch, so sie daran lügen. Matth. 5, 11

Not lehrt beten, sagt das Sprichwort und sagt, wie so viele Sprichwörter, nur die halbe Wahrheit; denn Not lehrt auch fluchen. Auch die Not der Verfolgungen. Wieviele Christen der ersten großen Zeit des Evangeliums haben mit Reue und Buße vor den Toren der Kirchen die Schuld des Fluchens abbüßen müssen, durch den sie sich in der Stunde der Untreue von dem Namen Christi freigekauft hatten.

Selig sind nicht alle Unterdrückten und Verfolgten, sondern nur die, die um Jesu willen leiden. Das ist das Geheimnis unsres Wortes: Nur diejenigen erfahren die Seligkeit der Verfolgung, die in der Nachfolge Jesu treu sind. Zur Nachfolge Jesu gehört Schmähung und Spott und Verfolgung. Wir können nicht verlangen, daß wir es besser haben, als Jesus es selber hatte. Not der Verfolgung ist ein Wesensmerkmal des Christenlebens wie der Kirche Jesu Christi. Dem Apostel Paulus wird dieses Leiden bei seiner Bekehrung bestimmt.

Wohin die Verkündigung des Heils kommt, bringt sie Frieden und Schwert. Wo der Tod des Herrn verkündigt wird, wird zugleich der Tod der Welt sichtbar, und die Welt will nicht sterben; wo die Herrschaft Jesu verkündigt wird, wird die Knechtschaft der Sünde bezeugt, und die Sünde will frei sein. Wenn du leiden mußt, so sollst du eines nicht vergessen: zu fragen, ob die Verkündigung des Kreuzes Christi die Quelle des Ärgernisses ist oder dein Wandel oder deine Torheit. Wieviele Menschen gibt es doch, die leiden und nicht wissen, daß ihre eigene Art daran schuld ist. Frage dich immer, ob dein Leben zu den Worten deines Glaubens stimmt! Denn selig bist du im Leib nur dann, wenn es Lüge ist und nicht, wenn sie recht haben. Aber dann bist du auch wirklich selig! Freude darf die leiddurchfurchten Züge der um Jesu willen Verfolgten prägen. Sie sehen wie Stephanus den Himmel offen. Sie sind schon selig.

Herr, wir wissen, daß Ärgernis kommen muß in der Welt um der Bosheit willen. Vergib uns, wenn durch unsre Untreue Menschen an Dir irre werden. Mache Du in Gnaden gut, was wir fehlen. Hab Dank, daß wir leiden dürfen und selig werden. Amen.

Ps. 64, 1-11 — EG 370, 4-6: Warum sollt ich mich denn grämen — Apg. 9, 16-31

Seid fröhlich und getrost; es wird euch im Himmel wohl belohnt werden. Denn also haben sie verfolgt die Propheten, die vor euch gewesen sind.

Matth. 5, 12

Es sind gefährliche Zeiten gewesen, in denen die Kirche Jesu Christi sich mit der Welt vertragen konnte und ihr die Wahrheit und den Ruf zur Entscheidung preisgab. Das Wort hatte keine Kraft, und die Leuchte des Heils wurde trübe. Das liebte die Welt, und die Prediger solchen Friedens standen sich gut mit ihr. Bis wieder einer der Propheten Gottes aufstand und den Brand der Wahrheit in die Dürre der Gleichgültigkeit schleuderte. Amos stand unter den Feiernden in Beth-El und verkündigte Gottes Zorn und störte durch seine Gerichtsbotschaft die Festfreude, Jeremia stand in den politischen Leidenschaften seines Volkes und geißelte seine Torheiten. Johannes der Täufer wurde der Spielball der Laune seines Fürstenhauses und wurde getötet. Sie mußten leiden, weil die andern die Wahrheit nicht hören und Gottes Willen nicht gelten lassen wollten. Wer Gott gehorsam ist, geht immer den andern Weg, den die Welt nicht versteht. Der Haß der Welt führte auch Jesus zu Seinem Erlösungswerke.

Die Christen der römischen Kaiserzeit zeigen uns, wo der Grund für ein frohes und getrostes Sterben liegt; es ist die Gewißheit des ewigen Heils im Himmel. Dieses Heil nennt Jesus den Lohn, den Er den Treuen geben will. Der Lohn des Glaubens ist kein unterchristlicher Wert: Der Herr redet ganz unbekümmert davon.

Dieser Lohn ist nicht ein Vorrecht, das man sich verdienen könnte; dieser Lohn ist Gnade. Ein Vorrecht, das man verdient, so dachten und denken die Selbstgerechten, die mit ihren guten Taten und Tugenden prahlen; so dachten auch die Jünger, die zur Seite Jesu in Seinem Reich sitzen wollten. Gnade, das mußten die Knechte erfahren, die des Tages Last und Hitze getragen hatten und auch nur einen Groschen bekamen. Der größte Lohn, den du erhältst, ist die Vergebung deiner Sünde, Leben und Seligkeit, und dieser Lohn ist ein Geschenk deines himmlischen Vaters. Er macht dein Leben reich, hier im Glauben und dort im Schauen.

Herr, gib uns Geduld im Leiden und laß uns erkennen, daß die Not dieser Zeit nichts ist im Vergleich zu der Herrlichkeit, die Du uns geben willst. Mach uns Deiner Hilfe und des ewigens Heils gewiß. Amen.

Jer. 15, 15-21 | EG 253, 3: Ich glaube, daß die Heiligen | Luk. 24, 13-27

Ihr seid das Salz der Erde. Wo nun das Salz dumm wird, womit soll man's salzen? Es ist hinfort zu nichts nütze, denn daß man es hinausschütte und lasse es die Leute zertreten. Matth. 5, 13

Immer wieder ist die Frage unter uns lebendig: Wie können wir dem Unglauben unsrer Zeit begegnen, dem Unglauben, der neue Götzen und andre Wahrheiten unter uns einführt? Immer wieder erfahren wir es, daß alles Reden, alle Beweise, alle Aussprachen das Ziel nicht erreichen. Das Zeugnis allein, das Bekenntnis zu dem Herrn, der mir Heil gebracht hat, das Wort von der Wahrheit, die es mir angetan und mich ergriffen hat, sind es, die Überwindungskräfte in sich tragen. Durch das Bekenntnis der Gnade, der ich gewiß bin, wirkt der Herr.

»Ihr seid das Salz der Erde«, sagt Jesus zu Seinen Jüngern. Ihr sollt weitergeben, was ihr empfangen habt. Das Salz behält seine Wirkungskraft nicht für sich, es ist für die Speise da; es verzehrt sich dadurch, daß es wirkt. Es durchdringt die Speise und gibt ihr erst rechten Geschmack. Der lebendige Christ wird andern zum Segen, sonst stirbt sein Christentum ab.

Wir sind wohl ebenso wie die Jünger erschrocken darüber, daß wir das Salz der Erde genannt werden. Ja, wenn Jesus gesagt hätte: Ich bin das Salz der Erde, nun versucht ihr es auch. Es kann uns bange werden um die Aufgabe, die uns gegeben ist. Doch wie das Salz in der Hand der Hausfrau, so ist unser Dienst in Gottes Hand. Darum ist keine Sorge nötig, wenn Jesus ruft. Petrus war ein sündiger Mensch voller Kleinglauben und Mißtrauen, und der Herr machte ihn zum Menschenfischer und wollte auf den Felsen seines Bekenntnisses Seine Gnade bauen. Sollten wir uns nicht lieber freuen über das große Vertrauen, daß der Herr durch unsre Schwachheit mächtig wirken will und daß Er Seinen Schatz unsern irdenen Gefäßen anvertraut?

Wenn wir nur bereit sind, Salz zu sein, alles hinzugeben, was uns hemmt und bindet, uns Ihm hinzugeben, der uns diesen Zeugendienst befiehlt – dann gibt es nur die eine Sorge, daß wir treu sind. Untreue bringt uns und unsern Nachbar um den Segen.

Herr, heilige und läutere Du selber unser Herz, daß der Glaube darin wohnen kann. Gib, daß durch unser Wort und Handeln Menschen den Weg zu Dir finden. Gib uns Kraft zu treuem Dienst. Amen.

Ps. 72, 17-19 EG 254: Wir woll'n uns gerne Luk. 9, 57-62

Ihr seid das Licht der Welt. Es kann die Stadt, die auf einem Berge liegt, nicht verborgen sein.

Matth. 5, 14

Wenn du ein Christ bist, der vom Lichte Jesu erleuchtet ist, gleichst du der Stadt, die auf dem Berge liegt. Alle sehen dich. Du brauchst nicht besorgt zu sein, daß jemand dich nicht sehen könnte. Du sollst den Menschen die Augen nicht öffnen; das tut der Herr, der den Blinden das Gesicht wiedergeben kann und der für niemand unsichtbar bleibt. Du sollst nur leuchten, das Licht wieder ausstrahlen, das du empfangen hast.

Es gibt Menschen, die zweifeln an der Leuchtkraft göttlichen Lichtes. Sie sehen so viel Dunkel in der Welt, über das Gottes Licht scheinbar nicht Herr wird. Dann meinen sie, da müßte ein wenig nachgeholfen werden. Sie kommen mit Erleuchtungen und suchen den Sinn dunkler Bibelworte aufzuhellen; oder sie verbessern mit einleuchtenden Gründen Worte Jesu, die dem Volke anstößig sind; oder sie erkennen im Lichte der Vernunft, daß Jesus Sein eignes Wort gar nicht so, sondern ganz anders gemeint habe. Blinde Blindenleiter nennt sie die Schrift oder sie enthüllt in ihnen die Stimme des Versuchers: Sollte Gott wirklich gesagt haben? Sie wissen nicht, daß das Licht auch die Kraft hat, Menschen zu blenden; daß es Menschen gibt, die mit sehenden Augen doch nicht sehen.

Es wäre töricht, zu meinen, wenn die Sonne göttlicher Gnade die Finsternis nicht durchdringt, sondern sie in ihrer Finsternis nur offenbar macht, daß das Talglicht eigner Gedanken das vermöge. Die Welt hat es gesehen, als die Sonne ihren Schein verlor und die Finsternis der Sünde im Tode Jesu Macht bekam. Sie hat aber auch das Licht des Ostermorgens erlebt. Sie sieht es noch heute, daß man sich grüßt mit dem leuchtenden Wort: Der Herr ist auferstanden! Gott sorgt selber dafür, daß Sein Licht gesehen wird. Achte du nur darauf, daß du vom Herrn erleuchtet bist, daß dein Licht das Licht Gottes ist. Erschrick nicht darüber, daß du das Licht der Welt sein sollst. Auch dir leuchtet ja die Flamme Seiner Liebe, von Seinem Brennen hat dein Licht den Schein. Der Fackellauf des göttlichen Heils geht durch die Welt, kein Sturm kann ihn hindern; denn er wird getragen durch die Verheißungen des Herrn.

Herr, erleuchte mit Deinem hellen Licht unsre Herzen und Sinne. Laß uns Boten Deines Heils werden, daß die Welt in ihrer Finsternis überwunden und mit Dir versöhnt werde. Amen.

Jes. 40, 9-11 EG 72: O Jesu Christe, wahres Joh. 8, 1-12

Man zündet auch nicht ein Licht an und setzt es unter einen Scheffel, sondern auf einen Leuchter; so leuchtet es denn allen, die im Hause sind. Also laßt euer Licht leuchten vor den Leuten, daß sie eure guten Werke sehen und euren Vater im Himmel preisen.

Matth. 5, 15-16

Daß der Herr uns Sein Licht gibt, um es in die Finsternis hineinzuleuchten zu lassen, ist ein Zeichen Seiner Liebe und noch mehr Seines Vertrauens. Er vertraut es uns an. Es gehört mit zu der Knechtgestalt unsres Heilandes, daß Er Seinen Jüngern Sein Wort in den Mund und Sein Licht in ihre Hände gibt. Darum kommt alles darauf an, daß die Leuchtkraft Seines Lichtes nicht durch eigne Schuld gemindert oder gehindert werde. Durch die Stürme des Lebens wird das Feuer zu hellem Brande angefacht, in der Verborgenheit fehlt ihm die Nahrung, es muß ausgehen. Wer sein Pfund vergräbt, wird untreu und darum vom Herrn verworfen. Wenn du durch die Gnade des Herrn ein neuer Mensch geworden bist, der nicht mehr sich selber leben will, dann merken es dein Knecht und deine Magd zuerst. Denen, die im Hause sind, soll das Licht des Heils leuchten. Sie sollen es merken an deinen Taten wie an deinen Worten. Denn nur durch ein echtes Leben des Gehorsams in Wort und Tat tragen wir Jesu Licht in die Welt. Wie oft strafen unsre Taten unsre Worte Lügen. Wie oft geben wir durch unser Tun dem andern solches Ärgernis, daß er nicht nur unser Reden, sondern Christus selber ablehnt.

Ärger noch als der Mißklang von Worten und Taten ist es, wenn beides in gutem Einklang der eignen Ehre dient. Wenn Jesus die Pharisäer die Gerechten nennt, die der Gnade nicht bedürfen, so ist das Anerkennung ihrer großen Leistung und allerschärfste Kritik zugleich. Sie preisen sich selber und nicht den Vater im Himmel. Die Menschen sehen ihre guten Werke und loben ihre Frömmigkeit mit Recht – und doch haben sie ihren Lohn dahin. Niemand nenne den andern einen Pharisäer, der diesen Pharisäer nicht zuerst in seinem eignen Herzen gesucht und erkannt hat. Der Pharisäer in uns will sich die Seligkeit selbst erwerben. Stelle sein dunkles Handwerk ins helle Licht Gottes. Denn du bist ein Werkzeug zur Ehre Gottes. Dein Leben gilt nichts, wenn es nicht Gottes Ehre dient.

Herr, bewahre uns vor dem Hochmut der Selbstgerechtigkeit. Laß all unser Tun ein Lobpreis Deiner Gnade sein. Mach uns zu Zeugen Deiner Wahrheit. Deinem Namen sei Ehre allein! Amen.

Jes. 42, 6-8 EG 154, 1: Herr, mach uns stark Joh. 1, 1-10

Ihr sollt nicht wähnen, daß ich gekommen bin, das Gesetz oder die Propheten aufzulösen; ich bin nicht gekommen, aufzulösen, sondern zu erfüllen.

Matth. 5, 17

Jubilate heißt dieser Sonntag. Jesus ist kommen, Grund ewiger Freude.

Wer aber solchen Ruf zur Freude hört, möchte immer aufs neue und immer besser verstehen, was diese Botschaft für uns bedeutet, wozu denn Christus gekommen ist. Diese Frage ist so alt wie die Botschaft selber. Seit die Hirten sich aufmachten, »die Geschichte zu sehen, die da geschehen ist«, haben Christen und Heiden, Kluge und Einfältige, Priester und Staatsmänner immer wieder gefragt, was es denn um Christus sei.

Das jüdische Volk versteht Jesus deshalb nicht, weil Er scheinbar den Willen Gottes gröblich mißachtete. Er brach den Sabbat, übertrat die Fastengebote, lockerte die Ehegesetzgebung des Moses auf, ja, Er wollte sogar den Tempel abbrechen. Wie kann ein solcher Mann Gottes Sohn sein? Er löst ja auf, was »Gesetz und Propheten« gebieten! Zu diesem Vorwurf konnte Jesus nicht schweigen. Keine Widerrede hätte Ihn schwerer treffen können als diese. Darum legte er mit großem Ernst Seine beiden Hände auf das Buch, dem Er alles verdankte. Das Alte Testament war Seine Bibel, Gesetz und Propheten taten Ihm Gottes Willen kund. Ja, zu erfüllen, was dort geschrieben stand, wußte er sich gerade berufen. Und Er ging den Weg des Gehorsams, auch wenn es Ihm bitterschwer wurde. Das Kreuz aber am Ende des Weges ist das deutlichste Zeichen dafür, daß Er nicht kam, Gottes Pläne und Gottes Willen aufzulösen, sondern zu erfüllen. Denn wer sein ganzes Leben Gott im Gehorsam opfert, der hat damit auch die einzelnen Befehle erfüllt, die man von Gott erwarten kann. Jüdisches Denken sah das nicht. Der Blick der Zeitgenossen Jesu haftete an den einzelnen Geboten und Verboten, wie sie Priestermund verkündete. Aber Gott selbst war ihnen verborgen. Jesus dagegen kannte den Vater und tat, was Er Ihn wirken sah. Und darin liegt all unser Heil. Den Sohn, der ganz gehorsam war, konnte der Vater nicht verwerfen. Willst du da noch zweifeln? Wahrlich, Er ist nicht gekommen, aufzulösen, sondern zu erfüllen. »Das ganze Gesetz hat Er erfüllt, dadurch Seines Vaters Zorn gestillt, der über uns ging alle.«

Herr Jesus Christus, Du bist gehorsam gewesen bis zum Tode, ja zum Tode am Kreuz. Dafür danken wir Dir. Hilf auch uns, Gottes Willen zu erkennen und zu erfüllen. Amen.

Ps. 119, 97-105 EG 66, 1-6: Jesus ist kommen Mark. 2, 23-28

Denn ich sage euch wahrlich: Bis daß Himmel und Erde zergehe, wird nicht zergehen der kleinste Buchstabe noch ein Tüttel vom Gesetz, bis daß es alles geschehe. Wer nun eines von diesen kleinsten Geboten auflöst und lehrt die Leute also, der wird der Kleinste heißen im Himmelreich; wer es aber tut und lehrt, der wird groß heißen im Himmelreich.

Matth. 5, 18-19

Es kommt alles darauf an, daß wir uns nicht selbst aussuchen, was uns an Gottes Befehlen gefällt, sondern uns unter alle Befehle stellen, die Gott uns gab. Die Juden nahmen alle kleinen Einzelforderungen Gottes wichtig und übersahen darüber das große Gebot, das uns an Gottes Herz bindet und dem Bruder verpflichtet. Vielleicht sind wir geneigt, ganz allgemein von der Liebe zu Gott und der Liebe zum Nächsten zu schwärmen und darüber zu vergessen, daß diese Liebe in vielen kleinen Dingen des Tages zur Tat werden muß. Diese wie jene Ausflüchte sind uns verboten. Hat Gott uns zehn Gebote gegeben, so können wir das erste nicht einfach mißachten und dann gar noch meinen, die andern umso besser zu erfüllen. Und ein Volk, das das dritte Gebot übertritt, muß wissen, daß es dann auch das fünfte nicht halten kann. Denn zur Erhaltung des Lebens gehört auch die Ruhe und zur Arbeit auf Erden die Feier vor Gott. Darum muß der den Feiertag halten, der das Leben nicht einengen und zerstören will. Nur wer sich unter alle Gebote

Gottes stellt, wird erkennen können, wer Gott ist und was Gott will. So kann uns morgen schon ein Gebot Gottes wichtig und dringlich werden, das wir heute noch für überflüssig hielten. Solange wir darum in einer Welt leben, in der wir Gott nicht sehen und ins Angesicht danach fragen können, was wir tun sollen, wollen wir alle Ordnungen heilig halten, die Er uns gab. Erst wenn Gottes Reich »Himmel und Erde« ablösen wird, wie wir sie kennen, dann ist auch das Gesetz überflüssig und kann fallen. Dann sehen wir Gott von Angesicht zu Angesicht. Bis dahin aber soll es bleiben, und wer Ihm gehorcht, den wird Gott ehren. Der Treueste auf Erden wird im Reich Gottes der Größte heißen, und nur, wer hier gehorchen lernte, kann dort mitherrschen.

Herr unser Gott, Dein Gebot ist heilig. Gib, daß wir ihm gehorchen und Dich darin ehren. Und wenn Dein Tag kommen wird, dann laß uns Dich schauen und Dir dienen immer und ewiglich. Amen.

Ps. 119, 87-95 EG 295, 1-4: Wohl denen, die da wandeln Luk. 21, 29-35

Denn ich sage euch: Es sei denn eure Gerechtigkeit besser denn der Schriftgelehrten und Pharisäer, so werdet ihr nicht in das Himmelreich kommen.

Matth. 5, 20

Es ist unsern Zeitgenossen zu einer Selbstverständlichkeit geworden, sich gegen die Frömmigkeit der Juden energisch abzugrenzen. Mit einem Volk, dessen Glieder über unser Vaterland soviel Unheil und Not brachten, wollen auch wir, ja, vor allem im Gebiet unsres Glaubens, nichts gemein haben. Wir wissen uns von ihm in jeder Hinsicht geschieden. Es fehlt unter uns auch nicht an Stimmen, die da meinen, daß wir bei solcher Ablehnung Judas auch Jesus Christus auf unser Seite haben. Er hat doch Sein Leben lang gegen dies Volk gekämpft, bis Er ihm am Ende zum Opfer fiel und am Fluchholz starb. Besteht also unsre Ablehnung nicht zurecht?

Wie unser Schriftwort sagt, fordert Jesus in der Tat eine Gerechtigkeit von uns, die besser ist als die der Schriftgelehrten und Pharisäer, und sagt uns dazu noch, daß uns der Himmel verschlossen bleibe, wenn wir diese Gerechtigkeit nicht gewinnen. Aber geben wir acht!

Das ist die »bessere Gerechtigkeit«, daß wir es mit dem Gehorsam gegen den Willen Gottes genaunehmen, anders als die strengsten Gesetzesfrommen Israels. Wollen wir also Judas Geist besiegen, so nur dadurch, daß wir Gott wirklich von ganzem Herzen und von ganzer Seele lieben, Ihm aus allen unsern Kräften dienen und daß wir um unsre Brüder ebenso besorgt sind wie um uns selbst. Wer wollte sich da noch hochmütig über andre erheben? Oder wollen wir, wie Judas es tat, auf unsre eigenen Leistungen pochen, die Werke unsrer Kraft anbeten und unser Gewissen damit stillen, daß doch in unsrer Art und in unserm Glauben die Gerechtigkeit ruhe, die uns den Lebenskampf bestehen läßt. Den Gehorsam, den Gott von uns fordert, bleiben wir Ihm doch alle schuldig! Wir sind allzumal Sünder und mangeln des Ruhmes, den wir bei Gott haben sollten. Darum richtet uns Jesu Wort. Wer sich Ihm wirklich stellt, der muß sich schuldig sprechen und ausschauen nach dem, dessen Gerechtigkeit wirklich »besser« ist als die unsre. Nur wenn Jesus uns gnädig ist, gewinnen wir in Ihm die Gerechtigkeit, die vor Gott gilt. Ist uns aber die Ewigkeit verschlossen, wenn uns diese Seine Gemeinschaft fehlt, so kann nur Er uns den Himmel öffnen. Er ist gerecht, ein Helfer wert.

Christi Blut und Gerechtigkeit, das ist mein Schmuck und Ehrenkleid. Damit will ich vor Gott bestehn, wenn ich zum Himmel werd eingehn. Amen.

Hos. 10, 12-15 | EG 350, 1-3: Christi Blut, und Gerechtigkeit | Jak. 2, 10-13

Ihr habt gehört, daß zu den Alten gesagt ist: Du sollst nicht töten; wer aber tötet, der soll des Gerichts schuldig sein. Ich aber sage euch: Wer mit seinem Bruder zürnet, der ist des Gerichts schuldig; wer aber zu seinem Bruder sagt: Racha!, der ist des Rats schuldig; wer aber sagt: Du Narr!, der ist des höllischen Feuers schuldig. **Matth. 5, 21-22**

Das fünfte Gebot kennen wir alle und denken vielleicht: Gott bewahre uns davor, daß wir es übertreten. Das Leben des Bruders zerstören, schrecklich! Aber höre, was Jesus dir sagt: Täglich übertrittst du dies Gebot. Sollten die Gerichte alle Fälle behandeln, die sich aus seiner Mißachtung tatsächlich ergeben, das würde unmöglich sein. Der Mord hebt im Herzen des Menschen an. Dann aber bist auch du ein Mörder. Schon der zürnende Gedanken, den du gegen deinen Bruder hegst, tastet dein Leben an, denn er hat auf deine Liebe Anspruch. Und das Scheltwort, mit dem du ihn strafst, verwundet ihn. Wer gibt dir dazu das Recht? Und wagst du es gar, ihn »gottlos« zu nennen (das ist mit »du Narr« gemeint), so greifst du damit in ein Urteil ein, das nur Gott zusteht, und begehst ein Unrecht vor Gott und den Menschen. Aber so ist es, wie Jesus sagt: Wir machen uns das Leben oft gegenseitig unendlich schwer durch unsre lieblosen Gedanken und bösen Worte. Wir behalten uns gegenseitig, tun einander in den Bann und engen dadurch das Leben unsrer Brüder ein. Das ist Mord. Du aber sollst nicht töten!

Es ist uns not, daß Jesus Christus uns zu völliger Liebe ruft. Gott will das ganze Herz. Das bricht unsern unberechtigten Stolz und unsre angemaßte Selbstgerechtigkeit. Da müssen wir schon erkennen, daß uns die »bessere Gerechtigkeit« fehlt. Und das Gebot bleibt: Du sollst nicht töten, und Jesu Deutung auch: »Ich aber sage euch.« Mahnend steht beides über unserm Leben, auch über unsrer Gemeinschaft in Familie und Kirche und Volk: Du sollst niemand bannen, niemand aufgeben, nicht einmal in Gedanken. Dem Übertreter ewige Gottesferne! Und fragst du nun: Wer kann dann selig werden?, so höre auch hier Jesu Antwort: Bei den Menschen ist es unmöglich, aber nicht bei Gott, denn alle Dinge sind möglich bei Gott.

Herr, unser Gott, wir haben ein Herz voll liebloser Gedanken, und unsre Zunge ist eine Welt voll Ungerechtigkeit. Vergib uns unsre Unbarmherzigkeit. Hilf uns zu wacher Liebe und erlöse uns von dem Übel. Amen.

1. Mose 20, 11-17 EG 404, 1-4: Herr Jesu, Gnadensonne Jak. 1, 17-21

Darum, wenn du deine Gabe auf dem Altar opferst und wirst allda eingedenk, daß dein Bruder etwas wider dich habe, so laß allda vor dem Altar deine Gabe und gehe zuvor hin und versöhne dich mit deinem Bruder, und alsdann komm und opfere deine Gabe.
Matth. 5, 23-24

Man kann die Forderungen Jesu nicht ärger mißdeuten, als wenn man meint, Jesus habe lediglich Ideale der »Gesinnung« aufrichten wollen, aber an eine wirkliche Erfüllung dieser Befehle nicht gedacht. Unsre Verse lassen deutlich erkennen, daß es auch bei Jesus gelten muß: Alles, was nicht zur Tat wird, hat keinen Wert! Er erwartet also, daß wir Seinen Geboten gehorchen, als hätte Gott selbst sie uns gegeben. Jesus sagt uns ja Gottes Wort, und Seine Forderungen sind Gottes Gebot. Gott aber will, daß das geschieht, was Er befiehlt. Geschieht es nicht, so ist unsre Gleichgültigkeit Sünde und unser Ungehorsam Schuld. Da gehst du ins Gotteshaus und trittst an den Altar und willst Gott ein Opfer darbringen und plötzlich fällt dir ein, daß du einem Freund Unrecht tatest und er bittere Klage gegen dich erheben muß. Da kehre um! Denn das Unrecht gegen deinen Bruder versperrt dir den Weg zu Gott. Oder willst du etwa den Gottesdienst zu einem Deckmantel für deine Unbrüderlichkeit und Lieblosigkeit werden lassen? Auch die größte Opfergabe kann die Liebe zu den Brüdern nicht ersetzen, denn Gott opfern kann nur, wer zugleich bereit ist, Gottes Befehlen zu gehorchen. Gott schenkt Seine Versöhnung nur dem Friedfertigen! Darum kehre um!

So klar sind Gottes Befehle. Wir sollen Jesu Weisungen hören und wirklich befolgen. Was Er euch sagt, das tut! Es würde unser ganzes Leben ändern, unser Haus wandeln, unsre Kirche erneuern und unser Volk segnen, wenn Christus so wirklich der Herr unsres Alltags würde. Dann würde der Sonntag die Woche prägen, aber auch der Werktag den Sonntag echter und wahrer machen. Gehe zuvor hin und versöhne dich mit deinem Bruder und alsdann komm und opfere deine Gabe. Gehorsam ist besser denn Opfer.

Drum auch, Jesu, Du alleine sollst mein ein und alles sein. Prüf, erfahre, wie ich's meine, tilge allen Heuchelschein. Amen.

Amos 5, 1-12 EG 386, 10: Eins ist not! Jak. 1, 22-27

Sei willfährig deinem Widersacher bald, dieweil du noch bei ihm auf dem Wege bist, auf daß dich der Widersacher nicht dermaleinst überantworte dem Richter, und der Richter überantworte dich dem Diener, und werdest in den Kerker geworfen. Ich sage dir wahrlich: Du wirst nicht von dannen herauskommen, bis du auch den letzten Heller bezahlest.

Matth. 5, 25-26

Das ist ein ernstes Wort, das unser ganzes Leben unter eine letzte Verantwortung stellt. Wir alle sind auf dem Wege zum letzten Gericht. Der Bruder neben uns hat das gleiche Ziel wie wir. Mögen unsre Wege auch sehr verschieden aussehen, er reich, ich arm; er jung, ich alt; er moralisch belastet, ich »in allem gut davongekommen«, bald stehen wir vor demselben Richter: Dein Nachbar und du, dein Vater und du, dein Vorgesetzter und du, dein Weib und du, ich und du. Und wir haben uns alle gegenseitig viel zu vergeben, denn wir sind einander vieles schuldig geblieben. Wir Menschen tun uns oft bitter weh, zerstören durch unrechtes Handeln das Leben unsrer Brüder und sind selbst durch unsre Unterlassungssünden mitveranwortlich für ihren Lebensstand. Wieviele laute und heimliche Anklagen sie wohl wider uns erheben! Du, mein Freund, wollen wir nicht einander vergeben, solange wir noch auf dem Wege sind? Bald stehen wir vor dem Richter und müssen beide bitten: Vergib uns unsre Schuld. Wehe uns, wenn uns dann das Wort im Halse steckenbleibt. Denn so geht es weiter: Wie wir vergeben unsern Schuldigern.

Auch unser Gleichnis ist ein Befehl Jesu. Und dieser Befehl soll befolgt werden. Wie sähe es wohl unter uns Menschen aus, würden wir Ihm gehorsam sein! Vergebung der Sünden wirkt neues Leben und hier schon Seligkeit. Das gilt auch von unsrer Gemeinschaft mit unsern Brüdern. Das aber wisse: Gott tut an uns, wie wir an andern tun. Versagst du dem Bruder deine Hand, so zieht Gott auch die seine von dir zurück. Ohne Gott sein aber, das ist die Hölle. Noch sind wir auf dem Wege.

Herr, unser Gott, wir danken Dir, daß Du uns eine ewige Heimat bereitet hast. Gib uns und allen, die mit uns auf dem Wege sind, daß wir Deine Herrlichkeit schauen. Deine Güte sei über uns, wie wir auf Dich hoffen. Amen.

Amos 2, 1-16   EG 82, 5-8: Wenn meine Sünd'   1. Petr. 2, 11-17

Ihr habt gehört, daß zu den Alten gesagt ist: »Du sollst nicht ehebrechen.« Ich aber sage euch: Wer ein Weib ansieht, ihrer zu begehren, der hat schon mit ihr die Ehe gebrochen in seinem Herzen. Matth. 5, 27-28

Wenn das sittliche Leben eines Volkes zerrüttet ist, so hat die Frau darunter stets am meisten zu leiden. Die menschlichen Gesetze lassen sie ohne Schutz bis zu dem Augenblick, in dem ein offenbarer Ehebruch nachgewiesen werden kann. Ist da nicht der Willkür des Mannes Tor und Tür geöffnet? – Jesu Auslegung des sechsten Gebots will dem wehren. Wie beim fünften Gebot, so geht Jesus auch hier der letzten Ursache unsrer Not nach, um unsre Gemeinschaft wirklich zu entgiften und zu helfen. Kommt es nicht darauf in der Tat an, daß die Wurzel der Pflanze gesund ist? Nur dann setzt die Blüte Frucht an, und der Herbst schenkt uns eine gute Ernte. Soll darum unsre Ehe wirklich gesunden, so müssen wir uns unter das Wort dessen stellen, der da spricht: ... ich aber sage euch. Und das ist Jesu Wort: Schon der räuberische Blick, der für sich begehrt, was doch nach Gottes Ordnung dem andern gehört, ist Ehebruch. Der böse Wille ist vor Gott nicht weniger verwerflich als die ausgeführte Tat. Wir Menschen entschuldigen uns leichten Herzens, solange niemand gesehen hat, wo wir unrecht taten. Erst das, was vor Augen ist, ist uns peinlich und macht uns schuldbewußt. Wir fürchten die Folgen mehr als ihre Ursache. Darum ruft uns Jesus zu: Der Herr aber siehet das Herz an. Und wieder steht die Frage vor uns: Ist es so, wer führt dann seine Ehe recht, wer bleibt dann dieser Gottesordnung treu, wer kann dann selig werden? Und wieder ruft uns D. Martin Luther zu: Niemand, wirklich niemand! Aber wo Vergebung der Sünden ist, da ist Leben und Seligkeit. Eine Ehe, die nicht um die Vergebung der Sünde weiß, ist wurzelkrank. Auch die Gemeinschaft, die Gott Mann und Weib schenkt, muß unter Seiner Vergebung stehen. Dann schenkt uns jeder Tag die Kraft zu neuer Treue, und Gottes Gnade macht das Herz rein.

In Gottes Namen fahren wir, Sein Hilf und Gnad begehren wir. Bewahr uns heut des Vaters Güt und unsre Seel und Leib behüt. Amen.

1. Mose 39, 7-12 EG 240, 1-3: Du hast uns Herr Petr. 3, 1-7

Ärgert dich aber dein rechtes Auge, so reiß es aus und wirf's von dir. Es ist dir besser, daß eins deiner Glieder verderbe und nicht der ganze Leib in die Hölle geworfen werde. Ärgert dich deine rechte Hand, so haue sie ab und wirf sie von dir. Es ist dir besser, daß eins deiner Glieder verderbe und nicht der ganze Leib in die Hölle geworfen werde. Matth. 5, 29-30

Kantate – singet! Ihr Hausväter und Hausmütter, daß doch wieder mehr gesungen würde in unsern Häusern! Fangt heute an! Singt euch mit euren Kindern und Hausgenossen hindurch durch das ganze Kirchenjahr! Singt auch die Lieder der Buße und der Heiligung!

Ärgert dich dein rechtes Auge, reiß es aus. Ärgert dich deine rechte Hand, haue sie ab. Ein unmögliches Wort! Was soll das bedeuten? Wer kann das verstehen? Dieses Wort ist ein rechtes Heilandswort, ein Wort voller Liebe, ein rechter Wegweiser zur Seligkeit. Es zeigt uns allerdings, wie wir uns mühen müssen, von der Sünde uns zu scheiden. Das Wort reißt uns heraus aus der falschen Sicherheit, die meint, daß Gott schließlich doch fünf gerade sein läßt und jeden selig macht. Wohl ist Gott wichtig, daß allen Menschen geholfen werde, daß alle selig werden. Aber jeder muß von sich aus Ernst machen und das Spiel mit der Sünde aufgeben. Wir müssen uns von dem, was uns zum Bösen reizt, freimachen; das verlangt Gott. Nicht die Verbindung mit dem Bösen etwas lockern, nein abhauen –

ausreißen! Warum? Was wir abhauen, hat keinerlei Verbindung mehr mit uns. So soll es sein, so sollen wir uns von der Sünde scheiden.

Ärgert dich dein rechtes Auge, reiß es aus, ärgert dich deine rechte Hand, haue sie ab. Das heißt, wird dir dein Auge oder deine Hand ein Hindernis zum Seligwerden, tu sie von dir. Es ist besser, daß ein Glied verlorengeht, als daß der ganze Leib in die Verdammnis fährt. Ist die Forderung nicht zu hart? Wie wenige werden mit »nein« antworten! Vielleicht sagst auch du: Ja, sie ist zu hart. Wärst du aber nicht bereit, deine kranke Hand amputieren zu lassen, um dein Leben zu erhalten? Da siehst du, wie wenig ernst du die Sünde nimmst, wie gering du die Seligkeit achtest!

Herr, hilf, daß wir uns von der Sünde scheiden, ganz unnachgiebig. Scheide Du uns von Satans List und Gewalt. Du hast Macht. Amen.

Hes. 33, 10-16 EG 302: Du meine Seele, singe Joh. 8, 51-59

Es ist auch gesagt: Wer sich von seinem Weibe scheidet, der soll ihr geben einen Scheidebrief. Ich aber sage euch: Wer sich von seinem Weibe scheidet (es sei denn um Ehebruch), der macht, daß sie die Ehe bricht; und wer eine Abgeschiedene freiet, der bricht die Ehe.
Matth. 5, 31-32

»Es ist nicht gut, daß der Mensch allein sei, ich will ihm eine Gehilfin machen, die um ihn sei«, damit gibt der Herr dem auf Gemeinschaft eingestellten Menschen eine Gefährtin. Es liegt ein tiefes Geheimnis über dieser Verbindung, die zwei sind ein Fleisch. Enger als Eltern und Kinder sind Mann und Frau zu völliger, dauernder Wesensgemeinschaft miteinander verbunden. Als durch eigene Schuld die Menschen aus dem Paradies vertrieben wurden, blieb durch Gottes Barmherzigkeit diese innige Verbindung bestehen. So ist mit der Ehe dem Menschen ein Stück Paradies geblieben. Aber die Sünde hat auch vor diesem Heiligtum nicht haltgemacht. Wie unendlich traurig sieht es in vielen Ehen aus! Und ach, wie oft scheiden schließlich Menschen, was Gott zusammengefügt hat. Die Zahl der Ehescheidungen hat in unserm Volk eine bedenkliche Höhe erreicht. Schon zu Jesu Zeiten wurden viele Ehen geschieden. Wenn nur der Scheidebrief in Ordnung war, meinte man, es sei nichts dagegen einzuwenden. Mit dem »ich aber sage euch ...« tritt der Herr in göttlicher Vollmacht der verkehrten und leichtfertigen Ehescheidung entgegen. Er zeigt, daß die Ehe unlöslich ist. Darum, solltest du vielleicht schon einmal den Gedanken gefaßt haben, dich von deinem Weibe zu trennen, laß es! Du hast einst vor dem Altar Treue bis zum Tode gelobt. Wende dich in deiner Not an den, der Macht hat, Menschenherzen zu lenken wie Wasserbäche. Wenn ihr ernstlich betet, kann Er auch eure Ehe wieder zurechtbringen. Scheiden dürft ihr sie nicht, »es sei denn um Ehebruch«. Die Ehe ist die lebenslängliche Gemeinschaft eines Mannes mit einer Frau. Keiner von beiden, kein gemeinsames Übereinkommen, kein Richterspruch kann diese Ehe scheiden, nur der Tod scheidet und macht den überlebenden Gatten frei, eine neue Ehe zu schließen. Jede andere Scheidung und Wiederverheiratung ist Ehebruch nach der Schrift. Die Ehebrecher aber wird Gott richten.

Herr, hilf, daß auch diese harte Rede uns zum Besten diene. Amen.

2. Mose 24 EG 239, 4: Freuet euch 1. Kor. 13

Ihr habt weiter gehört, daß zu den Alten gesagt ist: »Du sollst keinen falschen Eid tun und sollst Gott deinen Eid halten.« Ich aber sage euch, daß ihr überhaupt nicht schwören sollt, weder bei dem Himmel, denn er ist Gottes Stuhl, noch bei der Erde, denn sie ist Seiner Füße Schemel, noch bei Jerusalem, denn sie ist des großen Königs Stadt. Auch sollst du nicht bei deinem Haupt schwören; denn du vermagst nicht, ein einziges Haar weiß oder schwarz zu machen.

Matth. 5, 33-36

Dieser Text ist auch mit viel Glossen versehen und mancherlei Wahn und Irrtum daraus geschöpft, sagt Martin Luther in seiner Auslegung. Nicht nur in jener Zeit, auch heute sind viele der Meinung, daß jeglicher Eid vor einer weltlichen Obrigkeit von Jesus verboten sei und somit Sünde ist. Nach den ersten Worten des 34. Verses hat es auch den Anschein, als wenn der Herr jedes Schwören verbietet. Das ist nicht der Fall. Der Herr Christus wendet sich nicht gegen den Eid überhaupt, sondern Er wendet sich gegen die unnötigen Beteuerungen, gegen die verschleierten Eide. Das heißt gegen die Eide, in denen nicht Gott selbst als Zeuge angerufen wird, sondern in denen bei dem Himmel, der Erde, Jerusalem oder dem eigenen Haupte geschworen wurde. Solche Eide waren damals üblich. Heute sagt man etwa: »So gewiß wie das Amen in der Kirche« oder »So wahr ich hier stehe«. Der Herr verurteilt solche Beteuerungen. Weswegen? Als bloße Bekräftigung sind sie leeres Gerede, und jedes leere Gerede ist dem Herrn ein Greuel. Sehr oft aber ist eine solche Beteuerung die bestimmte Absicht, den andern zu täuschen. Man denke an das Geschäftsleben! Der Heiland sagt ganz klar, daß eine falsche Beteuerung Meineid ist. Vor dem Meineid fürchtet sich der Mensch und schwört deshalb nicht bei Gott, sondern »nur« bei sichtbaren Dingen. Seid keine Toren, sagt Jesus, über Himmel und Erde und was darinnen ist, habt ihr keine Macht; ihr könnt nicht einmal verhindern, daß ihr alt werdet. Alles ist des Herrn! Darum werdet ihr auch nicht der göttlichen Strafe entrinnen. Ihr schwört bei Dingen, die Gott gehören, und schwört deshalb bei Gott.

Du sollst den Eid zwar nicht suchen, aber wird er von dir gefordert, so leiste ihn getrost. Hüte dich aber vor dem verschleierten Eid, mit dem du deine Unwahrhaftigkeit verdecken willst.

Schaffe in mir Gott ein reines Herz und bewahre mich vor Mißbrauch Deines heiligen Namens. Amen.

1. Mose 20, 1-7 EG 230, 1: Schaffe in mir, Gott Jak. 5, 12

Eure Rede aber sei: Ja, ja; nein, nein. Was darüber ist, das ist vom Übel. **Matth. 5, 37**

Wer aus der Wahrheit ist, der höret meine Stimme, spricht Er, der selbst die Wahrheit ist, zu dem Römer Pontius Pilatus. Kopfschüttelnd, mit einem überlegenen Lächeln wendet sich der Landpfleger ab. Was ist Wahrheit! Mit Recht mag Pilatus so sprechen. Vor ihm stehen die Obersten aus Israel, Feinde des Kaisers. Wie kommen sie dazu, einen der Ihrigen des Aufruhrs zu beschuldigen? Mit wieviel Worten mögen sie es getan haben! Längst hat er sie durchschaut. Und er selbst? Wahrheit? Er hat erkannt, daß Jesus unschuldig ist, trotzdem verurteilt er Ihn zum Tode. Wo ist Wahrheit! Was ist Wahrheit! Mit vollem Recht kann man noch heute so fragen. Die Menschen tragen eine Maske im Verkehr miteinander. Keiner traut dem andern. Warum ist das so? Weil die Rede nicht mehr ja, ja, nein, nein, ist. Das einfache Wort genügt nicht mehr. Bekräftigungen, Beteuerungen werden hinzugefügt, Eide werden geschworen, die keine Eide sein sollen, wie wir gestern sahen. Alles um die Lüge zu verdecken und Wahrheit vorzutäuschen. Und wie belügt und täuscht der Mensch sich selbst. Das hat der Vater der Lüge, wie der Herr den Verführer nennt, fertiggebracht! Er ist wirklich ein Meister in seinem Fach. Sollte Gott gesagt haben …, so begann er sein Wirken, und Adam und Eva sündigten wider Gottes Gebot. Sollte Gott gesagt haben …, damit wird heute selbst Gottes heiliges Wort verdreht, sobald es unbequem wird. Bis die werbende, warnende Stimme, die aus dem Worte Gottes zu uns spricht, schweigt. Das tun auch Leute, die mit Ernst Christen sein wollten. Leget die Lüge ab und redet die Wahrheit, ein jeglicher mit seinem Nächsten und ... mit sich selbst. Der Herr Christus gibt uns kurz und klar die Richtlinie für unser Reden und Handeln. Eure Rede sei ja, ja, nein, nein. Versuche nicht Gottes Wort zu verdrehen. Laß im Verkehr mit andern alle überflüssigen Beteuerungen beiseite. Geh mit dir selbst den geraden Weg, das heißt, täusche dich nicht selbst. Ja, ja, nein, nein, was darüber ist, das ist vom Teufel.

Weise mir, Herr, Deinen Weg, daß ich wandle in Deiner Wahrheit. Amen.

1. Mose 3, 1-6 EG 136, 1: O komm, du Geist der Wahrheit Joh. 18, 28-40

Ihr habt gehört, daß da gesagt ist: »Auge um Auge, Zahn um Zahn.« Ich aber sage euch, daß ihr nicht widerstreben sollt dem Übel, sondern so dir jemand einen Streich gibt auf deinen rechten Backen, dem biete den andern auch dar. Matth. 5, 38-39

Wie du mir, so ich dir, so lautet das alttestamentliche Wort: Auge um Auge, Zahn um Zahn in unsre heutige Sprache übersetzt. Der natürliche Mensch ist ohne weiteres damit einverstanden. Dagegen ist Jesu Wort: So dir jemand einen Streich gibt auf deine rechte Backe, dem biete die andere auch dar, von Leuten aus allen Lagern verlacht und mit Hohn und Spott überschüttet worden. Da seht ihr, daß das Christentum Schwächlinge erzeugt! Rache ist süß; auf diesen Ton ist das menschliche Herz gestimmt. Nun ist es aber gar nicht so, daß das obige Wort zur Rache auffordert, es will gerade das Gegenteil. Es will nicht, daß jeder kleine zugefügte Schade mit großer Strafe vergolten wird. Es verlangt Maß bei aller Vergeltung. Es verlangt aber auch, daß der Übeltäter seine gerechte Strafe empfängt. Auge um Auge, Zahn um Zahn. Der Richter soll gerecht urteilen und verurteilen. Jesus sagt, solches Recht steht euch zu, das steht geschrieben. Ich aber sage euch, pocht nicht zu sehr auf euer Recht, denn daraus kann unendlich viel Unrecht entstehen. Ertragt lieber einmal etwas. Fordert von dem Nächsten nicht immer das strenge Recht, sondern zeigt ihm Liebe. Das heißt gewiß nicht, daß wir widerstandslos alles über uns ergehen lassen sollen. Das hat der Herr auch nicht getan. Er sagt zu dem Knecht, der ihn schlägt: Habe ich übel geredet, so beweise es, daß es böse sei; habe ich aber recht geredet, was schlägst du mich? Jesu fordert nicht Schlappheit von uns, das wäre ein schlechter Dienst am Nächsten. Verzeihende, zurechtweisende Liebe heißt Sein Gebot. Daß doch alle, die unser Textwort verlachen, danach handeln würden. Wieviel Blut wäre nicht vergossen, wieviel Zellen in den Gefängnissen leer, wieviel Ehen wären nicht zerrüttet oder gar zerbrochen, wieviel Tränen nicht geweint!

Herr, gib uns die Kraft, Liebe zu üben und nicht immer auf unser Recht zu pochen. Amen.

2. Mose 24, 17-22 EG 251, 1-4: Herz und Herz 1. Thess. 5, 12-15

Und so jemand mit dir rechten will und deinen Rock nehmen, dem laß auch den Mantel. Und so dich jemand nötigt eine Meile, so gehe mit ihm zwei. Gib dem, der dich bittet, und wende dich nicht von dem, der dir abborgen will. Matth. 5, 40-42

Unrecht leiden ist besser als Unrecht tun, heißt es im Volksmund. Im täglichen Leben ist es zwar ganz anders, aber des Christen Wahlspruch soll so lauten. Unser Herr und Meister hat so gehandelt, und Er verlangt es auch von Seinen Jüngern. Auch heute ermahnt Er uns noch einmal zu helfender und tragender Liebe. Will jemand mit dir rechten, d. h. vor Gericht mit dir streiten und dir den Rock nehmen, dem laß auch den Mantel. Aber hier unterstützt der Herr doch das Unrecht, nicht wahr? Nein, in den vorhergehenden Versen haben wir gesehen, wie der Herr den, der seinen Nächsten schädigt, verurteilt. Du zürnst dem Bruder, du bist des Todes schuldig; du willst opfern und hast dem Nächsten Unrecht getan, geh weg vom Altar! Das ist des Herrn Urteil über den, der seinen Bruder schlägt, ihm seinen Rock nimmt, ihn zum Botendienst zwingt, unverschämt bittet oder borgen will. Aber hier steht es, wer dir den Rock nehmen will, dem gib auch den Mantel. Das ist doch ein Widerspruch? Sei gewiß, wer Unrecht handelt, wird seine Strafe von dem gerechten und ewigen Richter empfangen. Aber wir sollen durch unser Verhalten das Böse nicht vermehren, und durch harten Widerstand wird es vermehrt.

Gebrochen, überwunden wird es nur durch helfende, tragende Liebe. Nicht durch schlaffes Hinnehmen, sondern durch kraftvolles Überwinden. Dem, der schlägt, die andre Backe hinhalten, ist ein kräftiger Gegenschlag. Den Prozeß vermeiden und nicht nur den Rock, sondern auch den Mantel hingeben, entwaffnet den andern. Der tragenden helfenden Liebe, die unser Heiland lehrt, gehört immer der Sieg.

Herr, hilf, daß ich vergebe, wie Du vergibst. Und meinen Bruder liebe, wie Du mich liebst. Amen.

1. Mose 13, 1-13 EG 344, 6: Vater unser Kor. 6, 1-8

Ihr habt gehört, daß gesagt ist: »Du sollst deinen Nächsten lieben und deinen Feind hassen.« Ich aber sage euch: Liebet eure Feinde; segnet, die euch fluchen; tut wohl denen, die euch hassen; bittet für die, so euch beleidigen und verfolgen, auf daß ihr Kinder seid eures Vaters im Himmel. Matth. 5, 43-45

Das Wort: »Du sollst deinen Nächsten lieben und deinen Feind hassen«, steht zwar nirgends im Alten Testament, aber aus verschiedenen Schriftstellen geht hervor, daß in Israel ein Unterschied in der Behandlung von Freund und Feind gemacht werden durfte. Natürlich war man viel zu weit gegangen. Man haßte seinen Widersacher und berief sich dabei auf die Schrift. Diesen Schild nimmt Jesus ihnen und fordert sogar: Liebet eure Feinde, segnet, die euch fluchen ... Dieses Gebot gilt auch für uns. Aber den Feind lieben? Unmöglich! Dagegen sträubt sich der natürliche Mensch. Dennoch besteht das Gebot. Wie können wir es erfüllen? Wir müssen zunächst erkennen, daß Gott uns geliebt hat, da wir noch Feinde waren. Diese Liebe halten wir oft für selbstverständlich; selbstverständlich erscheint uns auch die Versöhnungstat auf Golgatha. Bedenkst du, daß das größte Feindesliebe war? Der heilige Gott liebt uns Sünder so, daß Er Seinen eingeborenen Sohn in den Tod gab. Kannst du, der du Sünder bist, jetzt noch sagen: Es ist unmöglich, meinen Feind zu lieben?, dann hast du nicht erkannt, was Gott für dich getan hat. Sonst treibt es dich in die Dankbarkeit und in den Gehorsam gegen Jesu Gebot. Liebe deinen Feind. Du brauchst ihn deswegen nicht gleich zu deinem Vertrauten zu machen. Das ist unmöglich. Trifft ihn aber Unglück, so mußt du mitleiden können; Glück mußt du ihm neidlos gönnen. Du darfst kein böses Wort wider ihn reden, selbst wenn er es gegen dich tut. »Tut wohl denen, die euch hassen«, das muß durch die Tat bewiesen werden. Unrecht leiden ist besser als Unrecht tun – das genügt noch nicht. Überwinde das Böse mit Gutem. Laß dir raten, mit der Fürbitte für deinen Feind anzufangen. Für den Feind beten ist eine schwere Aufgabe, für die dich aber Gott segnen wird, wie Sein Wort verheißt.

Herr, ohne Dich können wir nichts tun, aber mit Dir, Du starker Heiland Du, wird uns der Sieg gelingen. Amen.

1. Mose 23, 4-7 EG 28: Also hat Gott die Welt Petr. 3, 9-17

Darum sollt ihr also beten: Unser Vater im Himmel.
Matth. 6, 9

»Gott will uns damit locken, daß wir glauben sollen, Er sei unser rechter Vater und wir Seine rechten Kinder.« Besser kann wohl niemand diese Anrede auslegen, als Luther es im Katechismus getan. Ein Mensch muß lange bei seinem Herrn und Meister in die Lehre gehen, bevor er sein Vaterunser beten kann. Wir glauben alle an Gott; das tun auch die Heiden, ja sogar die kirchenlosen Menschen unsrer Zeit. Aber wir bleiben mit all unsrer Frömmigkeit im Suchen stekken, sind immer unterwegs, und doch sehnt sich das Menschenherz nach dem Ziel, wo es sagen kann: Nun kenne ich Gott, nun ist zwischen Ihm und mir alles in Ordnung.

Einer der Jünger hat es geradeheraus gesagt: Herr, lehre uns beten. Ich muß Gott näherkommen. Ich will Ihm meinen Dank darbringen, Ihn um Rat fragen, ich will Ihm meine Sünde sagen, damit Er sie mir vergebe. Ach, ich habe das Herz so voll, und doch wenn ich anfange, dann merke ich, es wird nichts Rechtes. Wenn du betest, dann sehen wir, daß dir geholfen wird, aber woher nehmen wir das Recht, mit Gott zu reden? Und Jesus antwortete: Recht nehmt ihr euch gar nicht, das kann niemand, aber ich gebe es euch. Wer an mich glaubt, der soll mit allen Kindern Gottes in der Welt sagen: Unser Vater im Himmel.

Dieses Vorrecht, welches Jesus uns erworben hat, ist etwas Gewaltiges. Was bedeutet es, in guten Tagen zu wissen, daß alle gute Gabe vom Vater im Himmel kommt, der Seinen Kindern nach Seiner Allmacht und Gnade austeilt? Und in der Not laßt uns alle Kräfte darauf sammeln, das Wort Vater über die Lippen zu bringen und dann zu schweigen und zu warten. Dann kann noch alles gut werden. Aber am höchsten steigt dieses Gebet, wenn ein Christ am Ende seiner Erdenbahn gläubig sagen kann: Unser Vater im Himmel. Wo der Vater ist, da gehören die Kinder auch hin.

Herr Jesu, zeige uns den Vater, daß wir getrost und freudig beten lernen. Amen.

Ps. 92, 1-6 EG 344, 2: Vater unser Joh. 14, 1-14

Dein Name werde geheiligt. **Matth. 6, 9**

Wenn ein Kind sein Abendgebet spricht, dann hat es viel auf dem Herzen, und so geht es uns unser Leben lang. Wir dürfen auch um alles bitten, aber weil nicht alles gut und wichtig ist, hat Jesus die Bitten in eine Reihenfolge gesetzt, die wir wohl beachten wollen. Obenan soll stehen: Dein Name werde geheiligt.

Wohlgemerkt, es ist hier nicht eine Forderung wie im zweiten Gebot, sondern soll eine Wegweisung fürs Gebet sein. Jesus will sagen: Ich weiß wohl, daß ihr in einer Welt wohnen müßt, die voll Spott und unheiligen Wesens ist. Gut, wenn euch das Not macht, ein rechter Christ darf sich nicht wohlfühlen im Rate der Gottlosen. Findet euch niemals damit ab, sondern ruft zu Gott, daß Er durch Sein Wort und Seine Wahrheit der Unheiligkeit ein Ende mache; Er will darum gebeten sein.

Aber noch viel mehr soll uns daran gelegen sein, daß wir selber an dem Platze, wo Gott uns hingestellt hat, Ihm Ehre machen und keine Schande. Sein Name bekommt einen guten Klang unter den Menschen, die Gott ferne sind, wenn sie sehen, daß die an Ihn glauben, heilig und gottselig leben und sterben. Es bitte jeder fleißig darum, daß es bei uns also zugehe in Kirche und Volk, in Ehe und Nachbarschaft.

Wir sollen Gottes Namen nicht heilig machen. Er ist Seinem Wesen nach heilig, und wenn alle Menschen Schurken wären – aber auf den rechten Gebrauch kommt es an.

Wenn Gott uns eine Kirche gibt, dann wird diese nicht dadurch geweiht, daß ein Bischof sie segnet, sondern dadurch, daß die Gemeinde sie fleißig benutzt und Gottes Wort darin hört. Wir heiligen Gott unter uns, wenn wir unsre Kinder auf Seinen Namen taufen, unsre Ehe in Seinem Namen beginnen und führen und an Seinem Tisch Ihn um Vergebung und Gnade anrufen. Ach, daß wieder Gottesfurcht im Lande herrschte! Wir wollen darum beten:

Heiliger Gott, gib uns in allen Kirchen unsres Landes eine klare Predigt Deines lauteren Wortes, und hilf uns, auch heilig danach zu leben. Amen.

Hab. 2, 20 EG 14, 3: Dein König kommt Apg. 5, 1-11

Dein Reich komme. **Matth. 6, 10**

Jeder Mensch hat seine Interessen, Essen, Trinken, Haus und Hof, Erholung und Reisen, Sport und Politik. Aber wen kümmert das Kommen des Reiches Gottes? Der heutige Mensch hat gar keine Zeit dafür, ja, er kann sich kaum etwas Rechtes darunter vorstellen. Darum endet auch all unser Mühen in Hetzen und Jagen, es ist kein Glück dabei. Jesus predigt Seinen Jüngern einen unerhört neuen Weg: Ihr müßt es ganz anders machen, ihr müßt am ersten und vor allem nach dem Reiche Gottes trachten, dann kommt alles andre von selbst zurecht. Was ist all euer Suchen und Versuchen, alles Trachten nach Freiheit und Gerechtigkeit, alles Beraten der großen und kleinen Machthaber? Es ist das Geständnis, daß noch kein Reich dieser Welt vollkommen gewesen ist. Es hat einmal ein Paradies auf Erden gegeben, und es wird wiederkommen, aber ihr schafft es nicht. Gott allein kann es herbeiführen, ihr aber sollt darum bitten.

Wenn alle menschlichen Versuche erschöpft und alle Weltreiche am Ende sind, dann wird Gott Sein Reich aufrichten mit Macht und Herrlichkeit. Bittet, daß es bald geschehe, und achtet darauf, daß die Bibel mit dem Gebet ausklingt: Amen, ja komm, Herr Jesu!

Diese Aussicht und Verheißung macht gar nicht träge für dieses Leben. Denn das Reich Gottes ist nicht eine Herrschaft, die erst am jüngsten Gericht beginnen wird, sondern seit Jesus in die Welt gekommen ist, besteht das Reich Gottes bei allen, die Ihn angenommen haben. Das weiß ein rechter Christ wohl, aber er weiß auch, daß es Gnade von Gott ist, wenn Er uns also als Bausteine und Bauleute zugleich in Sein Reich einordnet. Matthias Claudius sagt: »Bei dieser Bitte denke ich daran, wie es in mir hin und her treibt und bald dies, bald das regiert, und daß das alles Herzquälerei ist, und ich dabei auf keinen grünen Zweig komme. Und dann denke ich, wie gut es für mich wäre, wenn doch Gott aller Fehd ein Ende machen und mich selbst regieren wollte.«

Hilf, himmlischer Vater, daß Dein Reich in uns und um uns und durch uns komme, und laß uns keine Ruhe finden, solange noch Heiden sind, welchen die Botschaft vom Reiche nicht gepredigt worden ist. Amen.

Ps. 93 EG 148: Herzlich tut mich erfreuen Matth. 13, 34-43

Dein Wille geschehe auf Erden wie im Himmel.
Matth. 6, 10

Die dritte Bitte ist die schwerste von allen, weil sie unsern Willen, unser Ich angeht, aber wer hier freudig mitbetet, der hat auch im Schwersten gewonnen.

Voraussetzung für diese Bitte ist das Bekenntnis, daß ein Gott im Himmel ist, der die Welt und unser Leben regiert. Wir glauben nicht an ein unpersönliches höheres Wesen oder ein willkürlich treffendes Schicksal, sondern an Gott, der einen Willen hat und dessen Wille gut ist. Er will, wie die Schrift sagt, daß allen Menschen geholfen werde.

Wir verstehen Ihn nicht immer in Seinem Handeln. O nein, da ist so manches Schwere in unserm Leben, womit wir nicht zurechtkommen, all die Gräber, all das Unrecht und – der Krieg. Aber wir halten trotz allem daran fest, daß Gottes Gedanken höher sind als unsre, es soll nicht nach unsern kurzsichtigen Plänen gehen, wir wollen schweigen und auf uns nehmen, was nötig ist. »Dein Wille geschehe«, d. h. gib uns Kraft, o Gott, auch das Schwerste zu tragen, und zeige uns, daß Du dahinterstehst!

So ist es dem Vater im Himmel angenehm und Er hört; das haben wir oft erfahren, aber Jesus will uns die Bitte noch besser lehren. Wir sollen sie freudig sprechen, das macht der Zusatz deutlich »wie im Himmel«. Dort gibt es kein Sichfügen unter Gottes schwere Hand, sondern Gott herrscht unbedingt, und es steht Ihm kein Wille entgegen.

So bitten wir denn in diesem Gebet, daß Gott es auch bei uns so mache wie im Himmel.

Herrscher, herrsche, Sieger, siege,
König, brauch Dein Regiment.
Führe Deines Reiches Kriege,
Mach der Sklaverei ein End'.

Es ist viel böser Rat und Wille in dieser Welt, in uns und um uns. Der bessert sich nicht, sondern muß gebrochen werden. Wir können das aber nicht, sondern Gott muß es tun. Darum bitten wir:

Gott, lehre uns in allen Dingen nach Deinem Willen fragen. Rüste auch Männer aus in Kirche und Volk, die von Dir Vollmacht haben, Deinen heiligen Willen durchzuführen, und fange bei uns an. Amen!

Jes. 55, 6-11 EG 179, 1+2: Allein Gott in der Höh Joh. 6, 35-40

Aber die elf Jünger gingen nach Galiläa auf einen Berg, dahin Jesus sie beschieden hatte. Und da sie Ihn sahen, fielen sie vor Ihm nieder; etliche aber zweifelten. Und Jesus trat zu ihnen, redete mit ihnen und sprach: Mir ist gegeben alle Gewalt im Himmel und auf Erden. **Matth. 28, 16-18**

Die Jünger auf dem Berge in Galiläa fallen nieder und beten an. Sie haben die Stunde richtig verstanden. Jetzt beginnt das Königtum Jesu, Sein Reich wird gebaut, Seine Herrschaft aufgerichtet. Das letzte Ziel Gottes mit Jesus vollendet sich: »Daß in dem Namen Jesu sich beugen sollen alle Knie, und alle Zungen bekennen, Christus der Herr.« Jesus ist mehr als ein Prophet. »Hier ist mehr denn Jona.« Nur eine Haltung wird der Stunde der Krönung Jesu gerecht, niederfallen und anbeten. An diesem Tag scheiden sich die Geister. Die einen wollen Jesus festhalten in Seiner menschlichen Hoheit und Reinheit, die andern lassen Ihn fahren, um mehr zu empfangen.

Stehen wir auf dem Berge der Himmelfahrt bereit, mehr zu empfangen als eine Erinnerung? Hier ist mehr zu erlangen; denn so heißt es: Alle Gewalt hat euer Heiland, der euch lieb hat. Alle andern Mächte werden an Ihm ohnmächtig. Seid getrost, denn Er wird mit all eurer Ohnmacht auch fertig! Für Ihn gibt es keine Schranke. Was Er sich vorgenommen, und was Er haben will, das muß doch endlich kommen zu seinem Zweck und Ziel.

Im Evangelium steht an dieser Stelle noch von Zweiflern. Sie werden bei uns nicht fehlen. Wenn Christus alle Gewalt hat, wie duldet Er denn solchen Haß, Verachtung, Gewalt wider sich in der Welt? Haben wir nicht gehört von Jesus, der nicht wiederschalt, da Er gescholten ward, nicht drohte, da Er litt? Jesus bleibt auch zur Rechten des Vaters Seinem Wesen treu, durch das Er der Welt Sünde trug. Er läßt den Christushaß gewähren, denn Er weiß wohl, wie der Welt Haß dennoch Sein Reich vollenden muß.

Himmlischer Herr, in Deine Gewalt legen wir unser Leben. Da ist es wohl bewahrt. Lehre uns Kraft schöpfen aus Deiner Fülle durch den Glauben. Amen.

Dan. 7, 13-14 EG 182, 1-9: Suchet zuerst Joh. 3, 35

Unser täglich Brot gib uns heute. Matth. 6, 11

Rechnen wir einmal aus, wieviele Tage wir Hausgenossen zusammen schon gelebt haben, und jeden Tag haben wir Essen und Trinken gehabt, dazu alles andre, was Luther aufzählt. Das ist sehr viel, so daß wir meinen möchten, Gott hätte genug zu tun, wenn Er ein Dorf oder eine Stadt versorgen sollte. Aber Luther sagt: »Gott gibt täglich Brot allen Menschen, ja sogar allen bösen Menschen, auch wenn sie nicht darum bitten und es Ihm nicht danken.« Die vierte Bitte bedeutet nicht, daß Gott uns verhungern lassen will, wenn wir nicht bitten. Er hat Seinen Bogen in die Wolken gesetzt zum Zeichen, daß Saat und Ernte nicht aufhören sollen, solange die Erde steht. Aber es ist für uns nicht gut, wenn wir Seine Gaben nehmen wie die Wirtshausgäste, die da bestellen und bezahlen und am Ende sich gar beschweren: Zu Hause ist es besser. Wir wollen als Gottes Kinder unsern himmlischen Vater um das tägliche Brot bitten, und wir schämen uns gar nicht, daß diese Bitte uns so wichtig ist. Der Herr Jesus hat auch um Speise für die Fünftausend gebeten, Er kennt des Vaters Herz. Wir sind zwar kleine Menschen, aber wir haben einen großen Gott.

Was heißt denn täglich Brot? Es ist gut, daß Luther uns im Katechismus lehrt, was dazu gehört. Da ist eine Grenze nach unten und nach oben. Essen und Trinken, »jeden Tag Fleisch« steht nicht dabei, Haus und Hof, es steht nicht da, daß er schuldenfrei sein muß, Geld und Gut, von »viel« ist nicht die Rede. Alles, was zur Leibes Nahrung und Notdurft gehört, das ist täglich Brot. Was darüber geht, nennt die Bibel »Reichtum«, und er ist uns weder verheißen noch allemal gut. Wir sollen nicht darum bitten. Aber gut Regiment, gut Wetter, Friede im Lande und fromme Hausgenossen, darum wollen wir fleißig bitten; denn wir können es nicht ohne Schaden entbehren.

Himmlischer Vater, Du weißt, wessen wir bedürfen. Teile jedem zu, was er braucht, daß wir nicht in Versuchung fallen. Wir danken Dir für Deine Gaben. Amen.

Spr. Sal. 30, 7-9 — EG 464, 1+2: Herr, gib uns unser täglich Brot — Joh. 6, 1-15

Und vergib uns unsre Schulden, wie wir unsern Schuldigern vergeben. Matth. 6, 12

Die gestrige Andacht handelte vom täglichen Brot, die heutige auch. Vergebung der Sünden haben wir so nötig wie Essen und Trinken. Wo es zwischen uns und Gott nicht in Ordnung ist, da ist kein Friede, keine Freude, ja, da ist gar kein Leben. Wo aber Vergebung der Sünden ist, da ist Leben, sagt Luther, und Seligkeit dazu.

Darum sollen wir jeden Abend beten: Vergib uns unsre Schuld; »denn wir täglich viel sündigen und wohl eitel Strafe verdienen«. Und heute am Sonnabend breiten wir vor Gott alles aus, was in dieser Woche verkehrt war, die hundert Groschen, die wir unserm Nächsten schuldig blieben, und die tausend Talente, von denen Matthäus im Gleichnis redet, und bitten, Gott wollte es uns alles vergeben. Denn morgen am Sonntag wollen wir zur Kirche, und wir können weder beten noch singen noch recht zuhören, wenn unvergebene Schuld uns von Gott trennt; ja, da geht alles verkehrt.

Die fünfte Bitte soll uns eine liebe Bitte werden. Vergebung der Sünden steht zwar bei den heutigen Menschen nicht hoch im Kurs, aber das soll uns nicht irremachen. Jedes Kind rechnet mit seinem Vater ab, rechte Eheleute sprechen sich aus und bereuen es nicht. So wollen wir es als Gottes Kinder und Jesu Brautgemeinde auch also halten. Wir tun es nicht leichtfertig; denn wir wissen, daß Gott ein heiliger Gott ist, dem alle Sünde ein Greuel ist, aber auf Jesu Wort hin wagen wir es, an Seine Barmherzigkeit zu glauben. Wer es fassen kann, der fasse es!

»Wie wir unsern Schuldigern vergeben.« Solche gibt es, und das ist eine Not, darin Gott uns und ihnen helfen muß. Wie stört doch die Sünde alles Zusammenleben auf Erden! Es ist oft so schwer, aber Gott kann neue Menschen aus uns machen, die imstande sind, zu vergeben, wie ihnen vergeben ist.

Jesu, stärke Deine Kinder und mach aus denen Überwinder, die Du erkauft mit Deinem Blut! Amen.

Ps. 19, 10-15 EG 344, 6: Herr, gib uns unser täglich Brot Matth. 18, 21-35

Und führe uns nicht in Versuchung. Matth. 6, 13

Dies ist ein Seufzer, in dem die meisten Menschen sich einig sind, Christen und Nichtchristen, auch wenn sie nicht darum beten. Sündigen macht zunächst Freude, aber die Freude ist nicht rein und dauert auch nicht recht lange. Jeder weiß, es wäre besser ohne, aber da liegt eben die Not. Über die Sünde zu herrschen, wenn sie vor der Tür liegt und nach uns Verlangen hat, das ist nicht leicht, das können wir gar nicht aus eigener Kraft. Jeder Trinker weiß es, und wir wissen es alle. Da sagt mancher zu sich selbst: Ich wollte heute so gern nicht sündigen. Wenn die Versuchung kommt, dann falle ich, wie ich es schon so oft getan habe, ach, daß die Versuchung gar nicht erst käme!

Jesus lehrt: Ihr sollt es Gott sagen. Gebt euch nicht der Hoffnung hin, daß die Sünde euch je in Ruhe läßt. Es gibt wohl Versuchungen, welche im Laufe der Jahre weniger werden, es gibt besondre Jugendsünden. Andre fallen fort, wenn wir die Wohnung wechseln und unter andre Menschen kommen; aber setzt nicht eure Hoffnung darauf, schließt nicht mit der Sünde einen Vertrag. Jesus will, daß wir davon loskommen, darum lehrt Er uns beten: Führe uns nicht in Versuchung.

An Gott müssen wir uns wenden. Er ist es zwar nicht, der uns zum Bösen versucht; das tut eine andre Dreieinigkeit, der Teufel, die Welt und unsers Fleisches Wille. Aber Gott ist der Herr über die finsteren Mächte, es braucht keiner zu verzweifeln, der sich zu Ihm hält. Er kann, auch wenn wir angefochten werden, es so machen, daß wir doch endlich gewinnen und den Sieg behalten.

Wem es aber mit diesem Gebet ernst ist, der merke sich: Führe dich auch nicht selbst in Versuchung. Es gibt Stätten, wo wir erfahrungsgemäß leicht in Versuchung geraten. Da geht es nicht an, daß wir hingehen und dabei beten: »Führe uns nicht in Versuchung«, sondern da bleibt weg. Und führe auch nicht andre in Versuchung! Eltern und Dienstherren haben eine große Verantwortung.

Gnädiger Gott! Bewahre uns und unsre Kinder vor Sünde und Schande! Amen.

1. Mose 4, 1-7 EG 344, 7: Vater unser Luk. 4, 1-13

Sondern erlöse uns von dem Übel. Matth. 6, 13

»Wir bitten in diesem Gebet als in der Summe, daß uns der himmlische Vater von allerlei Übel Leibes und der Seele, Gutes und Ehre erlöse.« Ja, es kommt eine große Summe zusammen, wenn wir alles bedenken, was an Gebeten und stillen Seufzern zu Gott emporgeschickt wird. Ein Christ braucht nicht bange zu sein, er habe etwas vergessen, er darf bitten »als in der Summa«. Das Vaterunser hat sieben Bitten, und damit wir wissen, daß das genug sei, faßt die letzte alles zusammen und lautet: Erlöse uns von dem Übel, wörtlich »von dem Bösen«, das ist von dem Teufel als Urheber alles Übels. Vollkommen befreit von ihm werden wir erst, wenn wir aus dieser Welt, dem Machtbereich des Teufels, abgeschieden sind; darum ist die siebente Bitte im eigentlichen Sinne die Bitte um ein seliges Sterben.

Aber auch bis dahin haben wir die Fürbitte Jesu für uns, daß Gott uns vor allem Übel Leibes und der Seele, Gutes und Ehre bewahre. Schwerer als die Übel des Leibes sind die seelischen Leiden, Schwermut und Friedlosigkeit, Angst und Traurigkeit, Zerrüttung der Nerven bis hin zum Wahnsinn. Es wird mancher vom Teufel übel geplagt. Den wollen wir mit vor Gottes Thron nehmen und um Erlösung von dem Übel bitten. Viele, die von einem Arzt zum andern laufen, sollten viel eher zu einem Seelsorger gehen, der mit ihnen beten kann.

Am wehesten tut es, wenn es an die Ehre geht. Die Welt ist voll Lüge und Verleumdung. Sich verteidigen hilft nicht viel, verklagen noch viel weniger; denn wir haben nicht mit Fleisch und Blut zu kämpfen. Ein Christ betet: »Stopfe den Lästerern das Maul und hilf uns, daß wir schweigen lernen, so wollen wir Dir danken.« Alle Prüfungen aber schickt Gott uns, damit wir von der Erde loskommen und das Heimweh nach dem Himmel wachse.

Wir beten mit Luther: Himmlischer Vater, willst Du uns drei Wünsche gewähren, so bitten wir erstens um die ewige Seligkeit und zweitens um die ewige Seligkeit und zum dritten abermals darum; denn mehr brauchen wir nicht, und alles andre läßt Du uns reichlich zufallen. Amen!

Ps. 126 EG 522: Wenn mein Stündlein Joh. 17, 9-19

Denn Dein ist das Reich und die Kraft und die Herrlichkeit in Ewigkeit. Amen. **Matth. 6, 13**

Wenn die Gemeinde das Vaterunser betet, baut sie mit am Reich Gottes. Darum schloß das Gebet des Herrn von alters her nicht nur mit dem einfachen Amen. Das Amen wurde zum Lobpreis Gottes vertieft und erweitert. In dem Beschluß des Vaterunsers bringt die Gemeinde ihre ganze Zuversicht zu Gott zum Ausdruck. Ihre Hoffnung darf im Glauben der Vollendung alles dessen gewiß sein, um das sie bittet; denn bei Gott steht die Erhörung. Die betende Gemeinde wird nicht auf die Zukunft vertröstet, sondern was sie von Gott erbittet, sind alles ihre »gewissen Stücke«. Sie weiß, von wem sie bittet. Aus diesem seligen Willen schwingt der Jubel der Gewißheit in unsern Worten nach.

Denn Dein ist das Reich ... Einen Bereich gibt es, aus dem du nicht herausfallen kannst; denn das Reich, das keine Grenze und kein Ende findet, ist Gottes, unsres Erbarmers. »Das Reich« heißt es einfach. Daneben verblassen alle Reiche dieser Welt.

... und die Kraft ... Alle Kraft ist bei Gott, zu dem wir beten, bei dem wir nicht vergeblich bitten. Darum haben wir Zugang zu der Kraft, der sich nichts an die Seite stellen kann.

... und die Herrlichkeit ..., die von uns nur in schwachen Bildern gefaßt, das Herz ersehnt. Dort ist sie in der Fülle dessen, der alles in allem erfüllt. Wie geborgen ist der Vater, der sein Gebet so schließen darf; was bedarf er noch, wenn er mit dem geredet, der das Reich und die Kraft und die Herrlichkeit hat!

So überschwenglich spricht die Gemeinde, weil sie alles in Gottes Händen weiß und aus diesen Händen schon im Glauben das Reich und die Kraft und die Herrlichkeit empfängt. Wenn das Empfangen im Glauben schon Seligkeit ist, wieviel größer wird das Schauen in Ewigkeit von Angesicht zu Angesicht sein.

Herr, nimm unser Lob gnädig an und lehre uns in fester Zuversicht bitten um Deines Namens willen. Amen.

Ps. 93 EG 330: O daß ich tausend Zungen hätte Offb. 4

Und wenn du betest, sollst du nicht sein wie die Heuchler, die da gerne stehen und beten in den Schulen und an den Ecken auf den Gassen, auf daß sie von den Leuten gesehen werden. Wahrlich, ich sage euch: Sie haben ihren Lohn dahin. Matth. 6, 5

Ein bedrückendes Bild enthüllt Jesus vor uns; in die heiligsten Geschäfte des Menschen frißt sich der Krebsschade menschlicher Eitelkeit ein. Wir wollen den Ernst der Sache nicht dadurch von uns abwälzen, daß wir mit Genugtuung feststellen: Das waren eben die berüchtigsten Pharisäer, die machten es so. Lassen wir uns mit allem Ernst warnen! Der Frömmste ist auf den Höhepunkten seines Glaubens nicht gesichert gegen die niedrigste Eigenliebe. Man kann eher das Gegenteil sagen: In seinen heiligsten Stunden ist der Mensch am meisten gefährdet, vom Wurm der Eitelkeit angefressen zu werden. Ein Vorgang aus der Natur prägt uns das ein. In leuchtenden Farben hängt vor uns im Gezweig ein Apfel: Wir halten ihn für den schönsten am ganzen Baum; pflücken wir ihn, so ist er wurmstichig. Der Wurm weiß gerade die besten Früchte zu finden. Auf den Höhen der Frömmigkeit werden wir in der Sünde ertappt.

Unser Gebetsleben sucht heute nicht so wie in der Zeit Jesu die Öffentlichkeit. Dennoch ist es nicht frei von der Gefahr, die Jesus aufzeigt: daß wir mit unserm Gebet scheinen wollen, und sei es auch nur in eitler Selbstgenügsamkeit, daß wir damit vor uns selber glänzen wollen. Der

Mensch möchte vor sich selber doch etwas aufzuweisen haben Gott gegenüber. Er sieht nicht, daß er sich damit um alle Frucht bringt. Die Einsicht in die Torheit solcher Scheinheiligkeit macht uns noch nicht davon frei. Wir stehen hier vor einer Gebundenheit, die nur der lösen kann, der sie uns hier zeigt. Gottes Wort ist barmherzig. Es deckt den Abgrund der Sünde auf durch den, der diesen Abgrund einzig wahrhaft zudecken kann und darf.

Himmlischer Vater, auch unsre unerkannte Sünde stellst Du ins Licht vor Deinem Angesicht, laß uns dadurch geführt werden in das Licht des seligmachenden Glaubens. Amen.

Jes. 1, 10-18 — EG 369, 4: Wer nur den lieben Gott läßt walten — Luk. 18, 9-14

Wenn aber du betest, so gehe in dein Kämmerlein und schließ die Tür zu und bete zu deinem Vater im Verborgenen, und dein Vater, der in das Verborgene siehet, wird dir's vergelten. Matth. 6, 6

Meinst du, daß dir das verborgene Kämmerlein fehlt, daß du keinen Augenblick allein bist und darum nie zum Beten kommst? Deine Wohnung mag eng und der ganze Tag unruhig sein; aber doch nicht so eng und unruhig wie das Bauernhaus in Jesu Heimat, das Ihm hier vor Augen steht, in dem es nur einen einzigen Wohnraum gab und daneben die Vorratskammer voller Krüge und Töpfe und Gerät. Gerade so unfeierlich sah es darin aus wie bei dir in der Bodenecke oder im Schuppen oder sonst einem Winkel, der gar nicht nach Andacht aussieht, aber wo du ungestört beten kannst, wenn du nur willst; wo du ganz allein mit deinem Vater reden kannst. Aber wirklich ganz allein! Auch ohne den alten, lästigen Zuschauer, der nie von uns weichen will; das sind wir selbst, das eitle Herz, das sich auf sein frommes Beten etwas einbilden will – die unruhigen Gedanken, die immer wieder herumwandern wollen. Die Witwe, die um jeden Preis den Richter sprechen und ihr Recht erzwingen will, der bedrängte König, der keinen Ausweg mehr sieht und sich zu Gott flüchtet, sie haben keine Zeit und keine Gedanken, zu schwatzen und schöne Worte zu machen. Sie haben nur den einen Gedanken: Ich muß den sprechen, der allein helfen kann.

Es ist eine wunderliche, schwere Sache, so zu beten: Die Menschen merken davon nichts. Und unser Auge und Ohr merkt von Gott nichts, mit dem wir reden. Alles in tiefster Verborgenheit! Aber ist nicht auch das Keimen und Wachsen des Korns dem Bauern verborgen, der es doch mit aller Mühe vorbereitet, und der in der Ernte die Frucht sehen wird? So wird auch das verborgene Reden mit dem verborgenen Vater seinen Segen haben in aller Öffentlichkeit deines Lebens, immer deutlicher, immer wunderbarer.

Vater im Himmel! Gib uns den besten Willen, allen Schwierigkeiten zum Trotz Dich im Gebet zu suchen und aus ganzem Herzen Dich anzurufen. Und dann laß es uns erfahren, daß Dich niemand umsonst bittet, Du treuer, reicher Herr! Amen.

Jes. 37, 14-20 EG 133, 5: Zieh ein zu Deinen Toren Luk. 18, 1-8

Und wenn ihr betet, sollt ihr nicht viel plappern wie die Heiden; denn sie meinen, sie werden erhört, wenn sie viel Worte machen. Darum sollt ihr euch ihnen nicht gleichstellen. Euer Vater weiß, was ihr bedürfet, ehe denn ihr Ihn bittet. Matth. 6, 7-8

Jesus warnt vor einem Fehler und Schaden, der sich in unser Gebetsleben einschleicht. »Ihr sollt nicht plappern wie die Heiden.« Ihr sollt nicht meinen, daß Gott mit viel geschwätzigen Worten gedient ist, als werde dadurch unser Gebet wirksamer. Wie oft ist unser Gebet ein leeres Geschwätz, viel Lärm um nichts. Wir rufen und reden, wir seufzen und schreien und machen der Worte viel. Als müßten wir Gott erst aufwecken und uns geneigt machen, daß Er uns höre und erhöre. Das nennt Jesus heidnische Art. Da fehlt der Glaube, der Gott kennt als den Vater und der dem Vater das kindliche Vertrauen schenkt, unser Bitten und Flehen zu hören und zu erhören nach dem Reichtum Seiner väterlichen Liebe und Güte und Gnade.

Darum weist uns Jesus bei unserm Beten auf den Vater hin. Euer Vater weiß, was ihr bedürft, ehe ihr Ihn bittet. Wozu denn noch beten, wenn der Vater alles weiß, was wir bitten wollen? Gott will, daß wir mit Ihm reden, Ihm unser Herz ausschütten. Es wäre unnatürlich und erst recht unchristlich, wenn wir nicht mit dem Vater reden wollten. Aber wir sollen dabei nicht gedankenlos plappern, nicht ehrfurchtslos, nicht glaubenslos, sondern in kindlichem

Glauben mit dem Vater reden, der Herr Jesus hat uns ja im Vaterunser ein Musterbeispiel gegeben, in wenig Worten alles zu sagen, was ein frommer Beter Gott dem Vater zu sagen hat.

Und wenn wir dann wissen, Gott weiß alles, so wird das erst recht ein Antrieb zum Gebet. »Er kennt die rechten Freudenstunden, Er weiß wohl, wann er nützlich sei.« Was für ein ruhiges Gefühl ist es für das gläubige Gotteskind: Da ist einer, der kennt dich, der weiß um all deine Sorgen und Nöte, der denkt in väterlichem Erbarmen und göttlicher Weisheit an alle deine großen und kleinen Bedürfnisse. Der weiß auch schon, wie Er helfen und heilen und trösten soll. Dein Vater in der Höhe, der weiß in allen Sachen Rat.

Geist des Betens, lehr mich beten; Abba, Vater in der Höh'! Treibe mich, vor Gott zu treten; hilf mir, wenn ich vor Ihm steh; mache kräftig meine Bitt', seufze unaussprechlich mit; sprich in mir auf Gottes Namen nach dem Flehn ein kräftig Amen.

1. Kön. 18, 21-39 EG 408, 3: Meinem Gott gehört die Welt Röm. 8, 26-27

Das kam Jesus in die Gegend der Stadt Cäsarea Philippi und fragte Seine Jünger und sprach: Wer sagen die Leute, daß des Menschen Sohn sei? Sie sprachen: Etliche sagen, Du seiest Johannes der Täufer; die andern, Du seiest Elia; etliche, Du seiest Jeremia oder der Propheten einer. Er sprach zu ihnen: Wer sagt denn ihr, daß ich sei? Matth. 16, 13-15

Der Herr Jesus fragt Seine Jünger, die als Leute aus dem Volk doch wohl die Stimmung des Volkes kannten: Was sagen die Leute von mir, wie urteilen sie über mich? Die Jünger haben mancherlei gehört und berichten. Die einen halten Jesum für den von den Toten wiedererstandenen Johannes den Täufer. Andre für den beim Propheten Maleachi geweissagten Elia, andre wieder für den großen Bußprediger Jeremia. So verschieden die Urteile auch sind, darin stimmen sie überein, daß sie in diesem Jesus von Nazareth einen Propheten Gottes erkennen. »Es ist ein großer Prophet unter uns aufgestanden, und Gott hat Sein Volk heimgesucht.« Den Christus Gottes, den verheißenen Erlöser, den Retter aus Sünde und Tod sehen sie in Ihm noch nicht. Es sind menschliche Glaubensansichten, aber noch nicht gottgewirktes Glaubensbekenntnis.

»Wer sagt denn ihr, daß ich sei?« fragt Jesus. Was hältst du von Jesus? Vorausgesetzt, daß du etwas von Ihm weißt. Mußt du dann nicht zugeben, daß dieser Jesus ein ganz einzigartiger Mann war, gewaltig von Taten und Worten? So hat nie ein Mensch geredet. Er redete und handelte aus der Vollmacht Gottes heraus. Er verkündigte die ewige Wahrheit Gottes. Er lehrte den Weg Gottes recht. Er ist der König der Wahrheit, die alle Lüge entlarvt. Er ist der Freund und Helfer der Armen und Kranken, Bedrängten und Notleidenden. Aber du mußt zum Letzten und Tiefsten vordringen: zu Seinem Heilandsherzen voll erbarmender Liebe zu dem verlorenen Sünder, zu Seinem Heilandswort, der frohen Botschaft von der sündenvergebenden Gnade, zu Seiner Heilandstat am Kreuz. Dann weißt du erst, was du von diesem Jesus zu halten hast.

Morgen ist Pfingsten. Da wollen wir Gott bitten um den Heiligen Geist, daß Er uns zu Jesus führe, damit wir in Ihm unsern Heiland und Erlöser erkennen und Ihn gläubig und dankbar anbeten: Mein Herr und mein Gott!

Du wertes Licht, gib uns Deinen Schein, lehr uns Jesum Christ kennen allein, daß wir an Ihm bleiben, dem treuen Heiland, der uns bracht hat zum rechten Vaterland. Kyrieleis. Amen.

5. Mose 18, 18 EG 362, 2: Ein feste Burg Matth. 22, 41-46

Da antwortete Simon Petrus und sprach: Du bist Christus, des lebendigen Gottes Sohn. Und Jesus antwortete und sprach zu ihm: Selig bist du, Simon, Jonas Sohn; denn Fleisch und Blut hat dir das nicht offenbart, sondern mein Vater im Himmel.

Matth. 16, 16-17

»Ich glaube, daß ich nicht aus eigener Vernunft noch Kraft an Jesum Christum, meinen Herrn, glauben oder zu Ihm kommen kann. Sondern der Heilige Geist hat mich durch das Evangelium berufen, mit Seinen Gaben erleuchtet ...« Es ist das gnadenreiche Werk des Heiligen Geistes in uns, wenn wir mit Petrus bekennen: »Jesus, Du bist Christus, des lebendigen Gottes Sohn.«

»Nicht Fleisch und Blut«, nicht die tiefen Kräfte des eigenen Herzens, noch die hohen Gedanken der menschlichen Vernunft schenken uns diese selige Offenbarung. Fleisch und Blut »offenbaren« uns etwas ganz andres. Das hat Petrus im Hof des Hohenpriesters in der Gesellschaft der Weltmenschen erfahren, als er seinen Herrn verleugnete. Da hatte sein eigenes Wesen die Übermacht, da sprachen Fleisch und Blut, da hatte der natürliche Mensch, der alte Mensch, »Simon, Jonas Sohn«, das Wort. Der alte Mensch in uns aber kann nicht anders, als von Jesus, Gottes Sohn, sagen: »Ich kenne den Menschen nicht.« Hier aber legt Simon »Petrus«, nicht Simon »Jonas Sohn« das Bekenntnis ab. Petrus war der neue Name, den Simon, Jonas Sohn, empfing, als er ein Jünger Jesu wurde. Also der neue Mensch in ihm kam in diesem Bekenntnis zu Worte. Soll unser Bekenntnis zu Jesus nicht nur ein Nachsagen dessen sein, »was die Leute sagen«, sondern eigene lebendige Glaubensüberzeugung, dann muß der himmlische Vater uns Seinen Heiligen Geist geben, daß Er das Pfingstwunder an uns tut und neue Menschen aus uns mache. Als neue Menschen und Gottes Kinder sind wir dann selig in dem Bekenntnis: Jesus Christus ist Gottes Sohn, mein Heiland und Herr! Dazu segne uns Gott, der Heilige Geist, Sein Fest.

Du wertes Licht, gib uns Deinen Schein, lehr uns Jesum Christ kennen allein, daß wir an Ihm bleiben, dem treuen Heiland, der uns bracht hat zum rechten Vaterland. Amen.

Hes. 36, 22-28 EG 124: Nun bitten wir den Apg. 2, 1-13

Und ich sage dir auch: Du bist Petrus, und auf diesen Felsen will ich bauen meine Gemeinde, und die Pforten der Hölle sollen sie nicht überwältigen.

Matth. 16, 18

»Ich glaube an den Heiligen Geist, eine heilige, christliche Kirche, die Gemeinde der Heiligen.« Ewig gelobt sei Jesus Christus, daß Er durch Seinen Heiligen Geist sich eine Gemeinde auf Erden gegründet hat, Seine Kirche, das Haus Gottes im Geist inmitten der gottlosen Welt!

Er, ihr Baumeister, hat gesagt: »Ich will sie bauen!« Er hat es getan vom ersten Pfingsten bis heute. Unter Seiner Hand wächst der ganze heilige Bau in aller Welt.

Freilich, die Pforten der Hölle, die Burgen der Finsternis, sind auch erbaut. Der Böse sendet unablässig aus ihnen die Gewalten der Sünde und des Todes in Trotz und Grimm, List und Lüge gegen die Kirche.

»Dennoch soll die Stadt Gottes fein lustig bleiben mit ihren Brünnlein, da die heiligen Wohnungen des Höchsten sind. Denn Gott ist bei ihr drinnen.« Der Baumeister ist zugleich ihr fester Grund. Jesus Christus ist der Eckstein der Kirche. Auf diesem Eckstein lagern zuunterst Grundquadern, aus Gottes Fels gehauen, die Apostel und Propheten. Unter denen wieder ist Petrus der erste. Denn er durfte durch seine Pfingstpredigt mit dem Bekenntnis: »Jesus ist der Christus, der Sohn des lebendigen Gottes« den Grund legen. Das konnte er, weil er sich nicht mehr auf sich, sondern auf Jesus Christus gründete. Ebenso wurden die andern Apostel neben ihm »Grundsteine« und Säulen, und wenn wir uns durch den Heiligen Geist zu gleichem Glauben und Bekennen zurechtmeißeln lassen, damit werden auch wir lebendige Steine mit Petrus auf dem köstlichen und auserwählten Stein im geistlichen Haus.

Dabei dürfen wir wissen: Die Hölle wird die Kirche nicht überwältigen. Der Satan tobt in Rußland seit bald zwanzig Jahren in fanatischem Haß gegen die Kirche. Aber die Gemeinde Gottes ist dort heute lebendiger als zuvor.

Heiliger Geist, wir danken Dir, daß Du Deine Kirche gegründet. Wir bitten Dich, erhalte sie trotz aller Feinde Toben unserm Vaterland. Amen.

Jes. 44, 1-6 EG 127: Jauchz, Erd' und Himmel Apg. 10, 42-48

Und will dir des Himmelreichs Schlüssel geben; alles, was du auf Erden binden wirst, soll auch im Himmel gebunden sein, und alles, was du auf Erden lösen wirst, soll auch im Himmel los sein. Matth. 16, 19

Jesus Christus, der Baumeister und Bauherr Seiner Kirche, hat auch die Schlüssel zur Tür der Kirche in Seiner Hand und Gewalt. »Er tut auf und niemand schließt zu, Er schließt zu und niemand tut auf.« Aber Er übergibt die Schlüssel dem Verwalter der Kirche. Das ist hier Petrus, das ist die Gemeinde. Die Gemeinde schließt durch das Wort vom Kreuz und durch die Sakramente in der Kraft des Heiligen Geistes die Kirchentür auf und zu. Sie schließt die Kirchentür auf, indem sie durch Wort und Sakrament die Vergebung der Sünde anbietet. Wer sie annimmt, tritt ein durch die offene Tür in die Gemeinde. Es stehen im dritten Artikel beieinander »die Gemeinde der Heiligen und die Vergebung der Sünden«. Der Heilige Geist vergibt dem Gläubigen in der Gemeinde »täglich alle Sünden reichlich«. Täglich wird ihm die Kirchentür und damit die Tür des Himmelreichs weit aufgetan. »Denn wo Vergebung der Sünden ist, da ist auch Leben und ewige Seligkeit.« Aber die Gemeinde schließt durch Wort und Sakrament die Kirchentür auch zu. Denn nicht alle nehmen in Buße und Glauben die Vergebung der Sünden an. Wer aber die Vergebung von sich weist, der schließt sich selbst von der ewigen Seligkeit aus. Ihm wird die Sünde »behalten«. Er wird nicht von der

Fessel seiner Schuld vor Gott gelöst, sondern ihm wird die Sünde und Schuld nur noch fester aufgebunden. Denn die Abweisung der in Wort und Sakrament angebotenen Gnade ist eine schwere Sünde und wird bestraft durch zunehmende Verstockung gegen Gott und Sein Heil. So stellt die Kirche die Menschen in Wort und Sakrament immer vor die Entscheidung. Dem einen wird sie zum Leben, dem andern zum Tode. Den einen ist sie göttliche Weisheit und göttliche Kraft, den andern Torheit und Ärgernis. Die einen gehen in frohem Glauben in die Kirche als in die Pforte des Himmelreichs, die andern gehen mit trotzigem Sinn in die Welt und damit in die Pforten der Hölle.

O Heiliger Geist, wir danken Dir, daß Du Deine Gemeinde und Kirche mit Wort und Sakrament unter uns gebaut hast. Wie heilig ist diese Stätte! Hier ist nichts andres denn Gottes Haus. Hier ist die Pforte des Himmels. Amen.

Jes. 22, 22-32 EG 166: Tut mir auf Joh. 20, 19-23

Ein anderes Gleichnis redete Er zu ihnen: Das Himmelreich ist einem Sauerteig gleich, den ein Weib nahm und vermengte ihn unter drei Scheffel Mehl, bis daß es ganz durchsäuert ward. Matth. 13, 33

Der Sauerteig verändert das Mehl. Er teilt ihm seine Art mit. Das Himmelreich verändert den Menschen. Es teilt ihm seine Art mit. Das geschieht durch den Heiligen Geist. Der schafft die Wiedergeburt. Er macht aus dem natürlichen einen geistlichen Menschen, aus dem Weltkind ein Gotteskind. Der alte Mensch stirbt, der neue steht auf. Der neue Mensch ist Christus. Der lebt durch den Heiligen Geist in den Gläubigen und gibt uns durch Seine Kraft Teil an Seiner göttlichen Natur. Nach unsrer eigenen Natur sind wir tot in Sünden, Kinder des Zornes, und tun den Willen des Fleisches, d. h. des sündhaften Herzens. Aber durch den Heiligen Geist werden wir mit Christus lebendig, Kinder der Gnade, und bringen die Früchte des Heiligen Geistes. Von uns aus tun wir die Werke des Fleisches: Ehebruch, Hurerei, Unreinigkeit, Unzucht, Abgötterei, Zauberei, Feindschaft, Hader, Neid, Zorn, Zank, Zwietracht, Haß, Mord, Saufen, Fressen und dergleichen. Der Heilige Geist aber zeitigt in uns Liebe, Freude, Friede, Geduld, Freundlichkeit, Gütigkeit, Glaube, Sanftmut, Keuschheit. Welch eine göttliche Sauerteigswirkung sehen wir bei dem Apostel, der aus einem Saulus ein Paulus ward, aus einem hassenden, wutschnaubenden Mörder ein Mann, der das Hohelied der

Liebe nicht nur sang, sondern auch danach lebte. So verändert Jesus die Menschen.

Diese Veränderung des natürlichen Menschen durch den Heiligen Geist geht von innen heraus, unaufhaltsam fort, bis der ganze Mensch umgewandelt, vom Geist durchdrungen ist. Der Mensch wird nach Seele, Geist und Leib neu bis zur endlichen Vollendung, wo wir im verklärten Leib Gott dienen werden in ewiger Gerechtigkeit, Unschuld und Seligkeit.

O Gott des Friedens, heilige Du uns durch und durch und bewahre unsern Geist ganz samt Seele und Leib unsträflich auf die Zukunft unsres Herrn Jesu Christi. Du bist getreu, der Du uns rufst. Du wirst es auch tun. Amen.

Ps. 51, 11-14 EG 133, 1-6: Zieh ein Joh. 3, 1-8

Abermal ist gleich das Himmelreich einem Netze, das ins Meer geworfen ist, womit man allerlei Gattung fängt. Matth. 13, 47

»Gleichwie der Heilige Geist die ganze Christenheit auf Erden berufet, sammelt«, heißt es im dritten Artikel. Von dieser Sammlung der Christenheit durch den Heiligen Geist spricht der Herr in unserm Gleichnis vom Fischnetz. Das Meer ist die weite Völkerwelt, das unruhig brausende und wogende Meer der von Gott abgefallenen Menschheit. Der Herr hat nun Seine Jünger zu Menschenfischern gemacht, die auf Sein Wort auf die Höhe des Völkerozeans fahren und das Netz auswerfen. Sie tun es mit Wort und Sakrament in Kirchen, Landeskirchen, Volkskirchen. Weit öffnen sie das Netz durch Predigten, Unterricht, bei Trauungen, Beerdigungen, in Wort und Schrift auf allerlei Weise, als innere Mission und äußere Mission. Überall auf dem weiten Erdenrund arbeiten die Botschafter an Christi Statt, die da mahnen und einladen: Lasset euch versöhnen mit Gott. So sind viele Fischernetze am Werk. Aber der eine große Menschenfischer hat doch das mächtige Netz in Seiner gewaltigen Hand und zieht es. Deshalb geht durch das wogende Auf und Nieder des Völkergeschehens unsichtbar und heimlich ein starker Zug. Alles muß, ob es will oder nicht, der Sammlung der Kirche dienen, und ohne daß die einzelnen es oft ahnen, sind sie schon von dem Zug des Netzes ergriffen.

Dabei werden allerlei Gattungen gefangen. An alle Stände geht der Ruf, ob Könige oder Bettler, ob es der gelehrteste Professor ist oder das einfachste Schulkind, die Jugend oder das Alter, Gesunde oder Kranke, Deutsche oder Chinesen, alle sind gemeint, alle werden gezogen.

Aber ob sie noch so verschieden sind, äußerlich oder innerlich, sie sind in einem Netz, einer Kirche, an ihnen arbeitet der Heilige Geist mit dem einen Ziel, sie durch alle Wellen an das eine ewige Ufer zu ziehen.

Wir wollen uns nicht sträuben gegen Seine sel'gen Züge.

O Herr, durch Deines Lichtes Glanz zu dem Glauben versammelt hast das Volk aus aller Welt Zungen. Das sei Dir, Herr, zu Lob gesungen. Halleluja. Amen.

Jes. 60, 1-6 EG 266, 2-5: Der Tag mein Gott, ist nun vergangen Matth. 28, 18-20

Wenn es aber voll ist, so ziehen sie es heraus an das Ufer, sitzen und lesen die guten in ein Gefäß zusammen; aber die faulen werfen sie weg. Also wird es auch am Ende der Welt gehen. Die Engel werden ausgehen und die Bösen von den Gerechten scheiden, und werden sie in den Feuerofen werfen; da wird Heulen und Zähneklappen sein. Matth. 13, 48-50

»Das Brausen des Meeres, das Brausen seiner Wellen, das Toben der Völker« währt nicht end- und uferlos. Es hat ein Ufer. »Bis dahin soll es kommen und nicht weiter; hier sollen sich legen seine stolzen Wellen.« Am jüngsten Tage wird alle Welt stille werden vor dem ewigen Richter und atemlos auf Sein Urteil lauschen. Wenn von der allmächtigen Hand das große Netz an jenes ewige Ufer gezogen ist, dann wird sich zeigen, was gefangen wurde. Dann wird offenbar, daß in der Mannigfaltigkeit all der verschiedenen Gattungen doch nur zwei entscheidend verschiedene Gattungen waren, auf die es ankommt, daß quer durch alle Unterschiede ein Unterschied hindurchgeht, der allein ewige Bedeutung hat: gut oder faul, gerecht oder böse. Vor diesem Unterschied verlieren alle andern an jenem Ufer völlig jede Bedeutung. Da wird nicht entscheidend sein, was wir, sondern nur wie wir waren. Nicht ob König oder Bettler, wird die Frage sein, nicht ob gelehrter Professor oder einfaches Schulkind, ob berühmt oder unbekannt, alt oder jung, reich oder arm, gesund oder krank, Deutscher oder Chinese, sondern einzig dies: gut oder böse. In dies letzte Gericht aber zieht und treibt uns der Heilige Geist. Er straft die Welt um Sünde, Gerechtigkeit und Gericht. Der unheilige Geist der Welt will immer wieder das Kommen dieses Gerichtes, dieser Endentscheidung verdunkeln und vernebeln. Aber der Heilige Geist zerteilt diese Nebel, macht das ewige Entweder-Oder unübersehbar, drängt auf Entscheidung, bringt die Krisen und Gerichte im Einzel- wie im Völkerleben, das für oder wider Christus, bereitet so das Endgericht vor und führt es schließlich herbei.

O Heiliger Geist, der Du am jüngsten Tage mich und alle Toten auferwecken wirst, hilf mir, daß Du mir dann samt allen Gläubigen in Christo ein ewiges Leben geben kannst. Amen.

Joel 3, 1-5 EG 131: O Heiliger Geist, o heiliger Joh. 16, 7-11

Darum ein jeglicher Schriftgelehrter, zum Himmelreich gelehrt, ist gleich einem Hausvater, der aus seinem Schatz Neues und Altes hervorträgt.

Matth. 13, 52

Wir brauchen Pastoren, Prediger, Evangelisten, Lehrer, die die Gemeinde, alt und jung, aus der Schrift lehren, nicht aus eigenen Gedanken. Was sie aber lehren, muß uns klar den Weg ins Himmelreich zeigen. Den können sie aber nur zeigen, wenn sie ihn vorher für sich selbst gelernt haben, und den lernen sie nur bei dem einen großen Lehrer, dem Heiligen Geist, der uns »in alle Wahrheit leitet« und uns mit Seinen Gaben erleuchtet. Wer bei dem Heiligen Geist zur Schule gegangen ist, der kann aus »seinem Schatz« lehren. Denn der Heilige Geist hat ihn an alles »erinnert«, was Jesus gesagt hat, hat ihm die Worte unsres Heilandes und das Wort von unserm Heiland zu seinem inneren Besitz gemacht. Ein solcher kann dann »zum Himmelreich lehren«, denn er lehrt nicht totes, äußerlich angelerntes Wissen, sondern er bringt alles aus dem reichen und tiefen Schatz eigener Lebenserfahrung hervor wie aus einer Vorratskammer in seinem Innern. Ein Hausvater setzt Speise und Trank aus seiner Vorratskammer auf den Tisch, und zwar Neues und Altes: neues Gemüse, frisches Fleisch, aber auch Brot aus vorjährigem Korn, Rauchfleisch, alten Wein. Das mundet und ist nahrhaft. Die vom Heiligen Geist gelehrten Prediger und Lehrer zeigen den Weg zum Himmelreich an Beispielen aus unsrer Zeit und deuten uns die Wahrheit ihrer Lehre an Ereignissen der Gegenwart. Was sie aber so uns lebensfrisch nahebringen, ist immer wieder der alte Bußruf und das alte Evangelium aus der Bibel, die alten Katechismuswahrheiten und den alten Trost aus dem Gesangbuch. Unter solcher Lehre wird uns das alte Glaubensgut, die alte Bibel, zu einem neuen Erleben, so daß wir »heute« Gottes Stimme hören, wenn der Heilige Geist, der große Lehrer, Seinen Segen zu den »süßen Himmelslehren« gibt.

O Heiliger Geist, schenke Deiner Kirche bei uns solche Pastoren und Lehrer, auch Hausväter und Hausmütter und lehre uns die unergründlichen, seligen Geheimnisse der heiligen Dreieinigkeit. Amen.

Joel 2, 23 EG 157, 1: Laß mich Dein sein Joh. 14, 26; 16, 13-14

Darum gehet hin und lehret alle Völker und taufet sie im Namen des Vaters und des Sohnes und des Heiligen Geistes, und lehret sie halten alles, was ich euch befohlen habe. Matth. 28, 19-20

Heute ist das Trinitatisfest. Wir nehmen Abschied von der festlichen Hälfte des Kirchenjahres. Die großen Taten Gottes haben zu uns gesprochen in der Advents- und Weihnachtsbotschaft, in der Epiphanien- und Passionszeit, in dem Geschehen von Karfreitag und Ostern, in der Freudenzeit, die ihre Krönung am Himmelfahrtsfest fand, und endlich im Geschehen des Pfingstfestes, an welchem die Christenheit es für alle Zeiten erfahren hat: Er, der lebendige Herr, ist unsichtbar gegenwärtig, wo Seine Gemeinde sich um Sein Wort sammelt. Das Trinitatisfest faßt diese ganze Zeit noch einmal zusammen und ruft die Gemeinde auf, Gott auf Sein Tun zu antworten. Wie lautet diese Antwort? Sie kann nur in dem schlichten Bekenntnis bestehen: Ich glaube an Gott den Vater und an Jesum Christum und an den Heiligen Geist! Diese Antwort ist das Bekenntnis, aber bleibt toter Buchstabe, eine Not für unsern Verstand, ein Gespött der Christusfeinde, solange es nur mit dem Verstande erfaßt sein will. Es wird lebendig und unsres Lebens Freude, eine scharfe Waffe im Kampf gegen alles Antichristentum, wenn wir dem Befehl des lebendigen Christus gehorsam sind, dieses Bekenntnis aller Welt zu bezeugen.

Und Sein Befehl lautet: Gehet hin, lehret alle Völker, taufet und lehret sie halten! Jeder von uns wird durch diesen Befehl getroffen. Unser Gott fordert von uns unser Zeugnis gegenüber dem Bruder, das mittragende Gebet und Opfer für den Dienst der Kirche an der Front der Heidenmission oder in der Heimat, den seelsorgerlichen priesterlichen Dienst an Einsamen, Kranken, Verzagten oder Verbitterten. Er will, daß wir der Pflicht als christliche Erzieher eingedenk sind und darüber wachen, daß die Befehle des dreieinigen Gottes wirklich verkündet werden.

Herr, hilf uns, daß wir auf Deine großen Taten durch ein starkes, fröhliches Bekenntnis in Wort und Tat Dir Antwort geben. Gib uns zum Wollen die Kraft des Vollbringens. Amen.

3. Mose 11, 18-21 EG 183: Wir glauben all Apg 14, 21-22

Und Er kam jenseits des Meeres in die Gegend der Gergesener. Da liefen Ihm entgegen zwei Besessene, die kamen aus den Totengräbern und waren sehr grimmig, also daß niemand diese Straße wandeln konnte. Und siehe, sie schrien und sprachen: Ach Jesus, Du Sohn Gottes, was haben wir mit Dir zu tun? Bist Du hergekommen, uns zu quälen, ehe denn es Zeit ist?
Matth. 8, 28-29

Besessene Menschen, wertloses Leben und Jesus Christus, der Sohn Gottes, wie paßt das zusammen? Sind das nicht zwei Welten, die nichts miteinander zu tun haben? Der heutige Schriftabschnitt beantwortet diese Frage mit letzter Deutlichkeit. »Der Sohn Gottes ist erschienen, daß er die Werke des Teufels zerstöre!« Darum sucht Jesus Christus die Stätten des Jammers und des Grauens auf. Darum sind Ihm diese beiden Besessenen nicht wertloses Leben, das dem Verderben preisgegeben werden kann. Darum fürchtet sich der Sohn Gottes nicht, den Ort aufzusuchen, wo der Tod regiert, und zu den Menschen zu gehen, die so grimmig und verroht sind, daß sie in den Höhlen wohnen, die zur Aufnahme der Leichen bestimmt sind. Besessene sind es. Wer des Weges kam, den überfielen sie, so daß niemand die Straße wandeln konnte, die an diesen Totengräbern vorbeiführte. Jesus Christus geht diese Straße, und als der Sohn Gottes den Besessenen begegnete, verwandelt sich ihre Wut in Angst. Die Dämonen erkannten in Jesus den Sohn, denn sie waren Diener des Satans. In seinem Auftrag ergreifen sie Besitz von den Menschen, fesseln ihren Willen, quälen sie, jagen sie in Furcht und richten sie zugrunde. Die Begegnung mit Jesus ist ihnen eine Qual, denn sie wissen: Er ist ihr Richter und der Feind aller Finsternis. Wo Christus mit der Macht dieser Welt zusammenstößt, ist Gericht! Die Dämonen wissen, Jesus ist Sieger, aber sie meinen, des großen Tages Tod sei noch so fern und weit.

Satan geht auch in unsern Tagen umher und macht Menschen besessen. Wir wissen, es gibt Menschen, die sind in seiner Gewalt. Aber der lebendige Christus als der Richter über den Satan und seine Dämonen ist am Werk und überläßt keinen Besessenen, der zu Ihm kommt, seinem furchtbaren Schicksal.

Herr Christus, Du bist das Licht der Welt, komme auch in die Dunkelheit unsres Lebens und mach uns frei von aller Macht der Finsternis. Amen.

1. Sam. 28, 7-20 EG 373, 1-6: Jesu, hilf siegen Petr. 2, 1-5

Es war aber ferne von ihnen eine große Herde Säue auf der Weide. Da baten Ihn die Teufel und sprachen: Willst Du uns austreiben, so erlaube uns, in die Herde Säue zu fahren. Und Er sprach: Fahret hin! Da fuhren sie aus und fuhren in die Herde Säue. Und siehe, die ganze Herde stürzte sich von dem Abhang ins Meer und ersoffen im Wasser. Matth. 8, 30-32

Es gibt nicht nur eine gefallene Menschenwelt, es steht hinter ihr eine gefallene Geisterwelt, die mit unheimlichen Kräften und Einflüssen hineinreicht in unsre Menschenwelt. Diese gefallene Geisterwelt ist das Reich des Satans. Gerade zu der Zeit, da der Sohn Gottes, der Träger der Gottesherrschaft, sichtbar in unsre Welt eintrat, ging der Satan mit verdoppelter Kraft ans Werk, die Schöpfung Gottes zu verderben. Seit der Stunde, da Jesus dem Versucher in der Wüste widerstand, tobt dieser Kampf zwischen Gottesherrschaft und Satansherrschaft mit besonderer Heftigkeit, und er wird nicht eher aufhören, bis der wiederkommende Christus Sein Reich einnimmt. Wir haben es bei den Teufeln, welche von den Menschen Besitz ergreifen und sie zu Besessenen machen, mit harten, bittern Wirklichkeiten zu tun. Es ist töricht, zu behaupten, unter den Teufeln müsse man sich keine wesenhaften Geister vorstellen, sondern die bösen Leidenschaften der Menschen seien darunter zu verstehen. Unsre Geschichte lehrt uns das Gegenteil. Es sind nicht böse, menschliche Leidenschaften, sondern die Teufel selbst, welche auf Jesu Wort in die Sauherde fahren. Es mag uns seltsam berühren, daß Jesus die Teufel in eine Schweineherde jagt und diese zugrunde gehen läßt. Unser Denken und Verstehen wird den Schleier dieses Geheimnisses nicht lüften. Wir müssen es lernen, das verborgene Urteil Gottes zu ehren und demütig anzubeten. Soviel aber lehrt uns unser Schriftabschnitt mit ganzer Deutlichkeit: Jesu Sendung gilt dem Menschen, der Gottes Ebenbild ist. Eine ganze Herde Tiere gilt Ihm nicht soviel wie ein Mensch. Wo immer der Sohn Gottes einem Menschen begegnet, der in den Klauen des Satans ist, greift Er die Finsternis an, erweist Er sich als der Durchbrecher aller Bande, als der Sieger über die zerstörende Macht des Teufels.

Herr Christus, zerbrich auch bei uns die Fesseln des Teufels und mach uns Deines Sieges gewiß. Amen.

1. Mose 3, 9-15 EG 373, 7-10: Jesu, hilf siegen Eph. 6, 10-19

Und die Hirten flohen und gingen hin in die Stadt und sagten das alles und wie es mit den Besessenen ergangen war. Und siehe, da ging die ganze Stadt heraus Jesu entgegen. Und da sie Ihn sahen, baten sie Ihn, daß Er aus ihrer Gegend weichen wollte.

Matth. 8, 33-34

Gottesherrschaft und Satansherrschaft waren zusammengestoßen mit unheimlicher Gewalt, und der Sieg des Sohnes Gottes war vor den Augen der Welt offenbar. Das Werk des Satans, die Besessenheit des unglücklichen Menschen, war zerstört. Und die Antwort der Menschen auf diese Heilandstat? »Sie baten Ihn, daß Er von ihrer Grenze weichen wollte.« Dieser Christus, der Seine Macht über die finsteren Gewalten bewiesen hatte, war ihnen unheimlich. Darum wagten sie es nicht, Ihn wegen des zugefügten Schadens zu verhaften oder zu beschimpfen. Aber fort mußte Er. Die ganze Stadt bat Ihn darum. Man sah nur den Verlust, der durch die Vernichtung der Sauherde entstanden war, nicht aber die erbarmende Tat, durch die eine Menschenseele vom Verderben errettet wurde. Und so war das Reich Gottes vergeblich bei den Gergesenern gewesen. Aber nicht bei allen. Einer, das wissen wir aus dem Bericht des Lukas, nämlich der ehedem Besessene, hatte erkannt, wer dieser war, der ihn errettet hatte aus den Fesseln der Dämonen. Er hatte erfahren dürfen, daß Jesus Christus nicht nur alle Gewalt besaß im Himmel und auf Erden, er hatte auch Jesu erbarmende Güte geschaut, durch die er ein neuer Mensch geworden war.

Wir sind alle miteinander, wenn auch nicht immer so vor aller Augen sichtbar wie bei den Besessenen unsrer Geschichte, Sklaven des Teufels, bis uns der Sohn Gottes erlöst. Gott helfe uns, unsre Lage zu erkennen. Er öffne uns die Augen, daß wir nicht so handeln wie die Stadt der Gergesener, die den Heiland aus ihrer Mitte verbannte, weil Sein Licht und Seine Macht ihr unerträglich war.

Heiliger Herr und Gott, weiche nicht von uns, auch wenn wir verstockt und verblendet sind. Nimm die Hülle von unserm geistigen Auge, daß wir Deine Macht und Herrlichkeit und Deine erbarmende Güte schauen können. Amen.

Hos. 9, 7-12 EG 397: Herzlich lieb hab ich Dich Luk. 10, 10-12

Indes kamen die Jünger des Johannes zu Ihm und sprachen: Warum fasten wir und die Pharisäer so viel, und Deine Jünger fasten nicht? Jesus sprach zu ihnen: Wie können die Hochzeitleute Leid tragen, solange der Bräutigam bei ihnen ist? Es wird aber die Zeit kommen, daß der Bräutigam von ihnen genommen wird; alsdann werden sie fasten. Matth. 9, 14 - 15

Die Jünger des Täufers und die Pharisäer fasteten, um zu zeigen, daß sie auf die Offenbarung der Gottesherrschaft warteten. Das kam vor aller Augen zum Ausdruck in dieser ernsten Bußübung. Aber es bedeutete auch, daß sie auf die Vergebung noch mit ungewissem, oft verzagendem Herzen hofften. Sie waren noch nicht Menschen der Heilsgewißheit. Sie fragten noch im Blick auf Jesus: »Bist Du, der da kommen soll, oder sollen wir eines andern warten?« Jesu Jünger fasteten nicht, und ihr Meister verteidigt das. Er vergleicht sich mit dem Bräutigam, der durch seine Gegenwart die Freunde erfreut. Wo Jesus Christus gegenwärtig ist, da wartet man nicht mehr auf den Anbruch der Gottesherrschaft, denn da ist das Reich Gottes, Vergebung und Seligkeit Wirklichkeit geworden. Da hat das Fasten ein Ende. Dieses große Vorrecht, nicht zu fasten, hatten die Jünger Jesu jedoch nur solange, als der Herr unter ihnen war. Auch für sie sollte eine Zeit kommen, da sie wieder wartende Menschen wurden, die voll Sehnsucht Ausschau hielten nach dem in Macht und Herrlichkeit wiederkommenden

Christus. Das gleiche gilt von Seiner Gemeinde in unsern Tagen. Sie weiß, daß das Wort Fleisch geworden ist und die Gottesherrschaft in Jesus Christus auf Erden ihren Anfang genommen hat. Darum jubelt sie und wartet nicht mehr wie die Juden auf den kommenden Messias, und darum fastet sie nicht mehr, um Sein Kommen herbeizuzwingen. Aber die Gemeinde des Christus in unsern Tagen weiß auch, daß der Bräutigam wieder von dieser Erde genommen ist und nicht mehr sichtbar unter ihr weilt. Darum fastet sie, um bereit zu sein, wenn der Heiland wiederkommt in den Wolken des Himmels, um Sein Reich einzunehmen. Darum betet sie in sehnsüchtigem Verlangen mit den Zeugen der ersten Christenheit: Amen, ja komm, Herr Jesu!

Wir danken Dir, lieber Herr, daß wir es wissen dürfen: Dein Reich hat angefangen, und wir bitten Dich: Laß uns nüchtern und bereit, in Fasten und Beten auf Dein Kommen warten. Amen.

Jes. 58, 1-12 | EG 147: Wachet auf, ruft uns | Joh. 3, 26-33

Niemand flickt ein altes Kleid mit einem Lappen von neuem Tuch; denn der Lappen reißt doch wieder vom Kleid, und der Riß wird ärger. Man faßt auch nicht Most in alte Schläuche; sonst zerreißen die Schläuche, und der Most wird verschüttet, und die Schläuche kommen um. Sondern man faßt Most in neue Schläuche, so werden sie beide miteinander erhalten.

Matth. 9, 16-17

Wo Jesus Christus in ein Menschenleben eintritt, da gibt es eine Trennung, die jeder Christ beachten sollte. Das ist die Trennung Alt – Neu! Das Alte muß vom Neuen getrennt bleiben. Hier heißt es wirklich: »Das Alte ist vergangen, siehe, es ist alles neu geworden.«

Die Jünger des Täufers, denen die Worte unsres heutigen Schriftabschnittes zuerst galten, wollten diese klare Trennung nicht vollziehen. Sie wollten wohl einiges von der Lehre Jesu annehmen, im übrigen aber bei ihrer alten Frömmigkeit bleiben. Sie wollten ein Stück der neuen Botschaft von Jesus Christus wie einen Flicken aufsetzen auf das verbrauchte Kleid ihrer eigenen Frömmigkeit. Das konnte aber nur zur Folge haben, daß sie schließlich gar nichts mehr hatten. Der Flicken des neuen Tuches würde, sobald er einlief, das alte, mürbe Zeug noch mehr zerreißen. Der gewaltige Inhalt des Evangeliums von Jesus Christus, der neue Most, würde in alte Schläuche geleitet, diese zum Platzen bringen, und der neue Most würde verschüttet werden. Das weiß keiner so gut wie Matthäus, der Schreiber unsres Evangeliums. Er, der einstige Zöllner, hatte, nachdem ihm Christus begegnet war, die Trennung Alt-Neu ganz vollzogen und wirklich in seinem Leben erfahren, daß Jesus alle Lebensgebiete neu macht. Das aber haben wir so leicht mit den Johannesjüngern gemein: Wir wollen ein altes Kleid mit einem neuen Lappen flicken, weil wir uns von unserm alten, christuslosen Leben so schwer trennen können. Darum gibt es so wenig Christentum aus einem Guß, wo alles neu ist, und so viel Christentum, das Flickwerk ist, alt und neu durcheinander. Gott helfe uns, im Blick auf unser Leben, Alt und Neu ganz zu trennen, um das Neue ganz zu gewinnen.

Herr Jesus Christus, Du bist auch heute bei uns gewesen in Deinem Wort. Hilf uns, etwas Ganzes zu tun und Dir nachzufolgen in allen Dingen. Amen.

Jer. 31, 31-34 EG 127, 6: Jauchz, Erd Kor. 5, 14-17

Ich bin gekommen, die Sünder zur Buße zu rufen und nicht die Gerechten. Matth. 9, 13

Sünder und Gerechte werden hier einander gegenübergestellt. Gerechte sind solche, die das Gesetz Gottes kennen und danach tun, Gott ihr Opfer bringen und nach dem Maß ihrer Kraft für Gott leben. Wer wagt es, sich diesen zuzurechnen? Sünder dagegen sind Menschen, die das Gesetz Gottes nicht halten, sich gegen Gott empören, Ihm aus der Schule laufen und versuchen, aus eigenen Kräften, losgelöst von dem lebendigen Gott, ihr Leben zu bauen. Wer wagt es, sich diesen nicht zuzurechnen? Seht, darum richtet sich unser heutiges Schriftwort an uns ganz persönlich, nicht etwa an irgendwelche Menschen, die wir für besonders schlecht und verwerflich halten.

Unser aller Schicksal wäre der ewige Tod, wäre ewige Trennung vom Vaterhaus Gottes, denn wer sich von Gott gelöst hat, findet mit seinen eigenen Kräften den Weg zu Ihm nicht wieder zurück. Er mag sich noch so bemühen und anstrengen. Es sei denn, daß Gott von sich aus etwas tut. Und das hat Er getan und tut es alle Tage neu: Jesus Christus ist gekommen, die Sünder zurückzurufen auf den Weg des Lebens! Die Bibel braucht hierfür das Wort Buße. Buße heißt Neuanfang, heißt Schluß machen mit einem Weg, der ins Verderben führt, heißt entschlossen einen neuen Weg gehen, den Christus uns weist.

Wer sich von Gott gelöst hat, findet den Weg nicht wieder von sich aus zurück, es sei denn, daß er den Bußruf des Christus vernimmt. Heute ergeht Sein Ruf! Heute ruft Jesus Christus aus der Gottesferne zur Quelle des Lebens. Du hast die Freiheit, Seinem Wort zu gehorchen oder es zu verachten. Du kannst entweder zu denen gehören, die Jesu Bußruf hören und von vorne anfangen oder zu den vermeintlich Gerechten, die keinen Heiland brauchen und darum im Elend bleiben. Gott schenke uns viel Kraft und Entschlossenheit, Seinem Ruf zum Neuanfang gehorsam zu sein.

Herr Jesus Christus, der Du nicht müde wirst, uns zu suchen, gib uns die Erkenntnis, daß wir ohne Dich den Frieden unsrer Seele nicht finden. Komm Du zu uns und erbarme Dich unser. Amen.

1. Mose 3, 9-15 | EG 313: Jeus, der zu den Fischern lief | Petr. 2, 23-25

Er läßt Seine Sonne aufgehen über die Bösen und über die Guten, und läßt regnen über Gerechte und Ungerechte. Matth. 5, 45

»Was habe ich nur verbrochen, daß ich so gestraft werde? Warum geht es andern immer gut, die sich doch gar nicht um Gott kümmern?« Wie oft hören wir diese Fragen. Es sind die uralten Zweifelsfragen, die als dunkle Schatten zu unsern Gebeten gehören, wie die Nacht zum Tage. »Daß es dem Gottlosen so wohl geht«, war schon die Anfechtung des Psalmisten, an der er fast gestrauchelt wäre. Wir Christen nehmen in der Bedrängnis dieser Frage immer wieder unser heutiges Wort Jesu zu Hilfe: Gott will Seine Wege und Gedanken nun einmal nicht durchschauen lassen, darum läßt Er es in gleicher Weise regnen über Gerechte und Ungerechte. Müssen wir Gott deswegen entschuldigen? Hüten wir uns vor solchen Gedanken! Laßt uns lieber hinschauen und zu Herzen nehmen, was Jesus hier über uns sagt: »Er läßt Seine Sonne aufgehen über die Bösen . . .« Wer sind diese Bösen, die unter der Sonne Gottes leben und die Gabe zur Auflehnung gegen den Geber benutzen? Sind es nur die Mörder, die das Gottesgeschenk der Körperkraft mißbrauchen, um ins Haus des Nächsten zu schleichen und ihm sein Hab und Gut zu rauben? Nein! Die Bösen sind alle Übertreter der Gebote Gottes, sind wir alle! Wem das nur einmal deutlich geworden ist, dem dringt unser Wort tief ins Herz hinein: Gott läßt täglich Seine Sonne aufgehen über uns, die Bösen! Nimm dies Wunder ganz ernst, dann wird es dir plötzlich zur Selbstverständlichkeit, daß Gott über uns regnen läßt, und wir schämen uns, daß wir deswegen mit Gott hadern wollten. Aber nicht mehr selbstverständlich ist es uns dann, daß Gott Seine Sonne über uns scheinen läßt. Wie ein helleuchtendes Wunder steht Seine Liebe über uns, und wir stimmen ein in den Psalm: Die Güte des Herrn ist es, daß wir nicht gar aus sind. Auch bei den schwersten Schicksalsschlägen bringen wir es nicht mehr fertig, ein trauriges oder trotziges »Warum« an Gott zu richten. Zum Klagen haben wir keine Zeit mehr, sondern möchten nur immer durch die Tat unserm Vater im Himmel den Dank abstatten, den wir Ihm schuldig sind.

Herr, unser Gott, wir leben Tag um Tag aus Deiner Hand. Bewahre uns vor Undankbarkeit und erfülle uns mit Liebe gegen die Brüder. Amen.

Ps. 73 EG 413, 5-8: Ein wahrer Glaube Röm. 2, 1-11

Denn so ihr liebet, die euch lieben, was werdet ihr für Lohn haben? Tun nicht dasselbe auch die Zöllner? Und so ihr euch nur zu euren Brüdern freundlich tut, was tut ihr Sonderliches? Tun nicht die Zöllner auch also? Matth. 5, 46-47

Gott erwartet von uns etwas Besonderes. Jedes Seiner Kinder soll etwas Besonderes tun, durch das es sich grundsätzlich von der Welt abhebt. Aber ist es nicht merkwürdig, so viel wir es uns sonst kosten lassen, den andern etwas voraus zu haben, hier sind wir erstaunlich träge. Wenn uns jemand nahesteht und lieb und freundlich gegen uns ist, dann können wir es auch gegen ihn sein. Aber das ist gerade nichts Besonderes. Nun ist dein Arbeitskamerad neben dir vielleicht nicht so. Er ist durch Schicksalsschläge, die du nicht kennst, verschlossen und hart geworden. Die ehrlich gemeinte Freundlichkeit, mit der du ihm nähertrittst, stößt auf Mißtrauen und wird mit Kälte beantwortet. Vor der Welt hast du durchaus recht, wenn du jetzt Gleiches mit Gleichem vergiltst. Kein Mensch wird etwas Besonderes darin sehen, wenn nun ein ununterbrochener stiller Kleinkrieg zwischen euch die Folge ist. Die Entschuldigung für dich liegt schon bereit: Es kann der Frömmste nicht im Frieden leben, wenn es dem bösen Nachbarn nicht gefällt.

Nun aber wolltest du Jesus dienen. Ob Er das auch sagt? Nimmermehr! Er hat dich nämlich gerade in diese Lage hineingestellt, um dir Gelegenheit zu geben, etwas Besonderes zu tun. Die Weisheiten der Welt machen gar keinen Eindruck. Er befiehlt nur eins: Überwinde das Böse mit Gutem! Wehe uns, wenn wir nun nicht gehorchen! Alle unsre Liebe und Freundlichkeit, die wir den Brüdern erweisen, verliert ihre Verheißung, wenn wir da versagen, wo Gott von uns verlangt, daß wir das Besondere tun! Das ist für uns das Schwerste an der Bergpredigt, daß Gott hier Dinge von uns verlangt, die dem Denken der Welt genau entgegengesetzt sind. Wir sollen die lieben, die uns nicht lieben?! Was heißt das? Wenn wir hiermit einen Anfang machen, beginnt ein Krieg, der in unserm ganzen Leben nicht zu Ende gehen wird, der Krieg gegen uns selbst. Aber es winkt auch ein Krieg, der in Ewigkeit nicht vergehen wird. Eine einzige besondere Tat kann für uns die Wandlung des ganzen Lebens bedeuten: in ihr liegt Christus über uns, und damit ist alles gewonnen.

Lieber Herr Jesu, wir danken Dir, daß Du uns geliebt hast trotz all unsrer Widerwärtigkeit. Nun hilf uns, daß wir treu und gehorsam erfunden werden, wo Du von uns verlangst, daß wir Dir nachfolgen. Amen.

Hes. 11, 19-21 — EG 495, 4+5: O Gott, du frommer Gott — 1. Joh. 2, 3-11

Darum sollt ihr vollkommen sein, gleichwie euer Vater im Himmel vollkommen ist. Matth. 5, 48

Heute schließt das erste Kapitel der Bergpredigt. Da bleibt gewiß mancher, der bis hierher innerlich mitgegangen ist, verzagt am Wege stehen. »Herr, wer kann dann selig werden?« Vollkommen sein gleich wie Gott?! Was verlangt Jesus von uns? Wie sollen wir armen Menschen, die ihre Schwachheit und Sünde kennen, das verstehen? Ist es nicht ein grausames Wort? Ist es nicht so, als sagte man einem Gelähmten: »Lauf schnell!« Oder einem Blinden: »Sieh genau hin!« Er möchte gern, aber er kann es nicht. So ist auch die Forderung, die an einen Menschen ergeht: Du sollst vollkommen sein wie der heilige Gott, ein Gericht, durch das nur seine hoffnungslose Unvollkommenheit ans Licht gebracht wird. Unzählige Menschen, die an sich und andre die Forderung, vollkommen zu sein wie Gott, gerichtet haben, sind grausam zuschanden geworden. Auch keinem von uns würde es besser ergehen, wenn die Vollkommenheit als eine menschliche Forderung an ihn heranträte.

Darum sei Gott Lob und Dank, daß der Befehl zur Vollkommenheit an uns aus dem Munde dessen ergeht, der Vollmacht hatte, durch Sein Wort die Lahmen gehend und die Blinden sehend zu machen. So ist es nicht ein lastendes Gesetz, das uns in die Verzagtheit treibt, es ist die Verheißung dessen, der um unsrer Vollkommenheit willen Sein Leben hingab: Wir sollen, wir dürfen vollkommen sein. So gewiß Jesus Christus vollkommen ist wie Sein Vater im Himmel, so gewiß sind wir, erlöst durch Ihn, Seine Brüder und damit vollkommen wie unser Vater im Himmel! Wer sich diese gewaltigste Tatsache aller Zeiten vor Augen stellt, der mag erschrecken: Wie soll das möglich sein? Erschrick über die Größe dieses Geschehens, aber zweifle nicht! Christus ist hier, welcher ist zur Rechten Gottes und vertritt uns. Er hat's gesagt, und darauf wagt mein Herz es froh und unverzagt!

Herr Jesus Christus, wir hören Deinen Befehl und möchten gehorchen. Wir können nicht aus eigener Kraft die Vollkommenheit erlangen. Darum bitten wir Dich: Vergib uns unsre Schuld und schenke uns die Gerechtigkeit, die vor Gott gilt. Amen.

3. Mose 19, 1-5 EG 390, 1-3: Erneure mich Kol. 2, 8-15

Habt acht auf eure Almosen, daß ihr die nicht gebt vor den Leuten, daß ihr von ihnen gesehen werdet; ihr habt anders keinen Lohn bei eurem Vater im Himmel. Wenn du nun Almosen gibst, sollst du nicht lassen vor dir posaunen, wie die Heuchler tun in den Schulen und auf den Gassen, auf daß sie von den Leuten gepriesen werden. Wahrlich, ich sage euch: Sie haben ihren Lohn dahin. Wenn du aber Almosen gibst, so laß deine linke Hand nicht wissen, was die rechte tut, auf daß dein Almosen verborgen sei; und dein Vater, der in das Verborgene siehet, wird dir's vergelten öffentlich. **Matth. 6, 1-4**

Gott gibt allen Menschen ohne Unterschied das tägliche Brot. Barmherzig sein ist bei Ihm die wahre Gerechtigkeit. Nun wir durch den Glauben an Jesus gerecht geworden sind, gehören auch bei uns Frommsein und Barmherzigkeit wie Baum und Frucht zusammen. Die Bedürftigen vor unsrer Tür müssen es handgreiflich spüren, daß wir fromm sind.

Aber wehe uns, wenn wir nun so tun, als ob die Gabe, die Gott uns doch geschenkt hat, von uns käme und wir darum Lob verdient hätten, wenn wir unsre Barmherzigkeit zu einem Ausstellungsgegenstand machen und dabei wie ein Patenträuber handeln, der eines andern Arbeit für Frucht eigenen Nachdenkens ausgibt! Mit der in der Zeitung ausposaunten »Liebesgabe« stehlen wir die Ehre Gottes, der durch uns barmherzig handeln will.

Unsre Gabe entehrt auch den Beschenkten, wenn durch sie seine Schwachheit, die wir doch bedecken sollten, zum Schemel für unsre Ehrung gemacht wird. Wir erweisen ihm nicht die schuldige Liebe, weil wir im Grunde in uns selbst und unsre Freigebigkeit verliebt sind. Das Lob der Menschen, das wir für unsre Almosen ernten, ist ein schlechter Lohn und ist mit der Entehrung Gottes und der Kränkung unsres Menschenbruders allzu teuer bezahlt.

Der fromme Mensch gibt dem Armen, ohne mit sich selbst und andern zu Rate zu gehen. Er liebt nur den, der Mangel leidet, in seiner Blöße und denkt nur eins: daß da Hilfe not sei. Damit der andere nicht gekränkt und gedemütigt wird, hilft er so heimlich und behutsam, daß es niemand merkt. Sein Helfen ist so zart, weil es aus einem neuen, Gott allein hörigen Herzen kommt.

An Lohn zu denken hat er keine Zeit. Aber sein himmlischer Vater weiß, was der Christ selbst und die Menschen nicht wissen, und hat einen unvergänglichen Lohn unsrer Gaben bereit: die Freude des Vaters an Seinen gehorsamen und frommen Kindern.

Herr Jesu, hilf uns, dem Bruder einfältig und ohne Falsch zu geben! Amen.

1. Mose 24, 10-21   EG 413, 3+4: Ein wahrer Glaube   Apg. 2, 42-47

So ihr den Menschen ihre Fehler vergebet, so wird euch euer himmlischer Vater auch vergeben. Wo ihr aber den Menschen ihre Fehler nicht vergebet, so wird euch euer Vater eure Fehler auch nicht vergeben.

Matth. 6, 14 - 15

Gott vergibt allen denen, die glauben und getauft sind, ihre Sünden täglich und reichlich. Durch Seinen Sohn Jesus sind ja auch wir, die Ungehorsamen, Seine lieben Kinder geworden. Daß wir Ihn, unsern Vater, viel öfter, als wir ahnen, nicht ehren und daß wir so oft unsern Nächsten gegenüber die herzliche, selbstlose Liebe nicht aufbringen, rechnet ER uns nicht zu.

Aber indem Gott uns vergibt, sagt Er uns auch, daß unsre trotzige Selbstbehauptung vor Gott und den Menschen ein tiefer Fall und nicht ein Zeichen rechter Kraft ist. Wenn uns unsre Fehler vergeben sind, muß unser Leben anders werden. Kinder arten ihrem Vater nach, und unser Vater ist barmherzig.

Was heißt denn vergeben? Unsre Sünde ist fortgetan dahin, woher sie niemals wiederkommen und uns verklagen kann. So müssen auch wir den Menschen, die an uns nicht so handelten, wie Gott es will, ihren Fall vergeben. In dem neuen Herzen, das Gott uns schenkte, darf keine Bitterkeit und keine Anklage gegen unsre Mitmenschen mehr bleiben, wenn anders wir denn Kinder des barmherzigen Gottes sind und sein sollen.

Dabei ist es ganz unwesentlich, ob unser Nächster seine Fehler bereut und erkennt oder nicht. Wenn er gefehlt hat, ist er von Gottes Wegen abgewichen und gefallen und bedarf nicht des richtenden Urteils, sondern der befreienden Vergebung.

Es kommt nur darauf an, daß wir nicht abweichen von Gottes gutem, gnädigem Willen. Gottes Kinder können nicht anders als barmherzig sein. Wenn sie es nicht sind, scheiden sie sich damit von Gott und dem, was er ihnen gab, scheiden sich von dem neuen Leben, indem sie Vergebung und ein neues selbstloses Herz hatten. Wer nicht vergeben kann, leugnet mit der Tat, daß Gott sein Vater ist, denn das gehört zum Wesen der Gotteskindschaft, daß uns vergeben wird und wir vergeben.

Lieber, gnädiger Vater, vergib uns unsre Schuld, wie wir unsern Schuldnern vergeben! Amen.

1. Mose 33, 1-11 EG 343, 3: Ich ruf zu Dir Eph. 4, 24-32

Es hatte ein Mann zwei Söhne, und ging zu dem ersten und sprach: Mein Sohn, gehe hin und arbeite heute in meinem Weinberge. Er antwortete aber und sprach: Ich will's nicht tun. Danach reute es ihn, und ging hin. Und er ging zum andern und sprach gleich also. Er antwortete aber und sprach: Herr, ja; und ging nicht hin. Welcher unter den zweien hat des Vaters Willen getan? Sie sprachen zu Ihm: Der erste. Jesus sprach zu ihnen: Wahrlich, ich sage euch: Die Zöllner und Huren mögen wohl eher ins Himmelreich kommen denn ihr.

Matth. 21, 28-31

Gottes Befehl gilt allen Menschen, denn Ihm gehört die Welt, auch die Zeit und Kraft der Menschen. Ebenso deutlich ist es, daß Gottes Befehl bei allen Menschen auf Ablehnung stößt.

Zuerst wird dieser Ungehorsam bei den Dieben und Ehebrechern sichtbar, die wie der erste Sohn unverhüllt Gottes Gebot mißachten. Es ist empörend, daß Menschen so rücksichtslos in die Bezirke des fremden Eigentums und der fremden Ehe einbrechen. Man muß deutlich von ihnen abrücken. Noch schmerzlicher als die Schädigung des andern ist freilich die Tatsache, daß der freche Ungehorsam Gott, den Vater, ins Herz trifft.

Aber viel gefährlicher und empörender ist der Ungehorsam von uns Christen, wenn wir uns den Schein der Frömmigkeit geben und im Grunde wie der zweite Sohn nicht daran denken, mit dem Gehorsam gegen Gott ernst zu machen. Zur Auflehnung gegen Gott kommt hier die Lüge, die unsre Starre und Unbußfertigkeit mit einem frommen Mantel zu decken sucht und damit unsre Krankheit fast unheilbar macht.

Es gibt nur einen Weg zurück zum Vater: die ehrliche Reue, die Gottes Schmerz um die ungehorsamen Kinder nicht mehr ertragen kann. Dieser Weg bringt uns freilich in die Gesellschaft der Diebe und Ehebrecher. Das ist unserm alten und äußerlich so anständigen Menschen sehr ärgerlich. Aber Jesus weiß wohl, warum Er uns so demütigt. Wenn unser heimlicher Ungehorsam des Herzens nicht als Sünde offenbart wird, gibt es auch keine Reue und Vergebung der Sünden.

Die Echtheit unsrer Umkehr zeigt sich in der Tat. Die ehrliche Reue bringt uns nicht ins Schlaraffenland der frommen Genießer, sondern in das Himmelreich, wo jeder in Treue das Feld bearbeitet, das Gott ihm angewiesen hat. Das ist die Freude der reuigen Kinder, daß sie wieder in des Vaters Haus und Feld arbeiten dürfen.

Heiliger Gott, hilf uns, ehrlich Buße zu tun und Dir mit einem frommen Herzen zu dienen. Amen.

Ps. 60, 3-6 EG 233: Ach Gott und Herr Luk. 18, 9-14

Weh euch, Schriftgelehrte und Pharisäer, ihr Heuchler, die ihr gleich seid wie die übertünchten Gräber, welche auswendig hübsch scheinen, aber inwendig sind sie voller Totengebeine und alles Unflats! Also auch ihr: von außen scheinet ihr vor den Menschen fromm, aber inwendig seid ihr voller Heuchelei und Untugend. Weh euch, Schriftgelehrte und Pharisäer, ihr Heuchler, die ihr der Propheten Gräber bauet und schmücket der Gerechten Gräber und sprecht: Wären wir zu unsrer Väter Zeiten gewesen, so wollten wir nicht teilhaftig sein mit ihnen an der Propheten Blut. So gebt ihr über euch selbst Zeugnis, daß ihr Kinder seid derer, die die Propheten getötet haben.

Matth. 23, 27-31

Die Menschen verstanden dies scharfe Urteil Jesu über die Schriftgelehrten und Pharisäer nicht. Wie konnte Er ihnen nur zurufen: Weh euch! Sie waren doch Menschen, die es mit ihrem Glauben ernst nahmen.

Jesus aber urteilte anders. »Der Mensch siehet, was vor Augen ist, aber Gott siehet das Herz an.« Jesus sieht in das Herz der Pharisäer. Sie erweckten den Anschein, Gott nahe zu sein und waren in Wahrheit ferne von Ihm. In ihrem Herzen wohnt die Sünde, der Wille, der nicht Gott, sondern sich selber sucht.

Das göttliche Wehe traf die Pharisäer nicht deswegen, weil auch über sie die Sünde Macht gewann. Denn auch ihre Sünde wollte Jesus austilgen, um auch sie zu erretten, war Er gekommen. Aber weil sie zu heucheln versuchten, die Sünde habe keine Macht über sie, darum traf sie Jesu Wehruf.

Gott siehet das Herz an. Er kennt dein und mein Herz besser, als wir es selber tun. Vor Ihm bleibt nichts verborgen. Vielleicht haben wir einen guten Namen bei unsern Mitmenschen, sind als aufrichtige, kirchliche Menschen geachtet. Wohl uns, wenn es so ist. Aber wehe uns, wenn wir darauf unsre Stellung vor Gott gründen. Gott sieht das Herz an, vor Ihm ist es nicht verborgen, daß in uns die Sünde immer noch eine Macht ist. Wir können sie nicht überwinden, aber Christus hat sie überwunden. Selig aber ist der, welcher vor Gott seine geistliche Armut erkennt, durch keine Heuchelei und Selbsttäuschung Gott zu betrügen versucht, sondern auf Christi Barmherzigkeit seine Hoffnung setzt.

Erforsche mich, Gott, und erfahre mein Herz, prüfe mich und erfahre, wie ich's meine. Und siehe, ob ich auf bösem Wege bin, und leite mich auf ewigem Wege. Amen.

Amos 4 EG 386, 10: Eins ist not! Apg. 23, 1-11

Wenn ihr fastet, sollt ihr nicht sauer sehen wie die Heuchler; denn sie verstellen ihr Angesicht, auf daß sie vor den Leuten scheinen mit ihrem Fasten. Wahrlich, ich sage euch: Sie haben ihren Lohn dahin. Wenn du aber fastest, so salbe dein Haupt und wasche dein Angesicht, auf daß du nicht scheinest vor den Leuten mit deinem Fasten, sondern vor deinem Vater, welcher verborgen ist; und dein Vater, der in das Verborgene sieht, wird dir's vergelten öffentlich.

Matth. 6, 16-18

Der Mensch hat zu allen Zeiten Kraft zum Genießen und zur Aneignung der Güter dieser Erde besessen. Er hat es verstanden, alles anzuwenden zur Erhöhung seiner Persönlichkeit und zur Steigerung seines Lebensgefühls. Doch hat es auch immer wieder Menschen gegeben, die höchste Kraft im Entsagen, im Verzicht entfaltet haben, und es sind nicht die geringsten Leistungen, die hieraus erwuchsen. Wenn diese Haltung nun den Menschen in seiner Stellung zu Gott bestimmt, so reden wir vom Fasten. Wir müssen es uns abgewöhnen, hierin schon von vornherein etwas zu sehen, was uns als evangelischen Christen nichts zu sagen hätte und nicht hineinpasse in evangelische Lebensgestaltung. Und wir müssen es lernen, zunächst einmal eine hohe Achtung zu haben vor allem echten Entsagen, vor den tiefen Kräften echten Fastens, die in der Geschichte der christlichen Kirche immer wieder wirksam wurden. Jesu Wort nun zeigt uns die Art rechten Fastens, Er will uns bewahren vor den Gefahren religiösen Genießertums und feinster Ichsucht. Diese zeigt sich in der Haltung des Entsagenden und Weltabgewandten immer wieder darin, daß man nicht Gott und Seinen Dienst, sondern die Erhöhung des Ich, die Bewunderung durch die Menschen sucht. Aber den alten und neuen Pharisäern gilt es: »Sie haben ihren Lohn dahin.«

Echtes Fasten aber ist da, wo wir ohne die zur Schau getragene Miene des Asketen nicht anders können, als mit Freuden ein Leben des Verzichtens und des Dienstes zu führen, aus Liebe zum Nächsten und Gott zur Ehre.

Dann begehren wir keinen Lohn. Dann wollen wir nicht beachtet werden. Dann bekennt sich Gott zu uns dadurch, daß wir Ja sagen können zum Verzicht und zur Hingabe um Seinetwillen. Gott vergilt dann öffentlich. Er gibt Seinen Segen denen, die in der Kraft des Verzichtes fröhlich fasten können.

Schenke uns, lieber Herr, daß wir in rechter Freude und freiwilliger Hingabe Dir und unsern Brüdern dienen können. Amen.

1. Sam. 16, 7 EG 412, 1+2: So jemand spricht Phil. 4, 13

Ihr sollt euch nicht Schätze sammeln auf Erden, da sie die Motten und der Rost fressen und da die Diebe nachgraben und stehlen. **Matth. 6, 19**

Das Schätzesammeln liegt uns Menschen. Gesammelte Schätze geben uns ein Gefühl der Sicherheit, wenn wir an die Zukunft denken.

Ein Kaufmann hat Geld, Vermögen, ein gutes Geschäft. Eines Tages legt ein Dampfer in Hamburg an; die ganze, für ihn bestimmte Ladung ist verdorben. Er ist nicht versichert. Das kostet sein Vermögen und sein Geschäft. Schätze auf Erden sind immer unsicher, besonders das Geld.

In vieljähriger Arbeit spart sich mit großem Fleiß ein Schneider in kleines Vermögen zusammen. Er hat es vor den Dieben gesichert, aber die Inflation nahm ihm alles. Seine Klage will nicht verstummen: sein Geld, sein gesichertes Auskommen im Alter – alles ist hin. So geht es dem, der sich Schätze sammelt auf Erden. Er hängt sein Herz daran und vergißt, daß unser wahrer Schatz, der uns bleibend am Leben erhält, im Himmel ist.

Ist nicht für die meisten auch heute das Ziel der gesicherte Mensch, der »risikolose« Mensch? Wir umgeben uns nach allen Seiten mit Sicherungen und Versicherungen, um gegen jegliche Wechselfälle gewappnet zu sein.

Doch es gibt keinen Besitz, keinen Reichtum dieser Erde, der nicht ständig bedroht wäre. Durch Generationen hindurch war der Besitz in der Familie. Da kam der Krieg.

Feinde rissen das Land an sich, durchziehende Truppen plünderten Haus und Hof, alles wurde gestohlen. Die früher so wohlhabende Familie ist in alle Winde zerstreut.

Nichts ist auf dieser Erde, was beständig bleibt. Weh dem, der sein Herz an Schätze auf dieser Erde hängt. Er ist heimatlos. Und doch brauchen wir eine letzte Zuflucht, eine letzte Sicherung und Geborgenheit, eine feste Burg, einen Schatz, den uns keine menschliche Macht und keine Naturgewalt nehmen kann. Das richtet unsern Blick nach oben, auf das, was ewig bleibt, das im Himmel ist.

Du, Herr, kennst unser Suchen nach Geborgenheit. Zeige uns die Unzulänglichkeit allen irdischen Reichtums und richte unsern Blick auf das Bleibende. Amen.

Spr. 13, 7 EG 363, 4: Kommt her zu mir 1. Joh. 2, 15-17

Sammelt euch aber Schätze im Himmel, da sie weder Motten noch Rost fressen und da die Diebe nicht nachgraben noch stehlen. **Matth. 6, 20**

Jesus will keine tatenlosen Pessimisten und keine weltabgewandten Träumer aus uns machen. Er will aber auch nicht, daß unser Leben arm und leer werde. Sollten uns solche Gedanken kommen bei Seiner Warnung aus dem vorigen Vers, so stellt Er dem in diesem Sein Aber entgegen. »Sammelt euch aber Schätze im Himmel! Sorgt dafür, daß ihr reich seid bei Gott!« Er will uns herausführen aus der ständigen Bedrohtheit allen Besitzes und Reichtums in sichere Geborgenheit. Wir müssen dazu nicht zuerst unser Hab und Gut, unsern Anteil an den Gütern dieser Erde auf die Straße werfen, um Jesu Forderung erfüllen zu können. Wir werden auch damit allein nicht reif für die Ausführung Seines Befehls, daß wir unsern geistigen Besitz verleugnen. Aber all das soll nun dem neuen Ziel dienen: Schätze zu sammeln im Himmel, reich zu werden bei Gott.

All unser Tun und Handeln, unser ganzes Leben und unser Besitz sollen uns Gott näherbringen, sollen Seinen Willen bei uns und durch uns ausrichten helfen. Keinen Tag hingehen lassen, ohne daß wir an ihm wenigstens ein helfendes Wort gesprochen, ohne daß nicht an einem andern Menschen eine Tat barmherziger Liebe geschah – das macht reich in Gott. Nie die Sonne untergehen lassen über unserm Zorn, immer die Hand bereithalten zur Versöhnung – das schafft bleibende Werte. Keinen Tag verstreichen lassen, ohne daß wir nicht hineingehorcht hätten in das ewige Gotteswort, ohne daß uns aus ihm nicht die seligmachende Botschaft entgegengeklungen wäre – das heißt, echte Schätze sammeln. Diese Schätze bleiben, niemand kann sie uns nehmen, sie erhalten uns in Zeiten der Not, aus ihnen können wir andern mitteilen, sie retten uns hindurch durch die letzte Stunde und schenken uns ewige Geborgenheit.

Du ewig reicher Gott, wir danken Dir, daß wir an Deinem Reichtum teilhaben dürfen. Gib Du uns täglich Kraft aus Deiner Fülle, daß die Liebe Christi in uns Gestalt gewinne und wir dadurch einen unvergänglichen Schatz haben. Amen.

Klagel. 3, 22-24 | EG 495, 1+5: O Gott, Du frommer Gott | Hebr. 11, 26

Denn wo euer Schatz ist, da ist auch euer Herz.
Matth. 6, 21

Dies Wort Jesu fragt uns unüberhörbar, wo wir den Mittelpunkt, die bewegende Kraft unsres Lebens und Wirkens haben. Es fragt uns: »Woran hängt dein Herz?«

Wo sind wir mit unsern Gedanken, wenn wir einen Augenblick freie Zeit haben oder von unsrer Arbeit aufsehen? Denken wir an unsre Familie, an die Zukunft der Kinder? Hängt unser ganzes Herz an ihrem Fortkommen und einer gesicherten Lebensstellung? Arbeit für die Familie, Schaffen für unser Volk ist ein hohes Gut. Das höchste ist es nicht.

Oder sind unsre Gedanken bei dem Ertrag unsrer Arbeit, dem Geld? Wer Geld hat, dem öffnen sich viele Türen. Geld regiert die Welt. Geld ist Macht. Darum will es herrschen, auch in unsern Herzen. Das Geld will bestimmen, und es bestimmt das Handeln vieler Menschen. Sind wir auch insgeheim, wenn auch nur durch die Sehnsucht, das Verlangen nach Geld, im Bann dieser dämonischen Macht? Dann schließt sich langsam das Fenster in unserm Herzen, das zu Gott hin offenstand, und das Geld, die Begierde, die Welt regiert uns. Gewiß, eigener Besitz, Arbeitskraft und Kapital sind hohe Güter. Das höchste Gut sind sie nie und nimmer.

»Wo euer Schatz ist, da ist euer Herz!« Wo unser höchstes Gut ist, da ist unser Herz. Und das, was unsern »Schatz«, unser höchstes Gut ausmacht, gestaltet unser Leben, unser

Wesen und unsre Art. Unser »Schatz« kann nur das sein, was Gott uns gibt, das ewige Leben. So werden wir heute gemahnt, uns ernsthaft zu prüfen, ob unser Herz wirklich und immer bei Gott ist, ob Er wirklich das höchste Gut in unserm Leben ist, ob es wirklich gilt: »Gott stehet mir vor allen ...«

Danach dürstet die Menschheit und danach fragt die Welt: nach Menschen, deren Herz für Gott brennt, nach solchen Christen, deren Leben eine einzige Verkündigung, ein einziger Hinweis auf das höchste Gut ist. Ob darum unsre Verkündigung oft so matt ist, ob darum das Christentum für viele unglaubwürdig geworden ist, weil man in ihnen nicht mehr den lebendigen Herzschlag spürt? Laßt uns mehr den verkündigen und den bezeugen, der unser höchstes Gut ist, Jesus Christus.

Tu uns, Du großer Gott, die Augen auf für Dein ewiges Gut, und gib uns ein Herz, das brennt für Dich. Amen.

Ps. 28, 7 EG 302, 2: Du meine Seele, singe 1. Joh. 3, 20

Das Auge ist des Leibes Licht. Wenn dein Auge einfältig ist, so wird dein ganzer Leib licht sein; ist aber dein Auge ein Schalk, so wird dein ganzer Leib finster sein. Wenn nun das Licht, das in dir ist, Finsternis ist, wie groß wird dann die Finsternis sein!

Matth. 6, 22-23

Auch darin zeigt sich etwas von der Gottesebenbildlichkeit, zu der hin der Mensch geschaffen ist, daß seine Glieder und leiblichen Organe nicht nur körperlich arbeiten, sondern daß sie zugleich Träger und Ausdruck inneren Lebens sind. Das gilt ganz besonders vom menschlichen Auge. Es ist nicht nur das feinste Organ, das als des »Leibes Licht« uns teilhaben läßt an der Umwelt mit ihrem Licht, mit ihren Formen und Farben, sondern zugleich auch der Spiegel der Seele, des inwendigen Menschen. Im Auge offenbart sich uns oft eine ganze Welt. Ein Blick kann uns mit einem andern Menschen verbinden in ungeteilter Gemeinschaft für ein ganzes Leben, oder er kann uns für immer von ihm trennen. Bei großen Männern ist es fast immer die zwingende Gewalt des Auges, die die Massen bannt, die Getreuen immer wieder gewinnt und die Feinde bindet. Was gäben wir vollends darum, einmal wie die Jünger hineinschauen zu können in das Auge des Heilandes, voll erbarmender Liebe und heiliger Wahrheit! – Jesus benutzt nun dies Gleichnis vom Auge, um uns zu sagen, daß noch mehr als die Verbindung mit der Sonne uns die Verbindung mit dem Licht Gottes not ist, und daß noch schwerer als die äußere Blindheit die innere Finsternis wiegt. Dem körperlich Blinden hilft das hellste Sonnenlicht nicht. Das hellste Licht der Offenbarung hilft dem Menschen nicht, über dessen Herz die Sünde die Decke der Gottesferne, der Gebundenheit und des Todes gebreitet hat. Jesus allein macht frei von aller Dunkelheit. Von Ihm allein können wir erleuchtete Augen des Herzens erbitten und bekommen; Er allein kann es dahin bringen, das von uns dann auch Licht ausgeht für andere, nicht das Licht äußeren Wesens, eigener Weisheit, sondern Licht vom ewigen Lichte.

Jesu, gib gesunde Augen, die was taugen, rühre meine Augen an; denn das ist die größte Plage, wenn am Tage man das Licht nicht sehen kann. Amen.

Ps. 31, 35-37 EG 449, 1+2: Die güldne Sonne 1. Kor. 2, 9

Niemand kann zwei Herren dienen. Entweder er wird den einen hassen und den andern lieben, oder er wird dem einen anhangen und den andern verachten. Ihr könnt nicht Gott dienen und dem Mammon.

Matth. 6, 24

Der Mensch möchte nicht dienen, sondern herrschen. Und es ist nicht erst ein Wort von heute und gestern, das von dem selbstherrlichen Menschen redet, der in eigener Verantwortung und aus eigener Kraft sein Leben bestimmt und gestaltet, der auch in eigener Kraft fertig wird mit der Schuld des Lebens. Das Wort Jesu dieses Tages zerstört dies alles und setzt ohne weiteres die große Tatsache voraus, daß wir Menschen nicht selbstherrlich sind, daß wir nicht anders können als dienen, als uns in die Gewalt irgendeines »Herrn« begeben. Wir müssen alle einen Herrn haben, dem wir dienen, wir können aber immer nur einem Herrn dienen. Viele Menschen möchten dieser Entscheidung aus dem Wege gehen. Sie sagen: ja – aber. Sie wollen weder auf das eine noch auf das andere ganz verzichten. Es sind nicht nur die Juden, die es erfunden haben, wie man Gott und einem andern Herrn, hier also dem Mammon, zugleich dient. Und doch können wir nach dem unerbittlichen Wort Jesu, nach Seinem klaren Entweder – Oder nur einem Scheinherrn, einem Götzen oder dem lebendigen Gott dienen. Jesus drängt dich und mich zu einer Entscheidung darüber, welchem Herrn wir dienen wollen, und faßt diese Entscheidung in die Worte: »Gott oder dem Mammon!«

Es handelt sich beim »Mammon« nicht allein um Kapital und Reichtum im engeren Sinne, sondern um Besitz und Eigentum in jeder Form. Jesus meint all die Dinge, die dann zum Götzen, zum Gegenspieler Gottes in unserm Leben werden, wenn sie an die Stelle Gottes treten, anstatt daß sie blieben, was sie sein sollen: Gaben Gottes, die wir nur verwalten sollen als Seine Haushalter. Freiheit gegenüber allen falschen »Herren« bekommen wir nur dann, wenn wir uns ganz binden lassen an Gott, wenn Er unser »Herr« wird.

Heiliger Gott, wir geben unser Leben in Deine Hände. Mach Du uns frei von allem, was uns bindet außer Dir. Hilf Du uns zur wahren Freiheit im Gehorsam gegen Deinen Willen. Amen.

Jos. 24, 35 EG 200, 5+6: Ich bin getauft Offb. 22, 3

Bittet, so wird euch gegeben; suchet, so werdet ihr finden; klopfet an, so wird euch aufgetan.

Matth. 7

Der Herzschlag des Christenlebens ist das Gebet. Und wie dem Glaubensgut, so hat man auch dem Gebet des Christen den schärfsten Kampf angesagt. Nicht schwaches Stammeln, nicht tatenloses Betteln, so meint man, könne uns helfen. »Wir selbst schaffen es durch unsre eigene Kraft. Und auf das andere verzichten wir! Wir wollen uns nichts schenken lassen!« Auf der andern Seite stehen die Menschen, die im Gebet nichts weiter sehen wollen als Einkehr bei sich selbst, als Eintauchen in die eigene, innere, geistige Welt. Wie ganz anders und wieviel größer ist doch, was uns Jesus über das Gebet sagt! Gott ist nicht der herzlose Tyrann, vor dem wir als die Willenlosen im Staube liegen. Gott ist nicht ein flüchtiger Gedanke, ein Gebilde unsrer Seele. Gott ist der, den wir bitten dürfen, wie die lieben Kinder ihren lieben Vater bitten. Er ist das große, ewige, heilige Du, dem unser Ich sich nahen darf. Jesus kann uns nicht genug mahnen, von diesem Vorrecht, von diesem Freibrief Gebrauch zu machen. Er kann dafür gar nicht genug Worte finden: »Bittet! Suchet! Klopfet an!« Und an diese Ermächtigung knüpft Er die Verheißung der Erfüllung. Es gibt wohl menschlich gesehen unerhörte Bitten, aber es gibt kein unerhörtes Gebet: wenn ein Christ betet, dann geschieht etwas. Dann greift er nach Gottes Hand, dann fragt er nach

Seinem Willen. Echtes Beten ist immer Ringen um Einheit mit Gottes Willen. Und es ist die größte und tiefste Erfüllung der Verheißung Jesu, größer als die, die Gott uns in der Erfüllung äußerer Wünsche hin und wieder auch schenkt, wenn wir immer tiefer hineinkommen in die Gemeinschaft mit Ihm. Dann wird uns wirklich »gegeben« und »aufgetan«. Möchten wir uns durch diesen königlichen Freibrief Jesu in Familie, Kirche und Haus immer mehr zusammenfinden als solche, die geeint sind im Fragen nach Gottes heiligem Willen und der Gemeinschaft mit Ihm.

Lieber Vater, wir danken Dir, daß Du uns hörst. Wir bitten Dich: öffne unser Herz immer mehr Deinem heiligen Willen und unser Leben der Gemeinschaft mit Dir! Amen.

Jes. 65, 24 | EG 182, 2+3: Suchet zuerst | Jak. 5, 16

Darum sage ich euch: Sorget nicht für euer Leben, was ihr essen und trinken werdet, auch nicht für euren Leib, was ihr anziehen werdet. Ist nicht das Leben mehr denn die Speise und der Leib mehr denn die Kleidung? **Matth. 6, 25**

Wer kennte nicht das graue, unheimliche Gespenst der Sorge, das sich mit an unsern Tisch setzt, das uns die Arbeit erschwert und uns den gesunden Schlaf raubt? Wer hätte keine Sorge, und sind wir etwa am Sonntag frei davon? »Sorgen sind der Nebel, der uns die Sonne verhüllt« – und uns fröstelt darin! Nun spricht der Heiland: »Sorget nicht!« Wie? Ist der Herr Christus so weltfremd, kennt Er unser Leben so wenig, daß Er das von uns verlangt? Wir müssen schärfer hinhorchen. Der Herr fragt hier: Was ist mehr: Das Leben oder die Speise? Was nützen uns gefüllte Speisekammern, volle Scheunen, ein hohes Bankguthaben, wenn uns Gott nicht das Kostbarste geschenkt hätte: das Leben?! Was nützen uns gefüllte Truhen, volle Kleiderschränke, wenn uns Gott nicht den Leib gegeben hätte? Leib und Seele ist mehr als Speise und Kleidung.

Woher kommt eigentlich unsre Sorge? Sie hat ihre Wurzel in der Weltlust, in der Eitelkeit des Lebens, in der Ichhaftigkeit, in der Weltart einer gefallenen Schöpfung. Wir drehen uns mit unsern Gedanken und Sinnen nur noch um die eigene Achse: um unser kleines, so groß gewordenes Ich. Und damit haben wir uns von dem wahren Mittelpunkt, um den unser Leben schwingen sollte, gelöst: von dem lebendigen Gott. Das ist die eigentliche Not der Welt, unser aller Not: von Gott abgefallen. Weil das so ist, darum beugt uns die Sorge in ihrer tausendfachen Gestalt Nacken und Schultern, daß wir nicht mehr zum Himmel, zum Vater, aufschauen können. Unser Herz wird durch die Sorge zerteilt, und dadurch zersplittern wir unsre Kräfte.

Hat Gott uns aber Seele und Leib, das Größere, gegeben, dann wird Er uns auch das Geringere, Nahrung und Kleidung, geben. Oder meinst du im Ernst, daß diese irdischen Dinge, um die du dich so sorgst, für Ihn zu groß sein sollten? Jesus setzt an Stelle der Sorge den Glauben!

Lieber Vater im Himmel! Wir danken Dir, daß Du uns frei machst von der schweren Last unsrer Sorgen! Du hast uns Leib und Seele gegeben und willst uns nun auch alles andere geben, was wir zum Leben nötig haben. Amen.

Ps. 127, 1-2   EG 361, 1–4: Befiehl du deine Wege   Luk. 16, 19-31

Sehet die Vögel unter dem Himmel an: sie säen nicht, sie ernten nicht, sie sammeln nicht in die Scheunen; und euer himmlischer Vater nähret sie doch. Seid ihr denn nicht viel mehr denn sie? Matth. 6, 26

Ist es nicht beschämend, daß der Heiland uns erst auf die Vögel aufmerksam machen muß, um uns die ganze Haltlosigkeit unsres Sorgens klarzumachen? Die Vögel des Himmels – unsre Lehrmeister! Ob wir in der Großstadt oder auf dem Lande wohnen, wir können viel von den Vögeln lernen, wenn wir nur einmal wirklich hinsehen und ganz still beobachten wollen! Nicht nur, daß sie so umsichtig sind, sondern wie sind die dankbar und fröhlich! Wenn Frühlingsahnen durch die Natur zieht, dann kommen die Zugvögel zu uns! Wer sagt ihnen denn, daß sie schon genug Nahrung finden, obwohl noch Märzschnee liegt? Wie wunderbar, daß sie kommen! Und es erwachen die Vogelstimmen, daß auch wir fröhlich werden und jubeln müssen in dem tausendstimmigen Chor zum Lobpreis Gottes. Wie sind die Vögel sorglos!

Unser Luther konnte seine vielen Amtssorgen vergessen, wenn er die Vögel in seinem Garten so sorgenfrei umherfliegen sah und sie so fröhlich singen hörte. Als einmal ein Buchfink aus voller Kehle sein Lied geschmettert hatte, trat der Doktor herzu, nahm seinen Hut ab und sagte: »Mein lieber Herr Doktor! Ich muß bekennen, daß ich die Kunst nicht kann, die du kannst! Du schläfst die Nacht über in deinem Nestlein ohne alle Sorge. Des Morgens stehst du wieder auf, bist fröhlich und guter Dinge, setzest dich auf ein Bäumlein und singst, lobst und dankst Gott. Danach suchst du deine Nahrung und findest sie. Pfui, was hab ich alter Narr gelernt, daß ich's nicht auch tue, der ich so viel Ursach dazu habe.«

Sind wir nicht auch oft solche Narren? Wir bilden uns ein, Gott speise wohl die Vögel, aber uns nicht, uns überlasse Er hilflos unsrer eigenen Sorge! O daß wir doch mehr lernten, täglich so fröhlich und sorglos zu sein, wie unsre gefiederten Freunde, dann würden wir auch vielmehr Danklieder unserm Gott singen. Die Sorgen aber »sind Raubvögel, die unser Gottvertrauen umkreisen«!

Lehre Du uns, himmlischer Vater, unser Vertrauen allein auf Dich zu setzen. Der Du den Vögeln ihre Nahrung gibst, wirst vielmehr auch uns Menschenkindern das tägliche Brot geben. Amen.

Ps. 33, 12-22 EG 371, 1+8: Gib dich zufrieden 1. Tim. 6, 6-10

Wer ist aber unter euch, der seiner Länge eine Elle zusetzen möge, ob er gleich darum sorget? Und warum sorget ihr für die Kleidung? Schauet die Lilien auf dem Felde, wie sie wachsen: sie arbeiten nicht, auch spinnen sie nicht. Ich sage euch, daß auch Salomo in all seiner Herrlichkeit nicht bekleidet gewesen ist wie derselben eins. Matth. 6, 27-29

Warum sorgen wir eigentlich? Diese Frage stellt uns der Heiland mit ganzem Ernst. Sorgen sind für viele ein tägliches Brot, darum werden auch tausendfach verschiedene Antworten auf diese Frage gegeben. Sorgst du dich darum, möglichst lange zu leben? Siehst du nicht, wie sich damit ein ungezähltes Heer von Sorgen um dich stellt? Du mußt dich richtig ernähren, deinen Körper pflegen, deine Nerven schonen, vor allen Krankheiten dich schließlich nicht rühren, überall fletschen dich die Sorgenhunde an! Und was erreichst du? Es kommt doch die Zeit, wo deine Haare grau werden, dein Gesicht Falten bekommt – trotz aller Schönheitsmittel! Es kommt doch deine letzte Stunde!

Oder quält dich die Kleiderfrage am Hochzeitstag, wie alle Tage deines Lebens? »Ziehst du dich auch immerfort an«, d. h. wechselst du immer neue Kleider – oder »Hast du nichts anzuziehen« – trotz vieler Kleider? Wie belasten wir uns doch mit diesen Sorgen, die letztlich so völlig belanglos sind. Warum eigentlich?! »Sorgen sind Gäste in Hütte und Palast!«

Was ist denn alle Herrlichkeit einer einzigen Blume, die Gott der Herr auf dem Felde wachsen läßt? Verstehen wir denn nicht mehr, was die Blumen uns sagen wollen? Wir finden eine herrliche Blume irgendwo, wo selten oder kaum ein Mensch hinkommt. Wer erfreut sich denn daran. Wir fanden sie auch nur zufällig. Warum blüht sie da? Warum hat sich der Schöpfer so viel Mühe gemacht, da sie doch bald verblüht? Es lohnt sich nicht? Wie gedankenlos werden viele Blumen abgerissen, um bald fortgeworfen und zertreten zu werden! Und doch ist jede Blume eine Predigt Gottes an uns. Jede eine Schöpfung Gottes, so wunderbar, daß keine menschliche Kunst imstande ist, Gleiches zu schaffen. Keine zu klein, zu gering, Gott gibt ihnen Farbe, Gewand und Duft. Und Gott sollte nicht für unsre Kleidung sorgen, die wir uns so gern die »Krone der Schöpfung« nennen?!

Ach, mein Gott, wie wunderbar stellst Du Dich der Seele dar! Drücke tief in meinen Sinn, was Du bist, und was ich bin! Amen.

Ps. 104, 27-33 EG 371, 7-10: Gib dich zufrieden Jak. 4, 13-17

So denn Gott das Gras auf dem Felde also kleidet, das doch heute steht und morgen in den Ofen geworfen wird: sollte er das nicht viel mehr euch tun, o ihr Kleingläubigen? Matth. 6, 30

Haben wir über die gestrige Predigt der Blumen nachgedacht, hat sie uns in unsern Alltag begleitet, ist sie durch unsern Sinn gegangen, als wir unsre Blumen im Fenster oder im Garten betreuten, die Vase auf den Tisch stellten, oder durch den großen Blumengarten der Natur gingen? Wurden wir unsre Sorgen los, wurden sie uns klein? Wurden wir veranlaßt, die Stärke unsres Glaubens zu prüfen? Wie steht es mit unserm Gottvertrauen?

In Magdeburg war einst ein Mann sehr bekümmert und niedergeschlagen. Er hatte nichts zu essen, auch kein Geld. Da sagte ein Freund zu ihm: »Hast du schon gehört, daß in diesem trockenen Sommer die Bauern anfangen, in großen Tonnen mit Viergespannen Wasser aus der Elbe zu holen? Da wird der Fluß bald ausgeschöpft sein!« »Unnötige Sorge«, sagte der andere, »die Elbe ist noch nie versiegt!« »So meine ich auch«, erwiderte der Freund, »Gottes Brünnlein hat Wassers die Fülle!«

Merkwürdig! Handeln wir nicht auch oft so, als ob Gottes Gnadenstrom eher versiegte als irgendein Fluß unsrer Heimat? Schrickt unser Glaube so schnell vor Schwierigkeiten zurück, ist es mit unserm Glauben so schnell zu Ende? Woran liegt das? Unsre Sorgen sind stärker als unser Gottvertrauen, darum stürzen sie uns in Nacht und bange Herzenseinsamkeit, sind uns »Disteln auf unserm Lebensweg«, sind »der bittere Kelch, den wir bis zur Neige austrinken müssen«. Wir wagen nicht, uns mit allem, was wir sind und haben, ganz und rückhaltlos in Gottes Hand zu legen und Seinem Geben keine Grenzen zu setzen. Wir fragen immer nach »Sicherheiten« unsrer Habe, unsrer Existenz, unsres Lebens. Gott aber verlangt zuerst von uns die völlige Entsicherung, dann läßt Er uns erkennen, daß wir auf Felsengrund stehen. Der große Missionar Rommensen rechnete mit Gottes Verheißungen wie mit Zahlen, so felsenfest vertraute er seinem Gott, und er ist niemals enttäuscht worden. Wollen wir es nicht auch wagen?!

Verlaß mich nicht, Herr, sei von mir nicht fern! Denn ach, die Angst ist nah! Mein Glaube weiß: Die Hilfe kommt vom Herrn, sonst ist kein Helfer da. Werd ich bald Deine Hilfe sehen? Ach eile, Herr, mit beizustehen. Verlaß mich nicht! Amen.

Ps. 90, 1-12 EG 15, 5: Tröstet, tröstet 1. Petr. 1, 3-9

Darum sollt ihr nicht sorgen und sagen: Was werden wir essen? Was werden wir trinken? Womit werden wir uns kleiden? Nach solchem allem trachten die Heiden. Denn euer himmlischer Vater weiß, daß ihr des alles bedürfet. Matth. 6, 31-32

Als ein Missionar anfing, den Indern die Christus-Botschaft zu verkündigen, sagten sie: »Es kommt uns auf einen Gott mehr oder weniger nicht an, wir wollen nur von dir wissen: Kann dein Gott uns jeden Tag den Reis-Topf füllen? Dann wollen wir ihn gern anbeten!« Die Brot- und Kleiderfrage steht im beherrschenden Mittelpunkt alles Denkens und Trachtens, was darüber hinausgeht, ist völlig gleichgültig. Eine Lebenshaltung, die bei uns nicht selten ist, denn so vielen bedeutet Lebensglück und -inhalt nichts anderes als: gut essen, trinken und sich gut kleiden. Können sie einmal das nicht, dann lastet auf ihnen Tag und Nacht diese Sorge, und sie haben nichts als ihre Arbeitskraft und ihren Fleiß und – die Ansprüche an staatliche oder persönliche Fürsorge. Diese Lebenshaltung nennt der Herr »heidnisch«, weil sie Gott ganz vergessen hat.

Wir aber haben einen für uns sorgenden Vater im Himmel!

Das gibt unserm Leben eine ganz andere Haltung. Gewiß, wir haben auch unsre Sorgen, aber sie werden uns »eine Himmelsleiter, auf der die Engel Gottes auf- und niedersteigen«, sie werden uns »lockende Gottesstimme«, sie

»rufen mit sehnenden Händen: Hilf mir!« Ja, sie machen uns »reich in Gott«, denn sie werden uns »ein Quellgebiet des Glaubens«. Drücken dich die Sorgen schwer, dann sing!«, und die Nebel der Sorgen weichen! An Stelle der Sorgen setzen wir den Glauben an Gott, den Vater. Und dieser Glaube macht unser unruhiges Herz still, weil er auf des Vaters Gaben achtet und aus Seiner Hand auch das dankbar nimmt, was wir zum täglichen Leben nötig haben. Dem Glauben wird alles, auch das Geringste, Gabe und Wunder Gottes. »Darum sollt ihr nicht sorgen«. Seliges »Darum«! »Denn euer himmlischer Vater weiß«. Seliges »Denn«! Oder meinst du, Jesu Wort mache uns leichtsinnig und träge, weil Gott uns alles in den Schoß lege? Er bringt unsre Sorge zur Ruhe, aber er macht uns zugleich tätig nach Gottes Wort und Gebot.

Ich danke Dir auch für die Sorgen, und nicht für Glück und Freude nur. So vieles wäre mir verborgen, ja, Deine tiefste Liebesspur, mein Gott, wenn nicht in Not und Pein Du mich gelehrt, Dein Kind zu sein. Amen.

2. Mose 16 EG 369, 4-7: Wer nur den lieben Gott Eph. 3, 14-21

Und da Jesus von dannen fürbaß ging, folgten Ihm zwei Blinde nach, die schrieen und sprachen: Ach, Du Sohn Davids, erbarme Dich unser! Und da Er heimkam, traten die Blinden zu Ihm. Und Jesus sprach zu ihnen: Glaubt ihr, daß ich euch solches tun kann? Da sprachen sie zu Ihm: Herr, ja. Matth. 9, 27-28

Blind! – ein bitterhartes Schicksal! Das bedeutet: ausgeschlossen sein von dem Licht, von der Pracht der Farben, der Schönheit der Welt, das bedeutet: im Dunkeln sein, in dauernder Nacht leben! Haben wir schon einmal Gott dafür gedankt, daß wir sehende Augen haben?

Zwei Blinde folgen Jesus nach, nicht als Seine Jünger, auch nicht stumm, sondern sie schreien um Erbarmen. Und der Herr läßt sie schreien und hört nicht, ja, Er kümmert sich nicht um sie! Wie hart! Eine harte Glaubensprobe! Sie mußten dem Herrn nachlaufen, immer weiter – wohin? Wie lange?! Sie wußten es nicht, aber sie ließen nicht nach, Ihm nachzurufen. Erst als sie Ihm beharrlich nachgefolgt waren, bis »Er heimkam«, zu Hause war, da wandte der Herr sich an sie mit der Frage: »Glaubt ihr, daß ich euch solches tun kann?« Weil der Herr Seine Gabe abhängig macht vom Glauben, darum läßt Er die Bittenden warten. Er nötigt durch diese harte Probe den Glauben, wirklich Glaube zu werden, der sich durch keine Schwierigkeit, keine Härte, kein Nichthören zurückhalten läßt.

Welches menschliche Schicksal dich auch getroffen hat, welches Leid du auch im Augenblick durchkosten mußt, an welchem Rätsel des Lebens du dir auch den Kopf zerbrichst, wage es zu glauben, daß der Herr deinen Glauben prüft. Und wenn deine Gebete unerhört bleiben, du keinen Ausweg siehst, keine Hilfe dir nahe zu sein scheint, lerne von den beiden Blinden: Folge deinem Herrn!

Sagen wir nicht meistens Nein, wenn Gott uns Schweres schickt, ein Kreuz uns auferlegt? Haben wir nicht immer gleich ein »Aber« bereit, stellen Bedingungen oder Forderungen, weil wir so gern den bequemen Weg gehen? Ringe danach, daß du es jeden Tag besser lernst, zu den Führungen deines Lebens »Ja, Herr!« zu sagen, denn das Ende der Wege Gottes ist Herrlichkeit!

Zu Dir heb ich die Hände, daß Deine Hand mir wende das tiefe Herzeleid. Zu Dir heb ich die Hände, daß Deine Hand mir sende Geduld zur schweren Zeit. Zu Dir heb ich die Hände, daß Deine Hand mir spende den Trost der Ewigkeit. Amen.

1. Mose 22, 1-19 EG 302, 6: Du meine Seele, singe Matth. 15, 21-27

Da rührte Er ihre Augen an und sprach: Euch geschehe nach eurem Glauben. Und ihre Augen wurden geöffnet. Und Jesus bedrohte sie und sprach: Sehet zu, daß es niemand erfahre! Aber sie gingen aus und machten Ihn ruchbar im selben ganzen Lande.

Matth. 9, 29-31

Die beharrliche Bitte der beiden Blinden hat Erhörung gefunden, ihr unerschütterlicher Glaube erlebt das Wunder der Heilung: »Euch geschehe nach eurem Glauben!« Wir können es ihnen nachfühlen, daß die große Freude, die sie beseelt, das große Erlebnis ihres Glaubens ihr Herz treibt, es jedermann zu erzählen in der guten Meinung, sie täten damit ihrem Wohltäter den größten Dienst. Aber der Herr »bedräute sie«, d. h. Er fuhr sie hart an, sie sollten darüber schweigen. Er wollte nicht, daß sie Ihn als den »Sohn Davids«, als den Messias ausrufen sollten, damit das Volk sich nicht falsche Messiashoffnungen machte und dadurch versäumte, Seine Predigt ernst zu nehmen und Buße zu tun. Der Herr handelt an ihnen als der große Seelsorger: Glaubenserlebnisse gehören nicht an die große Glocke!

Wenn dich der Herr sehend gemacht hat, daß du in einer stillen Stunde plötzlich einen weiten Blick in die Tiefe des Ratschlusses Gottes über deinem Leben oder dem eines andern tun durftest, wenn dir göttliche Erkenntnisse blitzlichtartig aufgingen, wenn du die große, einzigartige Stunde deiner Bekehrung erlebtest, lerne, darüber zu schweigen, sie in deiner Seele zu bewegen! Gibst du deine Glaubenserlebnisse der Öffentlichkeit preis, dann kannst du es erleben, daß sie dir entweder von der vernunftgemäßen Kritik der Menschen zerpflückt oder daß sie in den Schmutz der Gosse getreten werden und du verlacht wirst! Das bleibt für dich nicht ohne Wirkung: Du kannst selber an deinem erlebten Wunder irre werden, verkleinerst es – und deine Seele weint, denn du hast ihr einen großen Schaden zugefügt. Es ist Gehorsam gegen deinen großen Seelsorger, wenn du zu schweigen lernst. »Wann findest du Zeit zum Schweigen?« diese Frage pflegte Claus Harms jungen Theologen vorzulegen. »Große Dinge sprechen sich am besten durch Schweigen aus.« Aber die Blinden konnten es nicht lassen, »sie gingen aus und machten Ihn ruchbar im selbigen ganzen Lande«.

Herr, lehre uns schweigen, wenn Du mit unsrer Seele geredet hast. Laß den Samen Deines Wortes in der Stille wachsen. Amen.

2. Kön. 6, 8-17 EG 241, 8: Wach auf, du Geist der ersten Zeugen Offb. 3, 14-22

Dreieinigkeit
Einer trage die Last des andern, so werdet ihr das Gesetz Christi erfüllen. Gal. 6,2

Richtet nicht, auf daß ihr nicht gerichtet werdet. Denn mit welcherlei Gerichte ihr richtet, werdet ihr gerichtet werden; und mit welcherlei Maß ihr messet, wird euch gemessen werden. Was siehest du aber den Splitter in deines Bruders Auge, und wirst nicht gewahr des Balkens in deinem Auge? Oder wie darfst du sagen zu deinem Bruder: Halt, ich will dir den Splitter aus deinem Auge ziehen? Und siehe, ein Balken ist in deinem Auge. Du Heuchler, zieh am ersten den Balken aus deinem Auge; danach siehe zu, wie du den Splitter aus deines Bruders Auge ziehest!

Matth. 7, 1-5

Mit geradezu beißendem Spott schildert der Herr hier unsre frommen Versuche, »einander auf unsre Fehler aufmerksam zu machen«. Man sieht hier förmlich Jesus, den jungen Zimmermann, vor sich, der hier einmal in »ungehobelter« Zimmermannssprache seinen Zorn über alles Scheinheilige deines und meines Lebens ausschüttet. Er tut es kraft göttlicher Majestät. Aber das Bild ist ja dem Bauplatz entnommen, wo sie auf den Balken sitzen und das Holz zurechthauen und wo leicht einmal einem Gesellen ein Splitter in die Hand oder ins Auge fährt. Freilich, da muß dann gern einer kommen und sich vor ihn hinsetzen: »Halt, ich will dir den Splitter aus deinem Auge ziehen.« Selbstverständlich sollen wir uns auf unsre Fehler aufmerksam machen, aber nicht richtend, sondern helfend. »Nun aber stellt euch vor«, sagt Jesus, »da sitzt nun so ein Zimmergeselle mit seinem Splitter und der, der ihm helfen will, hat selbst einen Balken im Auge.« »Balken im Auge«, meinen die Klugen, »das ist ja ein ganz unmögliches Bild.« »Ganz gewiß«, sagt der Herr, »aber genauso unmöglich ist es, daß du dich hinsetzt als ein kleiner Halbgott und deinen Bruder auf seine Fehler aufmerksam machst oder ihn gar davon heilen willst. Denn deine Fehler sind ja um ebensoviel größer als seine, wie ein Balken größer ist als ein Splitter.«

»Laß lieber das Richten ganz«, sagt der Herr, »du machst dich selbst lächerlich. Sei eher barmherzig, damit dir selber Barmherzigkeit widerfährt. Vor allem aber sorge, du Heuchler, daß der Balken aus deinem Auge herauskommt. Suche Vergebung unter meinem Kreuz. Wenn du sie gefunden hast, wirst du sehr barmherzig über den Splitter deines Bruders denken.«

O Herr Christ, deck zu unsre Sünd, und solche Lieb in uns anzünd, daß wir mit Lust dem Nächsten tun, wie du uns tust, o Gottessohn! Amen.

4. Mose 14, 10-21 — EG 412, 1–8: So jemand spricht — Röm. 14, 1-11

Ich sollt das Heiligtum nicht den Hunden geben, und eure Perlen sollt ihr nicht vor die Säue werfen, auf daß sie dieselben nicht zertreten mit ihren Füßen und sich wenden und euch zerreißen. Matth. 7, 6

Das »Heiligtum« ist das richtende und begnadigende Wort Gottes. Dieses sollen wir verkündigen »zur Zeit und zur Unzeit«, auch dann, wenn wir feige und verzagt sind. »Wehe mir, wenn ich das Evangelium nicht predige«, sagt Paulus, »ich muß es tun.« »Tue ich's gern«, fährt er fort, »so wird mit gelohnt. Tue ich's aber ungern, so ist mir das Amt doch befohlen.« Jesus sagt dies Wort nicht im Blick auf den Verkündiger, sondern hat dabei den Hörer im Auge.

Gibt es denn Menschen, die zu schlecht sind, Gottes Wort zu hören? Jesus sagt: »Ich bin gekommen zu rufen die Sünder zur Buße und nicht die Gerechten.« So wollen wir Sein Wort den Sündern sagen. Oder sollen wir es den Stolzen und Selbstgerechten verschweigen? Jesus hat die Pharisäer schier unermüdlich gemahnt, Er war auch nicht zu stolz, dem stolzen Pilatus das Wort der Wahrheit zu bezeugen. Selbst da, wo die Pharisäer Seine Wohltaten mit Beelzebub in Verbindung brachten, wo die Sünde wider den Heiligen Geist nahetrat, hat Er versucht, ihnen in ausführlicher Rede und ganzem mahnendem Ernst die Unmöglichkeit ihrer Behauptung aufzuweisen und sie vor die Entscheidung zu stellen. Das aber ist Gnade.

Geschwiegen hat der Herr erst, wo lästerlicher Spott auftrat während Seines Leidens. Er hat sich nicht zum Anwalt der göttlichen Ehre gemacht, sie nicht verteidigt, wo sterbliche Menschen sie angriffen. Das verbietet er auch uns. Gott wahrt selbst Seine Ehre. Am Kreuz hat Er die Spötter nicht eines Wortes gewürdigt. Sie hätten Seine Worte mit Füßen getreten und sich mit ihrem alles zerreißenden Spott immer neu auf ihn gestürzt. Er antwortet ihnen nicht – aber er betete für sie. Nicht umsonst steht nach unserm Textwort das Wort vom Gebet. So laßt auch uns tun.

Die Feind sind all in Deiner Hand, dazu all ihr Gedanken. Ihr Anschlag ist dir wohlbekannt. Hilf nur, daß wir nicht wanken. Amen.

1. Mose 18, 16-23 EG 247: Herr unser Gott Matth. 10, 1-15

Welcher ist unter euch Menschen, so ihn sein Sohn bittet ums Brot, der ihm einen Stein biete? Oder so er ihn bittet um einen Fisch, der ihm eine Schlange biete? So denn ihr, die ihr doch arg seid, könnt dennoch euren Kindern gute Gaben geben, wie viel mehr wird euer Vater im Himmel Gutes geben denen, die Ihn bitten. Matth. 7, 9-11

Gott ist Liebe. Es gibt viele Religionen auf Erden. Wo Menschen sind, da ist auch Religion. Religion ist die Sehnsucht nach Gott, ist das Seufzen und Rufen nach dem Einen, der alles in Händen hat. Die Antwort auf all dieses tausendfältige Suchen und Flehen der Menschen gibt es nur an einer einzigen Stelle in vollkommener Klarheit: in Jesus Christus. Seine Antwort heißt: Gott ist Liebe! Seine Güte kennt keine Grenzen! Er ist unser Vater, und wir sind Seine Kinder!

Warum haben wir immer wieder Zweifel gegenüber dieser Antwort? Deswegen, weil das Leben so unsagbar hart, so voll Not und Traurigkeit sein kann, daß wir müde werden zu glauben, daß Gott die Liebe, daß Gott unser Vater sei. Deswegen, weil scheinbar so viele unsrer Gebete ungehört verklingen und wir meinen: Gott will uns nicht helfen, oder Gott kann uns nicht helfen.

Aber Jesus sagt: Gibt es das, daß ein Vater seinem Sohn, wenn er Hunger hat, einen Stein anbietet statt Brot? Ist das möglich, daß eine Mutter ihrem Kinde eine Schlange gibt, wenn es um einen Fisch bittet? Nein, das ist unmöglich! Die

Liebe der Eltern kann die Bitte ihrer Kinder nicht verhöhnen und enttäuschen, sie muß ihnen Gutes tun. Wieviel mehr unser himmlischer Vater! Gott kann und will uns helfen, nur Er tut es auf Seine Weise, die für uns immer die Beste ist, wenn wir sie auch nicht begreifen. Die schwersten Stunden sind die tiefsten Reifestunden. In ihnen liegt die größte Güte verborgen. Denn in ihnen kommen wir Ihm am nächsten. Darum sind wir Christen im Grunde die glücklichsten Leute, weil wir Freude und Leid, Hoffen und Entsagen, ja Leben und Sterben, betend in die Hand des Vaters legen und ebenso getrost aus Seiner Hand entgegennehmen können. Denn alles ist Liebe.

Herr, laß sich freuen alle, die auf Dich trauen! Ewiglich laß sie rühmen, denn Du beschirmst sie! Fröhlich laß sein in Dir, die Deinen Namen lieben! Deine Güte, Herr, sei über uns, wie wir auf Dich hoffen! Amen.

Ps. 103, 1-13 EG 329: Bis hierher hat mich 1. Joh. 4, 126b-21

Alles nun, was ihr wollt, daß euch die Leute tun sollen, das tut ihr ihnen auch; das ist das Gesetz und die Propheten. **Matth. 7, 12**

Es ist so einfach, fromm zu sein! Sieh in die Natur hinein! Es geht durch sie eine tiefe, feine Ordnung: eins dient dem andern, alles Große dem Kleinen, alles Kleine dem Großen. So selbstverständlich ist dieses Dienen, daß wir es oft gar nicht beachten. Und doch liegt hierin das ganze Wunder der Schöpfung. Wenn du wissen möchtest, was die Welt im Innersten zusammenhält, dann mußt du nur lauschen auf diese stille Ordnung des Dienens, und du hältst den Saum von Gottes Gewand in deiner Hand.

Es ist so einfach, fromm zu sein. Schlage deine Bibel auf! Da steht schon im Alten Testament mit unübersehbarer Deutlichkeit: »Du sollst deinen Nächsten lieben wie dich selbst!« Schau das Leben Jesu an! Er hat die Gemeinschaft des Vaters verlassen, damit wir Gottes Kinder würden. Er ist auf die Erde gekommen, damit wir den Weg zum Himmel fänden. Er ist arm geworden, damit wir reich würden. Er ist gestorben, damit wir leben könnten. Dieses Dienen hatte nur einen Sinn, alle Menschen in die Liebe Gottes zu rufen.

Es ist so einfach, fromm zu sein. Sieh in dein eigenes Herz! Was möchtest du, das dir die andern tun? Alles das mußt du ihnen tun. Das bedeutet, daß in dir die Liebe sein soll, die alles verträgt, alles glaubt, alles hofft und alles duldet. Wenn solche Liebe in dir ist, dann willst du nicht mehr, daß du viel hast und der andere sich mit wenig begnügen soll. Da gibst du und forderst nicht. Da dankst du und schiltst nicht. Da mußt du in dem andern immer den Menschen sehen, der du selbst bist – angewiesen auf Gottes Barmherzigkeit. So kannst du ihn nie in seiner Not allein lassen, weil du selber immer eine helfende Hand und ein verstehendes Herz brauchst. So kannst du nie an ihm irre werden, weil es für dich unerträglich ist, wenn einer an dir irre wird. Du mußt ihm sagen von der Gnade, die allen Schaden gutmacht, weil du sie selber empfangen hast. So wird aus deinem ganzen Leben ein Segen für alle die, die Gott dir anvertraut hat.

Herr, unser Gott, reich über alle, die Dich anrufen! Mache uns reich in Deiner Liebe! Gib heilige Kraft in unser Herz, daß wir mit Freuden dienen an allen Deinen Kindern und so Dein königliches Gesetz der Liebe erfüllen! Amen.

3. Mose 19, 11-18 EG 412, 6: So jemand spricht Gal. 6, 1-10

Da ward Jesus vom Geist in die Wüste geführt, auf daß Er von dem Teufel versucht würde. Und da Er vierzig Tage und vierzig Nächte gefastet hatte, hungerte Ihn. Und der Versucher trat zu Ihm und sprach: Bist Du Gottes Sohn, so sprich, daß diese Steine Brot werden. Und Er antwortete und sprach: Es steht geschrieben: »Der Mensch lebt nicht vom Brot allein, sondern von einem jeglichen Wort, das durch den Mund Gottes geht.« Matth. 4, 1-4

Der bekannte Dichter Dostojewski hat einmal gesagt: »Wenn von der ganzen Bibel nur das eine Blatt erhalten wäre, auf dem unser heutiges Evangelium geschrieben steht, so würde das schon allein beweisen, daß hier nicht ein Mensch, sondern ein allwissender Gott zu uns redet.« Denn die ganze Geschichte der Welt und der Menschheit sei in dieser Geschichte zusammengefaßt. So ist es. Der Kampf zwischen Jesus und dem Versucher ist für alle Welt von schicksalswendender Bedeutung. Hier ist das Ringen zwischen Gut und Böse, Licht und Finsternis, das jeder Heide kennt, in das helle Licht der Offenbarung Gottes gestellt. Da heißt es nicht mehr »das Böse«, sondern »der Böse«, nicht mehr »das Gute«, sondern »der Gute«, Gottes Sohn. – Jesus hat vor uns und für uns diesen Kampf aufgenommen und siegreich beendet. Es geht dem Versucher vor allem aber darum, durch ganze Bindung an diese Welt uns von Gott zu trennen. Gelingt es ihm nur einmal, dann ist das Band, das uns mit Gott verbindet, durchschnitten, und wir suchen letzte Bindungen in dieser Welt. Da wird uns das Brot des Leibes wichtiger als das der Seele. Wer von uns hätte das nicht schon oft an sich erlebt?

Daraus wird deutlich, wie in des Versuchers Gefolge wir zu Versuchern werden an dem lebendigen Gott und Seinem Sohn. Was hat es da zu bedeuten, wenn einer dem Versucher nicht erlag, sondern Gott die ganze Treue hielt? Das bedeutet, daß Er unser Heiland werden kann, der durch Seine Vergebung uns wiederum mit dem Vater im Himmel verbindet und der uns Kraft gibt, im harten Kampf dem Bösewicht zu widerstehen.

Herr Jesus Christus, Du hast in der Versuchung dem Teufel widerstanden. Hab Dank für die Waffe im Kampf, Dein Wort. Jesu hilf siegen, hilf auch uns! Amen.

1. Mose 3, 14-15 EG 362: Ein feste Burg Eph. 6, 10-17

Da führte Ihn der Teufel mit sich in die heilige Stadt und stellte Ihn auf die Zinne des Tempels und sprach zu Ihm: Bist Du Gottes Sohn, so laß Dich hinab; denn es steht geschrieben: »Er wird Seinen Engeln über dir Befehl tun, und sie werden dich auf den Händen tragen, auf daß du deinen Fuß nicht an einen Stein stoßest.« Da sprach Jesus zu ihm: Wiederum steht auch geschrieben: »Du sollst Gott, deinen Herrn, nicht versuchen.« **Matth. 4, 5-7**

Mit zäher Beharrlichkeit verfolgt der Versucher sein Ziel. Eben abgeschlagen versucht er es nun auf andere Weise. Jesus steht auf der Tempelzinne und schaut auf den Strom der Tempelgemeinde. Diese alle soll Er für sich und Seine Lehre gewinnen. Wie soll Er das fertigbringen? Da raunt Ihm der Böse ins Ohr: »Tu das Machtwunder, laß Dich hinab! Ich garantiere, sie alle beten Dich an! Du zögerst? Hier ist die Bibel. Da steht es doch, daß Gottes Engel Dich tragen werden, Dich, Gottes Sohn!«

Mit teuflischer Klugheit war die Schlinge gelegt. Wird er Jesus fangen? Mit einem Glaubenswort Ihn verführen? Nein! Jesus weiß, daß Glauben ohne Gehorsam zum Frevel an Gott wird. Darum wartet er, wie Gott Ihn führt, und geht bescheiden den Weg demütigen Gehorsams.

Wir lernen hieraus: Auch hinter der Bibel lauert der Versucher, d. h. unmittelbar neben der höchsten Höhe des Glaubens tut sich ein gähnender Abgrund auf. Wer Gott durch Sein Bibelwort zwingen will, tastet Seine Majestät an und fällt aus dem Kindschaftsverhältnis heraus. So hat Jesus in der Schwachheit und Gebundenheit Seines menschlichen Leibes Seinen Leidensweg zu gehen, bis Gott Ihn in der Schwachheit stark macht. So haben wir in den Nöten der Krankheit geduldig zu warten, ob und bis es Gott gefällt, uns zu helfen.

Das ist der Gehorsam, den unser Heiland uns vorgelebt hat und zu dem Er uns helfen will. – Wer von uns brauchte wohl nicht solche Hilfe? So ist auch in diesem Bericht von der zweiten Versuchung Jesu Gericht und frohe Botschaft für uns enthalten. Laßt uns für unsern Kampf mit dem Versucher uns Gottes Hilfe erbitten!

Lieber Herr! In Dir haben wir nicht einen Hohenpriester, der nicht könnte Mitleid haben mit unsern Schwachheiten, sondern der versucht ist allenthalben gleichwie wir, doch ohne Sünde. Mache uns fest im Gehorsam wider aller Versuchungen des Teufels. Amen.

Jes. 54, 7-10 EG 259: Kommt her, des Königs Apg. 28, 1-10

Wiederum führte Ihn der Teufel mit sich auf einen sehr hohen Berg und zeigte Ihm alle Reiche der Welt und ihre Herrlichkeit und sprach zu Ihm: Das alles will ich Dir geben, so Du niederfällst und mich anbetest. Da sprach Jesus zu ihm: Heb dich weg von mir, Satan! Denn es steht geschrieben: »Du sollst anbeten Gott, deinen Herrn, und Ihm allein dienen.« Da verließ Ihn der Teufel; und siehe, da traten die Engel zu Ihm und dienten Ihm. Matth. 4, 8-11

Welchen Weg soll ich gehen, um Gottes Reich zu gründen? Diese Frage Jesu am Anfang Seines Lebensweges nimmt der Versucher zum Anlaß, um Ihm noch einmal eine Falle zu stellen. Er zeigt Ihm gleichsam Schwert und Gold als Mittel, die Welt zu erobern. Und Satan weiß diese Waffen zu führen. Mit ihm soll Er es nur wagen, ihm nur ein wenig Vertrauen schenken. Nur einmal niederfallen und ihn anbeten. Das ist alles. Und er schwört Ihm sicheren Erfolg.

Satan hat gesprochen. Himmel und Hölle halten den Atem an. Es geht ums Ganze! Wird Jesus den Kniefall tun? Seine Antwort ist so deutlich wie einfach: »Hebe dich weg von mir, Satan! Denn es stehet geschrieben: Du sollst anbeten Gott, deinen Herrn, und Ihm allein dienen.« Da verließ Ihn der Teufel; und siehe, da traten die Engel zu Ihm und dienten Ihm. – An die Stelle von Schwert und Gold tritt das Kreuz. So war es Gottes Wille, der keinen Abstrich duldet. Und eben dieses Kreuz ist zum Schwert geworden, mit dem

Gott selber den Satan tödlich traf. – Nun wissen wir, was Gott auch von uns fordert: Einen ganzen Gehorsam, ein ungeteiltes Herz, eine tägliche und ganze Absage an den Fürsten dieser Welt und seine Lockungen, ein ganzes Bekenntnis zum Heiland, trotz Hohn und Spott der Welt. Hat Er Sein schweres Kreuz willig getragen, so müssen wir es auch. Und wir dürfen es Ihm nachtragen, hinauf nach Golgatha, wo wir an Seinem Sieg über den Versucher teilhaben. Es wird für dieses und das ewige Leben von entscheidender Bedeutung sein, ob wir aus Jesu Kampf mit dem Versucher die Lehre ziehen für unsern Kampf und die Kraft uns holen zum Sieg. Das helfe uns Gott!

Du ewiger Gott! Dein ist das Reich und die Kraft und die Herrlichkeit in Ewigkeit. Amen.

Jes. 51, 9 EG 344, 7: Vater unser Offb. 11, 15; 12, 3-11

Da sprach Jesus zu Seinen Jüngern: Die Ernte ist groß, aber wenige sind der Arbeiter. Darum bittet den Herrn der Ernte, daß Er Arbeiter in Seine Ernte sende.
Matth. 9, 37-38

Wir brauchen nichts nötiger, als daß Jesus uns die Augen für Gottes Gedanken aufschließt. Dann erkennen wir mit Erstaunen: Er läßt Sein Reich nicht in den Winkel schieben. »Die Ernte ist groß«, jubelt der Herr. Er sieht ein wogendes Erntefeld mitten unter den Völkern. Darüber webt und waltet des Vaters Hand. Er streut Samenkörner in Menschenherzen, wenn wir es nicht achten. Er schenkt Wachstum, wo wir nur Hemmungen sehen. Er gebietet dem Sturm und Unwetter und behütet die Saat. Sein Arm ist nicht zu klein für das große Geschehen und nicht zu groß für die kleinen Dinge. Darum sorge nicht, grüble nicht, fürchte dich nicht! Glaube nur! Dann wirst du merken, daß auf Gott immer Verlaß ist.

Etwas ganz anderes soll unsre Sorge sein. Gottes Reich leidet, da ist Mangel an rechten Arbeitern. Wir müssen einen neuen Arbeitsbegriff bekommen. Bist du ein Diener der Kirche, so beruhige dich nicht mit den natürlichen Voraussetzungen deines Amtes als Studium, Erfahrung, Menschenkenntnis, Volkstümlichkeit. Tritt täglich an den Altar Gottes. Laß doch verbrennen, was Gott zuwider ist. Sprich auf die Frage aus dem Heiligtum: Wer will unser Bote sein?, wenn auch zagend, so doch mit bedingungsloser Hingabe:

Hier bin ich. Sende mich! Bist du ein Glied der Gemeinde und betrübst dich über manche Gleichgültigkeit, Not und Sünde, so laß das Nörgeln und Schelten. Daraus folgt eher Verstimmung als Besserung. Klage es Gott. Und wenn du zehn Jahre scheinbar vergeblich betest, sollte dem ewigen Gott, der die Enden der Erde geschaffen hat, etwas unmöglich sein? Bist du gar ein Heimgesuchter des Herrn und leidest Krankheit und Trübsal, dann wisse: Er ist dir besonders nahe. Du bist in Seinem Sprechzimmer. Dort steht an der Wand geschrieben: Wen der Herr lieb hat, den züchtigt er. Und vergiß der vielen andern Leidenden und Angefochtenen nicht! Nimmst du fremdes Leid zu deiner Last hinzu, dann wird dein eigenes Herz wunderbar erleichtert. Der Herr will, daß die träge Arbeitslosigkeit aus Seinen Reihen weicht. Bittet den Herrn darum!

Herr, schenke uns Augen, die Dich schauen. Schenke uns Herzen, die Dir trauen. Schenke uns Hände, die was tun. Schenke uns Füße, die nicht ruhn. Amen.

Jes. 6, 1-8 EG 241, 1-4: Wach auf du Geist 2. Tim. 4, 1

Und Er rief Seine zwölf Jünger zu sich und gab ihnen Macht über die unsauberen Geister, daß sie die austrieben und heilten allerlei Seuche und allerlei Krankheit. Die Namen aber der zwölf Apostel sind diese: Der erste Simon, genannt Petrus, und Andreas, sein Bruder; Jakobus, des Zebedäus Sohn, und Johannes, sein Bruder; Philippus und Bartholomäus; Thomas und Matthäus, der Zöllner: Jakobus, des Alphäus Sohn; Lebbäus, mit dem Zunamen Thaddäus; Simon von Kana und Judas Ischarioth, welcher ihn verriet.

Matth. 10, 1 - 4

Jesus ruft Seine Jünger mit vollem Namen. Der Apostel gibt sie in ganzer Offenheit und Deutlichkeit weiter. Hätten nicht die Anfangsbuchstaben genügt, besonders wenn Unrühmliches zu melden ist? Von Petrus weiß doch alle Welt, daß er seinen Herrn verleugnete. Die Zebedäus-Söhne wurden vom Rachegeist gepackt und wollten Feuer vom Himmel fallen lassen. Und Judas hat seinen Meister um 30 Silberlinge verraten. Weshalb wird nicht über die Männer des Alten und Neuen Testaments, namentlich über ihre Sünden geschwiegen? 1. Weil Gottes Wort wahrhaftig ist. Wahrheit ist Offenheit und nicht Verschleierung. Das Weltleben kann die Hüllen nicht entbehren. Es würde sonst gar zu trübe. Aber Gottes Licht ist unerbittlich. Daß diese Männer ungeschminkt vor uns hintreten, gibt dem Wort Gottes die große Glaubwürdigkeit. 2. In der Nachfolge Jesu werden Menschen umgewandelt. Nicht was wir sind, ehe der Meister uns ruft, sondern was wir werden in Seiner Schule, das entscheidet. Wo Jesu Wort eines Menschen Leben gestaltet, da gibt es eine neue Kreatur. Wer will, kann es wohl sehen in der Bibel, in der Kirchen- und Missionsgeschichte. Freilich, man kann Jesus sein Herz verschließen, wie Judas, das verlorene Kind. Dann gibt es keine Erneuerung mehr, sondern nur ein schreckliches Warten des Gerichtes. Vor solchem Tode bewahre uns Gott in Gnaden. 3. Jesus wählt Seine Boten für das Volk aus dem Volk. Die Zahl 12 erinnert an die Gesamtheit der Stämme. Jesus gründet keinen geheimen Freimaurerorden. Er will frei und öffentlich um jeden im Volk werben. Es sind die Männer vom See und von der Scholle und vom Zoll, die Er zu Seinen Aposteln beruft. Aber Volksverbundenheit genügt nicht. Erst die Gottesverbundenheit macht fähig zum Dienst. Wem Er Seine Macht mitteilt, der hat Vollmacht.

Herr, rufe Jünger aus allen Nationen, auch in unseren Tagen. Rüste sie mit Deinem Geist und Gaben. Amen.

1. Mose 12, 1-3 EG 373, 3: Jesu, hilf siegen Röm. 16

Diese zwölf sandte Jesus, gebot ihnen und sprach: Geht nicht auf der Heiden Straße und zieht nicht in der Samariter Städte, sondern geht hin zu den verlorenen Schafen aus dem Hause Israel.

Matth. 10, 5-6

Es fällt auf, daß der Herr Seinen Auftrag begrenzt. Seine Jünger sollen die Straße der Heiden und die Städte der Samariter nicht betreten. Darüber sind sogar berühmte Theologen gestolpert. Sie behaupteten allen Ernstes: Die Heidenmission habe nicht im Willen Jesu gelegen. Aber es steht doch am Schluß des Matthäus-Evangeliums als Wort des gen Himmel fahrenden Herrn: »Gehet hin und lehret alle Völker!« Dazu bemerkte man: das könne Jesus unmöglich gesagt haben. Dann hätte Er sich selbst widersprochen. Man habe eben, als die Predigt des Evangeliums die Grenzen Israels überschritt, aus den späteren Erfahrungen der Gemeinde wie so manchen Satz, so auch dieses Wort Jesus in den Mund gelegt. So redete berückende Menschenklugheit. Ihr Zauber ist schon wieder dahin. Der biblische Jesus läßt sich nicht in Stücke schneiden. Es sprengt die Zwangsjacke aller menschlichen Gedanken. Das ist ein Trost der Gemeinde, die einfältig an Gottes ganzem Wort festhält. Mit froher Zuversicht nehmen wir den Auftrag zur Heidenmission aus Jesu Mund.

Warum sandte der Herr denn damals Seine Jünger nur zu Seinem Volk? Das war echte Volksmission, wie sie jetzt im Bewußtsein der Kirche wieder lebendig wird. Israel stand unter dem Licht der langen vorbereitenden Heilsgeschichte. Alle Strahlen der Verheißung vereinigten sich auf Jesus, den Sohn Davids. Nur wo das Morgenrot war, konnte die Sonne aufstrahlen. Jesu Lebenszeit war der Sonnenaufgang für Israel. Israel als Volk hat es nicht wahrgenommen. Es liebte seine selbstgemachte Gerechtigkeit mehr als Jesu Heilsangebot. Dennoch hat Er bis zum Kreuz um sie geworben. Er sah die vielen verlorenen Schafe und hat sie ins Vaterhaus heimgebracht. Dabei waren die Jünger Seine Gehilfen. Unter Seinen Augen taten sie die ersten Schritte. Dazu bedurfte es vieler Anleitung. Möchten wir, wenn uns heute die Mission an unserem Volk zur eindringlichen Aufgabe gemacht wird, mit der Feinfühligkeit und Liebe echter Jünger an die Arbeit gehen. Der Erfolg steht beim Herrn. Die Treue, die sich durch nichts verdrießen läßt, fordert Er von uns.

Herr, Deine Befehle sind richtig, Dein Zeugnis macht die Unverständigen weise. Lehre uns Deine Aufträge an Deine Gemeinde für unser Volk und für die Völker ausführen. Amen.

Ps. 107, 1-8 — EG 241, 6: Wach auf, du Geist der ersten Zeugen — Röm. 3, 1-20

Geht aber und predigt und sprecht: Das Himmelreich ist nahe herbeigekommen. **Matth. 10, 7**

Das war wirklich eine kurze Predigt. Nur ein Satz mit fünf Worten. Aber darin ist alles. Israel war dem wirklichen Himmel so fern. Es hörte das Gesetz nicht mehr aus Gottes Mund, sondern aus den Lehrgesprächen der Schriftgelehrten. Das Gesetz war scheinbar wundervoll ergänzt und auf alle nur denkbaren Fälle ausgedehnt. Das ganze Leben schien erfaßt zu sein. Aber seit die Propheten schlafen gegangen waren, war Gottes Odem im Munde der Menschen erstarrt. Nicht anders war es mit den Verheißungen gegangen. Sie waren Sterne mit immer hellerem Glanz, die vor dem Stern von Bethlehem herleuchteten. Aber begehrliche Hände hatten sie vom Himmel gerissen und sie als schmückende Lampen in den stolzen Bau irdischer Hoffnungen gehängt. Man hatte mit Fleiß den lebendigen Gott in die ferne Vergangenheit und in die ferne Zukunft verdrängt. Was in Israel begann, hat sich in Europa fortgesetzt. Die Geistesgeschichte der letzten Jahrhunderte steht weithin unter dem Zeichen der Verdrängung Gottes. Man schaute gen Himmel und fand nur noch Sterne aus irdischen Stoffen. Man schaute über die Erde. Sie wurde ausgemessen und aufgeteilt als die Habe der Menschen. Man schaute in die Geschichte der Völker und löste sie vom göttlichen Walten. Auf diesem Wege wird weitergestürmt bis zur Ernennung von Ehren-Gottlosen und bis zum Programm des Antichristentums.

Jesus' Boten haben den Auftrag zu verkündigen: Das Himmelreich ist nahe herbeigekommen. Sie haben auf Jesu Krippe zu zeigen. Dort hat sich Gott der Geschichte der Menschheit einverleibt. Darüber jauchzt die weihnachtliche Christenheit in der ganzen Welt, in deutscher Sprache allen voran unser Luther: »Das ew'ge Licht geht da herein und gibt der Welt ein'n neuen Schein.« Sie haben auf Jesu Kreuz zu weisen. Dort ist die Versöhnung der Sünden der ganzen Welt. Dazu bekennt sich die Karfreitags-Gemeinde und singt mit Paul Gerhardt: »Wenn ich einmal soll scheiden, so scheide nicht von mir.« Je mehr der lebendige Christus im Leben und Sterben Seiner Jünger gepriesen wird, umso näher rückt das Himmelreich auch unserm Geschlecht, zum Fall und Auferstehen vieler.

Herr, hilf Deinen Jüngern, Dich als den Fürsten des Lebens für unser Geschlecht zu bezeugen. Viele haben Dich verloren. Und sie brauchen Dich doch. Nimm die Binde von den Augen. Gib den Blinden das Gesicht. Amen.

Jes. 60, 1-6 EG 15, 3: Tröstet, tröstet Röm. 3, 21-31

Macht die Kranken gesund, reinigt die Aussätzigen, weckt die Toten auf, treibt die Teufel aus. Umsonst habt ihr's empfangen, umsonst gebt es auch.

Matth. 10, 8

Der Herr gibt Seinen Jüngern für die erste Aussendung fast unbeschränkte Vollmacht. Alle Wunderkräfte, die der Vater Ihm gab, legt Er in ihre Hand. Das Evangelium erzählt uns nicht viel von ihren Taten. Die Siebzig kehren wieder mit Freuden und berichten, von ihrer Erfahrung überwältigt: »Herr, es sind uns auch die Teufel in Deinem Namen untertan.« Die Apostelgeschichte läßt es merken, daß die Apostel im Dienst ihres Herrn mit Vollmacht eingriffen. Aber das ist die Schranke: Die Ehre gebührt dem Herrn, nicht Seinen Knechten. Als Paulus den von Geburt Lahmen in Lystra aufgerichtet hat und die heidnischen Priester ihm göttliche Ehre erweisen wollen, zerreißt er seine Kleider. Was die apostolische Gemeinde an Kräften hatte, war die Tatbezeugung ihrer Heilspredigt: Das Himmelreich ist nahe herbeigekommen.

Der Herr hat die Vollmacht wunderwirkender Kräfte nicht in demselben Maße auf die spätere Gemeinde ausgedehnt. Sie hat andre Beweise der Heilandskraft genug. Freilich, wo Missionare mit den finsteren Mächten des Heidentums ringen, greift Gottes Hand kraftvoll ein. Unser Landsmann, der glaubensstarke, nüchterne Friese Rommensen, erzählt ein Beispiel. Ein Zauberer auf Sumatra schüttete ihm ein tödlich wirkendes Gift in seine Speise. Rommensen aß harmlos. Draußen wartete der Giftmischer, daß der Missionar umfallen sollte. Aber es geschah ihm nichts. Auch Heidenchristen erleben in der ersten Zeit auf ihr Gebet wunderbare Erhörung. Doch die Regel der Christenheit ist das Wort des Herrn an Thomas: »Selig sind, die nicht sehen und doch glauben.« Man soll die glaubenweckende Kraft der Wunder nicht überschätzen. In Israel haben viele Wunder erlebt und gesehen. Zum Glauben kamen nur wenige. Das Ziel Gottes mit dem Menschen ist erreicht, wenn der Mensch Jesus die Herrschaft übergibt. Größer als alle äußere Nothilfe ist die innere Neuschöpfung. Wo Vergebung der Sünden ist, da ist Leben und Seligkeit. Weißt du davon?

Herr, Du hast Deinen Namen sehr herrlich in der Welt gemacht. Du verwandelst Schwachheit in Kraft und Tod in Leben. Wir warten auf Dein Heil. Amen.

2. Kön. 5, 1-19 EG 241, 4: Wach auf, du Geist der ersten Zeugen Apg. 3, 1-10

Ihr sollt nicht Gold und Silber noch Erz in euren Gürteln haben, auch keine Tasche zur Wegfahrt, auch nicht zwei Röcke, keine Schuhe, auch keinen Stecken. Denn ein Arbeiter ist seiner Speise wert.

Matth. 10, 9-10

Die Wegfahrt der ersten Jünger soll möglichst unbeschwert sein. Sie gehen nur für Tage. Sie bleiben in erreichbarer Nähe. Sie reisen nicht mit Familie. Warum denn sich ausrüsten wie einer, der in ferne Lande zieht! Je unbeschwerter, umso schnellfüßiger. Die orientalische Gastfreundschaft ihrer Volksgenossen wird ihnen das Nötige darreichen. Jeder Bote des Evangeliums tut gut, sich nicht in Sorgen der Nahrung zu verflechten. Die Gottseligkeit ist kein Gewerbe. Es gilt allen Christen, vornehmlich den Verkündigern des heilsamen Wortes, daß die, welche nach Wohlsein und Reichtum trachten, in viele Versuchungen und Stricke fallen. Ihr Zeugnis wird gelähmt. Ist hier denn die Linie des Franziskus von Assisi vorgezeichnet, der alle seine Habe den Armen gab und von milden Gaben lebte? Wohl schwerlich. Der Herr sagt ausdrücklich: Ein Arbeiter ist seiner Speise wert.

Paulus, der selbst aus besonderem Grund auf Lohn verzichtete, nimmt diesen Grundsatz für die Himmelreichsarbeit wieder auf. Er schreibt im 1. Brief an die Korinther im 9. Kapitel, Vers 4: »Haben wir nicht Macht, zu essen und zu trinken (als Entgelt für unsern Dienst bei euch)?« und

Vers 14: »Also hat auch der Herr befohlen, daß die das Evangelium verkündigen, sollen sich vom Evangelium nähren.«

Die Boten Jesu ziehen jetzt aus in die weite Welt. Werden sie wie Freunde begrüßt? Sie stehen fremden Völkern und Stämmen gegenüber, die sie oft mit Mißtrauen empfangen. Aber um der Liebe Jesu willen bleiben sie, Jahre, Jahrzehnte. Da ist es billig, daß sich die sendende Christenheit hinter sie stellt. Erst dadurch bekommt sie Teil an Jesu Auftrag und Verheißung. Die einen lassen sich senden und tragen die Last und Hitze des Kampfes. Die andern senden und lassen nicht ab in treuer Fürsorge und Liebe. Beide schauen auf den Herrn, der da will, daß allen Menschen geholfen werde und alle zur Erkenntnis der Wahrheit kommen. Der Blick auf Ihn macht froh und sorgenfrei.

Herr, Du weißt, daß die Sorgen der Nahrung Deinem Reiche leicht Schaden tun. Mach Deine Boten unbeschwert. Gib ihnen in Mangel und Fülle den apostolischen Sinn, dem Deine Gnade das Höchste ist. Amen.

5. Mose 18, 1-8 — EG 248, 5: Treuer Wächter Israel — 1. Kor. 9, 24-27

Wo ihr aber in eine Stadt oder einen Markt geht, da erkundigt euch, ob jemand darinnen sei, der es wert ist; und bei demselben bleibet, bis ihr von dannen zieht. Wo ihr aber in ein Haus geht, so grüßet es; und so es das Haus wert ist, wird euer Friede auf sie kommen. Ist es aber nicht wert, so wird sich euer Friede wieder zu euch wenden. Matth. 10, 11-13

Jesu Jünger kommen zu sehr verschiedenen Leuten. Etliche nehmen sie gern auf. Ihre Häuser sind der Botschaft des Evangeliums offen. Wer denkt da nicht an das stille Bethanien, wo Jesus und Seine Jünger oft rasteten. Da saß Maria zu Seinen Füßen und hörte Seiner Rede zu. Da schaffte Martha und ließ sich in ihrem Eifer von Ihm zurechtweisen. Da siechte und starb Lazarus, und Jesus erweckte ihn aus dem Grabe. »O selig Haus, wo man Dich aufgenommen, Du wahrer Seelenfreund, Herr Jesu Christ!« Die Apostelgeschichte stellt manche Häuser daneben. Ich nenne nur fünf: das Haus des Barnabas, wo der gefürchtete Paulus zuerst als Bruder in Jerusalem begrüßt wurde; das Haus des Hauptmanns Cornelius in Cäsarea; das Haus der Lydia und des Kerkermeisters in Philippi, wo große Trübsal in große Freude verwandelt wurde; das Haus des Aquila und der Priscilla in Korinth, wo Paulus am Webstuhl saß und seine weitreichende Wirksamkeit in der Welthandelsstadt vorbereitete. Mit dem Boten des Herrn zog Er selber ins Haus und segnete die ganze Familie. Wir wünschen manchem Leser solche beglückende Gemeinschaft am Evangelium. Kinder und Kindeskinder werden noch davon zehren.

Aber es gibt auch viele gleichgültige und abweisende Häuser. Wenn der Bote Jesu bei ihnen anklopft, könnte in ihm der Unmut aufsteigen. Ein Scheltwort möchte näher liegen als ein Friedensgruß. Der Knecht Jesu soll acht haben, daß er auch dem Gegner mit Liebe entgegentritt. Mißtrauen und Haß sind schon oft durch unerwartete Herzlichkeit entwaffnet. Ein Friedensgruß geht nie verloren. Wird er nicht angenommen, so kehrt er zum Grüßenden zurück. Mit dieser Verheißung kann man wohlgemut in Jesu Namen seine Straße ziehen. Er segnet Seine Freunde. Er überwindet Seine Feinde.

Herr, gib uns auf unsern Wegen Dein Geleit. Öffne du die Türen, daß Deine Boten den Gruß Deines Friedens in die Häuser tragen, damit Du mit dem Vater darin Wohnung machen kannst. Amen.

Jes. 2 — EG 250, 2: Ich lobe Dich — Luk. 10, 38-42

Und wo euch jemand nicht annehmen wird noch eure Rede hören, so geht heraus von demselben Hause oder der Stadt und schüttelt den Staub von euren Füßen. Wahrlich, ich sage euch: Dem Lande der Sodomer und Gomorrer wird es erträglicher gehen am jüngsten Gericht denn solcher Stadt. Matth. 10, 14-15

Furchtbare Möglichkeit des Menschen, Gottes Wort abzulehnen, sein Ohr zu verschließen gegen – Gott! Ich kann die Tür zuschlagen, als sei es ein lästiger Hausierer, der hier Einlaß begehrt, ich kann mich taub stellen, ich, der jedem neuen Klatsch, jeder neuen Mode bereitwillig sein Ohr öffnet! Wie einen lästigen Hund kann ich den verjagen, der ... der Herr der Welt ist!

Das ist des Menschen Sünde: sein Ungehorsam! Der Knecht begehrt auf gegen den Herrn, und der Herr muß warten und sich vor der Laune Seiner Knechte beugen.

Aber tut Gott das wirklich? Ja! Unbegreiflich ist Seine Langmut, Gott wartet – auf mich. Sein Warten ist Seine Liebe, und Seine Liebe ist getragen von unsagbarer Geduld. Gott sucht mich durch Christus, den guten Hirten.

Aber wehe mir, wenn ich Gottes Langmut mißbrauche, wenn ich Seine Liebe als Schwachheit verstehen will! Gottes Ehre ist es, daß Er durch Christus den Sünder sucht, aber Gottes Ehre ist es auch, daß Er an meiner Tür vorübergeht, wenn ich immer und immer wieder bezeuge, daß ich Ihn nicht will und die Tür vor Ihm zuschlage! Dann heißt Gott Seine Boten weitergehen.

Noch können wir hören, und wir wollen jeden Sonntag in heißem Gebet Gott angehen, daß wir es sein möchten, die hören, wir und unser deutsches Volk! Wehe sonst aber gerade uns, wehe uns Getauften, uns Königskindern, uns Trägern großer göttlicher Verheißung! Dann wird das Gericht anheben am Hause Gottes und das Wort, das andre rettet, wird uns richten! Gott bewahre uns davor und schenke uns, solange es Tag ist, ein gehorsames Herz. Gott wartet, – wie lange willst du Ihn warten lassen?

Lieber Vater im Himmel! Ich danke Dir von Herzen, daß Du heute wieder an Deinem Tage die Deinen rufst! Ich bitte Dich für mich und mein Haus, für alle, die meinem Herzen nahe sind, und mein liebes deutsches Volk: öffne unsre Ohren, daß wir hören wie rechte Jünger und aus Deinem Wort Leben und Seligkeit schöpfen. Amen.

Hes. 33, 1-11 EG 241, 1+8: Wach auf, du Geist der ersten Zeugen Apg. 13, 42-52

Siehe, ich sende euch wie Schafe mitten unter die Wölfe; darum seid klug wie die Schlangen und ohne Falsch wie die Tauben. Matth. 10, 16

Martin Luthers Erkenntnis vom »allgemeinen Priestertum aller Gläubigen« ist eine sehr unangenehme und im höchsten Maße verpflichtende Erkenntnis, denn nun gilt für dich genauso wie für den Pastor: Du sollst Gottes Bote sein! Wie wartet unser Deutschland auf die lebendigen Zeugen! Ihr seid des Königs Gesandte.

Womit rüstet der Herr Seine Boten aus? Nur mit der Freude eines erlösten Herzens und dem Frieden eines befreiten Gewissens. Nur, sage ich, denn kein eherner, unverletzlicher Panzer schützt den Boten vor der Tücke der Welt. Die ohnmächtige Welt darf ihre Macht gegen die Christen spielen lassen, und die Christen müssen sich von Gottes Feinden jagen lassen, sie sind wie die Schafe mitten unter den Wölfen. In dieser Lage gebietet Jesus, klug zu sein wie die Schlangen und ohne Falsch wie die Tauben. Eine Unmöglichkeit, dies »und«, aber doch die einzige Möglichkeit für die Boten Gottes, die Boten jener Welt in dieser Welt sind. Siegt die Diplomatie und die eilfertige Anpassung, so verrate ich die Kraft der frohen Botschaft. Sage ich das Evangelium aber nicht mit der scharfen Beobachtung der wirklichen Lage meiner Brüder, so versündige ich mich an meinen Brüdern. Meine tollpatschige Rücksichtslosigkeit ist wahrlich nicht der radikale Anspruch Jesu Christi! Wie finde ich den rechten Weg? Habt Christus lieb und habt eure Brüder lieb, daß sie in dieser Zeit, in ihren Freuden und Sorgen, den Herrn Himmels und der Erden hören. Zu solchem Zeugnis Seiner Boten wird der Herr sich bekennen, darum habt Mut und fangt an, mitten im Toben der Feinde wächst Sein Reich!

Herr, habe acht auf mich und laß mich ritterlich den Kampf bestehen, wenn Satan, Sünd' und Welt mich stürmisch überfällt, mich übergehen! Amen.

Jer. 1, 1-10 — EG 243, 1+4: Lob Gott getrost mit Singen — Apg. 4, 1-13

Hütet euch aber vor den Menschen; denn sie werden euch überantworten vor ihre Rathäuser und werden euch geißeln in ihren Schulen. Und man wird euch vor Fürsten und Könige führen um meinetwillen, zum Zeugnis über sie und über die Heiden.

Matth. 10, 17-18

Noch vor wenigen Jahren meinten viele, der christliche Glaube gehe von einem Sieg zum andern, und die Zeiten der Verfolgung seien als besonders finstere Barbarei weit abgetan. Heute wissen wir wieder: Solange der große Gegenspieler Christi, der Satan, am Werk ist, flammt immer wieder der Haß auf gegen Christus und Seine Gemeinde.

Diesen Haß wagt Satan freilich nicht offen zu zeigen, er versucht, seinen Kampf den Menschen irgendwie schmackhaft und den anständigen Bürgern berechtigt erscheinen zu lassen. Es ist ihm lieber, wenn er Christus selbst als Betrüger und die ersten Christen als Verbrecher und Schädlinge verurteilen lassen kann. »Groß Macht und viel List sein grausam Rüstung ist.«

Freilich: all seine List kann es nicht verhindern, daß es im Kampf immer wieder zutage tritt: der Satan meint Christus und Sein Reich! Dann erfüllt sich, daß solcher Kampf zum Gericht über die Kläger selbst wird, zum Zeugnis über sie. Die Richter erscheinen als die, die selbst vor Gottes Augen Gerichtete sind, die Kläger werden Angeklagte, die, welche vorgeben, Gott einen Dienst zu tun, werden als Gottverlassene sichtbar. Der Kläger Pilatus beginnt sich zu entschuldigen, der Angeklagte Christus aber ist mitten im Gericht der wahrhaftige Zeuge Gottes. Darum wollen wir auch den Weg des Leidens in Freuden gehen, wenn dieser Weg um Seinetwillen gegangen werden muß. »Für die Trübsal, Spott und Hohn gibt Er dir die Freudenkron: Zion, du wirst wieder lachen, drum so laß die Welt nur machen!«

Herr Jesu, hilf, Dein' Kirch' erhalt, wir sind gar sicher, träg und kalt; gib Glück und Heil zu Deinem Wort, schaff, daß es schall an allem Ort. Die Sach' und Ehr', Herr Jesu Christ, nicht unser, sondern Dein ja ist; darum so steh Du denen bei, die sich auf Dich verlassen frei! Amen.

Ps. 123 EG 248: Verzage nicht Apg. 7, 51-59

Wenn sie euch nun überantworten werden, so sorget nicht, wie oder was ihr reden sollt; denn es soll euch zu der Stunde gegeben werden, was ihr reden sollt. Denn ihr seid es nicht, die da reden, sondern eures Vaters Geist ist es, der durch euch redet.

Matth. 10, 19-20

In einer großen Konferenzhalle ist die eine Wand geschmückt von einem großen Bild des brennenden Dornbusches, darunter: »doch nicht verzehrt!«. Schon gestern hörten wir: Das Gericht soll zum Zeugnis werden, heute hören wir: Die Flammen sollen die Gemeinde nicht verzehren, sondern in ihrer Glut soll sich Gottes herrliche Gegenwart offenbaren.

Wenn man bei uns einen Pastor loben will, so sagt man wohl: »Der kann es gut los werden!« Es ist sehr die Frage, ob das immer ein Lob ist! »Ich habe eine schwere Sprache und eine schwere Zunge«, muß Moses von sich bekennen, und er wurde doch Gottes erster Prophet. »Ihr seid es nicht, die da reden«, sagt Jesus Seinen Jüngern. Nicht unsre Beredsamkeit schafft es, nicht unsre glatte und wohlgesetzte Rede, sondern des Vaters Geist. Der aber wird nur demütigen Herzen zuteil, denen, die nicht von sich selbst reden, sondern die auf Christus hinweisen mit ihren Worten und Werken und mit heißem Gebet, Er möge sich offenbaren. Darum habt getrosten Mut, wenn ihr Ihn bezeugen sollt; denn was gering ist vor der Welt, hat Er sich erwählt. Nicht in Worten steht Gottes Reich, sondern »in Kraft«. Solche Kraft aber ist uns nahe in Gottes Heiligem Geist.

Herr, wir danken Dir, daß Du bei uns bist alle Tage bis an der Welt Ende! Schenke es uns doch, daß wir Deiner Gegenwart täglich froh werden, und laß auch die Welt merken, daß Du bei uns bist! Amen.

Jer. 1, 11-19 EG 297: Wo Gott der Herr 2. Kor. 4, 7-18

Es wird aber ein Bruder den andern zum Tod überantworten, und der Vater den Sohn, und die Kinder werden sich empören wider ihre Eltern und ihnen zum Tode helfen. **Matth. 10, 21**

Kennen wir solche Möglichkeiten nur aus Missionserzählungen in primitiven Völkern? Moskau und Spanien liegen in Europa! Wir kennen solch abgrundtiefen Haß von dorther. Wieviele Eltern können über Christus nicht mehr vor ihren Kindern reden! Wieviel Jungen und Mädchen müssen heimlich ihre Bibel lesen, wie tief geht der Riß zwischen Glauben und Unglauben mitten durch die Völker und die Familien!

Denn vor Christus fällt alle vornehme Neutralität hin! Wenn ein junger Mensch sich besonders hervortut durch üble Witze und wildes Leben, so lacht man nicht, und auch die Großen sind geneigt, zu verzeihen: Jugend muß auch mal über die Stränge schlagen. Aber er soll es wagen, von Christus zu reden und sich an das Wort und die Kirche zu halten, so werden die Kübel des Spottes und Hasses über ihn ausgegossen. Denn die Welt verzeiht die Sünde, aber sie haßt Christus.

Dieser Haß aber ist uns Beweis für die Gewalt Gottes in Seinem Sohn. An Ihm wird Sünde offenbar als Sünde, und auch alle religiöse Selbstüberhebung wird vor Ihm sichtbar als der Hochmut des Menschen, der meint, auch ohne Christus selig werden zu können. Christus ist der Störenfried unter den Menschen! Willst du Ihn deswegen auch verdammen? Oder willst du merken: Christus stört den Frieden, der nur ein Todesschlaf ist? Gegen allen Haßgesang der Welt rufe der Christ in unermüdlicher Liebe: »Wache auf, der du schläfst, und stehe auf von den Toten, so wird dich Christus erleuchten!«

Herr, bewahre Du uns vor allem Haß der Welt, und sei Du über unserm Hause der Friedefürst, der uns schon in dieser Zeit den ewigen Frieden schenkt! Amen.

1. Mose 4, 1-10 EG 423, 1-4: Herr höre Hebr. 11, 1-16

Ihr müßt gehaßt werden von jedermann um meines Namens willen. Wer aber bis an das Ende beharrt, der wird selig. **Matth. 10, 22**

»Diese sind's, die kommen sind aus großer Trübsal«, sagt Gott zu Johannes, dem Seher, als er die selige Schar der Erlösten vor Gottes Thron schaut. Und zur Predigt des Paulus gehörte es, »daß wir durch viel Trübsale müssen in das Reich Gottes gehen« (Apostelgeschichte 14, 22). Das Wunderbare an dieser Predigt aber ist, daß sie trotz ihres bitteren Ernstes von der herrlichen Freude des Reiches Gottes zeugt. Das Ziel aller Trübsal ist die Verheißung: »Wer bis an das Ende beharret, der wird selig!«

Aber eben bis an das Ende zu beharren, das ist schwer! Welche Zeiten waren unsern Vätern im großen Krieg die schwersten? Der Stellungskrieg, das erbitterte Ausharrenmüssen in einem Stückchen Graben, wo die Widerstandskraft zermürbt wurde und Ermüdung und Erschlaffung drohten. »Wie lange, ach Herr, wie lange?«

Bis Christus selbst kommt, antwortet Gottes Wort. Das ist das Ende. »Unruhig ist unser Herz, bis es Ruhe findet in Dir«, betet Augustin. Dort ist die Ruhe und dort ist der Sieg, können wir darauf warten? Der wartenden Gemeinde ist eine kostbare Waffe gegeben: das Gebet! Im Gebet dürfen wir den kommenden Christus anrufen, und im Gebet ist Er schon hier bei uns als der Hauptmann im Streit. Jede neuerbaute Brücke wird der Brückenprobe unterzogen, bei der ihre Tragfähigkeit erprobt wird. So wird auch die Christenheit von Gott auf die Probe gestellt, sie wird dabei soweit bestehen, als sie ihre Last auf den Herrn Christus legt, und dann fröhlich ausharrt bis an das Ende, da Christus selbst kommt als der Befreier.

In deiner Kraft wir liegen ob, daß weit erschall Dein' Ehr' und Lob, und alle Welt des inne wird, daß Du noch selbst und herrschst auf Erd'! Amen.

Jes. 35 — EG 440, 3+4: All Morgen ist ganz frisch und neu — Hebr. 11, 32-40

Der Jünger ist nicht über seinen Meister noch der Knecht über den Herrn. Es ist dem Jünger genug, daß er sei wie sein Meister und der Knecht wie sein Herr. Haben sie den Hausvater Beelzebub geheißen, wieviel mehr werden sie seine Hausgenossen also heißen!

Matth. 10, 24-25

Ein Schüler, der dem Lehrer eine Lektion halten will, ein Lehrling, der den Meister lehren will, ein Jünger, der mehr sein will als Jesus Christus selbst – das sind wunderlich hochmütige Leute! Aber wir sind solche Leute! Wir möchten geehrt werden und fühlen uns gekränkt, wenn man uns schilt. Die Krone, die sie Jesus aufs Haupt setzten, war nicht mit Diamanten besetzt, sondern aus Dornen geflochten! »Laß dir an meiner Gnade genügen!« sagt der Herr dem Apostel Paulus. Die Gnade ist uns verheißen, mehr nicht. Ist das nicht genug?

Warum schalten sie über den Dienst Jesu? Weil sie in Seinem Dienst den Anspruch Gottes erkannten: Nur wenn du dir diesen Dienst gefallen läßt, wirst du selig! Dienen ist in der Gemeinde Jesu nicht eine widerwillig ertragene Last, sondern ein herrliches Amt. Wer mit mürrischem Gesicht den niedrigen Weg des Dienstes geht, kann dem Herrn keine Jünger gewinnen. Der Widerspruch gegen uns möge uns zeigen: Man hat genau verstanden, aus welcher Vollmacht heraus hier der Dienst getan wird. Das soll uns von Herzen dankbar machen, daß wir heute gewürdigt werden, auf Jesu Christi Fußspuren zu gehen! Alle falsche Ehrung der Welt gilt gewiß nicht dem Herrn Christus, – und, auch das sei gesagt, nicht alle Feindschaft gegen uns gilt Christus, wahrlich nicht – aber wo man uns um Seinetwillen die Dornenkrone windet, da seid fröhlich und für solche Gnade dankbar, denn da wird durch uns der Heroldsruf für Christus, den Herrn, in der Welt laut. »So lasset uns nun zu Ihm hinausgehen außer dem Lager, und Seine Schmach tragen!«

Wohlan, so nimm uns allzugleich zum Teil am Leiden und am Reich. Führ uns durch Deines Todes Tor samt Deiner Sach zum Licht empor! Amen.

Dan. 6, 17-29 EG 384: Lasset uns mit Jesus Hebr. 12, 1-11

Was ich euch sage in der Finsternis, das redet im Licht; und was ihr hört in das Ohr, das predigt auf den Dächern. Matth. 10, 27

Jesus hat oft Seinen Jüngern gesagt, daß sie es geheimhalten sollten, daß Er der Sohn Gottes sei; denn Seine Stunde war noch nicht gekommen. Er sagt ihnen im Verborgenen das Geheimnis des Reiches Gottes. Den Jüngern ist manches unverständlich und geheimnisvoll geblieben, was der Herr ihnen sagte, bis zu Seinem Kreuzestod und bis zu Seiner Auferstehung.

Aber es soll nicht ein Geheimnis bleiben; sondern nach Seiner Auferstehung und Himmelfahrt sollen sie in breitester Öffentlichkeit, im hellsten Lichte das Geheimnis des Reiches Gottes offenbaren. Was in der Abendstunde beim heiligen Abendmahl im engsten Jüngerkreis geschah, das Gebet des Herrn in dunkler Nacht im Garten Gethsemane wird heute überall laut und öffentlich gepredigt. Seine Jünger haben ihren Glauben nicht geheimgehalten, sondern am Pfingsttage wirklich von den Dächern gepredigt die großen und herrlichen Taten Gottes, »so unter uns geschehen sind«.

Es gibt kein verborgenes Christentum. Was wir im Innersten unsres Herzens an Gnade und Vergebung erfahren haben, das sollen wir preisend mit Dank gegen Gott andern sagen, damit sie dieselbe Gnade erfahren. Ihr Eltern, sagt es euren Kindern! Ihr Kinder, sagt es euren Freunden, daß die Welt voll werde voll Ruhm und Preis Gottes und Seiner Gnade. Dein Schweigen kann für deinen Nächsten das Verderben bedeuten, dein Verkündigen aber ewige Seligkeit.

Allmächtiger Gott, lieber Vater im Himmel, bewahre uns vor der falschen Scheu und gib uns Deinen Heiligen Geist, daß wir – wie Deine Jünger – Deine Gnade mit Freuden offen bekennen. Amen.

1. Mose 12, 7-9 | EG 263, 5: Sonne der Gerechtigkeit | Matth. 13, 1-16

Und fürchtet euch nicht vor denen, die den Leib töten und die Seele nicht können töten. Fürchtet euch aber vielmehr vor dem, der Leib und Seele verderben kann in die Hölle. Matth. 10, 28

Die Menschen reden so gerne von der Zartheit religiösen Innenlebens, das man nicht der Öffentlichkeit preisgeben dürfe. In Wahrheit ist diese Zartheit frommer Scheu meistens nichts anderes als Furcht vor den Menschen, vor deren Hohn und Spott man sich scheut. Jesus hat Seinen Jüngern und damit auch uns in das Gewissen gerufen: »Fürchtet euch nicht vor denen, die wohl den Leib zu töten vermögen, aber die Seele nicht töten können.«

Wer Gott nicht fürchtet, kommt von der Menschenfurcht nicht los. Weil Bismarck ein gläubiger Christ war, darum konnte er sagen: »Wir Deutschen fürchten Gott und sonst nichts in der Welt.« Möge es unter uns nie so werden: Wir Deutschen fürchten alles, nur nicht Gott.

Es gibt auch heute noch in allen Völkern brutale Menschen, die weder Gott noch Menschen fürchten, wie der ungerechte Richter. Das sind die Hyänen unter den Menschen, die über Leichen gehen. Davor möge uns Gott in Gnaden behüten. Aber fürchtet euch dennoch nicht vor ihnen. Sei haben nur Macht über den Leib, aber nicht über die Seele. Die steht in Gottes Hand.

Dagegen sagt Christus: »Fürchtet euch aber vielmehr vor dem, der Leib und Seele verderben mag in die Hölle.« Das ist Gott allein. Ihn sollen wir fürchten und lieben. Allein diese heilige Ehrfurcht vor dem heiligen Gott läßt uns die Sünde erkennen und meiden, denn Er ist der einzige, der Leib und Seele verderben mag in die Hölle. Täusche dich nicht: Es gibt wirklich eine Hölle, eine ewige Verdammnis, ein ewiges, rettungsloses Getrenntsein von Gott.

Darum wähle: Sechzig Jahre in Ehre, Reichtum und irdischem Glück und Millionen mal Millionen Jahre in ewiger Verdammnis und Qual oder sechzig Jahre als ein Christ von Menschen verhöhnt und verspottet und Millionen mal Millionen Jahre in Herrlichkeit und Ehre mit Christus bei Gott in Seinem ewigen Reich!

Hilf, Herr Jesus Christus, daß wir uns nicht aus Menschenfurcht von Dir trennen lassen oder gar Dich verleugnen, sondern hilf Du uns zu rechtem, beständigem Glauben an Dein Reich und an Deine ewige Macht! Amen.

Ps. 55, 17-24 | EG 370, 8-12: Warum sollt | Luk. 18, 1-8

Kauft man nicht zwei Sperlinge um einen Pfennig? Dennoch fällt deren keiner auf die Erde ohne euren Vater. Nun aber sind auch eure Haare auf dem Haupt alle gezählt. So fürchtet euch denn nicht; ihr seid besser als viele Sperlinge. Matth. 10, 29-31

Gott, der alles erschaffen hat und erhält, ist unser Vater, und wir sind Seine Geschöpfe. Mit großer Liebe umgibt Gott sie alle. Wir schätzen den Wert der Spatzen nicht hoch ein, ja manches Mal sind sie uns ärgerlich; und doch hat Gott auch sie erschaffen und will, daß sie leben. Es fallen viele Sperlinge auf die Erde – gewiß –; aber doch weiß Gott um jedes Seiner Geschöpfe und bestimmt ihre Zeit und Stunde.

Um wieviel mehr sorgt sich der himmlische Vater um jeden Menschen und auch um dich. Alle deine Haare sind auf deinem Haupte gezählt; so lieb hat Gott dich, daß Er um alle deine Sorgen und Nöte weiß. Warum sollen wir uns da fürchten?

Je treuer wir uns im Glauben zu Gott halten und zu Gott bekennen, desto fester wird uns diese Gewißheit, in Seiner Liebe sicher und geborgen zu sein. Das gilt auch für alle deine täglichen Sorgen und Nöte. Welche bewegen dich heute? Dein Vater weiß sie alle; darum fürchte dich nicht. Wieviel mehr aber gilt uns dieses Wort dann, wenn wir uns um unsres Glaubens willen bedroht fühlen. Viele Christen wagen es nicht, sich zu ihrem Glauben zu bekennen; sie fürchten, deshalb Schaden zu erleiden. Fürchtet euch nicht!

Gott sieht und weiß das alles. Er wird dir das zu Seiner Zeit wohl vergelten. Jetzt erwartet Er von dir nur unerschütterliche Treue in Furchtlosigkeit und Glauben. Darum halte dich gerade jetzt mehr noch als früher zu Gottes Wort und Seiner Gemeinde. Sein Wort allein kann dir diesen furchtlosen Glauben erhalten und stärken. Zeiten des Glaubenskampfes und der Verfolgung sind immer auch Zeiten des Abfalls für viele Christen. Fürchte dich nur vor dem einen: jetzt nicht treu zu sein.

Allmächtiger Gott, erhalte uns nur bei dem einen, daß wir Deinen Namen fürchten und Glauben halten und unsre Seelen erretten. Amen.

Ps. 36, 6-13 EG 368, 5-9: In allen meinen Offb. 1, 17-20

Wer nun mich bekennt vor den Menschen, den will ich bekennen vor meinem himmlischen Vater. Wer mich aber verleugnet vor den Menschen, den will ich auch verleugnen vor meinem himmlischen Vater.

Matth. 10, 32-33

Jesus hat Seinen Jüngern und uns immer wieder zugerufen: »Fürchtet euch nicht!« Fürchtet euch nicht; denn ihr seid mehr wert als viele Sperlinge. Warum ermahnt Er uns so eindringlich, immer und immer wieder zur Furchtlosigkeit? Weil wir Ihn als den Sohn Gottes und als unsern Herrn vor den Menschen bekennen sollen. Jesus will das. Er erwartet das von uns. Er weiß aber auch, daß die Menschen und der Teufel das nicht wollen; darum suchen der Teufel, die Welt und unser Fleisch uns daran zu hindern, indem sie uns bange machen, daß wir es nicht wagen.

Nur in Furchtlosigkeit und Unerschrockenheit können wir Christus bekennen vor den Menschen. Und durch unser Bekenntnis sollen andere Menschen Ihn kennen und liebenlernen. Das will Christus, dazu will Er uns gebrauchen. Wer sich diesem Dienst entzieht, den kann der Herr weder hier noch im Himmel gebrauchen.

Durch das Bekenntnis zu Christus sind wir auf ewig mit Ihm verbunden. Vielleicht haben wir hier auf Erden Schaden davon; aber wir haben ewigen Gewinn im Himmel davon; denn »wer mich bekennt ..., den will ich auch bekennen vor meinem himmlischen Vater«. Bedenke, was das bedeutet.

Bedenke aber auch, was das bedeutet: »... den will ich verleugnen vor meinem himmlischen Vater.« Dann bist du ewig ausgestoßen aus dem Himmelreich. Dagegen kannst du gar nichts machen. Jesus allein entscheidet, wer selig werden soll. Das ist das königliche Amt, das Gott Seinem Sohn gegeben hat.

Zum Himmelreich und zu Gott gibt es keine Hintertüren. Dahin kann man nur auf einem offenen, geraden Wege gelangen, und dieser Weg ist Christus und unser offenes, freimütiges Bekenntnis zu Ihm. Jeder, der dich kennt, soll wissen, daß du zu Christus gehörst.

Gieß aus Dein heilig Feuer, rühr Herz und Lippen an, daß jeglicher getreuer den Herrn bekennen kann. Amen.

Ps. 22, 23-29 EG 136, 1-4 O komm du Geist Apg. 4, 17-22

Ihr sollt nicht wähnen, daß ich gekommen sei, Frieden zu senden auf die Erde. Ich bin nicht gekommen, Frieden zu senden, sondern das Schwert. Denn ich bin gekommen, den Menschen zu erregen wider seinen Vater und die Tochter wider ihre Mutter und die Schwiegertochter wider ihre Schwiegermutter. Und des Menschen Feinde werden seine eigenen Hausgenossen sein. Matth. 10, 34-36

Der Friede um jeden Preis führt nicht zu Gott, sondern in das Verderben; denn die Welt hat Christus gekreuzigt und kämpft auch heute noch überall einen erbitterten Kampf gegen Ihn und gegen Gott. Willst du mit der Welt durchaus nur im Frieden leben, dann mußt du Christus und damit auch Gott verleugnen.

Friede auf Erden kann nicht sein, solange die Menschen Gott hassen und leugnen. Du mußt dich entscheiden, auf welcher Seite in diesem Kampfe wider Gott du stehen willst. Stellst du dich offen auf die Seite Gottes, mußt du Christus bekennen; dann werden die Menschen, vielleicht sogar in deinem eigenen Hause dich als ihren Feind bekämpfen.

Zwischen den Fronten gibt es keine neutrale Zone. Die leidenschaftliche Liebe zu Christus zwingt dich, deinen nächsten Verwandten, deinen besten Freunden offen entgegenzutreten, wenn sie Christus nicht wollen. Darum kann es kein verborgenes Christentum geben.

Sieh auf die Menschen, die ihr Leben in diesem Kampfe mit Christus und für Christus willig gewagt haben. Das Blut und die Leiden der Märtyrer sind die Saat der Kirche, aus der neues Glaubensleben erwachsen ist.

Die Welt lebt in der Revolution gegen Gott; darum kann kein Friede auf Erden sein, bis Christus in Seiner Herrlichkeit wiederkommt, Seine Feinde richtet, und Sein ewiges Reich allein Macht und Geltung hat. Bis dahin aber müssen wir das Schwert des Geistes, das ist das Wort Gottes, nehmen und gebrauchen, um für Christus zu streiten um die Seelen unsrer Mitmenschen und um die Seele unsres deutschen Volkes. Mag die Welt dann mit dem Schwert irdischer Macht, mit Haß und Hohn uns verfolgen. Das soll uns nicht gereuen.

Darum gedenken wir heute aller Märtyrer von Stephanus an bis zu den Glaubensbrüdern in Rußland. Sie gehören zu uns, und wir gehören zu ihnen.

Soll's uns hart ergehn, laß uns feste stehn und auch in den schwersten Tagen niemals über Lasten klagen; denn durch Trübsal hier geht der Weg zu Dir. Amen.

2. Sam. 15, 1-15 EG 385, 5-7: Mir nach Offb. 3, 14-19

Wer Vater oder Mutter mehr liebt denn mich, der ist mein nicht wert; und wer Sohn oder Tochter mehr liebt denn mich, der ist mein nicht wert.

Matth. 10, 37

Wir sollen Vater und Mutter lieben. Das ist Gottes heiliger Wille; denn sie sind Gottes Stellvertreter an uns. Aber unter keinen Umständen dürfen wir Vater und Mutter, und wir Eltern unsre Kinder mehr lieben als Gott. Alle Liebe der Menschen hat ihre Grenzen in unsrer Liebe zu Gott, und in der Liebe Gottes zu uns, die in Jesus Christus offenbar geworden ist.

Es muß unter Eheleuten und unter Eltern und Kindern so sein, daß sie es sich offen sagen können: Ich habe dich von Herzen lieb, aber ich habe Christus noch viel lieber als dich. Und daß sie Christus mehr lieben als uns, das müssen wir unsern Nächsten und Liebsten als heiliges Recht einräumen und zubilligen. Nur dann ist unsre Liebe geheiligt und echt; sonst wird unsre Liebe uns zum Verderben.

Christus macht unsre Liebe zum Maßstab Seiner Entscheidung über uns: »Wer Vater oder Mutter, Sohn oder Tochter, Mann oder Weib mehr liebt denn mich, der ist mein nicht wert.« Ja, wer von uns ist denn Seiner Liebe wert? Wir müssen alle bekennen: Keiner! Nur unsre hingebende Liebe zu Ihm, die unter dem Kreuz Seine vergebende und rettende Gnade erfahren hat, macht uns in den Augen des Herrn Seiner Liebe wert. Nur eins will Er: über alles von dir geliebt werden. Darum verließ Er die Herrlichkeit beim Vater, nur darum ist Er am Kreuz gestorben, um dich in Seine Liebe hinüberzuretten, um dich mit Seiner Liebe schützend zu umgeben.

Nur der ist geschickt zum Reiche Gottes, der diese Liebe begriffen hat und von dieser Liebe überwunden ist.

Ich will Dich lieben, meine Krone, ich will Dich lieben, meinen Gott; ich will Dich lieben sonder Lohne auch in der allergrößten Not; ich will Dich lieben, schönstes Licht, bis mir das Herze bricht. Amen.

Ps. 27, 9-14 EG 400, 5-7: Ich will Dich lieben Jak. 4, 1-8

Und wer nicht sein Kreuz auf sich nimmt und folgt mir nach, der ist mein nicht wert. Matth. 10, 38

Wir nennen manches Leid ein Kreuz, das wir zu tragen haben; aber es ist jedenfalls kein Kreuz, das wir durch freie Willensentscheidung selbst auf uns genommen haben; sondern das Leid ist über uns gekommen gegen unsern Willen, und wir waren ihm gegenüber machtlos. Von solchem Leide redet Jesus hier nicht.

Er redet hier von dem Kreuz, das wir selber freiwillig auf uns genommen haben aus Liebe zu Ihm. Seine Jünger sind immer Kreuzträger, und wir wissen es, daß sie es sind. Wer aber dieses Kreuz nicht auf sich nehmen will, kann Christus nicht folgen, kann nicht Sein Jünger sein und ist Sein nicht wert.

Der Maßstab, mit dem Jesus uns mißt, ist die opferbereite Liebe zu Ihm und aus dieser Liebe die Bereitschaft zum Tragen Seines Kreuzes als unser Kreuz. Seine Gemeinde ist immer eine Kreuzgemeinde. So ist nicht ein Beinbruch oder eine Krankheit in diesem Sinne das Kreuz. Sondern jede Verfolgung, Verachtung und jeder Nachteil, den du um deines christlichen Glaubens willen erduldest, und wenn du dich dennoch weiter und treu zu Christus bekennst, so hast du dein Kreuz als Jünger Jesu auf dich genommen. Heute steht das Christentum bei uns in geringem Ansehen. Wer um deswillen glaubt, sein Christentum verbergen zu müssen, der nimmt sein Kreuz nicht auf sich und folgt Christus nicht nach und ist Sein nicht wert.

Das ist eine ernste Entscheidung und eine ernste Warnung. Christus will nicht, daß wir uns hierin irgendeiner Täuschung hingeben.

Der Kampf bleibt derselbe; nur der Feind Christi erscheint in immer neuem Gewande, um uns zu täuschen. Gesegnet aber sind alle, die ihr Kreuz um Seinetwillen auf sich nehmen, es tragen und auch fühlen, Kinder in der Schule unter ihren Kameraden, die Erwachsenen unter den Nachbarn und Verwandten, im Geschäft und Beruf: die große Gemeinde der Kreuzträger; denn Er trug es für uns.

Herr Jesus, wir wollen unser Kreuz willig auf uns nehmen um Deinetwillen; gib Du zum Tragen die Kraft und Freudigkeit. Amen.

Ps. 34, 16-23 EG 88, 5-6: Jesu, Deine Passion Offb. 2, 8-10

Geht ein durch die enge Pforte. Denn die Pforte ist weit und der Weg ist breit, der zur Verdammnis abführet; und ihrer sind viele, die darauf wandeln. Und die Pforte ist eng und der Weg ist schmal, der zum Leben führt; und wenig sind ihrer, die ihn finden.

Matth. 7, 13-14

Was will der Herr mit dem doppelten Bilde von der Pforte und vom Wege sagen? Es ist sehr viel leichter im Zusammenleben mit andern Menschen im großen Strom zu schwimmen, das zu tun und meinen, was alle andern auch tun und meinen, als eine eigene Meinung zu vertreten und einen besonderen Weg zu gehen. Das weiß der Teufel wohl, und darum lockt er die Menschen auf den breiten Weg, darum versteckt er sich hinter der öffentlichen Meinung, welche eine Großmacht ist. Wenn alle so denken, so reden, so handeln, – dann muß es doch richtig und erlaubt sein! Aber am Ende des breiten Weges steht die Verdammnis. Der Weg schien aufwärts zu führen, versprach Ruhm, Macht, Besitz, aber in Wahrheit führte er abwärts, in immer tiefere Gebundenheit, in immer weitere Entfernung von Gott. Darum ruft Christus zur Entscheidung, solange es noch Zeit ist. Wer dem Herrn angehören will mit Leib und Seele, soll wissen, daß er auf den schmalen Weg zu treten hat, der soll sich scheiden vom großen Strom. Das bringt viel Kampf, oft schon im eigenen Hause. Das bedeutet Verzicht auf manches, was die Welt ohne Christus an Freuden bietet.

Das bedeutet Hingabe des eigenen Ichs an den, der uns den schmalen Weg vorangegangen ist. Ausdrücklich sagt der Herr: »Wenige sind ihrer, die ihn finden.« Wir müssen diesen Weg suchen, bis wir ihn finden; wir müssen alle Kräfte des Leibes und der Seele daransetzen. Vielleicht gehen Mensche, auf deren Urteil wir viel geben, den breiten Weg. Das darf uns nicht beirren. Auf dem Wege zum Leben gibt es nur ein Vorbild: das ist unser Herr und Heiland Jesus Christus. Er hat sich selbst den Weg genannt, die Wahrheit und das Leben. Vertrauen wir uns Seiner Führung an, dann mag es durch Gottes Gnade wohl geschehen, daß wir den Weg des Lebens finden.

Lieber Herr Christus! Ohne Dich können wir den Weg zum Leben nicht finden. Darum bitten wir Dich um Deinen Beistand. Gib uns Mut, wenn wir verzagen; Kraft, wenn wir ermüden; Standhaftigkeit in der Versuchung und endlich die völlige und selige Gemeinschaft mit Dir. Amen.

Jer. 6, 16-17 EG 90: Ich grüße Dich Apg. 14, 21-28

Seht euch vor vor den falschen Propheten, die in Schafskleidern zu euch kommen, inwendig aber sind sie reißende Wölfe. Matth. 7, 15

Der Gemeinde Jesu Christi ist kein geruhiges und sorgloses Leben in dieser Welt verheißen. Der Christ bleibt nicht bewahrt von Schicksalsschlägen, von Mißerfolg in seiner Arbeit, vor Enttäuschungen mancherlei Art. Die Zugehörigkeit zum Herrn Christus räumt ihm in der Welt keine Sonderstellung ein.

Aber auch sein Glaubensleben ist kein feststehender Besitz, sondern muß immer wieder erkämpft und verteidigt werden. Christus warnt vor einem besonderen Feinde, dem falschen Propheten. Unsre Zeit hat allen Anlaß, diese Warnung zu beherzigen. Wir erleben es, wie die Irrlehre nicht nur von außen an den Toren der Kirche rüttelt, sondern wie sie auch schon innerhalb der Kirche ihr zerstörendes Werk treibt. Es ist die Kunst der falschen Propheten, daß sie sich verstellen, sich ein harmloses und gefälliges Ansehen geben und dadurch Gehör finden. Woran sind sie dennoch zu erkennen und wie schützen wir uns vor ihnen? Die wichtigste Hilfe ist uns das Wort der Heiligen Schrift. Je tiefer wir ins Wort eindringen und je fester wir darin gegründet sind, umso standhafter werden wir der Irrlehre widerstehen können. Darum ist es notwendig, daß in der Kirche das Lehramt ausgeübt wird und daß die Gemeinde nicht nur Erbauung, sondern auch Belehrung empfängt. In der urchristlichen Gemeinde nennt Paulus die Fähigkeit, Geister zu unterscheiden als eine der Geistesgaben, welche Gott verleiht und welche zum Nutzen der Gemeinde gebraucht werden soll. Wir müssen Gott darum bitten, daß diese Gabe auch unter uns wieder lebendig werde. Vorsicht ist nicht Ängstlichkeit, und wer über der Reinheit der Lehre und Verkündigung wacht, ist darum nicht lieblos und nicht hochmütig. Gott hat uns Sein ewiges Evangelium anvertraut. Wer uns das nehmen oder verkürzen oder verändern will, der ist dem reißenden Wolf gleich, der die Herde zerstreut und zerstört. Davor bewahre uns Gott!

Wir bitten Dich, lieber Herr Christus, daß Du uns bewahrest vor Irrtum und Unglauben. Verleihe uns die Waffen des Lichtes und hilf uns wachsam sein, damit wir Dein Wort und Sakrament bewahren rein bis an das Ende. Amen.

Jer. 23, 9-22 EG 373, 3: Jesus, hilf siegen Joh. 4, 1-6

An ihren Früchten sollt ihr sie erkennen. Kann man auch Trauben lesen von den Dornen oder Feigen von den Disteln? Also ein jeglicher guter Baum bringt gute Früchte; aber ein fauler Baum bringt arge Früchte. Ein guter Baum kann nicht arge Früchte bringen, und ein fauler Baum kann nicht gute Früchte bringen. Ein jeglicher Baum, der nicht gute Früchte bringt, wird abgehauen und ins Feuer geworfen. Darum an ihren Früchten sollt ihr sie erkennen. Matth. 7, 16-20

In einem Garten sind nicht alle Bäume gleich gut. Da gibt es gute und schlechte Bäume. Hin und wieder muß ein Baum abgehauen werden. »Der trägt nicht mehr gut«, sagt der Gärtner, »darum muß er weg.« Der Gärtner weiß genau Bescheid: nicht an den Blättern und Zweigen, sondern an der Frucht erkennt er den Baum. – Zweimal sagt Jesus hier: »An ihren Früchten sollt ihr sie erkennen.« Der christlichen Gemeinde ist damit ein Merkmal gegeben, was in ihr echt und was in ihr schlecht ist. Die christliche Gemeinde ist keine Insel der Seligen. Es gibt keine vollkommene christliche Gemeinde, da es keine vollkommenen Menschen gibt. Unter den Jüngern war ein Judas. In der urchristlichen Gemeinde, die ein Herz und eine Seele war, lebten Ananias und Saphira. Nicht alle, die zur christlichen Gemeinde gehören, sind wahre Christen. Es gibt in ihr auch falsche Propheten und falsche Lehrer. »Greuliche Wölfe« nannte Paulus sie, Männer, die da verkehrte Lehren reden, die

Jünger an sich zu ziehen. Sie richten viel Unheil an, zerstören und verwirren die Gemeinde. Aber die Gemeinde Jesu hat die herrliche Verheißung, daß die Pforten der Hölle sie nicht überwältigen werden. Und darum ist sie auch der Macht der Verführung nicht hilflos preisgegeben. »An ihren Früchten sollt ihr sie erkennen.« Man merkt es den Menschen an, ob ihr Leben aus Gott wächst oder nicht. Wer von Gott geboren ist, gehört zu dem Kreis derer, die glauben, daß Jesus der Christus ist. Und dieser Glaube behält den Sieg. Wir sind zum Glauben aufgerufen. Darum gilt Jesu Wort auch uns. An unsern Früchten wird man uns erkennen! Luther sagt: »Das heißt aber, ein guter Baum, so gute Früchte bringt, der da lebet und sein Wesen und Wandel führet nach Gottes Wort, rein und lauter.«

Du, Herr Christus, gib Deiner Gemeinde Kraft, daß sie das Gute vom Bösen, das Wahre vom Falschen scheide. Schenke uns Deinen Heiligen Geist, daß wir uns in Früchten der Gerechtigkeit wirksam erweisen. Amen.

Spr. 11, 30 — EG 196, 1–3: Herr für Dein Wort sei hoch gepreist — Joh. 15, 5

Es werden viele zu mir sagen an jenem Tage: Herr, Herr! Haben wir nicht in Deinem Namen geweissagt? Haben wir nicht in Deinem Namen Teufel ausgetrieben? Haben wir nicht in Deinem Namen viele Taten getan? Dann werde ich ihnen bekennen: Ich habe euch noch nie erkannt; weichet alle von mir, ihr Übeltäter! **Matth. 7, 22-23**

Jene wunderbaren Gaben und Kräfte, die der ersten Christenheit gegeben waren, haben immer wieder die Menschen verleitet, vor Gott hochmütig aufzutreten. Gottes Gaben werden zu Leistungen verkehrt, die man Gott vorrechnet. Anstatt daß wir unsre Seligkeit schaffen mit Furcht und Zittern, zählen wir Gott unsre vielen Taten auf. In uns steckt der Pharisäer, der sich brüstet vor Gott. Haben wir nicht ein Gott wohlgefälliges Leben geführt? Haben wir nicht regelmäßig Kirchgang gehalten? Haben wir nicht immer am alten Glauben festgehalten? Was fehlt solchem Glauben noch, da er doch bewährt ist durch die Tat? Gott will nicht unsre Leistungen, auch nicht unsre frommen Leistungen. Gott will unser Herz. Der ganze Mensch soll Gott gehören mit allem, was er denkt, redet und handelt. »Herr, Herr« sagen ist leicht und kann jeder; fromme Sprüche im Munde führen ist auch nicht schwer, selbst dem Teufel fällt das leicht. Aber an jenem Tage, an welchem der Herr kommen wird, zu richten die Lebendigen und die Toten, wird es nur darauf ankommen, ob wir Gottes Willen getan haben, ob wir dem Herrn Christus gehorsam gewesen sind und Seine Herrschaft über uns anerkannt haben. Wie geschieht das? Nicht dadurch, daß wir uns feierlich zu Christus bekennen, sondern daß Er sich zu uns bekennt. Nicht dadurch, daß wir Ihn Herr nennen, sondern daß Er uns bei Namen nennt und uns aufruft: Komm, folge mir nach! Wer dem Herrn nicht im Gehorsam des Glaubens nachfolgt, ist Sein nicht wert. Unerbittlich ist der Herr in Seinem Gericht. Er läßt nicht mit sich handeln. »Ich habe euch noch nie erkannt.« Jesus verwirft alle und nennt sie Übeltäter, die nicht den Willen tun Seines Vaters im Himmel. Wir wollen darum bitten, daß uns Gottes Wille aus Seinem Wort klar werde und wir auch heilig als die Kinder Gottes danach leben.

Leite mich, Herr, in Deiner Wahrheit, und lehre mich tun nach Deinem Wohlgefallen, denn Du bist mein Gott; Dein guter Geist führe mich auf ebener Bahn. Amen.

Jes. 51, 4 — EG 196, 4-6: Herr, für Dein Wort sei hoch gepreist — 1. Joh. 2, 17

Darum, wer diese meine Rede hört und tut sie, den vergleiche ich einem klugen Mann, der sein Haus auf einen Felsen baute. Da nun ein Platzregen fiel und ein Gewässer kam und wehten die Winde und stießen an das Haus, fiel es doch nicht; denn es war auf einen Felsen gegründet. Matth. 7, 24-25

Wir kennen das Wort des Jakobusbriefes: »Seid aber Täter des Wortes und nicht Hörer allein, wodurch ihr euch selbst betrüget.« Es ist gut, wenn man Gottes Wort fleißig hört, am Sonntag in der Kirche, in der Bibelstunde und in der Hausandacht. Aber das Hören hat wenig Wert, wenn es nicht geschieht mit dem festen Vorsatz, sich auch nach Gottes Wort zu richten und den Herrn um Kraft dafür zu bitten. Das bloße Hören kann sogar eine Gefahr werden, wenn jemand sich einredet, daß er sich dadurch Gottes Wohlgefallen erwerbe. Dann betrügt er sich selbst. Der Herr legt alles Gewicht auf das Tun. Das zeigt unser Gotteswort aus dem Schluß der Bergpredigt. Auch in Seinen andern Reden und in Seinen Gleichnissen weist der Herr mit großen Ernst darauf hin, daß man nach Seinen Worten tun soll. Es genügt nicht, daß man eine schöne Predigt rühmt oder davon spricht, daß man im Worte Gottes Trost und Erhebung gefunden hat. Wer nicht danach tut, gleicht einem Manne, der sein Haus auf den Sand baut, weil es ihm zu unbequem ist, den losen Sand fortzuschaffen, bis er an den Felsengrund gekommen ist. Wer aber das Wort hört und tut, der gleicht einem klugen Manne, der unermüdlich arbeitet, bis er den Sand, der bei einem Unwetter leicht weggeschwemmt werden kann, hinweggeschaufelt hat und er dann auf den Felsengrund mit festen Steinen sein Haus erbaut. Das Haus wird nicht einstürzen, auch wenn Wasserwogen und gewaltige Stürme kommen. So wird auch der Glaube nicht zusammenbrechen, wenn der Christ im Gehorsam lebt. Er bleibt in Gemeinschaft mit Jesus. Hier ist der Felsengrund unsres Glaubens. Nur wer darauf steht, kann im Gehorsam festbleiben. Die Gemeinschaft mit Jesus wird im Gehorsam immer enger. Auch in großer Not und in schweren Anfechtungen kann ein gehorsamer Christ getrost und dankerfüllt sprechen: Ich habe nun den Grund gefunden, der meinen Anker ewig hält.

Herr Gott, wecke beim Hören Deines Wortes stets den Willen, danach zu tun, und gib uns Kraft, daß aus dem Wollen das Vollbringen werde. Amen.

Ps. 119, 43-50 EG 527, 9-11: Die Herrlichkeit Röm. 2, 11-13

Und wer diese meine Rede hört und tut sie nicht, der ist einem törichten Manne gleich, der sein Haus auf den Sand baute. Da nun ein Platzregen fiel und kam ein Gewässer und wehten die Winde und stießen an das Haus, da fiel es, und tat einen großen Fall.
Matth. 7, 26-27

Unser treuer Seelsorger, der Herr Christus, rührt mit dieser ernsten Warnung an eine wunde Stelle unsres Christenlebens. Wie wohl tut dem Herzen das Evangelium! Wie hingebungsvoll weiß so mancher von unserm Herrn Christus zu predigen! Geht es aber auch in unser Leben ein? Wird aus der Ergriffenheit der gottesdienstlichen Stunde der Entschluß, den lebendigen Gott an die großen und kleinen Alltagsnöte wirklich heranzulassen? Das ändern zu lassen, was in unserm Leben nicht gut ist? Die Bibel erzählt uns von Abraham, der Gottes Verheißung zunächst im Glauben ergriff und ins unbekannte Land zog. Als aber eine Teuerung kam, versuchte er es doch lieber mit seinem gesunden Menschenverstand und wanderte nach Ägypten, wo er eher Nahrung zu finden hoffte. Er traute es Gott nicht zu, daß Er ihn im gelobten Lande zur Zeit der Not erhalten könnte. Er hörte wohl Gottes Stimme, aber er tat nicht danach. Ist es nicht mit uns oft ähnlich? Läuft unser Christentum mit Gottesdienst und Gebet nicht oft ganz unverbunden neben unserm gewöhnlichen Leben her? Wir reden von der christlichen Liebe und predigen den Frieden, aber wenn wir selbst einmal eine Kränkung erfahren und der Zorn uns packt, – wie wenig denken wir dann daran, daß gerade jetzt der Augenblick gekommen ist, wo wir uns als rechte Christen erweisen können, wo wir tun können, was wir gehört haben! – Was sollen wir von der Mutter halten, die sich über den Tod ihres Kindes nicht trösten konnte? Sie ging zur Kirche und galt als eine Christin, aber sie war es doch nur äußerlich. Wenn sie doch die Botschaft von Ostern wirklich in ihr Leben hineingelassen hätte! Gott schenkt den Gläubigen Trost. So blieb sie in ihrer Not. Wollen wir uns nicht vom Herrn zu einem Christenstand helfen lassen, der uns in den schweren Stunden des Lebens zur Kraft wird?

Herr, hab Dank für Deine treue Warnung! Gib Deinen Geist, damit wir Gott mit ganzem Gehorsam dienen! Amen.

Hos. 4, 9 EG 392, 5-8: Gott rufet noch Jak. 1, 22

Und es begab sich, da Jesus diese Rede vollendet hatte, entsetzte sich das Volk über Seine Lehre; denn Er predigte gewaltig und nicht wie die Schriftgelehrten.
Matth. 7, 28-29

Vielleicht wundern wir uns über das starke Wort des Evangelisten: daß sich das Volk über des Herrn Christus Lehre und Predigt entsetzt hatte. Kennen wir Ihn nicht als den Bringer der frohen Botschaft von der Gnade Gottes? Kommt Er nicht als unser Heiland und Tröster in aller Not zu uns? Wie sollten wir uns vor Seiner Lehre und Predigt entsetzen? Es ist heilsam für uns, daß uns der Evangelist diese erschütternde Wirkung von Jesu Worten zeigt. Wir vergessen sonst leicht, daß wir Gott hören, wenn wir den Herrn Christus hören. Jesu Wort ist Gottes Wort. Und wenn das heilige Gotteswort das Herz der Menschen trifft, gibt es zunächst ein großes Entsetzen. Als der Prophet Jesaja sich plötzlich Gott gegenübersah, brach er zusammen und rief: »Wehe mir, ich vergehe, denn ich bin unreiner Lippen!« Und als Petrus erkannte, daß er den Herrn der Herrlichkeit bei sich im Schiffe hatte, da fiel er vor Jesus auf die Knie und sprach: »Herr, gehe von mir hinaus, ich bin ein sündiger Mensch!«

Kann es etwa bei uns anders sein? Wie steht es denn mit unserm Leben? Gehen nicht täglich lieblose und unreine Gedanken über unsre nächsten Angehörigen durch unser Herz? Spüren wir nicht immer wieder Abneigung, ja Feindschaft gegen Gott und Gottes Wort bei uns? Wollen wir nicht immer wieder viel lieber unsre eigenen statt Gottes Wege gehen? Wir erschrecken, wenn Jesu Wort unser Herz trifft. Wir erfahren den großen Abstand, der zwischen Ihm und uns ist. Jeder Hochmut und jede Eigenliebe wird uns zerschlagen. Das tut Jesus in Vollmacht. Schriftgelehrte predigten, so wie Menschen auch heute einander von ihrer Sünde zu überzeugen versuchen. Das bleibt wirkungslos. Aber in Jesus redet Gott. Sein Wort trifft Herz und Gewissen. Das gibt eine gewaltige, alles zerstörende Erschütterung. Gott sei mir Sünder gnädig! Dann sehen wir, daß das Leiden und Sterben und Auferstehen des Herrn unser kostbarster Schatz ist. Dann wird unser tiefes Erschrecken in Freude und Dankbarkeit verwandelt werden.

Herr, zerbrich, was Deiner Gnade widersteht. Amen.

Jer. 23, 29 EG 197: Herr, öffne mir die Herzenstür Hebr. 4, 12

Wenn ihr nun sehen werdet den Greuel der Verwüstung (davon gesagt ist durch den Propheten Daniel), daß er steht an der heiligen Stätte (wer das liest, der merke drauf!), alsdann fliehe auf die Berge, wer im jüdischen Landes ist; und wer auf dem Dach ist, der steige nicht hernieder, etwas aus seinem Hause zu holen; und wer auf dem Felde ist, der kehre nicht um, seine Kleider zu holen. Matth. 24, 15-18

Das Evangelium weist uns auf das Ende der Menschheitsgeschichte. Was wird geschehen? Wie wird es dann sein? Die Bibel sagt uns nicht, daß die Welt immer mehr für den Herrn Christus gewonnen werden wird. Welt bleibt Welt. Darum wird das Ende das Gericht sein. Und dem letzten Gericht wird Not, Verwüstung und Greuel vorangehen. Verwüstung und Greuel an heiliger Stätte, Not für das Volk, das vom Glauben nicht lassen will. Das bahnt sich in der Geschichte in steigendem Maße an. Ein Greuel der Verwüstung war es, als im Tempel ein Götzenbild errichtet wurde. Ein Greuel ist es, wenn das erste Gebot verachtet wird, der Mensch sich seine Gedanken und Bilder macht von Gott, auf Gottes Wort nicht achtet, in dem Gott sich nur geoffenbart hat. Der Gipfel der Greuel ist es, wenn die Kirche sich dieser Sünde des Hochmuts öffnet und der Selbstverherrlichung des Menschen nicht widersteht. Dann wird der Herr Christus verleugnet und das Heiligtum entweiht und verwüstet.

Wenn das geschieht, heißt es: fliehe und errette deine Seele! Wie müssen uns lösen von allen, die sich schuldig machen und das Gericht Gottes herausfordern, bereit sein, alles hinzugeben, was Glauben und Treue gefährdet. Keine Gemeinschaft darf uns festhalten, wäre es auch die allerinnigste und wertvollste. Kein Erdengott darf uns hindern. Wir müssen auf alles verzichten können, müssen einsam und arm werden können. Wir müssen Schmach und Schande auf uns nehmen, Anfeindung von außen, Anfechtung von innen tragen können. Wir müssen uns innerlich freihalten von allem, was aufhält und beschwert. Der Herr, der alles für uns hingegeben hat, darf jedes Opfer von uns verlangen. Ihn verlieren, heißt alles verlieren.

Herr, Du treuer Hüter und Helfer, gib uns klare Erkenntnis, daß wir die Gefahren erkennen, die uns drohen. Gib uns die Kraft, daß wir verzichten und entsagen können. Herr, mach uns frei, mach uns treu. Amen.

1. Mose 19, 14-23 EG 387, 6-10: Mache dich Matth. 16, 21-27

Denn es wird alsdann eine große Trübsal sein, wie nicht gewesen ist von Anfang der Welt bisher und als auch nicht werden wird. Und wo diese Tage nicht würden verkürzt, so würde kein Mensch selig; aber um der Auserwählten willen werden die Tage verkürzt.

Matth. 24, 21-22

In der Offenbarung heißt es von denen, die überwunden haben: »Diese sind's, die gekommen sind aus großer Trübsal.« Und in der Apostelgeschichte wird uns gesagt, daß wir durch viel Trübsale ins Reich Gottes gehen müssen. Ob wir die große Trübsal am Ende der Tage erleben, wenn das Bekenntnis zum Herrn Christus verfolgt und bestraft wird, wie es in Rußland geschieht – ob wir nur den Anfang der großen Trübsal erleben, da man meint, der Menschheit einen Dienst zu tun, wenn man die Bibel und das Bekenntnis verdrängt, – oder ob wir Wege der Trübsal zu gehen haben, wenn Gott uns Herzeleid zufügt, uns nimmt, was uns lieb und teuer ist, oder ob wir in die Tiefen qualvollen Leidens geführt werden – in aller Trübsal darf die Treue Gottes unser Trost sein.

Unser Herz ist ein trotzig und verzagt Ding. Mein Gott, warum gebrauchst Du nicht Deine Macht und machst Deine Widersacher zuschanden? Herr, du verborgener Gott, warum erhörst du nicht mein Gebet und führst mich heraus aus der Not? Warum hast Du mich nicht bewahrt vor der Not? Herr, wie lange verbirgst Du Dich? So fragt und klagt das Menschenherz und ist in Gefahr, sich von Gott und vom Glauben abzuwenden. Wenn Gott sich in Seiner Treue nicht unsrer annähme, würden wir alle in der Trübsal erliegen.

Gott ist und bleibt getreu. Er wird in der großen Trübsal am Ende der Zeiten die Tage verkürzen um der Auserwählten willen. Er wird in den Trübsalen unsres Lebens uns Stärkung und Erquickung, Trost und inneren Frieden geben. Fürchte dich nicht! Glaube nur. Halte an am Gebet, damit du festbleibest und den Sieg gewinnst. Über ein Kleines, dann ist's gewonnen, dann ist der ganze Kampf in Nichts zerronnen.

Herr, unser Gott, ohne Dich sind wir verloren, ohne Dich können wir nicht kämpfen, nicht überwinden. Erhalte in aller Not und Trübsal uns die Gewißheit, daß Du uns erlösen wirst von allem Übel und uns aushelfen willst zu Deinem himmlischen Reich. Amen.

Jes. 43, 1-7 — EG 385, 5+6: Mir nach, spricht Christus — Offb. 7, 13-17

Denn gleichwie der Blitz ausgeht vom Aufgang und scheint bis zum Niedergang, also wird auch sein die Zukunft des Menschensohns. Matth. 24, 27

In der Ferne hörten wir Donner grollen. Am Horizont leuchtete es auf. Das Gewitter kündigte sich an, aber kam nicht näher. Wir warteten eine Stunde und noch eine und legten uns schlafen. Wir fühlten uns sicher. Und dann mit einem Male war das Gewitter über uns. Der Blitz fuhr hernieder mit grellem Schein. Es war nicht einmal Zeit, sich den Schlaf aus den Augen zu reiben. Also wird es gehen mit der Wiederkunft des Herrn.

Er kommt zum Weltgerichte. Das ist uns angekündigt, so bestimmt und unmißverständlich, daß niemand im unklaren sein kann. Aber Jahrhundert um Jahrhundert ist dahingegangen. Seine Voraussage ist nicht eingetroffen. Wer das Wort Gottes aufmerksam liest, hört von ferne das Donnergrollen des göttlichen Gerichtes. Und in der Geschichte sieht man in aufregenden, zerstörenden Ereignissen hin und wieder die Zornesblitze des heiligen Gottes. Aber die Welt geht ihren Gang weiter. Warum soll man sich aufregen? Sicher und sorglos schläft die Welt und lächelt über die, die es mit der Wiederkunft des Herrn ernstnehmen.

Es mag sein, daß wir Seine Wiederkunft nicht erleben, daß noch Jahrhunderte oder Jahrtausende dahingehen werden bis der Jüngste Tag anbricht. Keiner weiß Seine Zeit. Aber wenn auch – wer weiß, wie nahe mir mein Ende? –, wie bald und wie unerwartet der Herr zu uns kommen kann. Es kann vor Abend anders werden als es am frühen Morgen war. Der Herr hat es uns oft gezeigt, wenn Er einen Menschen von unsrer Seite nahm, der noch eben kerngesund war. Er hat uns oft und ernst genug vor falscher Sicherheit und Sorglosigkeit gewarnt. Darum seid wach allezeit und betet, daß ihr würdig werden möget, zu stehen vor des Menschen Sohn.

Herr, unsre Zeit steht in Deinen Händen. Unser Leben ist wie eine Hand breit vor Dir. Lehre uns bedenken, daß wir sterben müssen, auf daß wir klug werden und wachbleiben. Mach's, Herr, mit unserm Ende gut. Amen.

Mal. 3, 1-4 EG 530, 1-6: Wer weiß, wie nahe Luk. 21, 33-36

Bald aber nach der Trübsal derselben Zeit werden Sonne und Mond den Schein verlieren, und die Sterne werden vom Himmel fallen, und die Kräfte der Himmel werden sich bewegen. Und alsdann wird erscheinen das Zeichen des Menschensohns am Himmel. Und alsdann werden heulen alle Geschlechter auf Erden und werden sehen kommen des Menschen Sohn in den Wolken des Himmels mit großer Kraft und Herrlichkeit. Matth. 24, 29-30

Aufgefahren gen Himmel, sitzend zur Rechten Gottes, des allmächtigen Vaters, von dannen Er kommen wird, zu richten die Lebendigen und die Toten, so glauben und bekennen wir. Unzählige lächeln darüber als über einen frommen Wahn. Geburt und Grab ist nach ihrer Meinung Anfang und Ende des Weges Jesu. Wie sollte Er wiederkommen! Wie eines Menschen Sohn ist Er geboren, ist Er Seinen Weg gegangen, hat Er Sein Ende gefunden. Verborgen war einst in Knechtsgestalt und Niedrigkeit Seine Herrlichkeit. Verborgen ist sie heute und bleibt sie, bis die Zeit erfüllt ist. Alsdann aber wird Er kommen mit großer Macht und Herrlichkeit.

Und dann? Dann, wenn die Festen der Erde erzittern, die Sonne sich verfinstert, werden, wie um die sechste Stunde am Karfreitag, gewaltige Vorgänge in der Natur Angst und Entsetzen verursachen. Dann werden sie Ihn sehen als den, dem alle Gewalt und alles Gericht übergeben ist, und sie werden es nicht mehr leugnen und verlachen können. Dann werden sie wehklagen und heulen. Aber es wird zu spät sein.

Und du? Siehst du nicht die Macht und Herrlichkeit, die des Menschen Sohn doch in der Niedrigkeit und Knechtsgestalt Seiner irdischen Tage hatte? Vor Ihm mußten die bösen Geister weichen. Mit Ihm kehrte der Friede ein. Unter Seinem Wort konnte der Schächer getrost sterben. Hörst du nicht, wie sie heute bekennen: Herr Jesu, Dein Nahesein bringt großen Frieden ins Herz hinein? Wenn du die Macht Seines Wortes an Dir erfährst, die Beweise Seiner Herrlichkeit, dann laß Seine Gegner leugnen und lächeln. Bleibe fest im Glauben, sei mutig im Bekennen, bitte alle Tage um Treue und Beständigkeit. Dann kannst du Seines Kommens dich freuen.

Du kommst zum Weltgerichte, zum Fluch dem, der Dir flucht; mit Gnad' und süßem Lichte dem, der Dich liebt und sucht. Ach komm, ach komm, o Sonne, und hol uns allzumal zum ew'gen Licht und Wonne in Deinen Freudensaal. Amen.

Ps. 2 EG 150, 1-5: Jerusalem, du 1. Joh. 2, 23-28

Und Er wird senden Seine Engel mit hellen Posaunen, und sie werden sammeln Seine Auserwählten von den vier Winden, von einem Ende des Himmels zu dem andern. **Matth. 24, 31**

Weltenweit ist die Heilandsliebe. Für alle Menschen hat Er Sein Leben gelassen. Auf alle hat Er Anspruch, der uns erkauft hat mit Seinem heiligen, teuren Blut und mit Seinem unschuldigen Leiden und Sterben. Er hat verheißen: »Wenn ich erhöht werde von der Erde, will ich sie alle zu mir ziehen.« Er wird es tun. Aus allen Völkern will Er sie sammeln und heimbringen in die ewige Heimat, daß sie bei Ihm sein sollen allezeit, in Seinem Reich leben dürfen, frei von aller Not und Drangsal, frei von Sünde und Schuld, in ewiger Gerechtigkeit, Unschuld und Seligkeit. Er will auch dich und mich heimholen, wenn unser letztes Stündlein kommt.

Er hat die Macht dazu, Seine Verheißungen zu erfüllen. Ihm muß alles zu Dienst und Willen sein, wann und wo und wie Er will. Und ob gleich alle Teufel hier wollten widerstehn, ob auch Sein Volk in größte Not gerät, so daß es verzagen möchte, Er bleibt der Herr, steht zu Seinem Wort, führt zu Seinem Ziel. Er wird Seine Engel senden und mit heller Posaune Seinen Widersachern das Gericht künden lassen, aber Seinem Volk den Anbruch der ewigen Freudenzeit.

Er wird Seine Auserwählten sammeln. Seine Verheißung ist Gnadenangebot, aber nicht Zwang. Wir können Seinen gnädigen Willen für uns selbst ablehnen und unwirksam machen. Es werden nicht alle, die in der Taufe Ihm zu eigen gegeben sind, einst zu Seinem Volk gehören. Das soll uns eine Warnung vor falscher Sicherheit sein. Seine Auserwählten, – das sind die, die in Seiner Gnade, in Seinem Kreuz ganz allein ihren Trost haben, sich allein an Ihn halten im Leben und im Sterben. Gehörst du zu ihnen, dann darfst du getrost sein. »Er wird dich zu den Scharen der Erwählten und Getreuen bringen.«

Herr, unser Heiland, wir danken Dir von Herzen, daß Du Dich unsrer annehmen und uns heimholen willst in das Reich ewiger Herrlichkeit. Hilf uns, daß wir bei Dir bleiben im Leben und Sterben. Amen.

Ps. 126 EG 526, 1-5: Jesus, meine Zuversicht Joh. 17, 7-9

An dem Feigenbaum lernet ein Gleichnis. Wenn sein Zweig jetzt saftig wird und Blätter gewinnt, so wißt ihr, daß der Sommer nahe ist. Also auch wenn ihr das alles seht, so wißt, daß es nahe vor der Tür ist.

Matth. 24, 32-33

Der Sommer kommt in dem einen Jahr früher und schneller, als es nach dem Kalender zu erwarten ist. Im andern Jahr läßt er auf sich warten, als ob er gar nicht kommen wollte. Er kommt gewiß. Wir brauchen den Kalender nicht zu fragen. Wir brauchen nur aufmerksam die Zeichen, die sein Kommen ankündigen, zu beobachten. Wenn die Blätterknospen anfangen zu schwellen, der Saft in die Zweige strömt, frisches Leben sich regt, dann wissen wir, daß die schönste Zeit des Jahres nicht mehr fern sein kann.

Das soll uns ein Gleichnis sein und uns mahnen, acht zu geben auf die Zeichen der Zeit und nicht gedankenlos in den Tag hineinzuleben. Der Heiland hat uns gesagt, was geschehen wird. Der Dienst der Kirche wird sich ausbreiten, so daß in der ganzen Welt die Freuden- und Heilsbotschaft des Evangeliums verkündigt wird. Der Kampf gegen die Kirche wird immer schärfer, immer mehr zu einem offenen Kampf gegen den Herrn der Kirche werden. Das Volk, das sich klar und entschieden zum Herrn bekennt, wird in äußere und innere Bedrängnis geraten. Wenn ihr das alles seht, so wißt, daß das Ende nahe vor der Tür ist.

Dann ist die Erfüllung der letzten Verheißungen nahe.

Die Welt vergeht. Einen neuen Himmel und eine neue Erde, eine neue Gotteswelt wird die Gnade Gottes schaffen und die selige Freiheit, deren die Kinder Gottes warten dürfen, wird Wirklichkeit sein. Sie werden bei Ihm sein dürfen, der ihres Herzens Trost und Freude war, – sie alle, die den guten Kampf gekämpft und Glauben gehalten haben bis ans Ende. Die Kirche wird nicht mehr eine kämpfende, sondern eine triumphierende Gemeinde sein, die die Wunder der Gnade und Barmherzigkeit ihres Gottes und Heilandes lobpreist.

Wir danken Dir, barmherziger Heiland, daß Du uns in einer vergehenden Welt eine lebendige Hoffnung geschenkt hast. Gib uns Gnade, daß wir einst einstimmen dürfen in den Lobpreis Deines seligen Volkes. Amen.

Jes. 65, 17-25 EG 6, 4+5: Ihr lieben Christen Matth. 16, 1-4

Von dem Tage aber und von der Stunde weiß niemand, auch die Engel nicht im Himmel, sondern allein mein Vater. **Matth. 24, 36**

Nicht berechnen – sondern sich bereithalten –, das ist nach den mahnenden Worten unsres Herrn das einzige, was nötig ist. Immer wieder ist der Versuch gemacht worden, aufgrund von allerlei Angaben, die sich in den prophetischen Büchern finden, auszurechnen, wann das Ende der Geschichte nahe sein werde. Man hoffte, wenn nicht Tag und Stunde, so doch das Jahrzehnt oder Jahrhundert bestimmen zu können. Alle Versuche sind vergeblich gewesen. Gott hat es weislich geordnet, daß die Berechnungen ergebnislos bleiben mußten. Wäre die Zeit zu berechnen, würden die einen sorglos und sicher werden, die andern würden nur vorwärts sehen und über dem Zukünftigen die Gegenwart mit ihren Aufgaben vergessen, in denen wir uns als Christen zu bewähren haben. Es ist genug, daß wir wissen, was geschehen wird und daß wir auf die Zeichen der Zeit achten können. Das Wann haben wir dem zu überlassen, der die Geschichte leitet nach Seinem Rat.

Ob die Wiederkunft des Herrn fern oder nahe ist, immer sollen wir uns bereithalten und die Hoffnung, die großer Dinger warten darf, lebendig erhalten. Die Gegenwart soll ihr Recht bekommen und die Aufgaben, die uns im Beruf und in der Volksgemeinschaft gestellt sind, sollen wir mit Gewissenhaftigkeit und Treue erfüllen. Aber wir dürfen nie vergessen, daß wir hier Pilger sind und das Vaterhaus droben unsre wahre Heimat ist. Das Ende kommt, das Ende der Welt kommt bald. Und dann kommt die Entscheidung über uns. Wo wird dann das Ende uns finden? In der Finsternis und Hoffnungslosigkeit eines verlorenen Lebens, oder droben in der Heimat, im Vaterhause, bei dem Volke, das der Herr erhöht zu ewiger Herrlichkeit und Seligkeit?

Die Woche geht zu Ende, nicht aber Deine Treue, Herr, bleibe bei uns mit Deiner Gnade. Bleibe bei uns, wenn unser Ende kommt, daß es ein seliges Ende werde. Mach uns bereit zur ew'gen Freud und Seligkeit. Amen.

Ps. 39, 5-9 EG 151, 6-9: Ermuntert euch 1. Thess. 5, 1-10

Darum siehe, ich sende zu euch Propheten und Weise und Schriftgelehrte; und deren werdet ihr etliche töten und kreuzigen, und etliche werdet ihr geißeln in euren Schulen und werdet sie verfolgen von einer Stadt zu der andern; auf daß über euch komme all das gerechte Blut, das vergossen ist auf Erden, von dem Blut des gerechten Abels an bis aufs Blut Zacharias, des Sohnes Berechias, welchen ihr getötet habt zwischen dem Tempel und Altar. Wahrlich, ich sage euch, daß solches alles wird über dies Geschlecht kommen.

Matth. 23, 34-36

Gnade und Gericht. Sonst heißt es wohl: Gericht und Gnade. Golgatha redet zuerst vom Gericht, Gottes Gericht über die Sünde, über den Stellvertreter, dann von Gnade. Hier sagen wir Gnade und Gericht, erst Gnade, dann Gericht. Wenn es heißt: Ich sende zu euch Propheten und Weise und Schriftgelehrte, ist das nicht Gnade? Ist das nicht Gnade, wenn der Herr Sein Wort, Gottesboten mit dem Wort in ein Volk, in eine Gemeinde, zu einem Menschen sendet? Für Luther ist das sogar die größte Gnade. Ob man das überall bedenkt in den Gemeinden: die Gnade, daß ein »Prophet« unter ihnen ist? Bedenkst du das, dem hier in der Andacht ein Bote des Herrn begegnet? – Was erleben so oft Seine Boten? Der Herr redet hier von einer furchtbaren Behandlung, von der Hinschlachtung Seiner Boten durch die Jahrhunderte; welche Behandlung haben denn heute

Gottes Knechte draußen in Rußland von denen erfahren, zu denen sie gesandt waren? Und dann kommt Gericht. Ein furchtbares Gericht kam über das letzte Geschlecht, nicht bloß das Blut, das sie selbst vergossen hatten, auch früher vergossenes Blut wurde an ihnen gerächt. Ja, auf Gnade, die verachtet wird, auf Verwerfung Seiner Boten folgt noch immer Gericht, nicht immer gleich; Gottes Mühlen mahlen langsam.

Gnade und Gericht! Hüten wir uns, daß die Gnade nicht zum Gericht werde. Wer Buße tut, die Gnade in Christi Blut, die Sündenvergebung annimmt, entgeht dem Gericht.

Herr, Du bist gnädig, aber auch gerecht. Erbarme Dich über die, die Deine Gnade noch verachten, daß ihnen die Gnade nicht zum Gericht werde. Uns aber hilf in der Gnade leben, daß uns Dein Gericht nicht treffe. Amen.

Jer. 25, 8-14 EG 11, 10: Wie soll ich Dich empfangen Apg. 7, 51-53

Jerusalem, Jerusalem, die du tötest die Propheten, und steinigst, die zu dir gesandt sind! Wie oft habe ich deine Kinder versammeln wollen, wie eine Henne versammelt ihre Küchlein unter ihre Flügel; und ihr habt nicht gewollt. Matth. 23, 37

Die ausgereckten Hände des Herrn sehen wir, wenn wir lesen: Ich strecke meine Hände aus den ganzen Tag. Aber wir sehen sie noch deutlicher in dem Wort Jesu: Jerusalem, wie oft habe ich deine Kinder versammeln wollen.

Es sind wunderbare Hände, ausgestreckt, durchbohrt für uns am Kreuz. Es sind segnende Hände, die den Segen der Vergebung bieten. Es sind starke Hände, die Kraft geben, es sind geliebte Hände, die uns auf rechter Straße führen.

Und was erlebt der Herr mit den ausgereckten Händen? Eine Mutter rief ihrem Kind in Gefahr: Komm! Und das Kind kehrte um in die Arme der Mutter. Küchlein eilen vor dem Habicht unter die Flügel der Henne. Der Herr streckt die Hände aus und ruft, und Menschen damals wie heute kommen nicht, wollen sich nicht retten lassen vor dem Verderben, vom Weg, der nicht gut ist. Ein Bauer verlor sein Kind. Er sagte verbittert seinem gläubigen Nachbarn: »Nun hast du wohl wieder aus deiner Bibel ein passendes Wort für mich.« »Jawohl«, sagte der, »ich recke meine Hände aus den ganzen Tag.« Da ging er voll Zorn fort, er wollte es nicht verstehen.

Der Herr ruft, Er sendet Seine Boten, Sein Wort, Freud und Leid, oft, immer wieder, und das Wort wird verworfen mit den Boten. Sie werden Leidträger, und die Güte macht vermessen und das Leid bitter. Eine Tochter, die sich über die häßlichen Hände der Mutter aufgehalten hatte, weinte Bußtränen, als sie hörte: bei ihrer Rettung aus dem Feuer seien der Mutter die Hände verbrannt. Jesu Hände sind durchbohrt, entstellt für uns, und die Menschen lernen nicht, Bußtränen zu weinen.

Seufzend hat der Herr das Wort gesagt: Ihr habt nicht gewollt. Soll Er auch über uns so klagen? Der Bauer, dem sein Kind genommen wurde, ging später in sich, als die Not kam, und sein letztes Wort war: Die ausgereckten Hände!

Herr, Du kennst der Menschen Herz, du erlebst Widerstreben und mußt darüber seufzen. O Herr, dank Dir, daß Du unser hartes Herz zerbrochen hast. Bewahre uns vor dem Rückfall! Amen.

Jes. 65, 2 — EG 150, 1+5: Jerusalem, du hochgebaute Stadt — Röm. 2, 1-4

Siehe, euer Haus soll euch wüst gelassen werden. Denn ich sage euch: Ihr werdet mich von jetzt an nicht sehen, bis ihr sprecht: Gelobt sei, der da kommt im Namen des Herrn! Matth. 23, 38-39

Böse Zeit, gute Zeit! Wir reden von böser und guter Zeit und nennen wohl böse Zeit, wenn Not sich einstellt und reden von guter Zeit, wenn Gerechtigkeit herrscht und die Menschen es gut haben. Aber das ist vor Gott böse Zeit, wenn das Wort teuer wird, Christus mit Seinem Wort fortgeht aus der Kirche, aus dem Lande, oder wie Jesus sagt: »Das Haus Gottes wüste gelassen wird.«

So wurde es mit dem Volke Israel, als das Haus Gottes verwüstet wurde, als Christus aus Seinem Volk mit Seinem Wort fortging. Das war böse Zeit, und so kommt böse Zeit über die Erdteile, wie Luther klagen muß: »Sie haben das Wort gehabt.« Hin ist hin, sie haben nun hier den Islam, dort den Papst; soll es auch mal heißen über Deutschland: Sie haben das Wort gehabt, hin ist hin, sie haben nun das Antichristentum? Das ist böse Zeit, denn dann fällt Zucht und Ehre, Liebe und Barmherzigkeit dahin. Eine Stadt entschied sich für ein Leben ohne Christus, ohne Kirche und Prediger und dann kam ein Zustand, daß keiner seines Lebens und seines Vermögens sicher war. Und wenn Christus fortgeht, fortgehen muß, aus Herz und Haus eines Menschen, dann erst gibt es böse Zeit, der Weg wird wie ein Wüstenweg ohne Herberge.

Das ist nicht ohne weiteres gute Zeit, wenn Menschen alles gelingt; aber das ist gute Zeit, wenn Gottes Wort verkündigt und in Buße und Glauben angenommen wird. Die Zeit soll Israel noch erleben als Volk, wenn es spricht: Gelobt sei, der da kommt im Namen des Herrn. Das ist gute Zeit für uns alle, wenn Scharen armer Sünder den Herrn als ihren Heiland begrüßen. Leben wir in solchen guten, seligen Zeiten?

Herr, wir danken Dir, daß Du uns noch eine gute gnädige Zeit schenkst; wir danken Dir für die Verheißung, die Du Deinem Volke gegeben hast. Wir bitten Dich: Gib Du Erweckung! Amen.

Sach. 14, 1-8 | EG 149, 1+5: Es ist gewißlich an der Zeit | Röm. 11, 25-32

Und da Jesus von dannen ging, sah er einen Menschen am Zoll sitzen, der hieß Matthäus; und sprach zu ihm: »Folge mir!« Und er stand auf und folgte Ihm.
Matth. 9, 9

»Welch eine Wende«, so sagte Wilhelm I. nach Sedan; welch eine Wende für David: vom Hirtendienst auf den Königsstuhl; welch eine Wende, als Christus kam und eine Zeitenwende brachte; und welch ein Wende erlebte Matthäus, eine Lebenswende, als er von der Zollbude in Christi Nachfolge, vom Stand des Zöllners in den Stand des Jüngers Jesu, ja eines Apostels, vom Geldgeschäft in die Arbeit in Jesu Reich versetzt wurde.

Ja, welch eine Wende! Weißt du auch von solcher Lebenswende? Jesus schuf sie im Leben des Matthäus; Er sah ihn an. – Er rief: »Folge mir!« Welch ein Ruf, ein Gnadenruf, und er stand auf und folgte Ihm.

Ja, so geht's: »Jesu Augen überschauen alle Lande«; Er übersieht keinen, nicht den Jungen vor dem Alten, nicht den Einfältigen vor dem Klugen, nicht den »Sünder« vor dem Ehrbaren; Er sieht sie an, welch ein Blick: der in Herz und Gewissen dringt, daß Menschen unruhig werden. Er spricht hier in einem Bibelspruch, dort in einem Zeugnis, dort in einer Predigt, und Menschen können nicht widerstehen, stehen sofort auf.

Hörst du nicht den Ruf? Bedenke dich nicht, es eilt, es wird Zeit, höchste Zeit, daß deine Seele errettet wird. Dann gewinnst du nicht immer Reichtum, Matthäus verlor seine gute Einnahme, aber du gewinnst mit Ihm die ewige Gnade. Dann gewinnst du nicht der Welt Ehre, aber du wirst ein Königskind, dann wirst du zum Segen in Wort und Werk und allem Wesen, wie auch Matthäus besonders durch sein Evangelium vielen zum Segen, der Führer zum Herrn und Heiland geworden ist.

Darum wohl dem, der sofort aufsteht und dem Herrn folgt. Welch eine Wende!

Komm zum Kreuz mit deinen Lasten, müder Pilger du!
Bei dem Kreuze kannst du rasten, da ist Ruh'!

Herr, Du Meister im Rufen, Du rufst so ernst und doch so freundlich zu Dir, wir danken Dir, daß Du uns zu Dir gerufen hast; wir bitten Dich: Laß Deinen Gnadenruf noch viele erreichen, daß sie »Ja« sagen. Amen.

Jes. 6, 8-13 EG 392, 2+3: Gott rufet noch Apg. 9, 3-16

Und es begab sich, da Er zu Tisch saß im Hause, siehe, da kamen viel Zöllner und Sünder, und saßen zu Tische mit Jesu und Seinen Jüngern. Matth. 9, 10

Siehe da, eine Hütte Gottes bei den Menschen, so können wir heute mit Johannes ausrufen. Er, der Herr, der wohnen wollte unter den Menschen; Er, der Herr, der Fleisch wurde und wohnte unter uns; Er, der Herr, der im Wort und Sakrament unter den Menschen wohnt; Er, der Herr, der durch den Geist Wohnung nimmt im Menschen, auch in des Matthäus Herz, Er nimmt auch so Wohnung in seinem Haus, Er macht sein Haus zu einem heiligen Haus, zu einer Hütte Gottes, zu einem Haus, in dem, wie eine heilige Frau einmal sagte, Jesus täglich Seine Wunder tut.

Ist dein Haus so eine Wohnung, so ein selig Haus? Hast du Jesus aufgenommen, Ihn zum Hausherrn gemacht, alle Schlüssel, auch den Geldschlüssel übergeben? Ist Platz darin für Jesus, Sein Wort und Seinen Willen?

Matthäus macht Platz für Jesus und Seine Jünger, welche Freude für Jesus! Und er macht Platz, daß die »Zöllner und Sünder« mit Jesus zusammenkommen, Ihn hören, und er fragt nichts nach den Kosten, wenn sie nur mit Jesus zusammenkommen.

So machte ein mir bekannter Lehrer Platz für seine Kollegen in seiner Wohnung, damit sie ein Wort von Jesus hörten. So haben viele auch die besten Stuben für Jesu Boten, für Hörer hergegeben. Das gefällt Jesus, Ihm sind die Zöllner nicht zu gering. Ihm ist auch heute keiner zu gering, Ihm, der die Sünde wahrlich nicht liebt, aber die Sünder liebt und gerne retten will.

Verstehst du das? Eine Frau wollte ihre besten Stube nicht für eine christliche Versammlung hergeben; ihr Mann sagte zu ihr: »Hast du keinen Platz für Jesus, so hat Er auch keinen Platz für dich.« Das half. O, wehe dem, der sein Haus nicht wie Matthäus öffnet. Wohl dem, der Herz und Haus Ihm auftut, daß Menschen mit Ihm in Verbindung kommen und selig werden.

Herr, wir danken Dir, daß Du nicht verschmähst, in unsern Herzen, und unsern Häusern zu wohnen. So kehre ein mit Deinem Segen! Schenke viele heilige Häuser in unsern Gemeinden. Amen.

Hes. 37, 27 EG 496: Laß Dich, Herr Jesu Christ 2. Kor. 6, 16

Da das die Pharisäer sahen, sprachen sie zu Seinen Jüngern: Warum ißt euer Meister mit den Zöllnern und Sündern? Da das Jesus hörte, sprach Er zu ihnen: Die Starken bedürfen des Arztes nicht, sondern die Kranken. **Matth. 9, 11-12**

»Menschenfragen und Gottesantworten« lautet der Titel eines Predigtbuches.

Eine Menschenfrage und eine Gottesantwort begegnet uns heute. Menschen fragen, und es ist manchmal gut, Aufklärung und Rat zu suchen.

Die Pharisäer fragen; ihre Frage ist keine gute Frage. Sie zeugt von Hochmut, von Lieblosigkeit, von Hochmut gegenüber dem Herrn, von Lieblosigkeit gegenüber den Zöllnern.

Warum überhaupt die Frage? Konnten sie nicht wissen, daß der Herr gerade für die Sünder gekommen ist, hätten sie sich nicht statt zu murren, darüber freuen sollen?

Es gibt Menschenfragen, so viele, nicht gute Menschenfragen an des Herrn Jünger, zuletzt auch an Ihn selbst. »Warum hast Du uns das getan?« so wurde Jesus gefragt. »Warum hast Du uns denn das eine Kind genommen?« klagten Eltern und setzten nur das eine Wort »Warum« auf den Grabstein.

Die Jünger wurden gefragt. Christus antwortet hier für Seine Jünger; Er tritt für sie ein als der treue Freund. Er antwortet in heiligem Ernst.

Wie der Arzt nicht für die Gesunden und die sich für gesund halten, da ist, sondern für die Kranken, so ist Christus, der Seelenarzt, für die an der Sünde Kranken da, die ruft Er zur Buße, zu sich. Die andern, die Selbstgerechten nicht; denn solange sie sich für gerecht halten, hören sie doch nicht auf Seinen Ruf.

Wofür hältst du dich, für krank oder für gesund? Wir sind alle krank, durch und durch, darum elend und verloren, aber viele leugnen das, verzichten auf Gnade, auf Heilung durch Jesu Blut; hier ließen sich aber Zöllner heilen. Sie bekannten: Wir sind krank, sind Sünder. Da kam der Arzt zu ihnen, der diese Krankheit allein zu heilen vermag: Jesus.

Herr, wir danken Dir, daß wir mit allen Fragen zu Dir kommen dürfen und daß Du gerne antwortest. Vergib uns alle sündigen Fragen, und erwecke in vielen ein Fragen nach der Gesundheit der Seele. Amen.

Jer. 17, 9-14 EG 353, 5-8: Jesus nimmt Röm. 4, 4-8

Geht aber hin und lernt, was das sei: »Ich habe Wohlgefallen an Barmherzigkeit und nicht am Opfer.«
Matth. 9, 13

Barmherzigkeit und Opfer. Opfer, das Wort kennen wir. Die Heiden brachten ihre Opfer, sogar Menschenopfer, und erwarteten dafür der Gottheit Wohlgefallen. Auch dem Alkohol, der Unzucht wird geopfert. Das sind Opfer, aber Teufelsopfer; alle diese Opfer sind Gott ein Greuel.

Die Bibel redet auch von Opfern, das waren Opfer, von Gott verordnet. Mußten sie Gott nicht gefallen? Und doch hatte Gott an ihnen kein Wohlgefallen. Es fehlte die Barmherzigkeit, das Herz, das sich erbarmt. So wird ein Opfer wohlgefällig, wenn das Herz erfüllt ist mit Barmherzigkeit. Darauf kommt es an. Wie bekommen wir nun ein solches Herz? Nicht von uns selbst, o nein, wir holen überhaupt nichts Gutes aus unserm Herzen heraus; aber dann kommt Barmherzigkeit ins Herz, wenn wir uns zu Jesu Füßen setzen, uns das Wort des Herrn erklären lassen, vor die Barmherzigkeit Jesu gestellt werden. In dem Licht Seiner Liebe erkennen wir unser hartes Herz. Wer dann um ein neues Herz bittet, erfährt Gottes Barmherzigkeit und kann rühmen: »Mir ist Erbarmung wiederfahren.« Dann üben wir Barmherzigkeit, dann opfern wir, und dann werden solche Opfer dem Herrn angenehm. Dann haben wir Erbarmen, sind anders als die Pharisäer, weil unser Leben allein auf Gottes Barmherzigkeit gegründet ist. Wir können nicht gleichgültig das Sterben der Menschen ansehen, der jesuslosen Menschen. Wir suchen nun die Brüder. Solch ein Leben wird ein reiches Leben, reich an Erkenntnis, auch des Wortes, daß nicht ein Opfer ohne Barmherzigkeit, wohl aber Barmherzigkeit dem Herrn gefällt. Es wird zwar reich an Feinden, es ist ja ein Leben unter des Herrn Wohlgefallen; aber es wird ein Segen für andre.

Wir danken Dir, Herr, für Dein Erbarmen, für Deine Liebe von Golgatha; wir danken Dir dafür, daß Du unsre Herzen durch den Heiligen Geist barmherzig machst. Wir bitten Dich, mache uns bereit, barmherzig zu sein gegen jedermann. Amen.

Hos. 6, 6 EG 293, 2: Lobt Gott den Herrn Jer. 2, 13

Und Jesus ging umher in alle Städte und Märkte, lehrte in ihren Schulen und predigte das Evangelium von dem Reich und heilte allerlei Seuche und allerlei Krankheit im Volke. Und da Er das Volk sah, jammerte Ihn desselben; denn sie waren verschmachtet und zerstreut wie die Schafe, die keinen Hirten haben.

Matth. 9, 35-36

Jesus geht Heilandswege – auch heute. Er geht zu allen, Er geht allen nach; Er will, daß allen geholfen werde. Heilandswege geht Er zu den Menschen, d. h. Er ist auf ihr eigentliches, innerstes, ewiges Heil bedacht. Die Menschen rufen zum »lieben Gott« vielfach nur, wenn sie äußerlich in Not und Verlegenheit sind. Jesus ist nicht solch ein Notknecht. Er geht Heilandswege – die erschöpfen sich durchaus nicht in Behebung äußerer Notstände. Seine Heilandswege dringen nach innen, wo die viel größeren Notstände vorliegen in Seinen Augen.

Denn Jesus schaut mit Heilandsaugen. – Er sieht die wahre Not bei den Menschen. Er sieht sie so deutlich, daß Er davon erschüttert ist. Es jammerte Ihn des Volkes. Was wir bejammern, das mag Ihn noch wenig aufhalten. Unser Jammern und Klagen ist oft so veräußerlicht, so eitel und leer, manchmal bis zur Lächerlichkeit. Jesu Heilandsaugen schauen tief in uns hinein, wie wir in Herz und Seele »verschmachtet und zerstreut«, haltlos und glaubenslos sind, wie die Sünde uns verdirbt, wie die Leidenschaft uns zerreißt, wie die fleischlichen Triebe uns beherrschen, wie der Glanz der Welt uns blendet, wie die Meinung der Menschen uns betört und verführt, wie es dunkel in uns ist, weil wir blind sind für Gottes Wirken und Sein Licht nicht in uns hineinlassen.

Jesu Heilandsherz verachtet aber keinen. Es verdammt auch uns nicht! Er liebt die Menschen verschmachtet und zerstreut wie die Schafe, die keinen Hirten haben. Er will unser guter Hirte sein, der hilft und heilt, der führt und segnet. Auch heute! Er bringt ja mit sich Sein Evangelium, Sein Wort und Seinen Geist. Er hat ein Herz, das liebt, Er ist ein Heiland, der hilft und zurechtbringt. Wer sich Ihm ganz ergibt, ist noch immer zum Frieden und zum Segen, zum Dank und zum Heil gekommen.

Herr! Unser Heiland bist Du. Wir danken Dir, daß Deine Heilandswege auch an uns nicht vorübergehen. Laß uns heute mit Dir wandern. Deine Heilandsaugen schauen auf uns. Vergib uns Sünde und Untreue. Reinige uns von innen heraus. Mit allem, was uns bewegt, mit allen, die zu uns gehören, legen wir uns auch heute an Dein Heilandsherz. Amen.

Hes. 34, 23-26 EG 494, 3-5: In Gottes Namen 1. Petr. 2, 25

Wem soll ich aber dies Geschlecht vergleichen? Es ist den Kindlein gleich, die an dem Markt sitzen und rufen gegen ihre Gesellen und sprechen: Wir haben euch gepfiffen, und ihr wolltet nicht tanzen; wir haben euch geklagt, und ihr wolltet nicht weinen.

Matth. 11, 16-17

Es ist immer dieselbe Erfahrung: Wo Gottes Botschaft verkündet wird, da trifft sie bei der großen Masse der Menschen auf Widerstand. Dabei ist es ganz gleich, ob die Botschaft im herben Bußernst eines Johannes an sie ergeht, oder ob sie, wie es bei Jesus geschah, in Worten und Taten suchender Liebe um die Menschen wirbt. Gottes Botschaft wird in jedem Fall als störend empfunden; denn sie rüttelt ja die Menschen auf aus lässiger Geruhsamkeit und stört ihnen den Versuch, ihr Leben ganz nach dem eigenen Willen zu gestalten.

Gewiß, man will wohl das eigene Leben auch irgendwie auf Gott bezogen sehen und möchte nicht auf alle Religiosität verzichten. Aber man will dadurch auch nicht unbedingt verpflichtet und nicht mit allem, was man ist und was man hat, gefordert und in Anspruch genommen werden. Gott aber fordert wie durch Johannes, so auch durch Jesus den ganzen Menschen. An dieser Gottesforderung nun suchen die meisten irgendwie vorbeizukommen. Gott ruft sie durchs Gesetz, Gott ruft sie durch das Evangelium. Aber immer ist ihre Antwort: Nein, so will ich das nicht haben; da mache ich nicht mit.

Das ist nicht nur damals zu Jesu Zeiten so gewesen. Es ist heutzutage durchaus nicht anders. Und wer hätte nie versucht, sich in kindlichem Eigensinn dem Ruf seines Heilands zu entziehen, ohne dabei an die zeitlichen und ewigen Folgen solchen Tuns zu denken! Wir Menschen haben aber wirklich kein Recht, Gott dem Herrn über Form und Inhalt Seiner Botschaft an uns Vorschriften zu machen. Wir haben sie zu nehmen, wie sie uns gegeben wird; und sie kommt zu uns, wie sie seit jeher zu den Menschen kam: in Gesetz und Evangelium. Sie will uns aufrütteln aus menschlich-irdischer Sicherheit und möchte uns zu vertrauendem Glauben rufen an den allmächtigen Gott, der in Christo uns Sein himmlisches Reich erschloß.

Herr Gott, himmlischer Vater, wir danken Dir für Dein heiliges Wort, das Du uns gegeben hast, und bitten Dich, daß wir es lernen, darauf zu hören und danach zu tun, damit wir nicht in kindlichem Eigensinn unser ewiges Heil verscherzen. Amen.

Amos 1, 1-15 EG 392, 4: Gott rufet noch Apg. 13, 26-41

Johannes ist gekommen, aß nicht und trank nicht, so sagen sie: Er hat den Teufel. Des Menschen Sohn ist gekommen, ißt und trinkt, so sagen sie: Siehe, wie ist der Mensch ein Fresser und ein Weinsäufer, der Zöllner und der Sünder Geselle! Und die Weisheit muß sich rechtfertigen lassen von ihren Kindern.

Matth. 11, 18-19

Johannes des Täufers Worte trafen und treffen noch heute den lebensgierigen Genußmenschen genau so wie den leistungsstolzen Frömmler. Und man spürt: Johannes machte auch für sich selbst vollen Ernst mit der Sinnesänderung, die er in Gottes Auftrag forderte. Anders als Menschen war er, fern von aller Genußsucht und Selbstverherrlichung, einzig seinem großen Auftrag hingegeben.

Jesus Christus wirbt um die sündenbefangenen Menschen, um sie zu erlösen. Ihm kann man sich nicht so ohne weiteres entziehen. Seine innere Vollmacht, Seine überwältigende Liebe läßt viele Vertrauen fassen und die Göttlichkeit Seines Wesens ahnen. Anders als Johannes nimmt Er teil auch an der Menschen Freude, genießt Er mit ihnen dankbar die schönen Gaben Gottes. Er geht auch den Verworfenen nach, um ihnen wie allen Gottes vergebende Liebe zu künden.

Eine Zeit lang jubelt auch die große Masse Ihm begeistert zu. Aber bald kann sie diesen wahrhaft Reinen, kann sie den Gottessohn mit Seiner Gnadenbotschaft nicht mehr ertragen, sucht sie nach einem Grund, Ihn auszustoßen. Und Sein liebevolles Teilnehmen an der Menschen Freude, Sein Bemühen, zu retten, was verloren scheint, muß nun dazu dienen, Ihn zu beschuldigen und damit abzutun.

Man will eben so oder so Gottes Botschaft nicht hören. Das ist der Menschen schwere Schuld, an der sie einmal für alle Ewigkeit verlorengehen.

Wer aber unter ihnen Gottes Botschaft gehört und aufgenommen hat, der kommt zum Frieden und zur Seligkeit in der Gewißheit, aus einem verlorenen Sünder ein Kind des himmlischen Vaters geworden zu sein.

Herr Gott, Du meinst auch uns, wenn Du zur Buße rufst, hast auch für uns den Heiland in die Welt geschickt. Wir danken Dir und bitten Dich: Laß Deine Botschaft an uns und unserm Volke nicht vergeblich sein, sondern ihm und uns zum Heil und Leben dienen. Amen.

Amos 6, 1-14 EG 390, 2: Erneure mich Apg. 13, 42-52

Zu derselben Zeit antwortete Jesus und sprach: Ich preise Dich, Vater und Herr Himmels und der Erde, daß Du solches den Weisen und Klugen verborgen hast und hast es den Unmündigen offenbart. Ja, Vater; denn es ist also wohlgefällig gewesen von Dir.

Matth. 11, 25-26

»Dieser nimmt die Sünder an und isset mit ihnen.« Jesus ist ihnen ärgerlich. Sie bringen Ihn ans Kreuz. Ist das nicht Grund genug für den Herrn, um Sein Volk zu trauern und um den Erfolg Seiner Arbeit?

Und doch preist Jesus Seinen Vater deshalb. Gerade so muß die ganze Herrlichkeit und Größe der göttlichen Gnade deutlich werden. Merkwürdige Wege geht Gott mit Seiner Gemeinde. Immer da, wo alles menschliche Können am Ende ist, da fängt Sein herrlicher Weg an. Als Abraham alle Hoffnung auf einen Erben und Sohn begraben mußte, da verheißt ihm Gott den Sohn und schenkt ihm die Erfüllung. Der völlig unfähige und unberedte Moses muß zum Pharao und um Israels Befreiung bitten. Jeremia, der sich viel zu jung und zu untauglich fühlt, muß das schwere Amt dem Propheten übernehmen. »Und das Unedle von der Welt und das Verachtete hat Gott erwählt, und das da nichts ist, daß Er zunichte mache, was etwas ist, auf daß sich vor Ihm kein Fleisch rühme.«

Auch heute geht Gott der Herr noch diesen Weg. Da, wo alle menschliche Tüchtigkeit am Ende ist, fängt Sein Weg an. Wollen wir deshalb murren und unzufrieden sein? Ganz gewiß wäre es uns Menschen angenehmer, etwas vorzeigen zu können! Aber was sollte das sein? Wenn wir alles getan hätten, was wir schuldig sind, könnten wir uns dann vor Gott rühmen? Wir haben nur getan, was unsre Pflicht ist!

Aber Gott sei Dank! Er wartet nicht darauf, bis wir ein bestimmtes Maß von geistigen oder seelischen Fähigkeiten entwickelt hätten! Ganz arm – und ganz leer dürfen wir sein, ja müssen wir sein, dann will Er uns Seine Herrlichkeit offenbaren. Daß wir alles eigene Wissen und Können wegwerfen und ganz leer und arm zu sein bereit wären. Dann kann Er uns reich machen!

Herr Jesus Christus, wir danken Dir, daß Du die Armen und Unmündigen zu Deiner Gemeinde erwählt hast. Hilf uns, daß wir alles eigene Wissen und Können gering achten und allein auf Deine Gnade bauen. Amen.

2. Mose 4, 10-17 EG 391: Jesu, geh voran 1. Kor. 1, 18-31

Alle Dinge sind mir übergeben von meinem Vater. Und niemand kennt den Sohn denn nur der Vater; und niemand kennt den Vater denn nur der Sohn und wem es der Sohn will offenbaren. Matth. 11, 27

Über der Geburt unsres Herrn stehen die erschütternden Worte: »Kein Raum in der Herberge.« Das ist der Anfang im Leben eines Mannes, der nicht einmal eine Stätte hat, wo Er Sein Haupt hinlegen kann, obwohl doch die Vögel ihre Nester und die Füchse ihre Gruben haben. Und das ist der Ertrag einer mühevollen Lebensarbeit: von allen verlassen stirbt Er am Kreuz! Fünfzig Tage später aber treten Männer auf und verkünden: Dieser erfolglose, als Verbrecher gestorbene Mensch, den hat Gott zu einem »Herrn und Christus gemacht«. »Und ist in keinem andern Heil, ist auch kein andrer Name unter dem Himmel den Menschen gegeben, darin wir sollen selig werden.« Die Juden wehren sich: der sollte der Heiland sein? Viele sträuben sich heute: wie kann ein Jude der Heiland der Welt sein? Es ist wohl Torheit bei den Menschen, aber göttliche Torheit ist weiser als alle Menschenweisheit. Fleisch und Blut offenbart uns das nicht, sondern der Vater im Himmel!

Das ist das göttliche Geheimnis, das der Glaube erleben darf: in dem erbärmlich unbeholfenen Kinde in der Krippe, in dem am Kreuz sterbenden Verbrecher dürfen wir Gottes Herrlichkeit schauen! Gottes Herrlichkeit, die es nicht verschmäht hat, uns bis in unsre tiefste Not nachzugehen und sie mit uns zu teilen und für uns zu tragen: die Not des Todes, die Not der Gottverlassenheit, der Sünde. Man mag Gott suchen in der Natur und in der Geschichte, man mag sich »gottgläubig« nennen, weil man Gott in Natur oder Geschichte erlebt zu haben meint. Der Mensch kommt auf diesem Weg nicht weiter, als die Heiden gekommen sind: zu Götzen, die aus menschlicher Hand und im menschlichen Hirn entstanden sind.

Es gibt nur einen Weg zu Gott: den, den Gott uns selber bereitet hat, Jesus Christus mit Seinem Wort, Seinem Leiden und Sterben. Nur Er kennt Gott, und der, den Er als Heiland an die Hand nimmt und zu Gott führt.

Heiliger Vater im Himmel! Wir danken Dir, daß Du Dich uns durch Jesum Christum zu erkennen gegeben hast. Erhalte uns fest bei Ihm, unserm Herrn, daß wir den Weg zu Dir nicht verlieren und Ihn auch andern bezeugen. Amen.

Jes. 40, 25-31 — EG 385, 1+2: Mir nach, spricht Christus — Joh. 8, 12-19

Kommt her zu mir alle, die ihr mühselig und beladen seid, ich will euch erquicken. Matth. 11, 28

Es ist, als ob Jesus an der Straße der Menschheit steht. Alle ziehen sie an Ihm vorbei: die Jungen und die Alten, die Reichen und die Armen. Alles verschiedene Gestalten und verschiedene Gesichter. Aber Jesu Blick bleibt nicht am Äußeren hängen. Er schaut tiefer – bis in die geheimsten Kammern des Herzens und der Seele. Er entdeckt dort eine merkwürdige Gleichheit! Alles Menschen, die an schweren Lasten schleppen, Lasten, die dem einen das Rückgrat, dem andern das Herz gebrochen haben!

Jesus steht und ruft: kommt her zu mir! Zwar sind schon so unendlich viele an Ihm vorbeigezogen und haben nicht auf Ihn gehört, haben über Ihn gelästert, haben Ihn mundtot machen wollen. Aber Seine Liebe ist größer als aller Haß und aller Trotz. Er ruft und ruft auch heute. Denn Er kennt sie, die daherkommen auf der großen Straße. Er kennt sie besser, als sie sich selbst kennen. Er weiß, gerade die schleppen oft an den schwersten Lasten, die Ihm am meisten fluchen. Mit jedem Schriftwort, mit jedem Ton der Glocken, die über Stadt und Land rufen, lädt Er ein. Kommt! Kommt! Ich kann und will euch eure Lasten abnehmen. Ich will euch erquicken.

Wollen wir uns rufen lassen? Welche Vorbedingungen müssen wir dann erfüllen? Sieh, das ist das Wunder der frohen Botschaft: keine Vorbedingungen gibt es zu erfüllen. Nur diese eine: daß wir mit allen unsern Lasten kommen, gar keine dahinten lassen! Daß wir kommen mit all unserm Versagen, unserm Ungehorsam, unsrer Sünde, unsrer Schuld. Alles will Er haben, was wie ein tiefer Schatten über unserm Leben liegt und uns den Frieden raubt. Welch eine Freude, daß wir so kommen dürfen! O, daß wir es Ihm von ganzem Herzen glaubten, daß Er es wirklich so meint, und mit allen Lasten kommen. Dann will Er uns erquicken durch das Wort: »Dir sind alle deine Sünden vergeben!« Wo aber Vergebung der Sünden ist, da ist Leben und Seligkeit.

Lieber Herr Jesus Christus! Wir danken Dir, daß Du uns rufst, und wir mit aller Not des Leibes und der Seele zu Dir kommen dürfen. Hilf uns, daß wir uns aufmachen und Dir alles bringen, was auf uns lastet, und erquicke Du uns mit Deinem Frieden. Amen.

Ps. 73, 23-28 EG 257: Der Du in Todesnächten Luk. 14, 15-24

Nehmet auf euch mein Joch und lernet von mir; denn ich bin sanftmütig und von Herzen demütig; so werdet ihr Ruhe finden für eure Seelen. Denn mein Joch ist sanft und meine Last ist leicht. Matth. 11, 29-30

Ruhe für seine Seele, mitten in all der Unruhe dieser Zeit, in all den Kämpfen, Leiden, inneren und äußeren Nöten, wer sehnte sich nicht danach? Wem sind nicht die Worte aus dem Herzen gesprochen: »Süßer Friede, komm, ach komm in meine Brust.« Wo finden wir solche Ruhe, wo finden wir den inneren Frieden? Unser Herr und Heiland sagt: »Lernet von mir.« Wie unruhig war doch Sein Leben! Er mußte ohne Heimat wandern von Ort zu Ort. Wie viele schmerzliche Enttäuschungen erlebte Er an dem Volk, auch an Seinen Jüngern. Immer größer wurde der Haß Seiner Feinde. Und doch finden wir bei Ihm kein Hetzen und Hasten, keine Verbitterung und keinen fleischlichen Zorn. Eine wunderbare Ruhe und ein tiefer Friede leuchtet uns aus Seiner Persönlichkeit entgegen. Von Ihm sollen wir lernen. Er ist kein strenger Lehrer, der ungeduldig wird, wenn Seine Schüler nur geringe Fortschritte machen. Er ist sanftmütig und von Herzen demütig. Wie schwer war das Joch, das Er zu tragen hatte! Aber Er ward gehorsam bis zum Tode, ja zum Tode am Kreuze.

Jeder Christ hat das Joch zu tragen; er muß sich in Gehorsam unter Gottes Willen beugen. Wer von Jesus lernt, geduldig Sein Joch auf sich zu nehmen in der Gewißheit, daß der Herr es ihm auferlegt, wird erfahren, daß aus der Gemeinschaft mit Jesus ihm fort und fort Kraft zuströmt, wodurch das Joch sanft und die Last leicht wird. Jesus legt keinem mehr auf, als er tragen kann. Das Joch ist keine Last, sondern eine Hilfe, recht vorwärtszukommen, vorwärts auf den Wegen, die Gott uns gehen heißt. In aller Angst und Not finden wir bei Jesus Ruhe, wie ein weinendes und verängstigtes Kind still wird in den Armen und am Herzen seiner Mutter.

Ach, Herr, wir klagen so oft: »Was betrübst du dich, meine Seele, und bist so unruhig in mir.« Hilf uns, daß wir von Dir lernen, damit wir Ruhe finden für unsre Seele und Kraft, unser Joch uns und andern zum Segen zu tragen. Amen.

Ps. 112 | EG 385, 4–6: Mir nach, spricht Christus | Offb. 14, 6-13

Da ward ein Besessener zu Ihm gebracht, der war blind und stumm; und Er heilte ihn, also daß der Blinde und Stumme redete und sah. Und alles Volk entsetzte sich und sprach: Ist dieser nicht Davids Sohn? **Matth. 12, 22-23**

Die Feinde Jesu stellen eine Falle – »da ward ein Besessener zu Ihm gebracht«.

Ein Besessener, ein Mensch, der nicht von Natur, sondern durch die Mächte der Unterwelt derart heimgesucht war, daß er davon blind und stumm geworden war. Er soll den Feinden Jesu ein Beweis sein für die Grenzen Seiner Macht.

Er aber heilte ihn. Hier steht Macht gegen Macht. Die Macht des Satans gegen die Macht Jesu. Die Lebensmacht Christi gegen die Todesmacht des Satans. Jesus bleibt Sieger. Er heilte ihn. Alles Volk entsetzte sich. Die Volksmenge geriet in Staunen und Erregung. Selbst in den Worten, sie entsetzten sich, spiegelt sich die Macht wieder, die sie vom Herrn ausgehen spüren. Zweifelnd werden aus der Menge Stimmen laut: Ist das nicht Davids Sohn?

Die Wundermacht Jesu ist eine Tatsache. Selbst Seine Feinde müssen das zugeben, der Besessene war frei von allen Heimsuchungen. Es gibt für Christus keine Grenzen der Macht. Er braucht sie nicht, um vor den Feinden damit zu prahlen. Er braucht sie aber, daß die Menschen lernen, stille vor Ihm zu stehen und auf Seine befreiende und heilende Botschaft zu hören. Über Entsetzen und Ungewißheit hinaus führt nur der Glaube, daß dieser Jesus von Nazareth auch mein Heiland ist. Der natürliche Mensch bleibt in Fragen stecken. Der Glaubende beugt sich unter die gewaltige Tatsache, daß in diesem Jesus von Nazareth der lebendige Gott selbst Seine Herrschaft über die Gewalt des verborgenen Fürsten dieser Welt offenbart.

In diesem Jesus ist das Heil. Durch Ihn werden Blinde sehend, Lahme gehend und Aussätzige werden rein. Vor Seiner Macht sind wir entsetzt und falten anbetend die Hände und beugen unsre Knie: Herr, gehe von mir hinaus, denn ich bin ein sündiger Mensch. Er aber heilte ihn. Allen, die vor Seiner Macht die eigene Armut spüren, wird das Evangelium gepredigt, die Botschaft, die uns froh und frei macht, gesund im Glauben und in der Liebe.

Wir stehen, Herr, in Deiner Macht, öffne uns die tauben Ohren und laß uns mit den Augen des Glaubens Deine Herrlichkeit sehen. Amen.

Jes. 61, 1 EG 342, 1-6: Es ist das Heil uns Joh. 10, 38

Aber die Pharisäer, da sie es hörten, sprachen sie: Er treibt die Teufel nicht anders aus denn durch Beelzebub, der Teufel Obersten. Jesus kannte aber ihre Gedanken und sprach zu ihnen: Ein jeglich Reich, so es mit sich selbst uneins wird, das wird wüste; und eine jegliche Stadt oder Haus, so es mit sich selbst uneins wird, kann nicht bestehen. So denn ein Satan den andern austreibt, so muß er mit sich selbst uneins sein; wie kann denn sein Reich bestehen? So ich aber die Teufel durch Beelzebub austreibe, durch wen treiben sie eure Kinder aus? Darum werden sie eure Richter sein. So ich aber die Teufel durch den Geist Gottes austreibe, so ist ja das Reich Gottes zu euch gekommen. Oder wie kann jemand in eines Starken Haus gehen und ihm seinen Hausrat rauben, es sei denn, daß er zuvor den Starken binde, und alsdann ihm sein Haus beraube? Matth. 12, 24-29

An Jesu Wundermacht ist nicht zu rütteln. Es bleibt den Ungläubigen nur noch möglich, die Quelle Seiner Kraft zu verdächtigen. Jesus steht im Bund mit Unterweltsmächten. Er treibt Dämonen aus durch Beelzebub, den Obersten der Teufel. Er ist gefragt und antwortet vor allem Volk.

Klarer kann Er es uns nicht sagen, daß Er Seine Kraft nicht von unten her, sondern von oben nimmt. Wer es will, muß das sehen an den Tatsachen oder im Unglauben verharren.

Christus weiß um des Satans Haus und Reich. Er hat ihn damals in der Wüste in seiner Wohnung aufgesucht. Er hat ihm seine Waffen geraubt und hat ihn gebunden dadurch, daß Er Gott allein anbetete. Er hat nicht nur Kranke geheilt, sondern dem die Macht genommen, der von unten her mit seinen Geistern die Menschen zu seinen Knechten macht. Das ist die frohe Botschaft, die Sein Wort uns verkündigt.

Wir nehmen des Satans Reich viel zu wenig ernst. Wir rechnen nicht damit, daß er auf dem Plan ist, daß er uns gegeneinander und in Trübsal, Zweifel und falschen Glauben treibt. Wir rechnen mit den Menschen und einer hält den andern für seinen Feind. Unserm wahren Feind ist die Macht genommen. In dieser Siegesgewißheit sollen wir im Reiche Christi leben und sollen mit Geduld des andern Last tragen. So werden wir die Kraft von oben her empfangen, welche der Herr verheißen hat. Er gibt sie denen, die Ihn darum bitten.

Verleihe uns, Herr, die Kraft aus der Höhe! Amen.

1. Mose 3, 15 EG 342, 7-12: Es ist das Heil uns Eph. 6, 16-17

Wer nicht mit mir ist, der ist wider mich; und wer nicht mit mir sammelt, der zerstreut. Matth. 12, 30

Mit Christus oder gegen Ihn. Zwischen diesen beiden kannst du wählen, nein, mußt du wählen. Schon der Unentschiedene ist Sein Gegner. Mit mir – oder wider mich. Das gibt klare, echte Fronten. Mit Christus lautet die Parole, das ist schwer, aber verheißungsvoll.

Mit Ihm leben. Er ist der Weg, die Wahrheit und das Leben. Keiner kommt zurecht, denn durch Ihn. Wer zu Ihm kommt, kommt aus der Finsternis heraus, bei dem wird es hell in Worten und Werken.

Mit Ihm kämpfen. Er hat den schwersten Kampf gekämpft: Er war von Gott verlassen und doch ohne Sünde. Er geht den engen Weg voran. Wir müssen Ihm nach auf dem schmalen Weg durch die enge Pforte. Klein ist die Zahl der Sieger, die der Richter krönt. Doch mit Ihm führt der Kampf zum Sieg.

Mit Ihm wachen. Wir sollen sein wie die Wächter, die auf den Türmen Ausschau halten nach dem Feinde. Der Feind kommt aus dem eigenen Herzen. Wir sind im Kampfe Tag und Nacht.

Mit Ihm sein, heißt mit Ihm leiden und mit Ihm sterben. Wir haben einen Heiland, der mit uns leidet in unsrer Schwachheit, der in uns die Angst und Not in der Bedrängnis der Welt überwindet. Können wir da nicht einmal eine Stunde um Seines Namens willen Verfolgung leiden? Doch niemand wird mit Ihm sterben können, der nicht täglich den alten Menschen begräbt mit allen seinen Sünden und Lastern.

Mit Ihm sein, heißt sammeln und nicht zerstreuen. Sammeln, das ist wie der Ruf eines Feldherrn, das heißt: aufstehen aus dem Schlaf der Sicherheit, das ist das Signal zum Aufbruch, der Befehl zur Mission. Du aber gehe hin und verkündige das Reich Gottes.

Mit Christus sein ist schwer, aber verheißungsvoll. Wer in der Jugend mit Christus sammelt, der hat fürs Alter einen Schatz, davon er leben kann. Wer mit Christus ist, sammelt die Herzen der Menschen zueinander, wer aber gegen Christus ist, der zerstreut und sammelt sich und dem Volke Steine zum Grabe. Lasset uns hingehen in die Ernte und schneiden, daß wir Frucht sammeln zum ewigen Leben.

O Herr, nimm gnädig uns in acht und steh uns an der Seiten! Amen.

Jos. 1, 9 EG 134: Komm, o komm, Du Geist 2. Tim. 2, 3-5

Darum sage ich euch: Alle Sünde und Lästerung wird den Menschen vergeben; aber die Lästerung wider den Geist wird den Menschen nicht vergeben. Und wer etwas redet wider des Menschen Sohn, dem wird es vergeben: aber wer etwas redet wider den Heiligen Geist, dem wird es nicht vergeben, weder in dieser noch in jener Welt. Matth. 12, 31-32

Irrtum und Bosheit im Unglauben kann zur Verblendung führen bis zu der Sünde, für welche es keine Vergebung gibt. Das ist das, was der Herr die Sünde wider den Heiligen Geist nennt. Hier ist nicht Spott und Lästerung über göttliche Gesetze oder Gottes Boten gemeint, denn diese Sünde kann vergeben werden. Sogar dem wird vergeben, der etwas redet gegen den Menschensohn, Gottes letzten Boten. Sünde wider Gottes heiligen Geist ist die Verstockung meines Herzens, obwohl ich in Christus die rettende und richtende Wahrheit im eigenen Herzen spüre. Das ist die Auflehnung des trotzigen Herzens gegen Gott selbst. Hier gibt es keine Vergebung. Weder in dieser noch in jener Welt. Was sollte der Lebendige auch anders tun, als den Empörer niederwerfen! Jesu Wort und Werk sind die klarste Offenbarung der Kraft Gottes, des Heiligen Geistes. In dieser Kraft hat Christus gegen Gottes Widersacher gesiegt.

Nur gegen die Stimme des Gewissens, wider bessere Einsicht kann ein Mensch des lebendigen Gottes Wirken durch Jesus leugnen. Wer diese offenbare Gotteskraft den Geist des Teufels nennt, hat gesündigt zum Tode, aus dem es keine Rettung mehr gibt, weder in dieser Zeit noch in der Ewigkeit.

Christus hat Seinen Feinden nicht gesagt: ihr habt den Heiligen Geist gelästert, aber Er hat ihnen warnend gesagt, daß sie in dem Machtbereich dessen stünden, der nur aus der Lästerung des Heiligen Geistes lebt. Die Wahrheit Seiner Warnung hat sich an Israel erwiesen.

Sterbliche Menschen können widersprechen wie der Satan gegen Gott. Christus hebt warnend Seine Stimme: seid auf der Hut vor dem Abgrund eurer Seele. Nicht dieser oder jener Mensch ist hinter euch her, sondern der Satan treibt euch in die Enge der eigenen Gedanken, aus der es keinen Ausweg gibt.

O Herr Jesu, führe Du uns heute, gib uns Kraft Dich zu bekennen und vertritt uns in der Ewigkeit. Amen.

Sir. 23, 1 EG 137: Geist des Glaubens Eph. 4, 27

Setzt entweder einen guten Baum, so wird die Frucht gut; oder setzt einen faulen Baum, so wird die Frucht faul. Denn an der Frucht erkennt man den Baum.
Matth. 12, 33

Was denken wir von Christus? Halten wir Ihn für einen guten oder einen faulen Baum? Das ist die wichtigste Frage unsres Lebens. Von der Antwort hängt es ab, welchem Baum unser Leben gleicht. Wofür wir Christus halten, danach entscheidet sich, ob unser Leben gute oder faule Frucht bringt. Halten wir Christus für den guten Baum, dann werden alle Früchte gut, die an diesem Baum gewachsen sind.

Christus ist der Baum des Lebens, der im Paradiese Gottes stand. Er ist das grüne »Holz des Lebens, das zwölfmal Früchte trug und alle Monate Früchte brachte und die Blätter des Holzes dienten zur Gesundheit der Heiden«, so sagt ein Mann, der Christus für den guten Baum hielt.

Wir müssen bekennen, daß wir nicht zu diesem grünen Holz des Lebens, sondern zu dem »dürren Holz« gehören, von dem der Heiland auf Seinem letzten Wege sprach. Wer den Weg zum Kreuz nach Golgatha mitgeht, der sieht es immer klarer, dürres Holz sind wir, entwurzelt, und müssen noch ganz entwurzelt werden durch Buße und Glauben, von neuem eingepflanzt werden in das gute Land, das im Segen des Herrn steht, das Land der täglichen Reue und Buße. Wir müssen täglich neu eingepflanzt werden an den

Ufern des Stromes mit dem reinigenden Wasser. So werden auch wir durch das lebendige Wasser zu einem Baum, der seine Frucht bringt zu seiner Zeit und seine Blätter verwelken nie, und was er macht, das gerät wohl.

Der Herr sucht nicht nur Blätter, sondern Früchte am Baum unsres Lebens, Liebe, Friede, Geduld und Keuschheit. Er sucht Früchte zum ewigen Leben. Wohl dem, der nicht vergißt, wir sind ein wilder Zweig, aufgepfropft auf den guten Ölbaum. Die Wurzel dieses guten Baumes nährt und trägt uns, und aus dem Saft dieses Baumes werden wir Kraft ziehen zu guten Früchten.

Dein Heiliger Geist, o Herr, bleibe bei uns als eine Hilfe zu guten Werken. Amen.

5. Mose 33, 13 EG 145, 4: Wach auf Gal. 5, 22

Wes das Herz voll ist, des geht der Mund über. Ein guter Mensch bringt Gutes hervor aus seinem guten Schatz des Herzens; und ein böser Mensch bringt Böses hervor aus seinem bösen Schatz.

Matth. 12, 34-35

Das Herz ist wie eine Quelle. Sie gibt, was sie hat. Du kannst die Quelle zudecken, aber eines Tages bricht sie wieder hervor. Das Herz kann nichts verbergen. Der Mund ist des Herzens Verräter. Wes das Herz voll ist, des geht der Mund über.

Wenn der Satan unser Herz erfüllt mit den dunklen Trieben seiner Welt, laßt uns ohne Unterlaß aus unsrer tiefen Not zum Herrn rufen und Ihn bitten, daß Jesus Christus, der Morgenstern der neuen Welt, aufgehe in unsern Herzen. Ist unser Herz fern von dem Herrn, voll Verzweiflung über unsre Sünde, so laßt uns hören: Gott ist größer als unser Herz, und bei den Herrn ist viel Vergebung. Schenke Ihm dein Herz und laß Seinen Augen deine Wege wohlgefallen.

Verlassen wir uns nie auf die Stimme unsres Herzens, denn das Herz ist ein trotziges und verzagtes Ding. Es ist das gleich Herz, das den Herrn lieb hat und aus dem doch arge Gedanken kommen. Gebet und Fluch kommen aus demselben Herzen. Verlasse dich auf den Herrn von ganzem Herzen, so wirst du allezeit einen guten Schatz haben. Er will dir in dein Herz schreiben, was Seinen Augen wohlgefällig ist. Er hat uns die Ewigkeit ins Herz gegeben. Er stärkt und tröstet uns und lenkt unsre Herzen wie die Wasserströme im Meer.

Christus wohne durch den Glauben in unsern Herzen, daß wir durch Seine Liebe eingewurzelt und fest gegründet werden. Sein guter Heiliger Geist fülle uns mit Ewigkeitsodem, daß unsre Herzen weit werden und voller guter Gaben.

Herr, unser Gott, fülle die Herzen Deiner Gläubigen mit edlem Frieden. Gib uns ein fröhlich Herz, das Dir mit Freuden dient. Amen.

Sir. 1, 12 EG 302, 2: Du meine Seele singe 2. Kor. 4, 6

Ich sage euch aber, daß die Menschen müssen Rechenschaft geben am jüngsten Gericht von einem jeglichen unnützen Wort, das sie geredet haben. Aus deinen Worten wirst du gerechtfertigt werden, und aus deinen Worten wirst du verdammt werden.

Matth. 12, 36-37

Wir Menschen denken sehr großzügig über Gottes Tun. Wir machen es uns sehr einfach. Gott ist die Liebe. Die Liebe übersieht vieles, sie deckt alles schweigend zu. Wir halten Gott für sehr weitsichtig und weitherzig in Seinem Wesen. Aber Er ist genau. Von einem jeglichen Wort müssen wir Menschen Rechenschaft ablegen. Aus deinen Worten wirst du gerechtfertigt, und aus Deinen Worten wirst du verdammt.

Ein unnützes Wort genügt. Der aufkeimende Glaube wird vernichtet. Ein unnützes Wort entfacht die Glut der Leidenschaft in Fleisch und Blut und verzehrt die Seele. Ein böses Wort bringt den Nachbarn auf den Weg des Verderbens, denn nach deinen Worten wird gerichtet am jüngsten Tag. Es kommt der Tag, von dem geschrieben steht: »Das Gericht ward gehalten und die Bücher wurden aufgetan.« Unsre Reden sind geschrieben. Sie sind am Tage des Gerichts das Protokoll unsres Lebens vor Gott. Es wird Ernst. Gott nimmt es sehr genau. In deine Worte und in deine Hände legt Er die Entscheidung, ob du gerechtfertigt oder verdammt wirst. Wir haben es selbst in der Hand, ob wir an jenem Tage die Tür offen oder verschlossen finden.

Aus deinen Worten! Unsre Reden müssen anders werden, unsre Worte neue Worte sein, ein neuer Mensch muß in uns aufstehen. Wie soll das geschehen?

»Wer mein Wort hört und glaubt dem, der mich gesandt hat, der hat das ewige Leben und kommt nicht ins Gericht. Er ist vom Tode zum Leben hindurchgedrungen.« Alles Gericht hat der Vater dem Sohn übergeben.

Erleuchte uns, lieber Herr, durch Dein Wort. Bewahre uns vor unnützen, unheiligen, richtenden Worten. Wir bitten Dich, »laß Dir wohlgefallen die Rede meines Mundes«! Amen.

Hebr. 4, 12 EG 413, 2 f: Ein wahrer Glaube 2. Petr. 4, 17

Da antworteten etliche unter den Schriftgelehrten und Pharisäern und sprachen: Meister, wir wollten gerne ein Zeichen von dir sehen. Und Er antwortete und sprach zu ihnen: Die böse und ehebrecherische Art sucht ein Zeichen; und es wird ihr kein Zeichen gegeben werden denn das Zeichen des Propheten Jona. Denn gleichwie Jona war drei Tage und drei Nächte in des Walfisches Bauch, also wird des Menschen Sohn drei Tage und drei Nächte mitten in der Erde sein. **Matth. 12, 38-40**

Unser Bibelwort führt uns mitten hinein in den Kampf des Herrn Jesus mit Seinen Widersachern. »Meister«, so reden Ihn die sonst so stolzen Pharisäer an, die sich doch so hoch erhaben dünkten über den Zimmermannsohn aus Nazareth, »wir wollten gerne ein Zeichen von Dir sehen.« Die Worte des Heilands haben die Herzen dieser Männer nicht erreicht. Sie haben Ohren – aber hören nicht. Ihre Augen sahen die wunderbaren Heilungen, aber für die Schriftgelehrten waren das alles Teufelswerke. Nun fordern sie ein Zeichen – ein Schauwunder –, welches unwiderleglich beweisen soll, daß der Herr Jesus wirklich der Christus, das heißt der im Alten Testament verheißene Messias ist. Die Pharisäer und Schriftgelehrten wollen schauen – Beweise sehen, – Zeichen haben. Aber der Herr Jesus lehnt dieses Ansinnen ganz schroff ab. Für Ihn ist der Glaube eben das ungeheure Wagnis – der Mut, der sich ohne jedes Zeichen gegen alle Wahrscheinlichkeit und gegen alle kluge Vernunft in die Arme Gottes wirft. Ein Glaube, der erst schauen will, ist gar kein Glaube, sondern fromm getarnter Unglaube. Mit Leichtigkeit hätte der Herr Jesus Seinen Gegnern ein Zeichen geben können, und Er hat tatsächlich Wunder getan, die weit über alles das hinausgingen, was die Pharisäer von Ihm erwarteten. Aber diese Wunder waren Zeichen der göttlichen Barmherzigkeit und wurden nur den gläubigen Herzen gewährt. Weil hier die Schriftgelehrten den echten Glauben, der im felsenfesten Vertrauen auf Gottes Allmacht und Liebe besteht, verkehren wollten in ein neugieriges, ungläubiges Schauen, weist sie der Herr so hart ab und gibt ihnen nur die Ankündigung des Wunders aller Wunder – nämlich die Verheißung der Auferstehung von den Toten – mit auf den Weg.

Herr, gib uns Mut, Dir zu glauben und Dir zu folgen allein auf Dein Wort hin. Behüte uns vor Unglaube und Mißtrauen. Amen.

Jes. 7, 10-13 EG 357: Ich weiß, woran ich glaube 1. Kor. 1, 18-29

Die Leute von Ninive werden auftreten am jüngsten Gericht mit diesem Geschlecht und werden es verdammen; denn sie taten Buße nach der Predigt des Jona. Und siehe, hier ist mehr denn Jona. Die Königin von Mittag wird auftreten am jüngsten Gericht mit diesem Geschlecht und wird es verdammen; denn sie kam vom Ende der Erde, Salomos Weisheit zu hören. Und siehe, hier ist mehr denn Salomo.

Matth. 12, 41-42

Vertrauender Glaube an Gottes Allmacht und Beweise fordernder Unglaube werden auf dieser Erde gegeneinander stehenbleiben im unlösbarem Kampfe, bis der jüngste Tag anbricht. Bis dahin wird der Herr Jesus, Seine frohe Botschaft, Sein Kreuz und Seine herrliche Auferstehung das Zeichen bleiben, dem widersprochen wird. In der seligfurchtbaren Stunde des letzten Gerichtes wird es allen Menschen klar werden, daß es die Wahrheit ist, die wir in unserm christlichen Glauben bekennen. Was der Heiland angedeutet hat mit dem Zeichen des Propheten Jona, der nach drei Tagen wieder lebendig ans Licht kam, ist seit Ostern viel herrlicher erfüllt. Der Herr ist lebendig aus dem Grabe erstanden und seitdem der Richter über die Toten und die Lebendigen. Zu diesem jüngsten Gericht werden die Stadtbewohner von Ninive als Belastungszeugen gegen das ungläubige Israel und damit gegen den Unglauben in allen Völkern und Rassen auftreten. Denn ihnen wurde das

Bußwort durch den Gottesboten Jona nicht umsonst gesagt. Sie wurden gehorsam gegen Gottes Gebot und taten rechtschaffende Buße. Israel aber hört Gottes eigenen Sohn umsonst und vergeblich. Daher wird es im Gericht verworfen. Ninive glaubte schon dem Menschen Jona – aber hier bei Israel ist es mehr: der Gottessohn steht in seiner Mitte und doch wird Er verworfen und zu Tode gehaßt. Weil bei Jesus mehr ist als bei Jona, darum wird auch das Verdammungsurteil über das ungläubige Israel weit härter sein. Neben den Leuten aus Ninive wird als ein weiterer Belastungszeuge die Königin von Reicharabien auftreten. Der Ruhm und die Weisheit Salomos genügten, um sie zum Glauben und zum Lobpreis der Herrlichkeit des allmächtigen Gottes zu bringen. Und doch ist bei Jesus weit mehr als in aller Weisheit Salomos. Er findet als letzten Trost die Einsicht in die unendliche Eitelkeit dieser Erde. Bei dem Heiland ist mehr. Nicht müder Verzicht, sondern die Botschaft von der Vergebung aller Sünden – Leben und Seligkeit.

Herr, Deine Güte leite uns zur Buße! Amen.

Jona 3, 1-10 EG 115: Jesus lebt, mit Ihm 2. Tim. 2, 1-13

Wenn der unsaubere Geist von dem Menschen ausgefahren ist, so durchwandelt er dürre Stätten, sucht Ruhe und findet sie nicht. Da spricht er denn: Ich will wieder umkehren in mein Haus, daraus ich gegangen bin. Und wenn er kommt, so findet er's leer, gekehrt und geschmückt. So geht er hin und nimmt zu sich sieben andre Geister, die ärger sind denn er selbst; und wenn sie hineinkommen, wohnen sie allda; und es wird mit demselben Menschen hernach ärger, denn es zuvor war. Also wird's auch diesem argen Geschlecht gehen. Matth. 12, 43-45

Kein Volk der Erde war von Gott so hoch erhoben worden wie das Volk Israel. Aber darum ist auch kein Volk so tief gefallen wie Israel. Zu ihm hatte Gott in Seiner unerforschlichen Weisheit und Barmherzigkeit Seinen Sohn gesandt. Der Herr ging in suchender Liebe Seinem Volke nach – und die Antwort waren haßerfüllte Lästerungen. Da gab der Herr Jesus dem Volke dieses Gleichnis: Ein Mensch war von einem unsauberen Geist besessen. Plötzlich fuhr er aus dem geplagten Menschen heraus, und der bisher Gebundene war wieder gesund und frei. Ein neuer Lebensanfang stand vor ihm. Indessen irrte der unsaubere Geist ruhelos durch die Wüste. Aber dort gefiel es ihm nicht. Sein Ziel war die Rückkehr an seinen alten Ort. Der gesunde Mensch in seiner Freiheit glich geradezu einer festlich bereiteten Heimstätte. Darum kehrte der unsaubere Geist nicht nur allein zurück, sondern nahm sieben andere – noch ärgere Dämonen mit sich, die nun alle vereint den kaum gesundeten Menschen völlig unter ihre Herrschaft zwangen und so in das tiefste Elend stießen. Der kurzen Erlösung folgte qualvolle Sklaverei. So wie diesem Menschen ist es auch dem Volke Israel ergangen, nachdem es den Herrn abgelehnt hatte. So wird es aber auch uns allen ergehen, wenn wir die Gnadengaben Gottes – die Heilige Schrift, in welcher uns das ewige Heil verkündet wird, und die heiligen Sakramente, die uns Gottes Wort ganz persönlich sichtbar machen wollen – verachten. Umsonst und frei ist das Heil und die Erlösung von Sünde, Tod und Teufel zu uns gekommen – aber wehe uns, wenn der Herr umsonst zu uns kam!

Herr, gib uns Kraft und Treue, daß wir Deine Kinder bleiben, und behüte uns, daß wir nicht wieder zurückfallen in die Sklaverei des Teufels! Amen.

1\. Sam. 16, 14-23 EG 386, 6: Eins ist not! Apg. 8, 5-25

Da Er noch also zu dem Volk redete, siehe, da standen Seine Mutter und Seine Brüder draußen, die wollten mit Ihm reden. Da sprach einer zu Ihm: Siehe, Deine Mutter und Deine Brüder stehen draußen und wollen mit Dir reden. Er antwortete aber und sprach zu dem, der es Ihm ansagte: Wer ist meine Mutter, und wer sind meine Brüder? Und reckte die Hand aus über Seine Jünger und sprach: Siehe da, das ist meine Mutter und meine Brüder. Denn wer den Willen tut meines Vaters im Himmel, der ist mein Bruder, Schwester und Mutter. **Matth. 12, 46-50**

»Und sie verstanden das Wort nicht, das Er mit ihnen redete«, so heißt es am Ende der Erzählung vom zwölfjährigen Jesus im Tempel. So wie das Kind schon unverstanden war von seinen nächsten Angehörigen, so blieb es auch das Schicksal des erwachsenen Mannes. Natürliche Vorrechte und ererbte Beziehungen mögen unter Menschen eine große Rolle spielen, aber zu Gott und zum Heiland führen diese Wege nicht. Der Weg zu Gott heißt: gehorsamer Glaube. Wenn sich auf diesem Wege die Barrikade übergroßer Liebe zu einem Menschen oder einem andern Geschöpf hindernd in den Weg stellt, dann muß dieses Hindernis beseitigt werden – koste es, was es wolle, sei es auch das höchste irdische Gut – die Liebe zur Mutter. Neben Gott darf nichts stehen, sondern alles muß unter Ihm stehen. Wenn der Herr Mutter und Brüder schroff zurückweist, so handelt Er nach Seinem eigenen Wort, das Er hier in die Tat umsetzt: »Wer Vater oder Mutter mehr liebt denn mich, der ist mein nicht wert!« Zuerst kommt Gott und der bedingungslose Gehorsam gegen Seinen heiligen Willen, dann erst folgen Mutter und Geschwister, Familie und Volk. Wie oft haben aufrechte Jünger Jesu hier eine Probe ihrer Hingabe geben müssen. Wir denken an Luther und so manchen jungen Christen auf dem Missionsfeld. Wehe dem Vater, der Mutter, dem Bruder und Freunde, die einen Angehörigen hindern wollen, Gottes Willen zu tun. Selig aber der Christ, der es wagt, vieles zu verlieren, um das Höchste zu gewinnen: die Vaterliebe Gottes und die Bruderschaft Christi!

Herr, gib uns den Mut, durch alles hindurchzubrechen, was uns hindern will, Dich vor allen Dingen dieser Welt zu fürchten, zu lieben und Dir allein ganz zu vertrauen! Amen.

5. Mose 33, 9 EG 386, 6: Eins ist not Luk. 14, 26-27

Er legte ihnen ein anderes Gleichnis vor und sprach: Das Himmelreich ist gleich einem Menschen, der guten Samen auf seinen Acker säte. Er antwortete und sprach zu ihnen: Des Menschen Sohn ist's, der da guten Samen säet. Der Acker ist die Welt. Der gute Same sind die Kinder des Reichs.

Matth. 13, 24.37-38

Für unendlich viele Menschen ist diese Erde eine trostlose Wüste – eine Stätte von aussichtslosem und hoffnungslosem Leiden. Die ganze Religion des Buddha im fernen Osten beruht auf diesem Gedanken. Wie ganz anders sieht der Herr Jesus diese Welt an. Die Erde ist ein gewaltiges Ackerfeld für Ihn, auf welchem der Same des göttlichen Wortes ausgesät werden soll. Er selbst hat Seine Aufgabe hier auf Erden zusammengefaßt in dem Worte: des Menschen Sohn ist es, der den guten Samen sät. Der Same ist die frohe Botschaft von dem Gottessohn, der mich verlorenen und verdammten Menschen erlöst hat, erworben, gewonnen von allen Sünden vom Tode und von der Gewalt des Teufels, nicht mit Gold oder Silber, sondern mit Seinem heiligen, teuren Blut und Seinem unschuldigen Leiden und Sterben, auf daß ich Sein Eigen sei und in Seinem Reich unter Ihm lebe und Ihm diene. Wenn diese Botschaft des Evangeliums in meinem Herzen fest verankert ist und von daher mein ganzes Leben, Denken, Fühlen und Handeln bestimmt, dann bin ich auch ein guter Same auf dem Acker des Herrn und ein Kind des Reiches Gottes. Ein Samenkorn wird in die Erde gesät, damit es wächst und viel Frucht bringt. Das gleiche erwartet der Herr Jesus von dem guten Samen der Kinder des Reiches Gottes. Die ganze weite Welt ist der Acker des Herrn. Überall soll der gute Same des Evangeliums gesät werden und in allen Ländern der Erde soll er gute Frucht bringen. Für das Himmelreich gibt es keine völkisch begrenzte Religion. Mögen die Grenzen des Volkstums für alle Gebiete des menschlichen Lebens bestehen, für den Herrn Jesus ist die ganze Welt das Ackerfeld. Wenn wir rechte Kinder des Reiches Gottes sind, beweisen wir es damit, daß wir selbst guter Same werden auf dem Acker dieser Welt und reiche Frucht bringen für das Himmelreich.

Herr, wir bitten Dich: wirf den Samen Deines Evangeliums in unsre Herzen und gib Deinen lebenschaffenden Heiligen Geist dazu, damit er in uns Frucht bringe zu Deiner Ehre! Amen.

Ps. 24 EG 84, 10+11: O Welt, sieh hier dein Leben Gal. 5, 22

Da aber die Leute schliefen, kam sein Feind und säte Unkraut zwischen den Weizen, und ging davon. Da nun das Kraut wuchs und Frucht brachte, da fand sich auch das Unkraut. Das Unkraut sind die Kinder der Bosheit. Der Feind, der sie sät, ist der Teufel.

Matth. 13, 25.26.39

Es ist der Wille des Herrn Jesus, durch den guten Samen des Evangeliums auf dem Acker dieser Welt allen Menschen das ewige Heil zu bringen. Ihm arbeitet im Schutze der Dunkelheit und Verborgenheit der Teufel entgegen. Unter den guten Samen des Evangeliums streut er das Samenkorn des Unglaubens und des verführenden Irrglaubens. So wie die Frucht des guten Samens die Kinder des Reiches Gottes sind, so bringt das Samenkorn des teuflischen Unkrautes die Kinder der Bosheit als seine Frucht hervor. So sehen wir heute das Ackerfeld dieser Welt mit gutem Weizen und wucherndem Unkraut – mit Gotteskindern und Teufelskindern. Überall finden wir beides oft ganz nahe beieinander in der Kirche und in der Gemeinde, in meiner Arbeitsstelle und in meinem Volke. Äußerlich sind Weizen und Unkraut nicht zu trennen. Aber dem Herzen nach sind die Gotteskinder und die Kinder der Bosheit geschieden. Die einen suchen als letztes Ziel den ewigen Frieden bei Gott, die andern wünschen nur Vergnügen und zeitlichen Frieden. Die Gotteskinder fürchten, lieben Gott über alles und setzen ihr ganzes Vertrauen nur auf Ihn und nicht auf sich selbst. Die Teufelskinder verachten Gott und bauen nur auf ihre eigenen Kräfte. Diese rühmen allein Gottes allmächtige Kraft, die gerade im Schwachen mächtig ist, und sie singen darum das Lob Gottes. So steht dem Heilswirken des Herrn Jesu überall das zerstörende Werk des Teufels entgegen. Das Samenkorn von beiden wächst im geheimen, und wir können es nicht trennen auf dieser Welt. Beide kämpfen miteinander auf dem gleichen Acker – auf dem Boden der Geschichte der Welt – unsres Volkes – unsrer Kirche. Wir stehen mitten auf dem Schlachtplatz zwischen Gott und Teufel, und das Gebet zu Gott ist unsre Hilfe.

Erhalt uns, Herr, bei Deinem Wort und wehr des Teufels Trug und Mord. Amen.

Hiob 1, 6-12 EG 524: Freu dich sehr 1. Kor. 3, 1-9

Da traten die Knechte zu dem Hausvater und sprachen: Herr, hast du nicht guten Samen auf deinen Acker gesät? Woher hat er denn das Unkraut? Er sprach zu ihnen: Das hat der Feind getan. Da sprachen die Knechte: Willst du denn, daß wir hingehen und es ausjäten? Er sprach: Nein! auf daß ihr nicht zugleich den Weizen mit ausraufet, so ihr das Unkraut ausjätet. Lasset beides miteinander wachsen bis zu der Ernte; und um der Ernte Zeit will ich zu den Schnittern sagen: Sammelt zuvor das Unkraut und bindet es in Bündlein, daß man es verbrenne; aber den Weizen sammelt mir in meine Scheuer. Die Ernte ist das Ende der Welt. Die Schnitter sind die Engel. Gleichwie man nun das Unkraut ausjätet und mit Feuer verbrennt, so wird's auch am Ende dieser Welt gehen. Des Menschen Sohn wird Seine Engel senden; und sie werden sammeln aus Seinem Reiche alle Ärgernisse und die da unrecht tun und werden sie in den Feuerofen werfen; da wird sein Heulen und Zähneklappen. Dann werden die Gerechten leuchten wie die Sonne in ihres Vaters Reich. Wer Ohren hat zu hören, der höre!

Matth. 13, 27-30, 40-43

Der Herr Jesus ist für das Unkraut auf Seinem Acker nicht verantwortlich. Sein guter Same ist nicht schuld daran, wenn dort böse Früchte wachsen. Nicht das Wort Gottes ist schuld an der Heuchelei oder dem lieblosen Pharisäergeist, der sich auf die Heilige Schrift beruft. Teuflisches Unkraut ist ein Namenchristentum, das den Namen des Herrn lästert, und der Irrglaube, welcher die Menschen schändet, sie nicht zu Gott führt, sondern zum Götzendienst verführt. Die Jünger des Herrn müssen diese Gespaltenheit geduldig tragen. Gottes Mühlen mahlen langsam, aber gerecht – sagt der Volksmund. Jedes Ding braucht seine Zeit zum Wachsen und Ausreifen. Der gute Same des Evangeliums und das Unkraut eines teuflischen Christentums sollen miteinander wachsen bis zur Ernte. Dann wird des Menschen Sohn den Weizen und das Unkraut endgültig trennen. Da werden wir mit Staunen sehen, daß viele, die wir nicht zu den Gotteskindern rechneten, doch dazugehören, und viele, die man für Gotteskinder hielt, werden als Teufelskinder erscheinen. Denn nur der Herr kennt die Seinen und nicht wir. Das Ende des Unkrautes – des Teufels und seiner Kinder – ist die ewige Vernichtung in der Gottesferne. Aber der gute Same – die Kinder des Reiches – werden zu unfaßlicher Herrlichkeit geführt im Lichte Gottes.

Herr, mache uns zu gutem Samen auf Deinem Acker. Amen.

Ps. 73 EG 358, 1-3: Es kennt der Herr die Seinen 1. Tim. 4, 1-7

Jesus kam in Seine Vaterstadt und lehrte sie in ihrer Schule, also auch, daß sie sich entsetzten und sprachen: Woher kommt diesem solche Weisheit und Taten? Ist Er nicht eines Zimmermanns Sohn: Heißt nicht Seine Mutter Maria? Und Seine Brüder Jakob und Joses und Simon und Judas? Und Seine Schwestern, sind sie nicht alle bei uns? Woher kommt Ihm denn das alles? Und ärgerten sich an Ihm. Jesus aber sprach zu ihnen: Ein Prophet gilt nirgend weniger denn in seinem Vaterland und in seinem Hause. Und Er tat daselbst nicht viel Zeichen um ihres Unglaubens willen. **Matth. 13, 54-58**

Es gibt wohl kaum eine Hemmung, die Jesus in Seinem Heilandswirken nicht erfahren hätte. Gewiß, von der Hemmung, die in unsrer Arbeit immer die schwerste ist, war Er frei: die eigene Sünde. Christus ist es, »der versucht ist allenthalben gleich wie wir, doch ohne Sünde«. Eine starke Hemmung kann auch die nachbarliche und familiäre Vertraulichkeit sein. Auch sie hat der Herr erfahren. Seine Landsleute können sich der Gewalt Seiner Taten und Worte nicht entziehen. Sie spüren den Propheten. Aber sie staunen nur, statt anzuerkennen und sich überzeugen und gewinnen zu lassen. Sie weichen aus. Aus ihrer eigenen Mitte soll ein solcher Prophet erstehen können? Unmöglich! »Und sie ärgerten sich an Ihm.« Sie sagen: »Der will wohl mehr und besser sein als wir!«

Jesus zwingt auch dir heute Seine Weisheit und Heilandsliebe nicht auf. Lehnst du Ihn aus diesem oder jenem Grunde ab, so kann Er dir nicht helfen, so wenig wie der Arzt dem ungehorsamen Kranken helfen kann. Dann ist Seine Weisheit für dich verloren. Vielleicht stehst du auch wie die Leute zu Nazareth in der Gefahr, daß du es bei der bloßen Bewunderung bewenden lässest: »Ja, Er ist ein hervorragender Mensch!« Christus will nicht dein Staunen, deine Bewunderung, sondern deine Anerkennung und Gehorsam. Dann kannst du den Segen Seiner göttlichen Weisheit zu deinem Heile erfahren. Laß dir auch den Weg zum Reiche Gottes, zum Kreuze, zum Heil nicht dadurch verbauen, daß dir die Heilsbotschaft entgegengetragen wird von Menschen, die du allzu genau kennst. Laß dir auch den Blick nicht dadurch trüben, daß dir das Göttliche entgegentritt in dem verhüllenden Gewande menschlicher Predigt!

Herr Christus, Du bist auch uns zur Erlösung gekommen. Gib, daß wir Dir gehorsam werden. Amen.

Jes. 11, 1-2 EG 386, 3+4: Eins ist not! 1. Kor. 1, 30

Zu der Zeit kam das Gerücht von Jesu vor den Vierfürsten Herodes. Und er sprach zu seinen Knechten: Dieser ist Johannes der Täufer; er ist von den Toten auferstanden, darum tut er solche Taten. Denn Herodes hatte Johannes gegriffen, gebunden und in das Gefängnis gelegt von wegen der Herodias, seines Bruders Philippus Weib. Denn Johannes hatte zu ihm gesagt: Es ist nicht recht, daß du sie habest. Und er hätte ihn gerne getötet, fürchtete sich aber vor dem Volk; denn sie hielten ihn für einen Propheten.

Matth. 14, 1-5

Ein Jahr lang mag der Herr lehrend, heilend und helfend durch Sein Heimatland gezogen sein. Auf vielen Märkten hat Er gepredigt. Der Staub mancher Straßen hat Seinen Fuß bedeckt. In der Tiefe des Volkes ist eine mächtige Bewegung entstanden. Endlich dringt die Kunde von Jesus auch nach oben an den Hof Seines Landesherrn Herodes. Es ergeht ihm ähnlich wie seinem Vater gleichen Namens bei der Kunde von dem neugeborenen König, mit dem die Weisen aus dem Morgenlande vor ihn hintraten. Was Herodes, der Sohn, von Jesus hört, jagt ihm einen Schrecken ein. Denn ihn plagen nicht nur Regierungssorgen, sondern auch ein böses Gewissen. Ein Schatten der Vergangenheit taucht drohend vor ihm auf: Johannes der Täufer. Der hatte doch einen mächtigen Eindruck auf diesen Weltmenschen gemacht. Er muß vom Tode erstanden sein. Anders kann er sich das Gehörte nicht erklären. Herodes als Sadduzäer wird sonst von der Auferstehung der Toten nicht viel gehalten haben. Denn was weiß ein liberaler Mensch von Gottes Kraft? Aber hier muß die Auferstehung doch zur Erklärung des Unerklärlichen dienen. Was Herodes vom Hörensagen über Jesus weiß, reicht hin zu einer Empfindung dafür, daß zwischen diesen beiden ein innerer Zusammenhang bestehen muß. Er sieht den Vorgänger und Nachfolger, wo du heute als gläubiger Christ den Vorläufer und seinen Meister, einen Herold und seinen König siehst. Er ahnt dunkel, vermutet und sucht, wo du gefunden hast und die Klarheit geschenkt ist. Jener beschwört Schatten der Vergangenheit, wo herrliche Gegenwart und Zukunft ist.

Herr, laß alle Menschen, auch die Obrigkeit, Deine herrliche Kraft spüren und erfahren, daß wir alle nicht für Schatten der Vergangenheit und deren Nachwirkung nehmen, was herrliche Gegenwart und Zukunft ist. Amen.

2. Sam. 12, 7 EG 423, 1-4: Herr, höre Matth. 11, 25-27

Da aber Herodes seinen Jahrestag beging, da tanzte die Tochter der Herodias vor ihnen. Das gefiel Herodes wohl. Darum verhieß er ihr mit einem Eide, er wollte ihr geben, was sie fordern würde. Und wie sie zuvor von ihrer Mutter angestiftet war, sprach sie: Gib mir her auf einer Schüssel das Haupt Johannes des Täufers. Und der König ward traurig, doch um des Eides willen und derer, die mit ihm zu Tisch saßen, befahl er's ihr zu geben. Und schickte hin und enthauptete Johannes im Gefängnis. Und sein Haupt ward hergetragen in einer Schüssel und dem Mägdlein gegeben; und sie brachte es ihrer Mutter. Da kamen seine Jünger und nahmen seinen Leib und begruben ihn; und kamen und verkündigten das Jesu.

Matth. 14, 6-12

Ein ehebrecherischer König feiert seinen Geburtstag. Es mag vielleicht auch der Jahrestag seines Regierungsantritts gewesen sein. Bei solcher Gelegenheit tanzt eine leichtfertige Prinzessin vor ihm, die Tochter der Ehebrecherin Herodias. Das gefällt dem König so gut, daß er gedankenlos ein eidliches Versprechen gibt. Angestiftet von ihrer bösen Mutter, die den Täufer wegen seiner Vorhaltungen tödlich haßt, fordert das junge Mädchen des Täufers Haupt. Das hat der König denn doch nicht gewollt. Sein Gewissen ist noch nicht ganz erstorben. Es tut ihm leid um diesen Mann; denn er hat bei ihm etwas gefunden, was ihm bei seinen Höflingen gewiß selten begegnet ist: Mut, Offenheit und Wahrheitsliebe. Aber der Eid! Darf ein König sein Wort brechen? Kann er es ohne Minderung an Autorität und Ansehen brechen, selbst wenn es sich um einen Unschuldigen handelt, der satanischer Rachsucht zum Opfer fällt? So erfüllt sich das Geschick dieses unerschrockenen Mannes. Ein grausiger Vorgang und ein gräßliches Bild!

Wir wollen uns warnen lassen, daß wir nicht leichtfertig und gedankenlos Versprechungen machen, die uns nachher bitter reuen, wenn es an das Halten und Erfüllen geht. Hast du nie als Vater oder Mutter Ja gesagt, nur um den Quälgeist loszuwerden, oder ohne recht hingehört zu haben? Wenn du es doch in der Übereilung getan hast, was dann? Dann gilt immer noch das Wort des alten Goßner: »Lieber dein Wort brechen als Gottes Wort brechen!« Gottes Wort und Willen ist die Grenze für allen Menschenwillen und -wort, auch eines Königs. Sonst triumphiert die menschliche Willkür.

Herr, behüte meinen Mund und bewahre meine Lippen. Amen.

Richt. 11, 29-40 (Ps. 39, 2) EG 423, 4: Herr, höre Jak. 3, 5

Da das Jesus hörte, wich Er von dannen auf einem Schiff in eine Wüste allein. Und da das Volk das hörte, folgte es Ihm nach zu Fuß aus den Städten. Und Jesus ging hervor und sah das große Volk; und es jammerte Ihn desselbigen, und Er heilte ihre Kranken.

Matth. 14, 13 - 14

Des Täufers Tod ist für den Herrn offenbar ein Warnzeichen. Er darf sich um Seines Heilandswerkes und der Jünger willen nicht gefährden. Darum entweicht Er in die Einsamkeit, aber gewiß auch in die Stille vor das Angesicht Seines himmlischen Vaters. Aber es hält Ihn nicht lange. Man läßt Ihn auch nicht lange allein. In Scharen eilt das Volk Ihm nach. Eine drängende Arbeitsfülle wartet Seiner. Wie in Stein gemeißelt stehen die Worte da: Jesus geht hervor; Er sieht; es jammert Ihn; Er heilt. Was ist denn immer wieder die eigentliche, wahre und tiefe Not der Menschen? Ist es die Leibesnot? Sie kann schwer und drückend sein. Auch dafür ist der Herr der Arzt. Auch darin ist Er Helfer. Aber was Sein Heilandsherz am meisten mit Erbarmen erfüllt, ist immer die Not der Herzen auch heute, die Not der Sünde, die Not des Verkauftseins und der Knechtung unter die Gewalt und Herrschaft unheiliger, widergöttlicher, dämonischer Mächte und Kräfte.

Du möchtest ein Mitarbeiter deines Heilandes sein? Kennst du Stille vor Gott? Wohl dir! Aber komm auch wieder aus der Stille. Auch für dich ist Arbeit die Fülle. Siehst und spürst du die Gewalt widergöttlicher Mächte auch heute: Unglaube, Torheit, Untreue gegen den lebendigen Gott, Verführung zum Abfall, bewußte und unbewußte, die vielleicht auch gerade deine Kinder und Nächsten bedrängt? Dazu gehört ein Auge, das geschult ist am Auge des Heilands, ein Herz, das sich hat entzünden lassen von Seiner Liebe und Barmherzigkeit.

Diese Not zu heilen, gibt es nur eine Arznei. Welche denn? Die Arznei Gottes, das lebendige und lebendigmachende Wort Gottes. Bring den alten und jungen Menschen Christus, Seine Liebe, Seine Gnade, Vergebung und Versöhnung. Dann bringst du, was innerste Heilung und Heilung von innen her wirkt.

Herre Christ! Sieh an all unsre Not! Erbarme Dich unser! Heile Du uns, Herr, so werden wir heil. Hilf Du uns, so ist uns geholfen. Amen.

Ps. 10, 14 EG 256, 4-5: Einer ist's, an dem wir 1. Kor. 4, 1

Am Abend aber traten Seine Jünger zu Ihm und sprachen: Dies ist eine Wüste, und die Nacht fällt herein; laß das Volk von Dir, daß sie hin in die Märkte gehen und sich Speise kaufen. Aber Jesus sprach zu ihnen: Es ist nicht not, daß sie hingehen; gebt ihr ihnen zu essen. Sie sprachen: Wir haben hier nichts denn fünf Brote und zwei Fische. Und Er sprach: Bringt mir sie her. Und Er hieß das Volk sich lagern auf das Gras und nahm die fünf Brote und die zwei Fische, sah auf gen Himmel und dankte und brach's und gab die Brote den Jüngern, und die Jünger gaben sie dem Volk.

Matth. 14, 15-19

»Es ist dem Herrn nicht schwer, mit wenig oder viel zu helfen.« Das erfüllt sich auch hier herrlich unter der Hand des Gottessohnes. Es ist ein Geheimnis um die schöpferische Kraft christlicher Liebe. So erfahren es die Jünger und die Volksmassen dort am Abend in der Steppe. Sie haben den ganzen Tag unter dem freien Himmel des Südens der Predigt Jesu gelauscht. Ohne Rücksicht auf leiblichen Hunger und Durst haben sie ihren Herzenshunger und -durst gesättigt und gestillt am geistlichen Brot und Wasser des Wortes Gottes. Endlich fordert die Natur ihr Recht. Auch da übt der Herr Seine Jünger im Glauben. Er stellt sie vor eine scheinbar unmögliche Aufgabe. Sie erfahren erstaunt und beschämt, daß sie doch zu lösen ist.

»Es ist nicht not, daß sie hingehen. Gebt ihr ihnen zu essen!« lautet fortan der Befehl Jesu an alle Seine Jünger, auch an dich. Wenn Er dir einen wirklich Bedürftigen schickt, nicht einen Faulpelz, der auf deine Gutmütigkeit rechnet, so darfst du ihn nicht weiterschicken. Jesu Gebot darf dich nicht ruhen lassen. Zu deinem Glaubenszeugnis und -bekenntnis gehört unauflöslich und muß hinzukommen dein Tatzeugnis und Tatbekenntnis der Liebe. Auch du kannst und darfst erfahren, daß aus wenig viel werden kann, daß mit geringen Mitteln Großes erreichbar ist, wo Liebe aus Glauben am Werke ist. »Ich habe nichts; darum kann ich nichts tun«, darf ein Jünger nicht sagen. Hast du wirklich nichts? Du hast vielleicht nur wenig. Aber du hast. Mit deinem Wenigen kannst und darfst du als Jünger Christi deine Liebespflicht erfüllen. Wirke im Dienst der Liebe, und du wirst manchen mehr speisen und tränken und kleiden können, als du selbst ahnst.

Herr, hilf, daß wir als die Deinen allzeit Deines Befehls und unsrer Liebespflicht eingedenk sind. Leg Du Deinen Segen darauf, dann wird aus wenig viel. Amen.

1. Sam 14, 6 EG 414; Laß mich, o Herr Röm. 12, 13

Und sie aßen alle und wurden satt; und hoben auf, was übrigblieb von Brocken, zwölf Körbe voll. Die aber gegessen hatten, waren bei fünftausend Mann, ohne Weiber und Kinder. Matth. 14, 20-21

Wunder über Wunder! Mit einigen Broten und Fischen sättigt Jesus Tausende. Schon das erscheint der Vernunft unmöglich. Laß sie dabei! Aber darüber hinaus bleibt noch so viel übrig, daß mit den Brocken zwölf Körbe gefüllt werden. Hast du schon einmal im Freien lagernd dein Brot gegessen? Auch wenn du sorgsam damit umgehst, etwas wird zur Erde fallen. Denk dir, du wärest einer der Jünger gewesen, und der Herr hätte dich geheißen, Brocken zu sammeln. Ob du nicht, je nach deiner Gemütsart, laut nach außen oder wenigstens innerlich aufbegehrt hättest: »Was soll diese unnütze Mühe?« Sei gewiß: dein Meister hat nie etwas ohne Sinn, Zweck und Ziel getan. So hat es guten Sinn, wenn Er dich Brocken sammeln heißt. Er will dich üben und erziehen. Er will dich üben im Gehorsam, auch wo Sein Geheiß dir nicht sinnvoll erscheint. Am Ende stehst du überrascht und beschämt da, wenn du das Ergebnis vor Augen hast. Der Herr will dich aber auch erziehen, das Geringe nicht zu übersehen und zu verachten. Wenn dir etwas ohne Mühe in den Schoß fällt, indem der Herr dich mit Seinem Segen überschüttet, so stehst du in Gefahr, es geringzuschätzen. Nun gar, wenn es sich um Brocken handelt, die zur Erde gefallen sind! Wie leicht wirst du da gleichgültig und nachlässig. »Auch das in deinen Augen Geringe hat Wert und ist verwertbar!« ruft dir der Herr hier zu. Nach der Zahl der zwölf Jünger wurden zwölf Körbe voll Brocken gesammelt. Jeder Jünger Christi soll sich der Mühe unterziehen, an seinem Teile dafür zu sorgen, daß nichts umkomme, genau so, wie es hier jeder Jünger tut. Denn es ist alles Gabe aus Seiner Hand und Fülle aus Seiner Fülle und Reichtum. Was aus Gottes Hand kommt, hat immer Wert und wird in seinem Wert erkannt, wo geschaut wird mit dem Auge des Glaubens.

Herr, hilf uns, daß wir das, was gering scheint, nicht übersehen und verachten. Gib, daß wir alles anschauen mit den Augen des Glaubens. Laß uns willig und treu sein auch zu geringem und mühevollem Dienst. Amen.

2. Kön. 4, 44 EG 428, 1+2: Komm in unsere stolze Welt Phil. 4, 18-20

Aber selig sind eure Augen, daß sie sehen, und eure Ohren, daß sie hören. Wahrlich, ich sage euch: Viel Propheten und Gerechte haben begehrt zu sehen, was ihr sehet, und haben's nicht gesehen, und zu hören, was ihr hört, und haben's nicht gehört.

Matth. 13, 16-17

Wahrlich, wie hoch begnadet sind die Jünger Jesu vor allen Menschen. Der Einmaligkeit Seiner irdisch-leiblichen Erscheinung, »wahrhaftiger Mensch von der Jungfrau Maria geboren«, entspricht die Einmaligkeit der Augen- und Ohrenzeugenschaft, wie sie den zwölf Aposteln vergönnt gewesen ist. Sie sind dadurch nicht nur begnadet vor den Frommen des alten Bundes, vor Abraham, Moses, Elia, Jesaja und den andern großen Gottesmännern, sondern auch vor uns Heutigen. Aber nicht alle Menschen, die den Herrn leiblich gesehen haben, sind zum Glauben gekommen. Jesus preist der Apostel Augen und Ohren selig, weil sie in Ihm Gottes Wirklichkeit und Nähe schauen und aus Seinem Wort den lebendigen Gott hören. Denn die eigentliche Seligkeit der Frommen des Neuen Bundes besteht darin, daß sie in dem Menschen Jesus von Nazareth den Sohn und Christus Gottes, den Heiland und Erlöser geschaut und erkannt haben. Das geistliche Hören und Sehen Jesu ist das Wesentliche. Gottes Wirklichkeit und Nähe ist heute die gleiche wie einst. Dazu bist und wirst du fort und fort durch Sakrament und Wort gerufen. In solcher Schau und solchem Hören bist auch du heute begnadet vor »vielen Propheten und Gerechten«, die mit ganzer Sehnsucht danach verlangt haben. Jene lebten in der Zeit der Vorbereitung und Verheißung. Du lebst in der Zeit der Erfüllung und Vollendung. Jene weissagen von dem leidenden Gottesknecht. Du darfst voll Dank anbetend stille stehen. Der Gekreuzigte und Auferstandene hat deine Sünde und Schuld getragen und ist für dich auferweckt. In Christushoffnung vieler Propheten und mancher Gerechten mischen sich noch irdische Weltherrschaftsträume. Du darfst Glied und Bürger sein in Seinem Reiche, das zwar in dieser Welt, aber nicht von dieser Welt ist.

Herr Jesu, öffne mir durch Deinen Heiligen Geist Augen, Ohren und Herz, damit ich Dich meinen Herrn und Gott, Dein Reich und seine Geheimnisse erkenne und ihrer mich freue und tröste, bis ich durch Deine Gnade vom Glauben zum Schauen komme. Amen.

Spr. Sa. 20, 12 EG 263, 6+7: Sonne der Gerechtigkeit 2. Kor. 5, 7

Und siehe, ein Aussätziger kam und betete Ihn an und sprach: Herr, so Du willst, kannst Du mich wohl reinigen. **Matth. 8, 2**

In aller Not darfst du beten. Ein Aussätziger ist ein Ausgestoßener, der alles hat verlassen müssen, was ihm lieb war, – ist einer, der einsam seine Tage zubringen muß, bis endlich der Tod seiner Qual ein Ende macht. Und nun dieses Wunder: der Mann, der die sichtbaren Zeichen seines Sterbens schon am Leibe trägt, kommt aus seiner Einsamkeit und aus seiner Qual zu dem, der allein noch helfen kann. Er streckt seine Hände aus, um sich schenken zu lassen, was kein Mensch ihm schenken kann. Er betet!

Weißt du, daß wir alle in einer ähnlichen, aber noch furchtbareren Lage sind wie jener Aussätzige? Weißt du, daß wir alle eine solche Todeswunde an uns tragen? Die Sünde! Das ist die Qual aller Qualen, spüren zu müssen, daß Gottes Hand uns nicht mehr hält, daß Gottes Licht uns nicht mehr leuchtet.

Diese höchste Not kommt daher, daß wir immer wieder Gott aus dem Wege gehen, daß wir nach unsern Wünschen und nicht nach Seinem Willen leben möchten, daß wir uns schuldig machen vor Ihm und an unserm Nächsten. So sind wir Sünder, so werden wir Ausgestoßene, so verlieren wir die ewige Heimat. Und wo das einem Menschen klar wird, da weiß er: »Es gibt im Leben ein Herzeleid, das ist wie die weite Welt so weit. Das ist wie Bergeslasten schwer, das ist so tief wie das tiefe Meer. – Das ist das tiefste Herzeleid, wenn um die Sünde die Seele schreit.« In dieser Not kann nicht mehr ein Mann seiner Frau, nicht mehr eine Mutter ihrem Kinde helfen. Nur der Heiland kann die tiefste Wunde heilen. Vergeben kann nur Gott. Darum hilft nur das eine: Beten, wie jener Aussätzige gebetet hat: »Herr, so Du willst, kannst Du mich wohl reinigen!« Nicht trotzig ist seine Bitte: Du mußt mir helfen! Auch ist kein Zweifel in seinem Gebet, wohl aber ganz unbedingtes Vertrauen und zugleich tiefste Bescheidenheit: »So Du willst!« Wenn wir doch alle so beten möchten, dann würde uns auch in allem geholfen. Dann schenkt Gott uns die Kraft, alles Leid zu tragen, und in die tiefste Not hinein sagt Er uns: »Dir sind deine Sünden vergeben!«

Lieber Vater im Himmel! Schenk uns diese Kraft, an Deiner Hand zu bleiben, auch dann, wenn die schweren Tage kommen, – und wenn unsre Schuld uns quält, dann, Herr, erbarme Dich unser! Amen.

Ps. 121 EG 366: Wenn wir in höchsten Nöten sein Röm. 12, 12

Und Jesus streckte Seine Hand aus, rührte ihn an und sprach: Ich will's tun, sei gereinigt! Und alsbald ward er von seinem Aussatz rein. Matth. 8, 3

Christus hilft! Was ist das Größte und Gewaltigste an Gott? Daß Himmel und Erde die Werke Seiner Schöpfung sind? Daß über uns die ewigen Sterne leuchten in wunderbarer Pracht? Daß Er uns Menschen das Leben gegeben und erhält? Nein, das Größte an Gott ist, daß Er auch das Kleinste zu Herzen nimmt. Das Gewaltigste ist, daß Er uns so nahe kommt, wie es nur sein kann. Gott war in Christus wie in keinem Menschen sonst, Christus war Wesen von Seinem Wesen, Liebe von Seiner Liebe, Kraft von Seiner Kraft. Und dieser Christus steht nun vor diesem armen Aussätzigen, der nur noch eines hat in seinem Leben: den Glauben an seinen Herrn. Christus streckt die Hand aus, Er rührt ihn an. Wo Er ist, da ist die Hilfe: »Ich will's tun, sei gereinigt! Und alsbald ward er von seinem Aussatz rein.«

Christus hilft! Wo Er hinkommt, da wird alles neu. Sieh, da bist du mit deinem Kummer und Herzeleid, das dir so viel zu schaffen macht. Aber Er steht vor dir und rührt dich an: Ich will es alles zu Herzen nehmen. – Du gehst deine Wege, und oft sind es keine guten, oft sind es die Wege der Schuld und Lieblosigkeit. Aber Er streckt Seine Hand nach dir aus: Ich habe deinen Weg verfolgt; ich weiß, an welchem Punkte du es schwer hast, wo dich die Finsternis überfällt und du nicht mehr Herr deiner selber bist – aber ich will:

Sei rein! – Du weinst deine Tränen der Verzweiflung: Warum doch das, mein Gott? Dich quält die Reue: Könnte doch ein Tag, eine bestimmte Stunde aus meinem Leben ausgelöscht werden! – aber Er gibt dir die Gewißheit ins Herz: Ich will abwischen alle Tränen von deinen Augen, und das Leid wird nicht mehr sein. – Da sind die Berge der Sorge vor dir um das tägliche Brot, um die, die du lieb hast; aber Er bittet dich: Gib her dein belastetes Herz, deine sorgenvollen Gedanken, ich habe dich je und je geliebt, sollte ich dich jetzt allein lassen? Da ist deine Angst um die Zukunft: wie soll es weitergehen? – aber Er spricht über dich, über unser Volk und alle Völker Sein heiliges Wort: »In der Welt habt ihr Angst, aber seid getrost, ich habe die Welt überwunden!«

Herr Jesus Christus! Wir danken Dir für alle Deine Hilfe bis hierher und bitten Dich: Behalte uns in Deiner Liebe, daß wir getrost leben und im Frieden heimgehen können. Amen.

Ps. 46 EG 303: Lobe den Herrn, o meine Seele Apg. 4, 1-12

Und Jesus sprach zu ihm: Siehe zu, sage es niemand, sondern gehe hin und zeige dich dem Priester und opfere die Gabe, die Mose befohlen hat, zu einem Zeugnis über sie. Matth. 8, 4

Der echte Christ dankt mit der Tat! Wo ist echtes Christentum? Sieh auf Jesus. Dann spürst du es mit wunderbarer, ergreifender Gewalt. Eben hat Er den Aussätzigen von seinem Leben zum Tode geheilt, aber nun nimmt Er ihn nicht und stellt ihn neben sich: Seht, das habe ich getan! Glaubt ihr nun an meine Sendung, der Heiland der Welt zu sein? Nein, es heißt: »Sage es niemand!« Jesus kennt auch nicht im entferntesten irgendeine selbstsüchtige, prahlende Absicht mit Seinen Taten. Sie geschehen allein aus einer ganz reinen, zarten und vollkommenen Liebe heraus. Für Ihn ist es vollkommen unwichtig, bewundert zu werden, wohl aber entscheidend wichtig, in aller Stille gütig und barmherzig zu sein, wo Ihm Glaube entgegengebracht wird.

Darum ist auch dort erst echtes Christentum, wo an einem Menschen das heilige, innere Wunder geschehen ist, daß er von Gott bis in den letzten Winkel seiner Seele hinein ergriffen und überwältigt ist. Dort kann der Dank nicht fehlen, der Dank mit der Tat. Wir reden zuviel von der Liebe und begeistern uns dafür, aber handeln sollen wir. Wir Christen sollen sein wie Flammen, die brennen und leuchten, sollen sein wie die Wellen einer Springflut, die mit heiliger Gewalt hereinbrechen über die behäbigen Gefilde menschlicher Ohnmacht und Tatenlosigkeit. Es ist etwas zu ändern, dazu sind wir berufen. Es gibt mehr Not, die auf uns wartet, als wir zu fassen vermögen. Wir sollen nur horchen lernen, wer nach uns ruft, und dann lieben mit der Tat, zum Zeugnis über sie! Daran wird man unser Christsein weithin erkennen, ob wir eine offene, helfende, lindernde Hand haben für jeden, den Gott uns in den Weg legt. Für diesen muß unsre Liebe einfach da sein. Und hier ist keiner so arm, daß nicht einer zu ihm gehörte. Hier ist keiner so arm, daß nicht noch ein Ärmerer unter ihm stände. Und dann ganz still im geheimen und kleinsten hat die Liebe ihren Platz. Dort, wo die Linke nicht weiß, was die Rechte tut, fängt alles Große und Gute an. Und diese Liebe muß ganz rein sein!

Gütiger Gott, mache uns rein und reif zu dieser Liebe unter uns, daß wir nichts weiter möchten als danken für Deine Treue und dienen mit der Tat! Amen.

Ps. 138 EG 417: Laß die Wurzel Gal. 5, 24-6, 2

Da aber Jesus einging zu Kapernaum, trat ein Hauptmann zu Ihm, der bat Ihn und sprach: Herr, mein Knecht liegt zu Hause und ist gichtbrüchig und hat große Qual. Jesus sprach zu ihm: Ich will kommen und ihn gesund machen. Matth. 8, 5-7

In der rechten Gemeinschaft betet einer für den andern! »Die Alten müssen sterben, und die Jungen können sterben«, sagt ein altes, immer wieder wahres Wort. Jedem von uns kann es heute oder morgen geschehen, daß über ihn die »große Qual« kommt, daß er endgültig Abschied nehmen muß von dieser Welt. Über jeden kann dann die noch größere Not kommen: Wie soll ich dann vor meinem Gott bestehen? Wie soll ich das aushalten, wenn Er mich durchschaut bis in den letzten Winkel meiner Seele, wenn mein ganzes Leben offen und bloß vor Ihm liegt, alle Schuld und alle Versäumnisse, alle Worte, die ich gesprochen, alle Gedanken, die ich gedacht habe?

Wenn uns so die Angst vor dem Sterben und noch mehr die Furcht vor dem Gerichte Gottes packt und uns alle Ruhe und Sicherheit aus der Hand schlägt, wohl uns, wenn dann einer da ist, der – wie dieser Hauptmann für seinen Knecht – für uns die Hände faltet, für uns noch eine Hilfe, die einzige Hilfe weiß. Hier geht der vornehme Römer für seinen Sklaven, den er für wenig Geld gekauft hat, zu Christus. Könnt ihr Eltern für eure Kinder auch diesen Weg gehen und ihr Kinder beten für die, die euch täglich mit ihrer Liebe umgeben? Denn es nützt noch nichts, wenn in unserm Hause einer dem andern mit Treue und Achtung zuvorkommt. Es ist auch das noch nicht genug, wenn herzliche Güte unter uns besteht. Es muß dahin kommen, daß jeder in seinem Kämmerlein den andern auf betenden Herzen trägt. Hast du niemanden, für den du beten kannst? Wenn du es nicht hast, dann bringst du dich um das schönste und beste, das Gott uns Menschen anvertraut hat: um die Liebe, die alle trägt. Wer da sagt: es ist nur wichtig, daß ich selig werde, der hat noch nichts vernommen vom Geiste Gottes. Denn wo Gottes Geist ist, da heißt es nicht mehr: »hier ich« und »dort du«, sondern da ist ein namenlos freudiges »wir«, da ist Gemeinde des Herrn, weil sie Gemeinschaft im Gebet hat.

Herr, unser Gott! Du möchtest, daß wir Dich bitten wie die lieben Kinder ihren lieben Vater. Gib uns, daß wir Dir unser Herz auftun und einer auch für den andern beten kann. Amen.

Ps. 145 EG 387, 4-6: Ja, er will gebeten sein 1. Tim. 2, 1-6

Der Hauptmann antwortete und sprach: Herr, ich bin nicht wert, daß Du unter mein Dach gehst, sondern sprich nur ein Wort, so wird mein Knecht gesund. Denn ich bin ein Mensch, der Obrigkeit untertan, und habe unter mir Kriegsknechte; und wenn ich sage zu einem: Gehe hin!, so geht er; und zum andern: Komm her!, so kommt er; und zu meinem Knecht: Tu das!, so tut er's. Da das Jesus hörte, verwunderte Er sich und sprach zu denen, die Ihm nachfolgten: Wahrlich, ich sage euch, solchen Glauben habe ich in Israel nicht gefunden. **Matth. 8, 8-10**

Zum Manne gehört der Glaube! »Wer ist ein Mann? Der beten kann und Gott dem Herrn vertraut!« Was wirklicher, echter Glaube ist, das zeigt uns hier dieser Hauptmann. Der Glaube beginnt mit der tiefen Demut: »Herr, ich bin nicht wert, daß Du unter mein Dach kommst.« Der Hauptmann vergißt, daß er der höchste Offizier der Garnison ist, vergißt Rang und Würde, vergißt, was noch viel schwerer zu vergessen ist, seine Verdienste, seine guten Seiten, das Wohlgefallen an sich selber.

Aber noch einen Schritt weiter geht der Glaube: »Sprich nur ein Wort, so wird mein Knecht gesund!« Der Hauptmann schließt von sich auf Christus: seine Soldaten gehorchen ihm aufs Wort. Wieviel mehr vermag das Wort des Königs aller Gewalten!

Und der Hauptmann glaubt das! Und dieser Glaube ist so tief, so ernst, daß auch Jesus sich verwundert. Solches Vertrauen ist Ihm noch nie begegnet. Denn das war die Not damals und heute, daß es zur scheinbaren Würde eines Mannes gehört, nicht zu glauben oder seinen Glauben still und heimlich zu halten, statt ihn offen zu bekennen. Wenn aber Kirche sein und bleiben soll unter uns, dann gehören alle dazu, die den Namen Jesu Christi tragen. Wer Gott die Ehre geben will, der muß den stahlharten, klaren Willen in sich haben, Gott nicht loszulassen, auch wenn tausend Hände ihn losreißen möchten. Er muß stehen wie ein Fels, auch wenn alle Stürme sich gegen ihn erheben. »Wenn alle untreu werden, so bleibe ich doch treu!« Treu, auch wenn es durch alle Tiefen der Not geht; ein Held dann, wenn es gilt, das Kreuz zu tragen! Wer so ein Mann nach dem Herzen Gottes ist, der wird gesegnet in Ewigkeit.

Du König Deiner Kirche, Du Herr aller Herzen! Gib uns Männer, die in unverbrüchlicher Treue zu Dir halten, Dein Wort leben und bekennen, die stark sind, wenn die Not am größten ist. Herr, segne unser Volk mit solcher Kraft! Amen.

1. Mose 15, 1-6 EG 341: Nun freut euch Hebr. 11, 1-6

Aber ich sage euch: Viele werden kommen vom Morgen und vom Abend und mit Abraham und Isaak und Jakob im Himmelreich sitzen; aber die Kinder des Reichs werden ausgestoßen in die Finsternis hinaus, da wird sein Heulen und Zähneklappen.

Matth. 8, 11-12

Christus ist die große Scheidung. Das ist das unheimlich Ernste an Christus. An Ihm hängt Leben und Tod, Zeit und Ewigkeit. Wer sich gegen Ihn stellt, stellt sich gegen Gott und ist ausgeschlossen von Gottes Reich. Wer Ihn bejaht, darf schon hier auf Erden die ganze Freude eines echten Christenglaubens im Herzen haben, darin leben und einst Gnade finden vor Gottes Angesicht.

Christus ist die große Scheidung. Das war schon so bei Seiner Geburt. Die Hirten lobten und priesen Gott um alles, was sie gehört und gesehen hatten – und Herodes schickt seine Knechte, das Kind zu töten. So darf es uns nicht verwundern, wenn heute mitten durch unsre Gemeinden, mitten durch unser Volk hindurch die große Scheidungslinie läuft, daß auf der einen Seite der Lobgesang kein Ende nimmt und auf der andern der ganze Zorn gegen Christus aufsteht. Wir aber haben über keinen zu urteilen und zu richten, der ohne Christus seinen Weg gehen will, aber wir haben ihm Gottes Wort zu sagen. Vor allem haben wir zu sagen: Sind wir die Kinder des Reiches, die einmal ausgeschlossen werden müssen? Sind wir die Begnadeten, die der Gnade unwürdig waren? Wo wird die große Scheidungslinie gezogen?

Wenn wir uns aber das andre haben schenken lassen, die Gewißheit: »Ich weiß, daß mein Erlöser lebt!«, Er wird auch einmal mein Fürsprecher sein vor Gottes Thron, dann wollen wir auch die sein, die keine Ruhe mehr haben, bis nicht noch viele »vom Morgen und vom Abend« kommen, die ebenso fröhlich und getrost an der Hand dieses Meisters durch das Leben und Sterben gehen wie wir und dann zu Seinem Reiche kommen. Es darf nicht Friede werden, bis Seine Liebe siegt und dieser Kreis der Erden zu Seinen Füßen liegt. Wir aber sind Gottes Werkzeuge, unsre Gaben die Mittel für Sein alle Völker umspannendes Werk, unsre Liebe die Hilfe, mit der Er die ganze Welt segnen möchte.

Gerechter und gnädiger Gott! Verwirf uns nicht von Deinem Angesicht und nimm Deinen Heiligen Geist nicht von uns und dieser Erde! Segne das Werk der Mission! Behüte alle, die in Deinem Dienste stehen! Amen.

Hes. 3, 17-21 EG 149, 6-7: Es ist gewißlich Gal. 1, 7-12

Und Jesus sprach zu dem Hauptmann: Gehe hin, dir geschehe, wie du geglaubt hast. Und sein Knecht ward gesund zu derselben Stunde. Matth. 8, 13.

Allein der Glaube rettet! Dieses Wort und diese Tat Jesu scheinen einfach keinen Raum zu haben in unsrer heutigen Welt. Wer glaubt das, und wer kann das glauben: ein Wunder, noch dazu aus der Ferne geschehen, ohne daß Jesus den Kranken gesehen hat? Hier werden alle natürlichen Ordnungen durchbrochen, oder besser: Er durchbricht sie, Er, Jesus Christus, Er tut das Wunder, Er nimmt dem Tode die Gewalt aus der Hand, Er schenkt das Leben wieder. Und Er tut es deswegen, weil da vor Ihm ein Mann steht, der Glauben hat, der Jesus beim Wort nimmt, ganz schlicht und voller Vertrauen. Dieser Hauptmann ist sich dessen sicher: Was von Jesus kommt, ist keine Lüge. Darum kann er getrost und unverzagt nach Hause gehen, seinem Knecht ist geholfen.

Hier können wir sehen: es gibt eine Festigkeit und Sicherheit des Gottvertrauens, ein »Dennoch bleibe ich stets an Dir« von solcher Gewalt und Größe, daß alle Zweifel und Hemmungen wie abgetane, unnütze Dinge am Wege liegenbleiben. Das ist das Wundersame an dieser Geschichte, daß hier ein Mensch sagt: »Ich habe Deinen Befehl gehört, Herr Jesus Christus, und weil es Dein Befehl ist, darum glaube ich und klammere mich daran wie ein Ertrinkender an das Seil, das ihm zugeworfen wird. Und darum tue ich es, weil

Du wahrer Gott bist, für den nichts unmöglich ist, und für mich wahrer Mensch geworden, damit ich diese Hilfe spüren darf. Du bist zu mir und für mich von Gott gesandt. So ist Dein Wort die Wahrheit und Deine Tat das Zeichen Deiner großen Liebe.

Wem dieses übermächtige Vertrauen einmal ins Herz gekommen ist, der weiß: Gott ist da. Wir können die Fahrt des Lebens weiterhin wagen, denn Christus lebt unter uns und will uns selig machen. Wer Augen hat zu sehen, der kann sehen, wie Er täglich Seine Wunder tut. Wer Ohren hat zu hören, der kann Sein Wort in sich aufnehmen und an sich selber das größte Wunder erleben, daß er ein Kind Gottes ist.

Heiliger Herr und Gott! Fülle uns alle mit Deiner Gnade! Laß das Wunder auch an uns geschehen, daß wir Deinem Wort vertrauen! So wollen wir rühmen und fröhlich sein unser Leben lang. Amen.

2. Chron. 20, 20-21 EG 351, 1-4: Ist Gott für Röm. 8, 31-39

Ihr Heuchler, wohl fein hat Jesaja von euch geweissagt und gesprochen: »Dies Volk naht sich zu mir mit seinem Munde und ehrt mich mit seinen Lippen, aber ihr Herz ist fern von mir; aber vergeblich dienen sie mir, dieweil sie lehren solche Lehren, die nichts denn Menschengebote sind.« Matth. 15, 7-9

Das Alte Testament ist die Bibel des Herrn Jesus. Ihr entnimmt Er die Mahnung an Seine Gemeinde zum heutigen Sonntag.

Es ist selbstverständlich, nichts Außergewöhnliches, daß wir uns heute im Gottesdienst dem Herrn nahen und unsre Lippen öffnen zu Gebet, Lied und Bekenntnis. Der Ruf: »Hinein in die Kirche aus Stein gebaut!« kann in einer Zeit kirchlicher Entfremdung und der Entwöhnung von kirchlicher Sitte gar nicht eindringlich genug laut werden. Wie unsre Hausgemeinde sich täglich zur Andacht sammelt, so sammelt sich die Gemeinde sonntäglich zum Gottesdienst.

Jedoch prüft der Herr unsre Andacht und unsern Gottesdienst, ob sie Lippenwerk sind oder Herzenswerk. Wir kennen alle aus eigener Erfahrung die sichtbare, aber leere Bewegung von Mund und Lippen im Gottesdienst. Wir falten die Hände, weil es so Brauch ist, wir singen die Choräle, weil die Orgel sie vorspielt, wir sprechen das Vaterunser, weil die Gemeinde es spricht, aber gar oft sind unsre Gedanken ferne von Gott – bei den Verpflichtungen des Tages, bei

Schwierigkeiten und Nöten unsres Hauses, bei den Verrichtungen der kommenden Woche.

Das Urteil des Herrn über solches Lippenwerk, überhaupt über alles frommklingende Menschenwort und -gebot, ist schon gesprochen: »Heuchler!« Nichts bringt unsre Kirche bei den Nicht-Christen so sehr in Verruf wie Heuchelei ihrer Glieder.

Der Herr bewahre uns vor aller Heuchelei, vor frommem Schein, vor frommem Worte machen, vor frommer Ausrede. Er ziehe unser Herz zu sich, aus der Gottesferne in Seine Nähe, daß unsre Gottesdienste rechte Gottesdienste seien, daß unser ganzes Leben nur Gottesdienst sei, wo wir Seine Stimme hören und Seinen Willen tun, wo Er uns dient und wir Seinen Dienst an uns geschehen lassen.

Herr, wir danken Dir, daß wir heute ruhen dürfen von unsrer Arbeit. Bewahre uns heute und allezeit vor Heuchelei, und laß unser Herz Dir wohlgefälligen Gottesdienst halten. Segne die Predigt Deines Wortes, daß Deine Gemeinde dadurch gebaut und bemehrt werde. Amen.

Ps. 139, 1-10 — EG 365, 5: Von Gott will ich nicht lassen — Jak. 1, 22-27

Und Er rief das Volk zu sich und sprach zu ihm: Höret zu und vernehmt's! Was zum Munde eingehet, das verunreinigt den Menschen nicht; sondern was zum Munde ausgeht, das verunreinigt den Menschen.

Matth. 15, 10-11

Der Herr Jesus warnt das Volk vor den Ablenkungsmanövern und Vernebelungskünsten der Pharisäer. Die unreine Speise sei es, welche den Menschen verunreinige, schände, unheilig mache, von Gott trenne. Das bedeutet Ablenkungsversuch von der wahren Ursache der Trennung des Menschen von Gott! Das unreine Herz trennt von Gott, nicht die unreine Speise. Wie schändlich kann das Herz eines Menschen sein, der mit unerhörter Genauigkeit tausend Speisegebote hält. Mit großartiger Kraft erhebt sich der Herr über die jüdischen Speisegebote. Die reine Speise ist nichts, das reine Herz ist alles. Er sieht in jeglicher Speise Gottes Gabe, die wir mit Dank für Gottes Güte empfangen sollen und essen dürfen.

Dem christlichen Soldaten war auch das verschimmelte unter Leichen gefundene Stück Brot reine Speise, da er es als Gottes Gabe nahm. Kein Schmutz von außen befleckt den inwendigen Menschen. Ehre, guter Name ist uns etwas Großes. Wir weisen ehrverletzende Angriffe mit Entschiedenheit zurück, wissen aber, daß unsre Ehre nie befleckt wird von anderen, sondern immer nur von uns selbst. Von uns verlorene Ehre wird nur bei dem wiedergefunden, der durch Sein Opfer auf Golgatha unreine Herzen rein macht. Dem falschen leichten Ehrbegriff der Welt setzen wir entgegen den christlichen Ehrbegriff: nur unsre argen Gedanken, die als Worte und Taten unsern inwendigen Menschen verlassen, beflecken uns. Das gibt uns königliche Freiheit von dem Urteil der Welt und rechte Gebundenheit an den Herrn und Sein bindendes Wort.

Wir danken Dir, lieber Herr, daß Du uns freigemacht hast von seelenverderbenden Menschengeboten, und bitten Dich, bewahre uns vor allen Widersachern und ihrer bösen Verleumdung; bewahre uns aber vielmehr vor aller Befleckung der Seele durch unsre gottlosen unreinen Gedanken. Amen.

Jer. 9, 1-7 — EG 215, 7: Jesus Christus, unser Heiland — Röm. 14, 1-8

Da traten Seine Jünger zu Ihm und sprachen: Weißt Du auch, daß sich die Pharisäer ärgerten, da sie das Wort hörten? Matth. 15, 12

»Weißt du auch?« – eine angstvolle Frage der Jünger an den Herrn. Weißt du auch um den Zorn deiner Widersacher?

Eine Frage an uns: Weißt du auch, daß der Zorn der Menschen sich zusammenballen muß wider die Wahrheit des Evangeliums? Weißt du auch – es kann und darf nicht anders sein –, daß unsre Verkündigung von der Wahrheit Gottes in Christus Anstoß erregt?

Weißt du auch, daß die Welt sich ärgert, wenn ihr ihre Vergänglichkeit und Unvollkommenheit gepredigt wird, weil sie so stolz ist auf ihre Ewigkeit und Vollkommenheit?

Weißt du auch, daß jedes Volk sich ärgert, wenn ihm im Namen des Herrn gesagt wird, daß seine völkische Eigenart nicht genügt, seine Glieder zu Gott zu bringen, sondern daß auch Blut und Rasse der Reinigung durch das Blut Christi bedürfen?

Weißt du auch, daß – die Menschen – wir uns ärgern über die Botschaft von unsrer Richtigkeit und Verlorenheit ohne Christus?

Weißt du auch, daß die Propheten um der Wahrheit willen gesteinigt wurden? Weißt du auch, daß der Herr Jesus darum in den Tod gehen mußte? Weißt du auch, daß der Aufruhr gegen die Kirche des Herrn ein Beweis ist für die Treue ihres Zeugnisses?

Weißt du auch, daß deine Treue dich den Weg gehen heißt, den Er ging, den Weg durchs Leiden zur Herrlichkeit, durchs Kreuz zur Krone?

Der Herr schenke uns das rechte Wissen um das Ärgernis des Kreuzes und gebe uns Kraft, den vollen Einsatz zu wagen, wenn sie uns nehmen wollen den Leib, Gut, Ehr, Kind und Weib.

Herr, behüte uns davor, daß wir uns ärgern an Deinem Kreuz! Zeig uns Deinen Weg, den Weg Deiner Kirche und Deiner Gemeinde und laß ihn uns gehen! Amen.

Dan. 3, 8-18 EG 346, 1: Such, wer da will 1. Petr. 4, 12-19

Aber Er antwortete und sprach: Alle Pflanzen, die mein himmlischer Vater nicht pflanzte, die werden ausgereutet. **Matth. 15, 13**

Die Welt gleicht einem großen Garten. Gott der Herr ist der Gärtner, der über diesem Garten wacht. Er sät und pflanzt und betreut, was darin wachsen soll. Aber auch sein Feind, der Teufel, ist am Werk und sucht Seine Arbeit zu stören, indem er seine eigenen Gewächse dazwischen pflanzt. Das Unkraut aus seiner Hand scheint oftmals die Gottespflanzen zu überwuchern. Wem käme bei allem Unglauben und bei aller Christusfeindschaft nicht immer wieder der Gedanke, daß die Welt wenigstens wie ein verwilderter Garten aussehe, dessen Besitzer längere Zeit auf Reisen gewesen ist?

Aber laß dich nicht blenden! Der Schein trügt. Gottes Gärtnerhand greift schon zur rechten Zeit ein. Er wacht über dem, was Er gepflanzt hat. Und alles, was nicht aus Seinen Händen kommt, muß vergehen. Ein Menschenleben ohne Ihn und den Herr Jesus Christus wird dasselbe Schicksal erleiden wie ein Baum, den der Sturmwind samt seinen Wurzeln herausreißt, so daß ihm Kraft und Saft gar bald vergehen. Gottes Gerichtswort bleibt nicht aus.

Nur was aus Gottes Hand stammt, hat bleibenden Bestand. Damit sind wir Jünger des Herrn in gleicher Weise angeredet wie Seine Jünger. Für diese enthält es das Todesurteil. Für uns, die wir uns Seine Jünger nennen, ist es ein Anlaß zur Selbstprüfung.

Prüfe dich recht: Kommst du von Gott? Ist dein Leben wie eine Pflanze, die den Garten Gottes verschönt? Dienst du dem Herrn? Geht es bei dir nach der Weise: »In Wort und Werk und allem Wesen sei Jesus und sonst nichts zu lesen«?

Jedes Gerichtswort des Herrn will uns zur Klarheit verhelfen über unser Leben. Ein Leben aus der Ewigkeit für die Ewigkeit und darum bleibend – oder ein Leben aus dem Geiste der Welt und darum mit der Welt vergehend – was ist dein Leben?

O Herr, Du treuer Gott! Schenke mir Deinen heiligen Geist, daß ich Deinen Willen immer recht erkenne und danach lebe! Laß mich zu denen gehören dürfen, die Du gepflanzt hast, und die Du darum auch versetzen wirst in Deinen himmlischen Garten durch Jesum Christum! Amen.

Ps. 92, 13-16 EG 503, 10-15: Geh aus, mein Herz 1. Kor. 3, 9-15

Wenn aber ein Blinder den andern leitet, so fallen sie beide in die Grube. Matth. 15, 14

Ein erbarmenswerter, fast furchterregender Anblick. Da greift wahrhaftig ein Blinder einem andern Blinden unter die Arme und will ihn einen gefährlichen Weg entlangführen! Es ist vorauszusehen, wie das enden muß! Da sieht man schon den Abgrund, der schaurig dunkel am Ende droht und beide mit tödlicher Sicherheit verschlingen wird!

Wir denken wohl: Wie kann man nur so töricht sein! Wer will auch, selber erblindet, andern Blinden den Weg zeigen wollen!

Und doch: laßt uns ja aufmerken! Jesus spricht hier im Gleichnis zu uns. Es gibt viele, so hören wir, die verantwortlich für andre Menschen sind und die gleichfalls selber blind sind. Nur ist das eben eine geistige Blindheit, von der sie befallen sind. Aber diese ist ja weit ärger als die leibliche Blindheit! Ob du, lieber Christ, Augen des Glaubens hast für den Herrn Jesum Christum, für Seine Heilandsliebe, die auch für dich am Kreuze geblutet hat, das ist von unermeßlicher Bedeutung. Da winkt dir am Ende das Leben oder der Tod.

Und nicht nur für dich selber wiegt das so schwer. Denk doch, für wie viele Menschen du ja verantwortlich bist! Da ist deine Familie, das sind deine Kinder, deine Nachbarn, dein Bekanntenkreis, ja, auch dein Volk! Du Hausvater oder -mutter, du Lehrer und Erzieher, du Seelsorger von Amts wegen, du Leiter in einer öffentlichen Stellung – überall sollen Menschen auch durch dich den Weg zu Christus hin finden, ohne den sie verloren gehen müssen; und könntest du es verantworten, wenn es durch deine Schuld geschehe?!

Um aber andern Menschen Christusdienste leisten zu können, müssen wir selber von Gottes heiligem Geist erleuchtet sein!

Das wir dich sicherlich ins Gebet treiben. Darum wirst du doch Gott immer wieder bitten wollen, daß du kein »blinder Blindenleiter« seiest, sondern vielmehr helfen dürftest, Seelen zu retten für Sein Reich!

Lieber himmlischer Vater! Rühre meine Augen an, daß ich Deine Gnade in Jesus Christus immer völliger erkenne! Mache Du mich geistlich sehend! Und laß mich ein Wegweiser zu Dir hin auch für andre sein dürfen! Amen.

Jer. 28, 1-17 EG 459, 3: Die Sonn hoch an dem Himmel steht Joh. 9, 35-41

Merket ihr noch nicht, daß alles, was zum Munde eingehet, das gehet in den Bauch und wird durch den natürlichen Gang ausgeworfen. Was aber zum Munde herausgehet, das kommt aus dem Herzen, und das verunreinigt den Menschen. Denn aus dem Herzen kommen arge Gedanken: Mord, Ehebruch, Hurerei, Dieberei, falsch Zeugnis, Lästerung. Das sind die Stücke, die den Menschen verunreinigen.

Matth. 15, 17-20

Mit starken deutlichen Worten greift Jesus hier die Frömmigkeit der Pharisäer an. Auch Seine Jünger können sich ja deren Einfluß nur schwer entziehen. Sie besteht in dem Halten von allerhand Äußerlichkeiten. Es geht danach, mit welcher Genauigkeit und Sorgfalt die menschlichen Ordnungen befolgt werden. Und dabei kann das Herz vollkommen unbekehrt bleiben! Dabei kann der Mensch an jeder kirchlichen Sitte festhalten und doch lieblos gegen seine nächsten Angehörigen sein! Dabei kann er morgens und abends sein Vaterunser beten und doch unversöhnlich sein gegenüber seinem Nachbarn! Selbst ein regelmäßiger Kirchgang schützt ihn nicht vor der Macht der Sünde.

Es tritt an dich die Frage heran: Ist deine Frömmigkeit nur äußerer Schein oder kommt sie von Herzen?

Auf das Herz kommt es an. Hier muß die Bekehrung einsetzen. Das Herz ist ja nicht spiegelglatt und rein wie ein See, der durch keinen Windzug getrübt wird. Welche

Selbsttäuschung wäre das, wolltest du das annehmen! Ist nicht auch dein Herz oft die Quelle so vieler unreiner Gedanken? Sie kommen wie angeflogen. Da steht dir vielleicht ein lästiger Konkurrent im Wege; möchtest du ihn nicht beseitigt wissen?! Und da kommt das Begehren, die Sünde wider das 6. Gebot. Welche schmutzige Flut sucht das Herz immer wieder zu überschwemmen! Der Neid und die Eifersucht fressen wie Krebs um sich. Und so schnell ist ein liebloses, kränkendes Wort gesprochen!

Wahrlich, gegen solchen inneren Aussatz hilft keinerlei Salbe. Hier hilft nur eine Radikalkur! Du mußt mit David sprechen: »Schaffe in mir, Gott, ein reines Herz und gib mir einen neuen, gewissen Geist!«

Darum bitte ich Dich, lieber Herr und Heiland, daß Du auch mich mit dem hellen Sonnenschein Deiner Gnade durchleuchtest, daß Du auch mir in solches reines Herz schenken mögest aus lauter Erbarmen! Amen.

Hes. 36, 26-32 EG 389: Ein reines Herz, Herr Röm. 7, 19-25

Wer sein Leben findet, der wird's verlieren; und wer sein Leben verliert um meinetwillen, der wird's finden. **Matth. 10, 39**

Vom Verlust und vom Gewinn redet der Herr in diesem Wort. Es gibt wohl keinen Menschen, dessen Sinnen und Trachten nicht auf Gewinn ginge. Der Kaufmann berechnet vor dem Einkauf seiner Waren genau, welchen Gewinn er haben wird, ob sich der Einkauf auch lohnen wird.

Und dasselbe sollten wir nicht erst recht tun, die wir der Ewigkeit entgegenwandern?! Wir sollten willkürlich in den Tag hineinleben, ohne das Fazit immer im Auge zu behalten?!

Aber wie flachen Auffassungen vom Leben begegnet man oft! »Leben und leben lassen«, so ruft der Mensch, der mit sich selbst zufrieden ist. Christus zieht das Ergebnis eines solchen Lebens. Es heißt: Verloren! Darum verloren, weil Er dabei fehlt.

Und auch dann, wenn in unserm Herzen ein reineres Feuer brennt, wenn wir Zeit und Kraft und Geld in den Dienst am Nächsten stellen, sollen wir uns wohl prüfen, ob wir doch immer als Jesu Jünger und Jüngerinnen erfunden werden. Geschieht unser Dienst etwa auf Kosten des Evangeliums, unter Verleugnung des Heilandes wohl gar, so heißt es am Ende trotz allem: In Menschenaugen ein glänzendes Leben, in Gottes Augen aber ein Scheinleben!

Alles kommt darauf an, daß du Jesum gewinnst. Dies Eine ist not.

Trägt dir das etwa Spott und Hohn ein? Verkennt man deine guten Absichten? Macht man dir Schwierigkeiten im Berufe um Seinetwillen? Tritt man deine Ehre mit Füßen? Trachtet man dir gar um Seinetwillen nach dem Leben? Wisse: dann hast du deinem Gegner gegenüber scheinbar verlorenes Spiel, in Wahrheit aber alles gewonnen! Denn das Leben ohne Christus trägt den Keim des Todes in sich. Dem Leben mit Christus gehört der Sieg. Darum: Sei bereit, um Seinetwillen alles zu verlieren, um durch Ihn alles zu gewinnen!

Ja, lieber Herr und Heiland, Dein sei mein ganzes Leben! Dir will ich dienen; Dich will ich ehren; Dich will ich lieben; durch Dich möchte ich einst zum Leben eingehen! Hilf mir dazu durch Deine Gnade! Amen.

Psalm 56 EG 385: Mir nach, spricht Christus Philipper 3, 7-11

Ihr Heuchler, über des Himmels Gestalt könnt ihr urteilen; könnt ihr denn nicht auch über die Zeichen dieser Zeit urteilen? Matth. 16, 3

Mehrfach haben die Pharisäer vom Herrn Jesus ein Wunderzeichen verlangt. Die Heilungswunder genügten ihnen nicht. Sie wollten ein ganz klares, unwidersprechliches Wunderzeichen vom Himmel herab haben, welches jedem Menschen beweisen soll, daß der allmächtige Gott im Himmel sich zu Jesus Christus bekennt. »Ihr Heuchler«, antwortet der Herr. Er weiß, daß es den Gegnern gar nicht von Herzen um die Erkenntnis des Willens Gottes geht. Sie stellten die Forderung vor den Leuten auf und wußten doch selber ganz genau, daß der Heiland solche ein Schauwunder niemals vollziehen würde. Sie tun vor dem Volke so, als könnten sie noch keinen Glauben zu dem Herrn Jesus fassen, während sie in Wirklichkeit nicht glauben wollen. »Über des Himmels Gestalt könnt ihr urteilen«, antwortet der Herr. Der leuchtende Abendhimmel beweist euch, daß es gutes Wetter gibt, und der rote Morgenhimmel bedeutet für euch Regen. Den natürlich sichtbaren Himmel könnt ihr mit euren so klugen Augen beurteilen, aber für die Zeichen der Zeit seid ihr blind. Das Reich Gottes ist mitten unter euch angebrochen. Die von den Propheten vorausgesagten Zeichen sind eingetroffen: Blinde sehen – Lahme gehen – Aussätzige werden rein – Taube hören – Tote stehen auf – Armen wird das Evangelium gepredigt, alles das geschieht jeden Tag vor euch, aber ihr seht es nicht – ihr hört die frohe Botschaft, aber faßt sie nicht. Der Grund dafür liegt jedoch allein bei euch: nur wenn ihr umkehrt in ehrlicher Buße, werdet ihr den Weg in das Himmelreich finden. Für die Zeichen der Zeit ein offenes Auge zu haben, gilt uns heute genau so wie damals den Pharisäern. Gottes Reich kommt! Der Anbruch davon ist schon da! Um die Gegenwart dieses Reiches zu erkennen, gilt immer noch die gleiche Forderung: wirkliche Umkehr von den eigenen Wegen zu der alleinigen Führung des allmächtigen Gottes. Für die Zukunft des kommenden Reiches gibt es folgendes Zeichen: die stets wachsende Feindschaft des Fürsten dieser Welt und seiner Leute gegen den kommenden Gottessohn und Seine Gemeinde auf Erden. Darum laßt uns wachen: die Zeichen der Welt mit hellen Augen prüfen, – denn der Herr kommt!

Herr, laß uns wach sein für die Zeichen der Zeit – für unsre Aufgaben in Deiner Gemeinde heute. Behüte uns vor Schwärmerei und vor Gleichgültigkeit! Amen.

Ps. 63, 1-8 EG 152: Wir warten Dein 1. Petr. 5, 8-11

Und da sie zu dem Volk kamen, trat zu Ihm ein Mensch und fiel Ihm zu Füßen und sprach: Herr, erbarme Dich über meinen Sohn; denn er ist mondsüchtig und hat ein schweres Leben; er fällt oft ins Feuer und ins Wasser; und ich habe ihn zu Deinen Jüngern gebracht, und sie konnten ihm nicht helfen. Jesus aber antwortete und sprach: O du ungläubige und verkehrte Art, wie lange soll ich bei euch sein? Wie lange soll ich euch dulden? Bringt mir ihn hierher!

Matth. 17, 14 - 17

Der Herr Jesus kommt vom Berge der Verklärung, wo Ihn Gottes Herrlichkeit umgeben hatte. Sobald Er wieder unter die Menschen tritt, umgibt Ihn das Elend unsres menschlichen Daseins. Ein Vater, dessen Sohn unter der Epilepsie leidet, hatte den kranken Knaben in seiner Not vor die Jünger gebracht, während der Heiland auf dem Berge war. Aber Er bat sie vergebens um Hilfe. Ihr Glaube war zu schwach. Macht über die unsauberen Geister, Heilkraft gegen Seuche und Krankheit war ihnen im Glauben gegeben worden. Aber als nun der Vater voller Vertrauen zu ihnen mit dem kranken Kinde kommt, da ist ihr Glaube schwach geworden. Sie sahen nur die zerstörende Macht der Krankheit vor sich, und sie getrauten sich nicht, im festen Glauben und im Blick auf Gottes Allmacht das Wort der Heilung zu sprechen. Darum fleht der enttäuschte Vater in tiefster Not den Herrn selber an. Wie ehrlich mag sein

Ruf: »Herr, erbarme Dich!« – geklungen haben, ganz anders als so oft in unsern Gottesdiensten, wo wir ja auch diese Worte betend bekennen. Diesem Manne ist es ganz klar geworden: wenn mir überhaupt noch irgendeiner in meiner Not helfen kann, dann ist es der Heiland Jesus Christus. Alle andern Wege haben in die Irre geführt und selbst die Jünger haben versagt. Soll dieser hilfesuchende Vater nicht unser Vorbild sein? Wie oft haben wird die Bitte: Herr, erbarme Dich auf unsern Lippen, und die Not des Lebens wird uns noch oft zu dieser Bitte zwingen. Aber hüten wir uns in der Not der Seele oder des Leibes kleingläubige Menschen um Hilfe anzurufen. Wenn uns nichts als dunkle Nacht umgibt, wo sollen wir Rettung finden? »Keine Hilf' als bei dem Herrn; Er ist unser Morgenstern!«

Herr, wir danken Dir von Herzen, daß Du unser Helfer und Retter bist in jeder Not. Wir bitten Dich, laß unsern Glauben in Zeit der Trübsal nicht wanken, sondern sich gerade da bewähren, wo alle Menschenhilfe zusammenbricht. Amen.

Ps. 107, 13-19 EG 275: In Dich hab' ich gehoffet Jak. 5, 11

Und Jesus bedrohte ihn; und der Teufel fuhr aus von ihm, und der Knabe ward gesund zu derselben Stunde.
Matth. 17, 18

Was die kleingläubigen Jünger nicht vermochten, das vollzog der Herr Jesus in einem Augenblick. »Der Knabe ward gesund zu derselben Stunde.« Wahrhaftig führt der Heiland Seinen Namen zu Recht. Er ist wirklich der Heilbringer für uns Menschen. Er will uns Heil und Leben bringen für unsre Seele, aber auch für unsern Leib. Wie oft hat man es in der Christenheit vergessen, daß Leib und Seele nach Gottes Willen zusammengehören. Dem Herrn Jesus hat man es immer zugetraut, daß Er das Heil bringt für unsre Seele, aber man wagte nicht daran zu glauben, daß der Heiland auch der beste Helfer in der Not des Leibes ist. Gewiß verachten wir nicht die Kunst des Arztes. Wir sollen nicht vergessen, für ihn zu beten. Denn den Händen eines Arztes vertrauen wir unsre Gesundheit an. Aber wir wissen, daß letztlich die Aufgabe des Arzte so groß ist, daß ihr kein Mensch bei aller Geschicklichkeit und aller Hingabe gewachsen ist. Der allmächtige Gott ist auch der Herr über Gesundheit und Krankheit – über Leben und Tod. Unsre Zeit steht nicht in unsern Händen, sondern in Gottes unerforschlichem Ratschluß. Darum sagt uns die Heilige Schrift ganz klar: ich bin der Herr, dein Arzt. Uns ist damit befohlen, in der Not der Seele und des Leibes bei Ihm zuerst und vor allem Hilfe zu suchen. Er kann und Er will uns helfen.

Wir dürfen von ganzem Herzen glauben und vertrauen. Ein kräftiger Glaube ist die beste Medizin auf dieser Welt. Bei jedem Heilmittel ist es die Hauptsache, daß wir es wirklich nehmen und herunterschlucken. Wenn ein Mensch erst seine Medizin genau prüfen würde und Beweise haben wollte, ob sie auch wirklich helfen könnte, so würde er niemals gesund werden. Darum ist beim Glauben an den Heiland auch das die Hauptsache: glaubensvoll zugreifen! Dann kannst du auch heute noch die Erfahrung machen: Dir geschieht, wie du glaubst!

Herr, wir danken Dir für Deine Liebe und Hilfe in guten und bösen Tagen für den Leib und die Seele. Stärke uns den Glauben, daß wir es immer wissen, daß Du der größte Helfer bist. Amen.

5. Mose 32, 36-40 EG 372: Was Gott tut Jakobus 5, 13-18

Da traten zu Ihm Seine Jünger besonders und sprachen: Warum konnten wir ihn nicht austreiben? Jesus aber antwortete und sprach zu ihnen: Um eures Unglaubens willen. Denn wahrlich, ich sage euch: So ihr Glauben habt wie ein Senfkorn, so mögt ihr sagen zu diesem Berge: Hebe dich von hinnen dorthin!, so wird er sich heben; und euch wird nichts unmöglich sein. Aber diese Art fährt nicht aus denn durch Beten und Fasten. Matth. 17, 19-21

Der Unterschied zwischen dem echten Glauben und dem Unglauben zeigt sich darin, daß der Glaube stets Werke schaffend ist, während der Unglaube letztlich unfruchtbar ist. Der Kleinglaube der Jünger ist die Ursache ihres Versagens, als der Vater mit dem kranken Kinde sie um ihre Hilfe anfleht. Der Herr hatte ihnen Vollmacht zum Heilen im Glauben verliehen, aber diese Vollmacht war ihnen zu groß – Gottes Auftrag zu gewaltig. Sie hatten wohl die Worte des Herrn vernommen, aber sie wagten nicht, daran zu glauben, daß sie Wirklichkeit seien. Schon das kleinste Maß des Glaubens wirft nach den Worten des Herrn Jesus die Grundgesetze dieser Erde über den Haufen. Ein Glaube – nur so groß wie ein Senfkorn, vermag Berge zu versetzen. Im getrosten Glauben soll den Jüngern Jesu nichts unmöglich sein. Aber wir müssen hier recht zuhören: diese übermenschliche Vollmacht hat der Herr nicht unserm Übermut oder unserm Leichtsinn anvertraut. Sie bleibt gebunden an den rechten Glauben an Gottes Allmacht. Nicht wir vermögen mit unsrer gläubigen Sehnsucht Berge zu versetzen, sondern wir vertrauen auf Gottes heiligen Willen. Der gläubigen Wundertat geht nicht eine Prüfung der eigenen Kräfte voraus, sondern das flehentliche Gebet: Herr, hilf, – Herr, erbarme Dich – Herr, Dein Wille geschehe und nicht der meine! Gerade wenn ein Jünger um die Gesundheit eines andern Menschen im Gebet mit Gott ringt, spürt er, wie wenig er aus eigener Kraft vermag. Und trotzdem soll er im gläubigen Gebet beharren. Das Gebet um den rechten Glaubensmut soll nicht gehindert werden durch die Forderungen unsrer menschlichen Natur. Darum rät uns der Herr zum Fasten, das heißt zur Beherrschung unsrer leiblichen Triebe und Ansprüche. Einem Glauben, der sich so im Gebet und Fasten dem unerforschlichen Willen Gottes unterwirft, wird nichts unmöglich sein. Der Herr hat es uns gesagt: darum – habt Glauben!

Herr, verleihe uns festen Glauben! Amen.

Jer. 17, 5-8 EG 342, 1. 4-6: Es ist das Heil Röm. 10, 10-17

Da sie nun gen Kapernaum kamen, gingen zu Petrus, die den Zinsgroschen einnahmen, und sprachen: Pflegt euer Meister nicht den Zinsgroschen zu geben? Er sprach: Ja. Und als er heimkam, kam ihm Jesus zuvor und sprach: Was dünkt dich, Simon, von wem nehmen die Könige auf Erden den Zoll oder Zins. Von ihren Kindern oder von den Fremden? Da sprach zu Ihm Petrus: Von den Fremden. Jesus sprach zu ihm: So sind die Kinder frei. Auf daß aber wir sie nicht ärgern, so gehe hin an das Meer und wirf die Angel, und den ersten Fisch, der herauffährt, den nimm; und wenn du seinen Mund auftust, wirst du einen Stater finden; den nimm und gib ihnen für mich und dich.

Matth. 17, 24-27

Der Herr Jesus kommt zum letzten Mal in die Stadt Kapernaum. Da wenden sich plötzlich einige Männer an Petrus und fragen ihn, ob der Herr bereit sei, den Zinsgroschen zu bezahlen. Jeder Jude zahlte jährlich als Tempelsteuer nach unserm Gelde heute etwa 1,50 RM. Hinter dieser Anfrage aber stand ein böser Verdacht. Man wollte erproben, ob der Herr dem jüdischen Gesetz treu sei. Verkehrte Er nicht mit den volksfeindlichen Zöllnern? Grund genug, um höchst mißtrauisch zu sein. Petrus beantwortete voreilig die Anfrage mit »Ja«. Darum weist ihn der Herr Jesus, als sie allein sind, auf die Ordnung in einem weltlichen Königreiche hin. Dort zahlen die Fremden und die Untertanen die

Steuern, aber die Söhne des königlichen Hauses sind frei von allen Abgaben. Sie haben alles gemeinsam mit dem Vater. Petrus hatte vergessen, daß der Heiland Jesus Christus der Sohn des lebendigen Gottes ist. Er braucht keine Tempelsteuer zu zahlen. Uns hat Er durch Seine Gnade auch befreit zur königlichen Freiheit der Kinder Gottes. So wie der Heiland ist jeder gläubige Christ ein freier Herr über alle Dinge und niemand untertan, und doch zugleich ein dienstbarer Knecht aller Dinge und jedermann untertan. Die Freiheit des Christen ist keine willkürliche Laune, sondern Pflicht zum Dienst am Nächsten. Die Freiheit ist geführt von der Liebe. Darum muß Anstoß und Ärgernis vermieden werden. Nicht aus Zwang, sondern aus schonender Liebe heraus will der Herr die Steuer zahlen. Auf wunderbare Weise bringt ein Fisch das Geldstück. So zeigt der Herr Jesus noch einmal dem Petrus und uns, daß die christliche Freiheit nichts andres ist als Freiheit zum Dienst und zur Liebe.

Herr, hab Dank! Denn in Dir ist Freiheit. Amen.

2. Mose 30, 11-16 EG 27, 3-5: Er äußert sich Gal. 5, 13-18

Zu derselben Stunde traten die Jünger zu Jesu und sprachen: Wer ist doch der Größte im Himmelreich? Jesus rief ein Kind zu sich und stellte das mitten unter sie und sprach: Wahrlich, ich sage euch: Es sei denn, daß ihr euch umkehrt und werdet wie die Kinder, so werdet ihr nicht ins Himmelreich kommen.

Matth. 18, 1-3

Der Herr Jesus hatte die Apostel Petrus, Jakobus und Johannes mit auf den Berg der Verklärung genommen. Dadurch war unter den übrigen Jüngern ein übler Streit des Ehrgeizes und der Eifersucht entstanden. In einer stillen Stunde traten sie darum vor den Herrn und verlangten Aufklärung von Ihm über die für sie so wichtige Frage: Wer von uns wird einmal der Größte im Himmelreich sein? Sie waren alle fest davon überzeugt, daß sie in das Himmelreich kämen, – aber auf welchen Platz und in welchem Rang? Der Heiland antwortet zuerst mit einem deutlichen Hinweis. Er ruft ein Kind herbei und stellt es in die Mitte der von brennendem Ehrgeiz entflammten Schar. Dann kommen Seinen warnenden und fordernden Worte: Wenn ihr nicht völlig umkehrt und von eurem eitlen Hochmut laßt, werdet ihr überhaupt nicht in das Himmelreich kommen. Ihr seid mit eurer Ichsucht auf gänzlich falschem Wege. Der Hochmut führt in die Hölle, aber kindliche Demut führt zum Himmel. Das gilt uns genauso wie den Jüngern. Unser Leben ist weit mehr von der Eigensucht und vom Hochmut bestimmt als von echter Demut. Schon das Wort Demut ist uns unbehaglich und für viele geradezu beleidigend für ihr Ehrgefühl. Aber wissen wir genau, was der Herr mit der kindlichen Demut meint? Demut ist kein feiges Nachgeben oder das Kennzeichen einer niedrigen Sklavennatur, die keine Ehre und keinen Mannesstolz im Leibe hat. Demut ist der tapfere Mut zum Dienen. Der Gegensatz zur Demut ist nicht das berechtigte Ehrgefühl, sondern der ehrgeizige Hochmut. Dieser Hochmut zerstört durch seinen lügenhaften Geltungsdrang die Gemeinschaft mit Gott und dem Nächsten. Darum brauchen wir alle ein Herz mit echter Demut. Aber woher sollen wir dieses Herz bekommen? Alles können wir Menschen ändern auf dieser Erde – nur nicht unser eigenes Herz. Wir wollen den Herrn bitten um ein neues, demütiges Herz.

Herr, lehre uns durch Jesus Christus echte Demut, daß wir nicht das Unsre suchen, sondern das, was des andern ist. Gib uns ein neues Herz, das Deinem Willen kindlich folgt. Amen.

Ps. 131   EG 10, 3: Mit Ernst, o Menschenkinder   1. Kor. 4, 1-14

Wer nun sich selbst erniedrigt wie dies Kind, der ist der Größte im Himmelreich. Matth. 18, 4

Eine geheime Sehnsucht liegt tief im Herzen eines jeden Menschen verborgen: er sucht zu gefallen! Der Rang eines Menschen vor Gott entscheidet sich danach, wem wir vor allem zu gefallen suchen. Suchst du deine Ehre bei dir selbst im süßen Betrug der Selbsttäuschung? Oder bist du innerlich ein Knecht deiner Mitmenschen und bist von ihrer Meinung abhängig? Oder bist du innerlich ganz frei von dir selbst und unabhängig vom Urteil deiner Mitmenschen und suchst deine Ehre allein im kindlichen Gehorsam gegen Gottes Gebot und im Vertrauen zu Seiner Verheißung? Der Heiland stellt uns als Vorbild, dem wir nachfolgen sollen, ein Kind hin, das sich demütig und bescheiden unter andre stellt. Wie kann gerade ein Kind unser Vorbild und Richtmaß sein? Ein Kind ist noch klein – aber es will wachsen und stark werden. Es kann nichts aus sich selbst, sondern es muß warten, bis der Vater ihm hilft. So auch der Christ. Er ist stets im Werden und nicht im Gewordensein. Der Christ ist in seinem Wachsen und Reifen ganz auf seinen Vater im Himmel angewiesen. Kein Kind quält sich um die Zukunft. Hat mir mein Vater heute mein Essen gegeben, so wird er es auch morgen tun. Der Christ soll demütig im Glauben wissen: Sorget nicht, denn der Herr sorget für euch. Jedes gesunde Kind will im Verkehr mit andern Kindern sein. Der Christ weiß, daß er nicht für sich allein steht, sondern im Kreise der Brüder und Schwestern in der Gemeinde. So wie ein Kind seiner Mutter alles erzählt, was sein kleines Herz bedrückt und freudig den Worten der Eltern zuhört, so darf ein Kind Gottes alles zu seinem Vater im Himmel bringen, Freude und Leid. Das Kind ist uns nicht zum Vorbild gegeben, weil es etwa ein unschuldiger Engel wäre, sondern weil es in jeder Minute in Glück und Unglück allein völlig hilflos ist, ganz angewiesen auf die starken Hände des Vaters. Wenn wir wissen: mit unsrer Macht ist nichts getan, wir sind gar bald verloren!, dann strecken wir demütig unsre Hände aus zu dem Herrn, der helfen will und kann. »Wie sich ein Vater über Kinder erbarmt, so erbarmt sich der Herr über die, so Ihn fürchten.«

Herr, wir danken Dir, daß Du durch unsern Herrn Jesus Christus unser lieber Vater bist. Gib uns, daß wir Deine rechten Kinder werden. Amen.

Ps. 103, 1-13 EG 200: Ich bin getauft auf 1. Petr. 5, 5

Und einer unter ihnen, ein Schriftgelehrter, versuchte Ihn und sprach: Meister, welches ist das vornehmste Gebot im Gesetz? Jesus aber sprach zu ihm: »Du sollst lieben Gott, deinen Herrn, von ganzem Herzen, von ganzer Seele und von ganzem Gemüte.« Dies ist das vornehmste und größte Gebot. Das andre aber ist dem gleich: »Du sollst deinen Nächsten lieben als dich selbst.« In diesen zwei Geboten hanget das ganze Gesetz und die Propheten. Matth. 22, 35-40

Worauf kommt es im Christentum an? Was ist das Entscheidende? Viele Christen wollen gewiß das Notwendigste tun. Aber mehr auch nicht. Sie sind dankbar, wenn auf die Frage nach dem Entscheidenden geantwortet wird: »Entscheidend ist das Christentum der Tat.« Denn dann steht es in ihrem Belieben, dann können sie sich loskaufen und haben doch die Genugtuung, ihre christliche Pflicht erfüllt zu haben. Wer von uns ist nicht in dieser Gefahr? Wir stekken schon in ihr, wenn wir im Rückblick auf diesen Tag mit uns selber zufrieden sind. Wir haben das Gebot der Nächstenliebe dann gewiß gehört. Aber wir vergaßen das: »wie dich selbst«. Und wir unterschlugen: das Gebot der Gottesliebe. Wir taten so, als ob zwischen beiden ein Trennungsstrich stünde. Zwischen beiden aber steht ein Gleichheitszeichen. Das heißt: Du bist nur so weit für deinen Nächsten da, als du für Gott da bist. Wenn wir für Gott nur bedingt und teilweise da sind, dann ist unser »praktisches« Christentum gar keine Nächstenliebe, mögen wir selber es auch so bezeichnen. Es gibt keinen Weg zum Nächsten als über Gott. Darum: entscheidend ist das Gott-Lieben. – Das steht nicht in unserm Belieben. Das ist nicht eine natürliche Zuneigung. Das ist Befehl. Der Herr tritt uns entgegen, wir sind gefordert: du sollst lieben. Lieben heißt hier: sich einsetzen, seinen eigenen Willen hergeben, so, daß nicht mehr »ich« die Mitte meines Lebens bin, sondern daß Gott sie ist. So wird der Weg zum Nächsten wirklich frei. Kein »ich« steht hemmend mehr dazwischen. Das Leben wird zu einem »Gottesdienst«. Mein Reden und Handeln ehrt Gott. – Wer kann so Gott lieben? Wir blicken auf Christus. Er macht uns frei vom eigenen Ich.

Hilf, o Herr, daß wir Dir die Dienste leisten, die wir Dir schuldig sind. Amen.

5. Mose 6, 4-9 EG 251, 6: Herz und Herz 1. Joh. 3, 11-18

Da nun die Pharisäer beieinander waren, fragte sie Jesus und sprach: Wie dünkt euch um Christus, wes Sohn ist Er? Sie sprachen: Davids. Er sprach zu ihnen: Wie nennt Ihn denn David im Geist einen Herrn, da er sagt: »Der Herr hat gesagt zu meinem Herrn: Setze Dich zu meiner Rechten, bis daß ich lege Deine Feinde zum Schemel Deiner Füße«? So nun David Ihn einen Herrn nennt, wie ist Er denn sein Sohn? Und niemand konnte Ihm ein Wort antworten, und wagte auch niemand von dem Tage an hinfort, Ihn zu fragen.

Matth. 22, 41-46

Wir stehen mitunter vor wichtigen Fragen. Unsre Antwort entscheidet über vieles, vielleicht über unser ganzes Leben. Wichtiger aber als all diese Fragen ist eine andre Frage. Denn an ihr hängt Leben und Seligkeit. Das ist die Frage nach Christus: Ist Christus für dich Mensch oder auch Gottes Sohn? – Viele sehen Ihn so, wie Ihn einst die Pharisäer sahen. Sie sehen einen Menschen, einen Nachkommen Davids, einen Juden. Sie sagen: Was kann ein Mensch uns geben; was hat ein Jude uns zu sagen? Sie lehnen Ihn ab und ahnen nicht, wie entscheidend das ist. Wie schnell kann man sich stoßen am Menschsein des Herrn Christus! Er ist ja wirklich Mensch gewesen. Und Seine menschliche Ahnenreihe nennt auch David. Aber Er »stammt ab« von Gott. Sein eigentlicher Platz ist zur Rechten Gottes. Nach Gottes Willen aber ist Er für eine Zeit auf die Erde gekommen und ist wahrhaft Mensch unter Menschen gewesen. Aber Er war auch da Gottes Sohn. Darum nennt Ihn David seinen Herrn. Darum Jesu Reden und Handeln in Vollmacht. Darum konnte Er unsre Sache mit Gott ins Reine bringen. Jesus war Gott und Mensch zugleich. Das ist der Kern aller Botschaft in der Bibel. Darum ist sie Frohbotschaft: im Menschen Jesus ist Gott zu uns gekommen und hat sich unser so angenommen, daß uns ein für alle Mal geholfen ist. Das kann freilich niemand so sehen, wie er es möchte. »Wir« sehen nur den Menschen. Wem Gott aber die Decke von den Augen nimmt, der sieht den Sohn Gottes, wie Er ist: erhöht zur Rechten Gottes als seinen König und Herrn. Und er wird Gott preisen und loben für das, was Er an uns gewendet hat.

Herr, aus eigener Vernunft noch Kraft können wir Deinen Sohn Jesus Christus nicht unsern Herrn heißen. Lehre Du uns Jesum Christum erkennen. Amen.

Ps. 110 EG 403, 1: Schönster Herr Jesu Offb. 11, 15

Und wer ein solches Kind aufnimmt in meinem Namen, der nimmt mich auf. Wer aber ärgert dieser Geringsten einen, die an mich glauben, dem wäre besser, daß ein Mühlstein an seinen Hals gehängt und er ersäuft würde im Meer, da es am tiefsten ist.

Matth. 18, 5-6

Haben wir nie beobachten müssen, wie Menschen andre erst dann achten, wenn sie sich auszeichnen und einen klingenden Namen haben? Sie denken sich nichts dabei, wenn sie einem unbedeutenden Menschen gegenüber sich gehen lassen. – In der Schar derer, die dem Herrn Christus gehören wollen, darf das nicht sein. Und doch ist die Gefahr groß, daß Christen einander nicht achten. Gerade unter Christen gibt es viele, die sich im Sinne der Welt nicht auszeichnen. Das sind die Schwachen im Glauben. Das sind die Glieder aus den sogenannten unteren Ständen. Das sind Christen, die wie Kinder sind: diese Kleinen sollen wir besonders achten. Wir sollen nicht vergessen, daß gerade ein selbstbewußtes Betragen voll Hoffart ihnen zu einem Anstoß wird. Es mag nicht unsre Absicht gewesen sein. Aber sie stießen sich. Sie verstehen mit Recht nicht, wie Christen sie ebenso behandeln wie alle Welt. Das erschüttert ihr Verhältnis zu Gott. Das sondert sie von Gott. Wir sehen zu leicht nur die irdischen Unterschiede und vergessen, daß wir vor Christus nicht mehr sind als sie. Auch sie haben ihre Würde, die Beachtung und Achtung fordert. Das ist ihre Würde, daß Jesus sich mit ihnen eins macht. Was ihnen geschieht, geschieht Ihm. So hat Er selber gesagt. Unser Verhalten zu den Kleinen ist also immer zugleich ein Verhalten zum Herrn Christus. Wer Ihm Liebe und Dienst erweisen will, darf Christen nicht weltgemäß behandeln. Er soll wissen, daß ihm gerade die Geringen gegeben sind, Seine Liebe zu erweisen. Wen das drückt, dem wäre besser, er wäre, ehe er zum Anstoß wird, grausam ums Lebens gekommen. Das scheint ein hartes Wort zu sein. Aber es handelt sich ja um mehr als um den gebotenen Anstand. Wer als Christ andern Christen zum Anstoß wird, verletzt das Gebot der Liebe. Er steht gegen Christus und wird schuldig. Davor bewahre uns Gott!

Herr, reinige unsre Herzen; erhalte uns in der Liebe zu Dir, daß wir nicht Anstoß geben. Amen.

Jes. Sir. 3, 19-30 EG 203: Ach lieber Herre Röm. 14, 13-23

So aber deine Hand oder dein Fuß dich ärgert, so haue ihn ab und wirf ihn von dir. Es ist dir besser, daß du zum Leben lahm oder als ein Krüppel eingehst, denn daß du zwei Hände oder zwei Füße habest und werdest in das ewige Feuer geworfen. Und so dich dein Auge ärgert, reiß es aus und wirf's von dir. Es ist dir besser, daß du einäugig zum Leben eingehst, denn daß du zwei Augen habest und werdest in das höllische Feuer geworfen. Matth. 18, 8-9

Wie gerne lassen wir uns im täglichen Leben zurufen: »Es ist dir besser, wenn du dies und das nicht tust.« Was täten wir nicht und was unterließen wir nicht, wenn es zum persönlichen Vorteil ist! – Und nun warnt uns Jesus. Er warnt uns, weil Er um uns besorgt ist. Er sorgt sich, daß wir das Ziel nicht erreichen, zu dem wir aufgerufen sind. Darum fordert Er radikalen Kampf gegen alles, was unsre Gottesgemeinschaft stören könnte. Jesus weiß, daß in jedem Christen das Ich auf der Lauer liegt, bereit, wieder der Mittelpunkt zu werden. Und Er weiß, wie durch Hand und Auge und Fuß dem Ich Kräfte zuwachsen, so daß das Bild des unsichtbaren Gottes im Nu für uns verdunkelt und vergessen sein kann. Darum Kampf der Hand, dem Auge, dem Fuß! Besser einäugig, besser ein Krüppel oder lahm sein! Sagen wir nicht: das grenzt ja an Selbstmord; ich brauche mein Auge, meinen Fuß, meine Hand zum Existenzkampf. – Wir wissen selber, wie Gefahr uns umlauert. Wir wissen auch, wo wir ihr bereits erlegen sind. Wir waren nicht immer radikal gegen uns. Wir ließen uns auch gehen. Wir spürten den süßen Reiz. Ärgert uns nun Jesus Sorge? Er bangt um unsrer Seele Seligkeit. Noch leben wir. Wir wollen uns aufrufen lassen zum radikalen Kampf gegen alles, was unsre Gottesgemeinschaft stören könnte. Wir wollen uns sagen lassen, daß die Schuld etwas so Furchtbares ist, daß kein Opfer zu groß und kein Einsatz zu schwer sein darf, wenn es gilt, auch nur einer einzigen Sünde den Einfluß in unser Herz zu verschließen. »Wir sind nicht zur Muße berufen, sondern zur Arbeit gegen unsre Leidenschaften.« Es gilt »in männlicher Entschlossenheit den Kampf mit den Fehlern aufnehmen und ihn unter Anrufung der Gnade Gottes durchfechten«.

Du Gott der Gnade, heilige uns durch und durch, bewahre unsern Geist, samt Leib und Seele, daß wir lauter und unanstößig erfunden werden bis auf den Tag unsres Herrn Jesu Christi. Amen.

Amos 7, 10-17 EG 385, 4+6: Mir nach, spricht Christus 1. Kor. 10, 1-13

Sehet zu, daß ihr nicht jemand von diesen Kleinen verachtet. Denn ich sage euch: Ihre Engel im Himmel sehen allezeit das Angesicht meines Vaters im Himmel. Matth. 18, 10

Es ist eine Auszeichnung, wenn jemand bei einem andern jederzeit freien Zutritt hat und nicht erst auf das »Herein« warten muß. Diese Auszeichnung ist umso größer, je höher der steht, bei dem das der Fall ist. Wie groß ist dann die Auszeichnung: jederzeit freien Zutritt bei Gott haben! Diese Auszeichnung genießen die Engel der Kleinen, der Geringen, der Schwachen. Sie haben jederzeit freien Zutritt bei Gott. Da ereignet sich nichts, das nicht sofort Gott bekannt wird. Ohne daß diese »Kleinen« selber etwas dazu tun. Eine Freude, ein Lob, ein liebes Wort, eine Hilfe – aber auch ein Unrecht, ein böses, häßliches, verletzendes Wort, Gott hört von allem. Wie hochgeachtet in den Augen Gottes sind die Geringen und Schwachen in der Gemeinde! Es ist ja, wie wenn sie selber jederzeit freien Zutritt bei Gott haben. Welcher Trost für alle, die mit Recht oder Unrecht unter Nichtachtung oder Zurücksetzung leiden! Laßt es euch nicht anfechten und verärgern! Daß nicht eines Tages daraus eine böse Frucht erwachse und was Unrecht war, Recht sein kann. Wie ernst aber ist die Tatsache: ihre Engel haben jederzeit freien Zutritt bei Gott – für andre, die meinen, sie könnten auf jene geringschätzig herabblicken, sie nicht beachten und im Fall ihrer Gefährdung sie ihrem Schicksal überlassen. Und leider gibt es diese Haltung in der Gemeinde häufiger, als wir es wahrhaben wollen. Ja – versucht, so zu handeln, sind wir alle. Niemand wird von sich sagen können: ich habe mir nichts vorzuwerfen. Wir wollen es uns sagen lassen, diese Haltung ist ein ganz großes Unrecht. Sie lädt Schuld auf uns. Es bleibt ja nicht verborgen, ob wir uns christusgemäß verhielten oder nicht. Ihre Engel haben jederzeit freien Zutritt bei Gott.

Herr, laß uns darin für uns selber gewiß sein: Dir bleibt nichts verborgen. Und hilf uns, daß wir im Zusammensein mit andern das nicht vergessen. Amen.

Jes. 63, 7-10 EG 358, 4-6: Es kennt der Herr Joh. 10, 27-30

Was dünket euch? Wenn irgendein Mensch hundert Schafe hätte und eins unter ihnen sich verirrte: läßt er nicht die neunundneunzig auf den Bergen, geht hin und sucht das verirrte? Und so sich's begibt, daß er's findet, wahrlich, ich sage euch: Er freut sich darüber mehr denn über die neunundneunzig, die nicht verirrt sind. Also auch ist's vor eurem Vater im Himmel nicht der Wille, daß jemand von diesen Kleinen verloren werde. **Matth. 18, 12-14**

Uns Menschen imponieren weithin nur große Zahlen. Was viele tun – wo viele zu finden sind – was viele lockt. Wenn es nur einer ist, dann sind wir meist uninteressiert. – Wie anders Gott! Ihm imponiert keine Zahl. Er ist nicht erst dann zur Stelle, wenn es sich um viele handelt. Für Ihn hat jeder einzelne Bedeutung. Denn jeder ist Sein Geschöpf. Vor Gott ist eins schon eine große Zahl. Das gilt auch, wenn einer abirrt und Seine Stimme nicht mehr vernimmt. Gott wartet dann nicht, bis es ihrer erst mehr oder viel sind. Nein, diesem einen schon wendet Er die verstärkte Macht Seiner Liebe und Seines Ernstes zu. Und ob wir es nicht für der Mühe wert halten, uns schon eines Menschen in suchender Liebe anzunehmen – es sei ja nur erst einer! – vielleicht gar nur ein Unscheinbarer und Unbedeutender –, Gott geht in suchender Liebe diesem einen nach, bis Er ihn zurückgeholt hat. Dies Handeln Gottes beschämt uns immer wieder. Es deckt bei uns auf: es »ist von der Unlauterkeit die Liebe noch nicht ganz befreit«. Dabei handeln wir in bestimmten Fällen ja nicht anders. Wenn in den Bergen einer sich verirrte, wer sagt dann: Es ist ja nur einer? Wird nicht alles gewagt, den Verirrten zu finden und zurückzuholen? Warum nicht auch sonst, wo es doch weit weniger gefahrvoll ist? Mehr als wir es wahr haben möchten, stecken wir in dem: wenn nur ich selig werde. Und davon frei zu werden, muß uns schon die größte Gabe geworden sein, die Gott für uns hat: die Liebe, die nicht das Ihre sucht. Ohne sie bleibt all unser Nachgeben ein Kampf, der geradezu hindert, den andern zurückzuholen. Denn der andre fühlt sehr wohl, ob echte Liebe ihn suchen ging oder nicht. – Und ob unsre Lieblosigkeit oft ein Hindernis ist, Gottes Rettungswerk geschieht vielleicht auf andre Weise. Vielleicht aber auch nicht, weil wir versagten.

Herr Jesus, Du bist gekommen, das Verlorene zu suchen und selig zu machen. Gib uns Deine Liebe, daß wir Dein Werk nicht hindern. Amen.

Hes. 34, 11-16 EG 234, 1-4: So wahr ich lebe Tit. 2, 11-15

Wer euch aufnimmt, der nimmt mich auf; und wer mich aufnimmt, der nimmt den auf, der mich gesandt hat. Wer einen Propheten aufnimmt in eines Propheten Namen, der wird eines Propheten Lohn empfangen. Wer einen Gerechten aufnimmt in eines Gerechten Namen, der wird eines Gerechten Lohn empfangen. Und wer dieser Geringsten einen nur mit einem Becher kalten Wassers tränkt in eines Jüngers Namen, wahrlich, ich sage euch, es wird ihm nicht unbelohnt bleiben. Matth. 10, 40-42

»Undank ist der Welt Lohn«, – wem hätte dies nicht je und dann schon zu schaffen gemacht, wer hätte darunter nicht auch zu leiden! – Im Reich Gottes bleibt nichts unbelohnt. Christus sagt zu: Er wolle schon die kleinste Wohltat lohnen: ein Becher kalten Wassers. Wir wundern uns darüber vielleicht. Es scheint uns selbstverständlich zu sein, den Becher kalten Wassers niemand zu versagen. Aber es ist nicht selbstverständlich. Die Geschichte der Kirche Christi auf Erden zeigt mehr als einmal: was an und für sich Menschen als selbstverständliche Hilfe und Wohltat gegeben wird, wird dem versagt und verweigert, der als Bote des Evangeliums kommt und sein Christsein nicht verheimlicht. Wissen wir davon nicht auch? Man behandelte uns anders von dem Augenblick an, als unser Gegenüber wußte, der ist ein Christ. Wir haben gar selber unser Verhalten geändert, als wir merkten, daß der andre sein

Christsein ganz ernst nahm. Der Jünger ist wie sein Meister, geringgeachtet in den Augen der Welt. Soll er auch geringgeachtet sein bei denen, die doch auch Christen sein wollen? Das darf nicht sein. Christus setzt sich ihnen gleich; was wir ihnen tun oder nicht tun, tun wir auch Ihm. Was wir aber in ihnen Ihm tun, das reicht zu Gott empor. Darum wird auch die selbstverständliche Wohltat nicht unbelohnt bleiben. Ja, das Selbstverständliche ist hier eben nicht selbstverständlich. So handeln kann ich nur durch den, der allein dazu instandsetzt, Jesus Christus. Wollen wir davon nicht lernen, wenn verfolgte und verachtete Christen bei uns anklopfen und von uns bedient sein wollen? Um des Herrn willen, als dessen Zeugen sie vor uns stehen, wollen wir tun, was in unsern Kräften steht. Und dürfen dabei wissen, daß schon die kleinste Wohltat, wenn sie um des Herrn willen geschah, nicht unbelohnt bleibt.

Herr Gott, hilf uns zur rechten Gemeinschaft mit denen, die Du uns gegeben hast, laß uns einander willig helfen. Amen.

1. Kön. 17, 8-24 EG 72: O Jesu Christe Luk. 10, 1-14

Sündigt aber dein Bruder an dir, so gehe hin und strafe ihn zwischen dir und ihm allein. Hört er dich, so hast du deinen Bruder gewonnen. Matth. 18, 15

Die Sünde trennt den Menschen von Gott. Die ersten Menschen versteckten sich unter den Bäumen des Gartens, als sie der ersten Sünde verfielen. Denn die Sünde ist wie ein Baum, der trennt, was zusammengehört. Die Sünde trennt auch unter Brüdern, Groll und Verbitterung steigen auf und zerstören die Gemeinschaft, in wieviel Ehen hat solche Verbitterung die Liebe erstickt!

Die Sünde trennt, aber die Buße verbindet. Jesus will uns Mut machen zu dem köstlichen Weg der Buße. Denn die Buße löst den Bann, holt das Verborgene an das Licht und heilt des Herzens offene Wunden. Helfen wir darum dem Bruder, der an uns sündigt, zur Buße! Das tun wir nicht dadurch, daß wir die uns geschehene Sünde gleich weitertragen, »an die große Glocke hängen«, wobei wir nur allzuoft versuchen, auf dem dunklen Hintergrund der Sünde des Bruders nur unsre eigene Vortrefflichkeit ins rechte Licht zu rücken. Nur der Bußfertige hat die Vollmacht, zur Buße zu rufen. Darum redet mit eurem Bruder in Liebe! Und halte das Ziel vor Augen: Du sollst deinen Bruder gewinnen, nicht verstoßen! Nicht ich soll triumphieren, sondern der lebendige Gott! Laßt uns ein hohes Ziel für unsre Worte setzen: Ich will mit meinem Bruder über seiner und meiner Sünde beten können zu Christus, dem Barmherzigen, der auch mir alle Tage vergeben muß! Das Gebet der Buße schafft eine neue, echte Gemeinschaft, die Bruderschaft der Menschen vor Gottes Thron. Heute ist Sonntag, vergeßt da nicht Christi Befehl: »Wenn du deine Gabe auf dem Altar opferst und wirst allda eingedenk, daß dein Bruder etwas wider dich habe, so laß allda vor dem Altar deine Gabe und gehe zuvor hin und versöhne dich mit deinem Bruder, und alsdann komm und opfre deine Gabe.«

Lieber Vater im Himmel! Laß mich nie vergessen, daß ich allein aus Deiner Liebe lebe! Deine Liebe laß auch über meine und meines Bruders Sünde siegen, daß wir mit einem Munde Deine Gnade preisen! Amen.

Spr. Sal. 25, 8-22 EG 234, 5-7: So wahr ich 1. Kor. 6, 1-8

Hört er dich nicht, so nimm noch einen oder zwei zu dir, auf daß alle Sache bestehe auf zweier oder dreier Zeugen Munde. Hört er die nicht, so sage es der Gemeinde. Hört er die Gemeinde nicht, so halte ihn als einen Heiden und Zöllner. Matth. 18, 16-17

Fangen wir nicht oft mit dem an, was hier erst das Allerletzte ist, daß wir den sündigen Bruder unter die Zöllner und Sünder verstoßen? Bevor das geschehen darf, erwartet Jesus von uns den Spruch des Rechts und den Spruch der Gemeinde.

»Im Reich dieses Königs hat man das Recht lieb.« Recht muß doch Recht bleiben, und dem werden alle frommen Herzen zufallen. Alles Unrecht muß sorgfältig geprüft werden mit dem Maße des Rechts, und das ist nicht nur ein Gesetz für das Zusammenleben der Menschen, sondern ist Befehl und heiliger Wille Gottes. Aller Frevel gegen das Recht ist Sünde gegen Gott. Es kann uns schwer bedrücken, wie viel auch in der Gemeinde gegen die Pflicht zur Wahrheit und zum Recht gesündigt wird!

Hat das Recht gegen den Bruder gesprochen, so hat die Gemeinde das letzte Wort. Die Gemeinde ist die Gemeinde der Brüder in Christus, nicht ein Beamtenapparat, nicht die Summe der Kirchensteuerzahler, sondern die in Liebe verbundene und füreinander verantwortliche Gemeinde der Erlösten. Darum müssen wir als erstes wieder Gemeinde werden! Besucht eure Nachbarn, ruft sie zum Gottesdienst, helft ihnen in den Nöten Leibes und der Seele! Dann haben wir auch die Vollmacht, die Gemeinde zu säubern von denen, die als Christen den Namen Christi beleidigen und die dadurch die Kirche zum Gespött der Leute machen. Soll der Trost des Evangeliums nicht zur leeren Formel, zum bequemen Pflaster über alle Sünde erniedrigt werden, so muß das Wort Gottes auch wieder gebraucht werden als das scharfe und zweischneidige Schwert, das scheidet und das »ein Richter der Gedanken und Sinne des Herzens« ist. Wir sind verantwortlich für den Bruder neben uns, wir sind verantwortlich für die Kirche!

Das helfe Gott uns allen gleich, daß wir von Sünden lassen, und führe uns zu Seinem Reich, daß wir das Unrecht hassen. Herr Jesu Christe, hilf uns nu und gib uns Deinen Geist dazu, daß wir Dein' Warnung fassen! Amen.

Hes. 33, 1-11 EG 353, 1-4: Jesus nimmt die Apg. 5, 1-16

Wahrlich, ich sage euch: Was ihr auf Erden binden werdet, soll auch im Himmel gebunden sein, und was ihr auf Erden lösen werdet, soll auch im Himmel los sein. Matth. 18, 18

Vor solcher Vollmacht können wir nur erschrecken, ja, wir möchten Gott bitten, daß Er solche untragbare Last doch von unsern Schultern nehmen wolle. Und doch gibt es nur durch diese Vollmacht auf Erden eine Kirche!

Wenn ich die Tür meiner Kanzel öffne, in der die Worte eingeschnitzt sind: Predige das Wort!, so soll ich glauben, daß an diesem Wort sich Leben und Seligkeit im Himmel und auf Erden entscheiden. Wage ich das nicht mehr zu glauben, so halte ich vielleicht einen interessanten Vortrag, aber bin kein Zeuge des Herrn Himmels und der Erden. Es ist Menschenwort, mit aller Menschlichkeit behaftet, aber zu diesem fehlsamen Menschenwort will sich Gott bekennen mit Seinem Heiligen Geist, so daß sich an diesem Wort die Geister scheiden, für Ihn oder wider Ihn!

Der Bau der Kirche ragt hinein in den Himmel, und redet sie nicht mehr in himmlischer Vollmacht, so mag man getrost ihre Türen schließen. Wohl gilt uns allen ein furchtbares »Wehe«, wenn wir in eigenem Dünkel und Anmaßung binden und lösen, und Gott zum Bundesgenossen unsrer eigene Launen erniedrigen. Aber solcher Mißbrauch schließt es nicht aus, daß Gottes Wort bindet und löst, und unsre Sünde schafft Gottes Verheißung nicht aus dem

Wege, daß wir solches Wort in der Vollmacht des Heiligen Geistes sagen dürfen. Allem Spott zum Trotz wollen wir getreu die Macht Christi, zu binden und zu lösen, verkündigen. In jener Welt wird der Herr sichtbar, darum wollen wir getrost tun, womit der Kanzelspruch meiner Kirche fortfährt: »Halte an, es sei zu rechter Zeit oder zur Unzeit, strafe, dräue, ermahne, mit aller Geduld und Lehre!«

Herr, wache Du über dem Wort Deiner Kirche, daß sie Deine Befehle ausrichte! Dein Heiliger Geist geleite uns in allem, was wir reden und tun! Amen.

Jes. 6. EG 250: Ich lobe Dich von ganzer Seelen Joh. 20, 19-23

Weiter sage ich euch: Wo zwei unter euch eins werden auf Erden, worum es ist, daß sie bitten wollen, das soll ihnen widerfahren von meinem Vater im Himmel.

Matth. 18, 19

Die Einmütigkeit der Gemeinden zeigt sich in ihrem gemeinsamen Beten. »Sie blieben aber beständig in der Apostel Lehre und in der Gemeinschaft und im Brotbrechen und im Gebet«, heißt es von der ersten Gemeinde, und von dieser Gemeinde heißt es dann auch: »Der Herr tat hinzu täglich, die da selig wurden, zu der Gemeinde.«

Das Gebet im Kämmerlein ist das erste. Damit fang an! Vielleicht wird es dir auch leichter, wenn du wieder einmal niederkniest, so wie uns eine ehrerbietige Haltung einem Großen dieser Welt gegenüber selbstverständlich ist. Denn wir reden wirklich mit dem persönlichen Gott und halten nicht stumme Zwiesprache mit dem Schicksal, wo in der Tat nur ein Narr auf Antwortet wartet.

Wer aber im Kämmerlein zu beten weiß, den macht es unendlich rein, wenn er im Gebet einen Bruder findet. Da ist die unsichtbare Gemeinde der Beter, die auch in dieser Stunde mit dir und mir eins ist um das gleiche Wort Gottes. Tausend Hände falten sich in meiner Heimat um das gleiche Ziel, und diese Gebetshände dünken mich wie ein starker Panzer, der meine Heimat bewahrt vor den feurigen Angriffen des bösen Feindes.

Und dann wage auch einmal das ganz persönliche Gebet mit einem Bruder oder betet gemeinsam als Eheleute! Es macht den frei und froh, der vor Gott einen Menschen weiß, der seine Nöte mitträgt, es macht auch den rein, der mittragen darf und dadurch Christi Gesetz erfüllt. Eine besondere Gewißheit der Erhörung hat Jesus diesem Gebet verheißen. Das Gebet der zwei ist eher frei von dem Eigennutz, mit dem ich immer zu kämpfen habe, und mein Wollen geht auf den Sieg des lebendigen Gottes. »Dein Reich komme!« Und wenn das Reich Gottes kommt, dann möchte ich nicht nur allein der Seligkeit teilhaftig werden, sondern ich ringe vor Gott darum, daß dann auch meine Lieben, meine Kinder, meine Freunde und viele meiner Volksgenossen unter denen seien, die wachend sind. Darum faltet die Hände im gemeinsamen Gebet: Er wird es erhören!

Wir beten das Vaterunser!

Vater Unser, der Du bist im Himmel … Amen.

Ps. 95, 1-7a EG 279, 8: Jauchzt, alle Lande 1. Tim. 2, 1-8

Da trat Petrus zu Ihm und sprach: Herr, wie oft muß ich denn meinem Bruder, der an mir sündigt, vergeben? Ist's genug siebenmal? Jesus sprach zu ihm: Ich sage dir, nicht siebenmal, sondern siebzigmal siebenmal. **Matth. 18, 21-22**

»Vergeben will ich dir, aber vergessen kann ich nicht!« Wie oft haben wir es gesagt oder danach gehandelt! Anders kann es wohl in der Welt nicht gehen, denn wie kann ich mich zum Vergessen zwingen? Ein Stachel bleibt immer in meinem Herzen, wenn ich mich auch bemühe, es nicht merken zu lassen.

Petrus vergißt eins: Vergeben ist immer ein wirklich neuer Anfang! Der Bruder wird von seiner Last wirklich frei, und ich nehme ihm seine Last wirklich ab. Ist eine solche Bereitschaft zur Vergebung ohne alles Zählen nicht leichtsinnig? Solche Vergebung geschieht unter Brüdern, und das heißt im Angesicht des heiligen Gottes. Brüder vor dem heiligen Gott sind immer auch Brüder in ihrer Schuld. Bodelschwingh sprach gern von der »Bruderschaft der vom Schmerz Gezeichneten«, so sind auch wir Brüder darin, daß der Vergebende wie der die Vergebung Verlangende beide nur sagen können: Mea culpa, meine Schuld! Denn vor Gott wurden wir alle tausendfältig Sünder – wie, wenn Er mit mir rechnen wollte? Wir richten gern Mauern auf gegen den Sünder, aber vor Gott zergehen sie, als seien sie aus Schnee gebaut.

Vor Gott lerne ich dann auch zu vergeben; wo Gott vergibt, ist die Sünde fort. Er sagt nicht: »aber vergessen kann ich sie nicht!« Wohl aber werden mein Bruder und ich nie vergessen können, daß uns Erbarmung und Vergebung widerfuhr. Darum geht von rechter Vergebung im Angesicht Gottes eine reinigende Gewalt aus, wie sie aus keiner moralischen Strafrede kommt, die allzuoft nur verbittert. Warum gibt es so viel verbitterte Sünder in unsern christlichen Gemeinden? Schenkt ihnen doch einen neuen Anfang durch rechte Buße und rechte Vergebung!

Heiliger Gott! Wenn Du meine Sünde siehst, kann ich mich nur verbergen und rufen: Herr, sei mir Sünder gnädig! Gib, daß ich um Deiner Gnade willen auch selbst allen Hochmut gegen meine Bruder fahren lasse, und ihnen helfe, daß auch sie Deiner Gnade gewiß und froh werden! Amen.

2. Mose 34, 5-10 EG 344, 6: Vater unser Röm. 3, 23-28

Da wurden Kindlein zu Ihm gebracht, daß Er die Hände auf sie legte und betete. Matth. 19, 13

Alle umfaßt Seine Liebe und Sein Dienst. In der Gemeinde Jesu darf es keine trennende Kluft zwischen den Generationen geben, der zermürbende Gegensatz zwischen den Alten und den Jungen darf sich hier nicht einnisten. Müde und kranke Menschen haben an Jesu Weg um Rettung geseufzt, aber auch rüstige und tatenfrohe Männer haben ihre Netze liegenlassen, um Ihm nachzufolgen, und nun tragen Mütter Ihm ihre kleinen Kindlein zu. Denn eines eint die Gemeinde Gottes auf Erden: daß Jesus Christus uns segnet!

Woher kommt der Kampf zwischen den Alten und den Jungen? Die Alten haben ihre Lebenserfahrung, wohlerworbenen Besitz an Lebensklugheit, die Jungen aber haben den feurigen und drängenden Mut, alles von sich aus zu erproben und von aller Vergangenheit unbelastet neu zu gestalten. Wieviel Leid ist in den Häusern darum, daß die Eltern ihre Kinder, die Kinder die Eltern nicht mehr verstehen!

»Da wurden Kindlein zu Ihm gebracht, daß Er die Hände auf sie legte und betete ...« Sollen die Kinder Ihm etwas bringen? Nein! Sie sollen sich vor Ihm beugen, daß Er die Hände auf sie lege und für sie bete! Und wie stehen wir Großen vor unserm Herrn Christus da? Können wir es uns auf Grund unsrer Erfahrung und Lebensreife leisten, uns nicht vor Ihm zu beugen? Wird hier nicht das Maß unsrer Erfahrung unwesentlich und zunichte ebenso wie der vermeintliche Schatz unsrer guten Werke? Hier sind wir alle, klein und groß, nur die Empfangenden, die ihre leeren Hände in sehnsüchtigem Verlangen ausstrecken, daß Er sie fülle. Sein Segen ist unser aller höchster Trost, und jung und alt können hier nur beten und bekennen: »Nichts hab ich zu bringen, alles, Herr, bist Du!« Und den Alten wird es wieder höchster Trost und Freude, daß sie sich mit dem höchsten Ehrentitel nennen dürfen: Ein Kind Gottes!

Lieber Herr! Mit all den Meinen bitte ich Dich: Laß mich im Leben und im Sterben Dein geliebtes Kind sein und bleiben! Amen.

Hos. 11 EG 161: Liebster Jesu 2. Tim. 3, 10-17

Die Jünger aber fuhren sie an. Aber Jesus sprach: Lasset die Kindlein und wehret ihnen nicht, zu mir zu kommen; denn solcher ist das Himmelreich. Und legte die Hände auf sie und zog von dannen.

Matth. 19, 13-15

In dem freundlichen Bild, das wir hier sehen, stört uns das unverständlich rauhe und barsche Verhalten der Jünger empfindlich. Wie kommen sie nur dazu, die Kindlein anzufahren?

Die Jünger sind hier wie viele kluge Leute. Sie meinen, die kleinen Kinder hätten doch nicht das nötige Maß von Verständnis für Jesus Christus, darum sollten sie nur lieber fortbleiben. Für den Erwachsenen ist auch die Kindertaufe ein ständiges Ärgernis, denn unbewußt schauen die Augen der Kleinen in den Tag hinein, sie verstehen nicht, was wir in der Kirche an ihnen tun.

Jesus aber zerschlägt allen Hochmut bei den Jüngern und bei uns. Es geht nicht darum, daß wir etwa mit der Taufe warten sollen, bis die Kinder klug genug sind, sie zu verstehen, sondern darum, ob die Klugen und Verständigen sich bereitfinden können, »Kindlein« genannt zu werden. Denn solcher, gerade solcher, die die Jünger ausschließen wollten, ist das Himmelreich. Neuen Kindersinn wünschte Christus dem Nikodemus, der ein »Meister in Israel« war und doch mit all seinen Grübeleien nicht das Geheimnis der Erlösung begriff. Denn was not tut, ist nicht eine Fülle kluger Gedanken, die ja doch immer nur meine Gedanken sind, sondern ein kindliches Hinnehmen der Gedanken Gottes, die so viel höher sind als meine Gedanken, wie die Gedanken der Eltern höher sind als die ihrer Kinder. Aber das Kind vertraut und baut fest auf seine Eltern: Sieh solch ein Kind an und lerne, daß Gott gefunden wird von denen, die sich von Ihm finden lassen. »Ich rief dich bei deinem Namen, und nannte dich, da du mich noch nicht kanntest.« Das erwachende Kind merkt, daß schon vor seinem Verstehen die Liebe der Eltern wachte, der erwachende Christ darf merken, daß schon vor seinem Begreifen die Tür zum Himmelreich für ihn geöffnet ist. So geh hinein!

Hilf aus den Gedanken ins Leben hinein, ganz ohne Wanken Dein eigen zu sein! Amen.

Jes. 43, 1-11 EG 212, 3+4: Voller Freude 1. Joh. 3, 1-11

Das Himmelreich ist gleich einem Könige, der seinem Sohn Hochzeit machte, und sandte seine Knechte aus, daß sie die Gäste zur Hochzeit riefen, und sie wollten nicht kommen. Matth. 22, 2-3

Das alte Evangelium dieses Sonntags von der königlichen Hochzeit ist ein frohes und zugleich erschütterndes Zeugnis vom Himmelreich. Nicht irgend jemand hält hier Hochzeit, sondern ein König seinem Sohn. Wer möchte das nicht mit ansehen? Und gar mitfeiern?

Im Himmelreich geht es so zu wie bei dieser Königshochzeit. Da darf man teilhaben an ungeahnten Herrlichkeiten, darf dem Königssohn die Hand geben und immerfort den König schauen und sich freuen mit den Fröhlichen. Ist es denkbar, daß man die Einladung zu solcher Hochzeit ausschlägt? Und doch ist es geschehen. Jesus denkt wohl an die Propheten des alten Bundes. Sie warben und riefen: Im Namen Gottes, ihr seid geladen. Ihr dürft zu Gott kommen. Sein Reich ist euch geöffnet. Kommt! Kommt alle!

Gott hat sich gemüht: von Jesaja und Jeremia bis Maleachi, jede Zeit, jede Generation ist geladen worden. – Und sie wollten nicht kommen! Gottes Boten wurden abgewiesen. Israel will nicht hören. Warum nicht? Die Propheten erzählen es uns immer wieder: das Volk will nicht aus dem Alltag seiner Sorgen und Sünden zum Festtag Gottes kommen, weil sein Herz verstockt war und sein Denken so am Diesseits hing, daß Gottes ewiges Reich dagegen verblaßte.

Armes Volk, dem die Zeit größer und wichtiger dünkt als Gottes Ewigkeit und das deshalb Gottes Ruf ablehnt! Armes Volk, das sich klammert an die flüchtigen Freuden dieser Welt und die ewige Freude ausschlägt! Es schlägt sich selber und beleidigt Gott. Da kann das Ende kein gutes sein. – Ob unser Evangelium nicht auch für unser Volk gegeben ist und heute gilt?

König Jesu, streite, siege, daß alles bald Dir unterliege, was lebt und webt in dieser Welt. Blick auf Deine Friedensboten, laß wehen Deinen Lebensodem durchs ganze weite Totenfeld. Erhöre unser Flehn und laß es bald geschehn! Amen, Amen. So rühmen wir und jauchzen Dir ein Halleluja für und für.

Offb. 3, 20 EG 250, 2: Ich lobe Dich 1. Petr. 2, 9

Abermals sandte er andre Knechte aus und sprach: Saget den Gästen: Siehe, meine Mahlzeit habe ich bereitet, meine Ochsen und mein Mastvieh ist geschlachtet und alles bereit; kommt zur Hochzeit! Aber sie verachteten das und gingen hin, einer auf seinen Acker, der andre zu seiner Hantierung. Etliche aber griffen seine Knechte, höhnten und töteten sie. Da das der König hörte, ward er zornig und schickte seine Heere aus und brachte diese Mörder um und zündete ihre Stadt an. Matth. 22, 4-7

Gott hatte mit dem Volk Israel einen ewigen Bund geschlossen. Es sollte Sein Volk sein. Seine Boten haben einmal ums andere geladen, gelockt, gewarnt, verheißen, aber vergebens: sie verachteten das. Ja, sie griffen Gottes Knechten gar nach Ehre und Leben. Konnte Gott da etwas anderes tun, als Er tat? Verdient ein Kind, das seinen Vater höhnt und seine Mutter schlägt, nicht furchtbare Schläge? Darum ließ Gott Jerusalem in Flammen aufgehen und das Volk unter dem römischen Schwert bluten. Weil es Gottes Hilfe schmähte, mußte es einst und muß es noch heute seinen verdienten Zorn spüren. – Was Israel in Jesu Tagen traf, hat seitdem gar manches Volk getroffen. Wer ohne den lebendigen Gott und Seinen Sohn eines Volkes Zukunft bauen will, baut auf einem schlummernden Krater, den Gottes Zorn zu Seiner Zeit zum Ausbruch bringt. »Irret euch nicht, Gott läßt sich nicht spotten!« Das gilt für das Leben aller Völker.

Und für das Leben eines jeden Menschen. Wie oft hat Gott dich eingeladen, zum »Hochzeitsmahl« der Vergebung zu kommen – und du kamst nicht zum fröhlichen Glauben an deinen Heiland Jesus, und du meintest, es hat noch Zeit, zur Predigt Seines Wortes am Sonntagmorgen – und du gingst auf deinen Acker oder spazieren oder tatest dies und das. Wisse dann, daß Gottes Zorn dich trifft, unheimlich, unausweichlich. Wer von Jesus Christus nichts wissen will, steht im Gefolge derer, die Ihn einst ans Kreuz brachten. Verschmähte Gottesliebe aber zieht unweigerlich verdienten Gotteszorn nach sich. – Hast du die Einladung abgelehnt? Sonst komm, heute noch, es könnte morgen zu spät sein!

Das helfe Gott uns allen gleich, daß wir von Sünden lassen, und führe uns zu Seinem Reich, daß wir das Unrecht hassen. Herr Jesu Christe, hilf uns nu und gib uns Deinen Geist dazu, daß wir Dein' Warnung fassen. Amen.

Jer. 22, 29 EG 257, 2+3: Der Du in Todesnächten Luk. 13, 34-35

Da sprach er zu seinen Knechten: Die Hochzeit ist zwar bereit, aber die Gäste waren's nicht wert. Darum gehet hin auf die Straßen und ladet zur Hochzeit, wen ihr findet. Und die Knechte gingen aus auf die Straßen und brachten zusammen, wen sie fanden, Böse und Gute; und die Tische wurden alle voll.

Matth. 22, 8-10

Des Königs Mühen um seine ersten Gäste war vergebens. Sollte er sich nun ganz zurückziehen? Sollte Gott nun nicht an den undankbaren Menschen verzweifeln? – Nein, Seine Liebe sucht weiter, um Menschen an Seiner Liebe teilnehmen zu lassen. Nach Israels Ablehnung geht Seine Einladung an die weite Welt der Heiden. Der Fall Israels wird der Heiden Heil.

»Ladet zur Hochzeit, wen ihr findet.« Jesus blickt schon bei Lebzeiten über die Grenzen Seines Volkes hinaus. Sein rettender Ruf soll alle Welt treffen. Die Boten sollen ohne Ansehen der Person, des Standes, des Charakters, der Rasse einladen. Gottes Gnade zielt auf alle Menschen. Die herrliche Bestätigung dessen bringt uns heute die Mission. Kein Volk, das Jesu frohe Botschaft noch nicht vernommen hätte. Das einfältigste Heidenkind in Afrika darf es hören: Gott hat dich lieb! Du darfst zu Ihm kommen!

»Ladet, wen ihr findet«, das bezeugt ja auch die heilige Taufe, mit der Jesus Seine Jünger in alle Welt sendet, und durch die Er auch uns am Anfang unsres Lebens in Gottes

Reich gerufen hat. Wie man noch gar nicht weiß, ob der Täufling sich später im Leben der hohen Berufung würdig erweisen wird, so fragt Gott auch nicht, wer wir sind, wenn Er uns ruft.

Daß bei solchem Laden Gute und Böse zusammenkommen, ist verständlich. Es tut nichts. Unter der Predigt der Botschaft Jesu soll sich der Sünder bekehren zum rechten Gotteskind. Bis dahin sind die Bösen am Tisch des Königs die Not Seiner Kirche zu allen Zeiten. Sie lassen sich einladen und bringen doch den Herrn Christus in Verruf vor der Welt. Sie nennen sich Christen und machen doch ihrem Herrn Schande. Was wird der König wohl tun mit solchen Gästen?

Ich lobe Dich von ganzer Seelen, daß Du auf diesem Erdenkreis Dir wollen Deine Kirch erwählen zu Deines Namens Lob und Preis, darinnen sich viel Menschen finden in einer heiligen Gemein, die da von allen ihren Sünden durch Christi Blut gewaschen sein. Amen.

Jes. 2, 2-4 EG 250, 4-6: Ich lobe Dich Mark. 16, 15-16

Da ging der König hinein, die Gäste zu besehen, und sah allda einen Menschen, der hatte kein hochzeitlich Kleid an, und sprach zu ihm: Freund, wie bist du hereingekommen und hast doch kein hochzeitlich Kleid an? Er aber verstummte. Da sprach der König zu seinen Dienern: Bindet ihm Hände und Füße und werfet ihn in die Finsternis hinaus, da wird sein Heulen und Zähneklappen; denn viele sind berufen, aber wenige sind auserwählt. **Matth. 22, 11-14**

Der König tritt unter Seine Gäste, um zu sehen, wer gekommen ist. – Gott prüft Seine Christenheit, ob sie Seine Einladung wirklich ernst nimmt. Der harte Abschluß des Gleichnisses läßt erkennen, daß Gottes Gnade uns heiligen will, und daß jeder, der das nicht will, verworfen wird.

Der König will eine festliche Schar an Seinem Tisch haben. Dafür ist das Hochzeitskleid unerläßliche Bedingung. Wir brauchen unser Gleichnis nicht zu befragen, woher man denn das Kleid nehmen soll. Die ganze Bibel bezeugt es, daß Gott uns geben will, was wir zur Seligkeiten brauchen, wenn wir es nur nehmen wollen. Seine Gnade will uns zu rechten Gästen an Seiner Tafel, zu wahren Kindern Seines Reiches bereiten. Wer jedoch nur genießen will, ohne den König zu ehren, der hat Seine Güte mißbraucht und verdient die Abweisung. Damit sagt uns Jesus: Wer sich die Sünden vergeben läßt und doch nicht von ihnen lassen will, wer auf Gottes Gnade hin frech sündigt, der ist ein Kind des Todes.

Mögen wir uns unter diesem Wort ernstlich prüfen, ob wir nicht die Strafe des unwürdigen Gastes verdienen, ob wir nicht Jesu Namen tragen und doch mit der bösen Lust Satans eifrigste Diener sind! Unerbittlich fordert Jesus, daß wir Seinem Wirken die letzten Festungen des Widerstandes auftun. Im Blick auf das herrliche Ziel gilt es, sich tüchtig zu bereiten. Wer sich darum müht, wird dankbar, nicht aber frech immer von neuem Gottes Gnade begehren. Nur wer so wandelt, darf eingehen in die ewige Freude. Wehe aber, wen der König fragen muß: Wie bist du hereingekommen? Seiner wartet die furchtbarste Finsternis. Wer Ohren hat zu hören, der höre!

Ich komm zu Deinem Abendmahl, verderbt durch manchen Sündenfall. Ich bin krank, unrein, arm und bloß; ach, mein Herr Gott, mich nicht verstoß. Du bist der Arzt, Du bist das Licht, Du bist der Herr, dem nichts gebricht; Du bist der Brunn der Heiligkeit, Du bist das rechte Hochzeitskleid. Amen.

Offb. 20, 12 | EG 213: Kommt her, ihr seid | Joh. 3, 17-18

An dem Tage traten zu Ihm die Sadduzäer, die da halten, es sei kein Auferstehen, und fragten Ihn und sprachen: Meister, Mose hat gesagt: So einer stirbt und hat nicht Kinder, so soll sein Bruder sein Weib freien und seinem Bruder Samen erwecken. Nun sind bei uns gewesen sieben Brüder. Der erste freite und starb; und dieweil er nicht Samen hatte, ließ er sein Weib seinem Bruder; desgleichen der andre und der dritte bis an den siebenten. Zuletzt nach allen starb auch das Weib. Nun in der Auferstehung, wes Weib wird sie sein unter den sieben? Sie haben sie ja alle gehabt. **Matth. 22, 23-28**

Jedem von uns ist gewiß schon einmal die Frage gekommen: »Was ist es um die Auferstehung?« Wir müssen an einen Sarg treten, an dem wir nicht mehr der Frage ausweichen können. Wir denken im Geiste einmal an unser Sterben. Wo unsre Gedanken so über den Alltag hinausgehen auf die Fragen der Ewigkeit, soll unser Herz sich rüsten, in starkem Glauben eine Antwort zu geben. »Was ist es um die Auferstehung?« Die Frage soll uns in diesen Tagen beschäftigen.

Die Sadduzäer glaubten nicht an die Auferstehung der Toten und standen damit im Gegensatz zu Jesus, der klar und bestimmt von einem Jenseits und einer Auferstehung der Toten redete. Sie wollten Ihn nun gerne fangen und vor aller Welt blamieren. Darum die Frage, wem von den sieben Brüdern in der Auferstehung das Weib gehört.

Es ist auch heute so: wo von der Auferstehung gepredigt wird, regt sich gar bald der Widerspruch gegen diese Botschaft. Weil unser Auge nur den Zerfall der Leichen wahrnimmt und unser Verstand Auferstehung nicht denken kann, darf es sie nicht geben. Ja, mit Entrüstung sagt man der Kirche, es sei eine starke Zumutung, den Menschen des 20. Jahrhunderts noch das »Märchen von der Auferstehung« vorzusetzen. – Was aber, wenn es Auferstehung nicht gibt? Was ist dann das Ende unsres Lebens? Das Nichts? Eingang ins All? Ein solch trübes Ende nimmt dem ganzen Leben den Sinn. Unsre Ahnen erkannten zuletzt, daß es keine Gewißheit gäbe und fielen in die Not der Verzweiflung, – bis die Osterbotschaft sie traf und froh machte. Sollten wir preisgeben, was ihnen Halt ward im Leben und Sterben?

Ach, mein Herr Jesu, der Du bist vom Tode auferstanden, rett uns aus Satans Macht und List und aus des Todes Banden, daß wir zusammen insgemein zum neuen Leben gehen ein. Amen.

Offb. 21, 1-7 EG 116, 1-5: Er ist erstanden Joh. 3, 2

Jesus aber antwortete und sprach zu ihnen: Ihr irret und wisset die Schrift nicht noch die Kraft Gottes. In der Auferstehung werden sie weder freien noch sich freien lassen, sondern sie sind gleich wie die Engel Gottes im Himmel. Matth. 22, 29-30

Wie wird es sein in der Auferstehung? Mit dieser Frage meinten die ungläubigen Sadduzäer Jesus fangen zu können, noch dazu, wo sie ihre Frage im alten Gesetz des Moses verankert hatten. – Wie wird es sein in der Auferstehung? Die Frage bewegt auch uns. Werden wir unsre Lieben wiedersehen? Wird unser Zusammenleben, das der Tod so jäh unterbrach, dort seine Fortsetzung nehmen?

Kein andrer als Jesus konnte damals und kann heute solche Fragen beantworten. Ihm ist es von Gott gegeben, den Blick wie in jedes Herz so in ferne Zeiten und in die andre Welt zu tun. In dieser Vollmacht Gottes weist Er die Sadduzäer zurecht und gibt uns das klärende Wort: Die Auferstehung ist nicht die Wiederkehr des Menschenlebens mit Freude und Leid, Geburt und Tod; dann stünde die Ewigkeit mit unter dem Fluch der Unvollkommenheit dieser Zeit. Jesus lenkt unsern suchenden Blick in die Schrift und auf Gott. Er weist hin auf die Engel, von denen die Schrift sagt, daß sie bei Gott in seliger Vollkommenheit wohnen. So werden wir mit unsern Lieben, wenn wir dem Herrn Christus in diesem Leben die Treue halten, in jenem Leben Seine Herrlichkeit teilen dürfen und, wie Luther sagt, »Ihm dienen in ewiger Gerechtigkeit, Unschuld und Seligkeit«. – Wer daran zweifelt, verkennt Gottes Macht, den Menschen aus dem Tode neu zu schaffen, wie Er einst aus dem Nichts ihn zum Leben schuf. Wer etwas anderes will, wessen letzte Hoffnung einzig in dem Wiedersehen seiner lieben Entschlafenen besteht, statt darauf gerichtet ist, seinen Gott und Heiland von Angesicht zu Angesicht zu schauen, der steht noch ganz am Anfang des Christenglaubens. Er muß seine Auferstehungshoffnung noch reinigen von aller Selbstsucht. Wer von uns meint da, fertig zu sein?

Herr Gott, durch Deine Güte führ mich auf rechter Bahn! Herr Christ, mich wohl behüte, sonst möchte ich irre gahn! Halt mich im Glauben feste in dieser bösen Zeit, hilf, daß ich mich stets rüste zur ew'gen Hochzeitsfreud.

Jes. 26, 19 EG 107, 1: Wir danken Dir 1. Kor. 15, 42-50

Habt ihr aber nicht gelesen von der Toten Auferstehung, was euch gesagt ist von Gott, da Er spricht: »Ich bin der Gott Abrahams und der Gott Isaaks und der Gott Jakobs«? Gott aber ist nicht ein Gott der Toten, sondern der Lebendigen. Und da solches das Volk hörte, entsetzten sie sich über Seine Lehre.

Matth. 22, 31-33

Die Sadduzäer wollen Jesus mit Moses' Gesetz widerlegen und an der Auferstehung irremachen. Jesus nimmt sie beim Wort und zeigt ihnen, daß schon bei Moses von der Auferstehung der Toten geschrieben steht. Gott redet zu Moses von den doch längst gestorbenen Erzvätern wie von Lebenden. In der Geschichte vom reichen Mann und armen Lazarus erzählt Jesus auch von Abraham, der im Himmel wohnt. Das bedeutet also: Wer in diesem Leben Gemeinschaft mit Gott hat, wird sie in Ewigkeit behalten dürfen; denn Gott ist nicht ein Gott der Toten, sondern der Lebendigen.

Jesus sieht einen engen Zusammenhang zwischen Leben und Auferstehung. Wen Gottes Ruf trifft, der kann ihn in Ewigkeit nicht mehr abschütteln. Das Kind, dem Er in seinen ersten Lebenstagen in der heiligen Taufe sagt: »Ich habe dich bei deinem Namen gerufen, du bist mein«, gehört Ihm für Zeit und Ewigkeit. Mag es als Erwachsener sich noch so »gottlos« gebärden, die »Gottlosigkeit« ist nur eine Flucht vor Gott, nicht ein Lossein von Ihm. Und selbst das Gericht, das solchen Frevler im jüngsten Gericht treffen wird, ist noch kein Loskommen von Gott, sondern furchtbare Qual, in der man um Gott und die Seligkeit weiß und doch nicht hinkann.

So entscheidet sich in diesem Leben, welches Schicksal unser in der Auferstehung wartet. Das gibt diesem Leben den tiefen Ernst der Verantwortung und zugleich die frohe Hoffnung des ewigen Lebens in der Gemeinschaft Jesu Christi. Geht es aber bei der Auferstehung um so hohe Dinge wie Himmel und Hölle, Gottesnähe und Gottesferne, dann wird die Frage der Ehe im Jenseits völlig bedeutungslos. Ehe gehört zur irdischen Lebensordnung. In Gottes Ewigkeit werden alle Gläubigen darin ihre selige Gemeinschaft haben, daß sie bei Gott sein dürfen. Das alles sagt uns Jesus Christus, von dem wir das andere Wort haben: »Wer da lebet und glaubet an mich, der wird nimmermehr sterben.«

Dein Trostwort klingt so hoch und hehr: Wer an mich glaubt, stirbt nimmermehr! Dein Kreuz, Dein Grab, Dein Auferstehn, Dein Himmelgehn läßt uns den Himmel offen sehn. Amen.

1. Kor. 15, 55-57 EG 115, 5+6: Jesus lebt Joh. 5, 28-29

Da redete Jesus zu dem Volk und zu Seinen Jüngern und sprach: Auf Moses Stuhl sitzen die Schriftgelehrten und Pharisäer. Alles nun, was sie euch sagen, daß ihr halten sollt, das haltet und tut's; aber nach ihren Werken sollt ihr nicht tun; sie sagen's wohl und tun's nicht. Sie binden aber schwere und unerträgliche Bürden und legen sie den Menschen auf den Hals; aber sie selbst wollen dieselben nicht mit einem Finger regen. Alle ihre Werte aber tun sie, daß sie von den Leuten gesehen werden. Sie machen ihre Denkzettel breit und die Säume an ihren Kleidern groß.

Matth. 23, 1-5

Lehre und Leben müssen zusammenstimmen. Die Pharisäer und Schriftgelehrten wußten um Gottes Willen, aber sie suchten mit allerlei Kleinkram sich um das Tun herumzudrücken. Sie hatten ein enges Gewissen, allerdings in kleinen Stücken, mit Eifer wurden Minze, Dill und Kümmel verzehntet, aber sie hatten ein weites Gewissen in großen Stücken! Sie wußten recht zu reden. Aber der Herr sagt: »Tue das, so wirst du leben!«

So ist es immer wieder gewesen, seit die Welt besteht: die Menschen machen sich selber Gesetze zurecht nach ihrem Geschmack. Wie hat Luther die Werkerei und Möncherei gegeißelt. Wie oft ertappen wir uns dabei, daß wir für uns und auch andere Gesetze und Gebote zurechtmachen und geben sie als Gottes Willen aus. Aber es ist nicht Sein Wille!

Sein Wille darf nicht umgangen werden! Das Volk hatte Mose und die Propheten: die sollen gehört werden und danach soll getan werden. Sagen und Tun, das gilt für jeden Prediger zumal, Hören und Tun, das trifft uns alle ohne Ausnahme. Beides gehört zusammen und muß übereinstimmen.

Und erst wenn wir uns ernstlich bemühen, den Willen Gottes zu tun, dann werden wir die Wahrheit über uns und über alle Menschen erfahren: wie erlösungsbedürftig wir sind, wie sehr wir »Ihn« nötig haben! Ohne »Ihn« können wir nichts tun. Aber der Herr tut große Werke in Herzen und Leben Seiner Gemeinde.

Herr, wir haben Dein heiliges Gebot oft gehört, aber wir waren zufrieden mit äußerer Gesetzlichkeit. Zeige Du uns den Weg, daß wir uns Dir schenken können, laß uns ein Opfer bringen zu Deiner Ehre! Amen.

Ps. 119, 125-133 EG 394: Nun aufwärts froh 2. Tim. 4, 1-8

Sie sitzen gerne obenan über Tisch und in den Schulen und haben's gerne, daß sie gegrüßt werden auf dem Markt und von den Menschen Rabbi genannt werden. Aber ihr sollt euch nicht Rabbi nennen lassen; denn Einer ist euer Meister, Christus; ihr aber seid alle Brüder. Matth. 23, 6-8

Sie … ihr, so sagt der Meister. Wer sind diese, die Er so anredet mit »sie«? Die andern, die Welt, die da draußen? Mit Kummer des Herzens sagt der Meister: sie. Aber wir merken Seine erzieherische Absicht, Er will auch uns treffen, wir sind auch gemeint, wir alle! Wie oft sind wir auch der kleine Gernegroß! Wir möchten auch hoch hinaus. Wer ist unter uns ohne Geltungsbedürfnis? Ach, was haben wir nicht alles gern: geachtet, gegrüßt, geehrt werden! Ein wenig Anerkennung von der Welt! Wie schwer ist es, allein von der Ehre, die Gott uns gibt, zu leben! Wer ist ganz frei von der Titelsucht; wie oft ist diese Sucht in die Gemeinde des Meisters eingedrungen. Immer wieder hören wir des Meisters strafendes, warnendes Wort: du sollst das doch nicht! Ihr, ihr seid doch nicht von ihrem Geschlecht; ihr seid doch die aus Wasser und Geist Wiedergeborenen! Warum fallt ihr denn immer zurück in das Wesen der Welt? Ihr meine Erlösten, ihr, die Auserwählten Gottes, schaut auf mich, den Meister! Haltet euch an des Meisters Wort: Er ist der Christus Gottes! Gibt Er uns den Ersatz für die Ehren der Welt? Wird denn der Hunger des Herzens gesättigt, wird die Seele still und friedevoll? Er schenkt die Bruderschaft! Was ist denn unsre Sehnsucht zuletzt? Dahin geht sie: einen echten Herrn zu haben, der uns wahrhaft befehlen kann und in den Dienst stellen. Und das will Er, und das tut Er, und danach hast du Verlangen: nach Freunden, nach Menschen, die dich verstehen, denen deine Art nicht fremd, denen du nicht zur Last fällst: nach Bruderschaft. Wir kennen neu, was es heißt, Volksgenossen zu haben. Wir danken für alle Blutverwandtschaft. Wir lieben Kameradschaft, und Er gibt mehr: Bruderschaft im Geist und in der Wahrheit! Ihr, Seine Gefolgsleute, ihr seid alle Brüder, hört dies Wort: Brüder! Das ist alles, und das ist genug. Bruderschaft auf der Erde, Bruderschaft im Himmel, Bruderschaft in alle Ewigkeit!

Herr, wir danken Dir, daß Du uns erlöst hast aus der Herrenlosigkeit, daß Du unser Meister und Gottes Christus bist. Das eint uns, die wir in Feindschaft und Haß miteinander lebten, zur heiligen Bruderschaft in Dir! Amen.

Jes. 10, 5-19 EG 125, 2: Komm, Heilger Geist Röm. 15, 1-8

Ihr sollt niemand Vater heißen auf Erden; denn Einer ist euer Vater, der im Himmel ist. Matth. 23, 9

Drei Worte nennt Er uns, inhaltsschwer: Vater, euer, Himmel. Ein Wort des Glaubens, ein Wort der Liebe, ein Wort der Hoffnung. Ich glaube an Gott, den Vater! Weil Er der Vater Jesu Christi ist, ist Er nun auch mein Vater. Gott ist nicht bloß unser Herr, unser König, unser Meister. Er ist unser Vater. Keiner hat außer Ihm ein Anrecht darauf, so von uns genannt zu werden wie der, der im Himmel ist.

Bei deiner Taufe erklang es zum ersten Male: Herr Gott, der Du unser und unsrer Kinder Gott und Vater sein willst, erfülle Deine Zusage! Wir haben einen Vater, laßt uns Ihn bitten, wie die lieben Kinder ihren Vater bitten. Der Vater hat den Sohn lieb. Was fürchtest du im Sturmestoben? Dein Vater sitzt am Steuer!

Ein Wort der Liebe: euer Vater! Der Vater hat alle lieb, aber Er bevorzugt niemand. Er hat keine Lieblingskinder; die andern sind auch Seine Kinder! Unser Vater! Willst du nun wohl bereit sein zur Versöhnung? Wie lange willst du mit deinem Nachbarn streiten? Willst du das Schlachtbeil nicht begraben? Hörst du, nicht nur dein Vater, euer beider Vater! Das Beste in der Welt haben wir alle gemeinsam: den Vater! Was trennt uns noch? Willst du den andern verderben und zugrunderichten? Gott läßt es nicht zu, Er ist deines Feindes Vater, Er muß dir das Kindesrecht entziehen, wenn du dem andern das brüderliche Recht und die geschwisterliche Liebe entziehst.

Himmel! Dahin sind unsre Gedanken gerichtet. Wenn auch der Hoffnung letzter Anker bricht, verzage nicht! Auf manchem Konfirmationsspruch steht als Sinnbild: das Kreuz, umrankt von Efeu, ruhend auf einem Anker. Glaube, Liebe, Hoffnung, diese drei! Das Christentum, das nicht von Anfang bis zu Ende Hoffnung ist, Hoffnung auf den, der im Himmel ist, hat mit Christentum von Anfang bis zu Ende nichts zu tun!

Unser Vater, der Du bist im Himmel. Wir sind Staub und Asche, tragen Sünde und Schuld. Aber Du nennst uns Deine Kinder. Dafür danken wir Dir und preisen Deinen Namen. Amen.

Ps. 68, 4-7 EG 135, 5: Schmückt das Fest Luk. 12, 22-32

Und ihr sollt euch nicht lassen Meister nennen; denn Einer ist euer Meister, Christus. Matth. 23, 10

In den Geschäften dieser Welt dürfen sich Menschen Meister nennen. Tischlermeister und Schulmeister. Der Titel »Meister« besagt zweierlei, erstens: er kann er etwas in seiner Arbeit, und zweitens: er hat Leute unter sich, Gesellen und Lehrlinge.

Aber im geistlichen Leben, im Reich Gottes, wer möchte sich da Meister nennen lassen? Wer wollte da von sich sagen: ich kann etwas, ich weiß etwas? Wer dürfte da über andere herrschen und gebieten wollen? Wir können es nicht, und Jesus verbietet es uns auch: ihr sollt euch nicht Meister nennen lassen!

Meister ist nur einer: Christus. In dem doppelten Sinn: Er weiß und kann; und zweitens: Er ist über uns, Er herrscht und gebietet im Reich Gottes.

Die Boten des Herodes reden Ihn mit »Meister« an, »wahrhaftiger Meister«, und sie sagen dann, was das heißt: »Du fragest niemand.« Wie kann ein Meister fragen! Wen? Die Lehrlinge? Nein! Und: »Du lehrst den Weg Gottes recht.« Jesus zeigt den Weg Gottes zu den Menschen, wie des Vaters Herz sich zu uns geneigt hat. Jesus zeigt auch den Weg des Menschen zu Gott, den einzigen – alle andern sind Irrwege, Sackgassen und führen nicht zum Ziel. Dieser eine Weg ist – Jesus.

Und Er kann auch. Das zeichnet unsern Meister Jesus Christus besonders aus. Im Rede und Denken und Wissen über Gott bringen es manche Gelehrte auch zu großer Meisterschaft. Aber wie ist es mit ihrem Können? Können sie eine einzige Sünde tilgen? Können sie einen zu einem neuen Menschen machen? Können sie einen vom Tode erretten, und auch nur einen selig machen? Sie können es nicht. Einer kann. Nur Einer! Nur bei Jesus ist Vergebung der Sünde, Erlösung, ewige Seligkeit.

Er ist Meister. Das heißt: Er ist der Herr der Gemeinde. Von Ihm kommen Anweisungen, bei Ihm liegt die Führung, durch Ihn hat die Kirche am Ende Sieg.

Wir dürfen in der Gemeinde nicht schulmeistern und Gewalt üben. Wir sind nicht Meister, Meister ist Jesus Christ. Wir sind Seine Lehrlinge, Dienstboten; sogar Gehilfen sollen wir werden am Reich unsres Meisters.

Herr, Du Meister Deiner Gemeinde, brich all unsern Eigenwillen, laß uns würdig sein, in Deinem Dienst zu stehen. Amen.

Hes. 34, 1-16 EG 125: Komm, Heiliger Geist 1. Kor. 1, 10-17

Der Größte unter euch soll euer Diener sein.
Matth. 23, 11

Wir denken an das Evangelium von der Fußwaschung. Wenn ein Fremder hineinblickt und sieht: eine Schar Männer, und einer tut ihnen den Dienst der Fußwaschung, da ist sofort klar, dieser eine ist der niedrigste, der geringste unter ihnen, ein Sklave wohl.

Und doch ist dieser hier im Evangelium der Größte, der über die Erde gegangen ist: das ist der Sohn des lebendigen Gottes. Trügen alle Menschen der Welt all ihr Werk zusammen, all ihre Leistungen und alle Schätze, es wäre doch ein erbärmlicher Dienst für diesen Großen, den Sohn des Allerhöchsten. In Ihm war doch »die ganze Fülle der Gottheit leibhaftig«, Er ist doch der einzig Reine, ohne Sünde ging Er durch diese Welt.

Und dieser Größte macht sich zum Diener der Welt. Sein ganzes Leben war ein einziges Dienen. Er lebt nicht sich selbst, sondern gab sich hin, opferte sich auf für die Brüder, opferte Sein Leben, sich selbst.

»Ein Beispiel habe ich euch gegeben, daß ihr tut, wie ich euch getan habe.« »Der Größte unter euch soll euer Diener sein.«

Wer dient, ist der Größte. Nicht, daß er in dieser Welt am höchsten gehoben würde. Nein, der Welt sind die vor Gott Großen unbekannt. Kein Denkmal rühmt sie, kein Buch schreibt von ihnen. Die Stillen im Lande sind es oft, ihre

Frucht besteht zumeist in der Liebe und Dankbarkeit der Herzen, denen sie dienten, ihr Ruhm in dem Wohlgefallen Gottes und der Freude der Engel im Himmel. Ihr Reichtum ist, daß sie immer wieder dienen dürfen, daß sie sich nie verausgaben, immer wird ihnen neu gegeben. Das ist nämlich das wundervolle Geheimnis des Dienens: Wer alles für sich behält, wird arm und abgestanden wie eine Pfütze, die ihr Wasser eigensüchtig behalten will. Wie anders eine Quelle, die ihre Fülle von sich gibt, von allen Seiten fließt ihr wieder klares Wasser zu, sie bleibt klar und reich. So ist ein Mensch, dessen Leben im Geben und Dienen besteht: er bleibt jung und wird reich, ohne daß er es merkt; er ist vielen ein Helfer und ein Segen.

Einmal bei Gott wird seine Größe offenbar werden, wenn sich um ihn viele scharen und vor Christus den Dienst dieses Bruders bekennen werden. Er hat ja in den Menschen dem Herrn Christus selbst gedient. Kann es Größeres geben?

Lieber Herr Christus, bewahre uns davor, daß wir unser Leben vergeblich leben. Laß uns vielmehr zum Dienst gelangen und so dem Nächsten zum Segen, Dir aber zur Ehre leben. Amen.

Jes. 53 — EG 82, 7: Wenn meine Sünd — Joh. 13, 1-15

Denn wer sich selbst erhöht, der wird erniedrigt, und wer sich selbst erniedrigt, der wird erhöht.

Matth. 23, 12

Gott ist der Herr. Er macht groß, wen Er will, und stürzt in den Staub, wen Er will. Erniedrigen und Erhöhen ist Seine Sache; das läßt Er sich von niemandem nehmen.

Am allerwenigsten duldet Er es, wenn Menschen es in ihre eigne Hand nehmen, sich zu erhöhen. Und das ist die Art der Menschen, daß sie sich über andre erheben, ja, sich selbst zum Herrn machen. Aber »Gott widersteht den Hoffärtigen«. Je höher sie sich erheben, umso tiefer stürzt Er sie. Das ist die Erfahrung aller Zeiten.

Auf der andern Seite ist die Bibel voll von der Wahrheit: Die Niedrigen hebt Gott hoch, die Unterdrückten errettet Er, der Verlassenen erbarmt Er sich, den Witwen und Waisen ist Er ein Helfer, »den Demütigen gibt Er Gnade«.

Nun darfst du kein Geschäft mit Gott daraus machen wollen, daß du unterwürfig bist oder so tust und meinst, Gott müsse dich groß machen. In der Welt gelingt es ja manchmal, sich bei Menschen einzuschmeicheln. Aber Gott läßt nicht mit sich handeln, Er läßt sich nicht täuschen, sondern erkennt die Hintergründe unsres Handelns und sieht die innerste Absicht unsres Herzens. Vor Ihm ist auch die falsche Demut entlarvt.

Den von Herzen demütigen Menschen ist Gott gnädig. Die dem Bruder dienen in niedrigstem Dienst, die sieht Gott an und erhöht sie durch Seine Gnadenerweisung. Das heißt nicht, daß Gott sie immer vor den Augen der Welt hoch heben wird. Das ist nicht Gottes Art. Er macht sie vielmehr groß in Gnade und reich an ewigen Gütern. »Wenn Du mich demütigst, machst Du mich groß.«

Das aber ist Gottes Gericht, wenn Er einen Menschen dahingibt in seine eignen Einbildungen und Eitelkeiten, ohne ihn gnädig zurechtzubringen. Diese Menschen sind sehr erniedrigt und gleichen altem Eisen, das auf den Müllhaufen geworfen ist. Gott würdigt sie nicht mehr Seines Handelns, Er schlägt sie nicht einmal mehr, sie sind aus Seiner Hand geworfen. Sie sind Gott-los. Das ist tiefste Niedrigkeit.

Herr, heiliger Gott, wir sind vor Dir sehr gering in Ohnmacht und Sünde; laß uns das erkennen und zugeben. Und hebe uns durch Deine Vergebung hoch in die Seligkeit Deiner Gemeinschaft durch Jesum Christum, unsern Herrn. Amen.

Dan. 4, 25-34 | EG 10, 3: Mit Ernst, o Menschenkinder | Luk. 18, 9-14

Weh euch, Schriftgelehrte und Pharisäer, ihr Heuchler, die ihr das Himmelreich zuschließt vor den Menschen! Ihr kommt nicht hinein, und die hinein wollen, lasset ihr nicht hineingehen. Weh euch, Schriftgelehrte und Pharisäer, ihr Heuchler, die ihr der Witwen Häuser fresset und wendet lange Gebete vor! Darum werdet ihr desto mehr Verdammnis empfangen. Weh euch, Schriftgelehrte und Pharisäer, ihr Heuchler, die ihr Land und Wasser umziehet, daß ihr einen Judengenossen machet; und wenn er's geworden ist, macht ihr aus ihm ein Kind der Hölle, zwiefältig mehr denn ihr seid! Matth. 23, 13-15

Anklage und Drohung, die Jesus hier gegen die Schriftgelehrten und Pharisäer erhebt! Sie dachten gar nicht daran, sich selbst vor Christus zu beugen, und noch viel weniger daran, andre zu Ihm zu führen. Sie haben vielen, die sich danach sehnten, das Himmelreich verschlossen, das sich ihnen in Christo aufgetan.

Mit vielen frommen Worten betörten sie gutgläubige Menschen, entlockten ihnen Geld und Gut und brachten sie damit um Haus und Heim.

Keine Mühe scheuten sie, um nur einen Menschen zum Pharisäertum zu bekehren und damit in ihre Gefolgschaft zu bringen. Daß dieser Mensch dann unter ihrem Einfluß an Leib und Seele verderben und aus ihm ein Kind der Hölle werden mußte, war ihnen gleichgültig.

Nichts ist widerlicher, als wenn Menschen mit fromm und gläubig scheinenden Worten und Taten sich selbst oder andre ihrem Heiland entfremden und entreißen und damit nur eigenen Zwecken dienstbar machen wollen. Ihnen gilt Jesu Christi Zorn. Denn in ihnen sind satanische Mächte am Werk, die das Heilswerk Christi zerstören und Menschen für Zeit und Ewigkeit verderben möchten.

Auch wir sind solchen Mächten ausgesetzt, mögen sie uns durch andre Menschen nahe kommen oder in unserm eigenen Herzen aufbrechen. Wie können wir uns vor ihnen schützen? Nur dadurch, daß wir uns immer enger anschließen an unsern Herrn und Heiland Jesus Christus, durch Gebet und das Hören Seines Wortes Tag für Tag Verbindung mit Ihm halten. Denn Er allein ist Sieger auch über diese Mächte.

Herr Jesu Christ, halt uns in Deiner Gemeinschaft, laß uns teilhaben an Deinem Sieg, durch den Du auch für uns das Himmelreich erkämpftest. Amen.

Jes. 1, 10-17 EG 386, 10: Eins ist not! Luk. 11, 39-54

Darum ist das Himmelreich gleich einem König, der mit seinen Knechten rechnen wollte. Matth. 18, 23

Wir müssen Rechenschaft geben über unser Leben. Wir haben es uns doch nicht selber gegeben und sind deshalb auch nicht unsre eigenen Richter.

In manchem Leben schon liegt das Gericht Gottes offen zutage. So bei dem reichen Mann, von dem Jesus erzählte: »Du Narr, heute nacht wird man deine Seele von dir fordern!« Gottes Gedanken sind anders als unsre Gedanken. Mancher von uns wird auch vor den Bankrott eines Lebensabschnittes gestellt und merkt es, daß er sich Rechenschaft geben muß. Dahinter steht der Herr, der unser Leben in Seiner Hand hat.

Und wenn wir durchs Leben gegangen wären unter dem anerkennenden Urteil der Menschen oder mit der Beruhigung für uns selbst, wie der Dichter der »Uhr« sagt: »Sieh, Herr, ich hab nichts verdorben, sie blieb von selber stehn«, so steht doch das Gericht noch bevor.

Das Gericht Gottes hat nichts zu tun mit dem Rechnerischen, das wir Menschen gerne da hineinlegen, als ob Gott ein Geschäftsmann wäre, der einen Handel mit uns betriebe und die Provision errechnen wolle.

Aber Gott ist ein gerechter Gott, der Ordnung in Seiner Welt hat. Die sentimentalen Himmelsgedanken, mit denen wir gern Seinem Worte den Ernst nehmen, erreichen Ihn nicht.

Gott will das Ergebnis unsres Lebens feststellen. Es ist keine Arbeit und Not deines Lebens, die Er nicht mit dir durchgehen wird, Er wird ein gerechter Richter sein. Die Erde läßt viele Fragen offen, aber sei gewiß: »Gottes Mühlen mahlen langsam, mahlen aber trefflich fein. Was durch Langmut Er versäumet, holt durch Schärf' Er wieder ein.«

Herr, Du Richter aller Lebendigen, sei uns um Jesu unsers Heilandes willen ein barmherziger Richter. Amen.

Ps. 139 EG 373, 5-6: Jesu, hilf siegen 2. Kor. 5, 1-10

Und als er anfing zu rechnen, kam ihm einer vor, der war ihm zehntausend Pfund schuldig. Da er's nun nicht hatte zu bezahlen, hieß der Herr verkaufen ihn und sein Weib und seine Kinder und alles, was er hatte, und bezahlen. Da fiel der Knecht nieder und betete ihn an und sprach: Herr, habe Geduld mit mir, ich will dir's alles bezahlen. Da jammerte den Herrn des Knechts und er ließ ihn los, und die Schuld erließ er ihm auch. Matth. 18, 24-27

Hat Jesus an bestimmte Menschen gedacht, die dem Mann mit der großen Schuld gleichen? Nein, Er hat an den Menschen als solchen gedacht. Wir sind in unendlicher Schuld, das will Er mit der runden Summe der 10 000 Pfund sagen. Ein unerbittliches Gericht wäre deshalb die zu erwartende Antwort Gottes: Der Herr hieß ihn verkaufen und alles, was er hatte, und bezahlen. Es wäre ... Aber so geht der Bericht Jesu nicht zu Ende.

Der Mann sieht die Schuld und wirft sich aufs Bitten. Er lebt aber doch noch in der großen Täuschung, daß er sich jetzt einsetzen könne mit der Losung: Ich will dir alles bezahlen. Wir können gar nicht zu einer Erkenntnis unsrer Schuld kommen, wie sie den Tatsachen entspricht. Wir glauben immer noch, mithelfen zu können und mithelfen zu müssen, damit wir erlöst werden. Aber nicht die Größe unsrer Schulderkenntnis bewegt den Herrn zur Erlösung und Vergebung, es ist Sein eigenes Herz, das voll Jammers ist über den Menschen, der sich nicht helfen kann, auch wenn er es selber noch glaubt. »Nichts, nichts hat Dich getrieben zu mir vom Himmelszelt, als das geliebte Lieben, womit Du alle Welt in ihren tausend Plagen und großen Jammerlast, die kein Mund kann aussagen, so fest umfangen hast.«

Auch der Grad der Vergebung richtet sich nicht nach unsrer Erkenntnis. Die Gnade ist über Erwarten groß, sie ist so groß, daß Gott Sein Eigentum drangibt, Seinen Sohn in den Tod gibt. Der unermeßlichen Schuld steht unermeßliche Befreiung gegenüber.

Das muß ich Dir, mein Gott, bekennen, das rühm ich, wenn ein Mensch mich fragt: Ich kann es nur Erbarmung nennen, so ist mein ganzes Herz gesagt, ich beuge mich und bin erfreut und rühme die Barmherzigkeit. Amen.

Jes. 1, 18-20 EG 354: Ich habe nun den Grund Eph. 2, 4-7

Da ging derselbe Knecht hinaus und fand einen seiner Mitknechte, der war ihm hundert Groschen schuldig; und er griff ihn an und würgte ihn und sprach: Bezahle mir, was du mir schuldig bist! Da fiel sein Mitknecht nieder und bat ihn und sprach: Hab Geduld mit mir, ich will dir's alles bezahlen. Er wollte aber nicht, sondern ging hin und warf ihn ins Gefängnis, bis daß er bezahlte, was er schuldig war.

Matth. 18, 28-30

Über die Hartherzigkeit des Schalksknechtes wird jeder erbost sein, der es liest. Aber hier gilt es wie bei der Empörung des David über die Hartherzigkeit, die Nathan ihm erzählt hatte: »Du bist der Mann!« Wir wissen gar nicht, wie hartherzig wir sind.

Jesus liegt aber nicht nur daran, ein moralisches Urteil zu fällen und dafür unsre Zustimmung zu gewinnen. Er stellt die Hartherzigkeit der Menschen neben die Barmherzigkeit Gottes.

Wir sind mit uns leicht zufrieden, reden von unserm guten Recht, von der Erziehung, die wir durch Härte andern zuteil werden lassen müssen. Wohl, aber sieh dir auch im Lichte dieser Geschichte deinen Tag an, wie du denen begegnet bist, die auf dich angewiesen sind, denen du etwas zu sagen hast. Hast du von ihnen gefordert, was du wolltest? Hast du das Verlangen nach Güte gemerkt, das ungestillt blieb, wenn es nicht von dir erfüllt wurde? Was hat man an dir gemerkt? Daß du der und der bist in seiner Eigenart, oder hat man an dir gemerkt, daß du nicht mehr allein aus dir heraus handeln und reden kannst, daß du aus einer Begegnung mit Gott kommst, die dir größer ist als die, in der du im Augenblick stehst? Läßt du dir von den Dingen die Gesetze auferlegen oder von dem Herrn, der sich dir gnädig erwiesen hat? Wie ist es nur möglich, daß der Schalksknecht so handelt! Aber frag dich, wie ist es nur möglich, daß du so redest und handelst und bist!

Wir dürfen uns in allem fragen: Wie würde der Herr Jesus jetzt sein? Und das soll uns Antrieb sein für unsre eigene Art. Neben der Barmherzigkeit Gottes wird all unsre Unbarmherzigkeit offenbar, aber Seine Barmherzigkeit will auch all unsre Unbarmherzigkeit austreiben.

Gott Vater, Sohn und Geist, Dir bin ich, was ich bin. Ach drücke selbst Dein Bild recht tief in meinen Sinn. Erwähle mein Gemüte zum Tempel Deiner Güte, verkläre an mir Armen Dein gnadenreich Erbarmen. Wohl mir, wenn Du der Meine heißt, Gott Vater, Sohn und Geist. Amen.

Amos 3, 1-10 EG 251, 5-7: Herz und Herz Luk. 10, 25-27

Da aber seine Mitknechte solches sahen, wurden sie sehr betrübt und kamen und brachten vor ihren Herrn alles, was sich begeben hatte. Da forderte ihn sein Herr vor sich und sprach zu ihm: Du Schalksknecht, alle diese Schuld habe ich dir erlassen, dieweil du mich batest; solltest du denn dich nicht auch erbarmen über deinen Mitknecht, wie ich mich über dich erbarmt habe? Und sein Herr ward zornig und überantwortete ihn den Peinigern, bis daß er bezahlte alles, was er ihm schuldig war. Also wird euch mein himmlischer Vater auch tun, so ihr nicht vergebet von eurem Herzen ein jeglicher seinem Bruder seine Fehler. Matth. 18, 31-35

Wenn wir nicht vergeben können oder nicht vergeben wollen, dürfen wir keine Entschuldigung dafür suchen. Es gibt so viele Entschuldigungen, die uns helfen wollen, dem Vergeben gewisse Grenzen zu setzen. »Der ist es nicht wert.« »Es muß alles seine Grenzen haben.«

Eins muß bedacht werden: Vergeben heißt nicht: so tun, als ob nichts geschehen sei. Das kann gerade verkehrt sein, wenn es einen Menschen in seiner Sünde bestätigt. Vergeben heißt: Dem Sünder Liebe und Barmherzigkeit zukommen zu lassen statt Kälte und Gericht. Wer vergibt, der ist bereit, zu geben anstatt zu fordern. Das ist es, was der Herr uns sagen will: Zu dieser Kälte einem Menschen gegenüber, die nicht bereit ist, wahrhaft zu helfen, zu diesem Gericht, das nicht bereit ist, barmherzig zu sein, gibt es vor Gott kein Recht in irgendeiner Form. Welcher Mittel sich die Liebe und die Barmherzigkeit im einzelnen Fall bedienen, dafür gibt es kein Gesetz.

Wir können uns der Vergebung Gottes nicht selbst getrösten, wenn wir im Herzen Kälte und Gericht triumphieren lassen. Wir erwerben zwar die Vergebung Gottes nicht durch unsre Vergebung, aber wir können sie verlieren, wenn wir nicht vergeben wollen. Nur bußfertige Menschen sind es, die die Vergebung Gottes in Christo empfangen. Wer in der Buße steht, der lebt von Barmherzigkeit. Wer von Barmherzigkeit lebt, kann sie aber doch nicht aus seinem Herzen abweisen.

So ist unsre Vergebungsbereitschaft Maßstab unsrer Buße und damit Maßstab für den Empfang der Vergebung Gottes.

O hilf, daß ich vergebe, wie Du vergibst, und meinen Bruder liebe, wie Du mich liebst. Amen.

1. Mose 50, 15-21 EG 130, 5-7: O Heil'ger Geist Eph. 5, 1-7

»Darum wird ein Mensch Vater und Mutter verlassen und an seinem Weibe hangen, und werden die zwei ein Fleisch sein?« So sind sie nun nicht zwei, sondern ein Fleisch. Was nun Gott zusammengefügt hat, das soll der Mensch nicht scheiden. Matth. 19, 5-6

Wenn Eheleute ihren Ehestand mit einer Trauung beginnen, dann sagen sie damit: Gott hat uns zusammengefügt! Christen wissen, daß der Anfang der Ehe auf Gott zurückzuführen ist wie der Anfang des Lebens. Wie wir einen Vater und eine Mutter haben durch Gottes Fügung, so fügt Gott auch, daß wir Vater und Mutter verlassen, und der Mann sein Weib und das Weib seinen Mann findet.

Das Wunder der Einheit zwischen Eltern und Kindern ist groß, ebenso groß ist, wenn auch in andrer Art, das Wunder der Einheit zwischen Mann und Weib. Wie die Erziehung Gottes dahin geht, daß Kinder, die ganz ihren Eltern gehören, doch ganz ein eigenes, verantwortliches Ich werden, so geht Sein Erziehungswille in der Ehe dahin, daß die zwei, die mit einem eigenen Ich kommen, doch ganz eins werden.

Wie kommt es dahin, daß Mann und Frau in der Ehe nicht nur zur Gemeinsamkeit, sondern zu wirklicher Einheit zusammenwachsen? Einheit in der Ehe kann nur vom Glauben her kommen. Unser Leib ist ein Heiligtum Gottes. In der Ehe werden wir sozusagen ein neuer Leib, von dem auch gilt: er ist ein Heiligtum Gottes. Wir können mit ihm nicht umgehen, wie wir wollen, ebenso wenig wie mit unserm eigenen Leib. Mann und Frau gehören nicht mehr nur sich selber, sie gehören nach Leib und Seele der Ehe, und damit dem Gatten. Die Ehe ist nicht ihr Werk, sondern Gottes Werk.

Wie im Glauben an Gott diese Einheit trotz der zwei Menschen als eine Tatsache festgestellt wird, so soll auch im Glauben die Einheit der Ehe zu einer inneren Wirklichkeit werden. Gott betrachtet uns als Eheleute, Er sieht auch bei der Ehe zweier im Glauben noch nicht verbundener Eheleute auf den gläubigen Teil, aber schließlich steht doch jeder vor seinem eigenen Heiland und vor seinem eigenen Richter. So gibt es keine größere Bitte in der Ehe als die:

Die wir durch Dich eins geworden sind, bitten, daß wir in Dir eins werden und bleiben. Amen.

1. Mose 2, 18-25 — EG 238, 1-3: Herr, vor dein Antlitz — Eph. 5, 22-35

Da sprachen sie: Warum hat denn Mose geboten, einen Scheidebrief zu geben und sich von ihr zu scheiden? Er sprach zu ihnen: Mose hat euch erlaubt, zu scheiden von euren Weibern wegen eures Herzens Härtigkeit; von Anbeginn aber ist's nicht also gewesen. Ich sage aber euch: Wer sich von seinem Weibe scheidet (es sei denn um der Hurerei willen) und freiet eine andre, der bricht die Ehe; und wer die Abgeschiedene freiet, der bricht auch die Ehe.

Matth. 19, 7-9

Die Pharisäer meinten, wenn schon in der Bibel eine Ehescheidung vorgesehen ist, dann ist damit doch auch grundsätzlich die Erlaubnis für Ehescheidung gegeben. Jesus weist aber sie und uns darauf hin, daß es nicht darauf ankommt, daß die Ehescheidung vorgesehen ist, sondern aus welchen Gründen.

Auch unsre staatliche Gesetzgebung sieht die Ehescheidung vor. Für Christen ist damit nicht die grundsätzliche Erlaubnis zur Ehescheidung gegeben. Wohl aber können wir sagen, daß die staatliche Ehescheidung sich darauf berufen kann, daß auch in der Bibel die Möglichkeit und Notwendigkeit zur Scheidung einer Ehe vorgesehen ist. Sie steht aber deshalb auch unter demselben Urteil Jesu wie die von Moses vorgesehene gesetzliche Ehescheidung.

Wehe uns, wenn wir aus der staatlichen Notwendigkeit, eine zerbrochene Ehe zu lösen, eine Möglichkeit machen, die uns offen steht, eine Berechtigung, von der wir Gebrauch machen können. Wir sollten erschrecken darüber, daß die menschliche Sünde das gute Werk Gottes, die Ehe, zerbrechen kann. Die Ehescheidung ist ein Zeichen dafür, daß die Menschen Gott verwerfen.

Wenn wir deshalb nicht ohne Gott, sondern mit Gott im Glauben an den Erlöser von Sünde und Schuld unser Leben führen wollen, dann gibt es für uns keinen andern Weg als den, zu bedenken: Gott will, daß wir nicht nach einem andern Ehegatten Ausschau halten, sondern Er will, daß wir Ihn darum bitten, uns die Kraft zu geben, einander lieb zu haben, lieb zu behalten und immer lieber zu gewinnen, daß wir Ihn bitten, uns die Kraft zu geben, einander zu tragen und zu vergeben, daß wir Ihn bitten, immer mehr eins zu werden im Glauben, und zu erkennen, wie Er gerade durch die Ehe uns in Seiner liebevollen Erziehung erhält.

Herr, laß uns vor unsrer und der Ungläubigen Sünde erschrecken, und laß uns fliehen dürfen zu Dir, der Du größer bist als unsre Sünde. Amen.

2. Sam. 11-12 EG 240, 1-3: Du hast uns, Herr, in Dir verbunden 1. Kor. 7, 1-11

Da sprachen die Jünger zu Ihm: Stehet die Sache eines Mannes mit seinem Weibe also, so ist's nicht gut, ehelich werden. Er sprach aber zu ihnen: Das Wort fasset nicht jedermann, sondern denen es gegeben ist. Denn es sind etliche verschnitten, die sind aus Mutterleibe also geboren; und sind etliche verschnitten, die von Menschen verschnitten sind; und sind etliche verschnitten, die sich selbst verschnitten haben um des Himmelreichs willen. Wer es fassen kann, der fasse es!

Matth. 19, 10-12

Es spricht aus dem Wort der Jünger: »Es ist nicht gut, ehelich zu werden«, ein Stück guter Selbsterkenntnis.

Der Trieb zur Ehe ist den Menschen von Natur gegeben, deshalb ist es auch kein Ausweg, wenn jemand glaubt, es sei leichter, nicht ehelich zu werden als sich zu verehelichen. Darum spricht der Herr von den Verschnittenen, d. h. von denen, die ohne Ehe bleiben. Ein freiwilliges Alleinbleiben ist auch nur da denkbar, wo dazu eine besondre Berufung gegeben ist. Es mag eine Art Berufung sein, wenn jemand ausnahmsweise ohne den Trieb zur Ehe geboren wird, es mag eine Berufung sein, wenn Menschen durch irgendeine Maßnahme, an der sie selber nichts ändern können, von der Ehe ausgeschlossen werden. Schließlich nennt der Herr den »ehelosen Stand um des Himmelreiches willen«. Das sind die, die ihre Ehelosigkeit im Glauben aus Gottes Hand nehmen, auch die, denen von

Gott ein besonderer Dienst zugewiesen ist, in dem sie ihren Weg allein gehen müssen. So kann auch die Dienerin in der Gemeinde, die Diakonisse, die ganz den Armen und Kranken, sei es von Haus zu Haus, sei es im Krankenhaus oder sonst in der Erziehungsarbeit ihren Dienst tun soll, nur wählen zwischen diesem Dienst und der Ehe.

Es wird ihnen gegeben, daß der Gehorsam gegen Gott und der Dienst am Himmelreich ihr Herz so erfüllen, daß sie in diesem ehelosen Stand sich genau so in der Kraft Gottes geführt wissen, wie die gläubige Ehefrau in der Ehe sich auf die Kraft Gottes angewiesen weiß. Für die Männer und Frauen, die ihren Weg allein gehen, kommt es vor allem darauf an, daß sie es wissen: Gott hat mir diesen Stand und Beruf gegeben, Gott gibt mir die Kraft dazu!

Behüte und leite uns alle, lieber Herr, in unserm Stand und Beruf. Amen.

Ps. 127, 3-5 EG 317, 2-4: Lobe den Herren 1. Kor. 7, 23-25

So gebet dem Kaiser, was des Kaisers ist, und Gott, was Gottes ist! **Matth. 22, 21**

Jesus, der Sohn Gottes, vor einer politischen Frage! Eifrige Juden lehnten es ab, dem Kaiser Steuern zu zahlen. Sie bedachten nicht, daß die Steuer Zwecken der Verwaltung und öffentlichen Ordnung diente. Die Juden hatte freie Religionsübung; der Staat hütete sich ängstlich – wir können das an Pilatus sehen – ihnen religiös zu nahezutreten. Aber bei den Juden vermengte sich religiöses und nationales Interesse. Sie unterschieden nicht zwischen Staatsnotwendigkeit und Religion. Hier handelte es sich um Gehorsam gegen die politische Gewalt, den Kaiser. Es blieb bei dem Pflichtbeitrag zur öffentlichen Verwaltung.

Weshalb legten sie Jesus diese Frage vor? Er sollte in eine Falle geraten. Antwortete Er für die Steuer, so hatte Er die Juden gegen sich, antwortete Er gegen sie, so konnte man Ihn beim Staat verklagen. Wie antwortet der Herr? Er entzieht sich der politischen Frage nicht. Aber zur Überraschung der Frager trifft Er aus Seiner Vollmacht das Wesen der Dinge. Jesus scheidet zwischen Politik und Religion. Erfüllt eure politischen Pflichten, erfüllt eure religiösen Pflichten. Der Kaiser vermengt sie nicht, vermengt ihr sie auch nicht. Ihr Juden wollt Gott geben, was dem Kaiser gehört, das will Gott gar nicht haben. Gebt dem Kaiser, was des Kaisers ist.

Jesus scheidet klar zwischen Politik und Religion. Aber Er scheidet nicht so, daß wir das eine oder das andre tun können nach unserm Belieben. Genau so wie wir als Glieder unsres Volkes der Obrigkeit zu geben haben, was ihr gebührt, haben wir als Geschöpfe Gottes, die erlöst sind durch das Blut Jesu Christi, Gott als dem Herrn aller Herren zu geben, was Sein ist. Es gehört Ihm, Er hat einen Anspruch darauf. Gott hat uns Seine Gebote gegeben. Wer gehorcht ihnen? Gott hat uns Seinen Sohn gegeben. Wer glaubt an den gekreuzigten und auferstandenen Heiland? Gehorsam und Glaube sind wir Gott schuldig. Wie lange noch wollen wir beides Gott schuldig bleiben? Gebt Gott, was Gottes ist!

Herr, unser Gott, wir danken Dir, daß wir wissen dürfen, was wir wollen. So gib uns denn, daß wir niemandem weigern, was ihm gehört. Segne die Obrigkeit, daß sie ihr Amt recht ausrichte, segne die Christenheit, daß sie Dich nicht verleugne. Amen.

Dan. 3 EG 421: Verleih uns Frieden Apg. 12, 18-25

Und Jesus ging hinweg von dem Tempel, und Seine Jünger traten zu Ihm, daß sie Ihm zeigten des Tempels Gebäude. Jesus aber sprach zu ihnen: Sehet ihr nicht das alles? Wahrlich, ich sage euch: Es wird hier nicht ein Stein auf dem andern bleiben, der nicht zerbrochen werde. Matth. 24, 1-2

Die Jünger hatten wie alle ihre Volksgenossen Freude am Tempel. Welch ein Bau! Wie für die Ewigkeit errichtet. Quadern und Mauern – als Stützen des Glaubens. Der Mensch hält sich gern an sichtbare Erweise für das Unsichtbare. Wir können die Jünger so gut verstehen.

Und Jesus? »Hängt euch nicht an den gegenwärtigen Bestand der Dinge!« Das ungeheuerliche Wort fällt: »Es wird nicht ein Stein auf dem andern bleiben.« Damit rührt Jesus an das, was den Jüngern und dem ganzen Volk heilig ist, Er verletzt – es läßt sich nicht leugnen – ihre religiösen Gefühle. Der Tempel ist nicht mehr das Heiligtum! Man überlege, was dieser Gedanke angesichts der Volkseinigkeit in Israel in der Tempelverehrung bedeutet! Mit seiner falschen Heiligkeit wird der Tempel selber fallen. Nur Menschen heiligen ihn, Gott hat sich ihm entzogen. Umbarmherzig erscheint Jesus, wenn es um scheinheilige Dinge geht. Da kann Er nicht fest genug zufassen, und da muß Er aus Liebe wehtun, – es geht um der Seelen Seligkeit. Seit Er gekommen ist, der Sohn Gottes, hat der Tempel seine Bedeutung verloren. Das Wort Gottes ist nicht mehr bei ihm, sondern bei Jesus.

Für unsre Kirche mag uns das zur Besinnung dienen. Hängen wir unsre Herzen nicht an ihren gegenwärtigen Bestand. Es kommt darauf an, daß der Herr sich nicht von ihr scheiden muß, wie vom Tempel. Wozu dient eine liebe, teure, evangelisch-lutherische Kirche, wenn der Herr nur noch einen Gedanken über das Auseinanderfallen ihrer Steine für sie haben kann? Was helfen Mauern und Quadern, Tradition und Treue, wenn es nicht einzig und allein um den Herrn geht?

Der Tempel mußte fallen, er hatte sich gegen Jesus entschieden. Eine Kirche wird nicht fallen, bleibt sie bei Ihm, folgt sie Ihm. Das Gefäß des Segens mag sich dann wandeln – der Segen bleibt.

Lieber Herr Jesus Christus, Du schiedest Dich vom Tempel, scheide nicht von uns. Dafür wollen wir Dir danken. Fülle unsre Kirche mit Deinem Geiste. Gib uns Freude an Dir, darüber hinaus brauchen wir nichts. Amen.

1. Kön. 9, 1-9 EG 347: Ach bleib mit Deiner Luk. 19, 45-48

Und als Er auf dem Ölberge saß, traten zu Ihm Seine Jünger besonders und sprachen: Sage uns, wann wird das geschehen? Und welches wird das Zeichen sein Deiner Zukunft und des Endes der Welt?

Matth. 24, 3

Man kann auf verschiedene Weise in die Welt schauen. Man kann sie anschauen von der Gegenwart aus. Man kann auch von der Zukunft aus gleichsam zurücksehen – wenn man die Zukunft kennt.

Die Jünger kannten die Zukunft aus Jesu Wort als das Ende der Welt. Sie sahen die Welt also von ihrem Zusammenbruch aus an. Es ist ein Unterschied, ob ich mein Leben mit dem Kraftgefühl jugendlicher Jahre betrachte oder vom Sterbebett her. Es erhebt sich die Frage, welche Betrachtungsweise die richtigere und klügere ist. Die Schrift sagt: »Herr, lehre uns bedenken, daß wir sterben müssen, auf daß wir klug werden!« Also Klugheit vom Ende her!

Wann wird das Ende kommen? Der Christ weiß, alle Erscheinungen in der Welt sind nicht ewig, sie sind nicht einmal unsterblich. Einmal wird alles vorbei sein. Wenn es heißt: »ihre Werke folgen ihnen nach«, so sind das nur die Werke im Herrn, nichts anderes hat Ewigkeitswert. So steht der Christ wohl in der Welt, aber er regt sich nicht auf über Vergängliches. Er hängt sich nicht an das, was ihn nicht tragen kann. Denn er weiß, es gilt, sich auf Jesu Kommen zu richten. Diesem Ziel strebt er entgegen, ihn erfüllt die große Vorfreude auf den Tag des Herrn.

Eine bestimmte Antwort auf die Frage der Jünger hat Jesus nicht gegeben. »Von dem Tage und der Stunde weiß niemand, nur der Vater im Himmel.« Eine Andeutung, an die wir uns halten können, besagt, daß das Evangelium gepredigt werden soll in der ganzen Welt. Das ist trotz aller Bemühungen der Mission noch nicht geschehen. Aber mit jedem Tage kommen wir dem Ziele näher. Hat der Herr uns Gnade gegeben in Seinem Wort, wissen wir, Er hat uns angenommen, dann wird auch unsre Freude über das erreichte Ziel einst vollkommen sein.

»Es vergehe die Welt, es komme Dein Reich.« Führ uns in Gnaden durch Zusammenbruch und Ende hindurch, verkürze das Leiden, nimm uns auf in Dein Reich. Hilf allen, die Dich nicht kennen, daß sie Dich finden und nicht verloren werden. Wir aber preisen Dich ohne Ende! Amen.

Ps. 116 EG 397, 2: Herzlich lieb hab ich Dich Apg. 1, 1-9

Jesus aber antwortete und sprach zu ihnen: Sehet zu, daß euch nicht jemand verführe. Denn es werden viele kommen unter meinem Namen und sagen: Ich bin Christus und werden viele verführen.

Matth. 24, 4-5

Jesus warnt. Jesus hat oft gewarnt. Neben der frohen Botschaft erklingt die warnende: Hütet euch! Denn neben der Führung der Seele gibt es eine Verführung. »Sehet zu, daß euch nicht jemand verführe.« Ihr müßt euch selbst Klarheit darüber schaffen, ob es Jesu Stimme ist, die euch ruft, oder die eines Verführers. Das Urteil ist also vom Herrn uns anheimgegeben. Ein schweres Stück Arbeit! Denn es erfordert geistliche Urteilskraft und charakterliche Urteilsbefolgung.

Wie ist das überhaupt möglich, daß solche Zustände in der Welt eintreten können? Da kommen Menschen, nicht nur hier und da einer, nein viele, und sagen: Ich bin Christus. Ich habe in Wahrheit Sein Amt übernommen. Und die Menschen lehnen sie nicht ab, nein, sie folgen ihnen bereitwillig. Und auch nicht nur einzelne, hier einer und da einer, nein, viele werden verführt. Wie ist das möglich? Wir leben dann, wenn das eintritt und sichtbar wird, in den letzten Zeiten, am Ende aller Dinge. Es ist soweit, die Welt geht unter, Gottes Reich kommt.

Deshalb sagt Jesus: Hütet euch! Viele Verführer und viele Verführte wird es in den letzten Zeiten geben. Keiner ist sicher, daß er nicht eines Tages die Stimme des Verführers mit der Stimme Jesu verwechselt, und schon ist er vom rechten Wege abgekommen. Was sollen wir denn tun?

Suchet in der Schrift! Hier können wir uns ein Urteil bilden, hier gewinnen wir geistliche Urteilskraft.

Und dann gilt es, das Bild des Verführers und das Bild Jesu nebeneinanderzustellen und Zug um Zug zu vergleichen. Lassen wir uns nicht täuschen! Der Teufel ist am Werk, der große Verführer. Er kann sich verstellen und verkleiden. Er kann als Engel des Lichts erscheinen. Er kann sehr fromm tun. Aber wer sich verführen läßt, geht ewig verloren. Wir müssen jeden, der im Namen Jesu Christi und Seinem Machtanspruch auftritt, auf Herz und Nieren prüfen. Jesus sagt: »Meine Schafe kennen meine Stimme, und sie folgen mir« – und nicht den Verführern.

Herr Jesus Christus, viele greifen nach meiner Seele und wollen sie sich untertan machen. Laß mich Dein sein und bleiben! Amen.

Jes 43, 8-13 EG 273: Ach Gott, vom Himmel 2. Tim 2, 14-21

Ihr werdet hören Kriege und Geschrei von Kriegen; sehet zu und erschreckt nicht. Das muß zum ersten alles geschehen; aber es ist noch nicht das Ende da. Denn es wird sich empören ein Volk über das andre und ein Königreich über das andre und werden sein Pestilenz und teure Zeit und Erdbeben hin und wieder. Da wird sich allererst die Not anheben.

Matth. 24, 6-8

Je näher das Ende, umso größer die Not!

Jesus spricht davon, damit Seine Jünger nicht erschrekken. Er weiß, es ist dem Menschen gut, wenn er sich auf eine Not gefaßt machen kann. Das Herz kann sich rüsten und kann darum bitten, daß es durch Gnade fest werde. Sehet zu! Das Paradies ist gewesen, es kommt auf Erden nicht wieder! Die Welt ist gefallen, sie steht ohne Jesus nicht wieder auf! Kampfeslärm wird sie erfüllen, und bis in die Tiefen ihrer Seelen werden die Menschen erfüllt sein mit den Erfordernissen ihrer Kriege. Und dazu Krankheiten, Teuerung, Erdbeben! Jesus zeichnet ein grauenvolles Bild vom Durcheinander aller menschlichen Ordnungen.

Das steht bevor und nichts anderes. Und wir hatten es uns so schön gedacht und wollten in Frieden uns unsres Lebens freuen und unsre Kinder in eine schöne Welt hineinwachsen lassen. Ist es verwunderlich, wenn die Gegner Jesu uns vorhalten: Wie könnt ihr Kinder haben, wenn ihr ein solches Ende erwartet? Was wird aus ihren ungefestigten Seelen, wenn harte Hände euch von ihnen trennen? Wir denken an Kinderschicksale in Rußland und Spanien und merken schon, was es heißt: da wird sich allererst die Not anheben.

Aber es gibt eine tröstliche Erfahrung der Kinder Gottes, die auch für die Endzeit gelten dürfte. Jesus hat die Not im voraus kundgetan, das ist schon eine große Hilfe, und Gott der Herr bereitet auf sie vor. Er wirft nicht plötzlich in große Not hinein, Er läßt sie langsam werden, erhöht allmählich die Last und gewöhnt an ihre Steigerung. Käme sie plötzlich mit ihrem ganzen Gewicht, dann würde sie zermalmen. So hilft Er uns, den Glauben des Lebens unter wachsenden Schwierigkeiten üben; möge Er uns auch helfen im letzten, schweren Kampf!

Herr unser Gott, wir danken Dir, daß wir die Wahrheit über das Ende dieser Welt wissen dürfen. Gib uns Deinen Tröstergeist, sonst ertragen wir es nicht. Dir aber sei Lob und Preis am Ende wie am Anfang! Amen.

Ps. 33, 1-11 EG 370, 4-8: Warum sollt ich mich denn grämen Offb. 20, 7-10

Alsdann werden sie euch überantworten in Trübsal und werden euch töten. Und ihr müsset gehaßt werden um meines Namens willen von allen Völkern. Dann werden sich viele ärgern und werden sich untereinander verraten und werden sich untereinander hassen. Und es werden sich viel falsche Propheten erheben und werden viele verführen. Und dieweil die Ungerechtigkeit wird überhand nehmen, wird die Liebe in vielen erkalten. Matth. 24, 9-12

In der Endtrübsal wendet sich der Haß der sich gegenseitig in den Tod hineinjagenden Völker merkwürdigerweise den Christen in ihren eigenen Reihen zu. Ein ungehaßtes Christentum hat es nie gegeben und wird es in der Endzeit erst recht nicht geben. Der Haß aber kühlt sich am ehesten im Mord. »Sie werden euch töten.«

Wenn man meinte, in solcher Zeit würde die Christenheit ein Bild der Einigkeit bieten, so läßt Jesu Wort das Gegenteil erwarten. Menschliche Schwäche und Erbärmlichkeit werden ein Übermaß erreichen. Was wird aus uns werden, wenn die letzte schwerste Anforderung an unsre Treue zu dem unsichtbaren Herrn gestellt wird? Wenn Glauben ebensoviel bedeutet wie Leiden? Wenn das Sterben für Christus leichter sein wird als das Aushalten für Ihn? Wir werden uns wahrscheinlich von einer Seite kennenlernen, die uns bisher unbekannt war. Da kommt die große Christenprobe.

Nur mit Furcht und Zittern läßt sich an die kommende Probe denken. Werden wir das Zeugnis der Wahrheit der Ungerechtigkeit entgegenhalten, oder werden wir der Ungerechtigkeit uns beugend nur zusehen, wie wir am besten für uns und unsre Familie hindurchkommen? Werden wir rücksichtslos gegen andre, lieblos gegen die Brüder werden, um uns noch eine Lebensmöglichkeit zu retten?

Wir müssen den Blick stur auf den Herrn richten. Jesus Christus, gekreuzigt und auferstanden! Dann fällt die Furcht von uns ab, dann werden wir ruhig. »Und ob ich schon wanderte im finstern Tag, fürchte ich kein Unglück, denn Du bist bei mir, Dein Stecken und Stab trösten mich.«

Versagen und verzagen, Herr, ist Menschenart. Wir sehen es, ohne Dich können wir nichts tun. Darum entziehe Dich uns nicht. Laß uns nicht fallen. Herr, zeige, wer Du bist! Amen.

Ps. 20 EG 346, 5: Such, wer da will Apg. 19, 23-40

Und Jesus ging zum Tempel Gottes hinein und trieb heraus alle Verkäufer und Käufer im Tempel und stieß um der Wechsler Tische und die Stühle der Taubenkrämer und sprach zu ihnen: Es steht geschrieben: »Mein Haus soll ein Bethaus heißen«; ihr aber habt eine Mördergrube daraus gemacht.

Matth. 21, 12-13

Die Welt möchte sich gern selbst leben und nicht einem andern, und wäre es auch der lebendige Gott, sie möchte sich bauen nach ihrem Geschmack. So stoßen also Offenbarung Gottes und Aufbauwille der Welt zusammen und ringen miteinander um die Menschenherzen. Und nicht selten hat die Welt Oberhand gewonnen und ist mit ihrer Art, ihrem Denken, ihrer Anschauung sogar in das Heiligtum Gottes eingedrungen, von Menschen ohne Unterscheidungsvermögen hineingetragen oder hereingelassen. Es ist seit alters der Versuch dieser Welt, die Offenbarung Gottes sich unterzuordnen, um ihrem Angriff zu entgehen. Ein Zeichen solcher Unterordnung des Gott Geheiligten unter das Unheilige sind die Verkäufer und Wechsler im Tempel zu Jesu Zeit gewesen. So weit war Gottes Offenbarung zurückgedrängt, ja, eingekapselt in engste Räume, und – Theologen und Gemeinde fanden nichts dabei!

Jesus handelt, Er verhandelt nicht. Nicht ein einziges Mal hat er um Erhaltung oder Erweiterung des Geltungsbereiches der Offenbarung Verhandlungen gepflogen. Das hatte

Er sich abgewöhnt, seit Er dem Teufel das »Hebe dich weg von mir, Satan!« gesagt hatte. Er schafft Tatsachen mit klarer Wortdarbietung oder mit der Tat. Er scheute, um deutlich zu werden, nicht den Skandal. Denn es handelt sich um die Seligkeit der Seelen. Was im Tempel Gottes Gott nicht dient, hält die Seelen auf, sei es ein noch so gutes menschliches Werk, ja, dient ihrer Verführung.

Jesus nimmt den Tempel in der von Gott gegebenen Freude und in der von Gott gegebenen Angst ernst. Nun kann der Mann von der Straße ihn auch wieder ernst nehmen. Jesus hält das Dahinsiechen der Seelen auf und zwingt die Diener des Wortes zu lauterer und reiner Verkündigung. Nur unter ihr können Seelen selig werden.

Herr, Jesus, Dein Auge sieht, was wir nicht sehen. Darum greife auch bei uns zur Geißel, daß wir niemanden ein Hindernis seien. Wie sollten wir es in der Ewigkeit tragen können, wenn durch uns Verlorene uns anklagen. Amen.

Hes. 33, 7-9 EG 393: Kommt, Kinder, laßt uns Joh. 2, 13-22

Und es wird gepredigt werden das Evangelium vom Reich in der ganzen Welt zu einem Zeugnis über alle Völker, und dann wird das Ende kommen.

Matth. 24, 14

Wie oft und gern haben Menschen versucht, das Ende der Zeiten zu enträtseln! Ein Geheimnis aufzudecken, über das Gott selber den Schleier breitet! Wenn Kriege, Verfolgungen, Not und Schrecken kamen, meinte man, das Ende sei nahe oder es sei schon da. Glaubensmut und Todesbereitschaft, aber auch Gedankenspielerei und eitles Rechnen begleiten den Gang des Evangeliums durch die Welt. Alle haben sie es erfahren müssen, die Menschen, die mit dem Ende rechneten, daß wohl jede Zeit uns dem Ende näherbringt; aber jede Zeit ist doch nur der Anfang des Endes.

Denn in Gottes Hand liegt Anfang und Ende der Welt und der Menschen. Zu Seths Zeiten begann die Predigt vom Namen des Herrn; die Propheten haben zur Zeit des Alten Bundes vom kommenden Endreich gepredigt; als die Zeit erfüllet war, sandte Gott Seinen Sohn. Und immer kam das Ende noch nicht. Denn Gottes Langmut ist es, die zwischen Anfang und Ende die Verkündigung Seines Namens, die Predigt vom Reiche stellte. Und erst, wenn der letzte Mensch durch das Wort der Vergebung zur Entscheidung gerufen ist, dann sind Gottes Wege mit der Welt zu Ende gekommen.

Du kannst das Ziel der Wege Gottes nicht bestimmen oder verschieben. Auch die Arbeit deiner Heimatmission kann es nicht, denn so wie Gott dein Herz angerührt und ihm Frieden geschenkt hat, so führt Er weiter auch die andern in der weiten Welt zum Glauben. Er allein, Sein Evangelium, nicht dein Wort. Aber sollte nicht dein Gebet, dein Opfer denen gehören, die der Herr zu Mitarbeitern und Boten in Seinem Reich gemacht hat? Solltest du nicht darum die Heidenmission besonders liebhaben, weil das Gottes Wille ist; bevor der Herr wiederkommt, soll auch der letzte Heide im fernsten Winkel Sein Wort gehört haben. »Und dann« – bricht Gottes ewiges Reich herein. Wie groß ist doch der rückflutende Segen der Arbeit deiner Mission, daß sie dich die Zeichen der Zeit erkennen lehrt! Es darf dir keine Arbeit wichtiger sein, als die, die durch die Verheißung Gottes so sichtbar gesegnet wird.

Herr, laß Deine Gemeinde unserm Volk und allen Völkern die Botschaft des Heils bringen. Rufe Du durch Dein Wort viele ins Licht Deiner Gnade. Gib den Boten in aller Welt Freudigkeit und Kraft in ihrem Dienst. Amen.

1. Mose 4, 26 | EG 442, 7: O Jesu Christ | Matth. 16, 3

Da Er solches mit ihnen redete, siehe, da kam der Obersten einer und fiel vor Ihm nieder und sprach: Herr, meine Tochter ist jetzt gestorben; aber komm und lege Deine Hand auf sie, so wird sie lebendig.
Matth. 9, 18

Wenn Gott mir mein Kind nimmt, dann kann ich nicht mehr an Ihn glauben, so sagte eine Mutter am Krankenbett ihrer todkranken Tochter. Und sie zeigte dadurch, daß sie den rechten Glauben noch gar nicht hatte. Ohne Vorwurf, ohne Klage kam der Oberste, dessen Tochter gestorben war, zu dem Herrn Jesus. Er fiel vor Ihm nieder. Sein Glaube bekannte sich zu Gottes Macht und traute der Wundermacht Jesu. Er glaubte, ohne zu sehen, denn noch hatte Jesus keine Toten auferweckt. Und es gab genug Tote, denen Jesus das Leben nicht wiedergab. Er glaubte, ohne zu sehen; denn es gab nicht viele Väter, die den Weg zu Jesus fanden, um Seine Hilfe in Leid und Krankheit zu erbitten. Als Mose in der Wüste die Schlange erhöhte, blickten auch nicht alle auf sie und starben an ihrem Unglauben.

Im Album einer Schülerin stand der Spruch: Es gibt nur einen Glauben, der Berge versetzen kann, und das ist der Glaube an die eigene Kraft. Der Oberste traute der Kraft Jesu mehr zu als der seinen und den Bemühungen der Ärzte, die kraftlos geblieben waren.

Der gekreuzigte und auferstandene Herr kann nicht nur irdisches Leben wiederschenken; dem Glauben wird auch das ewige Leben zuteil. Das ewige Leben ist die Gemeinschaft mit dem Herrn; es beginnt für uns, wenn wir Jesu Eigentum werden und Ihm Macht über unser Leben geben.

Wie viel, wie unendlich viel halten wir doch von unsrer eignen Kraft und Arbeit! Wenn wir zu einer Arbeit oder einem Dienst gerufen werden, den wir leisten sollen, so sehen wir auf unsre Kraft. Ist das anders, wenn wir unsre Seligkeit schaffen wollen? Der eine sagt: Hilf dir selber, so hilft dir Gott; der andere meint: Wer immer strebend sich bemüht, den können wir erlösen! Wundere dich nicht, daß Jesus solchem Glauben nicht folgt, wie er dem Obersten folgte! Er segnet nur den, der von sich nichts und von dem Herrn alles erwartet.

Herr, gib uns die Gewißheit, daß Du alles kannst. Führst Du uns durch dunkles Tal, führe uns an Deiner Hand. Laß uns mit Dir sterben und das ewige Leben gewinnen. Amen.

Jos. 1, 9 — EG 374, 1-5: Ich steh in meines Herren Hand — Joh. 11, 25-26

Und siehe, ein Weib, das zwölf Jahre den Blutgang gehabt, trat von hinten zu Ihm und rührte Seines Kleides Saum an. Denn sie sprach bei sich selbst: Möchte ich nur Sein Kleid anrühren, so würde ich gesund. Da wandte sich Jesus um und sah sie und sprach: Sei getrost, meine Tochter, dein Glaube hat dir geholfen. Und das Weib ward gesund zu derselben Stunde.

Matth. 9, 20-22

Alles wird sie in den zwölf Jahren versucht haben, die Frau, um von ihrer furchtbaren Krankheit frei zu werden. Man hat sie aufgegeben. Nun steht sie vor dem Herrn, ihrem Arzt. Da weiß sie: Keine Umstände, keine Besonderheiten, nur Sein Kleid brauch ich anzurühren, dann bin ich gesund.

Und solchen Aberglauben nennt der Herr Glauben und lohnt ihn durch Seine Hilfe? So fragst du. Mit Unrecht! Wollten wir dem Wort des Herrn nicht glauben, der Glaube der Frau selber müßte sich uns als Glaube, als rechter, echter Glaube beweisen. Denn dieser Glaube hat zwei untrüglich Kennzeichen seiner Echtheit: die Demut und die Gewißheit. Die Demut: Ärzte müssen bei schwerer Krankheit große Mittel anwenden; der Sohn Gottes braucht sie nicht. Das weiß die Frau. Und sie weiß mehr: daß sie ohne große Dinge bestimmt gesund wird.

Sei getrost, sagt der Heiland zu der Frau. Ob Er damit ihre Freudigkeit zu ganzer Gewißheit heben oder ihr ihre Sünde vergeben will, die der Feind des Glaubens ist, wissen wir nicht. Das ist sicher, daß mit diesem Wort die große Stunde ihres Lebens beginnt.

Vielleicht ist dein Glaube krank, er versagt in entscheidenden Stunden deines Lebens. Frage dich, ob dein Glaube diese Demut hat, die allein aus Gnaden selig werden kann. Erst wenn die eignen Erlösungsversuche zu Ende sind, kann der Glaube wirken und stark werden. Erst wenn du es demütig glauben kannst, daß ein Wort des Heilandes mehr vermag als tausend Regeln der Vernunft, ein Blick des Herrn mehr als tausend Übungen menschlicher Klugheit, dann erst glaubst du: »Ich weiß es, ich weiß es und werd es behalten, so wahr Gottes Hände das Reich noch verwalten, so wahr Gottes Sonne am Himmel noch pranget, so wahr hab ich Sünder Vergebung erlanget.«

Herr, schenke uns solchen Glauben! Erweise auch an uns Deine Barmherzigkeit. Amen.

1. Mose 15, 6 EG 350: Christi Blut und Gerechtigkeit Luk. 7, 6

Und als Er in des Obersten Haus kam und sah die Pfeifer und das Getümmel des Volks, sprach Er zu ihnen: Weichet!, denn das Mägdlein ist nicht tot, sondern es schläft. Und sie verlachten Ihn. Als aber das Volk hinausgetrieben war, ging Er hinein und ergriff sie bei der Hand; da stand das Mägdlein auf. Und dies Gerücht erscholl in dasselbe ganze Land.

Matth. 9, 23-26

Jesus kann und will uns da helfen, wo Glaube ist oder wo er geweckt werden kann. Der Vater des Kindes hatte den Weg gewagt zu dem großen Helfer, durch das Reden und Gespött seines Hauses hindurch – im Glauben. Er treibt die Klugen nun aus dem Hause, die den großen Arzt verlachen, der die Zeichen des Lebens und des Todes nicht zu kennen scheint. Sie verlachen ihn, weil sie ihn nicht verstehen. Der Glaube läßt sich weder durch das Gespött noch durch das merkwürdige Wort des Heilandes beirren.

Das Wunder geschieht, ohne Aufklärung, kein Schauspiel für Neugierige, keine Überraschung für die Lacher, auch kein Triumph über die Spötter. Es ist da und die Nachricht verbreitet sich mit Eile.

Das Wunder ist geschehen, und der Glaube des Vaters hat es empfangen. Glaubst auch du diesem Wunder und der Tatsache, daß Jesus Gottes Sohn ist? Oder willst du warten mit deinem Glauben, bis wieder ein Wunder geschieht und einer von den Toten aufersteht? Der reiche Mann dachte in der Qual an die Brüder, die nicht glaubten, und er bat um eine Nachricht aus dem Totenreich. Du bekommst keine andere Antwort als die, daß du die heilige Schrift hast und an sie glauben mußt und in ihr das Leben findest. Sieh den Glauben und die Freude des Vaters an. Er hat sein Vertrauen nicht weggeworfen und erhielt die große Belohnung.

Die Tat Jesu ist das Zeichen Seiner Macht. Sie weist dich hin auf Seine eigene Auferstehung. An der Auferstehung des Herrn entzündete sich der Glaube der Jünger. Sie gab ihnen die Gewißheit, daß der Herr nicht im Tode, sondern beim Vater und bei ihnen sei. Ist die Auferstehung nichts, so ist euer Glaube eitel, sagt Paulus. Das leere Grab ist der Beweis für die Jünger und für dich, daß dein Glaube einen festen Grund hat.

Herr, lehre Du uns an Deine Wunder glauben. Laß auch an uns das Wunder geschehen, daß wir bleiben in Deiner Gemeinde und teilhaben an Leben und Seligkeit und Dir für alle Deine Güte danken. Amen.

Ps. 68, 21 EG 113: O Tod, wo ist dein Stachel nun Joh. 1, 4

Und siehe, einer trat zu Ihm und sprach: Guter Meister, was soll ich Gutes tun, daß ich das ewige Leben möge haben? Er aber sprach zu ihm: Was heißest du mich gut? Niemand ist gut, denn der einige Gott. Willst du aber zum Leben eingehen, so halte die Gebote. Da sprach er zu ihm: Welche? Jesus aber sprach: Du sollst nicht töten; du sollst nicht ehebrechen; du sollst nicht stehlen; du sollst nicht falsch Zeugnis geben; Ehre Vater und Mutter; und: du sollst deinen Nächsten lieben als dich selbst.

Matth. 19, 16-19

Warum begegnet Jesus der Frage nach dem ewigen Leben so hart und abweisend? Hätte er sich nicht über das Verlangen und die Frage freuen und zu tieferer Erkenntnis leiten sollen? Der Kenner der Menschenherzen weiß, was der andere nötig hat. Wer etwas Gutes tun will und danach fragt, der fragt nach Gott. Wer das Gute nicht kennt, kennt auch Gott nicht. Wer Seine Gebote verachtet, verachtet auch Gott. Jesus betont, daß allein Gott gut ist. Der Sohn Gottes tut den Willen des Vaters und kann für die Seligkeit keine besonderen Anweisungen geben, die an Gottes Geboten vorbeiführen.

Tue das, so wirst du leben! Mit allem Ernst weist uns Jesus auf die Erfüllung der Gebote des Tages hin. Die Gebote Gottes sind das Werk Seiner Gerechtigkeit und Seiner Barmherzigkeit; dadurch regiert und erhält Er die Welt.

Weil die Erkenntnis seiner Sünde und die Verpflichtung göttlicher Gebote dem Zöllner Zachäus klargeworden war, konnte Jesus an ihm das Werk Seines Heiles tun. Als die Reue über die Übertretung der Gesetze den Schächer am Kreuz überkam, öffnete ihm Jesus die Pforten des verlorenen Paradieses. Wer den Willen meines Vaters im Himmel tut, der wird innewerden, ob meine Lehre von Gott ist, sagt Jesus zu Seinem Volke. Das ist der Segen, der die treue, alltägliche Erfüllung der Gebote Gottes begleitet: Daß wir erkennen, daß Gott Gott ist, und daß Er die Sünde der Väter heimsucht an den Kindern bis ins dritte und vierte Glied, aber denen wohltut, die Ihn lieben, bis in tausendste Glied.

Herr, lehre Du uns erkennen, daß Du allein vollkommen bist. Mach uns unsern Ruhm zunichte und vergib uns unser Versagen und unsre Sünde. Laß uns unsre Zuversicht setzen allein auf Dich. Amen.

Micha 6, 8 — EG 231: Dies sind die heilgen Zehn Gebote — Mark. 12, 30-31

Da sprach der Jüngling zu Ihm: Das habe ich alles gehalten von meiner Jugend auf; was fehlt mir noch? Jesus sprach zu ihm: Willst du vollkommen sein, so gehe hin, verkaufe, was du hast, und gib's den Armen, so wirst du einen Schatz im Himmel haben; und komm und folge mir nach. Da der Jüngling das Wort hörte, ging er betrübt von Ihm; denn er hatte viele Güter. Matth. 19, 20-22

Glücklich der, der das von sich sagen kann: ich habe alle Gebote gehalten von Jugend auf. Hätte der reiche Jüngling die Schrift gekannt, er hätte nicht so gesprochen. Das Dichten und Trachten des menschlichen Herzens ist böse von seiner Jugend auf, das ist die Wahrheit Gottes über unser Leben. Hätte er die Worte der Bergpredigt Jesu gehört, er hätte anders gesprochen: Wer zu seinem Bruder sagt: Du Narr, der ist nicht nur des Todes, der ist des höllischen Feuers schuldig. Wer ein Weib ansiehet, ihrer zu begehren, der hat schon in seinem Herzen die Ehe mit ihr gebrochen. Wer kann sich in seiner Gebundenheit der Vollkommenheit rühmen?

Jesus sagt das alles dem Reichen nicht. Er kann das nicht, weil Er das Herz des Jünglings kennt, das von Gott nichts weiß. Nur äußerliche Satzungen hat er erfüllt, ohne zu wissen, daß es Gottes Gebote sind. Er kann es noch nicht verstehen, daß er die Gebote Gottes im Grunde trotz allen Mühens gar nicht erfüllt hat. Denn alle Gebote werden nach

Jesu Deutung in den beiden erfüllt: Liebe Gott, deinen Herrn von ganzem Herzen und aus allen Kräften und liebe deinen Nächsten wie dich selbst. Sein Gott und sein Nächster, die er liebt, sind sein Reichtum. Hier setzt Jesus ein und führt ihn tiefer. Alles hat er erfüllt, aber die Hauptsache ist vergessen: Die Hingabe. Gib deinen Reichtum hin und verkaufe ihn und gib dich mir hin und folge mir!

Abraham hat den Ruf Gottes höher geachtet als Heimat und Ruhe und Freundschaft: Petrus ging den Weg des Gehorsams: Aber auf Dein Wort will ich das Netz auswerfen; und als Jesus ihn zum Menschenfischer machen wollte, ging er. Der reiche Jüngling betrog sich selbst um die Vollkommenheit des ewigen Lebens. Er versagte sich. Ruft Jesus dich, so zögere nicht, Ihm alles hinzugeben.

Herr, laß uns Dir folgen, wo Du hingehst, in Not und Tod und Herrlichkeit. Gib, daß uns nichts scheide von Deiner Liebe und bewahre uns in Deinem Dienst. Amen.

Spr. 10, 22 EG 302, 2: Wohl dem, der einzig schauet Matth. 5, 48

Jesus aber sprach zu Seinen Jüngern: Wahrlich, ich sage euch: Ein Reicher wird schwer ins Himmelreich kommen. Und weiter sage ich euch: Es ist leichter, daß ein Kamel durch ein Nadelöhr gehe, denn daß ein Reicher ins Reich Gottes komme. Da das Seine Jünger hörten, entsetzten sie sich sehr und sprachen: Ja, wer kann denn selig werden? Jesus aber sah sie an und sprach zu ihnen: Bei den Menschen ist's unmöglich, aber bei Gott sind alle Dinge möglich.

Matth. 19, 23-26

Arme und Reiche sind von Natur dem Himmel gleich fern und durch Gottes Gnade gleich nah. Aber das ist die Not, daß der Reichtum, der eine Gabe und eine Verpflichtung in sich schließt, oft das menschliche Herz gefangenhält und hart und kalt macht gegen die Gnade.

Reichtum gefährdet, nicht nur das Geld, ebenso reiche Begabung, hohe Stellung, Lebensglück und gutes Fortkommen. Am Reichtum fängt der Geiz und die Lieblosigkeit gegen andre an. Darum warnt Jesus so sehr davor.

Aber noch größer ist die Gefahr: Ein reicher Mensch, der nicht reich ist in Gott, betrügt sich nicht nur um die Freude des Gebens und der Liebe seiner Mitmenschen, sondern auch um das ewige Leben. Ein Reicher ist immer in Gefahr, sein Herz an sein Gut zu hängen, und dann die Gnade Gottes zu verlieren. So ist er arm. Die Armen im Geiste, die ihr Vertrauen nicht auf ihren Besitz, sondern auf die

Gerechtigkeit Gottes setzen, lohnt Jesus durch den Ruf in Sein Reich. Als ob wir uns durch unser Geld und unsre Klugheit in den Himmel einkaufen könnten! –

Gott allein hat die Macht, reiche Menschen zu armen Sündern zu machen, einen Zachäus zu bekehren, einen Pharisäer vom Thron seiner Selbstgerechtigkeit zu stoßen. Er kann unsre Tugend und ihre Ansprüche zerbrechen und uns arm vor sich und dadurch wahrhaft reich machen. Leere Hände will Er füllen, in unsrer Schwachheit will Er mächtig werden. Er fordert nicht von uns, daß wir vor Ihm durch unsre Ehrenhaftigkeit Eindruck machen. Arm wie wir sind, sollen wir Seiner Gabe trauen und Ihn an uns wirken lassen.

Herr, mach uns arm an eigener Gerechtigkeit und fülle uns frühe mit dem Reichtum Deiner Gnade. Laß uns die Gaben, die Du gibst, in Deinem Dienste üben in rechter Demut. Amen.

Jes. 40, 26 EG 414: Laß mich, o Herr Luk. 12, 16-21

Zu der Zeit ging Jesus durch die Saat am Sabbat; und Seine Jünger waren hungrig, fingen an, Ähren auszuraufen und aßen. Da das die Pharisäer sahen, sprachen sie zu Ihm: Siehe, Deine Jünger tun, was sich nicht ziemt am Sabbat zu tun. Er aber sprach zu ihnen: Habt ihr nicht gelesen, was David tat, da ihn und die mit ihm waren, hungerte? Wie er in das Gotteshaus ging und aß die Schaubrote, die ihm doch nicht ziemte zu essen, noch denen, die mit ihm waren, sondern allein den Priestern? Oder habt ihr nicht gelesen im Gesetz, wie die Priester am Sabbat im Tempel den Sabbat brechen, und sind doch ohne Schuld?

Matth. 12, 1-5

Hunger tut weh. Am Sonntag zu hungern ist doppelt hart. Das spürten auch die Jünger. Jesus half ihnen, nicht durch ein Wunder, aber indem Er sie durch eine königliche Auslegung des dritten Gebots in der Stillung ihres Hungers schützte.

Die königliche Auslegung heißt nun nicht »Not kennt kein Gebot« oder »Es macht nichts, wenn ihr einmal kleine Arbeiten am Sonntag tut«. Der Sonntag gehört Gott, und darum muß der Sonntag heilig sein. Wer in den Worten Jesu einen Erlaubnisschein für Sonntagsarbeit zu finden meint, mißbraucht das Wort Gottes, indem er es nach seinem Gutdünken auslegt.

Jesu Auslegung beginnt damit, daß Er uns Menschen das Gesetz aus der Hand nimmt. Gottes Gebote sind keine Waffen, mit denen wir unsern Nächsten erschlagen können. Sei fordern uns alle vor Gott und wollen, daß wir miteinander auf Gottes Willen achten.

Gott ist barmherzig. Darum will Er, daß der Menschen Leib und Seele nach einer Woche Arbeit und Mühe ausruhen. Unsre Seele kann nicht ruhen, wenn sie nicht durch Gottes Wort still und stark wird. So kann auch unser Leib nicht ausruhen, wenn er nicht das tägliche Brot empfängt. Das ist rechte Sonntagsheiligung, wenn unser Leib und Seele sich freuen in dem lebendigen Gott.

Darum heiligte David den Sonntag, als er den quälenden Hunger seiner Mannen stillte. Darum erfüllt jeder Prediger das dritte Gebot, wenn er am Sonntag seinen Hörern mit dem Evangelium zum Herzensfrieden hilft. Gott will nicht, daß wir einander mit Seinem Gebot quälen, sondern daß wir einander zum rechten, frohen Ausruhen helfen.

Herr, in Deinem Wort haben wir Frieden. Gib uns, daß wir auch unsern Nächsten zu froher Sonntagsruhe helfen. Amen.

1. Mose 2, 1-3 EG 165: Gott ist gegenwärtig Joh. 5, 17-19

Ich sage aber euch, daß hier der ist, der auch größer ist denn der Tempel. **Matth. 12, 6**

Es gibt Worte im Munde Jesu Christi, die damals, als sie an das Ohr des frommen und kirchlichen Hörers drangen, gleichsam die Wirkung eines Erdbebens ausgelöst haben müssen. Alte Formen werden zerbrochen, und das bisher Beständige wird zerstört. Menschliche Gedanken werden als leer und hohl erkannt, und die fromme Gebärde erweist sich als bloße Fassade.

So auch dieses Wort, mit dem Jesus Christus pharisäische Überheblichkeit, Gottes Willen in die Breite, Höhe und Tiefe ausmessen zu können, zu einem Trümmerhaufen zusammenschlägt. Mit einer Hand weist Er auf sich und mit der andern auf den Tempelberg: Hier ist der, der auch größer ist denn der Tempel. Er wagt dieses zu sagen aus der Ihm von Seinem Vater gegebenen Vollmacht und Gewißheit: ich und der Vater sind eins. Hier bin ich, der den Willen des Vaters ankündigt – und dort der Tempel, aus euren Händen gefügt.

Der Tempel aber, der das Haus der Ehre Gottes sein sollte und der Ort, da Gottes Willen verkündigt wird, war herabgesunken zu einer Einrichtung, wo Menschen als Seine peinlichen Wächter und Anwälte ihre eigene Ehre suchten. Der von Händen gefügte Tempel ist an Gottes Stelle getreten, und um dieses Tempels willen, ihrer Kirche, mußte

Jesus am Ende Seiner Erdentage den bitteren Gang nach Gethsemane und Golgatha antreten.

Kirche soll und muß der Ort sein, da allein und ausschließlich Gottes Willen verkündigt wird, da Menschen im Gehorsam des Glaubens Gottes Wort hören und auch danach tun. Sie kann aber auch ins Gegenteil umschlagen, wie es hier ersichtlich wird. Sie kann Kirche des Buchstabens werden, in der der Geist Gottes vergewaltigt wird, die tot und erstorben ist bei aller äußeren Regsamkeit. Die Kirche aber, in der Jesus Christus der Herr ist, hat die durch nichts zu überbietende Verheißung des Auferstandenen: »Siehe, ich bin bei euch alle Tage bis an der Welt Ende.«

Ja, Herr, bleibe Du bei uns alle Tage bis an der Welt Ende. Amen.

Ps. 86, 11 EG 123, 1-3: Jesus Christus herrscht als König 1. Kor. 3, 16-23

Wenn ihr aber wüßtet, was das sei: »Ich habe Wohlgefallen an der Barmherzigkeit und nicht am Opfer«, – hättet ihr die Unschuldigen nicht verdammt. Des Menschen Sohn ist ein Herr auch über den Sabbat.

Matth. 12, 7-8

Aus der Verteidigung geht der Herr zum Generalangriff über und stößt der Scheinheiligkeit pharisäischer Menschen mitten ins Herz. Die Frontstellung ist herumgeworfen: der Mann der Verteidigung beginnt den Angriff und zertrümmert rücksichtslos das Bollwerk angemaßter Rechtlichkeit und Überheblichkeit, vor dem an Seele und Leib Mühselige und Beladene starben und verkamen. Die Waffe, mit der man Ihn zu treffen wähnte, nimmt der Gottgesandte auf, prüft und verwirft sie – und richtet dann die Stahlspitze Seines Wortes auf die Wunde, an der sie unerkannt kranken und leiden, auf ihre Lieblosigkeit und Herzenshärte: »Ich will Barmherzigkeit und nicht Opfer!« Bei aller helfenden, seelsorgerlichen Güte, die Ihn immer leitet, ist Er dennoch klar und bestimmt. Aus der vom Vater gegebenen königlichen Macht und Freiheit heraus macht Er alle Dinge und Zeiten fruchtbar für Seinen Beruf. Auch der geheiligte Tag des Sabbats ist nichts anderes als Sein Diener, der sich verwenden lassen muß, wie es Sein Herr will. Unter seinen Händen zerbricht die starre Form des Gesetzes, in dem Menschen bisher Gottes Willen und Gebot erfuhren. Er, der Menschgeborene und für alle Zeiten Offenbarte, steht da als der fleischgewordene Wille des ewigen Gottes.

Wenn wir das doch verstehen wollten, was das heißt: fleischgewordener Wille des ewigen Gottes in unsrer Begrenztheit und Mittelmäßigkeit, deren Knechte wir sind! So würden wir nicht hierhin und dorthin laufen, nach diesem und jenem fragen, sondern allein und ausschließlich Jesus Christus in die Hände fallen; denn da empfangen wir die herrliche Freiheit derer, die der Herr frei gemacht hat. In dieser Freiheit aber ist jeder Dienst in Wort und Werk Gottesdienst – zu jeder Stunde und an jedem Tage.

Gib dann, o Herre Christ, daß ich den Tag beschließe, wie er angefangen ist; segne, pflanze und begieße, der Du Herr des Sabbats bist, bis ich einst auf jeden Tag ewig Sabbat halten mag. Amen.

Ps. 37, 5 EG 446, 5-9: Wach auf, mein Herz Eph. 1, 15-23

Und Er ging von dannen fürbaß und kam in ihre Schule. Und siehe, da war ein Mensch, der hatte eine verdorrte Hand. Und sie fragten Ihn und sprachen: Ist's auch recht, am Sabbat heilen?, auf daß sie eine Sache wider Ihn hätten. Matth. 12, 9-10

Wir sind ehrlich erstaunt über diese Frage, über die eigentlich gar nicht gesprochen zu werden braucht, da es uns selbstverständlich ist, zu helfen und heilen, wann und wo es auch sei. Wie kann es da nur sein, daß einer nicht die Hand anlegen will zur Hilfe, nur weil es Feiertag ist? Daß wir aber so sprechen und so auch handeln, wenn wir gerufen werden, um Bruder oder Schwester in ihrer Hilflosigkeit und Not beizustehen, verdanken wir Jesus Christus, dem Heiland und Helfer aller Welt. Was uns heute eine Selbstverständlichkeit ist – wir wollen uns dennoch ernsthaft prüfen bei dieser Feststellung, ob wir nicht die Hand des Hilfeheischenden übersahen und seinen Ruf überhörten –, war zu Jesu Zeiten nicht selbstverständlich. Es konnte einer sterben und elend verkommen, ehe das strenge, unerbittliche Gesetz dem Menschen Wege und Möglichkeiten des Helfens zubilligte. Nur so können wir verstehen, daß nicht die leibliche Not eines Hilflosen Anlaß zu dieser Frage war, mit der pharisäische Gesetzlichkeit Jesus Christus ans Kreuz zu bringen gedachte. Nicht heißes, ehrliches Ringen, um immer Handlanger der Liebe Gottes zu werden, war die treibende Kraft dieses Fragens, sondern die krankhafte Sucht verletzter Eitelkeit, die auch vor dem Gesandten Gottes ihr Scheinrecht zu behaupten versuchte. Handlanger der Liebe zu werden, hatten sie trotz Gottes Gebot, das von der Liebe zum Nächsten sprach, nicht das Vermögen gehabt. Ihre Eigenliebe hatte ihnen den Weg zum Nächsten versperrt, aber die Möglichkeit genommen, den Willen Gottes zu erkennen. Statt sich zum schwachen Bruder niederzubeugen, knieten sie vor dem Buchstaben. Und so traten sie vor Jesus hin und fragten: »Ist's auch recht, am Sabbat zu heilen?«

Herr, wir bitten Dich, gib uns allezeit offene Augen zu jeder Zeit und an allen Orten, die Not des Bruders und der Schwester als unsre eigene zu sehen und zu tragen. Amen.

Jes. 29, 14-15 EG 288: Nun jauchzt dem Herren Matth. 22, 34-40

Aber Er sprach zu ihnen: Welcher ist unter euch, so er ein Schaf hat, das ihm am Sabbat in eine Grube fällt, der es nicht ergreife und aufhebe? Wie viel besser ist nun ein Mensch denn ein Schaf? Darum mag man wohl am Sabbat Gutes tun. Da sprach Er zu dem Menschen: Strecke deine Hand aus! Und er streckte sie aus; und sie ward ihm wieder gesund, gleich wie die andre. **Matth. 12, 11-13**

Wer sich in Gottes Wort zu Hause weiß, der weiß auch davon, wie sehr Jesu höchst »unreligiöse« Haltung in den Augen Seiner Volksgenossen ein Skandal gewesen ist, wie sehr sich das Evangelium, die frohe Botschaft, von alltäglicher Religiosität unterscheidet. Unbegreifbar gott-menschlich und unfaßbar ewig-zeitlich ist alles, was in Ihm von der Offenbarung Gottes unter uns verkündet wird. Es will uns schwer eingehen, daß gerade hierdurch jede Hoffnung abgeschnitten wird, auf irgendeinem Wege der Religiosität zu Gott zu gelangen.

Und das war auch der heimliche Wunsch jener rechtlichen Männer gewesen, durch peinliche Erfüllung ihres aus Gottesgebot umgeformten Menschengesetzes zu Gott zu kommen. Jesus Christus aber streicht diesen Wunsch, streicht ihr Gesetz kreuz und quer durch. An einem Bilde, aus ihrem alltäglichen Leben gegriffen, zeigt Er ihnen die Verkehrtheit ihres Weges, den Irrtum ihrer Erwartung auf. Einem Schaf mochten sie helfen, wenn es am Ruhetag des

Sabbats zu Schaden kam, einem Menschen aber Hilfe zu bringen, galt ihnen als ein todwürdiges Verbrechen! Welch krummes Urteil, daß Gott durch die Verachtung Seines höchsten Geschöpfes die Ehre nahm! Nimmermehr kann das Gottes Wille sein! Und so stellt der Herr diesem verderbten Denken die Neuerkenntnis des alten Gottesgebots gegenüber, die eine Ausflucht unmöglich macht, sobald einmal die Frage gestellt ist: Gutes oder Böses tun. An dieser Regel, daß Gott Dienst der Liebe und Barmherzigkeit will, erfährt alles menschliche Wollen, das sein Eigenrecht sucht und Gott die Ehre versagt, Gericht und Urteil.

Wie die Liebe Gottes in Jesus Christus, in dem Gott Seinen gefallenen und geplagten Geschöpfen begegnet, keine Ruhe kennt, so kennt auch an keinem Tage menschliche Hilfsbereitschaft Ruhe und Aufhören.

Herr Jesus Christus, stärke uns, daß wir allezeit des Rufes gewärtig sind, Handlanger der Liebe Gottes zu sein. Amen.

Ps. 14, 1-3 EG 406, 4-6: Bei Dir, Jesu Eph. 3, 14-21

Da gingen die Pharisäer hinaus und hielten einen Rat über Ihn, wie sie Ihn umbrächten. Aber da Jesus das erfuhr, wich Er von dannen. Matth. 12, 14-15

Das Leben unsres Herrn und Heilands ist von einem sonderlichen Geheimnis überschattet, dessen rätselhaftes »Warum« zu allen Zeiten Menschen gelockt hat, es in einem »Leben«, in einer »Nachfolge Jesu Christi« zu enthüllen und offen darzulegen. Sind wir es denn nicht auch, die immer wieder fragen, warum nur Sein Leben, das doch nichts anderes sein wollte als der Dienst Gottes in einer verlorenen Welt, durch die Jahrhunderte den entfesselten Haß und die geballte Feindschaft aller untergründigen Mächte auf sich ziehen mußte? Warum nur hielten die Pharisäer einen Rat über Ihn, wie sie Ihn umbrächten? Warum nur mußte Sein reines Wollen scheitern am Mißerfolg, wie wir es hier in den Berichten von der rechten Heiligung des Feiertags sehen? Gott, der Herr aller Zeiten, hat durch den Mund Seiner Propheten selbst dazu geantwortet, ehe wir fragten. Von der ersten Stunde, da das gottselige Geheimnis kündlich groß wurde in der armseligen Krippe von Bethlehem, bis zur letzten, da die Zeit erfüllet war in dem Leben Jesu Christi, hat der lebendige Gott in Seinem Wort Seinen Willen kundgetan. Und Gottes Wille kennt kein »Warum«. So geht auch Jesus Christus Seinen Weg ohne unwilliges Fragen und wirkt in der Welt Seines Vaters Werke in dem hellsichtigen Wissen um Sein Sterben in Verlassenheit und

Nacht. Da aber Seine Stunde heute noch nicht gekommen war, »wich Er von dannen«. Wenn Er von nun an einsam und gemieden, verdächtigt und verachtet außerhalb Seines Volkes steht, so ist das doch das Furchtbare, daß damit das Volk ganz und gar aus Gottes Händen gefallen ist. Warum? Das sagt uns unser Schriftwort: »Die Pharisäer hielten einen Rat über Ihn, wie sie Ihn umbrächten.« Hier ist das Gericht auf ein Urteil gefolgt, das das Volk sich in seinen berufenen Vertretern selbst gesprochen hat.

Herr unser Gott – das sei unsre Bitte und unser Gebet zu Dir –, wir lassen Dich nicht, Du segnest uns denn! Amen.

Jes. 53, 1-8 | EG 443, 6: Aus meines Herzens Grunde | Joh. 7, 25-32

Und Ihm folgte viel Volks nach, und Er heilte sie alle und bedrohte sie, daß sie Ihn meldeten, auf daß erfüllet würde, das gesagt ist durch den Propheten Jesaja, der da spricht: »Siehe, das ist mein Knecht, den ich erwählt habe, und mein Liebster, an dem meine Seele Wohlgefallen hat; ich will meinen Geist auf Ihn legen, und Er soll den Heiden das Gericht verkündigen.«

Matth. 12, 15-18

Wieder geht eine Woche zu Ende. Über jedem Tag stand ein Wort der Bibel, das uns Jesus Christus als den Vorkämpfer des Willens Gottes in unsrer Zeit sehen ließ. Nicht um den Leuten ein Schauspiel zu bieten, ist Jesus Christus den für alle Zeiten höchst eigenartigen Weg selbstloser Liebe gegangen, nicht um einer aufsehenerregenden Propaganda willen läßt Er es an Seiner Hilfe nicht fehlen, nicht um eine politische Erwartung zu erfüllen, predigt Er die Botschaft von dem Reich Gottes. Nein, diese Hoffnung zerstört Er rücksichtslos. Wie Er um Seine Zeit und Stunde weiß, so weiß Er auch im tiefsten um Seine Sendung und Aufgabe: Gottes Knecht zu sein. Vor diesem Amt, auf dem der Segen des Vaters im Himmel ruht, muß alles andre weichen, möchte es auch noch so wichtig erscheinen. Als Knecht Gottes tritt Er in den Kreis der Pharisäer, um Gottes Willen in aller Eindeutigkeit aufs neue zu verkündigen. Als Knecht Gottes geht Er in die Häuser und auf die Straßen und sucht die armen, die elenden, die gottlosen Menschen mit helfender Liebe auf, sucht uns alle. Er stößt nicht, was zusammenbrechen will, um selbst Raum zu gewinnen. Das Unrecht der andern muß Ihm nicht helfen, um Sein Recht zum Siege zu führen. Die Schuld des Bruders trägt Er als eigene Schuld und hilft Ihm so auf den rechten Weg.

Ob wir es je begreifen, daß mit diesem »andersartigen« Leben des Knechtes Gottes, Jesus Christus, über unser menschliches Leben ein Gericht ergeht, in dem wir gar nichts, aber auch gar nichts zu unsrer Rechtfertigung vorbringen können? Nur das eine bleibt, daß wir uns aufmachen und bereit sind, uns finden zu lassen von Jesus Christus, von dem der ewige Gott spricht: »Siehe, das ist mein Knecht!« So haben wir durch Ihn Leben und Seligkeit.

Herr, unser Gott, wie Du Jesus Christus, Deinen Knecht, in die Welt sandtest, so sende auch uns als Deine Knechte in unser Volk, daß wir Täter Deines Willens an allen Orten werden. Amen.

Jes. 42, 1-4 EG 250, 1-3: Ich lobe Dich Röm. 1, 16-18

Gleichwie ein Mensch, der über Land zog, rief seine Knechte und tat ihnen seine Güter aus; und einem gab er fünf Zentner, dem andern zwei, dem dritten einen, einem jeden nach seinem Vermögen, und zog bald hinweg. **Matth. 25, 14-15**

Das ist das Bild der christlichen Gemeinde in dieser Welt: Ihr Herr zog über Land. Himmelfahrt ging Er heim in das Land Seines Vaters. Dorthin, wo Gottes Name geheiligt wird, wo sich Gottes Herrschaft ungehindert entfaltet und wo Gottes Wille geschieht. Gewiß ist Jesus bei uns alle Tage. In Seinem Geist ist Er uns nahe und unserm Herzen gewiß. Aber unsre Augen sehen Ihn nicht. Wie gern würden wir Ihn unsern Kindern zeigen, daß sie Ihn sehen können, den Kinderfreund. Wie gern auch den Feinden Jesu die Herrlichkeit unsres Herrn vor Augen führen, daß sie an Ihn glauben müssen. Wie leicht würde es uns dann sein, uns zu Ihm zu bekennen, von Ihm zu zeugen, Ihm zu dienen. Aber wir sehen Sein Angesicht nicht und können nicht sagen: hier ist Er oder da ist Er. Christus ist gleich wie ein Mensch, der über Land zog. Wir ehren einen unsichtbaren Herrn. Wir dienen einem König, der nur kurze Zeit unter uns war und dann bald hinwegzog. – Diese Zeit Seines unsichtbaren Regiments wird andauern bis an den »Jüngsten Tag«. Am Ende der Zeiten, wenn Gott die ganze Erde sterben und vergehen heißt, wird Er wiederkommen und Sein Königtum unter uns sichtbar machen. Dann werden Ihn auch

Seine Feinde sehen in Seiner Herrlichkeit. Dann sind alle Reiche des Herrn und Seines Christus geworden. Bis zu diesem Tag warten wir der Herrlichkeit, die an uns soll geoffenbart werden. Inmitten der wartenden Gemeinde aber steht die Schar der Knechte, die ihrem Herrn dient, bis Er kommt. Ihnen hat Er bei Seinem Scheiden Seine Güter anvertraut. Wort und Sakrament sollen sie verwalten und in beidem Boten des Evangeliums sein. Sie erfüllen ihren Auftrag auch unter uns. Wäre jene Kette der Boten abgerissen, oder hätte Christus Seinen Auftrag zurückgezogen, so wäre auch dies Buch nicht zu dir gekommen. Christus tut Seine Güter aus bis auf diesen Tag. Verschieden ist das Maß der Kraft, mit dem die Knechte des Herrn ihres Dienstes walten, aber alle stehen unter demselben Befehl: Handelt, bis ich wiederkomme!

Herr Jesus Christus, Du bist unsern Augen verborgen, und die Welt kennt Dich nicht. Aber wir glauben an Dich und trauen auf Deinen heiligen Namen. Segne Deine Knechte. Amen.

Hes. 3, 1-11 EG 241, 5-8: Wach auf, Du Geist Offb. 3, 1-6

Da ging der hin, der fünf Zentner empfangen hatte, und handelte mit ihnen und gewann andre fünf Zentner. Desgleichen auch, der zwei Zentner empfangen hatte, gewann auch zwei andre. Der aber einen empfangen hatte, ging hin und machte eine Grube in die Erde und verbarg seines Herrn Geld.

Matth. 25, 16-18

Als Jesus sich äußerlich von dieser Erde trennte, ließ Er unter den Menschen eine dienstbereite Schar zurück. Nach der Stunde Seiner Himmelfahrt gingen die Jünger aus und predigten an allen Orten, und der Herr wirkte mit ihnen und bekräftigte das Wort durch mitfolgende Zeichen. So erfüllte sich, was unser Gleichnis den Jüngern schon vorausgesagt hatte: Sie hatten Großes empfangen, das verpflichtete sie zu unermüdlichem Dienst. Wie in den ersten Tagen der Christenheit, so ist es geblieben bis heute. Wenn das Wort Gottes uns überwindet und Gottes Gnade uns in ihrer Größe aufgegangen ist, dann wissen wir uns zugleich in eine hohe Verantwortung gestellt. Wer die Barmherzigkeit Gottes erfahren hat, darf fortan nicht müde werden, sondern hat die Aufgabe es nun auch andern leichter zu machen, das Evangelium zu verstehen und an seine Macht zu glauben. Niemand soll meinen, er besitze die frohe Botschaft nur für sich selbst. Wir haben nur teil an einer Kunde, die allen gilt. Wenn wir es darum fassen, daß Gott uns gnädig ist, dann müssen wir dazu helfen, daß mit uns viele für Christus und Sein Reich gewonnen werden. Wer Gottes Gnade für sich selbst behält, der gleicht jenem Mann, der ein Loch in die Erde grub und das Geld, das sein Herr ihm gab, dort versteckte. Wem Gott Seine Güter anvertraut hat, der soll sie andern zeigen, daß auch sie herzukommen und mit ihm selig werden. Was darum der große Heidenapostel erkannte, muß auch uns deutlich werden: »Darum ist mir Barmherzigkeit widerfahren, auf daß an mir Jesus Christus erzeigte alle Geduld zum Vorbild denen, die an Ihn glauben sollten zum ewigen Leben.«

Herr Jesus Christus, Du hast uns reich gemacht durch Dein Evangelium und unser Leben licht werden lassen durch Deine Gnade. Nun hilf uns, daß wir Dein Licht auf den Leuchter stellen, daß es allen leuchte, die in unserm Hause sind. Amen.

Dan. 1, 1-21 EG 280: Es wolle Gott uns gnädig Luk. 10, 17-20

Über eine lange Zeit kam der Herr dieser Knechte und hielt Rechenschaft mit ihnen. Matth. 25, 19

Der Glaube an die Wiederkunft Christi gehört zu dem unveräußerlichen Glaubensgut der Kirche. »Es vergehe die Welt, es komme Dein Reich!«, so hat die urchristliche Kirche gebetet. In Zeiten der Bedrängnis und Not hat der Glaube an das Kommen Jesu die kämpfende Christenheit immer wieder gestärkt. Das Gebet, mit dem unsre Bibel schließt, wird darum unter uns gebetet werden, bis es sich erfüllt: Komm, Herr Jesu! – Aber wissen wir auch, was wir tun, wenn wir den Tag Jesu Christi herbeisehnen? Der Jüngste Tag ist ein Tag des Gerichts, der Tag, an dem der Herr Seiner Knechte kommt und mit ihnen Rechenschaft hält. Läßt dieser Tag auch lange auf sich warten, so kommt er doch gewiß. An jenem Tag stellt Gott unser Leben in das helle Licht Seines Wortes. Dann werden unsre Werke offenbar. Das aber ist in diesem Gericht die entscheidende Frage, was wir mit den Gaben anfingen, die Gott uns anvertraut hat; mit dem Wort, das wir von Ihm haben; mit dem Sakrament, in dem Er uns hier auf Erden nahe sein will; mit den Erkenntnissen, die Er gerade uns erschlossen hat. Wir Menschen sind lichtscheue Gestalten, wir lieben die Finsternis mehr als das Licht. Wir tarnen uns, so gut es gehen will. Wir entschuldigen unsern Unglauben und unsern Ungehorsam und meinen schließlich gar auch selbst, daß wir so sein müßten, wie wir sind. Der Tag des Gerichts wird es offenbar machen. Gott mißt dann unser Leben an den Gaben, die Er uns anvertraut hat und fordert von uns, daß wir genutzt haben, was Er uns gab. Können wir in diesem Gericht bestehen?

Herr unser Gott, Du hast Deinen Sohn gesandt in die Welt, nicht, daß Er die Welt richte, sondern daß die Welt durch Ihn selig werde. Hilf, daß uns nicht zum Gericht wird, was Du uns zum Heil gesetzt hast. Amen.

Ps. 34, 1-11 EG 248, 6-7: Treuer Wächter Mark. 13, 32-37

Da trat herzu, der fünf Zentner empfangen hatte, und legte andre fünf Zentner dar und sprach: Herr, du hast mir fünf Zentner ausgetan; siehe da, ich habe damit andre fünf Zentner gewonnen. Da sprach sein Herr zu ihm: Ei, du frommer und getreuer Knecht, du bist über wenigem getreu gewesen, ich will dich über viel setzen; gehe ein zu deines Herrn Freude!

Matth. 25, 20-21

Als Jesus das Gleichnis von den anvertrauten Zentnern sprach, dachte Er zunächst an Seine Jünger. Sie waren die Knechte, denen Er Seine Güter austat. Ihnen befahl Er, fleißig ans Werk zu gehen bis zur Stunde Seiner Wiederkehr. Weil aber dieser Tag allein im Ratschluß Gottes liegt, steht dies Gleichnis bis heute über der Christenheit und gilt hier sonderlich den »Dienern am Wort«, den Trägern des geistlichen Amtes, den Hirten der Gemeinde. Es gilt darüber hinaus aber allen. Ihnen hat Christus Seine Güter anvertraut. Am Ende der Zeiten aber wird Er sie fragen, wie sie ihr Amt verwaltet und die Herde geweidet haben. Jeder von ihnen muß dann Rechenschaft geben über das Maß an Kraft und die Tiefe der Erkenntnis, die gerade ihm gegeben sind. Mehr Raum zu schaffen für die Herrschaft des Wortes Gottes, das ist ihr Beruf. Andere zum Glauben an Christus zu führen, das ist ihr Amt; mit den fünf anvertrauten Zentnern gewissermaßen fünf weitere zu gewinnen, das ist ihnen befohlen. Welche Freude, wenn das gelingt! Glücklich tritt der Knecht vor seinen Herrn: siehe da, ich habe fünf andere Zentner gewonnen! Dann bekennt sich der Herr zu Seinem Knecht: du bist über wenigem getreu gewesen, ich will dich über viel setzen. So wird der treue Arbeiter zu größerer Treue und der Fromme zu ungeteilter Hingabe gerufen. Gott zu dienen, das bleibt unser aller Aufgabe. Denn der Himmel ist weder ein seliges Nichtstun noch ein Sitzen an reichgedeckten Tischen. Christen rüsten sich zum ewigen Gottesdienst. Sie hoffen, daß sie einst mit reicherer Kraft vor Gott stehen und Ihm dienen werden allezeit. Der Herr aber, der uns in Seinen Dienst ruft, gibt uns auch teil an Seiner Freude und erfüllt dadurch Seine Zusage: Wo ich bin, da soll mein Diener auch sein. Und: Wer mir dienen wird, den wird mein Vater ehren.

Herr unser Gott, wir bitten Dich heute für den, den Du uns zum Hirten gesetzt hast. Hilf ihm, in Treue seines Amtes zu walten, daß er etliche gewinne, die da selig werden. Hilf uns, daß wir sein Werk nicht hindern, sondern uns auch in Treue zu Dir bekennen und einst mit ihm eingehen zu Deiner Freude. Amen.

5. Mose 34 EG 413: Ein wahrer Glaube Apg. 7, 55-59

Da trat auch herzu, der einen Zentner empfangen hatte, und sprach: Herr, ich wußte, daß du ein harter Mann bist; du schneidest, wo du nicht gesät hast, und sammelst, da du nicht gestreut hast; und fürchtete mich, ging hin und verbarg deinen Zentner in die Erde. Siehe, da hast du das Deine. Sein Herr aber antwortete und sprach zu ihm: Du Schalk und fauler Knecht! Wußtest du, daß ich schneide, da ich nicht gesät habe, und sammle, da ich nicht gestreut habe, so solltest du mein Geld zu den Wechslern getan haben, und wenn ich gekommen wäre, hätte ich das Meine zu mir genommen mit Zinsen. Darum nehmt von ihm den Zentner und gebt's dem, der zehn Zentner hat.

Matth. 25, 24-28

Der faule Knecht gehört zu den Knechten seines Herrn. Auch er hat Gaben empfangen. Jesu Wort ist ihm gesagt. Er hat teil am Tisch seines Herrn. Er ist vollberechtigtes Glied der Gemeinde. In dem allen ist er den andern Knechten gleich. Das aber unterscheidet ihn: er hat die Gaben, die ihm gegeben sind, für sich allein behalten. Er hat sie freilich gut bewahrt, er hat auf seinen Glauben »nichts kommen lassen«, er hat an dem festgehalten, was er gelernt hat, hat auch die Ordnungen und Sitten der Gemeinde treu beobachtet. Aber den Einsatz für seinen Herrn hat er nicht gewagt. Faul wie sein Verhalten ist auch seine Entschuldigung: »Ich wußte, Herr, daß Du ein harter Mann bist. Du schneidest, wo Du nicht gesät hast.« Wie kann der so reden, da ihm doch Gaben zuteilgeworden sind? Hätte er die Liebe erkannt, die ihn begnadet hat, so hätte er wieder lieben und die anvertrauten Gaben in emsigem Dienst einsetzten müssen. Nun hat er nur sich selbst gelebt. Darum trifft ihn der Zorn seines Herrn. Denn der Herr der Gemeinde erwartet von uns, daß wir Seine Zeugen sind. Wer Sein Wort gehört hat, soll es nicht nur bewahren, sondern verkündigen. Als Jesu Jünger sollen wir uns auch darum mühen, daß die Zahl derer wächst, die mit Ernst Christen sein wollen. Gott wacht darüber, daß die Gaben, die Er uns anvertraut hat, wirklich zum Einsatz kommen.

Der faule Knecht wollte Gottes Gaben nicht verwalten, darum werden sie ihm jetzt entzogen; und zu spät entdeckt er, daß seine Trägheit ihm auch das eigene Heil verscherzte. Nur Arbeiter empfangen Lohn, nur die Treue wird gesegnet. Gott ruft, aber nimm auch deinen Bruder mit!

Herr unser Gott, Du hast uns zu Dir gezogen aus lauter Güte. Laß uns Zeugen Deiner Barmherzigkeit sein! Amen.

Ps. 122 EG 252: Jesu, der Du bist alleine Jak. 2, 14-20

Denn wer da hat, dem wird gegeben werden, und er wird die Fülle haben; wer aber nicht hat, dem wird auch, was er hat, genommen werden. Matth. 25, 29

Ist es nicht ungerecht, wenn der Reiche immer mehr bekommt: »Wer da hat, dem wird gegeben«, aber dem Armen immer mehr genommen wird: »Dem wird auch, was er hat, genommen«? Nein! Die gültige Regel, die Jesus hier bezeugt, lautet: Der Reiche wird immer reicher, aber der Arme wird immer ärmer. Reich sind wir, wenn wir den Schatz, den Gott uns gab, wirklich besitzen. Arm sind wir, wenn wir diesen Schatz nicht haben, nicht gebrauchen oder gar nicht wissen, daß er vorhanden ist. Der größte Schatz der Christen ist Gottes Wort.

Wer die Bibel braucht, in dessen Leben bewahrheitet es sich: der Reiche wird immer reicher. Schon daß wir die Bibel haben, ist Reichtum. Denn hier haben wir Vergebung der Sünde, echte Freude, unerschöpfliche Kraft, wahren Trost. Wer aber die Bibel liest, wer in ihr Jesus Christus als seinen persönlichen Heiland findet, der wird der Vergebung froh. Er merkt, wie viel Gott ihm vergeben hat und vergibt. Und wem viel vergeben ist, der liebt viel. Wer die Bibel gebraucht, dem wachsen Kräfte zu, von denen die Welt nichts ahnt, über die auch die Welt niemals Herr werden kann. So wird der Bibelleser immer reicher an Kraft. Wer brauchte nicht Trost. Wer sehnte sich nicht nach einem Menschen, der ihn wirklich verstünde und des Lebens

Fragen und Rätsel beantwortete? In der Bibel begegnet uns der Herr, der uns tröstet, wie einen seine Mutter tröstet. So reich wird der Bibelleser, immer reicher.

Aber der Arme wird immer ärmer. Wo keine Bibel ist im Haus, da sieht's gar öd und traurig aus. Wo Menschen nicht um die Vergebung der Sünde wissen, da fehlt die Liebe. Eigene Kraft versagt schnell, unter allen Umständen aber einmal im Leben. Viele zehren noch von der Kraft ihrer Väter und Vorväter, die in der Bibel lebten. Wer aber die Bibel nicht gebraucht, dem wird auch das, was er hat, genommen, er wird immer ärmer.

Köstlich ist dies Erlebnis, immer reicher werden zu dürfen an dem inwendigen Menschen durch Gottes Wort. Kennen wir das?

Lieber Vater im Himmel, Du hast uns reich gemacht durch Deine Gabe. Dank sei Dir dafür. Laß uns nicht ärmer, sondern reicher werden. Hilf uns, treu die Bibel zu lesen. Amen.

Ps. 1 EG 412, 2: So jemand spricht 1. Tim. 6, 11-16

Darum wachet; denn ihr wisset nicht, welche Stunde euer Herr kommen wird. Matth. 24, 42

Wir Christen leben zwischen der Himmelfahrt unsres Herrn und dem Tag Seiner Wiederkehr. Darum sind wir Wissende und Hoffende zugleich. Wir haben reiche Gaben empfangen und warten doch auf eine noch größere Herrlichkeit, die an uns soll geoffenbart werden. Christus ist über diese Erde gegangen, hat uns Sein Wort gegeben und in Seinen Dienst gerufen. Und doch warten wir eines neuen Himmels und einer neuen Erde, auf der Gottes Wille lükkenlos geschieht und Gott Sein Regiment unumstritten übt. Weil dem so ist, dürfen wir weder so tun, als sei Christus nicht unter uns gewesen und hätte uns Seine Befehle gar nicht gegeben, noch dürfen wir so leben, als sei die Verheißung der Wiederkunft Christi nur ein schöner Traum. Christus hätte Sein Werk nur halb vollbracht, wenn Er die Macht Seiner Feinde nicht endgültig bräche und Sein Reich sichtbar heraufführte. So werden wir zur Wachsamkeit gerufen. Die Stunde der großen Wende liegt in Gottes Hand. Freilich hat Christus uns gelehrt, auf die »Zeichen der Zeit« zu achten und die Ereignisse zu deuten, die jener letzten »Stunde« vorausgehen. Aber die Stunde selbst zu bestimmen hat Gott sich vorbehalten. Darum gehört zur rechten Wachsamkeit dies beides, daß wir in Treue die Aufgabe erfüllen, die Gott uns heute gibt. Er will, daß Seine Streiter an den Beinen gestiefelt sind als fertig, zu treiben das Evangelium des

Friedens. Gerade darin, daß wir die Pflichten jedes Tages ganz ernstnehmen, muß sich zeigen, daß wir auf die Wiederkunft unsres Herrn warten. Aber zugleich wird der Ruf zur Wachsamkeit uns davor bewahren, daß wir uns nicht in der Zeiten Flucht verlieren und unser Herz an das hängen, was doch vergeht. Wach sein heißt wissen, daß Christus der Herr ist und darum allem wehren, was uns Seiner Herrschaft entreißen will. So beten wir für die Obrigkeit. Christus ist unser Herr. So dienen wir unserm Volk. Gott ist auch ein Herr der Völker. So suchen wir den Frieden der Welt, aber wir wissen, daß nicht Friede wird, ehe Jesu Liebe siegt. Wach sein heißt: beten und arbeiten, beides um dessentwillen, der da ist und der war und der da kommt.

Herr unser Gott, Du willst, daß wir in dieser Welt Deinen Willen tun. Hilf uns, diesen Willen zu erfüllen. Du verheißt uns ein ewiges Reich. Gib, daß wir Deiner Verheißung trauen und auf Deinen Tag warten. Laß uns bereit sein, wenn Du kommst. Amen.

Ps. 93 EG 248, 1-5: Treuer Wächter Israel 2. Thess. 2, 1-17

Himmel und Erde werden vergehen; aber meine Worte werden nicht vergehen. Matth. 24, 35

Der Totensonntag gibt dem alten Psalmwort recht, das den Menschen vergleicht mit dem Gras, das da frühe blüht und bald welk wird und des Abends abgehauen wird und verdorrt. Wir gedenken heute unsrer lieben Entschlafenen. Sie sind nicht mehr. Ihr Grab predigt unüberhörbar die Vergänglichkeit alles Irdischen. – so wird auch uns eines Tages die kalte Erde decken, und man wird an unserm Grab stehen, wie wir heute andrer Grab schmücken. Was ist dann die Frucht unsrer Mühen und Sorgen gewesen? Alles müssen wir hier lassen. »Denn wir haben nichts in die Welt gebracht; darum offenbar ist, wir werden auch nichts herausbringen.« – Jesus geht noch weiter: nicht nur der Mensch, auch Himmel und Erde werden vergehen. Das Sterben und Vergehen des Menschen und alles Irdischen ist nur der Hinweis auf ein völliges Vergehen dieser Welt, das dann eintreten wird, wenn Gott, wie Er am ersten Tag sprach: »Es werde!«, so am Jüngsten Tage sprechen wird: »Es vergehe Himmel und Erde!« – Wäre das alles, was wir wüßten, so hätten wir Grund zu verzweifeln. In der Verzweiflung aber böten sich zwei Wege an: Entweder mit Würde dem unvermeidlichen Schicksal entgegenzugehen oder der Versuchung zu erliegen, die aus dem Worte spricht: »Lasset uns essen und trinken, denn morgen sind wir tot!«

Gott sei gedankt, wir brauchen beides nicht, denn Jesus spricht: »Aber meine Worte werden nicht vergehen.« Das sind die Worte des Lebens, die uns im Sterben das Leben verheißen: »Wer an den Sohn glaubt, der hat das ewige Leben!« Das ist unser Trost am Totensonntag, daß wir uns auf dieses Wort verlassen dürfen. Das Kreuz auf den Gräbern predigt es: »Dazu ist Christus auch gestorben und auferstanden und wieder lebendig geworden, daß er über Tote und Lebendige Herr sei.«

Mitten in dem Tod anficht uns der Hölle Rachen. Wer will uns aus solcher Not frei und ledig machen? Das tust Du, Herr, alleine! Amen.

Joh. 6, 39-40 EG 396: Jesus, meine 1. Thess. 4, 13-18

Gleich aber wie es zu der Zeit Noahs war, also wird auch sein die Zukunft des Menschensohnes. Denn gleich wie sie waren in den Tagen vor der Sintflut: sie aßen, sie tranken, sie freiten und ließen sich freien, bis an den Tag, da Noah zu der Arche einging; und sie achteten's nicht, bis die Sintflut kam und nahm sie alle dahin: also wird auch sein die Zukunft des Menschensohnes. **Matth. 24, 37-39**

Die letzte Woche des Kirchenjahres führt uns an das Ende der Zeiten. Wie wird es auf Erden sein, wenn Jesus am Jüngsten Tag kommt? Wir haben ein brennendes Interesse an dieser Frage, da doch mit ihr unser Leben und ewiges Geschick untrennbar verbunden sind.

Jesus weist uns zurück in die Zeit, wo Gott mit der Sintflut schon einmal ein großes Gericht über alle Menschen sandte. Durch Seine Botschaft hatte Er genug zur Buße gerufen, aber bis auf die Familie Noahs hatte niemand sich warnen lassen. Das Leben ging seinen gewohnten Gang: »Sie aßen, sie tranken, sie freiten und ließen sich freien.« – So wird es auch am kommenden Jüngsten Tag sein. Das Menschenleben geht seinen gewohnten Gang. Die fröhliches Hochzeitsgesellschaft ahnt nicht, daß sie in die Schrecken des letzten Gerichts hineintanzt. Noah wußte, daß der Tag kam und bereitete sich darauf. Aber die um ihn her waren, »achteten's nicht, bis die Flut kam und nahm sie alle dahin«. Wie steht es mit uns? Bereiten wir uns auf Jesu

Kommen? Daß Er kommt, hat Er uns genug gesagt. Wir gehen nicht ungewarnt und unwissend dem Ende entgegen. Und doch leben so viele Menschen, die sich Christen nennen, als ob es keinen Jüngsten Tag, keinen Heiland und keinen Tod gäbe.

Was für Noah die Arche war, ist für uns das Gebet, mit dem wir uns alle Tage in Gottes Gnade bergen. Wie Noah im Sturm gerettet wurde, so werden wir gerettet werden, denn »wer an Ihn glaubt, der wird nicht gerichtet«. Möchte doch unser Wandel ein Zeugnis sein für Jesu Mahnruf: »Wachet, denn ihr wisset weder Tag noch Stunde, da euer Herr kommen wird.«

Mitten wir im Leben sind von dem Tod umfangen. Wen suchen wir, der Hilfe tu, daß wir Gnad erlangen? Das bist Du, Herr, alleine. Amen.

1. Mose 6, 5-8 — EG 154, 1-5: Herr, mach uns stark — 1. Thess. 5, 1-11

Dann wird das Himmelreich gleich sein zehn Jungfrauen, die ihre Lampen nahmen und gingen aus, dem Bräutigam entgegen. Matth. 25, 1

In diesem Gleichnis werden wir gemahnt, dem kommenden Herrn entgegenzugehen. Die Wiederkunft des Herrn am Jüngsten Tag wird verglichen mit dem Kommen des Bräutigams zur Hochzeit. Im Morgenlande war es Sitte, daß am Vorabend des Festes die Freundinnen der Braut dem Bräutigam mit brennenden Lampen entgegengingen. Sie geben ihm damit kund, daß er erwartet wird und alles für sein Kommen gerüstet ist. Ein feines Bild für den Herrn Christus und Seine Christenheit. Sie weiß ihren Herrn im Kommen und eilt Ihm freudig entgegen. Dieses Gleichnis ist eine Frage an unsre Kirche und an jeden einzelnen Christen: Weißt du, daß dein Herr kommt? Ist dein Leben eine Wanderung Ihm entgegen? –

Mag unser Weg und der unsrer Kirche auch noch durch viel Not und Dunkelheit gehen, was tut's, wenn Er nur zum Herrn führt. Das Dunkel der Nacht mit seinen Schrecken wird dadurch erträglich, daß es bald dem anbrechenden Tag weichen muß. Das Dunkel der Not, der Sorge, des ermüdenden Kampfes unsres Lebens muß sich aufhellen, wenn wir nur getreulich dem lieben Jüngsten Tag entgegenharren, wo der Herr kommen wird, die Seinen in Sein ewiges Himmelreich, da eitel Fried und Freude wohnt, heimzuführen. Weißt du um deines Heilands Kommen zu dir? Eilst du Ihm entgegen? O, sonst mach dich eilends auf. Noch heute! Er kommt! Er kommt!

O Jesu, meine Wonne, komm bald und mach Dich auf; geh auf, erwünschte Sonne, und fördre Deinen Lauf. O Jesu, mach ein Ende und führ uns aus dem Streit, wir heben Haupt und Hände nach der Erlösungszeit. Amen.

Offb. 19, 6-9 EG 151, 1+2: Ermuntert euch Luk. 12, 35-36

Aber fünf unter ihnen waren töricht, und fünf waren klug. Die törichten nahmen ihre Lampen; aber sie nahmen nicht Öl mit sich. Die klugen aber nahmen Öl in ihren Gefäßen samt ihren Lampen.

Matth. 25, 2-4

Sagte uns das gestrige Schriftwort, daß wir als Christen den Heiland erwarten sollen, so hören wir heute, wer dem Herrn recht entgegengeht. Jesus zeigt das an dem Beispiel der zehn Jungfrauen. Alle nehmen ihre Lampen mit, um des Abends sich und dem großen Gast den Weg zu erhellen. Fünf sind so klug, gleich ein Kännchen Öl zum Nachfüllen mitzunehmen, fünf meinen, das sei nicht nötig, da der Gast bald käme, und lassen's daheim.

Die Lampe mit dem Öl ist für Jesus ein Gleichnis der rechten Hoffnung des Christen, während die Lampe ohne Öl ein Bild der Hoffnung ohne rechten Glaubensgrund ist. Jeder, der Jesu Namen trägt, verbindet damit eine bestimmte Erwartung. Die törichten Jungfrauen wollen auch mit zur Hochzeit, nur unterlassen sie es, sich entsprechend vorzubereiten. Die törichten Christen wollen auch nicht vom Himmelreich ausgeschlossen sein, aber sie schließen sich selbst dadurch aus, daß sie außer acht lassen, was not ist: den lebendigen Glauben, der jeden Tag sich rüstet für den Empfang des Herrn und in der Hoffnung nicht träge wird. – Gehören wir zu den Törichten?

Die klugen Christen sagen: Tag und Stunde des Kommens meines Herrn weiß ich nicht. Darum will ich mich aufs Warten einrichten. Das Öl ihrer Lampe ist der Glaube, der die Hoffnung stark und wach erhält, weil er sich täglich im Gebet und aus Gottes Wort die Gewißheit holt: Mein Heiland kommt gewiß, so will ich mich bereithalten. – Gehören wir zu den Klugen?

Sonst laßt uns eilends umkehren und die Lampen füllen, daß wir den Herrn empfangen können. Wer treulich Ihm seine Schuld bekennt und Ihn bittet um den wachen und bereiten Glauben, der darf beten:

Wir warten Dein, o Gottes Sohn, und lieben Dein Erscheinen. Wir wissen Dich auf Deinem Thron und nennen uns die Deinen. Wer an Dich glaubt, erhebt sein Haupt und siehet Dir entgegen; Du kommst uns ja zum Segen. Amen.

Luk. 21, 36 EG 151, 3: Ermuntert euch Mark. 14, 38

Da nun der Bräutigam verzog, wurden sie alle schläfrig und schliefen ein. Zur Mitternacht aber ward ein Geschrei: Siehe, der Bräutigam kommt; gehet aus, Ihm entgegen! Da standen diese Jungfrauen alle auf und schmückten ihre Lampen. Die törichten aber sprachen zu den klugen: Gebt uns von eurem Öle, denn unsre Lampen verlöschen. Da antworteten die klugen und sprachen: Nicht also, auf daß nicht uns und euch gebreche; geht aber hin zu den Krämern und kauft für euch selbst. Matth. 25, 5-9

Jesus verlangt eine stetige Bereitschaft von Seiner Christenheit. Wer sagen kann: »In meines Herzens Grunde Dein Nam und Kreuz allein funkelt all Zeit und Stunde«, der ist wirklich bereit. Aber wer kann das? Kennen wir nicht alle Stunden des Vergessens? Wird die Sünde nicht immer wieder mächtig über uns? Wer kann dann aber selig werden? Wer dem Herrn begegnen? Ist die Lampe da nicht hoffnungslos erloschen?

Unser Gleichnis sagt, die törichten und die klugen Jungfrauen schlafen. Das will sagen, auch die klugen und rechten Christen sündigen. Aber das ist unser Trost: der Bräutigam ruft um Mitternacht, der kommende Herr ruft Seine Christenheit Ihm entgegen. Der kommende Herr ist ja unser Heiland. Wer aus dem Schlaf gerufen flugs die Lampe entzündet und Ihm entgegeneilt, wird nicht enttäuscht werden.

Er wird angenommen und teilhaben an der Hochzeitsfreude.

Aber die fünf Törichten! Sie waren leichtsinnig gewesen und waren es noch, da sie sich schlafen legten, ohne bereit zu sein, für den Herrn zu erwachen. Das ist eine ernste Warnung für alle, die meinen: ich habe noch Zeit mit der Buße. Im Alter kann ich mich noch genug mit dem Heiland beschäftigen. Dem sagt Jesus heute: mein Freund, das kannst du nicht. Hat es dir der Totensonntag, von dem du herkommst, nicht gesagt, daß auch junge Menschen sterben können? So kann es dir auch ergehen; drum kehre eilends um von deinem Sündenweg.

Wir alle wissen nicht, wann unser letzter Tag kommt. Laßt uns die Lampen des Glaubens brennend halten und betend Ihm entgegengehen:

O Jesu Christ, Du machst es lang mit Deinem Jüngsten Tage; den Menschen wird auf Erden bang von wegen vieler Plage. Komm doch, komm doch, Du Richter groß, und mach uns bald in Gnaden los von allem Übel. Amen.

Jes. 62, 10-11 EG 151, 4+5: Ermuntert euch 1. Thess. 5, 6

Und da sie hingingen, zu kaufen, kam der Bräutigam; und die bereit waren, gingen mit Ihm hinein zur Hochzeit; und die Tür ward verschlossen. Zuletzt kamen auch die andern Jungfrauen und sprachen: Herr, Herr tu uns auf! Er antwortete aber und sprach: Wahrlich, ich sage euch: Ich kenne euch nicht.

Matth. 25, 10-12

Hier sehen wir, wie es den törichten Jungfrauen, die kein Öl in ihren Lampen hatten, ergeht. Sie kommen zu spät. Mögen sie noch so sehr rufen: Herr! Herr!, es nützt nichts. Sie werden nicht eingelassen. Unmißverständlich ertönt die Stimme des Bräutigams: Ich kenne euch nicht!

Jesus zeigt uns an diesem Beispiel, wie man Ihn erwarten kann und doch nicht zu Ihm kommt. Die törichten Jungfrauen meinten: ach, wir werden schon hineinkommen! Wir haben uns ja noch schnell Öl besorgt, wir kennen den Bräutigam; Er wird sich freuen, wenn wir kommen. – Nein, sie kannten Ihn nicht und mußten das bitter erfahren. – Daß es uns nicht so mit unserm Heiland ergehe! Daß wir nicht unser laues, träges, totes Christenleben leichtsinnig daherleben und meinen: Jesus wird sich freuen, daß ich nicht gegen Ihn bin. – Daß wir nicht alles mögliche treiben und darüber das Eine vergessen, das not ist! Daß wir nicht einmal ums andere die ganze Entscheidung für den Herrn Christus aufschieben und meinen: es hat noch Zeit! Es wird das unsern Tod und ewiges Verderben bedeuten, denn

Jesus spricht: Ich kenne euch nicht! Nein, daß wir vielmehr die Lampen brennend halten und Ihm entgegengehen, wartend, hoffend, betend! Von solchen heißt es: »Welche bereit waren, gingen mit Ihm hinein zur Hochzeit.«

Dieses Gleichnis weist uns unerbittlich hin auf die Scheidung, die schon jetzt durch unsre Kirche und Christenheit geht und die am Jüngsten Tage allen sichtbar werden wird. Glaube und Unglaube, Christsein und Unchristentum, Bereitsein und leichtsinniges Schlafen, Eingehen in Gottes Reich und Draußenbleiben, ewiges Leben und ewiges Verderben, – das sind Wirklichkeiten, die Jesus uns kündet. In welcher dieser Wirklichkeiten stehst du?

Herr Gott, durch Deine Güte führ mich auf rechter Bahn! Herr Christ, mich wohl behüte, sonst möchte ich irregehn; halt mich im Glauben feste in dieser bösen Zeit, hilf, daß ich mich stets rüste zur ew'gen Hochzeitsfreud. Amen.

Luk. 1, 68 — EG 147, 1-3: Wachet auf — Eph. 6, 18

Und da sie von Jericho auszogen, folgte Ihm viel Volks nach. Und siehe, zwei Blinde saßen am Wege; und da sie hörten, daß Jesus vorüberging, schrien sie und sprachen: Ach Herr, Du Sohn Davids, erbarme Dich unser! Aber das Volk bedrohte sie, daß sie schweigen sollten. Aber sie schrien viel mehr und sprachen: Ach Herr, Du Sohn Davids, erbarme Dich unser! Jesus aber stand stille und rief sie und sprach: Was wollt ihr, daß ich euch tun soll? Sie sprachen zu Ihm: Herr, daß unsre Augen aufgetan werden. Und es jammerte Jesum und Er rührte ihre Augen an; und alsbald wurden ihre Augen wieder sehend, und sie folgten Ihm nach.

Matth. 20, 29-34

Das Kirchenjahr geht zu Ende. Wir haben es mit Gottes Wort durchwandert. Was hat es uns geben wollen? Daß wir Jesum erkenneten als unsern lebendigen Herrn und Heiland, und daß wir mit Ihm durch dieses Leben wanderten. – Heute, an der Schwelle des neuen Kirchenjahres wollen wir Ihn noch einmal rufen: Herr, erbarme Dich unser! Tu uns die Augen auf, daß wir Dich recht erkennen und Dir nachfolgen!

Totensonntagswoche – Tränen des Leides – seufzendes »Warum« – fliehende Jahre – ermüdender Kampf gegen Sünde und Sorge – drückendes Dunkel der Novembertage um uns her – Dunkel des Fragens und Sehnens in uns. –

Halt! Jesus geht vorüber! Ach Herr, Du Sohn Davids, erbarme Dich unser!

Jesus aber stand stille – steht stille, auch vor unserm Leben! Was wollt ihr, daß ich euch tun soll? – Herr, daß unsre Augen aufgetan werden! Unsere Augen! Daß wir sehen, wozu das Leid, warum so das Leben, wohin mein Weg und wo die Hilfe in Not und Tod.

Und es jammerte Jesum, und er rührte ihre Augen an, und alsbald wurden ihre Augen wieder sehend. – Das soll auch an uns geschehen. Jesus steht zu Seinem Wort: »Kommet her zu mir alle, die ihr mühselig seid und beladen; ich will euch erquicken.«

»Und sie folgten Ihm nach.« Wir dürfen es ihnen gleichtun. Sein Weg führt uns aus dem Dunkel der Totensonntagswoche in das Licht des Advent und die Freude des ewigen Lebens. Darum noch einmal:

Herr, Du Sohn Davids, erbarme Dich unser!

Herr Jesus Christ! Hier leiden wir die größte Not, vor Augen steht der ewig Tod: Ach komm, führ uns mit starker Hand vom Elend in das Vaterland! Amen.

Joh. 8, 12 EG 157: Laß mich Dein sein Röm. 13, 11-14

Und siehe da, der Vorhang im Tempel zerriß in zwei Stücke, von oben an bis unten aus. Matth. 27, 51

Die Juden waren ein frommes Volk. In ihrem Tempel meinten sie den rechten Gottesdienst zu haben. Da kam Jesus und deckte die Hohlheit ihres Gottesdienstes auf und rief sie aus ihrer Selbstgerechtigkeit zur Buße. Sie aber hörten nicht die lebendige Stimme Gottes und töteten Jesus. Siehe da, im Augenblick Seines Sterbens zerriß der Vorhang im Tempel – Gott kehrte sich ab von der Stätte, die Ihm geweiht war, und gab sie der Zerstörung preis. Das jüdische Volk aber verfiel dem Gericht, weil es Gottes Gnadenangebot in Christus zurückgestoßen hatte. Hört: Trotz Frömmigkeit und Tempel ward Gottes Sohn gekreuzigt! Wie wird darin die tiefe Verkehrtheit der Menschen offenbar! Jesu Kreuz bringt's heraus, daß die Sünde uns beherrscht. Aber Jesu Kreuz bringt zugleich etwas anderes heraus: nämlich die Gnade Gottes, die noch mächtiger ist als unsre Sünde, denn sie vergibt die Sünde. So ist »ein neuer und lebendiger Weg durch den Vorhang« eröffnet; nun haben wir die Freudigkeit zum Eingang in das Heilige durch das Blut Jesu! Leider haben die Menschen auch diesen neuen und lebendigen Weg wieder zu einem toten Tempeldienst zu machen verstanden, haben die Freudigkeit vertrieben und den Eingang in das Heilige mit ihren bunten Vorhängen verhängt. Das geschah im Papsttum – bis Gott wieder eingriff und die Vorhänge zerriß durch Sein Werkzeug Dr. Martin Luther.

Die Predigt Luthers und der Reformation kündete wieder: Er gibt nur einen Eingang in das Heilige, nicht von Menschen, sondern von Gott gebahnt: Jesus und Sein Blut! So gilt denn: Christus allein, Gnade allein, Glaube allein! Hörst du diesen Ruf? Brauchst du keine Reformation von der Sünde zur Gnade, vom falschen zum rechten Gottesdienst, vom Tode zum Leben?

Gott, wir danken Dir für das Licht Deiner Gnade in Jesus Christus. Ach, laß es nicht verlöschen, sondern hell leuchten. Hilf uns, in Kirche und Volk, Haus und Schule beim rechten Gottesdienst bleiben! Amen.

Jer. 7, 3-7 EG 140, 1: Brunn alles Heils Hebr. 10, 19-25

Unser täglich Brot gib uns heute. – Der Mensch lebt nicht vom Brot allein, sondern von einem jeglichen Wort, das durch den Mund Gottes geht.

Matth. 6, 11; 4, 4

»Gott gibt täglich Brot, auch wohl ohne unsre Bitte, allen bösen Menschen; aber wir bitten in diesem Gebet, daß Er's uns erkennen lasse und mit Danksagung empfangen unser täglich Brot«: daran erinnert das Erntedankfest, daß Gott uns das täglich Brot gibt, und wir es Ihm danken sollen. Armselig und gedankenlos, wer sein Brot ohne Dank als selbstverständlich hinnimmt! Darum ist's etwas Gutes, wenn heute das Volk auch durch den Staat daran gemahnt wird, daß keiner sein Brot hat, ohne daß er es dem Fleiß vieler Hände verdankt, die für ihn gearbeitet haben. Aber alle Arbeit würde nichts fruchten, wenn Gott nicht das Gelingen gäbe. Das Leben im Saatkorn, Erde und Sonne, Regen und Wind sind nicht Menschenwerk; das Wachstum und Gedeihen steht in des Himmels Hand. Alle leben wir aus Gottes Hand, sind Gäste an Seinem Tisch. Wie sollten wir Ihm nicht danken – nicht nur am Erntefest, sondern täglich für das tägliche Brot, das Er darreicht?

Aber wie Gottes Gabe es ist, die unser Leibesleben nährt, so ist es auch Gottes Gnade, die unsern geistlichen Menschen baut. Auch da gilt: nicht meine Arbeit, sondern Gottes Gabe! »Der Mensch lebt nicht vom Brot allein, sondern von einem jeglichen Wort, das durch den Mund Gottes geht.« Gott gibt uns Sein Wort, und darin das Brot, das vom Himmel kommt: Christus, Sein Sohn, das Leben für die Welt. Als heiliges Saatkorn hat Er ihn der Welt gegeben, daß durch Sein Sterben und Auferstehen Frucht erwachse. Davon sollen wir nehmen und leben, damit wir nicht an Unterernährung sterben. Wer diese Frucht genießt, den wird nicht hungern in Ewigkeit. Wer aber reich wird in Christus, der gewinnt auch die rechte Stellung zu den irdischen Gütern; er kann sie empfangen mit reinem Dank und entbehren ohne Murren, frei von Geiz und Sorge als ein Erlöster Jesu Christi.

Wir bitten unsern lieben Herrn, Er wolle uns hinfort mehr beschern, und speisen uns mit Seinem Wort, daß wir satt werden hier und dort. Amen.

Ps. 104, 27-30 — EG 464, 1+2: Herr, gib uns unser täglich Brot — Phil. 4, 12

Da fing Er an, die Städte zu schelten, in welchen am meisten Seiner Taten geschehen waren, und hatten sich doch nicht gebessert: Wehe dir, Chorazin! weh dir, Bethsaida! Wären solche Taten zu Tyrus und Sidon geschehen, als bei euch geschehen sind, sie hätten vorzeiten im Sack und in der Asche Buße getan. Doch ich sage euch: Es wird Tyrus und Sidon erträglicher gehen am jüngsten Gerichte denn euch. Und du, Kapernaum, die du bist erhoben bis an den Himmel, du wirst bis in die Hölle hinuntergestoßen werden. Denn so zu Sodom die Taten geschehen wären, die bei dir geschehen sind, sie stünde noch heutiges Tages. Doch ich sage euch: Es wird der Sodomer Lande erträglicher gehen am jüngsten Gerichte denn dir.

Matth. 11, 20-24

Heute ist der Tag, der die letzte und größte Frage unsres Lebens aufweckt: Wie steht's zwischen dir und Gott? Die Frage läßt sich nicht stumm machen. Einmal kommt für jeden der Augenblick, wo sie wieder lebendig wird, und dann muß er antworten, und ein Ausweichen gibt's nicht mehr. Und ihn überfällt die vernichtende Erkenntnis: Zu spät! Vor diesem »Zu spät« will uns der Bußtag bewahren. Noch ist Gnadenzeit, noch gilt das »Heute, da ihr meine Stimme hört«; »Gott rufet noch, willst du nicht endlich hören?« Gott ruft uns durch das Wort von Jesus Christus, in dem Er Seine Gnade und Güte ansagt. Nicht zum Richten, sondern zum Retten ist Jesus gekommen. Mit herrlichen Rettertaten ist Jesus einst durch die Orte Seiner Heimat gezogen, nicht um Gottes Zorn, sondern um Seine Größe und Gnade zu offenbaren und die Herzen für sie aufzuschließen. Wohl verwunderten sich die Menschen Seiner Wohltaten, gern ließen sie es sich gefallen; aber sie blieben, wie sie waren; ihr stolzes Herz verschmähte die Gnade. Damit aber forderten sie das Gericht heraus, und Jesus mußte ihnen sagen, daß Gottes Gericht schwerer sein wird über die, die von Seiner Gnade hörten, als über die Heiden, die nichts von ihr hörten. Verschmähte Gnade vergrößert das Gericht! Wie litt Jesus darunter, daß Er das Seiner geliebten Heimat sagen mußte. Wie schmerzt es Gott, wenn Ihn das Menschenkind, das Er wie ein Vater liebt, zurückstößt. Muß nicht der göttliche Schmerz die Waagschale des Gerichts beschweren? Es liegt an uns, Gottes Segen in Unsegen, Sein Heil in Unheil, Seine Gnade in Gericht zu verkehren. Wollen wir das oder nicht? Das ist die ernste Frage dieses Tages.

Heiliger Gott, wecke mich auf durch Dein Wort. Amen.

Jes. 43, 22-28 EG 405: Halt im Gedächtnis 1. Petr. 4, 17-18

Verzeichnis der behandelten Stellen des Evangeliums

Tabelle zur Bestimmung der Sonntagsnamen nach dem Kalendertag

Sonntag nach Neujahr
1. Sonntag n. Epiphanias
2. Sonntag n. Epiphanias
3. Sonntag n. Epiphanias
4. Sonntag n. Epiphanias
5. Sonntag n. Epiphanias
6. Sonntag n. Epiphanias
Septuagesimä
Sexagesimä
Estomihi
Invokavit
Reminiscere
Okuli
Lätare
Judika
Palmsonntag
Ostern
Quasimodogeniti
Miserikordias Domini
Jubilate
Kantate
Rogate
Exaudi
Pfingsten
Trinitatis
1. Sonntag n. Trinitatis
2. Sonntag n. Trinitatis
3. Sonntag n. Trinitatis
4. Sonntag n. Trinitatis
5. Sonntag n. Trinitatis
6. Sonntag n. Trinitatis
7. Sonntag n. Trinitatis
8. Sonntag n. Trinitatis
9. Sonntag n. Trinitatis
10. Sonntag n. Trinitatis
11. Sonntag n. Trinitatis
12. Sonntag n. Trinitatis
13. Sonntag n. Trinitatis
14. Sonntag n. Trinitatis
15. Sonntag n. Trinitatis
16. Sonntag n. Trinitatis
17. Sonntag n. Trinitatis
18. Sonntag n. Trinitatis
19. Sonntag n. Trinitatis
20. Sonntag n. Trinitatis
21. Sonntag n. Trinitatis
22. Sonntag n. Trinitatis
23. Sonntag n. Trinitatis
24. Sonntag n. Trinitatis
25. Sonntag n. Trinitatis
26. Sonntag n. Trinitatis
27. Sonntag n. Trinitatis
1. Advent
2. Advent
3. Advent
4. Advent
Sonntag n. Christfest